동아시아 문명과
생명-생태 성장사회

순천향인문진흥총서

9

동아시아 문명과
생명–생태 성장사회

글로컬 인문실크로드와
충청 내포문화권의 지역창생학

———

순천향대학교
인문학진흥원 편

보고사
BOGOSA

  21세기 전반은 문명사적으로 최대의 격동기로 문명의 중심축과 그 내용·질이 크게 변동하고 있습니다. 현 인류사회는 O2O(Online to Offline)세계라는 디지털혁명(3차 산업혁명)의 지반 위에서 빅데이터·클라우드·인공지능(AI) 기술 등이 통합적으로 융합·진화함으로써 초지능, 초현실, 초융합을 특징으로 하는 초연결지능사회인 4차 산업혁명 시대로의 이행을 목도하고 있습니다. 이 디지털생태계는 이익공유의 호혜성 원리가 부각됨과 동시에 공감(empathy)적 연대감이 수많은 사람들의 글로벌 네트워크를 이어주면서 범인류적 교류를 가능하게 하는 연결고리로 기능하고 있습니다. 더욱이 이 연결망의 세계에서는 물건, 물질, 원자, 거래보다는 아이디어, 마음, 비트, 상호작용이 중요하며, 그에 따른 인간형, 시민권, 기업조직, 사회규범, 교육방식, 분배시스템 등 전반적인 재구성을 요청하고 있습니다. 그런가 하면 4차 산업혁명기는 자유무역, 금융시장 개방으로 상징되는 글로벌화, 지구촌사회 등 통합적 순기능과 함께, 연결망(네트워크)의 한 부분에 문제가 발생하면 전체로 확산하는 전염적 역기능이 동시에 존재합니다. 그 역기능의 대표적인 경우가 미국발 글로벌 금융위기, 유로존 위기, 기후위기, 그리고 최근의 코로나바이러스감염증-19(COVID-19) 재난 등이라고 할 수 있습니다.

  이와 관련해서 미래학자들에 따르면 4차 산업혁명은 인류에게 큰 혜택을 제공하는 반면에, 인공지능의 발달로 인한 국가 간 빈부격차는 신종 감역병의 세계적 확산, 테러리즘의 만연, 타국으로의 이주 가속화 등 위험을 불러올 것이라 말해집니다. 더욱이 차세대 산업혁명기에 인류는 핵전쟁, 지구온난화(기후변화)를 포함해서 과학기술에 의한 인간안보의 위기에 봉착할 것이라는 음울한 메시지를 접하기도 합니다. 이러한 우려 감은 실제로 현 전지구적 소비자본주의체제 하에서 마케팅 첨병들의 조작, 강박적 물질만능주의, 환경악화, 자연재해, COVID-19, 팬데믹 상황, 고질적인 인간소외, 고독 등으로 현실화되고 있는 실정입니다. 이는 기술이 자기 목적적인 것이 아닌 인간의 정신적 가치를 실현하는 수단으로 되돌려야 하는 과제와 결부되어 있습니다. 그리고 궁극적으로 는 인간의 실존적 불안감을 해소하고 인간본성과 기술혁신의 공진화 (Co-evolution)를 의제화해야 하는 인문학적 당위성과 역할을 묻게 됩니다. 이렇듯 문명사의 변곡점, 위기, 불안, 더욱이 그와 연동하는 동아시아 지역체제의 균열상이 극명하게 목도되는 이때에 혁신적인 지구지역적(glocal) 평화협력체제와 이를 추동하는 혁신적인 인문학 담론을 구성해야 함을 절감하게 됩니다.

이러한 시대정신에 부응해 금번 순천향인문진흥총서는 생명-생태 성장사회 지평의 하이퍼텍스트 동아시아 문명을 해독하고 인간의 에코 -유디머니즘(eco-eudemonism, 생태-행복주의)을 지향하는 인문학의 문명적 대안이론을 모색하기 위해 마련되었습니다. 즉, 글로컬 인문실크로드라는 의미망 속에서 21세기 새로운 가치의 인간론, 도덕론, 문화사상, 사회·교육제도, 정치·경제적 사유모델, 문명교류의 호혜성 등동서융합의 '생명(삶)공감(Empathy For Life) 지식네트워크'를 타진할 것입니다. 더 나아가 근대세계시스템(서구식 근대성)의 선험적인 전제들을 희석시키고 동양과 서양, 전통과 근대의 접합을 예시하는 생명성과 호혜성의 지역공동체 구성의 지식모델을 탐색하고자 합니다. 여기에는 참된 인간생성(성장)의 근원처이자 미래의 정신혁명을 계도(啓導)하는 동서양 기축시대(Axial Age, B.C.800~B.C.200)와 그 생명정신을 되돌아 보고, 동아시아 문명과 지역창생(創生)학으로서의 충청 내포문화권의 상호문화성 논의가 포함될 것입니다. 부디 본교 인문학진흥원이 기획한 본 총서가 국가, 지역, 인류의 현주소를 점검하고 그 미래상을 설계하는 데 유익한 지식의 공론장이 되기를 희망합니다.

2022년 2월 10일
순천향대학교
인문학진흥원장 홍승직 올림

차례

제2부

글로컬 인문실크로드: 충청 내포문화권의 지역창생학

제3부
해외논단: 문명교류의 호혜성과 상호문화성

고대 불교도 시야 속의 공자(孔子) 형상 고찰 ······· 장융 [이행철 옮김]
- 한문(漢文) 불교사원지를 중심으로 -

당(唐)나라 장안(長安)의 조선반도 인물 도상(圖像)과 그 흔적
··· 왕러칭·양푸쉐 [천춘화 옮김]

고창 회골(高昌回鶻)에서 거란(契丹)에 전해진 수박의
전파 경로에 대한 고증 연구 ······························· 양푸쉐 [천춘화 옮김]

제1부

생태문명과 인문실크로드:
동아시아 생명−생태 성장사회

과학기술시대에 대한 기축문명론적 성찰과 전망

생명–생태 성장사회: 칼 야스퍼스의 역사철학적 독해

전홍석

1. 이끄는 말

21세기 전반은 문명사적으로 거대한 변혁기로 '문명(civilization)'의 중심축과 그 내용·질이 크게 변동하고 있다. 현 인류사회는 'O2O(Online to Offline)세계'[1]라는 디지털혁명(3차 산업혁명)의 지반 위에서 빅데이터, 클라우드, 인공지능(AI), 로봇기술, 사물인터넷(IoT), 가상현실(VR), 유전공학, 나노기술 등이 통합적으로 융합·진화함으로써 초연결지능사회인 '제2의 기계시대(The Second Machine Age)−4차 산업혁명'으로의 이행을

---

1 O2O란 온라인과 오프라인의 벽을 허무는 IT용어로서 시간, 공간, 인간으로 이루어진 온라인(가상)세계와 오프라인(현실)세계에서 일어나는 모든 현상들이 기술로 융합해 디지털화된 가상세계를 지칭한다. 최근에는 전자상거래나 마케팅 분야에서 온·오프라인이 연결되는 현상을 가리키는 경제용어로 사용되고 있다.

목도하고 있다. 이 차세대 산업혁명기는 디지털기술의 영향력이 자동화로 완벽한 힘을 구비하면서 미증유의 새로운 것들을 만들어내는 변곡점의 시기이다. 현존 인간은 자신의 경험이 인터넷, 디지털 미디어 등 기술의 영향력을 받는 동시에 지극히 사회적이라 할 수 있는 '기술-사회 생활(techno-social life)-초연결사회'의 삶을 살고 있다. 메리 차이코(Mary Chayko)에 따르면 "전 세계적인 것에서부터 지역적인 것까지, 그리고 그 중간에 있는 모든 것까지, 모든 종류의 공간에서 개인과 그들의 지역사회, 그리고 사회는 상호 연결되었고 생활은 극적으로 영향을 받았으며 환경은 점차 기술로 포획되기에 이르렀다"[2]고 말한다. 이 초연결지능사회는 초지능, 초현실, 초융합을 특징으로 하며 그러한 디지털생태계(플랫폼, 연결망의 세계)에서는 비용과 이익에 기초해서 자신의 이익을 극대화하는 합리성보다는 이익을 공유하는 호혜성의 세계로의 대전환을 요구한다. 세계시스템(world system) 상에서도 사유재산형 수직적 자본주의에서 공유형 협업적 자본주의로 이동하고 있다.[3]

그러나 4차 산업혁명은 인류에게 큰 혜택을 제공하는 반면에 불평등의 심화, 핵전쟁, 지구온난화(기후변화)를 포함해서 과학기술에 의한 인간안보의 위기를 초래하는 음울한 요인이기도 하다. 이러한 우려감은 실제로 전 지구적 소비자본주의체제 하에서 마케팅 첨병들의 조작, 강박적 물질만능주의, 환경악화, 기후변화, 자연재해, 코로나바이러스감

---

2 Mary Chayko, *Superconnected: The Internet, Digital Media, and Techno-Social Life*, Thousand Oaks, California: SAGE Publications, Inc., 2017. 메리 차이코, 『초연결사회: 인터넷, 디지털 미디어, 그리고 기술-사회 생활』, 배현석 옮김, 파주: 한울아카데미·한울엠플러스, 2018, 17쪽.

3 최배근, 『호모 엠파티쿠스가 온다: 초연결 시대를 이끌 공감형 인간』, 파주: 21세기북스, 2020, 108-115쪽 참조.

염증-19(COVID-19), 팬데믹상황, 고질적인 인간소외, 고독 등으로 현실화되고 있다. 때문에 에릭 브린욜프슨(Erik Brynjolfsson)·앤드루 맥아피(Andrew McAfee)는 차세대 산업혁명기 인간의 실존(existence)적 위기의식 차원에서 "기술은 가능성과 잠재력을 낳지만 궁극적으로 우리가 도달할 미래는 우리가 어떤 선택을 하느냐에 따라 달라질 것이다. 우리는 유례없는 풍요와 자유를 얻을 수도 있고 인류가 경험하지 못한 엄청난 재앙을 일으킬 수도 있다."[4]고 제언한다. 이는 결국 기술시대의 실존적 문제로서 프리츠 하이네만(Fritz Heinemann)의 지적대로 "우리의 정신력이 위축되고 인간이 퇴화되며 점점 더 기계화되는 인간의 지적·정신적 능력이 쇠퇴되어 초중앙집권적 통제의 새로운 전체주의 국가에서 노예가 되느냐, 또는 그럼에도 인간은 무궁무진한 정신적 힘을 가진 정신적 존재라는 사실을 깨닫느냐 하는 것이다".[5] 이러한 비판적 인식은 '제2의 기계시대-4차 산업혁명기' 현대사회의 문명사적 변곡점, 위기, 불안을 규명하고 인간과 기술의 관계성을 해명하는 인문학적 과제와 직결된 문제이다.

　이와 관련해서 본 연구는 생명(삶)-생태 성장사회라는 의미망 속에서 빅 히스토리 '기축문명(문명기축)론'이 수범(垂範)하는 학술적 영감과 그 비전을 적극 수용해 '에코-유디머니즘(eco-eudemonism, 생태-행복주의)'을 지향하는 인문학의 문명적 대안이론을 타진하기 위해 마련되었다.

4　Erik Brynjolfsson·Andrew McAfee, *The Second Machine Age: Work, Progress, and Prosperity in a Time of Brilliant Technologies*, New York: W. W. Norton & Company, 2014. 에릭 브린욜프슨·앤드루 맥아피, 『제2의 기계 시대: 인간과 기계의 공생이 시작된다』, 이한음 옮김, 서울: 청림출판, 2020, 322쪽.

5　Fritz Heinemann, *Existenzphilosophie - lebendig oder tot?*, Stuttgart: Kohlhammer, 1954. 프리츠 하이네만, 『실존철학』, 황문수 옮김, 서울: 문예출판사, 1994, 35쪽.

더 나은 세상을 향한 공론의 담론은 극적인 과학기술의 변화에 걸맞은 인간상과 그 사회체제를 쇄신하고 인간의 정체성과 세계관을 재정비하는 데서 출발해야 한다. 그런 의미에서 독일의 실존철학자 칼 야스퍼스(Karl Theodor Jaspers, 1883~1969)가 개진한 인류역사로서의 원대한 기축담론은 산업문명의 근대성(modernity)에 대한 비판적 성찰과 인간본성(실존), 사회변혁 등의 미래설계를 담고 있다. 현 세계문명의 지적 전통을 뿜어낸 '기축(차축·주축)시대(Axial Age·Achsenzeit, B.C.800~B.C.200)'는 오늘날 인류사회가 당면한 실존적 위기를 해소하고 인간과 기술이 공진화(co-evolution)를 의제화할뿐더러 지구촌 보편의 '생명(삶)공감(EFL: Empathy For Life) 지식네트워크'를 구성하는 정신적 기제이다. 이 실존적 역사철학(Geschichtsphilosophie) 모델은 이성, 인격, 생명, 공감 등 보편타당한 인간존재, 참된 인간생성(성장·진화, Werden)의 근원처이자, 무엇보다 21세기 초연결시대의 새로운 정신혁명, 곧 '공감형 인간(Homo-Empathicus)'[6], '자율형 인간(Homo-Autonomous)'[7]을 예비하고 계도하는

---

6 '공감(empathy)'은 데이비드 흄(David Hume), 애덤 스미스(Adam Smith) 등에 의해서 인간의 사회성을 설명하는 도덕철학의 핵심 개념으로 다루어져 왔다. 이후로 공감 개념은 현대 공감이론의 다양한 분야에서 활용되고 있다. 가령 프란스 드발(Frans de Waal)이 진화론적 동물학 연구영역에서 전개한 공감이론이나 제러미 리프킨(Jeremy Rifkin)이 공감을 정치적·문화적 개념으로 활용한 경우가 대표적이다. 특별히 리프킨은 제2의 기계시대(3·4차 산업혁명)를 조망하면서 공감을 인간을 이해하는 새로운 키워드로 내세운다. 그는 최근 생물학계의 연구성과, 즉 거울신경세포(Mirror Neurons)라는 공감뉴런이론에 기초해서 인간을 적대적 경쟁보다는 공생공영의 유대를 가장 고차원적인 욕구로 지향하는 이타적 존재로 재규정한다. 이를테면 공감에서 "감(感, pathy)은 다른 사람이 겪는 고통의 정서적 상태로 들어가 그들의 고통을 자신의 고통인 것처럼 느끼는 것"이며 따라서 공감은 "관찰자가 기꺼이 다른 사람 경험의 일부가 되어 그들의 경험에 대한 느낌을 공유한다"는 의미이다. 이러한 인식선상에서 리프킨은 인간의 공통된 취약성, 연약성, 아울러 그 안전의 필요성에 공감하는 '보편적 인권'과 타자의 곤경·고통에 공감하는 '공감형 인간'을 제기했다. Jeremy Rifkin, *The Empathic Civilization: The Race to Global Consciousness in a World in Crisis,*

준거점이라고 할 수 있다.

2. 기술기축시대: 생명-생태적 성찰

1) 산업혁명: 문명사적 정위

문명비평가들은 세계사의 획기적인 사건이나 그 변곡점이 되는 시기를 '혁명(Revolution)'이란 말로 설명한다. 혁명이란 기술혁신이나 새로운 세계관과 그에 수반해 발생한 경제체제, 사회구조의 변혁을 가리킨다. 그런데 인류의 문명사에서 급진적·근본적 변화를 야기한 혁명은 크게 보아 농업혁명(Agricultural Revolution)과 산업혁명(Industrial Revolution)을 거론할 수 있다. 인류는 대략 1만 년 전의 농업혁명을 기화로 수렵·채집생활에서 벗어나 토지경작, 곡류(穀類)재배, 가축사육 등 농업사회로 이행하면서 정착하기 시작했다. 클라우스 슈밥(Klaus Schwab)의 역사서사를 빌리자면 "농업혁명은 생산, 운송, 의사소통을 목적으로 한 인간과 가축의 노력이 맞물려 발생했다. 점차 식량생산이 나아지면서 인구도 늘어나 많은 사람이 정착하게 되었다. 그 결과 도시화가 이루어지고 여러 도시들이 생겨났다".[8] 또한 농업혁명 이후, 18세

Cambridge, UK: Polity, 2010. 제러미 리프킨, 『공감의 시대』, 이경남 옮김, 서울: 민음사, 2010, 19-20쪽.

7 자율형 인간(자율적 인간)이란 운명을 스스로 결정하는 인간이다. 여기서 자율성(Autonomy)은 어원적으로 그리스어 아우토스(Autos)와 노모스(Nomos)에서 유래한 용어로 그 의미는 '자신이 받아들인 법에 따라 살아갈 자유'를 가리킨다. 그것은 연결망(network)에 참여하는 모든 개체가 합의와 공유한 법을 각자가 스스로 지키며 살아갈 자유인 것이다. 최배근, 『호모 엠파티쿠스가 온다: 초연결 시대를 이끌 공감형 인간』, 73-74쪽 참조.

8 Klaus Schwab, *The fourth industrial revolution*, New York: Crown Business,

기 중반부터 산업혁명이 발생했다. 이로 인해 인류는 인간의 노동력이 기계의 힘으로 옮겨가는 엄청난 변화를 맞게 되었다. 소위 산업혁명은 "생산력과 경제성장이 정체된 전통적 경제에서 생산량이 증가하고 생활수준이 향상되며 지속적인 경제성장이 이루어지는 근대 공업경제로 변화하는 경제변혁의 과정을 지칭"[9]하는 것이다.

잘 알려진 대로 칼 야스퍼스는 자신의 저작 『역사의 기원과 목표(*Vom Ursprung und Ziel der Geschichte*)』(1949)에서 농업혁명의 장기지속 속에서 기원전 약 500년경 세계문명의 발전에 중심축이 되는 인간실존의 창조적인 사유가 만개하고 인류정신사의 획기적인 전통이 마련된 '(제1) 기축시대'를 제시했다. 이 문명의 기축담론은 "인류사를 다원적으로 조망(다원성)하면서 하나의 전체상(보편성)"을 제시하는 교차문화적이고 세계보편사적인 성격을 갖는다. 에릭 브린욜프슨·앤드루 맥아피는 문명사의 궤도를 바꿔놓은 중요한 사건이나 성취 들을 분석하면서 기술혁신 외에 야스퍼스가 제시한 철학과 종교의 발전을 꼽는다. 그들의 견해를 옮겨보면, 인류사의 "중요한 발전 중에는 동물이나 식물, 싸우는 사람과 아무런 관련이 없는 것들도 있다. 그저 사상 자체가 큰 발전을 가져온 사례도 있다. 철학자 야스퍼스는 붓다(Buddha·佛陀, B.C.563~B.C.483), 공자(孔子·Confucius, B.C.551~B.C.479), 소크라테스(Socrates, B.C.470~B.C.399)가 거의 동시대에 살았다는 점에 주목한다.… 야스퍼스는 이들이 기원전 800년에서 200년에 걸친 축의 시대(Axial Age)의 핵심 사상가들이라고 분석한다. 그는 이 시대가 '가장 명료한 의식을 토해낸 심호흡'과 같으며

2016. 클라우스 슈밥, 『클라우스 슈밥의 제4차 산업혁명』, 송경진 옮김, 서울: 새로운 현재, 2017, 24쪽.

9 전홍석, 「근현대 세계경제와 동아시아모델: 캘리포니아학파를 중심으로」, 『한중관계연구』 제5권 3호, 원광대학교 한중관계연구원, 2019, 38쪽.

당시의 철학자들이 인도, 중국, 유럽의 세 주요 문명에 혁신적인 지적 전통을 제공했다고 본다."[10]고 했다.

그러나 인류문명사에서 인구증가, 사회발전은 18세기 말 산업혁명을 계기로 상향궤도의 수직적 도약을 이루었다. 유럽에서 발생한 산업혁명은 경제성장, 생산성 등 면에서 인류역사의 궤도를 바꿔놓은 것이다. 이러한 급격한 비약의 요인은 대략 1만 년 전의 농업혁명을 배경으로 전개된 가축화, 농경, 전쟁, 제국, 종교 등보다는 직접적으로는 '혁신기술'에 있었다. 때문에 근현대기를 '기술기축시대(Axial Age of Technology, 과학기술시대)'라고 일컫는다. 이 시대구분은 20세기 후반 미국의 저명한 사회학자 다니엘 벨(Daniel Bell)이 19세기 이후의 근현대 사회를 기술기축시대라고 명명하면서 부각되었다. 벨은 야스퍼스의 역사철학 개념인 보편사적 '문명기축론'에 지적 영감을 받아 "지난 200년간이 새로운 기축의 시대, 즉 자연과 물질세계를 변화시키는 토대인 인간능력이 '획기적 진전'을 이룬 시기였다"[11]고 정위(定位)한다. 특별히 벨은 3차 산업혁명

---

10 에릭 브린욜프슨·앤드루 맥아피, 『제2의 기계 시대: 인간과 기계의 공생이 시작된다』, 8쪽.

11 Daniel Bell, *The Coming of Post-Industrial Society: A Venture in Social Forecasting*, New York: Basic Books, 1999. 다니엘 벨, 『탈산업사회의 도래』, 김원동·박형신 옮김, 서울: 아카넷, 2006, 7쪽. 특기할 사항으로 '제2 기축시대' 개념은 야스퍼스가 이 용어를 미래의 새로운 정신혁명을 가리켜 사용한 것과 달리, 벨은 근현대기에 출현한 획기적인 기술혁신에 초점을 맞추어 '제2의 기축시대-기술기축시대'라 칭했다. 이 제2 기축시대의 주제와 관련해서 벨은 스페인 일간지 『엘 파이스(*El País*)』가 조직한 다수의 유럽 신문사들의 협력사업인 레오나르도 프로젝트(Leonardo project)에서 「제2 기축시대(*The Second Axial Age*)」(1991.11.1)라는 논문을 발표했다. 그리고 미국사회학회 총회에서 강연했던 「시간과 공간의 붕괴: 탈산업시대의 기술과 사회*The Break-up of Space and Time: Technology and Society in a Post-Industrial Age*」(1992.8.20)와 탈코트 파슨스(Talcott Parsons) 사회과학 메달을 수상하면서 미국학술원에서 했던 강연(1993.2.10)에서도 논급한 바 있다.

(정보화시대)에 초점을 맞추어 미래의 사회변화가 기술과의 연관성 속에서 정보 중심의 '탈산업사회(Post-Industrial Society)' 경향을 보일 것이라고 전망했다. 그는 테크네(technē)의 축에 따른 전산업사회, 산업사회, 탈산업사회라는 개념도식을 제시하면서 "근대사회와 지난 200년 동안 그것이 변화되어온 방식을 이해하고자 한다면 우리는 기술의 변화, 특히 기계기술로부터 지적 기술-탈산업사회의 토대인-로의 변화를 이해해야만 한다"[12]고 말한다.

상술한 벨의 견해는 야스퍼스가 현대사회의 산업문명을 새로운 프로메테우스(Prometheus)시대, 곧 '세계사시대-과학기술시대'라고 불렀던 것과 동일문맥을 구성한다. 야스퍼스는 (제1) 기축시대에 버금가는 산업혁명의 과학기술문명(주로 1·2차 산업혁명기)을 세계적 인류사(세계사시대)에 진입하는 '새로운 축'의 시대라고 인식했다. 더해서 그에게 '제2 기축시대(새로운 정신혁명)'란 인류의 변천사에서 산업혁명과 필적할 만한 농업혁명의 장기지속과정 중 그 자신이 입론한 기원전 약 500년경 인류의 위대한 전통이 탄생한 시기인 '(제1) 기축시대'와 구별하고, 더 나아가 그러한 지반 위에서 인류 미래의 새로운 정신혁명(제2의 기축시대)을 계도하기 위해 잠정적으로 설정한 것이다. 야스퍼스의 시야에서 과학·기술이 태동한 근대기는 "결코 인류 전반의 기축이나 세계를 포괄하는 그러한 규모의 기축을 의미하지는 않는다".[13] 단지 그 시대가 다음 기회에 기축이 될 수 있다는 사실을 의미할 뿐이었다. 19세기 말 과학·기술의 결과들에 의한 완전히 다른 기축시대가 등장했기

---

12 다니엘 벨, 『탈산업사회의 도래』, 36쪽.

13 Karl Jaspers, *Vom Ursprung und Ziel der Geschichte*, Frankfurt: Fischer Bücherei, 1956. 칼 야스퍼스, 『역사의 기원과 목표』, 백승균 옮김, 서울: 이화여자대학교 출판부, 1987, 134쪽.

때문이다.

그런데 근현대 과학기술시대(기술기축시대)는 좀 더 진척시켜서 브린욜프슨 등의 시각을 빌리자면 18세기 말 증기기관이 '제1의 기계시대(The First Machine Age)'를 열었으며 21세기는 컴퓨터 하드웨어와 소프트웨어, 통신망이 핵심인 디지털기술의 발전에 힘입어 '제2의 기계시대'로 진입했다.[14] 이렇게 볼 때 기술기축시대의 전반부인 1·2차 산업혁명기는 제1의 기계시대, 그리고 후반부인 3·4차 산업혁명기는 제2의 기계시대로 각각 자리매김할 수 있을 것이다. 4차 산업혁명은 3차 산업혁명(정보혁명)으로 대변되는 디지털혁명(컴퓨터혁명)의 지반 위에서 21세기의 시작과 동시에 출현했다. 소위 4차 산업혁명은 유비쿼터스 모바일 인터넷(ubiquitous and mobile internet), 더 작고 강력해진 센서, 인공지능과 기계학습이 특징이다. 뿐더러 단순히 기기와 시스템을 연결하고 스마트화하는 데 국한되지 않고 그 범주가 훨씬 광범위하다. 즉, "유전자 염기서열분석에서 나노기술, 재생가능에너지에서 퀀텀 컴퓨팅까지 다양한 분야에서 거대한 약진이 동시다발적으로 일어나고 있다. 이 모든 기술이 융합해 물리학, 디지털, 생물학 분야가 상호교류하는 제4차 산업혁명은 종전의 그 어떤 혁명과도 근본적으로 궤를 달리한다".[15] 이렇듯 오늘날 차세대 산업혁명의 등장과 새로운 세계시스템으로의 이행기 무엇보다도 생명-생태 성장사회로서의 '생태문명(그린뉴딜)'을 건립하려는 노력에는 이 과학기술문명의 역사궤적에 대한 비판적 이해가 수반되어야 할 것이다.

---

14 에릭 브린욜프슨·앤드루 맥아피, 『제2의 기계 시대: 인간과 기계의 공생이 시작된다』, 참조.
15 클라우스 슈밥, 『클라우스 슈밥의 제4차 산업혁명』, 26쪽.

문명비평가 제러미 리프킨(Jeremy Rifkin)은 인류역사에서 주요한 경제적 변혁은 커뮤니케이션 매개체, 동력원(에너지 원천), 운송 메커니즘(물류 이동성)을 갖추어야 가능하다고 주장한다. 그것은 경제시스템이 이 세 요소의 운영체계가 상호작용함으로써 하나의 완전체로 돌아가기 때문이다. 리프킨은 커뮤니케이션혁명, 에너지혁명, 물류이동혁명이 통합될 때 경제활동방식, 통치방식, 거주양식이 바뀌는 패러다임의 전환이 일어날 수 있다고 보았다. 이러한 범용 기술 플랫폼(사회 전반적 인프라)에 의거해보면 "1760~1840년경에 걸쳐 발생한 1차 산업혁명은 철도건설과 증기기관의 발명을 바탕으로 기계에 의한 생산을 이끌었다".[16] 좀 더 정확히 말해서 1차 산업혁명은 "증기력을 이용한 인쇄와 전신, 풍부한 석탄, 전국 철도망이 서로 맞물리며 사회를 관리하고 사회에 동력과 이동성을 제공하는 범용 기술 플랫폼을 형성함"[17]으로써 발생한 것이다. 또한 "19세기 말에서 20세기 초까지 이어진 제2차 산업혁명은 전기와 생산조립라인의 출현으로 대량생산을 가능하게 했다".[18] 이 2차 산업혁명은 "중앙제어식 전력과 전화, 라디오, 텔레비전, 저렴한 석유, 그리고 전국의 도로망을 달리는 내연기관 차량이 상호작용하면서 그 기반을 창출"[19]한 것이다.

사실 상기(上記)한 제1의 기계시대(1·2차 산업혁명)는 3억 1500만 년

16 클라우스 슈밥, 『클라우스 슈밥의 제4차 산업혁명』, 25쪽.
17 Jeremy Rifkin, *The Global Green New Deal: Why the Fossil Fuel Civilization Will Collapse by 2028, and the Bold Economic Plan to Save Life on Earth*, St. Martin's Press, 2019. 제러미 리프킨, 『글로벌 그린 뉴딜: 2028년 화석연료 문명의 종말, 그리고 지구 생명체를 구하기 위한 대담한 경제 계획』, 안진환 옮김, 서울: 민음사, 2020, 26쪽.
18 클라우스 슈밥, 『클라우스 슈밥의 제4차 산업혁명』, 25쪽.
19 제러미 리프킨, 『글로벌 그린 뉴딜: 2028년 화석연료 문명의 종말, 그리고 지구 생명체를 구하기 위한 대담한 경제 계획』, 26쪽.

전의 동식물인 화석연료를 채굴하면서 자리 잡았다. 인류사회는 청동기시대, 철기시대를 지나 화석연료시대로 진입한 것이다. 이어서 "1960년대에 시작된 3차 산업혁명은 반도체와 메인프레임 컴퓨팅(mainframe computing, 1960년대), PC(personal computing, 1970년대와 1980년대), 인터넷(1990년대)이 발달을 주도했다".[20] 따라서 정보혁명을 컴퓨터혁명 또는 디지털혁명이라고도 일컫는다. 여하튼 인류사회는 3차 산업혁명기를 거치면서 온라인(Online)의 초연결 인터넷사회가 구축되었다. 그 이후로 더욱 정교해지고 통합적으로 진화한 디지털기술은 O2O세계의 기초 위에서 빅데이터·클라우드·인공지능 기술 등이 결합하면서 초연결지능사회인 4차 산업혁명을 이끌었다. 이 제2의 기계시대는 "디지털화한 커뮤니케이션 인터넷이나 태양광, 풍력전기를 동력원으로 하는 디지털화한 재생에너지 인터넷, 그리고 녹색에너지로 구동되는 전기·연료전지 자율주행차량으로 구성된 디지털화한 운송 및 물류인터넷이 상호작용하며 수렴하고 있다. 이들의 상호작용과 수렴은 상업용, 주거용, 산업용 건축물과 시설에 설치되는 사물인터넷 플랫폼을 기반으로 삼아 21세기의 사회와 경제에 변혁을 알리고 있다".[21]

2) 생태문명: 생명(삶)공감형 성장

18세기 중반부터 서구에서 발원한 근대공업의 산업혁명은 '근대자본주의 세계시스템-서구식 근대성'의 형성을 자극하며 그 탄생의 중요한 요인이 되었다. 이 서구 헤게모니로서의 근대문명(산업문명)은 세계적

---

20 클라우스 슈밥, 『클라우스 슈밥의 제4차 산업혁명』, 25쪽.
21 제러미 리프킨, 『글로벌 그린 뉴딜: 2028년 화석연료 문명의 종말, 그리고 지구 생명체를 구하기 위한 대담한 경제 계획』, 26-27쪽.

보편문명(universal civilization)으로 진척되어 서양이라는 한 지역의 특수한 문명이 전 지구적으로 팽창해 강제되었다. 그런데 근현대 역사궤적상 문명의 담론사를 관찰해보면 그 내용과 성과는 단수적(singular) 측면과 복수적(plural) 측면에서 추출할 수 있다. 단수문명론은 진보(성장), 보편, 발전, 도덕 등을 함의하며 이 관점은 다원주의가 불러올 극단적인 상대주의를 억제하고 보편문명론의 토대가 된다. 복수문명론은 소단위의 문화(culture)를 포괄하는 대단위의 공동체(정체성)를 함의하며 이 관점은 다원공동체 정신을 옹호해 독점주의를 지양하고 교류와 포용을 가능하게 하는 토대가 된다.[22] 특히 근대성을 '보편문명–문명의 진보적 의미'와 연계시켜보면 제1의 기계시대의 근대성(보편성)은 타자와의 관계성을 배제하는 단선적 진보사관으로 이어져 서구보편주의의 세계적 동질화 과정의 근저를 이룬다. 이 시기 근대성(이성체계)의 가치체계는 화석에너지(석탄·석유)에 기반을 둔 호모–이코노미쿠스(Homo-Economicus, 경제적 인간)형 승자독식과 적자생존의 논리가 지배했다. 더불어 이원적 진보이념(근대성)은 산업자본주의와 과학기술의 위력을 통해 현대문명에 깊이 착근해 개발이익, 환경파괴, 인종차별, 종교대립, 문명의 충돌 등을 유발시킨 진원지로 지목된다.

그에 반해서 제2의 기계시대(3·4차 산업혁명)의 디지털생태계(연결망의 세계)는 가치창출의 방식에서 이익공유, 협력이 요구되며 그에 따라 인간형, 시민권, 기업조직, 사회규범, 의사결정 패턴, 교육방식, 분배시스템 등 각 분야의 전반적인 재편이 진행 중이다.[23] 이는 경쟁, 분리,

---

22 전홍석, 『문명 담론을 말하다: 현대 '문명학' 정립을 위한 시론』, 서울: 푸른역사, 2012, 118–119쪽 참조.
23 최배근, 『호모 엠파티쿠스가 온다: 초연결 시대를 이끌 공감형 인간』, 72쪽 참조.

차이 등의 논리가 지배적이었던 과거 제1의 기계시대(1·2차 산업혁명)의 오프라인(Offline)생태계와는 근본적으로 성격을 달리한다. 그러나 4차 산업혁명기 연결망(network, 관계망)의 세계에는 자유무역, 금융시장 개방으로 상징되는 글로벌화, 지구촌사회라는 '통합적인 순기능'과 함께, 연결망(네트워크)의 한 부분에 문제가 발생하면 전체로 확산하는 '전염적인 역기능'이 동시에 존재한다. 특히 후자의 역기능이 발생하게 된 데는 수직적으로 통합된 중앙집중식 제1의 기계시대의 인프라나 의식을 청산하지 못한 소치이다. 그 역효과의 대표적인 사례가 미국발 글로벌 금융위기, 유로존위기, 기후위기, 최근의 COVID-19 재난 등이다. 이러한 초국적인 전염의 위기는 경제력, 군사력, 구분, 분리 등에 기초한 근대세계시스템(modern world system)이나 산업문명의 중심주의(패권주의) 세계관이 수명을 다했음을 보여준다. 디지털생태계에서 초국가 협력은 공생의 필수조건이며 자신(자국)과 연결된 상대(상대국)가 파괴되면 그 자신도 존재할 수 없기 때문이다.

이와 동일한 문맥에서 제러미 리프킨은 시대에 뒤처진 화석연료에 기초한 산업문명이 디지털생태계의 역효과인 COVID-19의 위기를 불러왔고 그 원인은 기후변화의 결과라고 분석한다. 그의 논지를 따라가 보면, 첫째로 지구온난화로 지구의 물순환이 교란되어 생태계가 붕괴했고, 둘째로 인간이 지구에 남은 마지막 야생의 터를 침범·개발해 기후변화를 유발했으며, 셋째로 야생의 생물들이 서식지가 파괴되어 이주하기 시작했고 특히 야생동물을 매개로 바이러스가 인간에게 전염되어 사스, 메르스, 에볼라, 지카, COVID-19와 같은 팬데믹이 발생했다는 것이다. 덧붙여 그는 제1의 기계시대 화석연료에 기반한 현 신자유주의(neoliberalism) 경제는 오로지 단기 이익만을 추구해 문제가 발생할 경우 그것에 대비하는 중복장치를 구비할 수가 없다고 지적한다.

이러한 시대착오적인 낙후된 진보의식 때문에 지금처럼 팬데믹이 오면 세계 전체가 타격을 받고 지구화(globalization)된 인프라가 순식간에 붕괴되고 만다고 비판한다.[24] 결과적으로 리프킨은 현재의 감염병으로부터 "세상에 있는 모든 것이 하나의 망으로 연결되어 있다는 것, 우리가 한 가족이라는 것, 우리가 함께하지 않으면 다 같이 무너진다는 사실"[25]을 배우게 되었다고 말한다. 이것이 생명-생태 중심의 진보관(보편론)과 그것이 추동하는 호혜·연대·소통·공생·다원·포용적 공동체를 제안하는 이유이다.

사실 생태론적 문제의식은 근대 이전에 출현한 것이 아니라 근대 이후 생태질서를 파괴하는 화석연료와 기계론이 지배하는 산업문명의 폐단에 대한 반성으로부터 제기되었다. 그도 그럴 것이 산업문명은 식품첨가물, 비료, 살충제, 포장재, 건축자재, 합성섬유, 운송, 전력, 열, 빛 등 전부를 화석연료에 의존한다. 이 화석연료 문명이 지구온난화와 대규모의 감염병, 생태계의 파괴를 불러온 주범으로 지목된다. 그러나 보다 근원적으로는 산업(화석연료)문명의 제반 균열현상의 배후에는 존재의 모든 관계망을 파편화하는 서구식 근대체제가 자리한다. 또한 산업문명의 사회질서나 국제질서의 운영원리는 연결망을 파괴하는 근대적 경쟁에 기반을 둔다. 이 지점에서 생태담론은 제1의 기계시대의 근대성(보편성)에 내재된 닫힘과 두절의 이항적 대립의식을 파기하고 상호주체적인 연결고리를 인정하는 열림과 소통의 생명-생태적 근대성(보편성)으로의 이행을 요구한다. 구체적으로는 근대문명의 선험적인 전제들을 거부하고 근대

24 제러미 리프킨, 「집중과 분산: 화석연료 없는 문명이 가능한가」, 『오늘부터의 세계: 세계 석학 7인에게 코로나 이후 인류의 미래를 묻다』(제러미 리프킨 외 인터뷰, 안희경), 서울: 메디치, 2020, 19-22쪽 참조.
25 제러미 리프킨, 「집중과 분산: 화석연료 없는 문명이 가능한가」, 22-23쪽.

세계시스템이 박탈한 복수적 근대성, 다주체·다중심의 공생주의, 생태적 관계성, 생명의 그물망 등을 주요 논제로 삼는다. 따라서 근대적 기계문명에 대한 생명–생태적 성찰은 서구 근대성이 강제해온 주객 이분법을 단절하고 주체와 객체 간의 새로운 관계설정이 대전제이다. 즉, 그것은 서구의 근대적 세계관이 조장한 인간과 자연, 중심과 주변, 서구와 비서구 등의 이분화적 갈등 구조를 해체하고 유기적·전일적 '생명주의 관계망'을 회복하는 것을 골자로 한다.[26]

이러한 산업문명에 대한 생명–생태적 성찰과 반성은 제2의 기계시대에 접어들면서 지속가능한 문명의 창출을 위한 '생태문명–그린 뉴딜(Green New Deal)'의 의제로 부상해 본격화되었다.[27] 3차 산업혁명은 20세기 말 근대적 거대서사를 해체하는 포스트 혹은 트랜스–모더니즘(post·trans–modernism)운동과 겹치면서 정보통신기술(ICT)의 분산네트워크 혁명과 신재생에너지(녹색에너지)제도 혁신의 결합을 동력으로 등장했다. 이 정보혁명은 제1의 기계시대 오프라인 현실세계의 '근대 세계시스템–서구식 근대성'을 분해하는 초국가적 온라인 가상세계를 창출했다. 또한 이 변화의 물결은 아톰세계(현실: 1·2차 산업혁명)와 비

26 전홍석, 『문명 담론을 말하다: 현대 '문명학' 정립을 위한 시론』, 34-36쪽 참조.
27 '생태문명–그린 뉴딜'은 환경과 사람이 중심이 되는 지속가능한 발전을 가리키며 구체적으로는 저탄소 경제구조로의 전환, 즉 현재의 화석에너지 정책을 신재생에너지로 전환하면서 고용과 투자를 늘리는 정책을 말한다. 제러미 리프킨의 설명에 따르면, 이 분야는 현재 유럽연합과 중국이 주도하고 있다. 유럽연합은 스마트 유럽, 디지털 그린 뉴딜을, 중국은 인터넷 플러스라는 국가계획을 각각 시행했다. 유럽은 그린 뉴딜, 중국은 생태문명이라고 다르게 칭하지만 양자는 거의 같은 계획이다. 그리고 유럽연합과 중국은 상하이에서 노트르담까지 유라시아라고 하는 광대한 대륙을 공유한다. 세계는 두 슈퍼 파워를 맞이했고 이 두 거대 집단은 차세대 산업지형에서 장기적으로 함께 움직일 것이다. 제러미 리프킨, 「집중과 분산: 화석연료 없는 문명이 가능한가」, 42쪽 참조.

트세계(가상: 3차 산업혁명)의 융합을 특징으로 하는 4차 산업혁명이라
는 새로운 초연결스마트사회로 이행되고 있다. 이 디지털생태계에서
는 이익공유의 호혜성 원리가 부각됨과 동시에 공감적 연대감이 현 인
류의 글로컬(glocal, 지구지역적) 네트워크를 이어주는 연결고리로 기능
한다. 이 일련의 초연결시대의 지적 흐름은 '보편문명-문명의 진보적
의미' 상에서도 과거 적대적·지배적인 분절화된 보편성(근대성)에서 이
타적인 호모-엠파티쿠스(Homo-Empathicus, 공감형 인간)·호모-오토노
모스(Homo-Autonomous, 자율형 인간)가 선도하는 생명-생태 중심의 호
혜적·공생적 보편성(근대성)으로의 변환을 요청한다. 이는 또한 근대적
부강국가주의를 탈구축하는 문명대안론 차원에서 지역 중심의 지구화
라는 지역공동체(regional community)로의 이동을 가속화시키고 있다.

상기한 의미맥락에서 리프킨은 '제2의 기계시대-4차 산업혁명'을 지구
지역화(glocalization)로 안내하는 프레임으로 인식한다. 차세대 산업혁명
은 중앙집중의 하향식 신자유주의 지구화가 아닌 글로컬을 위한 인프라,
즉 지구지역화이자 생물지역 거버넌스(bioregional governance, 인간만이
아니라 지역생태계 전체를 책임지는 통치)라는 것이다.[28] 주지하다시피 '지구
지역화'란 지구성(globality)·지역성(regionality)·지방성(locality)이 상호
침투하는 변증법의 과정으로, 초연결 지구사회에서 지역성(지방성)은 이
미 지구성을 내포하고 지구성은 지역성(지방성)을 통해 교차적으로 표출되
는 현상을 가리킨다. 이 명제는 새로운 지역공동체의 거버넌스 구성이라
는 의제에 유익한 지적 영감을 제공한다. 리프킨의 통찰을 빌리자면
제2의 기계시대의 패러다임은 '커뮤니케이션혁명-인터넷', '에너지혁명
-재생에너지', '이동혁명-전기 및 연료전지 차량'이라는 혁신기술에 의

---

28 제러미 리프킨, 「집중과 분산: 화석연료 없는 문명이 가능한가」, 25쪽.

해 추동된다. 이는 모두 인터넷(사물인터넷)으로 재연결되어 분산적인 수평적 통합으로 재조직화해 지역(지방) 중심의 지구화를 이끄는 기반이 된다. 또한 이 차세대 산업 인프라의 핵심은 기후재난, 사이버테러 등이 발생할 경우 중앙 인터넷을 지역이나 지방 인터넷으로 전환할 수 있는 지역구조이다. 이로써 지역공동체 전체가 협력하는 수평적으로 분산된 새로운 생명-생태적 거버넌스의 지반이 마련된 것이다.

그러나 생태학적 의제는 단순한 물리적인 인프라, 환경보호, 생태계의 회복, 관리의 영역에만 국한되지 않는다. 그것은 인간사회의 도덕·문화·정신 양식의 혁신이라는 폭넓은 함의를 지닌다. 예컨대 최근 생태와 경제를 통합하는 생태경제가 논의되고 있으며 이 점에서 클라이브 해밀턴(Clive Hamilton)이 제시한 '참진보지표(GPI, Genuine Progress Indicator)'는 유의미하다. 이 GPI는 시장의 논리로 도외시되어온 가족, 공동체, 자연환경이 기여하는 행복의 영역을 강조하기 위해 마련된 것이다. 해밀턴은 먼저 산업문명에서 "우리의 소비행동은 성장시스템을 영구화하는 데 일조하고 우리의 공공행동은 성장이라는 기계의 시중을 드는 정치구조에 연결된다."[29]고 지적한다. 그리고 이러한 개발망상의 성장시스템에 저항하는 미래 탈성장사회(post-growth society)의 정치철학, 곧 자기실현을 위한 더 많은 배려, 더 균형적이고 통제 가능한 삶에 대한 욕구, 가족과 보낼 더 많은 시간 등의 유디머니즘(행복주의)을 표방하면서 GPI를 제언했다.[30] 이처럼 오늘날 제2의 기계시대는 자

---

29 Clive Hamilton, *Requiem for a Species: Why We Resist the Truth About Climate Change*, London: Earthscan Publications, 2010. 클라이브 해밀턴, 『누가 지구를 죽였는가: 인류가 직면한 최대 위기』, 홍상현 옮김, 서울: 이책, 2013, 79쪽.

30 Clive Hamilton, *Growth Fetish*, Ann Arbor: Univ. of Michigan Pr, 2004. 클라이브 해밀턴, 『성장숭배: 우리는 왜 경제성장의 노예가 되었는가』, 김홍식 옮김, 서울: 바오

본주의적 '성장의 망상체계(growth fetishism)'라는 시대착오적 진보의
식을 제거하고 그 자리에 생명(삶)공감형 참진보, 곧 생명-생태 성장사
회가 들어서야 한다는 당위성을 적시(摘示)하고 있다. 4차 산업혁명과
함께 공감·예술·영성(spirituality, 생명)·생태문명이 시대정신으로 부
상한 이유이다.[31] 그것은 지방·지역·지구를 아우르는 생명공감(자율)
의 지구지역적 연대와 협력만이 연결망의 세계에서 통합효과를 극대화
하고 전염이라는 역효과(재난)를 막는 불가역적인 해법이기 때문이다.[32]

3. 칼 야스퍼스: 기축문명론과 비전

1) 역사이해: 실존과 자유

'제2의 기계시대-4차 산업혁명'은 폭주하는 기술혁신을 조율하는
인간정신(본성)의 공진화가 요망되는 변혁의 시대이다. 특별히 이 시대
의 디지털생태계가 직면한 전염적인 역기능이나 인간·기술의 비대칭
적 상황 등은 과학기술시대의 실존적 문제와 관련된다. 그것은 글로컬

출판사, 2011, 100-108쪽 참조.

31 공감·예술·영성·생태는 모두 생명정신의 체현으로 집약된다. 이 중에서 영성
(spirituality)도 생명에 귀결된다. 숨을 가리키는 라틴어 spiritus에서 영어 spirit과
spiritual이 오고, 여기서 다시 spirituality, 곧 오늘 우리가 영성이라고 옮겨서 쓰는
말이 왔다. 따라서 생명은 영성의 작용이고 영성은 생명의 뿌리라고 할 수 있다.

32 최배근은 초연결시대의 디지털생태계에서 협력과 연대가 필요한 이유를 다음과 같이
설명한다. "연결망이 유지되기 위해서는 연결고리에 있는 노드(Node) 사이에 반드시
협력이 이루어져야 한다. 협력이 지속되려면 상호 신뢰와 투명한 운영(관리)은 전제조
건이고 신뢰가 구축되기 위해서는 연결망의 마디 역할을 하는 개별 주체나 국가의 자기
책임성(지율성의 원리)과 디불어 하나로 연결되어 있기 때문에 공동책임이 필요하다는
연대의 원칙이 요청된다." 최배근, 『호모 엠파티쿠스가 온다: 초연결 시대를 이끌 공감
형 인간』, 73쪽.

생명-생태 성장사회(성장시스템)와 동행하는 새로운 시대 인간생성(인간성장)의 정신혁명을 요청하며 그 실체는 '실존적 각자(覺者, 생명공감형 인간)'로 요약할 수 있다. 본래 실존주의(existentialism)철학(실존철학)에서 '실존(존재, existence·existentia)'이란 정신적 초월(transcendance) 영역으로 '비본래적인 자기로부터 탈출해서 밝은 존재 안에 자리를 잡는' 부단한 생성(되어감, Werden·Devenir)의 의미를 갖는다. 이 생성은 추상, 관념, 본질, 개념의 틀을 깨뜨리고 단독자가 자기의 자유로운 선택과 결단으로 끊임없이 자기를 만들어간다는 뜻이다. 덧붙여 '실존주의'는 19세기 말부터 유행한 생철학(philosophy of life)의 토대 위에서 기술 기축시대 전반부인 제1의 기계시대(1·2차 산업혁명기)에 세계의 기계적 이해, 주지주의, 과학만능주의 등 산업문명에 대한 사회적·사상적 자유의식을 표출한 인문운동이다. 프리츠 하이네만이 실존철학을 "기술의 포괄적이고 강렬한 영향력에 대한 반동, 그리고 기술시대의 파괴적 결말을 피하려는 시도"[33]라고 해석한 의미가 그것이다.

이렇게 제1의 기계시대에 출현한 실존주의라는 지적 사조는 당시 기계문명에 의해 초래된 인간의 불안·고독·절망·위기라는 구체적인 상황 속에서 현대사회를 고뇌하고 사변성을 물리치면서도 윤리적·종교적·형이상학적 의미를 간직한 생동하는 사유체계로 완비되었다. 실존주의는 철학, 문학, 예술, 문화, 사회, 종교, 심리학 등 다양한 영역에 유전하면서 지금까지도 광범위한 영향을 미치고 있다. 특히 3차 산업혁명과 함께 등장한 포스트모던 사회 논의는 실존주의와 무관하지 않다. 통상 포스트모던 사회를 말할 때 르네 데카르트(René Descartes), 임마누엘 칸트(Immanuel Kant), 게오르크 헤겔(Georg Wilhelm Friedrich

---

33 프리츠 하이네만, 『실존철학』, 34쪽.

Hegel) 등의 모더니즘(modernism), 본질주의(essentialism)에 반기를 들고 '실존(existenz)' 개념을 제시한 프리드리히 셸링(Friedrich Wilhelm Joseph von Schelling)에서 그 연원을 찾는다. 그러나 실존철학은 19세기 중반 쇠렌 키르케고르(Sören Aabye Kierkegaard)로부터 본격화되었다. 키르케고르는 셸링의 적극철학에서 차용한 실존 개념을 통해 헤겔의 포괄적이며 개체를 말살하는 세계정신에 반대하고 인간을 헤겔적인 이성의 객관성, 보편성으로 환원될 수 없는 주체적인 개별자, 단독자로 한정했다. 이로써 내가 나 자신에 대해 어떠한 관계를 가지며, 또한 이 관계가 초월과 어떠한 관계에 있는지를 규명하려고 했다.

칼 야스퍼스의 역사이해는 상술한 실존철학과 연동된 실존, 자유 등 개념적 정식들과 상호 긴밀한 공조 속에서 전개되었다. 앞서 논급했다시피 21세기 디지털생태계에서 '공감형 인간(실존)'과 함께 전체의 자유를 위해 신뢰와 협력의 자기 책임을 다하는 '자율형 인간(자유)'이 중요한 가치를 이룬다. 그런 점에서 야스퍼스가 개진하는 실존적 역사철학은 긴요한 현재성을 갖는다. 그는 실존의 표징이자 본래적 자기존재의 근원인 자유를 호소하면서 실존적 자유(existentiell Freiheit)는 개별적인 현실상황 안에서 실존의 결단 순간, 곧 영원한 현재로 발현된다고 주장한다. 실존은 초월적 진리에 대한 무한한 의지를 품고 자유로서의 자기존재를 발견하고 본래적 자기를 자유롭게 실현하는 것이다. 특히 야스퍼스는 자유의식의 근원을 기술하면서 시간현존 안에 존재하는 나는 세계정위를 통해 나에게 나타나는 현존(Dasein)만을 인지할 따름이지 현존의 영원 안에 있는 존재에는 무지하다고 간주했다. 지식으로 파악할 수 없는 존재는 오로지 나의 의지로 드러나고 무지함이 의지의 필연성의 근원인 것이다. 그러나 "실존의 정열은 자유로운 의지이기 때문에 무지함 하에서 절대적으로 괴로워하지 않는다. 나는 불가피한 부자유의 사유 안에서 무지함에 절망하는 것이다."[34]라고 말한다. 그는 자유가 실존의 근원인 현존 안에서 실현된다고 보았지만 한편으로 "자유의 근원은 내가 탐구하는 현존으로부터 자유를 배제한다. 나 자신으로 존재할 수 있는 현존에서 존재는 자유를 통해 자신의 근거를 갖는다."[35]고 판단했다.

실제로 20세기 전반 실존주의가 문제시했던 인간은 그 자체로서가 아닌 본질주의 형식의 산업적 도구존재로 전복됨은 물론 기계문명의 평균화·도구화·기계화·집단화로 인해 인간소외, 비인간화에 처해 있었다. 더군다나 인간의 현존(Dasein, 현존재)은 자기성찰 없는 권력과 명예, 욕구 충족에의 집착, 혹은 과학적 지식이나 보편타당성을 절대시한 나머지 개성도 창의성도 상실한 채 그 누구와도 대체 가능한 단위가 되어버렸다. 본래 현존 Dasein은 '거기(da)에-있다(sein)'라는 뜻이다. 마르틴 하이데거(Martin Heidegger)는 da가 '존재가 거기에서 개시(開示)되는 곳'이라는 의미로 받아들여 존재가 나타나는 곳으로서의 존재자로 해석했다. 그에게 Dasein은 경우에 따라 본래적인 자기 자신으로, 또는 비본래적인 자기 자신인 소외된 일상인(das Man)으로 될 수 있는 가능성을 모두 지닌다. 프랑스의 장 폴 사르트르(Jean-Paul Sartre)는 Dasein 원어 그대로 번역한 être-là를 사용했다. 그는 하이데거의 인간적 현존재(menschliches Dasein)라는 실질적인 의미 내용에 주안점을 두어 인간존재(réalité humaine, 실존)로 바꾸어 썼다.

야스퍼스의 경우는 의미상 Dasein이 하이데거의 용법과 다소 차이를

---

34 Karl Jaspers, *Philosophie. Band 2: Existenzerhellung*, Berlin: Julius Springer, 1932, 1948, 1956, 1973. 칼 야스퍼스, 『철학 Ⅱ: 실존조명』, 신옥희·홍경자·박은미 옮김, 파주: 아카넷, 2019, 314쪽.

35 칼 야스퍼스, 『철학 Ⅱ: 실존조명』, 314쪽.

보인다. 야스퍼스는 이 현존 Dasein을 인간의 가장 직접적인 단계인 경험적·현실적 존재 단계로 보고 "본래적인 자기로서의 실존과 대비되는 비본래적인 자기를 지시하는 용어로 사용했다".[36] 야스퍼스는 키르케고르의 실존사상을 계승해 실존이 단순한 생활·생존 단계인 현존 안에서 사라져가는 데서 현대문명의 위기를 직시했다. 그러나 야스퍼스는 현존 없는 실존, 초월자는 존재하지 않는다는 입장을 견지[37]하면서 "단지 현존에서의 자의적 선택능력으로서가 아니라 내가 나 자신이 되기 위해 필요한 그런 결단의 가능성으로서의 나의 결단능력을 자각하게 될 때 나는 그 결단할 수 있다는 것의 근거 속에서 가능적 실존을 볼 수 있게 된다. 곧 나의 결단을 통해 나는 본래적인 나 자신이 된다."[38]고 생각했다. 그것은 실존이 "무(無)로부터가 아니라 초월자 앞에서 자신에게 선사된 가운데 결단을 통해 존재 가능하게 되는 것"[39]이기 때문이다.

야스퍼스에게 인간의 실존 가능성은 실존적 자유에 상응한다. 인간은 자기 자신을 자유로서 경험하며 자유는 초월자에 의존하는 것으로 경험한다. 더불어 자유는 실존조명(Existenzerhellung)의 핵심내용으로서 자기존재인 '실존(영혼)'에 국한된다. 이를테면 존재탐구에서 자유의 문제는 객관존재(Objektsein, 대상존재)의 세계정위나 즉자존재(Ansichsein, 자체존재)의 초월성(형이상학)보다는 대체 불가능한 단독자로서의 나, 곧 자기존재라는 실존영역에 해당한다. 실존의 본질적 특성인 "자유는 자

36 강갑회, 『칼 야스퍼스에 있어서 초월자의 암호해독을 통한 실존해명』, 동아대학교 대학원 철학과 철학박사학위논문, 2002, 2-3쪽 참조.
37 칼 야스퍼스, 『철학 II: 실존조명』, 405-406쪽 참조.
38 Karl Jaspers, *Der Philosophische glaube Angesichts der Offenbarung*, Munich: R. Piper, 1962. 칼 야스퍼스, 『계시에 지면한 철학적 신앙』, 신옥희·변선환 옮김, 칠곡군: 분도출판사, 1989, 122쪽.
39 칼 야스퍼스, 『계시에 직면한 철학적 신앙』, 122쪽.

기존재 밖에 존재하지 않는다. 대상적 세계에서는 자유를 위한 자리도 틈새도 존재하지 않는다".[40] 현존 안에 있는 나의 존재 가능성인 실존은 오직 나의 자유로운 선택과 결단에 의해서만 존재하는 것이다. 야스퍼스의 시각에서 "인간은 현존으로 존재하는 가능실존이다".[41] 실존은 세계현존에서의 불만족과 그러한 "불만으로서 나의 생성을 끊임없이 자극"[42]해 세계현존의 돌파를 통한 현존의 현상 안에 나타난다. 그리고 자기를 실현하는 실존의 역동성은 "세계에서의 상황으로부터 한계상황에로, 경험적 의식으로부터 절대적 의식에로, 합목적적인 행위로부터 무제약적 행위에로"[43] 나아간다.

이러한 실존의 운동은 실존의 무제약적 선택과 결단의 모험인 것이다. 그러나 "만일 내가 영원에서 초월자의 존재와 모든 사물의 존재를 알고 있다면 자유는 불필요하게 되며 시간은 채워질 것이다. 나는 더 이상 어떤 결단도 필요로 하지 않는 지점에서 영원한 명석함에 서게 될 것이다".[44] 이와 함께 야스퍼스는 실존을 역사적이라고 통찰하면서 "영원의 현재화로서의 시간 속에서의 자기 자신에로의 도달"[45]이 실존이라고 규정한다. 그것은 전통적인 것과 연결되거나 결렬되든지 하면서 단적으로 지나가는 것으로서의 역사와는 다르다. 그는 역사성(Geschichtlichkeit)을 실존 차원에서 "현존의 시간성 속에서 내가 실존적으로 존재한다면 나는 동시에 이 시간성을 넘어서 있는 것이 된다.

---

40 칼 야스퍼스, 『철학 Ⅱ: 실존조명』, 314쪽.
41 칼 야스퍼스, 『철학 Ⅱ: 실존조명』, 30쪽.
42 칼 야스퍼스, 『철학 Ⅱ: 실존조명』, 37쪽.
43 칼 야스퍼스, 『철학 Ⅱ: 실존조명』, 40쪽.
44 칼 야스퍼스, 『철학 Ⅱ: 실존조명』, 314쪽.
45 칼 야스퍼스, 『계시에 직면한 철학적 신앙』, 123쪽.

자신의 시간적인 실현이라는 옷을 입은 실존이 역사성이다. 역사성이
란 현존과 정신의 객관적 역사성이나 주관적 역사성과는 달리 시간성
과 영원의 일치이다."[46]라고 설명한다. 소위 역사성은 역사 속에서 실
존이 실재하는 영원한 현재로서의 순간이며 인간실존의 참된 자각의
과정이다. 그것은 인간 안의 주체적이고 체험되는 시간적인 구조와 연
관된다.

  그런 점에서 야스퍼스는 탈규칙의 절대적으로 역사적인 '실존적 현
실'을 규칙들에 의해 인식되는 '객관적 현실'과 대조시켜, "객관적 현실
의 규칙들은 인과법칙이다. 일어나는 것은 시간의 흐름에서 원인과 결
과를 가진다. 이와 반대로 실존적 현실은 자기의 고유한 근원으로부터
시간에서 스스로를 드러낸다. 즉 실존적 현실은 자유다.…실존들 사이
의 소통은 실체들 간의 상호적인 인과성(상호작용 혹은 합치)에 대립한
다. 객관적 현실은 감각적 지각 일반에 대응하는 것이다. 실존적 현실
은 결단의 순간에 무제약적이다. 결단의 내용이 경험적 현실에 대립한
다. 양적 관계에서 객관적으로 규정된 크기는 객관적으로 규정할 수
없는, 실존의 수준 혹은 등급이라고 부르는 것에 대립한다. … 필연성
(모든 시간에서의 대상의 현존)에 대해서는 순간의 충실된 시간이 대립한
다(끝이 없는 시간 대신에). 시간일반에 대해서는 영원한 현재로서의 충
실된 시간이 대립한다."[47]고 논구한다.

  야스퍼스는 역사철학을 실존의 '역사적 의식(Geschichtliches Bewu-
ßtsein, 역사의식)'을 표현한 것으로 인식하고 실존적 역사성과의 관계
속에서 파악했다. 역사철학은 실존의 역사의식을 규명하는 자기이해의

---

46 칼 야스퍼스, 『계시에 직면한 철학적 신앙』, 123쪽.
47 칼 야스퍼스, 『철학 Ⅱ: 실존조명』, 53쪽.

철학인 것이다. 그런 의미에서 역사(Geschichte)는 역사적 사실에 대한 단순한 지식인 역사학(Historie)과 준별된다. 그것은 "역사가 존재인 데 대해 역사학은 이 존재에 대한 객관적 지식"[48]인 까닭이다. 따라서 실존의 역사성을 자각하는 역사의식(실존의식)이 역사학적 의식(Historisches Bewußtsein, 사건의식)과 구별됨은 당연했다. 이러한 인간존재의 '실존적 역사성'에 대한 탐구는 전기사상(1945년 이전)에 나타난 역사이해로서 1932년 『철학(*Philosophie*)』 제2권에서 실존조명의 한 방식으로 제기되었다. 그리고 후기사상(1945년 이후)에서 야스퍼스는 실존이라는 공통된 지반 위에서 인류존재의 사실적인 '역사'문제에 관심을 기울였다.

이러한 역사철학의 변환은 전후(戰後, 후기사상)시기 실존적 이론보다는 사회적·정치적 현실성이라는 현존적 실천운동으로 경도된 사유노정과 무관하지 않다. 그럼에도 '실존의 역사성' 문제는 후기의 역사철학에서도 일관되게 관철된다. 야스퍼스는 역사를 "인간은 무엇이며 무엇일 수 있는지, 인간은 어떻게 되는 것인지, 인간은 무엇을 할 수 있는지가 밝혀지는 장(場)"[49]이라고 인식했다. 그러면서 역사의 목표는 인간존재의 최고의 가능성에 도달하기 위한 조건으로서의 인류의 통일이라고 규정한다. 다만 이 인류의 통일은 "오로지 역사성의 깊이로부터 획득된 것이고 … 역사적으로 상이한 사람들이 그 정점에서는 순수한 사랑의 투쟁이 되는 상호소통, 완결되지 않는 대화를 통한 무제한의 상호소통을 밀고 나아가는 과정에서만 획득될 수 있는 것"[50]이라고 생각했

---

48 황문수, 『실존과 역사』, 서울: 문원, 1994, 156쪽.
49 Karl Jaspers, *Einführung in die Philosophie*, München: R. Piper, 1966. 칼 야스퍼스, 「철학입문」, 『철학학교·비극론·철학입문·위대한 철학자들』, 전양범 옮김, 서울: 동서문화사, 2009, 305쪽.
50 칼 야스퍼스, 「철학입문」, 306쪽.

다. 이러한 역사에 대한 야스퍼스의 물음은 일찍이 1949년『역사의 기
원과 목표』에서 실존사관으로서의 역사철학 지평이자 보편적 역사상
의 지반인 '기축시대' 개념으로 응축된다. 야스퍼스는 문명의 기축담론
을 통해 인간정신사의 획기적인 전체적 포괄성과 결정적 통일성을 모
색했다. 그에게 기축시대는 전 인류에게 공통되는 그 어떤 것을 획득함
을 의미한다.

　야스퍼스의 입장에서 개인의 완성이나 실존의 자유는 인류의 공통
된 역사의 기원이자 목표이다. 대략 B.C.5세기경에 발생한 인류문명사
의 대전환의 축은 인간존재의 전체 변혁인 정신화 작용(Vergeistigung),
곧 초월자와 관계하는 인간실존의 자유의 자각을 상징한다. 당시의 핵
심사상가들은 중국, 인도, 서양의 세 근원지에서 인류정신사의 획기적
인 전통을 구축했다. 기축시대는 "자유를 위한 한 순간이자 분명한 의
식을 깨닫게 하는 심호흡"[51]과 같았다. 이 시대에 인간은 전체로서의
존재와 자기 자신과 자기의 한계를 자각하게 되었다. 인간은 세계의
무서움과 자신의 무력함을 경험했고 근본적인 물음을 던지고 심연을
향해 해방과 구제를 바라며 똑바로 나아갔다. 자기의 한계를 의식적으
로 파악하면서 인간은 스스로 최고의 목표를 세우고 자기 존재의 깊은
곳에 숨어 있는 무제약성과 초월자의 명석한 자각에 포함된 무제약성
을 경험하게 되었다.[52]

　끝으로 덧붙이자면 역사상 실존적 자기실현을 밝히는 야스퍼스의
역사철학은 에이브러햄 해롤드 매슬로(Abraham Harold Maslow)가 구축
한 존재심리학(Being-psychology)의 성장동기이론(자기실현이론)과도 겹

---

51 칼 야스퍼스, 『역사의 기원과 목표』, 94쪽.
52 칼 야스퍼스, 「철학입문」, 302쪽 참조.

친다. 매슬로의 자기실현이론에서 성장욕구(Growth Needs)는 개인의 내부에서 충족되므로 성장동기화된 사람은 훨씬 더 자율적이고 자기지향적이며 "사생활, 세속에서의 초연 및 명상을 특히 선호한다".[53] 이러한 성향은 결핍동기화된 사람이 자신의 욕구충족을 위해 환경에 의존하고 타인 지향적인 것과는 정반대다. 자기실현자를 지배하는 결정요인들은 사회적·환경적인 것이라기보다는 "자신의 내적 본질의 법칙, 잠재성과 능력, 재능, 잠재적 소질, 창조욕구, 자신을 알고자 하는 욕구, 더 완성되고 통합되고자 하는 욕구, 진정한 나, 내가 진정으로 원하는 것, 그리고 나의 소명이나 천직 또는 운명을 알고자 하는 욕구"[54]이다. 이를 재차 야스퍼스의 실존적 역사철학 문맥에서 관찰해보면 기축시대에 출현한 성자(聖人), 각자(覺者)는 결핍동기화된 '현존의 상호소통(진리)'을 넘어 성장동기화된(자기실현하는) '실존의 상호소통(진리)'의 경지에 도달한 초월적 양태임은 물론이다.

2) 기축문명: 내용과 비전

칼 야스퍼스는 "역사철학을 가능적 실존에 의한 역사해석으로서 존재의식을 고양하는 것"[55]으로 이해했다. 달리 말하자면 역사철학상 실존의 자기조명은 역사학이 전유하는 존재와 더불어 역사의식의 근원에서 나온다. 실존의 역사의식이란 과거, 미래를 현재와 연계시켜 본래적 자기를 현실적이게 하는 역사성을 자각하는 것이다. 야스퍼스는 자

---

53 Abraham Harold Maslow, *Toward a Psychology of Being, 3rd Edition*, Hoboken, NJ: John Wiley & Sons, Inc., 1998. 에이브러햄 H. 매슬로, 『존재의 심리학』, 정태연·노현정 옮김, 서울: 문예출판사, 2017, 128쪽.
54 에이브러햄 H. 매슬로, 『존재의 심리학』, 128쪽.
55 황문수, 『실존과 역사』, 164쪽.

각존재인 실존을 역사창조의 에너지로 보고 실존의 역사성이 개화된 시점을 기축시대라고 믿었다. 이 시대에 "오늘날까지도 타당한 인간존재의 정신적 근거가 마련된"[56] 것이다. 이러한 '실존적 역사철학-기축시대'는 내용상 다음과 같이 요약된다. 첫째, 존재 전체, 자기 자신과 자기의 한계를 의식했다. 둘째, 자기존재의 근원과 초월자를 분명히 깨닫고 무제약적인 것을 경험했다. 셋째, 자기반성이 생겨나 여러 가지 모순, 대립이 의식적으로 경험되었다. 넷째, 과거의 신앙, 도덕에 대한 혁신과 변형이 이루어졌다. 다섯째, 최초로 참된 의미의 철학자가 탄생했다. 여섯째, 현재까지 우리가 의거하는 사고의 기본범주가 생기고 우리의 정신생활을 유지하는 세계종교가 탄생했다.[57]

야스퍼스는 이 축의 시대를 중심에 두고 세계사 전체의 구조를 4단계로 도식화한다. 제1시기는 선사시대이다. 이 프로메테우스시대는 인간이 언어, 도구, 불 등을 사용하기 시작함으로써 동물과는 다른 인간의 독자적인 생활양식을 획득한 때이다. 제2시기는 메소포타미아, 이집트, 인더스, 황하 등지에서 중앙집권화·관료제도화, 국가의 형성, 문자의 발명, 세계제국의 출현 등 고대문명이 성립된 역사적 고도문화시대를 가리킨다.[58] 제3시기는 보편적인 인류사의 출발점이 되는 기축시대이다. 이 시대에 신화에 대한 로고스(Logos)의 대항이 개시되어 고

---

56 칼 야스퍼스, 『역사의 기원과 목표』, 56쪽.
57 황문수, 『실존과 역사』, 165-166쪽 참조.
58 야스퍼스는 고대 고도문화시대에 역사로 등장한 구체적인 사건들을 다음과 같이 정리한다. 첫째, 나일강, 유프라테스강·티그리스강, 황하 유역에 치수와 관개를 조직화는 과제가 필연적으로 중앙집권화, 관료제도화, 국가의 형성을 가능케 함; 둘째, 문자의 발명; 셋째, 공동의 언어, 문화, 신화를 가진 여러 민족의 발생; 넷째, 메소포타미아에서 시작해서 앗시리아인과 이집트인, 페르시아인, 인도인, 중국인의 세계제국 성립; 다섯째, 말의 등장 등이다. 칼 야스퍼스, 『역사의 기원과 목표』, 86-87쪽 참조.

대의 신화적 세계가 몰락했다. 제4시기는 근현대기 과학적 기술시대이
다. 무엇보다 제3시기인 기축시대는 인간실존의 성숙기로서 "기원전
800년부터 200년에 걸쳐 (메소포타미아와 이집트를 제외한) 중국, 인도,
이란, 팔레스티나, 그리스에서—거의 서로 무관하게—비로소 우리의 의
식에 주춧돌을 놓은 정신적 사건들이 일어났다. 바로 이 의식이 오늘날
까지 우리 삶의 토대가 되고 있다. 그 무렵 여러 근본문제들이 종교적
·철학적으로 제기되었고 그에 대한 여러 해답들이 나왔다. 이 해답들
은 아직도 우리에게 기준을 제공한다".[59]

이른바 기축시대는 동서양 성현(聖賢)으로 상징되는 인간이 본래적
자기존재(실존), 실존적 자유(절대적 자유)를 실현한 정신적 혁명기로서
야스퍼스의 실존사관, 곧 실존적 역사철학의 핵심개념이다. 이 축의
시대에 인간은 정신화를 통해 전면적으로 변혁했고 사람이 사람인 이
유를 깨닫게 된 인간의 정신적 고향이다. 야스퍼스는 기축시대의 인간
상을 다음과 같이 그린다. "본래적인 인간이란 육체로 되어 있고 충동
에 묶여 있으며 자기 자신을 명명백백하게는 알지 못하거나 자신의 해
방과 구원을 동경하며, 더 나아가서는 그러한 해방과 구원을 이 세상에
서 이미 달성할 수 있는 사람이다. 더 구체적으로 말해보면 이념에로
고양되어 있거나 무격정(Ataraxie)의 방임 속에 있거나 혹은 명상에 잠
겨 있거나 자기 자신과 세계를 아트만(Atman)으로 알거나 혹은 열반
(Nirvāna)을 경험하거나 도에 일치하거나 심지어는 하느님의 뜻에 봉헌
하거나 하는 사람들이다."[60]

---

59 Karl Jaspers, *Kleine Schule des Philosophischen Denkens*, München: R. Piper,
1965. 칼 야스퍼스, 「철학학교」, 『철학학교·비극론·철학입문·위대한 철학자들』, 전
양범 옮김, 서울: 동서문화사, 2009, 28쪽.
60 칼 야스퍼스, 『역사의 기원과 목표』, 25쪽.

거듭 말해서 야스퍼스는 기축시대의 진원지를 "중국과 인도 그리고 서양"[61]이라고 적시한다. 실제로도 중국의 유교·도교, 인도의 힌두교·불교, 랍비 유대교·기독교·이슬람의 원류인 중동의 유일신교, 그리스의 철학적 합리주의가 모두 이 축의 시대에 태동했다. 그야말로 "기축시대는 인류가 세계사의 연관성 속에 있게 하는 효소의 역할을 했다".[62] 더욱이 기축시대의 발전단계에 3세계의 역사적 양상이 존재했기 때문에 이후 동서양 문명사에서 무제한의 상호소통이 가능했다. 그것은 자기 자신을 명백히 하고 자기 폐쇄적인 역사성의 편협성을 극복하며 정신적인 무한성에로 도약케 하는 데 유익한 것이었다. 이 무한정한 상호소통의 모험은 또 다른 인간생성의 비밀이기도 하다[63] 그와 관련해서 야스퍼스는 "세계역사는 최종 법정이 아니다. 우리가 좌절한다는 것은 초월적인 근거를 가진 것으로서 발견되는 진리를 부정하는 반론은 되지 않는다. 역사를 단절시키면서까지 자신의 것으로 삼음으로써 우리는 영원성 속에 닻을 내리게 된다."[64]라고 진술한다.

야스퍼스는 기축시대의 진전을 개괄하면서 그 '정신적 발현'을 경험한 역사민족을 그렇지 못한 자연민족과 구별해 "무한한 가능성을 느낄 수 있는 기축시대의 정신적 발현이 일어난 이후, 새로 나타난 모든 민족들은 그들이 그러한 정신적 발현을 이해하는 강도에 따라 또한 그들이 공헌하게 되는 깊이에 따라 역사적으로 존재하게 되었다"[65]고 설명한다. 그에 따르면 "기축시대가 전개되는 동안 제자리를 찾지 못한 민

---

61 칼 야스퍼스, 『역사의 기원과 목표』, 49쪽.
62 칼 야스퍼스, 『역사의 기원과 목표』, 94쪽.
63 칼 야스퍼스, 『역사이 기원과 목표』, 49-50쪽 참조.
64 칼 야스퍼스, 「철학입문」, 308쪽.
65 칼 야스퍼스, 『역사의 기원과 목표』, 102쪽.

족은 수백 년 혹은 수천 년 동안 일종의 무역사적 삶을 사는 '자연민족'으로 남아 있었다. 기축시대의 중국, 인도, 서양이라는 3세계 이외의 세계에서 생존하던 사람들은 완전히 제거되었거나 이 3세계의 정신적인 영향권 하에 들어가 역사를 수용하게 되었다".[66] 서양에서는 게르만·슬라브 민족들이, 동양에서는 일본인·말레이인·태국인들이 기축정신을 계승해 새로이 역사의 세계로 들어왔다. 그러나 고대 고도문화를 이끌었던 민족들은 실존의식(역사의식)이 부재했던 까닭에 기축시대가 대두되면서 점차 사라졌으며 자연(선사)민족들에게는 기축문명의 접촉 여부가 비약 또는 사멸의 근거가 되었다. 세계사의 모든 진보, 발전에 대한 척도는 이 기축시대의 역사관에서 유래한다. 기축혁명은 그밖에 모든 것을 동화시켰고 세계사는 이 기축시대로부터 오늘날까지 이어온 유일한 구조와 통일성을 가지게 된 것이다.[67]

이상으로 볼 때 기축시대의 의미를 다음과 같이 정리할 수 있을 것이다. 첫째, 기축시대는 새로운 역사의 출발점이 되었다. 고도문화시대의 강대한 국가와 그 법률, 제도, 예술, 종교는 이 시대에 이르러 새로운 의식을 획득하면서 이 시대에 용해되었다. 인간이 역사성을 획득해 본래적인 역사가 시작된 것이다. 둘째, 인류는 기축시대에 창조된 것을 바탕으로 오늘날까지 살아가고 있다. 이 시대 이후로 역사에는 몇 번의 르네상스를 겪었지만 그것은 기축시대의 여러 가능성을 새로이 상기해 이를 부흥시킨 것에 지나지 않는다. 셋째, 기축시대는 처음에는 중국, 인도, 그리스 등 지역적으로 제한되어 있었지만 점차 종합적인 것이 되었다. 다른 민족들이 기축시대의 세 중심세계와 접촉하면서

---

66 칼 야스퍼스, 『역사의 기원과 목표』, 31쪽.
67 칼 야스퍼스, 『역사의 기원과 목표』, 31-32쪽 참조.

역사 속에 편입되었다. 넷째, 인도, 중국, 그리스 등 기축시대의 세 중심지와 여기에 참여한 민족들은 기축정신의 전개를 통해 상호적으로 만나고 깊은 이해가 가능하게 되었다.[68]

그런데 이 일련의 문명기축론적 세계사 개관은 현존하는 인류의 역사적 상황을 성찰하기 위한 예비적 논고였다. 야스퍼스는 전체 인류사의 조명 속에서 기술기축시대 제1·2차 산업혁명기의 기계문명을 재정위하고 그 문명적 미래비전을 제시하려고 했다. 그것은 본래적 인간존재의 생성이라는 세계사의 전체성에서, 즉 현존하는 실존의 역사성에 포함된 현재와 미래의 본질적 의미를 밝히는 것이다. 야스퍼스가 통찰하기에 서유럽, 즉 게르만·로마 민족으로부터 유래하는 과학기술시대는 "중세 말기 이후의 유럽에서 준비되어 17세기에 정신적으로 확립되고 18세기 말 이후 널리 발전해 최근 수십 년에 이르러 비로소 놀랍도록 급속한 발전을 이루었다".[69] 그것은 완전히 새로운 차원에서 정신적·물질적으로 역사를 구분하는 유일한 사건이자 세계사적 영향을 미친 전무후무한 시대이다.

이러한 인식선상에서 야스퍼스는 산업문명을 '세계사시대-과학기술시대'라고 통칭했다. 더해서 그는 "과학과 기술에 광채를 비추어주는 1500년에서부터 1800년까지 유럽의 특이한 정신적 창조자들은…2500년 전의 기축시대와 비교된다"[70]고 전제하고 "근대에서 제2 기축시대를

---

68 황문수, 『실존과 역사』, 167-168쪽 참조.
69 칼 야스퍼스, 「철학입문」, 301쪽.
70 칼 야스퍼스, 『역사의 기원과 목표』, 133쪽. 여기서 야스퍼스가 거론하는 정신적 창조자들은 미켈란젤로 부오나로티(Michelangelo Buonarroti), 라파엘로 산치오(Raffaello Sanzio), 레오나르도 다 빈치(Leonardo da Vinci), 윌리엄 셰익스피어(William Shakespeare), 렘브란트 하르멘스존 판 레인(Rembrandt Harmenszoon van Rijn), 요한 볼프강 폰 괴테(Johann Wolfgang von Goethe), 바뤼흐 스피노자(Baruch Spinoza), 임마누엘

인정할 수는 없는가?"[71]라고 묻는다. 그리고 지극히 회의적인 시각에서 이 "제2 기축시대는 순수한 유럽의 한 현상이므로 이미 제2의 기축시대라고 우리가 단언할 수는 없다"[72]고 선을 긋는다. 야스퍼스로 볼 때 세계사시대인 현대는 본질적으로 미래에 속한다. 그에 의하면, "미래를 관망하기 위해 우리는 선취나 혹은 미래를 위한 준비와 같은 과거의 특징에로 되돌아가야 한다. 다시 말하면 역사 내에 있는 위대한 통일화로 되돌아가야 하고 고대와 근대에 나타난 위대한 보편적 인간에 눈을 돌려야 하며, 더 나아가서는 공허한 인간존재 일반의 오성이 아니고 민족의 뿌리에서 움터나온 인간존재 그 자체의 형태인 풍부한 내용적 인간에 눈을 돌려야 한다. 그러므로 그러한 인간존재 자체의 형태들이 그 생존과 언어로써 인류에게 말을 걸을 수 있는 것이다"[73]고 했다.

야스퍼스로 볼 때 기술에서 성과를 얻은 "과학이야말로 회상으로서의 역사가 시작된 이래 결코 그 이전에는 없던 한 사건으로서 세계를 내적·외적으로 변혁시켰다. 또한 과학은 이 때까지 미증유의 호기(好機)와 그와 동시에 위험까지도 우리들에게 안겨주었다. 이제 꼭 한 세기 반 동안 우리들이 경험한 이 기술의 시대가 최근 수십 년 동안 마침내 세계를 완전히 지배하게 되었고, 그러한 지배 역시도 요즘에는 예상할 수 없을 정도로 강화되고 있다."[74]라고 진단한다. 심지어 그는 "서양의 과학과 기술에 동화되고 그와 동시에 인간존재에 유용한 서양의 지

칸트(Immanuel Kant), 요한 세바스티안 바흐(Johann Sebastian Bach), 요한 게오르크 레오폴트 모차르트(Johan Georg Leopold Mozart) 등이다.

71 칼 야스퍼스, 『역사의 기원과 목표』, 133쪽.

72 칼 야스퍼스, 『역사의 기원과 목표』, 134쪽.

73 칼 야스퍼스, 『역사의 기원과 목표』, 127-128쪽.

74 칼 야스퍼스, 『역사의 기원과 목표』, 111-112쪽.

식과 기능에 수반된 위험도 다 함께 수용했던 민족들이 오로지 인류사의 결정적인 현실적 역할에 동참할 수 있다"[75]고 기술한다. 이렇게 역사는 과학·기술의 발달과 그 보편성을 매개로 한 서구의 세계지배로 인해 "우주적 세계통일과 인류통일의 현실이 지상의 실제적인 보편사, 다시 말하면 세계사의 문을 연 것이다".[76] 이러한 시각에서 야스퍼스는 전체 역사를 선사시대, 역사시대(선사시대 이후 19세기까지), 세계사시대(20세기 이후)로 재차 분류한다. 여기서 세계적 인류사(세계사시대)의 기틀을 마련한 동인이자 새로운 축은 과학과 기술임은 물론이다.

그러나 야스퍼스는 과학기술문명을 정신, 사랑, 인간성, 창조력의 관점에서 빈곤화된 가장 우려할 만한 파국적 상황에 당면해 있다고 인식했다. 과학·기술의 발달만이 전부인 현대는 인간의 대중화, 과학의 미신화, 사회의 획일화가 팽배해 정신적 존재로서의 인간이 무시되고 실존자각으로서의 내면적 자기가 상실되고 있기 때문이다. 야스퍼스는 근대과학 고유의 특징인 방법적 인식, 필연적 확실성, 보편타당성은 서양전통의 문화적 결과라고 분석한다. 그러나 과학의 합리성은 존재론적 모태에서 이탈해 단순화되어 비인간화를 조장하고, 무엇보다 과학을 지반으로 하는 기술은 노동방식, 삶의 양식, 사고방식, 사회 등 인간의 환경세계 자체를 변혁시켜 세계의 공장화, 인간의 기계 부품화를 초래했다. 이러한 변동의 시대는 파멸적인 것으로 인간은 그저 생존하는 존재로서 비인격적으로 되어 "올바른 삶의 형식을 찾지 못하는 불가능성의 시대에 살고 있다. 개개인을 자기의식 속에서 느낄 수 있는 삶과 성실이 세계로부터는 그 이상 나타나지 않고 있다".[77] 이제 인간은

---

75 칼 야스퍼스, 『역사의 기원과 목표』, 112쪽.
76 칼 야스퍼스, 『역사의 기원과 목표』, 127쪽.

과거와 미래의 지평을 상실한 채 모든 욕구적인 목적을 위해서는 언제라도 교환·이용할 수 있어 물을 줄도, 검증할 줄도 모르는가 하면 쉽게 변하는 가상의 확실성에 의해서만 치닫고 있다.[78]

이러한 현대의 정신적 상황은 야스퍼스가 보기에 고대 고도문화가 대규모의 조직화, 기술적 합리화로 뛰어난 문명을 성취했음에도 불구하고 인간정신의 무자각성으로 인해 역사의 정체화를 초래했던 모습과 흡사했다. 그러나 현대는 새로운 생성의 발단에 있는, 곧 제2의 정신혁명을 향한 최대의 위기적 전환기이도 했다. 그 이유는 현대가 어느 시대보다도 본래적인 인간생성으로서의 제2의 기축시대를 성취할 무한한 가능성을 품고 있기 때문이다. 그런 맥락에서 야스퍼스는 현대 산업문명의 전정(前程)을 "이집트—고대 유대인이 새로운 국토를 건설할 때 거기서 이주했으며 강제노동소로 혐오하던 곳인 이집트—에 나타난 고대문명의 조직과 계획에 비유할 수 있는 형성과정을 더듬어가게 될 것이다. 아마도 인류는 이 거대한 문명의 조직화를 거쳐 아직 멀어서 눈에 보이지 않고 상상할 수도 없는 근원적 인간화의 시대인 새로운 기축시대를 향해 나아갈 것이다."[79]라고 논변한다.

그런가 하면 야스퍼스는 과학과 기술의 시대인 현대사회를 새로운 프로메테우스시대라고 규정한다. 그러면서 기축시대가 모든 동물적인 것과 완전히 구별되는 인간생활의 기초를 발견한 프로메테우스시대 훨씬 후에 나타난 것처럼 만약 새로운 기축시대가 도래한다면 그것은 오직 미래세계에 속할 것이라고 판단했다. 이를테면 "과학적·기술적 시

---

77 칼 야스퍼스, 『역사의 기원과 목표』, 166쪽.
78 칼 야스퍼스, 『역사의 기원과 목표』, 166쪽 참조.
79 칼 야스퍼스, 「철학입문」, 304쪽.

대, 즉 신프로메테우스의 시대에서부터 시작해 고대 고도문화의 조직
화와 계획화에 비할 수 있는 사태를 통해서 모르기는 하지만 우리들에
게는 아직도 소원하고 알려질 수 없는 참된 인간생성의 새로운 제2의
기축시대에 이른다"[80]는 것이다. 야스퍼스는 기본적으로 인간본성이
과학·기술로 인해서 종말적인 비인간화를 용인하지 않을 것이라고 믿
었다. 그런 이유에서 "우리 앞에 등장해 있는, 그리고 전세계를 포괄하
고 있는 유일한 현실인 새로운 기축시대가 상상할 수 없을 정도로 우리
앞에 자리 잡고 서 있다. 이러한 새로운 기축시대를 머릿속에서 선취한
다는 것은 그러한 기축시대를 창조함을 의미한다."[81]고 주장한다. 야스
퍼스가 개진한 창조적 사유로서의 기축문명론은 역사적 지식에 한정되
는 역사학을 넘어 실존의 역사의식을 검증하고 인간의 정신적 발현을
타개하는 메타히스토리(Metahistory)라고 할 수 있다.

4. 끝맺는 말

'제2의 기계시대-4차 산업혁명기' 혁신기술의 메가트렌드(Megatrend)
는 물리학, 디지털, 생물학 등 다양한 분야에서 전방위적으로 상호연동
하면서 인간의 삶을 비롯한 정치·경제·사회 체제에 거대한 파괴적인
변혁을 이끌고 있다. 에릭 브린욜프슨·앤드루 맥아피는 "제1의 기계시
대가 화학 결합에 갇힌 에너지를 해방시켜 물질세계를 변화시키는 데
도움을 주었다면 제2의 기계시대는 진정으로 인간의 창의성이라는 힘을

---

80 칼 야스퍼스, 『역사의 기원과 목표』, 56-57쪽.
81 칼 야스퍼스, 『역사의 기원과 목표』, 164쪽.

해방시키는 데 도움을 줄 것이다"[82]라고 통찰한다. 이를테면 4차 산업혁명기는 물건, 물질, 원자, 거래보다는 아이디어, 마음, 비트, 상호작용이 점점 더 중요해진다는 것이다. 더 나아가 이들은 이 시대에는 "개인과 사회가 정말로 원하는 것이 무엇이고 무엇에 가치를 두는지를 훨씬 더 깊이 성찰할 필요가 있다. 우리 세대는 역사상 그 어떤 세대보다도 세상을 바꿀 기회를 더 많이 물려받았다. 그것이 바로 낙관론을 펼치는 근거이지만 그 낙관론은 우리가 사려 깊게 선택할 때만 가능하다."[83]고 덧붙인다. 동일한 문맥에서 클라우스 슈밥 또한 "정책선정의 기준이 되는 공통의 가치를 확립해 4차 산업혁명이 모든 사람에게 기회를 주는 변화가 되도록 이끄는 것은 바로 우리의 몫"[84]이라고 말한다.

이러한 의미맥락으로 볼 때 인문학의 문명적 진로 모색은 제1의 기계시대(산업문명)의 격차, 속박 대신에 제2의 기계시대(공감문명)의 풍요, 자유를 수렴하는 생명(삶)공감 지식네트워크, 생명−생태 성장사회(성장시스템), 에코−유디머니즘 등으로 선명화할 수 있다. 이 논단은 뒤처진 산업사회(화석연료)형 인간의식과 디지털사회형 혁신기술의 비대칭적 상황, 연결세계의 전염적인 역기능, 또한 그로 인한 인간의 제반 실존문제를 해소하는 정신적·담론적 혁신과제와 직결된다. 4차 산업혁명기 연결망의 세계에서는 과거 산업사회의 기계론적·중심주의(패권주의)적 세계관과 이익독점의 경제적 인간형은 더 이상 유효하지 않다. 이 시대는 현실(오프라인)세계와 가상(온라인)세계가 일체화되어 사

---

82 에릭 브린욜프슨·앤드루 맥아피, 『제2의 기계 시대: 인간과 기계의 공생이 시작된다』, 323쪽.

83 에릭 브린욜프슨·앤드루 맥아피, 『제2의 기계 시대: 인간과 기계의 공생이 시작된다』, 323쪽.

84 클라우스 슈밥, 『클라우스 슈밥의 제4차 산업혁명』, 34쪽.

회적 연결의 욕구, 나아가서 자아·타아 실현의 욕구가 극대화되고 있다. 초연결시대 이익공유의 디지털생태계는 '공감형 인간'과 '자율형 인간'이 주도하는 세계이다. 이는 초연결스마트사회와 동행하는 새로운 생명공감(자율)의 패러다임, 즉 지구지역적 연대와 협력을 영도하는 생명–생태적 보편성(근대성)의 변증법적 탄생을 예고한다.

   이른바 '생명–생태 성장사회'는 고립적이고 소유 집착적인 경제형 인간을 거부하며 생명존중의 관계망을 긍정하고 생명감수성으로 충만한 글로컬 생명공감형 인간, 그리고 신뢰와 협력의 자기 책임을 다하는 자율적 인간을 요구한다. 이는 결국 참된 인간생성, 성장의 준거인 '실존적 각자(覺者)'로서 인간 내면의 자비와 공감의 영성을 일깨우는 미학(예술)·공감·영성·생태·도덕(규범)적 인격체로 귀결된다. 그런 의미에서 칼 야스퍼스가 기술기축시대 전반기(제1의 기계시대) 산업(기계)문명의 폐단을 목도하면서 도래할 미래문명의 정신혁명, 곧 제2의 기축시대를 예비한 것은 유의미하다. 야스퍼스는 자신이 입론한 실존적 역사철학의 핵심개념인 '문명기축(기축시대)론'을 통해 인간의 본래성(실존), 무제약성, 실존의 역사성, 절대적 자유, 상호소통(진리), 인간의 초월적 도약 등을 이룩한 세계보편사적 업적을 검토하고 그 현재적 의미를 궁구해 인류의 미래를 위한 결단에 기여하고자 했다. 요컨대 '참된 인간 성장(생성)'을 담지한 야스퍼스의 기축담론은 오늘날 문명사의 위기, 변곡점에 직면해서 인간과 기술의 공진화를 의제화하고 생명–생태 성장사회라는 인간의 실존적 진보신념과 그에 조응하는 자아·타아 실현의 인간공동체를 환기시키는 인문학의 문명적 이론모색에 유의미하고 긴요한 지식자원이다.

인문실크로드를 통한 생명공동체 구상

동아시아 불교문화형성을 중심으로

이현정

1. 들어가는 말

'동아시아(East Asia)'는 서로 인접하거나 이웃하는 생태적 위치점유의 인연으로 함께 나눌 수 있는 문화적 소재들을 서로 공유하는 운명공동체이다. 오늘날은 코로나 바이러스 감염증 Covid19의 세계적인 팬데믹(pandemic)선포 이래 전 지구인은 유사 이래 처음으로 똑같은 경험을 하고 있다. 현 인류는 인간의 경험이 국가마다 다르지만 인터넷이나 그 외 IT기술 등으로 매우 비슷한 영향력을 주고받고 있다. 21세기를 맞이하는 디지털혁명의 메가트렌드는 기술문제, 실존문제를 넘어서며 특히 코로나바이러스로 지구촌의 동일한 문제의식을 동반하면서 발전속도를 앞당기고 있다. 21세기는 컴퓨터와 통신망이 연결된 초디지털혁명적 기술진보와 코로나바이러스로 강제적 언택트(un-contact)문화로 연결된 온라인(Online)사회망이 구축된 정보혁명의 시대로 빠르게 진입하고 있다. 애프터코로나의 리택트(re-contact)는 분명 새로운 생명 공동체적 기준과 문화양상이 제 2의 실존주의(existentialism)문제로 이루어질 수 있다.

제 4차 기술정보산업혁명시대라는 거대 세계문명사의 새로운 진입로에서 인간은 새로운 환경에 노출되어 역사의 산고(産苦)를 겪고 있다. 코로나 바이러스로 전 세계가 같은 처지에 놓이게 되면서, 인간 우월적이며 민주주의라는 서구자신이 만들어놓았던 틀에 매여, 서구는 바이러스예방조처에 대한 반감과 저항을 서슴지 않고 있다. 불교에서 『화엄경(華嚴經)』의 핵심 사상인 일체유심조(一切唯心造)[1] 가 주축이 되어 이 시대를 해석하는 틀을 조명하고 있다. 즉 이 바이러스는 동시대에 살고 있는 공동체적 우리가 불러들인 결과물이다. 내가 마음에서 지은대로 현상이 드러나고 만들어지기 때문에 바이러스를 물러나게 하는 것도 우리가 물리치게 할 수 있다. 유식무경(唯識無境)의 경지 즉 보이는 대상이 전부가 아니라는 것으로 만법유식(萬法唯識)과 맥을 같이한다. 마치 영화관의 영사기 작용처럼 영화관 뒤편에서 흰 스크린을 향해서 쏘면 온갖 인물들이 등장하고, 사건들이 일어나는 것과 같다.[2] 즉 모든 물질, 상황, 세상, 우주, 모든 것이 내가 지어낸 것이며, 일수사견(一水四見)[3] 즉 같은 것이라도 다른 관점으로 볼

---

1 일체유심조는 변화무쌍하게 움직이고 변하는 모든 대상과 존재를 내위주로 내 편견대로 보아 설정해버리는 것이 현실세계와 현실의 나 라는 것이다. 그러나 넓게 보면 세상 모든 것이 마음의 해석에 따라 달리한다. 코로나 바이러스를 바라보는 시각도 달리할 수 있다. 사물을 보는 관점을 다양하게 할 필요가 있다.

2 서광, 『치유하는 유식읽기』, 도서출판 공간, 2017, 204-205쪽.

3 불교의 논리적세계관을 보여주는 사례이다. 즉 재행무상(諸行無常)으로서 어떤 것에도 집착할 것이 없는 공空의세계를 이른다. 즉 일수사견은 동일한 물을 네가지로 본다는

수 있다는 융통성과 자유로움, 인간사고의 해방감을 설파하고 있다. 온갖 과학기술, 의학기술로 직접적인 코로나백신을 생산해 내려는 건설적인 의도와 함께 대상을 바라보고 인식하는 시야 자체가 서구의 그것과 다르다.

'칼 야스퍼스(Karl Theodor Jaspers, 1883~1969)가 일갈한 언사(言辭)처럼 인류역사의 통찰을 통해 인간존재의 큰 흐름과 근원을 조망해볼 수 있다. 그가 구축해놓은 세계사의 기축개념[4]은 인간의 종교적이며 영성적 실존으로서의 존재개념으로 인류문명의 근원을 가늠해볼 수 있다. 이제 우리는 동아시아 생명공동체로서의 역사를 되짚어보고 그 역사의 토대를 발판으로 새로운 시대를 열어갈 동아시아문명의 재 창안, 실크로드의 그 영광을 되찾아 새로운 동아시아 생명공동체적 부활을 마련해본다. 실크로드는 전 인류의 다종다양한 다문화를 만들어 낸 중추적 뼈대로서 새로운 시대의 새로운 문명창출로의 변환을 모색해 보고자 한다.

뜻으로, 인간은 물을 물로 보고, 물고기는 집으로 보고, 천상은 보배로 보며, 아귀는 피고름으로 본다. 따라서 물은 물이기도 하며 물이 아니기도 하다. 색불이공 공불이색(色不異空空不異色), 색즉시공 공즉시색(色卽是空空卽是色)의 논리이다.

4 전홍석, 『칼 야스퍼스의 역사철학에 관한 논고-실존사관을 중심으로-』, 「동서철학연구」 제97호, 2020.9에서 참조함. 그는 야스퍼스의 기축시대를 동서양의 실존의 출현을 역사의 기원이자 목표로 간주하고 그 실체를 기축시대라고 함을 연구했다. 기축시대야말로 인간실존의 시대로서 지금까지의 인간정신사적 에너지원이라고 했다. 야스퍼스가 명명한 기축시대Axial Age는 BC800년에서 BC200년사이를 말한다.

2. 실크로드역사와 불교

1) 실크로드에서의 불교와 불교문화의 전래

실크로드(Silkroad)는 '실크로드' 명명(命名)되기 천 년 이전에 이미 옥석지로(玉石之路) 즉 제이드로드(Jaderoad)가 있어 실크로드의 초반 주요콘텐츠는 옥으로써 곧 옥의 길이었다.[5] 중국 간쑤성 둔황에는 고비 사막을 거쳐 북서쪽으로 90킬로미터 떨어진 실크로드의 최고의 관문인 옥문관(玉門關)이 있다. 둔황은 인도와 이란과 중국을 이어주는 고대 통로로서 특히 옥문관이 그 역할을 했고 '옥문'이라는 이름도 동서양이 옥석을 거래하여 붙여졌다고 할 정도로 이름으로 남았다. 실크로드의 개념은 독일의 페르디난트 리히트호펜(Ferdinand von Richthofen, 1833~1905)에 의해서 명명되어졌다. 고대 실크로드에 대한 찬사는 동서양을 막론하고 동일한데, '인류문명의 운하', '중서(中西)문화교류의 대동맥', '가장 위대하고 웅장한 중서교역의 길', '가장 오래되고 가장 휘황찬란한 인류문화의 운하', '아시아-아프리카 두 대륙의 동맥', '세계 역사발전의 주축'등의 찬사가 이어졌다.[6]

본격적인 실크로드의 여정을 말할 때, 크게는 장안(長安)을 출발해 중앙아시아를 거쳐 로마까지 가는 왕복여정의 동서교통로로서 비단을 위시해 종교, 사상, 언어, 인종, 그 외 다양한 물건들이 왕래되었다. 서에서의 동전(東傳)은 그 종착점이 한반도였음이 유물을 통해 밝혀지고 있는 것을 보면, 실크로드의 실질적인 과정은 정확히 할 과제로 남

---

5   장신교수, 베이징대 고고문물학, 인터뷰 중에서, 2018.9.15.
6   쪼우 웨이쪼우(周偉洲), 「실크로드와 새로운 '실크로드 경제지내'의 구축」, 『금강학술총서』 21, 금강대학교 불교문화연구소, 2007, 33쪽.

〈그림 1〉 실크로드의 3가지 길

아있다. 기원전부터 북방의 기마유목민족들은 이동이 자유롭게 활발한 탓에 중국까지 개척해 오래전부터 길의 터전을 만들어놓았다. 실크로드는 크게 3대 간선과 5대 지선, 그 외 수 만 갈래의 신경세포들 같은 크고 작은 길들의 글로벌네트워크 교통망이었다.

　실크로드는 산맥과 사막을 중심으로 위로는 1.천산북로, 그 아래는 천산산맥이 자리하고 있으며, 2.천산남로가 그 아래를 지나고 있다. 천산남로 아래는 한번 들어가면 나올 수 없다는 타클라마칸 사막이 넓게 펼쳐있다. 사막 맨 아래에는 3.서역남로는 곤륜산맥을 끼고 서쪽으로 돌아가는 길이다. 동과 서가 모두 서로가 알 수 없는 호기심과 상상의 나래를 펼 수 있는 곳을 그리워하며 험난한 곳을 건넜다.

　그리스 로마와 중앙아시아의 문명과 문화는 인도의 불교문화와 접촉하면서 특유의 불교문화를 만들어냈고 이렇게 해서 글로벌문화로 거듭난 불교문화는 서역을 거쳐 중국으로 깊숙이 들어갔다. 기원전 3세기, 그리스의 이주민 이주로 인해 그리스풍으로 바뀌어버린 박트리아

왕국은 중앙아시아, 인도와 페르시아 등의 영향을 받아 전형적인 다문화·융합문화를 형성 지었다.

이때 이 박트리아에도 불교가 전래되었는데 인도 마가다국 마우리야 왕조의 아쇼카 대왕의 엄청난 전법 포교행으로 불교가 국교가 되었다. 아쇼카 대왕의 적극적인 추진으로 불교가 박트리아에 전파됨에 따라 불교의 교법이 박트리아에서 출현하였으며 인도의 사인과 공인들도 끊임없이 그리스·박트리아로 이주하였다.[7] 불교가 박트리아에 전하게 된 때는 쿠샨제국의 전성기(B.C.1~A.D.3)로 그리스풍의 불상을 보이고 있고 이는 곧 간다라 불교예술의 직접적인 영향을 준 계기를 이룬다. 이러한 영향의 줄기아래 곳곳의 오아시스도시마다 불교문화가 꽃피어났다. 지금은 중국 신장위그르자치구(新疆自治區·新疆省)의 가난한 곳이 되어버린 옛 서역(西域)이라는 곳은 가장 번성하고 문화의 생성지로 꽃피웠던 곳이다. 서역은 동서 문화의 만남의 교차점이자 매개지로서의 왕성한 곳이었으며 서역 주변의 여러 왕국들에서도 각자 나름대로의 문화를 형성하고 꽃피우며 번영했다. 불교의 동으로의 진출과 전래의 추진력은 실크로드 지역에서 이루어진 문화의 섞임 작용과 이를 공동으로 수용한 불교의 정신이 있었기에 가능했다. 한국에 영향을 준 중국불교를 봤을 때, 불교의 중국 진출과 정착 과정에 있어서 실크로드 지역의 역할은 대단히 중요하다.[8]불교문화에 있어서도 실크로드를 지칭할 때 서역을 실크로드로 등식화하는 경우도 많다. 혹은 서역을 인도 쪽, 인도와 맞닿은 곳으로 보기도 한다. 그만큼 인도-중국 간 불교사

---

7 李琪, 「실크로드 중앙아시아 구간 박트리아 예술 중의 불교적 요소」, KCI논문, 4쪽.
8 한지연, 「실크로드의 동서문화교섭이 불교의 중국화 과정에 미친 영향- 둔황지역에 보이는 불교문화와 중국도교문화의 융합사례를 중심으로-」, 『동아시아불교문화』 41권 0호, 2020.

상 및 문화전파에는 실크로드 즉 서역이라는 지역이 매우 중요했으며 특히 인도 및 간다라 지역의 발전된 불교모습이 여타의 여과과정 없이 직접 전래된 곳도 바로 실크로드였다.[9] 불교학에서는, 실크로드는 불교 역경사(易經史)·교류사(交流史) 및 발전사 차원에서 상당히 중요한 위치를 점하고 있다.[10]

〈그림 1〉에서 보면 타클라마칸 사막을 가운데 두고 북쪽으로는 쿠차 왕국, 남쪽으로는 호탄왕국이 있었다. 쿠차왕국은 인도에서 중국으로 이어지는 교역로 중 가장 중요한 곳에 위치해, 모든 사상과 문화, 불교 등을 전달하는 중차대한 역할을 했다. 천산산맥의 만년설이 녹아 흐른 강으로 인해 먹을거리가 많고 경제가 풍부하고 번영한 왕국으로 불교와 불교문화가 나름대로 번창할 수밖에 없었다. 호탄도 곤륜산의 만년설이 녹은 강물이 그 지역을 풍요롭게 만들어준다. 호탄과 쿠차에 대략 기원전 3세기 말에서 2세기쯤 불교가 전해진 것으로 보인다.[11] 특히 쿠차 안의 대월지(大月支), 안식(安息), 강거(康居), 소륵(疏勒) 등에는 소승불교가 전해지고 후에 대승불교도 함께 전해졌다.

호탄왕국의 유명세는 예로부터 지금까지 중국에서 최고가는 옥 생산지로서 옥 생산과 옥 가공 등 옥문화의 발상지로서의 면모를 갖고 있다. 실크로드 이전의 제이드로드(옥의 길, jaderoad)의 주인공이 바로 호탄왕국이다. 호탄왕국은 이러한 진귀한 옥 문화를 불교문화와 접목하여 더욱더 화려하고 윤택한 문화를 번창해나갈 수 있었다. 호탄에서의 불교는 대승불교로 자리 잡았다.[12] 『양서(梁書)』, 『대당서역기(大唐

---

9 〈실크로드의 불교전래〉, 불교신문 2313호, 2007.3.24.
10 금강대학교 불교문화연구소 편, 『종교와 역사의 교차점 실크로드』, 민족사, 2014, 7쪽.
11 석길암, 「화엄경의 편집·유통과 호탄(Khotan)」, 『금강학술총서』 21, 금강대학교 불교문화연구소, 2007, 83쪽.

西域記)』, 『고승전(高僧傳)』, 『고금역경도기(古今譯經圖紀)』, 『개원석교록(開元釋敎錄)』과 『법현전(法顯傳)』[13] 등의 기록을 보면, 성대한 행상(行狀)의식과 수천 개의 사찰과 탑들, 경전, 대규모의 불상들, 무차대회(無遮大會)[14], 게다가 현재 남아있는 것만 봐도 그 위용을 짐작하게 하는 석굴사원들의 눈부신 문화형성들이 이루어졌다.

실크로드의 또 하나의 중요한 교역물품은 중앙아시아 초원의 말(馬)이었다. 말에 의해 두 민족이 생겨났는데 하나는, 가축의 이동을 따라 거주지를 바꾸는 유목(遊牧)민족과 다른 하나는, 농경사회에서 영토의 개념이 중요해지자 자기네 영토를 넓히고 지배하려는 통치의욕을 가진 기마(騎馬)민족으로 이 두 민족의 가장 중요한 수단은 말이었다. 정확히 밝혀진 바는 없으나, 유목민으로 있다가 기마술이 결부되어 기동력을 발휘해 유목기마민족을 세웠을 것으로 추정하고 있다. 스키타이, 흉노(匈奴), 유연(柔然), 돌궐(突厥, 투르크(Türk)), 위그르, 몽골, 월지(月

---

12 위의 석길암의 논문에서, 『법현전(法顯傳)』 등 5세기 초·중반의 호탄불교 상황을 전하는 기록들에 의하면 이 당시의 호탄은 대승불교화되어 있었다고 전한다. 대승불교경전의 꽃이며 가장 방대한 경전 중의 하나인 『화엄경(華嚴經)』의 편집지로 호탄을 꼽고 있다. 더 자세히 보자면, 간다라로부터 호탄에 이르는 넓은 지역에서 전하면서 이루어진 듯 보인다. 그러나 유통과 확산의 중심지는 호탄이다. 그도 그럴 것이 『60화엄』의 범본을 구해온 곳이 호탄이기 때문이다. 이는 지법령, 불타발타의 번역에서 호탄의 지목을 알 수 있다.

13 "불상을 그 수레 안에 세워 두 보살로 하여금 모시게 하였고 여러 천신들을 만들어 모시게 했는데 모두 금과 은으로 조각해 공중에 매달았다. 불상의 수레가 성문 100보전에 이르자 왕은 왕관을 벗고 새로운 옷으로 갈아입고서 손에 꽃과 향을 들고 맨발로 성문으로부터 걸어 나와 불상을 맞이하여 이마를 부처님 발에 대면서 절하고 꽃을 뿌리고 향을 살랐다. 불상이 성으로 들어올 때 문루 위에 있던 왕비와 채녀들이 꽃을 뿌리자 그 꽃들은 나부끼며 밑으로 떨어졌다. 이같이 장엄하게 꾸며진 수레들은 수레마다 각기 달랐는데, 한 승가람이 하루씩 행상을 했으므로 백월 1일에 시작해 14일에 행상을 마쳤고, 행상을 마치면 왕과 왕비는 궁으로 돌아갔다"〈법현전〉

14 약 30미터 높이의 불상 앞에서 5년에 한번 씩 군왕부터 서민까지 모두 모여 고승을 모셔 설법을 듣는 불교행사이다.

支)등이 이에 속한다. 그 와중에 조용히 삼림지대에서 수렵으로 살던 민족이 기마민족이 되어 발달한 것이 부여와 고구려, 여진, 만주 등이 다. 이렇게 한반도로 들어온 외래문물 중에 말이 있었고, 한반도에서 일본열도로 이어지는 기마문화가 형성되었다. 말에 의한 동서문화 교류의 시작점은 이렇게 기동성을 갖추며 활발한 문화전파가 속도를 내게 되었다. 또한 기마민족의 영토정복야욕에 의해 전쟁이 일어나고 이러한 극한의 상황에서 기복적이고 현세 중심적인 경향의 불교가 깊이 뿌리를 내리게 된 것은 자연스러운 현상이었다. 이렇게 볼 때 실크로드는 인간의 물적·정신적 충족 욕망을 역사적으로 가장 충실히 대변한 땅이라 해도 과언이 아닐 것이다.[15]

기마유목민족의 가장 중요한 마구(馬具)의 발굴은 심심찮게 나오고 있다. 북쪽의 고구려뿐만 아니라 남쪽 가야의 수려한 철기문화의 유물들이 쏟아져 나오고 있다. 실크로드에서 서진(西進)해보자면 아시아대륙으로 가는 관문으로 탁실라(Taxila)가 있다. '돌을 쪼갠다.'라는 뜻의 탁실라(건타라 혹은 탁사실라)는 간다라지역의 중심부에 위치하며 간다라 미술의 핵심지역으로, 한국의 혜초스님이 구법활동을 한 곳이기도 하다.[16] 대단한 불교성지로 이름이 나있는 곳으로서, 기원전 160년 이미 인도와 그리스인들이 탁실라에 들어와 문화를 교류하고 있었다. 바로 위에서 상론한 호탄왕국의 경우, 민족학적 접근으로 보면 탁실라의 이주민이라는 학설이 정설이다.[17] 탁실라의 도시 시르캅(Sirkap)은 인

15 금강대학교 불교문화연구소 편, 『종교와 역사의 교차점 실크로드』, 민족사, 2014, 22-23쪽.
16 고려대학교 한국사연구소 엮음, 「간다라·사막북로의 불교 유적」, 『아연 동북아 문화총서 03』, 실크로드와 한국불교문화 도록 II, 아연출판부, 2014, 14쪽.
17 위와 같음, 25쪽.

도와 그리스의 합작품으로서 그리스풍의 도시설계가 된 신도시였으나, 도시전체는 온통 불교 사리탑과 거대불교사원 등이 곳곳마다 도시의 랜드마크를 형성하고 있었다. 일명 '실크로드불교'라고 명명해도 될 정도의 실크로드 위의 곳곳마다 형성된 불교문화의 전래는 그 안에 품은 각종 불교문화와 일상용품들, 철기 등이 함께 전래되면서 의·식·주 모든 삶과 문화의 풍요로움을 더해주었다. 실크로드의 종착점은 한반도이며 내륙에서 다시 일본열도로 전달되는 루트였다.

2) 실크로드에서 동아시아문화형성과 불교

동아시아 불교를 탐구하는 여정은 동아시아 불교 내부뿐만 아니라 그 동아시아 불교를 낳은 산통의 공간인 실크로드에서도 함께 시작되어야 할 것이다.[18] 실크로드의 천산남로에 위치하여 중간무역이 이루어지는 오아시스도시로 연강수량이 16mm밖에 안되면서 포도산지로 유명해 번영했던 투루판(토번)이 있다.

기원전 108년에서 기원후 450년까지 발달한 교하고성(交河古城)과 고창고성(高昌故城)의 양대 고성은 불교중심지였다. 징기츠칸의 침략으로 멸망한 이 지역은 불교도 함께 파괴되어 버렸다. 현재는 이슬람문화권이 형성되어있으며 『서유기』에 등장하는 불지옥의 산 그대로인 화염산이 있는 곳이다.[19] 투루판시내에서 45km지나는 곳에 베제클리크 천불동사원이 자리하고 있다. 당시 투루판은 여러 가지 종교가 함께 성장하고 있었다. 독일의 탐험대가 발견한 문서만 봐도 17종류의 언어와 25종류의 문자로 씌여진 경전을 발견했으며 당시 불교, 마니교, 조

---

18 위와 같음, 32-33쪽.
19 불교신문, 〈부처님오신날 특집 '한국불교 전래길' 실크로드를 가다〉, 2011.5.6.

로아스터교, 네스토리우스 기독교 등의 다양한 종교가 평화롭게 공존하고 있었다. 그 중에서도 이 지역 즉 서(西)위그르 왕이 불교신자가 되면서 석굴사원이 본격화되었다. 6세기부터 조용히 시작한 석굴작업은 80개가 넘은 대형위용을 자랑하는데 베제클리크의 꽃이라고 하는 천불동의 〈서원도〉는 위그르 민족의 당시 풍성했던 때를 연상시켜준다.[20] 19세기말에서 20세기 초 러시아 탐험대가 칼로 벗겨갔다. 베제클리크 벽화에 남아있는 문양은 페르시아무늬에 불교의 연꽃문양이 믹스된 실크로드의 문양 보상화문이다. 베제클리크 석굴사원의 〈서원도〉에는 당시 다양한 무역상들의 이색적인 인종들과 당시 교통수단인 낙타와 말도 보일정도로 생활상이 그대로 연출된다.

한편 세 번째 길인 서역남로는 남로 위가 타클라마칸 사막이며, 길 아래는 6천 미터가 넘는 곤륜산맥이 위치해있어 서역남로의 척박한 상황을 짐작케 한다. 당나라 때 편찬된 『역대명화기(歷代名畵記)』에는 호탄의 화가에 대해 기술한 기록이 있는데 여기서 주목할 만 한 것은 굴철(屈鐵)선[21]이 만들어진 것이다. 즉 독특한 붓놀림, 반인반수(半人半獸)의 여러 신들, 희귀동물들, 세련된 터치의 부처상, 호탄의 토착신들과 고대인도의 신들, 고대 페르시아의 신들, 동물들, 조로아스터교사상의 상징물들, 그러한 다양한 종교와 불교의 혼합물들이 조화롭게 영글어

---

20 현재 이 〈서원도〉는 러시아의 상트페테르브르크 에르미타쥬 미술관에 그 일부가 보관되어 있다.

21 불보살을 그릴 때 외곽선을 두껍게 경계선으로 그려 넣고 그 안에 색을 칠하는 방식이다. 윤곽을 한눈에 볼 수 있도록 일정한 두께의 선을 진하게 그린 것이 특징이다. 이러한 굴철선의 화법은 중국 당나라 장안까지 전해져 그곳에서도 유행을 했다. 이는 페르시아 등 서쪽문화의 영향을 받은 것으로 호탄을 거쳐 꽃을 피웠으며 당나라로 전해지고 다시 동쪽으로 가 일본에서도 굴철선의 벽화가 보인다. 세월이 지나 지금에 와서 희미한 벽화에 선만 남아있는 것을 보면, 굴철선이 당시에는 얼마나 강하고 진했는지 가늠해 볼 수 있다.

져있었다. 호탄의 단단위리크에서 남쪽으로 100미터 된 곳에 도모코 유적지가 있다. 2002년 10월, 우연한 기회에 나무기둥이 발견되면서 모래 밑의 1300여 년 전의 절터가 보이기 시작했다. 그곳의 각종 불교 유물들은 간다라영향을 받은 것들이며 호탄의 굴철선을 그대로 보여주는 벽화도 나타났다.

다시 4천 미터 급의 만년설로 뒤덮인, 실크로드의 등뼈라는 천산산맥으로 가면, 천산산맥의 남쪽은 역시 타클라마칸 사막으로 연결된다. 천산남로는 천산산맥과 타클라마칸 사막 사이의 길로서 일찍이 이 길을 따라 불교왕국이 세워졌는데 바로 4세기에 번영했던 쿠차가 있다. 아주 귀한 색인 파란색을 키질석굴사원의 그 넓은 면적에 과감히 칠했던 것을 보면 번영정도를 짐작할 수 있다. 쿠차에서 서쪽으로 70킬로미터 떨어진 곳에 있는 키질석굴은 타클라마칸을 대표하는 최대의 불교유적이다. 동서로 길게 2킬로미터에 이르는 절벽에 구멍을 뚫어 만여 명의 승려가 170여개의 굴에서 수행을 했으며 규칙적이고 엄격한 규율에 맞춰 3개월에 한번 씩 승방을 바꿔 지냈다. 나머지 170여개 굴은 벽화가 그려진 예불의 공간이었는데. 이 안에 화려한 푸른 안료의 벽화가 그려져 있다. 이 파란 안료의 원료는 '라피스라즐리(청금석)'이라고 하는 귀중한 보석류의 돌에서 나온 파란안료이다. 고대에는 각국의 왕들이나 궁전, 보석류에서만 사용되었던 귀한 보석이다. 투탄카멘의 황금마스크에도 박혀있어, 그 위용을 알 수 있다.

키질석굴에서는 그리스 로마의 흔적이 보이며 후에 둔황 등의 중국 석굴불교문화에 직접적인 영향을 끼쳤다. 벽화에는 페르시아계 소그드인의 복장이 선명하며, 페르시아인, 인도인, 중앙아시아인등과 부유한 상인의 모습 등도 그려있다. 현재까지도 쿠차의 자랑스런 인물로는 쿠마라지바(鳩摩羅什, Kumarajiva 344~413)가 있다. 쿠마라지바는 소승

불교를 배웠지만 소승과 대승을 조화롭게 녹여내었을 뿐만 아니라 중국인보다 더 중국인다운 중국풍의 생략된 시어의 문구로 대승경전의 중국어번역을 완성시켰다. 그러나 그 이전 중국의 후한(後漢, 25~220) 말엽에 벌써 서역스님들의 중국 입국이 현저하게 있었다.[22] 불자가 된 왕이나 일반백성들, 출가 승려들은 이에 대한 절실한 과제를 통감하여 인도와 보다 가까운 서역승들을 받아들이고자 했다. 그러한 시대적 요구로 쿠마라지바의 반 강제적인 중국행이 행해졌다. 쿠마라지바 이후 200년이 되었을 때 중국의 현장스님이 인도로 가 직접 불경을 구해오고 번역작업을 하게 된다. 중국불교경전의 두 축이 된 구역(舊譯)의 쿠마라지바와 신역(新譯)[23]의 현장스님의 번역본이 현재까지도 동아시아에 그대로 이어지고 있다.

둔황은 타클라마칸과 고비사막 사이의 오아시스 도시였다. 실크로드의 메인루트는 장안을 출발해 둔황을 거쳐 타클라마칸 사막으로 이어지는 노선이다. 이 길은 무역로이면서도 전쟁이 일어나면 전쟁노선이 되기도 했다. 전쟁이 일어나면 무역은 차단될 수밖에 없었고, 이를 대신해 다른 동서교역로가 생겼다. '모든 길을 둔황에 모인다.'는 팻말처럼 동서교통의 중심지였다. 둔황의 막고굴은 남구와 북구로 길게 뻗은 석굴로 수많은 불교유물과 유적, 고문서들, 불경, 불구 등이 1900년 세계열강의 탐험대들이 마구잡이로 가져가기까지 2천 여 년을 잠자고

---

22 정병조, 「한국불교와 비단길」, KCI, 15쪽.
23 한역경전은 현재까지 각국어로 번역된 경전 가운데 가장 많은 양을 갖고 있다. 약 1,420부가 된다. 이렇게 세계적인 분량이 된 것은, 2세기 후반부터 10세기까지 국가적 지원 하에서 행해진 번역사업으로 인한 결과이다. 한역 경전은 고역(古譯), 구역(舊譯), 신역(新譯) 등으로 나누는데 쿠마라지바 이전의 번역을 고역이라 하고 그 이후를 구역이라고 칭한다.

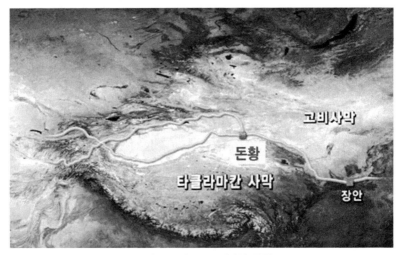

〈그림 2〉 실크로드에서의 돈황

있었다. 중국학자 유진보는 '둔황의 예술 및 문화는 서쪽에서 온 것도 아니고, 동쪽으로 간 것이 아니라, 중국의 오래 된 전통문화가 둔황이라는 특수한 지리 환경 속에서 외래문화와 서로 결합해 만들어진 산물'이라 했다.[24] 4세기부터 시작한 둔황석굴은 14세기까지 이어졌다. 즉 4세기부터 시작된 석굴조성 이전에 이미 불교가 들어온 것을 알 수 있는 것은, 둔황이 직접적으로 언급되는 인물인 축법호(竺法護)를 제외하더라도 중국으로 들어온 역경승(譯經僧)인 안세고(安世高) 혹은 지루가참(支婁迦讖)이 중원지역에서 활동한 시점이 2세기 중후반임을 감안한다면 현존 기록에 의거해볼 때 2세기에는 이미 둔황에 불교가 전래되었음을 알 수 있다.[25] 그리스풍의 간다라양식에서부터 서서히 중국의

---

24 고려대학교 한국사연구소 엮음, 「간다라·사막북로의 불교 유적」, 『아연 동북아 문화총서 03』, 실크로드와 한국불교문화 도록 II, 아연출판부, 2014, 184쪽.

25 위와 같음, 187쪽.

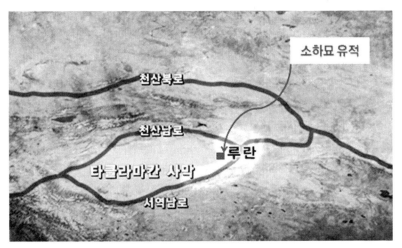

〈그림 3〉 루란 근처의 소하묘 유적

모습으로 바뀌어가는 불보살의 모습 등과 여러 민족의 모습들이 그려
진 대규모 스케일의 벽화들이 시대적 변화양상을 한눈에 볼 수 있는
역사박물관 같다.

　실크로드에 대한 이해는 사막에 대한 이해라고 할 정도로 사막을 사
이로 크게 남로와 북로로 나뉘는 것이 메인루트형성에서 기인한다. 지
구의 기후변화로 인해 사막화가 되어버린 이후 그 이전에 풍요롭게 터
전을 이루며 살았던 기마유목민들의 흔적이 속속 발견되고 있다. 천산
남로와 서역남로 사이 변곡점인 타클라마칸 사막이 자리하고 있다. 기
원전 2000년 타클라마칸 사막의 오아시스 도시 루란왕국의 소하묘 유
적에서 여성의 미라가 발견됐다.[26] 루란왕국 옆 소하묘 유적은 별도의
왕국으로 그것도 루란왕국보다 천년이나 앞선 4천 년 전의 고대유적이
었다. 사막화가 이루어지지 않았던 고대 소하묘는 이미 1930년대 스웨

26　KBS 〈신실크로드, KBS NHK CCTV 한중일 공동다큐멘터리〉, 2005중에서 참조.

덴의 스벤 헤딘(Sven Hedin, 1865~1952)의 루란탐험대에 의한 탐험이 있었다.

이후 탐험대장이 급사하고 2000년이 돼서야 중국에서 발굴을 시작했다. 이 유적에서 나온 천여구의 무덤과 함께 완벽하게 방부처리 되어 드러난 미라들이 발견됐다. 이 주변에 강이 있었음을 보여주는 염분의 흔적과 조개껍질들, 나무들 등이 풍요로웠던 시대적 상상을 불러일으킬 수 있다. 땅을 파면 여러 시대의 흔적인 퇴적층들이 시대를 대신한다. 중국 황하유역에서 최초의 밀재배가 이루어졌다고 알려진 때보다 무려 천년은 앞선 것으로도 밝혀졌다. 여기서의 미라는 5천 년 전의 유럽계 백인종으로 한 여성 미라의 목에서 중국 호탄의 옥이 발견되기도 했다. 사막화되기 이전의 고대오아시스 도시들, 그 도시들의 영광이 모래 속에 깊이 파묻혀버리고 이후의 타클라마칸 사막과 고비사막 사이의 길들은 험난하고 위험했지만 그래도 길이 연결되어 끊임없이 오고가는 문명문화의 길이 되었던 것이다.

위에서 상론했듯이 전쟁이 발생해 실크로드의 메인루트가 차단될 경우, 제 2의 제 3의 길들이 속속 만들어졌는데 그 중 청해의 길이 있다. 이는 메인루트에서 벗어나 타클라마칸 사막을 빙 돌아 결국 메인루트와 다시 합류한다. 2005년부터 시작한 중국 칭하이성 문물고고연구소에서는 청해의 길에서 6~9세기의 것으로 추정되는 많은 수의 실크를 발굴했다. 모래 속에 잠겨있었던 덕에 실크의 상태는 아주 양호했으며 실크에 새겨진 문양도 아주 선명했다. 실크에는 여러 가지 동물들과 탱화의 구도 같은 그림도 보였다. 중앙에 크게 좌선의 모습은 부처님이 아닌 그리스 신 아폴론이었다. 아폴론 신의에는 사찰에만 있는 불상 위의 낫집과 같은 형식의 천개가 그려져 있다. 이미 도굴된 실크들이지만 사진으로 보면, 페르시아에서만 있었던 문양도 있었다. 그리스와 중국문화가 만나는 접점의 새로운 문양이다.

청해의 길은 해발 3,205미터에 위치한 호수가 있는 길로서 지금도 이곳의 사람들은 야크를 가축으로 키우며 말을 타고 예로부터 내려오는 티벳전통을 지키며 살고 있다. 따라서 티벳어를 사용하고 티벳 전통 풍습과 음식, 춤 등을 유지하면서 살고 있다. 청해의 길에는 중국최대 호수인 청해호(青海湖, 칭하이 호)가 있다. 고원지대에 있어 하늘의 사파이어라 불리는 이 청정호수 주변에는 티벳 불교사당이 있는데 예전 토번왕국이라고 불렸던 곳으로 토번과 당이 서로간의 전쟁시기에 평화의 상징으로 지어졌다.

칭하이성의 수도는 도란으로 현재도 티벳족과 몽골족이 주류를 이룬다. 이곳에서 바로 가장 많은 실크가 출토되었는데 실크로드의 메인 루트도 아니면서 많은 실크의 대상들이 오갔다. 청해의 길 도란에서 더 서쪽으로 이동하면 곤륜산맥의 산자락을 끼고 고르므도라는 오아시스 도시가 나온다. 여기서 타클라마칸 사막의 또 하나의 오아시스마을, 미란이 있다. 청해의 길의 종착역이다. 실크로드의 모든 길마다 오아시스가 연결된 지점들, 그곳의 오아시스왕국들은 무역의 교차점, 교통의 요지로서 불교문화의 정점을 이루는 거점으로서의 역할을 해왔다. 고대의 여러 오아시스 도시들, 거기서 번영한 왕국들 그들이 사막화로 모래 속에 잠겼고 지금도 진행되는 사막화로 심각한 상태로 메말라가고 있다.

이 외에도 11세기로 가면 실크로드를 평정하겠다고 나선 서하인들이 있다. 티벳계 토번사람들이 주축인 서하인들은 하서회랑 중심으로 넓게 퍼진 지역을 차지하고 있었다. 흑하의 하류를 끼고 카라호토라는 도시가 있었는데 북방이민족의 침입이 계속되어 군사거점지역으로서의 역할이었던 것 같다. 서하왕국의 수도는 은천인데 여기서부터 다시

〈그림 4〉 7~8세기 당나라 영토와 수도 장안

실크로드가 뻗어나간다. 카라호토 주변은 온통 작은 성과 봉화대가 즐비하게 서있다. 13세기 초 칭기즈칸이 카라호토를 공격해 당시의 긴박했던 상황을 전하는 문서가 발견됐는데 그 문서를 통해 유추해보면 식당이나 상점 뿐 만 아니라 불교사원들의 모습이 보인다. 현재 카라호토 모래사막 한가운데 서있는 유일한 유적은 불탑이다. 러시아 탐험대가 도굴해간 3천점이상의 유물들에 대한 사진을 보면 불교문화재나 불교예술은 중국과 티벳의 영향을 받아 서하만의 독특한 특징을 나타내고 있다. 잦은 전쟁과 공격을 받아야 했던 카라호토는 전쟁의 긴장 속에서 기도의 마음이 많았을 것이다. 발굴된 유물에서는 도자기가 눈에 띈다. 원의 쪽빛 무늬 도자기란 이름으로 원의 도자기파편들이 현재 상트 페제르부르그 에르미타쥬 미술관에 남아있다. 당시 최고급품인 교역물품이 되어 실크로드 위를 장식했는데 이미 서양의 염료가 들어간 흔적이 보이는 쪽빛 무늬 도자기이다. 실크로드 이전의 옥의 길, 실크의 길 이후의 도자기의 길이 형성된 것이다. 몽골에 의해 멸망을 맞이했어도, 지역적 요충지로서, 이전 군사거점지역의 특징을 되살려 도자기교역의 루트로 되살아났던 것이다.

다음은 실크로드의 출발지점이자 종착점이라고 알려지고 있는 세계 최대도시 장안(시안)이다. 7,8세기의 장안은 전 세계 사람들과 물건들이 몰려들던 국제도시로 이미 도시계획이 되어있었고 동아시아의 수많은 구도승들의 유학지로 인도 다음으로 선망하던 곳이었다. 장안 고고대(考古隊) 발굴현장에서는 2005년 즈음, 500여구 이상의 무덤이 발굴되어 여기서 출토된 토구들을 보면 이국적인 인형들이 대부분이다. 인도인이나 기타 서역인들, 심지어 머리카락이 곱슬거리는 아프리카인까지 묘사한 인형도 있다. 당시 활발했던 중계무역을 엿볼 수 있는 출토품들을 보면 낙타행렬, 대상들, 이국적 상인들, 이란계 소그드인(胡人), 그리고 다양한 물건들을 잔뜩 실은 보따리들이 그대로 재현되었다.

3. 실크로드와 불교를 통한 동아시아의 문화공유

1) 현장(玄奘)을 통해본 동아시아 생명문화형성

『서유기(西遊記)』는 중국 명나라 시대의 오승은(吳承恩, 1500년대)이 집대성한 소설이다. 7세기 당나라 승려 현장(玄奘, 602~664)이 천축(天竺, 인도)에 직접 가서 불경을 가져오는 그 과정을 드라마틱하게 엮은 팩트(fact)기반의 논픽션(nonfiction)이다. 소설로 만들기 훨씬 이전부터 이미 민간에서 떠도는 이야기, 전설 또는 인형극으로 많이 회자되고 있었다. 이를 당나라 때의 『대당서역기(大唐西域記)』, 송의 『대당삼장취경시화(大唐三藏取經詩話)』 등을 취합해 완성했다. 81가지의 어려운 난제를 겪는 이야기들로 결국 천축국에서 불경을 가지고 돌아온다는 이야기이다. 상상의 등장물로 손오공에 대한 이야기, 삼장법사에 대한 이야기, 그리고 서천길에서 부딪히는 81가지의 어려움에 대한 이야기로 3부분으로 전개되고 있다.

실제로 현장스님은 아무런 일행 없이 홀로 여정의 길을 나섰다. 629년(唐太宗 貞觀3年) 8월, 현장의 나이 28세, 당시 당 태종(599~649, 재위 626~649)은 백성의 어느 누구도 중국 땅을 벗어나 실크로드로 가지 말 것을 명했으나 현장은 몰래 빠져나갔다. 현장은 13세에 이미 수양제가 낙양에서 학업이 뛰어난 27명을 뽑아 정식으로 승적을 인정하는 칙령을 내렸을 때 높은 경쟁률을 뚫고 합격했다. 그는 이미 여기저기서 한역된 서적들을 보며 유식을 배웠으나, 많은 의문이 생기자 유식불교의 근본 논서 『유가사지론(瑜伽師地論)』을 직접 인도에 가서 배울 필요성을 강하게 느낀다. 더구나 나란다대학의 그 당시 학장인 계현법사(실라바드라)는 나이가 많아 열반에 들으려 했으나, 꿈에 세 분의 보살이 나타나 중국에서 비구가 올 테니 때를 기다려 그에게 불법의 요체를 전수하라고 일러주었다. 이 꿈을 꾸고 나서 계현법사는 그동안 아팠던 몸이 말끔히 나았으며 『유가사지론(瑜伽師地論)』[27]을 전수할 인연이 온다는 것에 기뻐하였다. 이러한 신비한 요소가 서유기를 만들 중요한 소재가 되었을 것이다. 모든 영재와 수재들이 모인다는 나란다대학에서 현장은 수석을 하며 나란다대학의 10대 법사의 반열에 오르게 된다. 나란다대학에서 후학들

---

27 계현법사의 스승은 다르마팔라(호법)이다. 다르마팔라는 디그나가에게 유식과 인명학(논리학)을 전수받았고 디그나가의 스승은 그 유명한 무착과 세친형제이다. 무착은 매일 밤 꿈속에서 도솔천에 올라가 미륵보살의 가르침을 받아 꿈을 깨면 그 가르침을 기록하였다. 이렇게 백일 간 꿈속 도솔천에서 미륵보살의 가르침을 전수받아 쓴 것이 『유가사지론』 100권이다. 무착과 세친은 대승불교의 양대 산맥 중 하나인 유식의 대가들이다. 『유가사지론』은 유식학을 공부하는 유가행자로서 관찰하고 믿고 이해할 대상과 관찰과 믿음, 이해를 바탕으로 실천 수행할 행동과 그러한 수행으로 증득하게 될 과보에 대해 설하고 있다.

을 위해 교육과 수행을 해주길 바라는 주변의 간곡함을 뿌리치고 그는 불법의 진수를 중국에 소개하고 전하는 일이 스승에 대한 은혜에 보답하는 길이라며 중국으로 돌아갔다.

흔히 현장스님을 삼장법사라고 칭한다. 삼장은 불경의 3요소인 경장(經藏), 율장(律藏), 논장(論藏)을 모두 통달한 분으로 삼장을 통달하기란 아주 드문 일이고, 동아시아에서 삼장법사라면 모두가 존경하는 석학이며 도인이며 그 이상을 의미한다.[28] 지금도 그렇지만 인도로 가는 길은 실크로드의 지옥과도 같은 여정 그 자체였다. 현장스님은 그 힘든 실크로드의 죽음의 과정을 왕복하고 돌아와 쿠라마지바와 동등한 레벨의 번역으로 지금까지도 이어지고 있다. 인도를 다녀온 외국 유학생 및 구도승들[29]도 꽤 많았지만 현장의 이름이 남아있다는 것은 특별한 의미를 부여할 수 있다. 현장의 순례 길은 627년부터 645년까지 이루어졌으며 동아시아 및 서아시아 등 아시아전체를 아우르는 문화적 교류와 문화전달에 큰 영향을 끼쳤다.

현장의 제자로는 규기(窺基, 632~682CE)와 신라출신 원측(圓測, 613~696CE) 등 많은 제자를 두었고, 법상종(法相宗)의 개조(開祖)가 되었다. 인도불교를 중국불교로 토착화시킴과 동시에 불교발전자체에 발전을 가져오고, 동아시아 전체의 모든 문화와 정신사상 등에 영향을 끼쳤다. 이외에 동아시아의 역경가로서 안식국(현. 이란북부)의 왕자이며 스님이

---

28 삼장법사의 최초로는 쿠마라지바를 꼽는다.

29 역시 나란다대학에서 유학한 삼장법사로 의정(義淨, 635~713)스님이 있다. 그는 14년간 나란다에서 유학했다. 그의 저서 『대당서역구법고승전(大唐西域求法高僧傳)』에는 나란다대학의 규모가 기록되어 있다. 대강당이 8개, 강의실이 300개인 주 건물 등이 4만평 부지에 있었고, 수백 개의 부속건물과 숙소 등이 있었다고 전한다. 그리고 1만 명의 학생 가운데 중국 등지의 유학승들이 2천명이 있었다고 한다.

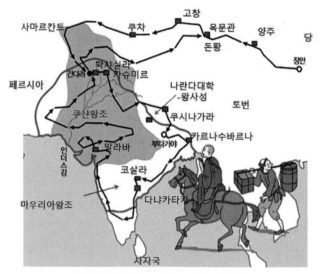

〈그림 5〉 현장스님 천축구도여행도[32]

된 안세고(安世高, 148~180), 월지국[30]출신의 둔황보살이라 불리는 축법

호(竺法護, 대략 266~313, 산스크리트어로 다르마라크샤)는 쿠마라지바 이전

의 최대 역경승으로 꼽힌 인물이다. 그리고 쿠차국 출신으로 신통력으

로 불교포교에 전력을 다해, 흉폭한 왕들을 불자로 귀의시켰던 불도징

(佛圖澄, 232~348), 불도징의 제자 도안(道安, 312~385), 중국 동진의 승

려로서 쿠마라지바 문하로 들어가 역경사업에 종사했던 쿠라마지바의

수제자인 승조(僧肇, 384~414), 중국 동진의 승려이며 쿠마라지바의 제

자로 혜원(慧遠, 334~416) 등이 있다. 이렇게 서역출신과 중국출신들의

---

30 대월지라고도 하며 보통 월지(月氏)국이라 부른다.인도유럽인 계통의 유목민족인 토하
    라인으로 이루어진 고대 중앙아시아의 국가로 서역이라 불리는 곳들 중의 하나이다.
    기원전 3세기 중반경부터 기원전 1세기 중반경까지 중앙아시아와 북아시아에서 살았
    던 유목민족으로 이루어진 국가였다.이러한 토대의 월지국은 돈황과 기련산맥 사이에
    위치하여 흉노가 강해지면서 쳐들어오자 서쪽으로 이동해갔다.(위키백과 참조)

유수한 스님들이 중국 불교화를 위해 많은 역할을 해왔으며 이들의 노력에 의해 중국불교의 탄탄한 밑거름이 되었다.

현장스님의 구도여정은 이오, 고창국(투르판), 언기(카라샤르), 능산(천산산맥 북쪽), 대청지(이시크쿨호), 달라사성(탈라스), 타쉬켄트, 사마르칸트, 마자르이샤리프, 가필시(아프가니스탄 베그람), 잘랄라바드, 건타라국(페샤와르), 오장나국(스와트), 캐시미르 서북부, 탁샤실라(탁실라), 가습미라(캐시미르), 마투라, 쉬라바스티, 룸비니, 구시나가라, 나란나에 도착했다. 불교철학과 유식, 산스크리트어를 완전히 익히고 520상자에 657부의 경전을 들고 641년 귀국길에 올랐다.[31]

이렇게 서역출신들이 많았던 것은 실크로드를 통한 동서교류의 시작은 알렉산더 대왕의 인도대륙 침략 이후부터 실크와 각종 광물류 등의 물질적 교류로부터 비롯된다고 볼 수 있다.[33]이러한 희생적 불심의 구도행으로 한국과 일본은 불교국가건설의 새로운 과정에 공헌할 수 있었고 불교가 가진 정신적 역동성과 새로운 상황에 대처하는 능력이 작용했기 때문이다.[34]

이 힘든 여정을 흥미롭게 서술한 『서유기』는 확실히 동아시아의 공유문화로서 그 효과를 톡톡히 해내고 왔다. 더구나 『서유기』 안에는 유교와 불교, 도교의 다문화적 요소가 융합되면서 불교를 중심으로 주변을 수용하는 생명존중의 용광로 역할을 보여준다. 그 어떠한 경전보

---

31 사실 실크로드를 건너 최초로 인도를 찾은 스님은 중국 동진의 법현(法顯, 334~420)스님이 있다.
32 불교신문, 〈한국불교의 원류를 찾아서— 서안 자은사 대안탑에서, 현장스님과 대당서역기〉, 2003.10.25과 첸원중 저, 임홍빈 역, 『현장 서유기』, 2010, 에버리치홀딩스에서 참조.
33 금강대학교 불교문화연구소 편, 『종교와 역사의 교차점 실크로드』, 민족사, 2014, 22쪽.
34 윌리엄시어도어 드 배리 저, 한평수 역, 『동아시아 문명』, 실천문학사, 2015, 47-50쪽.

다 『서유기』한 권 제대로 읽는 것이 더 나을 수도 있다고 할 만큼 불교의 모든 사상과 철학이 가득하다.

2) 동아시아문화의 기반을 이룬 불교사상, 『서유기』

문학이 풍성하고 이야기 거리가 돌아다니는 것은 당시 무역이 성행하고 재원이 풍부하며 사람들 간의 자유로운 사상의 표현, 예술의 자유, 상상력이 가득하고 유쾌하며 인간의 모든 본성이 다 표출되는 시대이 표상이다. 『서유기』는 중국뿐만 아니라 전 세계적으로도 고대에서 탄생한 가장 성공적인 신화소설이다.

중국으로 불교가 전해진 이후 동아시아 세계는 기존의 고유사상 체계가 뒤흔들릴 만큼 역동적인 사상과 문화가 전개되었다 해도 과언이 아니다.[35] 그와 더불어 동아시아의 정신·사상·문화를 형성 짓는 내용의 핵심들이 『서유기』라는 이야기에 모두 함축되어 있다. 심지어는 불교와 도교의 깊은 가르침이 담긴, '한 권의 경전'[36]으로 꼽기도 한다. 무리의 사상은 서양에 대한 동아시아의 중요한 문화의 특징을 표현하고 있는데, 서양의 사상에는 일신교(크리스트교)의 가치관이 뿌리 깊게 있고, 동양의 사상에는 다신교의 사상(에니미즘)과 자연주의의 사상이 뿌리 깊다는 것이다.[37] 그러면서도 인간내면의 본능적 욕구와 기질 등을 스스로 제어하고 내면으로 깊이 들어가 성찰해보는 수행적 과정이

---

35 한지연, 「『현겁경』을 기반으로 한 초기 서역 불교 수행 체계에 관한 고찰- 서역의 현겁 신앙 전개 양상을 바탕으로-」, 『금강학술총서』 21, 금강대학교 불교문화연구소, 2014, 93쪽.

36 성태용, 『어른의 서유기』, 정신세계사, 2019, 10쪽.

37 쿠로가와 마사유키, 「바람과 흙; 동아시아 문화의 정체성」, 『OCD연구논문집』 제3호 0권, 2011, 20쪽.

유기체적 세계관(organisch)을 보여준다.

『서유기』는 동아시아 정신문명(문화)형성에 지대한 영향력을 끼친 불교의 정수를 스토리텔링으로 보여준 대표적인 사례이다. 이러한 불교적 세계관이 고스란히 담긴『서유기』는 민간에서 부담없이 자유롭게 커뮤니케이션(communication)되는 콘텐츠(contents)로서 회자되어 뿌리를 이룬 동아시아의 문화적 바탕이 되었다. 『서유기』는 불교적 생명주의적 문화독법차원에서 나아가 그와 접맥된 불교사상과 불법의 전체체계와 핵심을 고찰하게 해준다. 더구나 전체적인 기행스토리는 중국 장안에서 인도사이의 실크로드의 점들을 이어주는 글로벌 생명공동체를 형성시켜주고 있다.

3) 미래지향적 문화창달로서 동아시아 생명공동체에서의 불교문화형성

둔황에서의 불교발전은 이미 전래 단계부터 예견된 일이었는데 이러한 경향은 장안으로 옮겨가 쿠마라지바가 역경을 할 때 그 문하에 약 800여명이 있었고, 좌선을 하는 승려가 약 천여 명에 달한다는 기록이 보인다.[38] 불교의 무한한 수용력은 각각의 장소마다 토속신앙과 민간인의 풍습과 사상들을 마다하지 않고 다 받아들였다. 이러한 것이 포용력과 배려심, 자비심과 서로간의 생명조화, 그리고 공생의 정신인 것이다. 동아시아의 사상은 인간과 자연이 하나의 유기체적으로 서로 조화를 이루고 있다.[39]

서역의 크고 작은 왕국들은 불교를 받아들이며 개방적 교류로 풍요

---

38 고려대학교 한국사연구소 엮음, 「간다라·사막북로의 불교 유적」, 『아연 동북아 문화총서』 03, 실크로드와 한국불교문화 도록 II, 아연출판부, 2014, 187쪽.

39 쿠로가와 마사유키, 「바람과 흙; 동아시아 문화의 정체성」, 『OCD연구논문집』 제3호 0권, 2011, 21쪽.

로운 시대를 영위할 수 있었다. 모두가 거친 자연환경 속의 부족연맹들에게 선진문화를 접할 수 있는 중요한 계기를 마련해 주었다.[40] 한국만 보더라도 불교문화의 전래와 함께 이민족에 대한 포용력도 같이 들어오면서 글로벌적 다문화사회가 되고 있다. 동서문화 교류의 시작점은 물질적 교류에 기대어 종교·문화의 전파가 이루어지고, 전파속도는 점차 가속도를 내어 이후에는 물질적 교류가 아닌 순수 문화교류가 성공적으로 이루어진다는 점이다.[41] 동아시아 불교사상사는, 거칠게 말하자면, 번역과 수용 그리고 번영과 융합 그리고 토착의 역사라고 말할 수 있을 것이다.[42] 자고로 지관(止觀)이 인도인들의 세계관이라면, 중국인들의 세계관은 관조(觀照)다.[43] 그래서 인도 문화는 종교성이 강하고 중국문화는 예술성이 뛰어난 문화로 자리매김된 것이다.[44]

동양문화의 지관과 관조가 내려준 사상적 분위기에다 불교적 심성이 합쳐져 주관과 객관, 내용과 형식, 물질과 정신, 자연과 인간을 대립이나 분리로 보지 않고 하나로 보려는 안목과 시야를 갖게 되었다. 원래 문화나 문명은 본질적으로 인간과 자연, 인간과 상호작용에 의해 발생·발전하기 때문이다.[45] 실크로드의 오아시스 왕국들은 북방의 거센 기마유목민족의 돌발적인 전쟁으로부터 지켜야 했고 긴장의 연속선

---

40 정병조, 「비단길과 한국불교」 KCI논문 중에서.

41 금강대학교 불교문화연구소 편, 『종교와 역사의 교차점 실크로드』, 민족사, 2014, 22-23쪽.

42 석길암, 「동아시아 불교사상사 연구의 한 반성」, 『한국불교학』 제87집, 서울: (사)한국불교학회, 2018, 55쪽.

43 지관(止觀)은 망념과 생각 등을 멈추고 마음을 한 곳에 집중한다. 관조(觀照)는 모든 세상의 이치를 들여다보면서 이 모든 세상의 돌아가는 이치와 밑들에서 헤아려 살펴본다.

44 정수일 지음, 『문명교류사 연구』, 사계절, 2002, 67쪽.

45 상동, 69쪽.

상에서 불교를 수용하고 극락왕생을 꿈꾸는 이상향을 기도했다. 즉 실크로드의 불교는 의식주의(儀式主義, Ritualism)가 범람하였고 그것은 왕이 주도하는 거국적 행사로 이루어졌다.[46] 중국에서도 불교를 받아들일 당시 상층계급을 중심으로 노자를 신격화한 '황로(黃老)사상'이 유포되고 있었는데, 부처를 노자와 마찬가지로 일종의 신처럼 여겼기 때문에 중국 사회에 정착할 수 있는 발판을 마련할 수 있었던 것이다.[47]

21세기는 문화의 시대, 이야기의 시대, 공감소통의 시대로 일컬어지면서 한편 기술과학혁명시대를 맞이하고 있다. 코로나 이후 비대면이 활성화되면서 제 4차 기술과학혁명은 박차를 가할 수밖에 없다. 진화의 가속경로(evolutionary fast-tract)[48]라고 칭한 의학사가들의 말처럼 바이러스는 새로운 변이를 일으키며 발병, 확산 과정을 거치고 있다. 민주주의와 개인주의에 자긍심을 지닌 서구와 다르게 동아시아 생명공동체라는 실감이 들 정도로 아시아권은 서로에게 피해를 주지 않기 위한 생각이 더 짙다. 제 3차 세계대전을 방불케 하는 숫자의 사망자를 배출하고 있는 바이러스는 지구의 과학발전을 시험하기라도 하듯이 문제해결의 꼬리를 자르고 돌아다니고 있다. 반 강제적 사회변화, 예전과는 전혀 다른 생활시스템의 변모와 전환, 사고방식의 혁신 등이 요구되면서 인간감정의 허탈함과 노동에서의 변화에서 오는 무력감 등이 그동안의 감정과 사유를 무너뜨리고 있다. 21세기의 문턱에서 새로운 시대로의 산고는 현금 근대발전의 위기와 서구사상 우월주의의 한계를 노정하여 당면과제에 불교라는 동아시아 생명공동사상이 귀중한 미래

---

46 금강대학교 불교문화연구소 편, 『종교와 역사의 교차점 실크로드』, 민족사, 2014, 25쪽.
47 이부키 아쯔시 지음, 최연식 옮김, 『중국 禪의 역사』, 씨아이알, 2005, 27쪽.
48 이영석, 「감염병 시대와 종교」, 『불교평론』, 2020년 겨울 제22권 제 4호(통권 84호), 23쪽.

지향의 영감을 제공해준다.

종교의 교류는 전염병의 전파를 타고 더욱 촉발되는 시각이 있다.[49] 함께 하지 않으면 살아갈 수 없는 방역시스템은 종교에서의 공감과 함께 해야 한다는 새로운 사상적 변화를 맞이하게 된다.

이로써 시대적인 면에서다 과거전통문화계승의 차원에서나 생명존중사상이 투철한 불교사상이야말로 동아시아를 한데 묶어 평화체제로의 문화 창달에 가장 합리적이고 친절한 사상이 될 것이다. 이제는 상처 난 주변을 돌보고 앞으로만 전진해 온 인간의 성찰과 참회, 자연친화적인 마음으로 세상을 바꿔나가야 한다.

4. 나가는 말

지금까지 고대 실크로드에서의 불교와 불교전래를 통해 21세기의 미래지향적인 동아시아 생명공동체로서의 콘텐츠를 불교에서 찾아보았다. 특히 불교의 뭇생명 존중사상은 비단 인간뿐만 아니라 세상에 존립하는 모든 생명체 즉 9류중생(九類衆生)[50]을 다 가리킨다. 비교할 대상

---

49 윌리엄 맥닐(William Handy Mcneil), 『전염병과 인류의 역사』, 허정 옮김, 한울출판사, 1992.(김성순, 『한국 불교의학의 전래와 의승(醫僧)들의 활동에 관한 일고찰』의 논문에서 재인용)

50 구류중생이란 9가지 생명체를 뜻한다. 인간만이 아니라 세상의 모든 생명체는 다 불성이 있고 부처가 될 수 있다는 의미로 『금강경』에서 나왔다. ① 태로 태어난 태생(胎生) ② 알로 태어난 난생(卵生) ③ 습한 곳에서 태어난 습생(濕生) ④ 변화하거나 스스로 업력에 의하여 갑자기 화성(化成)하는 화생(化生) ⑤ 빛이 있어 태어난 유색(有色) ⑥ 빛이 없이 태어난 무색(無色) ⑦ 생각이 있어 태어난 유상(有想) ⑧ 생각이 없이 태어난 무상(無想) ⑨ 생각이 있지도 없지도 않게 태어난 비유상비무상(非有想非無想)을 말한다.

이 없는 자비심과 무한한 스케일의 수용력을 보여주고 있다. 실크로드 상의 오아시스도시마다 불교가 성했고, 그에 따른 사상과 문화예술이 꽃을 피웠다. 특히 불교의 전래는 동아시아의 공감대를 형성하기에 가장 수승했다.

현재 코로나 바이러스에서 델타바이러스, 오미크론으로 진화된 생명체바이러스라는 전 세계 유행병을 경험하면서 우리의 생명 못지않게 바이러스들의 자신들의 생명체에 대한 진화를 체험하고 있다. 서구물질문명의 인간성이 결여된 또 다른 야만의 시대를 겪어나가면서 포스트모더니즘 운동과 겹쳐 정보통신기술의 네트워크 혁명과 재생 가능한 에너지제도가 혁신되어 서로 결합하기에 이르고 있다. 이에 서구의 호모 사피엔스(homo sapiens)적 사고방식에서 탈피하여 공감적 자비를 구축하는 불교적 감성을 시대적 대안으로 추구하고자 한다. 동아시아는 고대로부터 보여 진 문화의 수용력과 통합의 발전적 함수관계의 동력은 불교적 정신과 사상이었다. 이러한 불교적 소양은 타자와 공감하는 호모 엠파티쿠스(homo-empaticus) 시민사회로의 초국가적 지역화로 문명의 대전환시기를 성숙하게 만들어갈 여지로 보인다. 동시에 동아시아 생명공동체를 위한 불교적 가치성을 재창조하는 계기를 비전으로 연결하고자 했다.

제러미 리프킨은 "공감의 확장은 갈수록 복잡해지는 사회적 교류와 인프라를 가능하게 하는 사회적 접착제이다. 사회는 사교적이어야 하고 사교적이 되려면 공감이 확대되어야 한다. 사회가 복잡해질수록 자아의식은 더 확실해야 하고 다양한 종류의 다른 사람들과 접촉이 많아야 하며 공감이 확대될 수 있는 가능성이 더 커져야 한다."[51] 라고 했다.

---

51 제러미 리프킨, 이경남 옮김, 『공감의 시대』, 민음사, 2011, 54쪽.

서양의 물질문명에 기대어 오면서 이제는 한계치에 도달해 서양에서부터 동양의 정신을 추구하고자 갈망하고 있다. 이러한 때에 우리는 우리의 평화적인 불교공감대를 형성해 동아시아생명공동체를 추구하는 도발적인 문화혁명을 실현시킬 수 있는 가능성을 가늠해보았다.

실크로드는 현재도 진행형이다. 실크로드의 더 입체적이고 시대적 다양한 길로 우리는 인문학적 감성을 토대로 한 가치성과 종교적 자애·자비심의 모든 생명체를 향한 접근성, 그리고 이를 통합한 생명적 가치로 새로운 문명학을 건설해나가야 한다. 실크로드에서 동서문명의 교류를 통한 동아시아 생명공동체는 우리의 과제가 되어야 한다.

해상 인문실크로드와 종착지, 한반도

김시내

1. 서론

아시아와 유럽을 잇는 중앙아시아에서는 오래전부터 카라반(caravane)들의 활동으로 동서를 잇는 교역로가 개척되었다. 이 교역로와 연관하여 중국의 주요한 교역품이었던 비단이 전해졌던 동서교통로를 총칭하는 말이 실크로드이다. 상업적인 카라반의 활동이 본격화되면서 오아시스로를 통해 호탄의 옥과 아라비아의 향료, 로마의 아름다운 유리그릇 등이 낙타에 실려 동방으로 들어왔고, 다시 이 길을 따라 중국의 비단이 로마의 궁까지 운반되었다. 협의적인 의미에서 실크로드는 오아시스로를 중심으로 연결된 무역로를 지칭하지만, 기원전 8~7세기에 스텝지역을 통과하는 초원로를 통한 교류의 흔적이 유물뿐만 아니라, 문헌 기록에 의해 입증되고 있다. 그 이후 초원로는 몽골 등 북방의 기마민족의 이동통로가 되었다. 항해술의 발달로 좀 더 안정적인 해상로가 개발되면서 더 많은 물자와 인적교류가 동서간에 이루어졌다. 광의적으로는 이 3개의 길을 통틀어 실크로드라고 지칭한다.

한반도는 실크로드의 동단에 있었지만, 그동안 실크로드의 영향이 크게 파급되지 않았거나 무관하게 여겨져 왔다. 그러나 실크로드의 모든 길이 한반도와 연결되어 있으며, 동단의 연결고리로 시대에 따라 차이는 있으나 상당한 역할을 해왔음이 유물과 문헌 기록을 통해 증명되고 있다. 초원로를 통해 인류가 이동하는 과정에서 한반도로 문화가 전달되었고, 남북국시대(통일신라시대) 발해의 교역품들이 초원로와 오아시스로를 통해 서쪽으로 전달되었다. 오아시스로를 통해서 중국으로 들어온 문화와 종교 등이 다시 한반도로 전파되고, 한반도의 물품이 교역품으로 전달되었다. 이뿐만 아니라 삼국시대에는 해상로를 통해서 백제와 신라, 가야에 서역의 물건이 전달되고, 상인들이 들어와 교역이 이루어졌고, 고려의 벽란도로 이어지는 무역로가 형성되었다. 이러한 점에서 실크로드의 3대간선들이 모두 한반도를 동단으로 삼고 있음이 분명히 드러난다.

한반도나 일본열도까지 서역과 남방 문물이 전파되고 서역 선박이 내항하였으며, 이에 관한 문헌 기록도 분명히 남아 있다는 사실을 감안할 때 해로는 결코 중국 동남해안에서 멈추지 않고 동진하여 한반도로 이어졌음이 분명하다.

한반도의 경우 일찍부터 중국과의 해상 교통이 발달하여 이 통로를 통한 중국과의 교류는 물론, 멀리 동남아시아나 서역과의 교류도 직, 간접적으로 진행되어 왔음을 여러 가지 문헌을 통해 확인할 수 있다. 이것은 고대 한, 중 해로가 해상실크로드의 연장선상에서 그 기능을 수행해 왔음을 의미한다.

2. 본론: 해상로(남해로)와 한반도

제2차 세계대전 이후, 실크로드의 개념 확대에 따라 해로가 실크로드 3대 간선의 하나로 인정되었다. 그 서쪽 끝은 로마, 동쪽 끝은 중국의 동남해안으로 설정되었다. 포함되는 해역으로는 지중해, 홍해, 아라비아해, 인도양, 서태평양의 중국 남해로 전체 항해 길이는 약 15,000km로 추산되었다. 위치상으로 볼 때 초원로나 오아시스로의 남쪽에 있는 바닷길이라는 데서 이 길은 남해로(Southern Sea Road)라고 이름 지어졌다.

그러나 해로의 동단은 중국을 넘어 한반도였음이 남아 있는 유물과 기록들을 통해 분명히 드러나고 있다.

신라와 당의 활발한 교류는 오아시스로의 동단을 중국의 장안을 넘어 한반도로 옮겨놓았다. 이에 대해서는 여러 가지 유물과 문헌을 통해서 알 수 있다. 다양한 서역 문물이 삼국 시대에 벌써 한반도에 유입되었으며, 중국을 사이에 두고 한반도와 서역 간의 교류가 직간접적으로 이루어져 왔음은 남아 있는 유물과 문헌을 통해 증명 된다. 오아시스로를 통해 한반도와 교역이 이루어지는 과정에서도 해로의 역할이 중요했다. 신라가 삼국을 통일하고 얼마 지나지 않아 고구려의 유민들이 북쪽에 발해를 세우면서 한반도는 남북국시대를 열었다. 육로가 막힌 가운데 신라의 대중국 교역은 해로를 통해 산동반도와 연결되었다.

한반도를 중심으로 하는 해로는 신라가 삼국을 통일하기 이전부터 활발하게 운영되어왔다. 이 시기 중국과 서역의 교류는 해로보다는 오아시스로를 통해 주로 이루어졌다. 그러나 한반도의 상황은 달랐다. 고구려로 인해 육로가 막혀 있는 상황에서 백제, 신라, 가야는 해로를 통한 교역의 방향을 모색해야만 했다.

한반도에 불교가 전례되는 과정을 볼 때, 해로의 중요성을 다시 한번 확인할 수 있다. 북중국을 통일한 전진은 남중국 통일을 위해서 북서지역에 위치한 고구려와의 우호관계가 필요했다. 이에 전진왕 부견은 372년 인도출신 승려 순도와 불경을 고구려에 보냈다. 이 시기 중국에는 해로보다는 오아시스로를 통한 교류가 이루어지던 시기로 인도의 승려가 오아시스로를 통해 중국으로 들어왔다가 다시 육로를 통해 고구려로 들어오게 된 것이다.

　백제 역시 육로를 통해 중국으로 들어온 인도의 승려가 다시 백제로 들어와 불교를 전파하게 된다. 그러나 백제는 육로를 통해 승려가 들어온 고구려와 달리 오아시스로를 통해 중국에 들어온 승려가 해로를 통해 백제로 들어왔다. 383년 북중국을 통일한 전진은 동진을 정벌하기 위해 100만 명의 대군을 보내 동진과 '비수대전'이란 전쟁을 하게 된다. 그러나 전진의 100만 대군은 동진의 8만 군대에 대패한다. 당시 고구려와 한강유역을 두고 대치 중이던 백제는 동진에 비수대전 승전축하 사신을 보내고 동진은 이에 화답해 384년(침류왕 원년)에 백제사신이 귀국하는 배편에 인도승려 마라난타와 불경을 보낸다. 이것이 백제가 불교와 접촉한 첫 기록이다(삼국사기 권 24). 이를 통해 알 수 있듯이 오아시스로를 통해 중국으로 인도 승려가 들고 온 불교는 육로를 통해 고구려에 전해졌으나, 백제에는 해로를 통해 유입이 되었으며, 그렇게 전해진 불교는 다시 해로를 통해 일본으로 전해졌다. 그 만큼 한반도 주변에는 이미 해로가 발달해 있었으며 그 역할이 중요했다.

　불교의 한반도 유입은 사실 그 이전으로 거슬러 올라간다. 가야의 불교의 유입은 고구려보다 300여년이나 앞선 것으로 기록되어 있다. 금관가야의 개국시조 김수로왕(42~199)의 부인 허황옥(許黃玉, 33~189)은 야유타국(인도 중부에 있었던 고대왕국)의 공주로, 16세에 수행원들과 배를 타고 가락국에 도착해(48) 김수로왕과 결혼해 보주태후가 된다.

당시 백성들은 불교를 믿지 않았기 때문에 절은 짓지 않았지만, 수로왕의 8대손 김질왕(재위 451~492)은 시조모 허황후의 명복을 빌기 위해 452년에 수로왕과 황후가 만나 혼인했던 곳에 절을 세우고 왕후사(王後寺)라 했다.[1] 백제와 신라에 막혀 육로가 자유롭지 못했던 가야는 바닷길을 통해 서역과의 교류가 있었고, 문물이 유입되고 인적교류가 이루어졌다. 가야는 남해로가 활성화되기 이전부터 해로를 통해 문물을

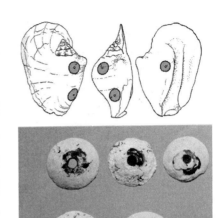

대성동 고분 - 고호우라 말갖춤새

교류해 왔으며, 백제, 신라와 함께 해로의 동단을 점유하고 있었다.

대성동 고분이 축조되는 금관가야 시기(3~5세기)가 되면 교역대상의 폭이 더욱 넓어져 중국의 북방지역과 일본의 긴키 지역으로까지 확대된다.

제29호분과 제47호분에서는 청동솥[銅鍑], 제11호분에서는 호랑이모양 띠고리 등의 북방계 유물이 출토되었다. 통나무를 쌓아 만든 덧널무덤도 북방적인 요소로 여겨진다. 또한 방격규구신경(方格規矩神鏡)이라는 중국제 거울도 3점 출토되었다.

일본계 유물로는 파형동기(巴形銅器), 조개팔찌 등이 있다. 이는 일본에서도 보물로 여겨지던 소중한 유물로 일본이 가야의 철을 수입하면서 교역한 물건으로 여겨진다.

대성동 91호 고분에서 출토된 조개장식말갖춤새에 사용된 조개 29

---

1 『삼국유사』 권2, 가락국기.

점 중 20점은 오키나와 등 열대 해역에 서식하는 '고호우라(ゴホウラ)'이며, 9점은 같은 열대 해역에 서식하는 '이모가이'(청자고둥, イモガイ)라는 사실이 일본 구마모토대학(熊本大學)의 기노시타 나오코(木下尚子) 교수팀에 의해 확인됐다. 이들 열대 조개류는 모양이 빼어나 일본 지배층의 팔찌 장식품 등으로 사용되어 왔다.

기노시타 교수가 김해시에 보낸 보고서에 따르면 "이 조개류는 4세기 때 왜(倭) 왕권에서 오키나와산 조개류를 수집한 뒤 국제 외교용 선물로 파형동기(巴形銅器)와 함께 가야 왕족에게 전달한 것으로 추정된다"고 밝혔다.

일본 기노시타 교수는 일본의 야마토 세력이 오키나와 인근의 조개 껍질을 긴키 지역에서 모아 가야와 간접적으로 교역했다는 입장이다. 하지만 오키나와산 조개류임을 분명하지만 조개 껍데기만 반입해 중국 동북지역의 마구를 모방해 김해 지역에서 말 장식품으로 가공 및 제작했다는 점에서 선물이라고 보기에는 어려운 점이 있다. 당시에 오키나와는 독립된 왕국으로 존재했고 무역국이었다는 점에서 금관가야와 오키나와가 직접 교류를 했을 가능성이 높다. 동남아시아의 유리구슬과 금관가야의 유리구슬 성분이 비슷하고 철기제작기술 역시 인도문화와의 관련성이 언급되는 등 남방문화적인 요소가 확인되고 있다는 점 등에서도 오키나와와 금관가야의 직접 교류 가능성이 높다. 이런 점을 볼 때 당시 가야의 해상무역의 위상을 다시 한번 볼 수 있다.

백제 역시 한반도가 가진 지리적 이점을 바탕으로 동아시아의 해상왕국으로 발전했다. 백제가 위치했던 한반도 중·서남부는 한강, 금강, 영산강 등의 많은 하천을 끼고 있어 인접한 바다인 서해와 남해를 통해 서북으로는 중국내륙, 동남으로는 일본열도에 닿는 동아시아 해상교통로를 형성할 수 있었다. 이러한 백제의 자연환경은 하천과 해상을 통한 내륙운송과 연안운송을 자연스럽게 발전시켰고, 중국대륙과 한반도, 일본열도를 잇는 동아시아의 해상 네트워크를 형성할 수 있게 했다. 또한 백제는 인접해 있던 고구려나 신라와 잦은 전쟁으로 대립하는 시기가 길었기 때문에 자연스럽게 해상교통로가 중요한 교역 통로가 되었다.

기록을 통해 백제인들이 동북아시아 뿐만아니라 동남아시아와 인도에 이르기까지 해상을 통해 활발하게 교역했음을 확인할 수 있다. 고대에 한반도에서 중국대륙으로 통하는 해상로는 한반도 서해안을 따라 북상하여 요동반도 남부 해안을 거쳐 산동반도로 향하는 연안항로가 주로 사용되었다. 바다를 횡단하는 항해술이 발달하기 전에는 육지나 섬 등을 항해의 지표로 삼고 항해를 하는 연안항로가 주를 이루었다. 4세기 중엽 한성시대 서해권을 장악한 백제 초기에는 고구려 연안을 지나는 이 항해술을 주로 사용했을 것이나, 5세기에 접어들면서 고구려의 세력에 밀려 서해 북부의 제해권을 상실한 후에는 중국대륙과 교류를 위해 서해를 횡단하는 직항로를 개척한 것으로 추측된다.

현재 남아있는 각국 역사서와 백제의 문화재를 통해 바다를 터전으로 생활했던 백제인의 모습이 점차 드러나고 있다. 무령왕릉을 지키고 있던 돌짐승은 진묘수(鎭墓獸)의 일종으로 우리나라 최초의 것이다. 진묘수는 중국에서 시신을 묻을 때 사용한 것으로 기괴한 형태의 상상속의 동물을 무덤 안이나 앞에 놓아서 악귀를 쫓고 죽은 자를 지키는 신상이다. 백제는 일찍부터 중국과 교류하던 과정에서 이러한 장례풍속이 도입되었던 것으로 추측된다.

공주 무령왕릉 출토 진묘수   중국 북위 진묘수(서안박물원)

　백제의 금동관은 체제정비와 발전 과정을 추측하게 하는 중요한 유물이다. 금동관은 백제의 대왕이 지방의 수장들에게 하사하여 대왕의 권위를 확립하고 지방의 지배체제를 공고하게 만드는데 사용되었다. 금동관을 하사 받은 제후는 지방지배의 정통성을 확보할 수 있었고, 중앙정부는 통제를 공고하게 할 수 있었다. 일본의 경우에도 백제계통의 금동관이 보여지는데 백제와 밀접한 관련이 있는 세력으로 추정되기도 하며, 백제의 금속공예기술의 일본 전파를 보여주는 자료가 된다.

　전북 익산 입점리 고분의 금동관은 백제에도 금속제 관문화가 있었다는 것을 알려주며, 그 형태가 지금까지 다른 한반도 고대문화에서 볼 수 없는 독특한 형태이다. 입점리 금동관이 출토됨으로 일본 큐슈 구마모토현의 에다 후나야마무덤[船山古墳] 금동관이 백제로부터 전해졌으며 이로 5세기 후반대의 백제의 대외교류를 가늠해 볼 수 있게 되었다. 에다 후나야마의 금동관은 모양뿐만 아니라 뒤꽂이 장식 등이 입점리 금동관과 똑같이 닮았다. 이후 백제 지역에서 연이어 출토된 금동관들은 모두 비슷한 형태를 띄고 있다.

　또 다른 금동관이 출토된 충남 공주시 수촌리 고분에서는 당대의 사치품들이 대거 출토되었다. 그 중, 중국에서 수입된 고급도자기를 통

공주 수촌리 4호고분 금동관   고흥 길두리 안동고분 금동관

해 금동관의 시기를 추측할 수 있다. 흑유계수호(黑釉鷄首壺)라는 도자기는 중국에서 310년부터 400년대까지 만들어졌다는 기록이 있기 때문에 수촌리 고분은 5세기 초·중반의 것으로 추정할 수 있다. 백제의 금동관들은 4세기 말에서 5세기 대의 것으로 추정되는데, 당시 수도였던 한성에서 출토되는 것이 아니라 주로 한성과는 멀리 떨어진 지방에서만 출토되었다. 함께 출토되는 부장품들을 볼 때 상당한 세력을 가진 지방의 수장들이었음을 추정할 수 있다. 서산 부장리를 비롯해 충청도에서 4점, 천안 용원리, 공주 수촌리, 익산 입점리, 나주 신촌리, 고흥 안동 고분 등에서 금동관이 출토되었다. 금동관이 나온 지역은 백제 전역에 퍼져 있으며, 발굴지점이 상당한 거리가 있음에도 놀랄 만큼 비슷한 모습을 하고 있다. 그리고 무덤 안에서는 당시 최고의 사치품이었던 중국제 도자기들이 함께 출토된 것을 볼 때, 백제 왕실이 주도적으로 중국과 교류하면서 들여온 것을 지방의 유력 세력의 수장들에게 하사한 것으로 여겨진다. 그 외에도 귀고리, 말갖춤 장식 등이 출토되는데 이러한 것들은 당시에는 국가의 용인이 있어야 가질 수 있는 사치품이며, 사용된 재료들과 기술을 볼 때도 지방 수장들이 직접 제작했을

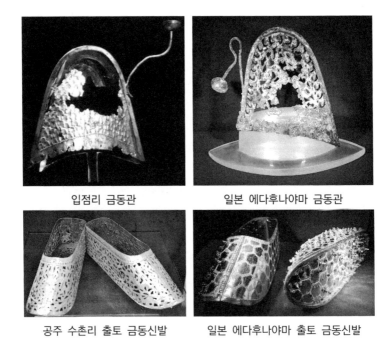

입점리 금동관   일본 에다후나야마 금동관

공주 수촌리 출토 금동신발   일본 에다후나야마 출토 금동신발

가능성은 적은 것으로 국가에서 만들어서 하사한 것으로 여겨진다.

　금동관은 백제의 한성시기에 영역을 확장하기 위한 거점지역에서 출토되고 있다. 공주 수촌리 고분은 금강 중류에 위치하고 있으며, 금강 하구로 내려오면 오랜 세월 동안 교통의 요지였던 웅포 나루터에서 멀지 않은 곳에 익산 입점리 고분군이 있다. 즉 해로의 요충지에 지방 세력가가 있었으며, 해로가 중요한 교통 수단으로 여겨졌다는 것을 추측할 수 있다. 그리고 또 다른 금동관이 출토된 고흥 길두리는 남해 바닷가에 위치하고 있으며, 그 바다 너머에는 일본이 있었다. 백제가 가야나 신라와 적대적인 관계에 있을 때 부산 앞바다를 통해 대마도로 가는 것은 어려웠을 것이다. 백제 입장에서는 그런 곳을 거치지 않고 직접 일본으로 가는 항로를 개척하고자 노력했을 것이고, 따라서 고흥

은 대단히 중요한 해상교통의 요충지였을 것이다. 백제 왕실이 금동관
을 지방으로 보내던 시기에 고흥은 왜와 교류하는 중요한 요충지였을
것이다. 에다 후나야마 고분에서 출토된 금동관이 백제의 금동관과 모
양이 일치하는 것, 또한 우연이 아닐 것이다.

　백제의 옛 땅에서 발굴된 중국의 도자기와 동남아시아산 유리구슬,
백제에서 일본으로 전해준 칠지도와 의자왕 바둑판(목화자단기국)은 동아
시아 바다를 무대로 활약했던 백제인의 찬란한 유산이다. 백제는 중국
대륙과 한반도 그리고 일본열도를 잇는 해상네트워크를 형성하며 선진
문화와 기술의 전달자 혹은 중계자로서의 역할을 해왔음이 분명하다.

공주 수촌리 출토

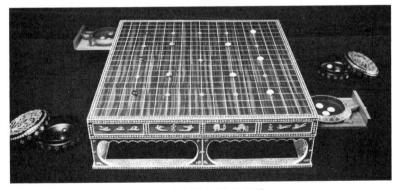

목화자단기국[木畫紫壇棊局]

가로 48.8㎝·세로 49㎝·높이 12.7㎝·무게 3.91kg / 일본 정창원 소장

　목화자단기국(木畫紫檀碁局)은 일본에 현존하는 가장 오래된 바둑판으로 1400년 전 백제 의자왕(義慈王, 재위 641~660)이 당시 왜국의 실권자인 후지와라노 가마타리(藤原鎌足, 614~669)에게 선물한 것이다. 바둑판은 한반도의 소나무로 제작되었고, 표면은 인도 남부 스리랑카 원산의 최고급 목재인 자단(紫檀)으로 만들어졌다. 판위의 19줄의 선은 동남아시아와 인도가 주산지인 상아로 장식되었고, 17개의 화점(花點)은 꽃무늬로 장식되었다. 바둑알 역시 상아로 제작되었다. 옆면에는 낙타와 공작 그림, 그리고 코끼리를 이용해 사자를 사냥하는 모습, 낙타를 모는 아라비아인 등이 상아로 새겨져 있다.

홍아감아발루기자(紅牙紺牙撥鏤碁子: 붉은 색과 청색의 바둑돌)
일본 정창원 소장

　의자왕의 바둑판과 바둑알은 백제의 해상교역이 동아시아는 물론 인도의 남부지역까지 뻗어있었다는 사실을 증명하는 자료이다. 바둑판의 겉표면을 위해서는 인도 남부의 스리랑카에서 자생하는 최고급의 목재를 들여왔고, 바둑알은 동남아시아와 인도에서 상아를 들여와 제작했다. 이미 성왕 때 겸익(謙益)이 해상을 통해 불교의 원산지인 인도에 다녀왔다는 기록이 있다. 당시 인도까지 배로 왕래하는 것은 어려운 일이었지만 불가능한 일은 아니었다. 511년 양나라 무제의 명으로 인도에 파견되어 양나라로 불상을 기져온 혁건(絋騫)은 해로를 통해 왕복을 했다. 이러한 기록을 통해 알 수 있듯이 백제에서 양나라로 배를

타고 간 후, 다시 인도로 가는 코스는 이미 개척된 상태였다. 당시 백제
는 양나라와 교류가 많았고, 무령왕은 양나라 문화에 심취해 자신의
무덤을 양나라 방식으로 만들 정도로 교류가 많았다. 교역품들이 다양
한 통로를 통해 백제로 들어왔다는 것으로 백제인의 해상활동을 추측
해 볼 수 있으며, 해로의 동단이 백제로 연결됨을 알 수 있다.

여러 문헌의 기록을 통해 중국과 백제가 활발한 교역이 있었음을 짐
작할 수 있다. 황칠은 예로부터 금속과 목재 등 공예품 표면을 장식하
는 데 쓰였던 담황색 천연도료이다. 『삼국사기』 백제 무왕 27년의 기
록에 의하면 당나라에 사신을 보내어 명광개(明光鎧)를 선물로 주면서
고구려가 당나라로 가는 길을 막는다고 호소했다고 적고 있다. 명광개
는 백제 시대 사용한 갑옷인데, 황칠을 통해 '황금빛이 나는 갑옷'으로
전설 속의 갑옷이다.

《구당서·동이전·백제조》에는 "백제에는 섬이 세 개가 있으니 그 곳
에서 황칠이 난다"고 하여 황칠이 백제에서 생산되는 특산품임을 전하
고 있다. 한편 《계림지(鷄林志)》에는 "고려의 황칠은 섬에서 난다. 6월
에 수액을 채취하는데 빛깔이 금과 같으며, 볕에 쪼여 건조시킨다. 본
시 백제에서 나던 것인데, 지금 절강(浙江) 사람들은 이를 일컬어 신라
칠(新羅漆)이라 한다"고 기록되어 있다. 이를 통해 백제의 천연도료인
황칠이 칠해진 물품들이 중국에 많이 알려져 있었고, 교역품으로 전해
졌다는 것을 알 수 있다.

현존하는 회회자료 중 유일하게 백제인의 모습을 담고 있는 양직공
도(梁職貢圖)는 6세기, 중국 남조의 양(梁)나라 원제(元帝) 재위 연간 소
역(蕭繹)이 그린 원본을 1077년 북송 시대에 모사한 것인데, 당시 양나
라에 온 사신들의 모습을 그리고 각 나라의 풍습 등을 기록한 화첩이
다. '백제국사(百濟國使)'라는 이름이 붙은 그림과 여기에 대한 기록을

보면, 백제에 대해 "마한(馬韓)에서 시작된 나라이며, 중국의 요서(遼西) 지방을 차지해 다스렸다. 고구려와 말씨 및 옷차림이 비슷하며, 백제 무령왕(武寧王)은 고구려를 크게 격파했다는 사실을 알려온 적이 있다"는 등의 내용이 담겨 있다. 이 자료를 통해 당시의 백제의 복식을 알 수 있고, 양나라에 사신을 보내며 활발히 교류했음을 알 수 있다.

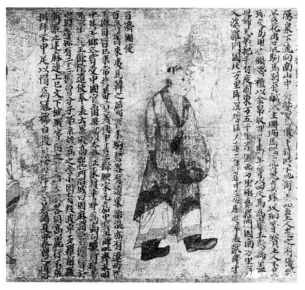

중국 남경시(南京市) 남경박물원(南京博物院)

일본 나라 호류지(法隆寺)에 소장된 백제관음상(百濟觀音像)은 이름에서 알 수 있듯이 백제에서 건너갔거나 백제인의 솜씨로 만들어진 불상임을 추정할 수 있다. 호류지가 백제로부터 왜국으로 불교가 전래되면서 창건된 사찰이라는 사실과 백제와 관련 깊은 아스카문화(飛鳥文化)를 꽃피웠음을 살펴 볼 때 백제관음상과도 일정한 관련이 있음을 추측할 수 있고, 해로를 통한 백제와 일본의 교류를 짐작해 볼 수 있다.

신라 역시 해로를 통한 교역이 활발했다. 삼국시기에는 고구려에 막

혀 있었고, 삼국을 통일한 이후에는 얼마 지나지 않아 등장한 발해로
인해 육로는 이용할 수가 없었기 때문에 해로를 통한 교역이 발달할
수 밖에 없는 입지였다.

삼국사기에는 페르시아 카펫이 등장하고, 신라 왕릉에서는 공작새
깃털이나 해외에서 들어온 금은세공품·인형 등이 다수 발견됐다. 834
년 흥덕왕이 사치금지령을 내려 외래품 수입을 중단시킬 정도로 신라
와 페르시아는 교역이 활발했다.

> 사람은 나이에 따라 손위와 손아래의 구분이 있고, 지위에도 높고
> 낮음이 있어서, 법의 규정이 같지 않으며 의복도 다른 법이다. 풍속이
> 점점 각박해지고, 백성들이 다투어 사치와 호화를 일삼고, 진기한 외
> 래품만을 좋아한 나머지 도리어 순박한 우리의 것을 싫어하니, 예절은
> 곧잘 분수에 넘치는 폐단에 빠지고 풍속이 파괴되는 지경에 이르렀다.
> 이에 삼가 옛 법전에 따라 명확하게 법령을 선포하노니, 만일 일부러
> 이를 어기면 진실로 그에 맞는 형벌을 내릴 것이다.

> 진골 여자의 목도리와 6두품 여인들의 허리띠는 금은실(金銀絲)·공
> 작미(孔雀尾)·비취모(翡翠毛)를 쓰지마라. 빗(梳)과 관은 슬슬전(瑟瑟
> 鈿)과 대모(玳瑁)로 장식하지 마라. 말안장에 자단과 침향(자바의 향기
> 나는 나무)을 사용하지 말며, 수레의 깔개로 구수탑등(페르시아 양탄
> 자)을 쓰지 말라.

'비취모'는 캄보디아(眞臘國)에서도 진귀한 물총새(Kingfisher)의 털
로 중국에서도 옷소매나 사타구니 속에 넣어 밀수한 금지된 품목이었
다. '공작미'는 인도와 아프리카산인 공작새의 꼬리이며, '슬슬전'은 이
란산 에메랄드를 빗과 관에 알알이 박아 넣은 최고 명품이고, '대모'는
보르네오와 필리핀 군도 등에서 잡은 거북의 등껍데기이다.

　　이를 통해 신라시대 외부 교역로를 통한 무역이 얼마나 활발하게 이루어졌으며, 외래품이 경내에 퍼져 경제가 흔들릴 정도였음을 짐작할수 있다.

　　이와 함께 인적 교류도 활발했음을 남아 있는 유물을 통해 알 수 있다. 그 대표적인 예가 경주 괘릉의 이방인 석상과 처용의 존재이다. 삼국유사에 나타나는 처용은 당시 신라인들과는 모습이 달랐기에 귀신을 쫓아내는 특별한 존재로 부각되었다. 괘릉 앞의 문인석상은 중앙아시아의 위구르인(혹은 소그드인)의 모습으로 짐작되고, 무인석상은 페르시아 군인(혹은 소그드인)의 모습으로 짐작된다. 흥덕왕릉의 무인석상도 역시 비슷한 모습을하고 있다. 출신이 정확히 어디인지는 분간하기 어려우나 신라인의 모습은 분명히 아니며, 서역인의 형상임에는 의심의 여지가 없다. 이는 당시상당한 인적 교류가 이루어졌음을 의미한다.

흥덕왕릉 무인석상　　　　　괘릉 무인석상

백제와 신라의 활발한 해상활동에는 우수한 조선기술을 바탕으로 하고 있다. 백제는 '방(舫)'이라는 선박을 운용했는데, 왜국에서 '백제선'은 우수한 배로 통했으며, 이나베(豬名部)가문의 시조가 백제인으로 여겨진다. 『일본사기』에 제일 먼저 등장하는 것은 300년(응신천황 31) 가을 8월 기사이다. 이 기록에서는 단순히 '신라가 유능한 장인을 바쳤다'고만 기록되어 있다.

> 卅一年 秋八月, 詔群卿曰, 官船名枯野者, 伊豆國所貢之船也. 是朽之不堪用. 然久爲官用, 功不可忘. 何其船名勿絕, 而得傳後葉焉. 群卿便被詔, 以令有司, 取其船材, 爲薪而燒鹽. 於是, 得五百籠鹽. 則施之周賜諸國. 因令造船. 是以, 諸國一時貢上五百船. 悉集於武庫水門. 當是時, 新羅調使, 共宿武庫. 爰於新羅停忽失火. 卽引之及於聚船. 而多船見焚. 由是, 責新羅人. 新羅王聞之, 讋然大驚, 乃貢能匠者. 是豬名部等之始祖也.

31년 가을 8월에 여러 신하들에게 말하길 "관선(官船) 가운데 고야(枯野)라고 하는 것은 이두국(伊豆國)에서 바친 배이다. 이것이 썩어서 사용할 수 없게 되었다. 그러나 오랫동안 관용으로 쓰인 공로를 잊을 수가 없다. 어떻게 해야 그 배의 이름이 끊이지 않고 후세에 전해질 수 있겠는가?"라고 하였다. 여러 신하들이 명을 받고 담당 관리에게 명령하여 그 배의 목재를 땔감으로 하여 소금을 굽도록 명하였다. 그래서 5백 광주리의 소금을 얻어 여러 나라에 두루 나누어 주고는 배를 만들도록 하였다. 이에 여러 나라에서 한꺼번에 5백 척의 배를 만들어 바쳤다. 그것을 모두 무고수문(武庫水門)에 모아 놓았다. 이때 신라의 조공 사신이 무고에 머무르고 있었는데, 신라정(新羅停)에서 홀연히 불이 나서 모아 놓은 배에까지 번져 많은 배가 불에 탔다. 이로 말미암아 신라인을 책망하였다. 신라왕이 그것을 듣고 크게 놀라고 두려워하여 뛰어난 장인을 바쳤다. 이들이 저명부(豬名部; 이나베) 등의 시조이다.

그러나 『신찬성씨록(新撰姓氏錄)』을 보면 이나베의 시조가 백제국인 이라고 기록되어 있다.

650년(백치 원년)에는 안예국(安藝國)에 명하여 백제선 2척을 건조하게 했다는 기록이 있다. 이 배는 견당사(遣唐使)용 항해선으로 여겨진다. 기록에 따르면 3년 뒤 견당선 2척이 출발했다고 적고 있기 때문이다. 662년(백봉 원년)에 다시 안예국에 명하여 백제선 두 척을 만들게 했다. 이를 볼 때 견당사선은 대체로 백제선을 사용한 것으로 볼 수 있다.

김부식은 최치원전에서 지금은 전하지 않는 최치원의 문집 『상대사 시중상(上大師侍中狀)』을 인용하여 "고구려와 백제의 전성시대에는 강 병이 백만이나 되어 남으로는 오(吳), 월(越)을 침략하고 북으로는 연 (燕), 제(齊), 노(魯)를 위협하여 중국의 근심거리가 되었다"[2]라고 적고 있다. 여기에 열거된 나라들은 중국 대륙의 연안지역에 위치한 나라들 로 서해를 무대로 한 백제의 군사활동의 사례를 보여주는 기록이라 할 수 있겠다.

백제는 기록에 의하면 4세기 말 북중국의 혼란을 틈타 요서지역에 진출하였다고 전하며, 중국의 『남제서(南齊書)』에는 위나라가 기병 수 십만을 동원해서 백제를 공격했으나 동성왕이 사법명, 찬수류, 해례 곤, 목간나 등을 보내 위나라 군을 습격하여 대파했다고 기록하고 있 다.[3] 이는 5세기 말에 북위의 선단과 해전을 벌여 승리하는 백제의 강

2 『삼국사기』열전 제46, 최치원전. 高句麗百濟全盛之時強兵百萬南侵吳越北撓幽燕齊 魯爲中國巨蠹.

3 南齊書 卷五十八 列傳第三十九. 是歲, 魏虜又發騎數十萬攻百濟, 入其界, 牟大遣將沙法 名、贊首流、解禮昆、木幹那率衆襲擊虜軍, 大破之。建武二年, 牟大遣使上表曰: 「臣 自昔受封, 世被朝榮, 忝荷節鉞, 剋攘列辟。往姐瑾等竝蒙光除, 臣庶鹹泰。去庚午年, 獫狁弗悛, 舉兵深逼。臣遣沙法名等領軍逆討, 宵襲霆擊, 匈梨張惶, [一三]崩若海蕩。 乘奔追斬, 僵屍丹野。由是摧其銳氣, 鯨暴韜凶。今邦宇謐靜, 實名等之略, 尋其功勳,

력한 해상능력을 보여주는 기록으로 이를 토대로 백제가 활발한 해상
활동을 했음을 짐작하게 한다.

그러나 9세기에 접어들면 백제선에 대한 기록은 사라지고 신라선에
대한 기록들이 나타난다. 신라가 삼국을 통일한 후 백제의 기술과 신라
의 기술이 합쳐져 신라선이라는 형태의 배가 나타났음을 짐작할 수 있
다. 『속일본후기』에 의하면 839년에 풍파에 강한 신라선의 건조를 다
자이후에게 명령했다는 기록이 있다. 840년 기록에는 대마도의 관리가
풍파에 강한 신라선을 나누어주길 요청하여 1척을 받았다고 적고 있
다. 여기서 말하는 '신라선'은 신라인이 타는 배를 말하는 것이 아니라
선박구조가 신라식의 형태를 가진 배를 이르는 말로 이해된다. 『입당
구법순례행기』에 기록된 것을 보더라도 신라선이 중국의 배와는 다른
특유의 형식을 가지고 있었음을 알 수 있다. 기록에 따르면 배가 포류
하다가 중국 연안에 닿아 중국 관리가 왔을 때, 일본 조공사가 신라선
9척 중 5척이 내주(萊州) 여산 가에 닿았고, 4척은 알 수 없다고 적고
있다. 여기서 말하는 신라선 역시 신라인이 타고 다니는 선박이 아니라
신라형 선박이라는 의미이다. 또 기록에 의하면 먼 곳에서도 신라선의
형태를 확인할 수 있다고 적고 있다. 중국선과 다르기 때문에 항구밖을
지나가는 것을 보고도 신라선이라는 것을 확인할 수 있다고 적고 있다.

장보고가 해상을 장악하고 있을 때는 아랍 상인들이 직접 한반도로
들어오기는 힘들었을 것이다. 그러나 장보고의 해상세력이 몰락하고

宜在褒顯。今假沙法名行征虜將軍、邁羅王, 贊首流爲行安國將軍, 辟中王, 解禮昆爲
行武威將軍、弗中侯, 木幹那前有軍功, 又拔臺舫, 爲行廣威將軍、面中侯。伏願天恩特
湣聽除。」又表曰:「臣所遣行龍驤將軍、樂浪太守兼長史臣慕遺, 行建武將軍、城陽太
守兼司馬臣王茂, 兼參軍、行振武將軍、朝鮮太守臣張塞, 行揚武將軍陳明, 在官忘私,
唯公是務, 見危授命, 蹈難弗顧。今任臣使, 冒涉波險, 盡其至誠。實宜進爵, 各假行
署。伏願聖朝特賜除正。」詔可, 竝賜軍號。

해상이 열리던 9세기에는 아랍 상인들이 중국을 넘어 본격적으로 통일신라에 진출하기 시작했을 알 수 있다. 이에 관한 기록은 이슬람 학자들의 저술에서 찾아볼 수 있다. 이슬람인들의 신라 진출과 관련하여 신라의 위치, 자연환경, 산물 등에 관한 기록들이 상당히 많이 남아 있다.

　몇몇 학자들은 아랍인의 신라 진출에 관한 최초의 기록을 이븐 쿠르다드비(Ibn Khurdhadih)의 저서 『왕국과 도로총람(혹은 제도론 및 제왕국안내서)』으로 소개한다.[4] 그 내용을 추려보면 다음과 같다.

> 중국의 동쪽 끝에는 신라라는 나라가 있는데, 산이 많고 금이 풍부하다… 이 나라에 도착한 무슬림들은 그 곳의 아름다움에 이끌려 그곳에 정착해 떠날 줄을 모른다.

　그 외에도 다수의 아랍 학자들의 저서에서도 공통적으로 신라는 자연환경이나 기후가 쾌적하고 금이 많고 풍족한 나라로 소개하고 있다.[5] 9~10세기 아랍 학자들의 신라에 대한 기술은 상인들의 견문에 의존해서 기록되었을 것이다. 상인들의 직간접적인 경험이 아랍 학자들에게 전달되는 과정에서 외곡이나 과장이 있을 수 있지만, 분명한 것은 중국 동쪽에 신라라는 나라가 있으며, 아랍인들이 드나드는 인적교류가 있었으며,

---

4 　신형식의 『신라와 서역과의 관계』에서는 김정위의 논문을 근거로 Ibn Khurdhadih의 저술 《제도론 및 제왕국안내서》(885), 170쪽에 기록되어 있다고 서술하고 있으며, 이 희수는 『걸프 해에서 경주까지, 천년의 만남』에서 이븐 쿠르다드비(Ibn Khurdhadih)의 《왕국과 도로총람》(846)에 기록되어 있다고 한다. 연도와 책 제목에 혼동이 있으나 같은 책으로 여겨진다.

5 　신형식, 「신라와 서역과의 관계」, 신형식 외, 『신라인의 실크로드』, 백산자료원, 2002, 124-125쪽.
　이희수, 「걸프 해에서 경주까지, 천년의 만남」, 양승윤·최영수·이희수 외 지음, 『바다의 실크로드』, 청아출판사, 2003, 277-280쪽 참조.

상업적인 교류도 이루어졌다는 것이다. 그뿐만 아니라 신라에 정착하는 아랍인들이 생겼다는 것이다. 이와 관련된 가장 확실한 증거는 『삼국유사』에 기록된 처용의 등장이다. 이를 토대로 짐작할 수 있는 것은 아랍권의 상인들이나 학자들에게 있어서 실크로드의 동단은 중국을 넘어 한반도로 인식되고 인적, 물적 교류가 이루어졌다는 것이다.

3. 결론

살펴본 바와 같이 한반도에 있어서 해상로는 육로가 자유롭지 못했던 남부지역에 있어서는 오래전부터 물적, 인적 교류가 이루어지는 중요한 교통로였다. 한반도는 남해로가 발달하기 이전부터 해상을 통해 중국과 일본열도를 연결하는 네트워크를 형성하며 문화의 전달자, 내지 중계자로서의 역할을 해왔다.

남해로가 발전하면서 자연스럽게 한반도의 해상로와 연결되었으며, 한반도는 남해로의 동단을 점유하게 되었다. 중국을 통한 교류를 넘어서 직접 아랍계의 상인들이 한반도를 드나들며 해상 실크로드의 동단의 자리를 지키게 되었다.

아랍계 무슬림 뿐만 아니라 초기기독교의 한 형태인 경교 신자들도 한반도를 드나들었음을 알려주는 유물도 남아 있다. 1965년 경주 불국사 경내에서 발굴된 좌우상하의 길이가 대칭인 돌십자가(24.5×24×9cm)와 역시 경주에서 발굴된 부착용 장식품으로 보이는 2점의 철제십자문장식(5.8×5.6cm; 2.4×3.2cm), 그리고 아기 예수를 품에 안고 있는 성모 마리아의 소상(7.2×3.8×2.8cm) 등이 있다.

첫 번째 유물은 십자무늬장식으로 경교(景教)의 한국 전래 가능성을 보여주는 동제(銅製) 십자무늬 장식이다. 얇은 청동판을 원형으로 둥글게 가공한 후에 맞새김[透彫]하여 남은 부위가 십자모양을 형성하였다. 표면에는 작은 돌기를 연속적으로 돋을새겨[浮彫] 십자무늬를 장식하였다. 두 번째 십자무늬장식은 비금속제의 십자무늬 장식이다. 화살촉 모양의 장식 표면 위에 5개의 원을 상-하-좌-우 및 중앙에 찍어 놓아 십자모양을 형성하였고 그 주위로는 작은 점을 연속적으로 눌러찍어[押印] 십자무늬를 장식하였다. (숭실대학교 부설 한국기독교 박물관 소장)

현재 숭실대학교 부설 '한국기독교박물관'에 소장되어 있는 이 유물들은 모두 7~8세기 통일신라시대의 유물로 추정된다. 비슷한 시대의 발해 솔빈부(率賓府) 아브리코스(Abrikos) 절터에서도 십자가가 출토되었다. 한때 발해의 수도였던 동경(東京) 용원부(龍原府, 현 琿春)에서는 십자가를 목에 걸고 있는 삼존불상(三尊佛像)이 발견되었다.

한반도는 다양한 문화적인 배경을 가진 서역인들이 드나들고, 일부는 정착하는 과정에서 문화의 전파자, 중계자의 역할을 감당하는 해상 인문실크로드의 동단이 되었다. 이후 고려 시대로 넘어가면 국제 무역항이자 요충지였던 벽란도를 통해 해상 무역이 더욱더 활발히 이루어지며, 많은 서역의 상인들이 드나들며 교류했던 것을 볼 수 있다.

고려시대에도 육로가 자유롭지 않았기 때문에 바닷길이 매우 중요한 교통로가 되었다. 벽란도는 당시 고려의 수도였던 개경과 거리가 가까웠고 수심이 깊어, 밀물을 이용하면 크고 작은 배가 자유롭게 드나들 수 있었기 때문에 고려시대 무역의 중심지가 되었다.

경주에서 출토된 마리아 소상

통일신라시대 경주에서 출토된 불보살상(佛菩薩像) 모양의 마리아상이다. 중국에서 전래된 것으로 추정되며, 경교와 불교문화의 교류와 경교의 한반도 유입을 보여주는 중요한 유물이다. 화형보관(花形寶冠)으로 머리를 장식한 여인이 손을 입에 물고 있는 어린 아이를 무릎 위로 안고 있는 형상이다. 전체적인 신상의 양식은 당시의 불보살상을 따르고 있으나, 아이를 안고 있는 여인의 모습은 기존의 불보살상 양식과 차이가 있다. (숭실대학교 부설 한국기독교박물관소장)

경주 불국사 경내에서 출토된 돌십자가

경교돌십자가 1956년 경주 불국사 석등 밑에서 발견된 십자가 형태의 화강암제 석물(石物)로, 통일신라시대 경교(景敎)의 한국 전래 가능성을 보여주는 대표적인 유물이다. 평면은 십자가형이고, 단면은 사다리꼴로 앞면보다 뒷면의 폭이 넓은 점이 특징이다. (숭실대학교 부설 한국기독교박물관소장)

이곳에서의 무역이 상당히 활발하여 송나라, 일본의 상인은 물론이고 서역의 상인들, 특히 대식국의 이슬람 상인들까지도 무역을 하러 왔는데 이때 이슬람권에 '고려'라는 이름이 알려지면서 서양으로 전파되어 우리나라의 영어이름이 '코리아'가 되었다고 추측한다. 물론 외국인 중에서 가장 많은 비중을 차지하는 것은 중국인이었으나 중국 이외의 다른 곳 상인들도 상당히 드나들면서 자연스럽게 해로의 연장선에 있게 되고, 동단의 위치를 차지하게 되었다.

오아시스로를 통해 당에 도착한 문물들은 그곳을 넘어 한반도를 종착점으로 다시 길을 떠나 신라로 향했을 것이다. 한편 해로를 통해 중국 남부해안에 도착한 상인들은 육로를 통해 장안을 향해 길을 떠났겠

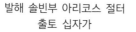
발해 솔빈부 아리코스 절터   발해 동경 훈춘에서 출토된 협시보살상
출토 십자가

지만, 일부는 다시 동쪽으로 뱃머리를 돌려 신라를 종착지로 삼고 순풍
을 기대하며 돛을 펼쳤을 것이다. 해상 실크로드가 한반도를 동단으로
삼고 있음은 앞서 살펴본 여러 문헌과 문물들을 통해서 확실히 드러난
다. 해상 실크로드 상에서 한반도가 가졌던 지위와 역할들이 고고학적
인 발굴과 문헌 수집을 통해 더 많이 밝혀질 수 있기를 고대한다.

빙상실크로드와 거점 항구

이행철

1. 들어가는 말

문재인 정부는 2017년 7월 발표한 '100대 국정과제' 중에서 98번 항목인 '동북아 플러스 책임공동체 형성'에서 신북방정책구현을 직접적인 목표로 제시하였다. 이 과제의 목표는 동북아 지역 내 지정학적 긴장과 경쟁구도 속에서 장기적인 한국의 생존 및 번영에 우호적인 평화, 협력적 환경을 조성하는데 있다.[1] 이어서 9월 한·러 정상회담 및 제3차 동방경제포럼 기조연설에서 新북방정책 비전 선언 및 한-러간 9개 협력분야 협력구상인 '나인 브릿지(9-BRIDGE) 전략'을 발표하였으며, 이 속에는 '북극항로' 개발에 대한 협력과 항만 현대화 협력이 포함

---

[1] 이기태·이수형·김숙현 등, 「동북아 플러스 책임공동체 형성 방안」, 서울: 통일연구원. 2018.

되어 있다. 또, 신북방정책 대상 국가를 보면, 한반도 북쪽의 중국 동북3성으로부터 동유럽 국가까지 총 14개 나라 즉, 러시아, 몰도바, 몽골, 벨라루스, 아르메니아, 아제르바이잔, 우즈베키스탄, 우크라이나, 조지아, 중국 동북3성, 카자흐스탄, 키르기스스탄, 타지키스탄, 투르크메니스탄을 포함한다. 여기서, '북방'이라는 표현을 쓰고 있지만 이 국가들의 지리적 위치는 대부분은 한반도의 북쪽이 아닌 서쪽에 자리하고 있음을 알 수 있다. 따라서 신북방정책에서 '북방'은 단순히 지리적 위치를 의미하는 것이 아니라 경로에 기반을 둔 접근이라고 보는 견해[2]가 합당하다. 이렇게 경로적인 관점으로 신북방정책(New Northern Policy)을 추진하는 것은 여러 국가에서 각자의 국제운송회랑 프로젝트를 추진하는 추세와 부합되고 있다. 예를 들면, 중국은 유라시아와 전 세계를 대상으로 '일대일로(The Belt and Road Initiative)'사업을, 러시아는 유라시아 정책으로 '신동방정책(New Eastern Policy)'을, 몽골은 '초원의 길(The Steppe Road)' 정책을 추진하고 있으며, 나아가 이들을 서로 연결시킴으로써 더욱 큰 시너지 효과를 추구하고 있다. 중국에서 몇 년 전부터 적극적으로 추진하고 있는 '빙상실크로드(Pola Silk Road)' 도 러시아의 '북극항로'와 중국의 '일대일로' 2가지 국제운송회랑 사업이 융합되어 만들어진 사업이다. 빙상실크로드는 지구 온난화로 북극해의 빙하가 녹으면서 형성되는 북극항로를 이용하는 아시아, 유럽, 아메리카를 잇는 새로운 해상교통로로서, 뛰어난 산업·경제적 가치를 가진 무역실크로드을 뿐만 아니라 나아가 대륙간 문명·문화교섭에 새로운 지평을 열 인문실크로드로가 될 것이다. 빙상실크로드는 북극해

---

2 정기웅·윤익중, 「북방정책에 대한 소고-'북방'과 '정책'의 지속과 변화」, 『글로벌정치연구』 12(1), 2021, 156-157쪽.

를 통해 태평양과 대서양을 연결함으로써 이 3대양을 생활·문화권으로 가진 인적 유동을 추동시켜 새로운 인문생태환경을 형성시키게 될 것으로 전망된다.

본고는 빙상실크로드가 상용화되면서 발생할 각 지역의 인문생태환경의 변화와 새롭게 형성될 인문생태환경을 탐구하는데 있어서 필요한 선행학습 차원의 글이다. 따라서 본고의 목적은 빙상실크로드의 개념과 근미래에 새로운 인문생태환경 형성의 핵심지역이 될 빙상실크로드 상의 거점항구의 분포와 현황을 다소나마 이해하는 데 있다.

2. '빙상실크로드'의 탄생과 《중국의 북극정책(中國的北極政策)》

1) '빙상실크로드' 사업의 탄생

러시아 대통령 푸틴은 2008년 9월 18일 메드베데프 전 러시아 대통령에 의해 인준된 '러시아 북극 국가정책 원론 2020 및 미래 전망'을 토대로 2013년 8월 2일 '2020년까지의 러시아연방공화국의 북극권 개발과 국가안보 확보 전략 2020'(이하 '북극권 개발전략 2020')을 발표하였다.[3] '북극권 개발전략 2020'은 2013에서 2015년까지 북극 개발에 관한 법적·정치적·경제적 토대를 구축하는 1단계와 2015에서 2020년까지 북극항로의 개발을 위한 규정, 인접국가의 국제법적 보장, 북극 환경 문제, 소수민족문제, 북극권역 내의 사고 대응 문제 등에 대한 가이드

---

3 예병환·배규성, 「러시아의 북극전략: 북극항로와 시베리아 거점항만 개발을 중심으로」, 『한국 시베리아연구』 20(1), 2016, 116-118쪽.

라인을 마련하는 2단계로 구성되어 있었다. 하지만 2014년 우크라이나 사태[4]로 미국이 러시아에 대해 경제재제를 가함으로써 이 계획의 추진에 차질이 생기게 되었고, 결국 러시아 정부는 2017년 8월 31일 '북극권 개발전략 2020'의 실행을 2025년까지 연장하는 법안을 제정하였다. 이 과정 속에서 러시아 정부는 북극 개발에 대해 기존의 국가 주도에서 국제적인 컨소시움을 구성하는 쪽으로 방향을 전환하였다. 메드베데프 총리는 2019년 말에 2035년까지 시행되는 북극항로 인프로 개발 계획을 승인하였다.[5] 러시아의 북극 개발은 이 두 법안에 기초하여 추진되고 있다.

한편, 2017년 5월 14일 러시아 대통령 푸틴은 "일대일로(一帶一路)" 국제합작심포지엄에서, '중국이 북극항로를 이용하고 이 북극항로를 "일대일로"와 연결시키기를 희망한다'고 제안하였다. 2017년 5월 26일 중국 외교부장 왕이(王毅)와 러시아 외교부장 라브로프는 모스크바 회담에서 러시아가 제안한 북극항로 및 해상 실크로드 공동건설에 대한 의견을 지지한다고 표명하였다. 그리고 2017년 7월 4일 시진핑(習近平) 주석은 러시아 국빈 방문 기간 중 러시아 총리 메드베데프와의 회견에서 '중국은 러시아가 제안한 빈해국제운수회랑[6]을 공동으로 개발하고 건설하자는 건의를 환영하고 적극적으로 참여할 것이며, 양국은 해상통로(특히 북극항로)[7]를 공동으로 개발하고 이용하여 "빙상실크로드"를

---

4 2014년 3월 크림 공화국이 우크라이나로부터 독립을 선언한 후에 러시아가 크림 공화국을 합병한 사건으로, 그 후 미국, 유럽연합 등은 러시아에 대해 경제제재를 시작했다.
5 변현섭, 「러시아의 북극 개발 정책과 한-러 북극 협력의 시사점」, 『슬라브硏究』 37(3), 2021, 69-91쪽.
6 러시아의 프리모리예-1/프리모리예-2 국제운송회랑(Транспортные кориороды Приморье-1/Приморье-2)를 말한다.
7 북극해 회랑(Северный морской корирдор)을 말한다.

건설하기를 희망한다'고 밝혔다. 이로부터 러시아와 중국은 공식적으로 "빙상실크로드(氷上絲綢之路, Polar Silk Road)"라는 개념을 사용하기 시작했다. 그 후 2017년 11월 1일 시진핑 주석은 러시아 총리 메드베데프와 회견 속에서 다시 한번 '북극항로의 개발과 이용을 공통으로 전개하여 "빙상실크로드"를 건설하자'고 함으로써 양국은 재차 "빙상실크로드" 공동합작건설에 대한 의지를 확인하였다. 2017년 11월 9일 중국상무부는 언론발표회를 통해, '중국 상무부는 러시아경제발전부와 함께 북극항도의 개발이용, 기초인프라건설, 여행, 과학조사 등 전방위에 걸친 합작을 총괄하여 추진하는 특별 프로젝트를 논의하고 있다'고 밝혔다. 최종적으로 2018년 1월 26일 중국 국무원에서 《중국의 북극정책(中國的北極政策)》백서를 출간함으로써 "빙상실크로드"는 정식으로 중국의 북극정책에 포함되어 추진하게 된 것이다.

결국, '빙상실크로드'는 애초 러시아가 제안하고 중국이 이에 적극적으로 호응하면서 성립된 사업임을 알 수 있다. 그 이면에는 북극해의 대부분을 차지하고 있는데도 불구하고 자금과 기술력이 부족해 개발이 어려운 상황에 처한 러시아와 미국과의 패권경쟁 속에서 자본과 기술력을 앞세워 북극항로와 북극의 에너지자원 개발에 대한 영향력과 주도권을 잡고자 중국이 서로 정치경제적 필요에 의해서 추진되고 있는 윈윈전략이라고 할 수 있다.

2) 《중국의 북극정책(中國的北極政策)》의 주요 내용

북극와 북극항로개발을 주도하는 국가로는 북극권 8개국 즉, 아이슬란드, 러시아, 미국, 캐나다, 노르웨이, 핀란드, 스웨덴, 덴마크가 있다. 1996년 이 8개국을 회원국으로 하는 북극이사회(北極理事會, Arctic Council)가 설립되었다. 북극이사회는 북극의 지속 가능한 개발 및 환경 보호 등 문제에 대해 북극국가, 북극원주민, 기타 북 주민 간의 협력 조정 그리고 상호작용을 촉진시키는 것을 목적으로 한다.[8] 이 협의체는 기본적으로 영토나 군사 문제 등 민간한 사안에 대해서는 관여하지 않는다. 북극이사회 회원국 외에 이사회에서 의결권은 없지만 회의에 참석이 가능한 옵서버 국가로 13개국이 있으며, 그중에는 2013년에 옵서버 지위를 승인받은 한국, 중국, 일본, 싱가포르 등도 포함된다.

북극과 북극항로개발에 실질적으로 가장 적극적인 국가는 북극국가인 러시아와 옵서버 국가인 중국이다. 중국은 이 사업을 '빙상실크로드'라고 명명하고 러시아와의 긴밀한 협력관계를 바탕으로 '일대일로' 프로젝트의 한 부분으로 결합시켜 중국의 미래발전을 위한 중대한 프로젝트로서 추진하고 있다. 2018년 1월 26일 출간한《중국의 북극정책》[9]에 의하면, 중국은 자체적으로 중국을 지리적으로 북극권에 가장 가까운 국가 중 하나인 "근북극국가(近北極國家)"라고 규정하였다. 또, 중국의 북극정책목표는 북극을 인식하고 북극을 보호하고 북극을 이용하고 북극관리에 참여하여, 각 국가와 국제사회가 북극에서 공동이익을 유지하고 보호하여 북극의 지속적 발전을 추진하는 것으로 명시했다.《중국의 북극정책》은 중국이 북극문제와 관련한 '중요한 행위자'가 되겠다는 선언적 의미를 가진다고 해석하고 있다.[10] 위 백서에서는 북극자원에 대한 구체적인 이용방안을 다음과 같이 제시하였다:

---

8 Arctic Council 홈페이지. https://arctic-council.org/about/. (2021.11.28. 검색).
9 『中國的北極政策』白皮書(全文). 中華人民共和國國務院新聞辦公室 웹사이트. http://www.scio.gov.cn/zfbps/32832/document/1618203/1618203.htm. (2021.11.28. 검색).
10 라미경, 「세력전이론 시각에서 본 중국 북극정책의 함의」, 『한국 시베리아연구』 25(2), 2021, 20-22쪽.

① 북극항로의 개발이용에 참여한다.
② 석유가스와 광산물 등 비생물자원의 개발이용에 참여한다.
③ 어업 등 생물자원의 양호(養護)와 이용에 참여한다.
④ 여행자원개발에 참여한다.

여기서 실질적으로 핵심이 되는 사업은 ①, ②항에 해당되는 북극항로와 에너지자원의 개발이용에 관한 것임을 알 수 있다. 즉, '빙상실크로드'사업이 전체 중국의 북극개발정책의 전부라고 할 만큼 중요하다.

3) 빙상실크로드의 개념과 연구현황

빙상실크로드의 개념은 보통 협의와 광의로 구분하며 중국 학자들도 조금씩 다르게 정의되고 있다. 협의의 빙상실크로드는 중국동부연안에서 출발하여 베링해와 북극해를 경유해서 유럽에 이르는 북동항로(北東航路)를 말한다. 광의의 빙상실크로드는 중국을 시발점으로 북극해를 경유해 유럽과 북미지역에 이르는 경제·정치·문화를 아우르는 광대한 교역통로를 말한다.[11] 즉, 협의로는 중국-북극해-유럽을 잇는 최단의 해운항로를 말하며, 광의로는 아시아-북극-유럽·북미를 연결하는 경제·정치·문화교류의 통로로 이해된다.

2018년 1월《중국의 북극정책》백서가 발간된 후, 중국에서는 "빙산실크로드"에 대한 연구가 다각적인 관점으로 진행되었다. 중국의 대표적인 학술검색엔진인 중국지망(中國知網CNKI)에서 '氷上絲綢之路(즉 빙

---

11 李振福, 鄧昭, 參與"氷上絲綢之路": 朝鮮的條件和策略, 東北亞經濟研究 3(04), 2019, 7쪽.
  劉力華, "冰上絲綢之路"建設研究–以産業合作爲中心, 吉林大學博士學位論文, 2019, 25쪽.

상실크로드)'를 키워드로 관련 논문현황을 검색한 결과[12], 2017년 11편, 2018년 67편, 2019년 67편, 2020년 33편, 2021년 31편으로 나타났다. 이는 '빙상실크로드'라는 말이 2017년부터 학계에서 본격적으로 사용되기 시작했고, 《북극의 북극정책》가 발간된 2018년과 그 이듬해인 2019년에 연구가 고조된 후 현재까지 꾸준히 진행되고 있음을 보여준다. 주제별로 살펴보면, 육로와 수로운수 47편, 중국정치와 국제정치 42편, 교통운수경제 41편, 국제법 17편, 공업경제 15편, 무역경제 12편, 석유천연가스공업 9편, 지리 6편, 해양학 5편 등으로 나타났다. 이는 중국학계의 빙상실크로드에 대한 시각은 산업경제적 무역운송로라는 관점이 주를 이루고 있으며, 빙상실크로드 효익과 건설·운용에 대해 여러 각도에서 연구되고 있음을 알 수 있다. 또한, 최근에는 북극해를 통행할 수 있는 기간이 점차 늘어남에 따라 북극항로의 상용화를 위한 거점(허브) 항구의 선정과 건설에 대한 연구도 점차 늘어나고 있다. 거점항구 건설은 주로 북극해 지역의 항구, 연해주 극동지역 항구 그리고 중국 동부연안의 항구에 대한 연구가 주를 이룬다.

3. 북극해의 주요 해역과 해상항로

1) 북방항로와 3가지 북극항로

지구 온난화로 인하여 북극의 빙하가 녹기 시작하면서 대서양–북극해–태평양을 잇는 '북방항로(北方航路)'에 대한 관심이 갈수록 높아지고 있다. '북방항로'는 러시아에서 처음 나온 말로 러시아인들이 시베

---

12 https://www.cnki.net/에서 '氷上絲綢之路'를 키워드로 2021년 11월 27일 검색.

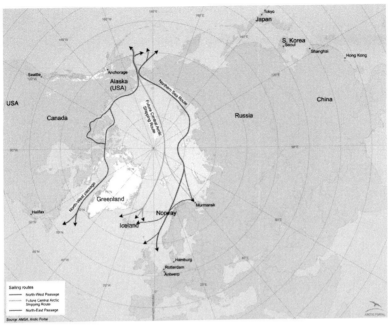

<그림 1> 3가지 북극항로(필자 번역·표시)

출처: https://theicct.org/arctic-sea-shipping-emissions-matter-more-than-you-might-think/. (2021.11.28. 검색)

리아의 천연자원을 개발하고 북극지역의 정착지에 물자를 수송하기 위해 개척한 교통로이다. 처음 '북방항로'는 북극지역을 지나는 러시아 영토에 한정시켜 '북극해항로(Céверный морскóй путь, Northern Sea Route)'라고도 불렸으며, 현재는 국제적으로 통용되고 있다. 서유럽의 초기 탐험가들은 북극해를 통과하여 동쪽으로 향해 나가서 그곳의 국가들과 무역관계를 맺기 위해 이 항로를 개척해 왔는데, 그들은 이 항로를 '북동항로'라고 불렀다.

　북동항로에서 러시아 구간을 북방항로라고 칭하기도 한다. 16세기부터 유럽인들은 오랜 기간 동안 대서양에서 북아메리카의 북쪽 해안

〈그림 2〉 북극해역 분포도

출처: https://www.researchgate.net/figure/Subregions-of-the-Arctic-Ocean-used
-for-regional-analysis-as-defined-by-Parkinson-et-al_fig2_306087618. (2021.11.
28. 검색)

을 따라 태평양에 이르는 항로를 개척하고자 많은 노력을 하였으며, 이 항로를 '북서항로'[13]라고 부른다. 북동항로와 북서항로를 총칭하여 '북극항로'라고 부른다. 또한, 북동항로와 북서항로와 달리 특정국의 수역을 지나지 않고 북극점 근처를 횡단하는 항로를 '북극횡단항로'라고 부른다. 북동항로, 북서항로 그리고 북극횡단항로를 총칭하여 '북극항로'라고 한다.

정리하면, 북극해를 통과하는 항로 중에서 북동항로가 가장 핵심이

---

13 중국에서는 보통 '북동항로'와 '북서항로'를 각각 '동북항도', '서북항도'라고 부른다. 특히, 선박항행로를 '항도(航道)'라고 구별하여 칭한다.

며, 북동항로 노선에서 북극해에 해당되는 지역의 대부분이 러시아 영
해에 해당된다.

2) 5개의 주요 해역

북동항로가 경유하는 해양에는 서쪽에서 동쪽으로 차례대로 바렌츠
해(巴倫支海, Баренцево море, The Barents Sea), 카라해(喀拉海, Кáрское
мóре, The Kara Sea), 랍테프해(拉普捷夫海, Мóре Лáптевых, The Laptev
Sea), 노보시비르스크해(東西伯利亞海, Востóчно-Сибúрское мóре, The
East Siberian Sea)와 축치해(楚科奇海, Чукóтское мóре, Chukchi Sea) 5개
의 해역이 분포되어 있다. 만약 동아시아에서 북동항로를 따라 유럽으
로 항해할 경우에는 베링해를 통과해 축치해에 진입한 후 노보시비르
스크해, 랍테프해, 카라해, 바렌츠해를 차례로 거치게 된다. 그럼 5개
의 해역에 대해 간략하게 알아보자.[14]

(1) 바렌츠해

바렌츠해는 16세기 이 해역을 3번 항행한 네덜란드 탐험가 빌럼 바렌
츠(Willem Barentsz, 1550~1597)의 이름을 따서 지어졌으며, "북극해의
따뜻한 웅덩이"로 불린다. 유럽의 북서쪽 해안과 노바야젬랴(Novaya
Zemlya), 프란츠 조셉 랜드(Franz Josef Land), 스발바르(Svalbard) 및 베어
아일랜드(Bear Island)의 사이에 위치하며, 남쪽으로 노르웨이 및 러시아
에 접해있고 러시아 입장에서는 가장 서쪽에 있는 해역이다. 평균 수심은
229m, 최고 수심은 600m에 달한다. 한편, 러시아 측에서는 이 해역을
북방항로의 일부가 아니라고 보기도 하는데, 왜냐하면 북방항로의 시작

---

14 管清蕾, 郭培淸, 俯瞰北方航道(上), 海洋世界(10), 2008, 62-65쪽 발췌 번역.

점을 노바야젬랴 해협 서쪽 입구 혹 북단이라고 보기 때문이다.

이 해역은 북쪽으로부터 대량의 노스케이프 난류가 유입되면서 북극해에서 가장 높은 수온을 유지하고 있다. 결빙 현상이 있긴 하지만 빙층이 비교적 얇고 수명이 짧으며 서남부지역은 일년내내 얼지 않는다. 바렌츠해의 서부 즉 노스케이프에서 스발바르에 이르는 지역은 일년내내 항해가 가능하다. 동쪽 지역은 6월 중순에 북위 75도에 이른다. 인근 수역은 통상적으로 얼음이 없고 7월 상순이 되면 노바야젬랴 서해안도 얼음이 사라지며, 바렌츠해 남부는 얼지 않아서 전년 통항이 가능하다. 9월은 항해하기 가장 양호한 달이며, 얼음 상태가 좋은 해에는 2월 초부터 선박들이 노바야젬랴의 서해안을 따라 항해가 가능하다. 10월이 되면 바렌츠해의 얕은 수역부터 얼기 시작하며, 스발바르의 남부 해안, 프란츠 조셉 랜드의 남동부 해안, 노바야젬랴 해안 인근 수역, 페초라만은 연이어 결빙기에 들어간다. 12월이 되면 북위 75도에서 이상 되는 북쪽의 대부분 해역이 얼어붙는다.

(2) 카라해

카라해는 러시아 시베리아 이북과 노바야젬랴, 프란츠 조셉 랜드, 세베르나야제믈랴 제도 사이에 위치하고 있다. 서쪽으로는 바렌츠해, 동쪽으로는 랍테프해, 북쪽으로는 북극해와 접해있다. 이 해역은 바렌츠해와 달리 수천 개의 섬이 분포되어 있고 얕은 곳의 평균 수심은 90m이며 전체 해역의 40%가 50m 미만이다.

카라해는 북위 70도 이상의 북극권에 위치하고 있으며, 1년에 3~5개월 동안 백야현상이 나타난다. 기후변화가 매우 심하여 겨울에는 눈폭풍이 많고 매우 한랭하며, 여름에는 안개가 자욱하며, 거의 일년내내 얼음으로 뒤덮여 있다. 남부연안 지역은 결빙기간이 비교적 짧지만 그

래도 9개월 정도이며, 여름에는 바다에 빙하가 가득 떠다닌다. 오브강
과 예니세이강 두 하류의 물이 유입되면서, 해역 순환에 큰 영향을 미친
다. 이러한 결빙, 폭풍, 안개 등 혹독한 기상 조건은 항해에 큰 어려움을
조성한다.

　해역의 대부분 지역은 1년 내내 얼음이 덮여 있고, 얼음 상태도 해마
다 크게 변하기 때문에, 항해의 방향과 상황을 판단하기가 매우 어렵
다. 어떤 해에는 남쪽이 항해에 적합하고 어떤 해에는 북쪽이 항해하기
에 더 적합할 때도 있다. 그러나 평균적으로 카라해는 8월 상순부터
9월 하순까지, 심지어 10월 초까지도 항해가 가능하다. 6월에는 쇄빙
선의 도움을 받으면 해역의 남쪽을 항해할 수도 있다.

(3) 랍테프해

　랍테프해는 러시아 탐험가 랍테프 형제의 이름을 따서 지어졌다. 시
베리아 연안의 테메르 반도, 세베르나야제믈랴 제도, 노보시비르스크
제도 사이에 위치하며, 동쪽으로는 노보시비르스크해와 접하고 서쪽으
로는 카라해로 통하며, 북쪽으로는 북극해와 접해있다. 평균 수심은
578m이고 해저의 53%가 50m 미만이다. 북쪽은 깊고 남쪽은 얕으며
해역의 3/4이 대륙붕에 위치하며, 대륙붕의 깊이는 10~40m에 이른다.

　랍테프해의 얼음 상태는 북극해의 다른 바다만큼 나쁘지는 않다. 통
상적인 상황에서, 8월과 9월에는 대부분의 해역에 얼음이 없고, 선박
이 자유롭게 항해할 수 있지만, 이 기간 동안 북서쪽에 유빙이 모여든
다. 9월 하순이나 10월 상순에 결빙이 시작되고 11월에는 완전히 얼어
버린다. 이 해역에서 얼음 상태가 최악인 지역은 빌키츠스코고 해협의
동쪽 입구와 노보시비르스크 제도 근처의 수역이다.

(4) 노보시비르스크해

노보시비르스크해는 아시아대륙 동북부과 노보시비르스크 제도, 브란겔 섬 사이에 위치하며, 동쪽으로는 축치해와 연결되고 서쪽으로는 랍테프해와 통하며 북쪽으로는 북극해와 접해 있다. 수심이 매우 얕아서, 평균 수심이 45m밖에 안 되고 얕은 곳은 40m가 안 되며, 북쪽은 얕고 남쪽은 깊다. 거의 전부가 대륙붕에 위치해 있고 지구상에서 상대적으로 가장 평탄한 해역이다.

랍테프해와 비교했을 때, 이 해역의 얼음 상태는 비교적 느슨해서 얼음이 녹는 속도가 더욱 빠르다. 5월이면 빙하가 녹기 시작한다. 여름에는 해역 서부 즉 노보시비르스크 제도에서 콜리마강 사이의 수역까지 얼음이 없다. 11월 중순부터 전체 해역은 다시 얼기 시작한다.

(5) 축치해

축치해는 아시아대륙 동북부의 축치반도와 북미대륙 서북부 알래스카 사이에 위치해 있다. 서쪽에는 브란겔 섬이 있고 동쪽에는 포비트해가 있으며 남쪽으로는 베링해협을 경유해 태평양과 통하며 북쪽으로는 북극해와 연결된다. 평균수심은 88m이고 56% 면적의 수심이 50m보다 얕다.

이 해역의 기후는 매우 추워서 겨울에는 눈폭풍이 많고 바다도 결빙이 진행되며, 결빙기가 7개월이 넘는다. 여름에는 안개가 많지만 7~10월까지 통항이 가능하다. 해마다 얼음 상태의 변화가 매우 크며 해빙은 주로 베링해를 통과해 북쪽으로 움직이는 태평양 난류의 유동량에 따라 결정된다. 8월 하순이나 9월 상순에는 해역에 얼음이 거의 없으며, 9월 중순 이후에는 빙하들이 남쪽으로 빠르게 표류하며, 10월 중순이면 모든 해역이 얼게 된다. 일년 중 대부분 축치해는 북동항로 중에서 항행이 비교적 어려운 해역 중 하나이다.

북동항로에 분포한 이 5개의 해역에 대한 기본상황을 정리하면 아래 표와 같다.

<표 1> 북동항로 5개 해역의 기본상황[15](필자 번역)

해역	위도(도)	면적(만km²)	최대수심(m)	평균수심(m)	해빙 면적이 적은 시기	해빙면적 최소 시기
바렌츠해	68-77	394	600	229	12월 이외	9월
카라해	70-78	88	620	118	7-10월	9-24월
랍테프해	71-78	67.2	3358	519	7-10월	9-17월
노보시비르스크해	70-76	93.6	358	45	7-9월	9-12월
축치해	66-70	59.5	1256	88	7-11월	9월

※ 통항기는 해수밀집도가 30% 미만을 가리키며, 해빙면적이 가장 작은 시기는 과거의 통계 결과임.

2) 10개의 주요 해협

북동항로의 5개 해역에는 10개의 주요 해협이 있다. 해협은 양쪽 기슭을 가로지르는 해양의 협소한 수로이며, 교통의 요지이자 항운의 중추이기도 하다. 이 10개의 해협을 서쪽에서 동쪽으로 차례로 나열하면 다음과 같다. 유고르스키 해협(尤戈爾海峽, Югорский Шар, Yugorsky Strait), 카라 게이츠 해협(喀拉海峽, Карские Ворота, Kara Gates Strait), 마토치킨 샤르 해협(馬托奇金海峽, Máточкин Шар, Matochkin Shar Strait), 빌키츠스코고 해협(維利基茨基海峽, Пролив Вилькицкого, Vil'kitskogo Strait), 쇼칼스코고 해협(紹卡利斯基海峽, Пролив Шокальского, Shokal'skogo Strait), 홍군 해협(紅軍海峽, Пролив Красной Армии, Red Army Strait), 융슈투름 해협(揚斯克海峽, Юный пролив, Yungshturm Strait), 드미트리 랍테바 해

15 董江, 劉雷, 衛國兵, 北極東北航道關鍵水域通航環境及沿線主要港口, 航海(03), 2018, 44쪽.

〈그림 3〉 북동항로 상의 10대 해협(필자 번역·표시)

출처: https://www.researchgate.net/figure/Straits-in-high-latitude-and-littoral-pat
hs-of-the-NSR-Source-ABS-2016_fig1_337274693. (2021.11.28. 검색)

협(德米特裏□ 拉普捷夫海峽, Пролив Дмитрия Лаптева, Dmitry Lapteva
Strait), 산니코바 해협(桑尼科夫海峽, пролив Санникова, Sannikova Strait),
롱 해협(德朗海峽, пролив Лонга, The Long Strait). 이 해협들은 두 해역
사이에 위치하고 있다. 바렌츠해와 카라해의 사이에는 유고르스키, 카라
게이츠, 마토치킨 샤르 3개의 해협이 있다. 카라해와 랍테프해 사이에는
빌키츠스코고, 쇼칼스코고, 훙쥔, 융슈투름 4개의 해협이 존재하며, 랍
테프해와 노보시비르스크해의 사이에는 드미트리 랍테바과 산니코바
2개의 해협이 위치해 있으며, 노보시비르스크 해협과 축치해 사이에는
롱 해협이 있다. 각 해협에 대해 간략하게 살펴보면 다음과 같다.[16]

(A) **마토치킨 샤르 해협:** 이 해협은 노바야제믈랴를 두 부분으로 나
눈다. 길이는 약 102km, 가장 좁은 폭은 1km 미만, 평균 폭은 2km로

---

16 管淸蕾, 郭培淸, 俯瞰北方航道(下), 海洋世界(11), 2008, 62-66쪽 발췌 번역.

노바야제믈랴 해협 중 가장 좁은 해협이다. 해협 서쪽의 지리적 특징과 얼음 상태는 동쪽과 매우 다르게 나타난다. 서쪽은 암초와 여울이 많고 가장 얕은 수심이 12m이며, 동쪽은 비교적 깊어서 만과 흡사하다. 통항기에 서쪽은 거의 얼음이 없는 반면 동쪽의 얼음 상태는 카라해의 얼음 활동에 크게 달라진다. 얼음이 노바야제믈랴의 동쪽 해안을 떠나 조수를 따라 해협으로 들어오면, 동쪽 입구와 해협 대부분의 지역이 점차 봉쇄된다. 하지만 바람의 방향이 서풍으로 바뀌면 얼음이 금세 걷힌다. 일반적으로 겨울에는 해협 전체가 얼지만 얼음의 양과 경도로 따라 항해에 적합한지 판단할 수 있다. 얼음 상태가 양호하면 모든 크기의 선박이 이곳을 항해할 수 있다.

　(B) **카라 게이츠 해협:** 줄여서 카라 해협이라고도 하며, 바이가치 섬과 노바야제믈랴 제도 사이에 위치하며 길이가 약 39km, 폭이 41km, 가장 얕은 수심은 15m 정도이다. 해협의 북동쪽 입구에는 수많은 섬들이 흩어져 있고, 수심이 얕아지는 입구에는 암초가 빽빽이 들어서 있어서, 북동항로 구간 중 항해가 가장 힘든 해협으로 평가된다. 관련 지침에 따르면, 이 해협은 뚜렷한 항행 표지가 없는 데다 강한 해류, 많은 안개, 다량의 유빙(流氷) 등 가혹한 자연조건으로 항행에 큰 어려움을 초래한다. 겨울에는 해협이 떠다니는 얼음으로 덮이지만 다른 계절에는 결빙되지 않으며 결빙되더라도 그 기간이 매우 짧지만 1년 내내 얼음이 떠다닌다. 통항기의 얼음 상태는 주로 카라해 남서부와 노바야제믈랴의 동부 해안의 기후 조건에 따라 달라진다. 해빙은 6월 하순부터 녹기 시작하여 8월 상순이면 완전히 사라진다. 날씨가 추워지면 10월 말부터 얼음 조각들이 나타나기 시작하며 11월 중순이 되면 빙산들이 떠다니다 11월 하순에는 연안 얼음층이 형성되고 이듬해 1월에는 완전히 얼어붙는다.

(C) **유고르스키 해협:** 이 해협은 러시아 대륙과 바이가치 섬 사이에 위치하며 길이 39–41km, 폭 2.5–12km이며, 가장 좁은 곳은 폭이 2km 이다. 해협 가운데 부표가 있어 항행 주선과 표지가 잘 보이며 간혹 강한 조석(潮汐)이 있을 경우, 빙하가 이 표지를 끌고 가기도 한다. 여름에는 카라해의 빙하가 떠내려 오지 않는 한 항해에 적합하다. 가을이 되면 얼음이 얼기 시작하고 10월 하순이 되면 해협은 얼어서 항행이 금지된다. 겨울에는 해협이 완전히 얼음으로 뒤덮히며, 다음해 7월 하순이 되어서야 얼음이 녹기 시작한다. 간혹 6월 중순에 항행이 가능한 해도 있으며 빙하 상태가 좋지 않은 해에는 여름에도 항해가 불가능하다. 또한, 여름에도 강하고 변동이 심한 해류와 짙은 안개가 발생하여 낮은 가시거리로 인하여 항해가 위험한 경우도 많다.

(D) **쇼칼스코고 해협:** 쇼칼스코고 해협은 세베르나야제믈랴 제도의 10월 혁명 섬과 볼셰비키 섬 사이에 위치한다. 길이는 약 148km, 중심부의 가장 좁은 폭은 1km, 최저 수심은 102m에 달하며 사면이 험준한 해안으로 둘러싸여 있는 전형적인 심해해협이다. 이 해협의 얼음 상태는 빌키츠스코고 해협보다 더 복잡한데, 거대한 빙산들이 항해의 위험도를 증가시킨다. 9월 중순이 되면 세베르나야제믈랴 제도의 동해안과 테메르 반도의 얼음층이 두꺼워지면서 항해가 어려워지기 시작한다.

(E) **빌키츠스코고 해협:** 이 해협은 테메르 반도와 볼셰비키 섬의 남부를 동쪽으로 통과하는 지역으로 카라해에서 랍테프해까지 가장 짧고 확실한 표지가 있는 가장 유명한 항로이다. 길이는 약 111km, 가장 좁은 폭은 약 54km, 수심은 40–230m이며 남쪽에는 수심이 6–8m에 달하는 여울도 있다. 겨울에는 결빙되지만 통항기에는 얼음이 거의 없으며 여름에는 안개가 많다. 이 해협은 얼음 상태가 매우 복잡하여 하루 동안에도 자주 변하며, 풍향과 풍력에 따라 다른 지역에서 표류해 온

얼음이 축적되기도 한다. 테메르 반도와 근접한 지역으로 항해하는 것이 안전하다.

(F) **산니코바 해협**: 코텔니 섬에 위치한 산니코바 해협은 길이 약 402km, 폭 57km이며 일부 수심이 9m 미만인 여울이 흩어져 있고 수심이 가장 낮은 곳은 14m정도이다. 흘수 정도에 상관없이 모든 선박이 이 해역을 항해할 수 있다. 서쪽에서 동쪽으로 항해하는 것은 그다지 복잡하지 않지만, 동쪽에서 서쪽으로의 항해할 때는 해풍에 떠다니는 얼음으로 인하여 어려움이 있다. 항해하기 가장 좋은 달은 9월이며, 10월 상순이 되면 해협이 얼기 시작하여 하순에는 완전히 얼어버린다. 10월 하순부터 이듬해 7월 중순까지는 두꺼운 얼음으로 덮이지만, 7월 하순부터 얼음이 갈라지기 시작하며, 강한 동풍은 해빙이 녹는 것을 가속시키지만 종종 대량의 해빙을 해협으로 유입시킨다.

(G) **드미트리 랍테바 해협**: 이 해협은 두 해협 중 최남단으로 볼쇼이 랴코프스키 섬과 러시아 본토 사이에 위치하며 길이는 약 130km이고 가장 좁은 폭은 50km에 이른다. 동쪽 입구가 얕은 여울에 있다 보니 흘수가 3미터를 초과하는 선박은 이곳을 항해할 수 없다. 이 해협의 얼음 상태는 매우 복잡한데, 일년 중 대부분이 두꺼운 얼음층으로 덮여 있어서 전체 통항기에 걸쳐 종종 방해를 받는다. 보통 8월과 9월은 결빙이 진행되지 않아 통행이 가능하지만, 10월 초가 되면 결빙이 시작되어 11월 초가 되면 두꺼운 얼음으로 덮이게 된다.

(H) **롱 해협**(пролив Лонга, The Long Strait): 이 해협은 서시베리아 대륙의 축치 반도와 브랑겔 섬 사이에 위치하며, 폭이 약 139km에 달하여 북동항로에서 가장 넓은 해협이다. 이 해협의 얼음 상태는 나쁘고 복잡하며 브랑겔 섬의 빙하 상태에 따라 크게 좌우된다. 빙하가 해협으로 깊이 들어오면 선박은 네비게이션 장비에 의지해 해안을 따라 조심

스럽게 항해해야 한다. 얼음 상태가 좋을 해에는 해협에 얼음이 덮이지는 않지만 표류하는 얼음들이 많아 여전히 항해를 어렵게 하며, 해협의 폭이 넓다 보니 얼음의 유동속도도 매우 빠르다.

(I) **홍군 해협과** (J) **융슈투름 해협:** 홍군 해협과 융슈투름 해협은 혹독한 얼음 상태로 인하여 실제로 항해에 사용되지 않았었다. 홍군 해협은 세베르나야제믈랴의 제도의 파이오니어 섬 인근에 위치하며, 길이 약 148km, 남서쪽 폭 7-18km, 중앙부 약 3km이다. 융슈투름 해협은 세베르나야제믈랴 제도의 콤소모렛 섬 인근에 위치하며, 길이가 약 56km, 서쪽 입구의 폭이 22km에 이르지만, 좁은 부분은 폭이 약 6km 밖에 안 된다. 융슈투름 해협에는 작은 섬들이 많은 데다 낙하하는 빙하들로 인해 항해에 상당한 어려움을 준다.

이 10개의 해협 중에서 노보시비르스크 제도의 산니코바 해협과 세베르나야제믈랴 제도의 빌키츠스코고 해협은 좋은 수심과 폭을 가지고 있으면서 동시에 빙하의 상태가 복합한 지역이지만 현재 가장 많이 사용되고 있는 해협으로 당분간 북동항로의 항행에 있어서 가장 중요한 지점이다.

이 10개의 해협에 대한 기본 내용을 표로 정리하면 다음과 같다.

〈표 2〉 동북항로 주요해협 기본정보[17](필자 번역)

해협	해협위도(도)	길이(km)	넓이(m)	깊이(m)	연접해협
유고르스키	69.5	40	2.5-12	13-30	바렌츠해-카라해
카라	70.5	39	41-56	15(가장 낮은)	
마토치킨	73.5	102	0.83-1.3	12-150	
빌키츠스코고	78	104	54	40(남부일부6-8)	카라해-랍테프해
쇼칼스코고	79	148	1	37	

---

17 董江, 劉雷, 衛國兵, 北極東北航道關鍵水域通航環境及沿線主要港口, 航海(03), 2018, 45쪽.

홍군	80		4	52	
융슈투름	80	56	6	27	
드미트리 랍테바	73	130	50	10-14(동측 3m)	랍테프해-노보시비
산니코바	74.5	402	57	12-24(일부 9m)	르스크해
롱	70	128	146	36	노보시비르스크해-축치해

4. 북동항로 상의 북극해 통과 노선과 거점 항구

1) 북극해 항행의 어려움을 조성하는 3가지 요인

북극해의 기후와 해양환경은 일반 해양과 여러 방면에서 크게 다르기 때문에 북극해를 항해하는 선박은 여러 가지 대비해야 되는 부분들이 생긴다. 북극해 항행의 어려움을 조성하는 요인들은 대체로 지정학적 위치, 해역의 위도 그리고 해빙 상황에서 비롯된다고 할 수 있다.

먼저 지정학적 위치는 해당 해역의 영해권에서 오는 통행권리와 관계되며, 구체적으로는 통행허가증 발급와 통제로 귀결된다. 러시아는 『해양법에 관한 유엔 협약(United Nations Convention on the Law of the Sea, UNCLOS)』의 '역사적(historic)'[18] 권리와 '직선기선(Straight baselines)'[19]에 의거하여, 북동항로의 여러 해협 중에서 가장 중요한 곳인 산니코바 해협와 빌키츠스코고 해협을 자국 영해로 성문화(成文化)시켰다. 그리고 2013년 러시아 정부는 기존에 있던 관련 법률을 개정한 『북극해 항로의

---

[18] 『United Nations Convention on the Law of the Sea』 Article 10 Bays, Article 15 Delimitation of the territorial sea between States with opposite or adjacent coasts.

[19] 『United Nations Convention on the Law of the Sea』 Article 7 Straight baselines.

수역 항해 규칙(the Rules of navigation on the water area of the Northern Sea Route)』를 발표하였다. 이 법률은 주로 러시아의 영해를 국제법상의 200해리로 규정함과 더불어 쇄빙선 사용을 강제 의무제도에서 허가증 제도로 변경하는 내용을 담고 있다.[20] 이를 근거로, 러시아는 본격적으로 북동항로를 지나는 선박에 대해 쇄빙선과 선박유인 서비스를 제공하고, 타국 선박에 대한 통행을 통제하는 권리를 행사하고 있다.

두 번째, 위도는 선박의 항행에 있어서 통신설비와 밀접한 관계를 갖는다. 왜냐하면 북극처럼 고위도 지역을 항해 할 때에는 통신가 항행설비의 기능이 크게 떨어지기 때문이다. 보통 화물선은 항해 시에 자기나침반, 자이로나침반, GPS나침반 등 3가지 나침반을 사용한다. 각 나침반의 사용위도 범위를 보면, 자기나침반은 60도, 자이로나침반 80도 그리고 GPS나침반은 81도를 초과하지 않는다. 위의 표를 보면, 북동항로가 경유하는 해역과 해협의 위도는 대개 북위 66~80도에 위치해 있음을 알 수 있다. 그래서 북극해를 항해할 때는 자기나침반은 무용지물이며 다른 나침반을 사용할 경우에도 선박의 위도를 북위 80도 이하로 유지해야 통신과 항해설비가 안정적으로 작동된다. 최근에는 통신위성을 보유한 국가들을 중심으로 지구의 자기장에 영향을 받지 않는 위성위치탐지설비를 설치하는 추세이다.

세 번째, 북극해를 항해하는데 가장 위험하면서도 필연적으로 극복해야 할 문제는 바닷물이 얼어서 생기는 해빙(海氷)이다. 해빙은 넓은 의미로 바다로 유입되는 빙하, 빙산 등을 포함한 바다에서 보이는 모든 종류의 얼음을 말한다.[21] 북동항로의 항해가능기간은 여름(7~9월)에 집

---

20 張俠, 屠景芳, 錢宗旗 등, 從破冰船强制領航到許可證制度-俄羅斯北方海航道法律新變化分析, 極地研究 26(2), 2014, 268-275쪽.

중되어 있지만, 실질적인 기간은 해마다 기후와 해빙의 상태에 따라
가변적이다. 북동항로 구간 중에서 러시아 북부해역은 해빙의 상태가
상대적으로 가혹하기 때문에 저빙급(低氷級)의 선박은 여름에만 통행이
가능하다. 반면, 북유럽에서 노르웨이 해역 및 바렌츠 해역까지는 1년
내내 통행이 가능하기 때문에, 결국 북동항로의 개통은 러시아 북부해
역의 해빙상황에 달려 있다고 하겠다.

2) 북극해의 통과 노선

북동항로의 전체 구간 중에서 가장 핵심이 되는 지역은 북극해 지역이
며, 북극해 지역을 통과하는 방식에 따라 4가지 노선으로 분류한다.
북극해는 가혹한 기후, 변화무쌍한 빙하상태, 고위도 등 여러 변수로
인하여 어느 해협을 통해 항해하는지는 차후 빙상실크로드의 개통과
상용화에 있어서 가장 핵심적인 문제이다. 이 4가지 노선은 연안 노선,
중간 노선, 고위도 노선, 북극점 노선이며, 간략히 설명하면 다음과 같다.

(1)**연안 노선**: 이 노선은 러시아의 북부 해안선을 따라서 항해하는
노선으로 완곡이 많아서 항해시간과 거리가 가장 길며, 연안가에 있는
빙하의 영향을 많이 받기 때문에 경제적으로나 안전 상에서 부적합하
다. 하지만 일부 구간은 위도가 낮고 빙하의 영향도 적어서 항해노선으
로 사용하기에 적합하다.

(2) **중간 노선**: 이 노선은 바렌츠해에서 동쪽으로 노바야제믈랴 제도
북쪽 해역을 지나서 카라해로 진입한 후 빌키츠스코고 해협을 통과해
랍테프해에 도달한 후 노보시비르스크 제도 북쪽 해역을 경유해 노보

---

21 해빙, 다음백과, https://100.daum.net/encyclopedia/view/b24h3607a(2021.12.01.
   검색)

시비르스크해로 진입한 후 롱 해협을 통과해 축치해로 들어간 후 다시 베링해협을 경유해 베링해에 도달하는 노선이다. 이 노선은 현재 가장 많이 사용하는 노선이다.

(3) **고위도 노선**: 중간노선보다 더 북쪽에 위치하여 위도가 더 높으며 노바야제믈랴 북쪽 해역을 통과한 후 세베르나야제믈랴 제도 북부 해역을 경유한 후 다시 동남쪽으로 랍테프해로 진입하는 노선이다. 이 노선은 위도가 높다 보니 해빙에 막힐 가능성이 매우 크므로 현재 단계에서는 상용화가 어렵다.

(4) **북극점 노선**: 이 노선은 앞에서 언급한 북극횡단항로와 동일하며, 이론적으로 최단거리로 북극해를 통과한다. 하지만 위도가 가장 높은 지역을 지나는 데다 해빙이 덮여 있어서 산업적 이용은 부적합하며 과학연구용 노선으로 사용되고 있다. 일각에서는 이 노선은 북극 국가들의 영향을 받지 않는 공해에 위치해 있는 점을 높게 보기도 한다.

중국에서는 북동항로의 실질적인 항로를 파악하기 위하여 시험항해를 진행하였다. 대표적으로 2013년 '용성호(永盛號)'와 2017년 톈젠호(天建號)의 항해노선은 그림과 같다. 용성호와 톈젠호가 항행한 노선은 앞서 언급한 4가지 노선 중 중간노선에 해당한다. 용성호는 2013년 8월 말에서 9월 초 사이에 러시아북극해관리국에서 추천한 노선으로 북극해를 항해했으며, 롱 해협부터 러시아가 제공한 쇄빙선의 인도를 받았다. 톈젠호는 쇄빙선의 도움 없이 2017년 9월 11일부터 19일까지 북극해를 항행했으며, 용성호의 노선과 다른 점은 산니코바 해협을 통과했다는 점이다. 이런 시험항해를 통해, 북동항로 항행은 산니코바 해협과 빌키츠스코고 해협을 지나는 노선이 가장 적합한 것으로 판명되었으며, 러시아는 이 두 해협의 통행허가권을 행사함으로써 북동항로를 항해하는 선박들을 통제하고 있다.

한편, 북극항로는 미국, 러시아, 캐나다 3국의 이해가 대립하는 베링해(Bering Sea)와 축치해(Chukchi Sea) 지역, 영국과 프랑스 사이의 채널(Channel)과 영국 해협(English Channel)(혹 라망슈 해협(La Manche)), 그리고 러시아와 노르웨이 사이의 바렌츠해(Barents Sea)와 스발바르 제도(Svalbard islands) 등 여러 지역에 걸쳐있다. 최근 북극해 해빙이 가속화되면서 북극권에서는 그동안 잠재해 있던 북극 국가 간 해상 영유권 분쟁이 갈등의 형태로 점차 나타날 가능성도 예측하고 있다.[22]

3) 북극해 지역의 거점 항구

최근 중국학계에서 빙상실크로드가 상용화 된 후 기점(거점)이 될 허브 항구에 대한 선정과 그에 대한 연구가 점차 활발해지고 있다. 중국은 러시아와 공동으로 북극해 지역에 빙상실크로드 거점항구를 선정 및 건설하는 일을 매우 중요하게 보고 있으며, 대략 다음의 3가지 관점으로 추진하고 있다.

첫째, 중국북방과 유럽을 잇는 안전하면서 최단거리의 무역항로로 시간적·비용적 절감효과가 뛰어나다. 항운(航運)시간은 항운비용과 직접적으로 연결되며, 항운비용에는 연료비, 보험료, 인권비, 항행허가증비, 쓰레기처리비, 선박검역비 등이 포함된다. 빙상실크로드 북동항로에서의 항해는 북극해를 지나기 때문에 앞에서 언급했듯이 가혹한 기후, 높은 위도, 해빙을 극복할 수 있는 설비를 갖춘 선박이어야 가능하다. 즉, 일반 선박보다 더 많은 기술과 비용이 들어가게 된다. 북동항로를 통해 운송되는 주요 화물로는 석유천연가스, 화물컨테이너, 광

---

22 박영민, 「북극해 영유권 갈등의 정치학: 동아시아 지역에 주는 시사점」, 『대한정치학회보』 27(3), 2019, 20쪽.

물자원 등이기 때문에 선박의 종류도 원유선, 액화가스선, 컨테이너선 그리고 벌크선이 된다. 관련 연구에 따르면,[23] 상해에서 네덜란드 로테르담항까지 북동항로를 이용해 항해하자 기존 남방항로보다 운항거리가 3251해리(약 30%) 줄어들었고, 운항시간도 5만톤급 유조선은 9일, 4만톤급 컨테이너선은 7일이 단축되었다. 운항연료비는 유조선 25.36만달러(약 42%), 컨테이너선 42.27만달러(약 42%)가 절약되는 것으로 나타났다. 보험료의 경우, 기존 항로에서는 해운보험료와 해적보험료가 있는데, 북동항로는 해적위험이 거의 없으므로 해운보험료만 내면 된다. 쇄빙선인도비로 유조선 70만달러, 컨테이너선 56만달러가 들어간다. 한편, 기존 항로를 이용할 때는 수에즈운하 통행료로 유조선 25.57만달러, 컨테이너선 20.51만달러가 들어간다. 제반비용을 모두 합산한 결과, 북동항로는 기존의 남방항로보다 시간적으로는 유조선 9일, 컨테이너선 7일이 단축되었고, 비용적으로는 유조선 4만달러, 컨테이너선 21만달러가 절감되는 것으로 나타났다. 북극해의 통항기간은 점차 길어지고 있으므로 그에 따라 쇄빙선인도비용도 점차 줄어들게 되어 비용절감효과는 더욱 커지게 된다.

둘째, 빙상실크로드 거점항구건설로 인하여 생겨나는 여러 가지 효과들이 있다. 북극항로의 개통은 연안지역의 항구도시와 주변도시의 경제발전에 크게 기여하게 된다. 특히, 북방의 환발해만(環渤海灣) 항구군이 크게 발전하면서 전체 동북지역의 경제를 활성화 시키는데 큰 작용을 하리라 기대하고 있다. 또, 중국은 러시아의 항구건설에 대규모의 자금과 기술을 투자함으로써 북극개발의 난관을 돌파하고 큰 경제

---

23 劉力華, "冰上絲綢之路"建設硏究-以産業合作爲中心", 吉林大學 博士學位論文, 2019. 12., 65-70쪽.

합작효과를 얻을 수 있을 것으로 기대하고 있다. 예컨대, 중국과 러시아가 합작하여 건설한 야말의 액화천연가스(LNG)프로젝트가 사베타항에 위치하며 미래 양국합작은 이를 기초로 항구건설까지 확대될 것이며 동시에 항구건설은 중국에게 에너지합작에 더 나은 환경을 가져올 것으로 보고 있다.

러시아는 광활한 영토에 막대한 자원을보유하고 있으며 세계 최대의 석유천연가스 생산국으로 꼽힌다. 러시아의 천연가스는 주로 유럽으로 수출되어 소비되고 있었는데, 2014년 크림반도합병문제로 유럽연합으로의 수출이 원활치 못하게 되면서, 동북아시아 쪽으로 수출량을 늘리려고 하고 있다. 2021년 세계 LNG 리포트에 근거하면[24], 천연가스 수입량에 있어서 일본(21%), 중국(19%), 한국(11%)으로 1위부터 3위까지 차지하고 있다. 특히, 최근 기후변화와 대기오염에 대한 위기의식이 높아지면서 중국에서 천연가스에 대한 수요가 크게 늘어나고 있는 것도 중요한 이유이다.

셋째, 빙상실크로드 합작건설은 중국의 천연가스 천연가스 공급긴장상태를 완화시켜줄 것이다. 2014년 5월 푸틴 대통령과 시진핑 주석은 상하이 정상회담에서 양국의 외교적 관계를 '전략적 협력 동반자 관계'에서 '포괄적 전략적 동맹관계'로 격상시키는데 합의했다. 그리고 에너지 분야에서 가스프롬과 중국석유천연가스그룹공사(CNPC)는 시베리아 가스관을 통해 연간 38만Bcm의 가스를 30년간 공급하는 계약을 체결하였다. 그리고 2019년 12월 2일 러시아의 시베리아 동부 천연가스 파이프라인인 '시베리아의 힘(Power of Siberia)'이 개통되었다. 중국은 러시아의

---

24 나무위키, 천연가스. https://namu.wiki/w/%EC%B2%9C%EC%97%B0%EA%B0% 80%EC%8A%A4.(2021.11.16. 검색)

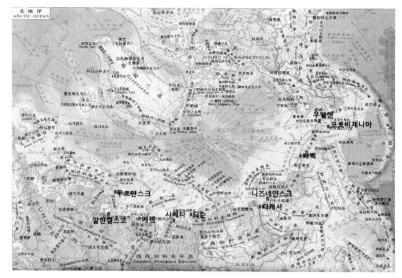

〈그림 4〉 북동항로 상의 10대 거점 항구(필자 표시)

천연가스 개발에 적극 참여하며 액화천연가스(LNG)의 안정적인 공급처
를 확보하려고 한다.[25] 이를 위해 중국석유천연가스그룹공사(CNPC)는
러시아 민간기업 노바텍(Nobatek)의 야말-LNG사업의 지분 20%를 인수
하고 20년간 300만톤의 LNG를 수입하는 계약을 맺었다. 중국측에서는
2016년에 실크로드기금(Silk Road Fund) 7억3천만유로, 중국개발은행
(China Development Bank) 93억유로, 중국수출입은행(China Eximbank)
13억유로 등 야말-LNG프로젝트에 필요한 자금의 약 60%를 차관형식으
로 제공하였다.[26] 러시아 정부는 북극항로와 주변지역의 자원을 적극적
으로 개발하기 위해서 2014년 8개의 북극 허브지대를 지정하였다. 그

---

25 천연가스는 기체 형태의 파이프라인 천연가스(PNG)와 액체 형태의 액화천연가스
    (LNG)로 구분되며, 대부분은 PNG 방식으로 교역이 이루어지고 있다.
26 안상욱·임석준·김현정, 「러시아와 중국의 천연가스 사업협력: 배경과 전망」, 『中籍研
    究』 43(4), 2019, 161-192쪽.

8개의 허브지대 중에서 야말로-네네츠 허브지대(Ямало-ненецкая опорн ая зона)의 개발이 가장 활발한데, 이 지역에서 러시아 천연가스의 약 80%가 생산되고 있으며, 매장량도 전 세계 매장량의 5분의 1에 해당한 다. 야말반도에서 생산되는 천연가스는 2018년부터 LNG방식으로 중국 으로 이미 수출되고 있으며, 하절기 약 3개월은 북동항로를 사용하고 그 외에는 서유럽을 거쳐 수에즈 운하를 통해 아시아로 들어오는 기존의 남방 해상로를 사용하고 있다.

장팅팅은 무르만스크(摩爾曼斯克, мурманск, Murmansk), 알한겔스코(阿 爾漢格爾斯科, Архáнгельск, Arkhangelsko), 메젠(梅津, Мезенская, Mezen), 사베타(薩別塔, сабета, Sabatta), 딕슨(迪克森, диксон, Dikson), 티케시(季 克西, Тикси, Tiksi), 니즈네얀스크(下揚斯克, Нижнеянск, Nizhneyansk), 페벡(佩韋克, Певéк, Pevek), 프로비제니아(普羅維傑尼亞, Провидéния, Provideniya), 우엘렌(烏厄連, Уэлен, Uelen) 10개의 전형적인 북극항구에 대해 지리적 위치, 인구현황, 개발잠재력, 중국과의 합작기초 등을 기준 으로 허브항구로의 적합도 평가를 실시했다. 그 결과 무르만스크, 사베 타, 티케시, 우엘렌 4개의 항구가 허브항구로 적합한 것으로 나타났다.[27] 또, 동쟝 등은 북동항로의 주요 항구로 무르만스크, 딕슨, 알한겔스코, 이가르카(伊加爾卡, Игáрка, Igarka) 티케시, 페벡, 프로비제니아 그리고 사베타 7개의 항구를 선정하였다.[28] 동쟝은 앞의 10대 항구에는 없던 이가르카항을 핵심 허브항구로 선정하였다. 이 항구들은 모두 러시아의 석탄, 목재, 석유천연가스 등을 운송하는 중요한 항구들이다. 특히, 사베

---

27 張婷婷, 陳曉晨, 中俄共建"冰上絲綢之路"支點港口硏究[J], 當代世界(03), 2018, 62-64쪽.

28 董江, 劉雷, 衛國兵, 北極東北航道關鍵水域通航環境及沿線主要港口, 航海(03), 2018, 45쪽.

타 항구는 야말-네네츠 천연가스개발지구에 위치하며, 여기서 생산산 천연가스를 유럽과 아시아로 수출하는 항구이다.

5. 중국의 주요 항구 분포와 빙상실크로드 거점 항구

1) 중국의 주요 항구 분포

중국의 항구분포를 살펴보면, 보통 5대 항구군으로 분류한다. 즉, 환발해(環渤海)항구군, 장삼각(長三角)항구군, 동남연해(東南沿海)항구군, 주강삼각(珠江三角)항구군, 서남연해(西南沿海)항구군이 그것이다. 5대 항구군은 황해와 중국 동해 연안에 분포되어 있는데, 환발해항구군은 요동반도에서 산동반도, 장삼각항구군은 강소성에서 절강성, 동남연해항구군은 복건성, 주삼각항구군은 광동성에서 광서성 동부, 서남연해항구군은 광서성과 해남도에 위치하고 있다. 각 항구군에 속하는 주요 항구를 나열하면 다음과 같다.

> (1) 환발해항구군은 다롄(大連)항, 잉커우(營口)항, 친황다오(秦皇島)항, 톈진(天津)항, 옌타이(煙台)항, 칭다오(青島)항, 르자오(日照)항, 롄윈강(連雲港)항.
>
> (2) 장삼각항구군은 난징(南京)항, 전장(鎭江)항, 난퉁(南通)항, 쑤저우(蘇州)항, 상하이(上海)항, 저우산(舟山)항, 닝보(寧波)항, 온저우(溫州)항.
>
> (3) 동남연해항구군은 푸저우(福州)항, 샤먼(廈門)항.
>
> (4) 주삼각항구군은 산터우(汕頭)항, 선전(深圳)항, 광저우(廣州)항, 주해항.
>
> (5) 서남연해항구군은 잔장(湛江)항, 하이커우(海口)항, 팡청강(防城港)항.

이 분포를 보면, 빙상실크로드를 따라 북동으로 나가기에 편리한 위치는 한눈에 봐도 환발해와 장삼각항구군임을 알 수 있다. 그리고 다른 항구들은 모두 해안에 위치해 있지만 장삼각항구군의 난징항, 전장항, 난퉁항, 쑤저우항은 장강변에 위치하고 있음을 알 수 있다.

2) 빙상실크로드의 거점항구가 될 중국의 항구

빙상실크로드는 중국을 기점으로 북동항로를 따라 유럽에 도달하는 해상노선이다. 향후 빙상실크로드가 상용화 되면 이로 인해 큰 발전과 변화를 겪게 될 지역은 비단 북극해 지역뿐 만이 아니라 동북아시아도 해당된다. 이것은 빙상실크로드가 경유하는 해역−중국과 한국의 황해, 한국의 동해, 일본해, 일본의 라페루즈 해협(소야해협), 러시아의 오호츠크해와 베링해 등−을 봐도 예측이 가능하다. 북동항로의 개통과 상용화에 대비하는 동북아시아 각국의 입장과 정책은 그 정도면에서 차이를 보이는데, 가장 적극적이고 공세적인 정책을 추진하고 있는 국가는 단연코 중국이다. 중국에서는 빙상실크로드가 상용화 된 후 교역의 중심이 될 거점(허브) 항구를 선정함에 있어서, 두 가지 측면을 중요하게 보고 있다.

첫째는 빙상실크로드의 상용화에 핵심이 되는 거점 항구도시 간의 네트워킹 작용이다. 국제무역이 활발한 항구도시는 해외시장을 개척하는 데 중요한 플랫폼이며 해외의 자원을 획득하는 전략적 전초기지기 되기 때문이다.

둘째는 국제적인 합작개발에 편리한 인프라와 실력을 갖추고 있어야 한다. 국제적으로 성공적인 합작개발을 이끌어내기 위해서는 해당 항구도시가 일정 수준의 경제적 기초와 국가정책의 실행 및 국가안보 등 여러 요소를 갖추고 있어야 한다. 이런 요소들은 국제적인 합작건설이 실행될 때 생길 수 있는 불협화음을 예방할 수 있기 때문이다.

중국의 항구 중에는 세계적으로 가장 큰 규모와 물동량을 가진 항구들이 많이 있다. 이는 로이드 리스트(Lloyid's List) 선정 2020년 세계 100대 컨테이너항 순위[29] 중 10위까지의 항구리스트에서 확인된다. 1위부터 10위까지 차례로 나열하면, 상하이항, 싱가포르항, 닝보-저우산항, 선전항, 광저우항, 부산항, 칭다오항, 홍콩항, 톈진항, 로테르담항으로 나타났다. 즉, 네덜란드의 로테르담항을 제외하면 나머지 9개가 아시아에 있으며 그 중, 싱가포르와 부산을 제외한 7개항이 모두 중국에 있다. 이는 중국의 무역량과 물동량이 얼마나 거대한지 짐작케 한다.

중국에서는 2017년 로이드 리스트 선정 세계 100대 컨테이너항에 들어가는 중국의 17개 항구에 대하여 빙상실크로드의 허브항구로서의 적합도를 산출한 연구가 있다. 이 연구에 의하면,[30] 잉커우, 단동(丹東), 다롄, 탕산(唐山), 톈진, 옌타이, 칭다오, 르자오, 롄윈강, 상하이, 닝보-저우산, 푸저우, 취안저우(泉州), 샤먼, 광저우, 둥관(東筦), 선전 17개 항구를 대상으로 생산능력, 흡인능력, 발전잠재력 3가지 영향요소를 지표로 분석해 평가였다. 생산능력은 컨테이너 처리능력과 제반시설의 수준을 포함하며, 흡인능력은 타국의 선박회사들을 유치할 수 있는 해당 항구도시의 경제발전수준 및 국가의 정책적 지지도, 운송항로의 단축정도 등을 포함하며, 발전잠재력은 빙상실크로드가 상용화 되고 그 이후까지 발전가능성이 있느냐를 말한다. 그 결과, 적합도가 높은 항구로 상하이, 톈진, 다롄, 선전, 칭다오, 닝보-저우산, 잉커우, 롄윈

---

29 One Hundred Ports 2020. Lloyds List.https://lloydslist.maritimeintelligence. informa.com/one-hundred-container-ports-2020.(2021.11.27. 검색)

30 劉碩松, "氷上絲綢之路"背景下中國大陸沿海集裝箱樞紐港選擇研究", 大連海事大學 碩士學位論文, 2019.3.

강 8개의 항구가 선정되었다. 이 중 다롄, 잉커우, 롄윈강을 제외한 5개의 항구는 모두 2020년 세계 10대 항구에 들어가 있다. 또한, 주삼각 항구군에 속하는 선전을 제외하면, 톈진, 다롄, 칭다오, 잉커우 4개 항구는 환발해항구군에 속하고 상하이, 닝보-저우산, 롄윈강 3개 항구는 장삼각항구군에 속한다.

6. 연해주의 프리모리예-1/프리모리예-2 국제운송회랑과 허브 항구

러시아 정부는 현재 4개의 국제운송회랑(국제무역회랑) 프로젝트를 실행하고 있다. 이 러시아의 국제운송회랑은 1994년 3월 크레타에서 열린 제2차 범유럽운송회의에서 제기되고 1997년 헬싱키에서 구체화된 10개의 범유럽운송회랑(Pan-European corridors)[31]을 참고하여 만들어졌다. 범유럽운송회랑은 유럽연합 확대와 동유럽 국가 시장 개방에 따른 유럽내 운송 네트워크를 조성하여 국제 무역을 촉진시키기 위한 목적으로 건설되었다.[32] 러시아 정부가 추진하는 4개의 회랑을 나열하면, 남북국제운송회랑(Север-Юг), 서유럽-서부중국 국제운송회랑(Западная Европа-Западный Китай), 프리모리예-1/프리모리예-2 국제운송회랑(Транспортные корироды Приморье-1/Приморье-2), 북극해 회랑(Северный морской корирдор)이다. '남북국제운송회랑'은 인도에서 이란

---

31 WIKIPEDIA. Pan-European corridors. https://en.wikipedia.org/wiki/Pan-European_corridors. (2021.11.16. 검색)

32 이 운송회랑은 유럽횡단교통망(Trans-European Transport Network)과는 다른 것으로 동유럽 국가와 러시아까지 연결되는 교통로이다.

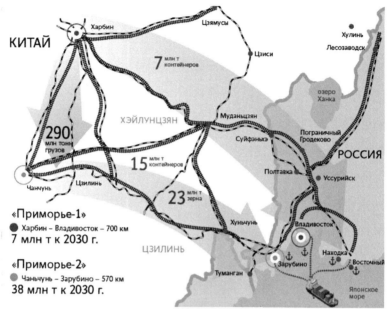

<그림 5> 프리모리예-1/프리모리예-2 국제운송회랑(필자 번역·표시)
출처: https://www.vedomosti.ru/economics/articles/2019/09/03/810388-primoryu-
zarabotat. (2021.11.28. 검색)

을 경유해 러시아에 닿아 북유럽까지 통하는 노선으로 기존의 수에즈
운하를 통하는 해상 노선에 비해 운송거리를 2배이상 단축시킬 수 있
으며, '서유럽-서부중국 국제운송회랑'은 서부유럽에서 중국 서부까지
연결되는 육상 운송회랑으로 총 길이 8,445km의 고속도로로 구성되어
있다. '북극해 회랑'은 중국과 합작추진하는 빙상실크로드와 연결되는
국제운송회랑이다. '프리모리예-1과 프리모리예-2 국제운송회랑'은
중국 헤이룽장(黑龍江)성과 지린(吉林)성 등 동북지역의 물류노선과 러
시아의 극동 연해주에 위치한 항만과 연결하는 프로젝트이다. 중국에
서는 이 프로젝트를 '빈하이1호(濱海1號)/빈하이2호(濱海2號) 국제운수
주랑(國際運輸走廊)'이라고 부른다. 중국의 영토 상에는 동해로 직통으

로 나가는 항구가 없다 보니 대외무역에 있어서 큰 약점으로 작용하고 있었다. 기존에는 동북3성의 생산물품들은 기본적으로 다롄항을 통해 한국, 일본 및 동남아, 유럽, 미주로 운송해야 했다. 반면에 지린성과 헤이룽장성의 성도(省都)인 창춘(長春)과 하얼빈(哈爾濱)에서 연해주까지의 거리는 다롄항까지의 거리에 비해 1/3정도 밖에 안 된다. 예컨대, 한국과 동북3성 간의 화물무역도 보통 다롄항을 통과하는데, 만약 연해주의 항구에서 한국으로 운송된다면 거리가 1/3로 줄어들어 물류시간과 비용이 크게 경감된다. 따라서, 연해주의 항구를 통한 대외 물류의 활성화는 중국에 있어서는 엄청난 경제적 효익을 가져 오게 된다. 게다가, 향후 빙상실크로드 북동항로가 상용화되고 이와 연계된다면 그 시너지 효과는 엄청날 것으로 예측된다. 그래서 중국에게 있어서 프리모리예 1/2는 매우 절실한 프로젝트라고 판단할 수 있다. 한편, 러시아 입장에서는 중국에게 동해로 나가는 길을 터줌으로써 물류통관으로 인한 경제적 이익과 극동지역의 개발과 발전 등 여러 방면에서의 이익을 기대할 수 있다.

프리모리예1/2는 1990년대부터 논의되었지만, 2016년 12월 러시아 정부가 이 프로젝트를 승인하면서 실질적으로 추진되었다. 프리모리예-1은 하얼빈시에서 무단장(牧丹江)을 거쳐 수이펀허(綏芬河)에서 러시아 영토로 들어가서 포그라니치니, 우스리스크를 경유해 블라디보스토크항, 나홋카항, 보스토치니항으로 연결된다. 프리모리예-2는 창춘시에서 출발하여 지린을 경유하고 훈춘(琿春)에서 러시아 영토로 들어가서 자루비노항으로 연결된다. 이 프로젝트의 재정경제모델을 구축한 저명한 컨설팅 회사 맥킨지(McKinsey & Company)는 이 두 노선을 통한 통과 화물의 잠재적 운송량은 약 450만톤이며 지역내총생산(GRDP) 효과도 290억루블(약 4,640억)에 달할 것으로 전망하기도 하였다.[33] 이 프로젝트에 대한 SWOT분석 결과에 따르면,[34] 약점요소로는 느린 진행 속도, 러시아의 자금조달부족, 중-러 간 철도 궤도 불일치, 국경 검문소시스템 낙후 등이 나왔으며, 위험요소로는 중국 경제의 침체 가능성, 양국 관계의 악화 가능성, 북한의 나진항에 국제운송회랑의 개발 가능성 등을 들기도 하였다.

현재 중국에서는 프리모리예-2에 해당하는 해양운송노선이 정식으로 가동되고 있다. 2018년 9월 14일 훈춘에서 자루비노항을 통해 닝보저우산항으로 가는 운송노선이 처음으로 개통되었다. 이 노선의 목적은 내무화물(內貿貨物)수송 즉 중국 내부에서의 화물교역 시간과 비용을 줄이는 것이다. 그리고 2019년 12월 7일 화물선 '하이스루1호(海絲路1號)'는 훈춘에서 자루비노항을 통해 닝보저우산항에 도착하여 화물을 하역한 후 다시 화물을 싣고 왔던 길을 따라 훈춘으로 돌아감으로써 처음으로 왕복 운송을 실현시켰다.[35] 최근 2020년 5월 11일 훈춘에서 자루비노항을 통해 칭다오항으로 가는 운송노선이 개통되었다.[36] 훈춘-자루비노항-닝보저우산항, 훈춘-자루비노항-칭다오항 두 운송노선이 성공적으로 운영되자, 중국에서는 차후 더욱 많은 내부 화물운송노선을 개설하려고 하고 있다.

---

33 슬랩첸코, 바딤, 「러시아의 국제운송회랑 정책과 한국의 기회: '프리모리예-1/프리모리예-2 운송회랑' 및 '북극해 회랑'을 중심으로」, 『러시아연구』 30(2), 2020, 94쪽 재인용.

34 슬랩첸코, 바딤, 「러시아의 국제운송회랑 정책과 한국의 기회: '프리모리예-1/프리모리예-2 운송회랑' 및 '북극해 회랑'을 중심으로」, 『러시아연구』 30(2), 2020, 99쪽.

35 "琿春-紮魯比諾港-寧波舟山港"航線實現雙重運輸, 中國新聞網, 2019.12.07. https://baijiahao.baidu.com/s?id=1652254270019607553&wfr=spider&for=pc. (2021.12.03. 검색).

36 琿春-紮魯比諾港-青島航線首航內陸吉林增添出海新通道, 中國新聞網, 2020.05.11. https://baijiahao.baidu.com/s?id=1666387020685384362&wfr=spider&for=pc. (2021.12.03. 검색)

　연해주의 프리모리예-1/2 국제운송회랑은 중국에 있어서 동북지역의 산업경제발전에 매우 필요하며, 나아가 빙상실크로드와 연계시키면 그 시너지 효과는 엄청날 것으로 예측할 수 있다. 하지만 동북아시아 해양에서 국가 간 영토분쟁도 지속되고 있다. 먼저 일본은 러시아와 북방영토(러시아명: 쿠릴열도)를 두고 분쟁을 벌이고 있다. 러시아는 미국과의 얄타협정과 샌프란시스코강화조약 등 제2차 세계대전 전후처리 과정의 합법성을 주장하며 쿠릴열도 주권을 주장하고 있고, 일본은 북방 4개 도서는 미국이 소련에 양보한 쿠릴열도에 포함되지 않는다고 주장하며 반환을 요구하고 있다. 현재 이 4개 도서는 러시아가 실효적으로 점유하고 있으며 양국간 도서 영유권, 경제협력 등의 국익이 걸려 있다. 미국은 쿠릴열도가 러시아 극동 해군의 태평양 진출을 견제하는 전략적 이익을 감안하여 미일동맹에 기반을 두고 문제의 현상유지 또는 해결을 견제하고 있다.[37] 다음으로 독도 문제가 거론될 가능성도 대두되고 있다. 당연히 한국의 영토인 독도에 대해 일본이 강력히 문제를 제기할 경우, 독도 인근을 항해하는 각국의 선박에 대해 온전한 주도권을 행사하는데 지장을 받을 수도 있다고 보는 것이다.[38]

7. 결론

　빙상실크로드는 러시아의 북극회랑과 중국의 일대일로가 결합되어

---

37 배규성, 「환동해 영토분쟁과 미국의 동맹전략: 쿠릴열도와 독도의 비교」, 『한국·시베리아연구』 22(1), 2018, 53쪽.

38 박성황, 「북극해 항로의 동해루트가 독도문제 등에 미치는 영향 연구-안보 군사 등 지정학적 측면을 중심으로-」, 『한일군사문화연구』 31, 2021, 5-47쪽.

생겨난 아시아-북극해-유럽·북미를 연결하는 거대한 무역노선이다. 현재 북극해를 통행할 수 있는 통항기간이 점차 길어지고 있으며 2030년 이후에는 연중 상용화를 기대하고 있다. 빙상실크로드의 핵심인 북동항로의 북극해 지역 통과 노선이 빌키츠스코고와 산니코바 해협을 지나는 노선으로 항행 되면서, 차후 상용화를 시대를 위한 거점항구 건설에 대한 논의에 활기를 더하고 있다. 중국 학계에서는 북극해지역의 10개 항구를 대상으로 거점항구로의 적합도를 조사한 결과, 무르만스크, 사베타, 티케시, 우엘렌 등 4개 항구 혹은 우엘렌을 빼고 딕슨, 알한겔스코, 이가르카, 페벡항을 추가해 7개의 항구를 선정하기도 하였다.

한편, 러시아와 중국은 동북3성의 핵심도시인 창춘과 하얼빈을 연해주의 자루비노항과 블라디보스톡항과 연결하는 프리모리예1/2 국제운송회랑 사업을 추진하고 있다. 이에 대한 성과로 현재 프리모리예2를 활용한 훈춘-자루비노항-닝보저우산항, 훈춘-자루비노항-칭다오로 이어지는 항로를 개통하여 운용하고 있다. 또한, 중국에서는 빙상실크로드 상용화 시대에 중국 연안의 거점항구로 상하이, 톈진, 다롄, 선전, 칭다오, 닝보-저우산, 잉커우, 롄윈강 8개의 항구를 선정하기도 하였다.

본고에서는 다루지 않았지만, 한국에서도 부산항을 비롯한 울산항, 포항항, 동해항 등 여러 항구도시에서 연해주를 비롯한 러시아와의 여러 지역과 무역 및 합작사업을 추진하며 빙상실크로드 상용화 시대에 부응하고 있다. 이웃나라 일본은 일찍부터 러시아와 천연가스 공동개발 및 LNG 수입 등 여러 합작사업을 해오고 있다.

북극항로 노선의 확정과 거점항구도시 건설의 추진으로 빙상실크로드 상용화 시대에 대한 밑그림은 이미 완성되었다고 판단된다. 이제는 빙상실크로드가 상용화 된 시대에 각 거점항구를 중심으로 출현할 새로운 인문생태공간 혹 기존의 공간에 더해 발생할 인문생태의 변화에 대한 논의를 시작할 단계라고 본다. 빙상실크로드는 역사상 존재하지 않았던 북방루트를 통한 대륙간·민족간·문명간의 교섭과 교류를 실현시켜줄 인문실크로드이기 때문이다.

강호축 개발과 극동생태문화네트워크 구축

임은성 · 엄순천

1. 들어가는 말

2016년 다보스포럼에서 클라우스 슈바프(K. Schwab)가 4차 산업혁명을 의제로 제시한 이후 인류는 4차 산업혁명으로 초연결(hyper-connectivity), 초현실(hyper-reality), 초융합(hyper-fusion)을 특징으로 하는 디지털 시대로 접어들었다. 4차 산업혁명 시대의 세계는 사물인터넷(IoT)을 통해 10억 명 이상의 사람들과 직간접적으로 네트워킹되며 정보는 인간이 인식할 수 없는 나노초(10억분의 1초)와 피코초(1조분의 1초)의 속도로 전 세계로 전파될 것이다. 국경의 투과성이 증대되면서 국경을 넘어선 초국가적 네트워크가 현실화되면서 초국가적 기업의 탄생, 생태환경에 대한 공동 대처의 필요성 등 초국적 협력을 통해 해결해야 할 문제들이 등장할 것이다.

이를 예견하듯 서유럽국가 간 국경협력, 동·중부유럽의 지역협력,

북미의 NAFTA, 동남아의 ASEAN, 환태평양 국가들의 APEC 등 세계
적으로 지역 중심의 블록화 경향이 두드러지고 있다. 이러한 추세 속에
서 유라시아의 극동지역에서도 새로운 블록 체제가 형성될 가능성이
높아지고 있으며, 이러한 상황이 현실화 된다면 극동 블록 체제에서
한반도의 이니셔티브 확보는 중요한 과제로 부상할 것이다.

　한국은 2차 산업혁명의 세계적 성공 국가로 인정받고 있지만, 전력
의 68%가 화석연료이고 이 중 98%를 수입에 의존하고 있으며[1] CO_2 배
출국 세계 7위, 1990년 이후 온실가스 배출량 증가율 세계 1위 국가이
다. 에너지 산업 두뇌집단인 카본 트래커(Carbon Tracker Initiative)의
2019년 보고서에 의하면 한국의 화석 연료 자산은 좌초 상태이며 세계
5위의 원자력 발전 국가이고 환경보호 부문에서는 180개 나라 중 80위
이다.[2] 유럽의 CAN(Climate Action Network)은 한국의 기후변화 대응 수
준을 56개 평가 대상국 중 48위로 평가하였다.

　OECD 국가에서 한국의 정치·경제적 위상, COVID-19 방역의 모범
이 된 K-방역을 통해 발현된 시민 의식, 동남아시아, 중국, 러시아 등
을 중심으로 확산되고 있는 K-Culture의 세계화 등과 비교할 때 생태
환경에 대한 국가 및 시민사회의 인식은 현저히 낮은 수준이다. 향후
국익, 국가의 리더십과 위상 등은 생태에 대한 책임 있는 태도에 좌우
될 것이라는 인식 하에 세계 각국은 앞 다투어 CO_2 감축과 에너지 대책

---

1 www.hani.co.kr/Arte/science/science_general/988577. html, 한겨레신문, 영국
　에너지 연구소 '엠. 버'가 2021년 3월29일에 발표한 '21세기 글로벌 전력생산 보고서'
　에 따르면 한국의 에너지 전환 속도가 주요 20개국 가운데 16위로 최하위수준이다.
　검색일: 2021.04.11.
2 제러미 리프킨, 『글로벌 그린 뉴딜: 2028년 화석연료 문명의 종말』, 서울: 민음사,
　2020, 36쪽.

을 국가의 전략적 목표로 발표하고 있다. COVID-19를 기점으로 생태 위기에 대한 인식이 전 세계적으로 확산되고 있는 만큼 향후 CO_2배출을 많이 하거나 반(反)생태적 생산 활동을 하는 국가는 브랜드에 심각한 타격을 입을 것이며 에너지 이니셔티브의 승자가 세계 경제의 승자가 될 것이다.

이러한 세계적 변화의 추이 속에서 유럽연합은 '스마트 유럽', '디지털 그린 뉴딜'[3], 중국은 '인터넷 플러스'[4] 국가 계획을 발표했다. 한국도 CO_2감축과 스마트 그린 에너지 자립 목표 등 생태 성장사회로의 발전 전략을 제시하고 실천해야 할 것이다. 이를 위한 초국가적 과제는 국가 균형 발전을 통한 지방자치단체의 동반 성장과 새로운 경제성장 동력 발굴이다. 한국은 지난 70여 년간 경부축 중심의 경제 발전을 통해 2017년에는 1인당 GDP 3만 달러 돌파라는 경제성장을 이루었지만, 서울-부산을 잇는 경부축 주요 도시를 제외한 대부분의 지방 도시는 사회간접자본의 부족, 특화산업의 부재, 지속적인 인구감소 등으로 소멸 위기에 봉착해 있다.

한국 동서지역의 균형발전, 4차산업혁명기에 맞는 경제협력의 기틀 마련, 유라시아 극동 지역 국가들과 교통·문화·물류·에너지 등 다양한 분야에 대한 연계성 강화를 위해 호남-충청-강원을 잇는 강호축 개발이 필요한 시점이다. 이후 강호축과 극동권 철도네트워크를 연결한다면 이는 한국 국가 경제의 지속 가능한 미래성장 동력 확보, 남북한 평화 교류의 기반 구축과 통일 한국의 가능성 확보의 초석이 될 것이다. 이러

---

3 박선영, 「유럽연합의 과학기술 및 ICT 혁신정책」, 『제4차 산업혁명과 소프트파워, 이슈리포트』, Nipa 정보통신산업진흥원, 제16호, 2018.
4 김동하, 「중국의 교육 분야 인터넷 플러스 정책 현황」, 『CSF』, 제1476호, 2017.

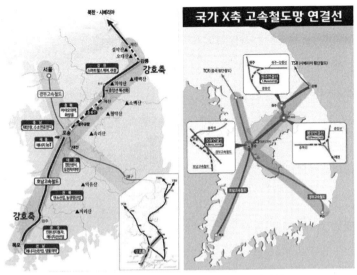

<그림 1> 국가 X축 고속철도네트워크 연결선
(충북발전연구원(2018), 42쪽.)

한 문제의식 하에 본 논문에서는 강호축의 개념과 강호축 개발의 필요성, 강호축과 극동 철도네트워크 연결이 한반도 경제에 미치는 영향, 강호축-극동생태문화네트워크 구축의 전망을 살펴볼 것이다.

2. 강호축의 개관, 목적 및 추진계획과 문제점

1) 강호축의 정의 및 필요성

강호축은 목포에서 시작하여 충북 오송과 강원도를 연결한 뒤 북한을 거쳐 유라시아로 향하는 극동 러시아를 잇는 실크레일로 2015년 6월 국회에서 개최된 X축 세미나에서 이시종 충북도지사에 의해 공식화된 용어이다. 강호축은 호남-충청-강원을 잇는 신성장 동력의 벨트이자 새로운 국가 발전 전략으로 일차적으로는 충북, 충남, 전북, 전남, 대전, 광주, 세종, 강원도의 8개 시도에 한정되지만, 궁극적으로는 한반도와 유라시아를 연결하는 철도네트워크 구축을 통한 '초광역 국가 발전전략'이다.

1970년 경부고속도로 준공으로 경부축(서울-부산)은 국가산업과 국민 생활의 대동맥의 역할을 하면서 국가의 경제 성장과 국민의 풍요로운 삶을 견인하여 왔다. 하지만 유동 인구의 경부축 집중과 이로 인한 재정 배분의 왜곡으로 한국 사회의 불균형은 심각한 사회 문제로 대두되었고 이에 대한 반작용으로 국가균형발전에 대한 요구가 강화되었다. 그동안 국가 균형 발전의 개념이 도시와 농촌, 수도권과 비수도권에 집중되었다면 이제는 강호축과 경부축으로 확대되어야 할 것이다.

2017년 10월 충북, 충남, 전북, 전남, 대전, 광주, 세종, 강원도의 8개 시도 단체장은 강호축 개념을 SOC(Social Overhead Capital, 사회간접자본)을 넘어선 첨단 산업, 문화관광으로 확장하였다. 또한 강호축 개발을 국가정책에 적극적으로 반영시키기 위해 제1차 『강호축 의제 국가 균형 발전 정책 반영을 위한 공동건의문』[5]을 채택하면서 한국 저성장의 원인을 을 경부축 중심의 국가 성장에서 찾고 있다. 즉 한국 저성장은 산업·교통·인구·경제 등 모든 분야의 국가자원을 경부축에 편중시켰던 종래의 국가전략이 자원 배분의 비효율, 지역주의의 심화, 지역 간 불균형으로 수도권 초밀집 현상, 지방소멸 위기 등의 문제를 초래하면서 국가 경쟁력 약화로 이어졌기 때문이다. 강호축은 국토면적의 46%에 이르지만, 국가 예산의 24%, 인구의 16%, 산업단지 수의 12%, 과학 기술 및 서비스업의 11%에 불과하다. 이에 반해 경부축은

---

5 앞의 논문, 12-17쪽.

국토면적의 54%, 국가 예산의 76%, 인구의 84%, 산업단지 수의 88%, 과학 기술 및 서비스업의 89%를 차지하고 있어 강호축과 경부축의 격차는 상당히 크다.

따라서 현재 한국의 직면 과제는 국가 균형 발전이며 그에 대한 가장 적합한 대안은 강호축 개발이다. 즉 국가 균형 발전이라는 헌법적 가치 수호와 세계 강국으로 도약하기 위해 전국의 자원을 효율적으로 활용해야 하고, 이를 위해 상대적으로 낙후되어있는 강원-충청-호남을 잇는 강호축 개발이 우선 과제가 되어야 한다.

또한 건의문에서는 강호축 개발의 중심내용을 혁신도시 및 기업도시를 연계한 국가혁신 벨트 조성; 백두대간 관광생태 벨트 조성; 강원-충청-호남을 연결하는 간선 교통네트워크 (국가 X축) 등으로 제시하면서 강호축 개발을 국가정책에 적극적으로 반영할 것을 촉구하였다.

2) 강호축의 지역적 특성과 교통네트워크 상황

(1) 충청북도의 지역적 특징과 교통네트워크 상황

충청북도는 한반도 유일의 내륙도이며 양대 거점 역할을 하는 충주권과 청주권으로 나누어지는데 충주권에 가까운 제천·단양은 강원도 원주와 지리적으로 가깝다 보니 강원도의 영향이 더욱 강하여 충청북도와는 정서적 거리감이 있다. 조선 시대 영남대로가 통과했던 충청북도는 현재 경부선철도와 충북선, 중앙선, 경부선 KTX가 지나가며 청주-대전-옥천·영동을 가로지르는 경부고속도로, 진천-청주 서부를 횡으로 가로지르는 중부고속도로, 청주 남부와 보은군을 관통하는 당진 영동고속도로, 음성 북동부-충주-괴산을 지나는 중부내륙고속도로, 제천-단양을 지나는 중앙고속도로, 진천-음성-제천을 지나는 평택 제천고속도로 등이 있는데 수도권-경상권을 지나는 차량은 반드시 통과해야 하는 교통의 중심지이다.

2019년 충북선 철도 고속화 사업에 투여될 6조 6억 원의 예비 타당성 면제 및 정부 5개년 계획 반영이 성공적으로 이루어짐으로써 강호축의 핵심사업인 충북선 철도 고속화 사업이 현실화될 것이며 오송역은 국가철도네트워크 X축의 중심지로 부상하게 될 것이다.

(2) 강원도의 지역적 특징과 교통네트워크 상황

충청북도와 강호축 파트너인 강원도는 조선 건국 이후 백두대간을 경계로 경사가 급하고 해안 평야의 발달이 취약한 영동과, 경사가 완만하고 대하천이 발달한 영서로 구분되는데 분단 때 38선으로 인해 유일하게 나뉜 도(道)이다. 38선이 4개 면을 통과하면서 양양군과 인제군의 절반 이상, 춘천시의 일부, 철원, 양구, 화천, 이천, 회양, 통천, 고성, 간성 8개 군 전 지역이 북한으로 귀속되었다.

2020년 12월 23일 강릉-제진 간 동해북부선 기본계획 확정 고시가 발표되었다. 북방경제 시대를 맞이하여 대륙을 관통하는 관문의 역할을 할 것으로 기대되는 강원도는 강릉-제진의 동해선 종단철도를 연결함으로써 한반도 평화 정착과 강호축 연결을 통한 국가 균형 발전을 위한 전략에 공동 대응하고 있다. 강원도는 1994년 '환동해 카르텔 (Gangwon-do's Active Role Toward East-sea rim's Local Leader, 이하 KARTELL)'[6] 전략을 발표하면서 지방정부 간 협의체 구성 및 상호 교류 협력을 통해 환동해권의 경제협력을 위해 노력했으나 큰 실익을 거두지는 못하였다. 그러나 국가 철도공단과 지속적인 협의와 철저한 환경

---

6 김건석, 「시베리아횡단철도와 동해선 철도의 연결 가능성과 강원도의 대응 과제」, 『지역발전연구』, 한국지역발전학회, 2008, 25쪽.

영향 평가준비 등을 통해 역량을 결집함으로써 2020년 4월 23일 동해북부선 연결사업의 기본계획을 확정 고시하였다. 동해북부선 연결 사업은 2조 8,520억 원의 예산이 투입되고 110.9km(단선철도)를 건설하는 사업[7]으로 1967년 노선 폐지 후 53년 만에 노선을 복원하는 역사적 사업이다. 2021년 말 착공을 시작으로 춘천-속초 간 동서 고속철도와 함께 2027년 개통을 목표로 하고 있다.[8] 정부는 동해북부선 연결 사업은 남북 경제협력의 기반과 환동해경제권 구축의 기반을 마련하여 국가 물류경쟁력 강화, 동해권 관광과 금강산 관광 사업의 활성화에 일조할 것으로 기대하고 있다또한 2027년 춘천-속초 간 동서 고속철도와 동시 개통이 확실시되면서 강원도는 유라시아 철도의 전진기지로의 기대감이 높아져 있다.[9]

(3) 호남의 지역적 특징 및 교통네트워크 상황

동북아 물류교류의 허브인 전라북도의 특징은 동철서염(東鐵西鹽)[10]으로 금강, 만경강, 동진강, 섬진강 등의 내륙수로와 해상교통이 발달하여 사통팔달 교역망의 거점 지역이다.[11] 노령산맥을 경계로 동·서가 구분되며 서부권은 광활한 곡창지대이고 동부권은 해발 1,000m가 넘는 고원 산악지대이다. 유라시아 대륙 진출의 출발점인 전라남도는 한반도 서남부에 자리하고 있으며 서부권(목포시, 무안군, 신안군, 해남군,

---

7 http://www.newdaily.co.kr/강릉-제지철도건설 확정, 〈철의 실크로드부상〉, 뉴데일리, 2020.04.23. 검색일: 2021.06.20.

8 http://electimes.com/전기신문 2020.12.26. 윤재현 기자. 검색일: 2021.06.20.

9 https://www.kwnews.co.kr/tv/강원일보 TV 검색일: 2020.12.23.

10 선사시대부터 전라북도 동부지역에서 철과 서부지역에서의 소금이 생산되면서 전라북도 정치세력이 성장할 수 있는 기반이 되었다.

11 곽장근, 『동북아 문물교류 허브 전북』, 전북연구원 전북학연구센터, 2019, 11쪽.

진도군, 강진군, 장흥군, 완도군)과 동부권(순천시, 여수시, 광양시, 구례군, 곡성군 고흥군, 보성군), 북부권(광주광역시, 나주시, 화순군, 담양군, 장성군, 함평군, 영광군)의 5개 시와 17개 군으로 이루어져 있다.

전라도는 기원전 1세기경 이미 국가 단위 사회를 형성했던 지역으로 철기시대인 마한 시대부터 가야문화를 꽃피웠으며 농업과 더불어 해운업, 수산업, 조선업이 발달해 왔고 풍부한 농수산물로 인해 음식문화가 발달했다. 1896년 전라북도와 남도로 나누어졌으며 1864년 동학농민혁명을 시작으로 1929년 광주학생 항일의거, 4·19혁명, 5.18민주화운동 등은 1987년 6월 민주화 항쟁의 동력으로 이어져 한국 민주주의의 근간이 되었다.

연간 1,000만 명 이상의 관광객이 전주한옥마을을 비롯해 여수세계박람회, 순천만국제정원박람회 등을 찾고 있고 한·중·일을 잇는 서해안 요충지인 새만금 간척사업으로[12] 신재생에너지 클러스트 조성계획을 갖고 있다. 2017년 정부가 '재생에너지 3020 이행계획(안)'과 '제8차 전력수급기본계획(2017~2031)'을 발표하면서 신재생에너지에 대한 관심이 증대되었고 이러한 국가 정책과 맞물려 산업생태계 개선과 산업 고용위기 해소 차원에서 신재생에너지 산업을 적극 육성하고자 한다.

3) 강호축 구축 계획과 추진의 문제점

(1) 충북선 고속화 사업의 배경과 목적

충북선은 1970년대 박정희 정권의 경제개발계획으로 공업화가 가속화되고 태백 영동지역의 무연탄과 시멘트 수송량이 증가하면서 타 노

---

12 부안-군산을 잇는 세계 최장의 방조제 33.9km를 축조하여 간척 토지 28,300ha와 호소 11,800ha를 조성하여 경제중심지로 건설하려는 국책사업이다. 곽장근, 앞의 책, 55쪽.

선보다 이른 시기인 1980년대 복선화가 이루어졌다. 이로 인해 충북은 2015년 전국 철도화물 운송량의 34.4%를 차지하여 전국에서 가장 많은 철도화물 운송량을 보이고 있는데 대부분이 제천과 단양지역의 양회 사업으로 인한 화물이다. 남북 간 경제교류가 활발해져 SOC 건설 사업이 증가할 경우 제천−단양지역의 시멘트 및 건설자재 수송

〈그림 2〉 충북선 고속화 사업

수요가 증가할 것이다.[13] 따라서 충북선을 고속화하여 경의선, 경원선과 연계하고 동해북부선과의 연결한다면 제천·단양 지역에서 북한 전역에 건설자재를 신속하게 수송할 수 있을 것이다.

2016년 6월 제3차 국가철도네트워크 구축계획에 포함된 충북선 고속화 사업[14]의 목적은 강호축의 단절구간을 연결하여 한반도의 고속철도네트워크를 人자에서 X자형으로 재편하여 강호축 시·도 간 광역철도네트워크를 구축하고 이를 한반도 종단철도(TKR), 유라시아 대륙횡단 철도(TSR, TCR)와 연계함으로써 국가 전체의 유기적인 교류 협력의 기반을 만들고 한반도의 중심에 위치한 오송 KTX 역을 경제·문화 및 교통 거점으로 확대하기 위한 것이다. 이를 위해서는 충북 고속화 철도로 인해 발생하게 될 전국 통행 수요 변화, 원주−강릉선을 연결하는

---

13 오상진, 「한반도 신경제지도 구상과 강호축 연결 보고서」, 2020.
14 〈그림 2〉 출처: 국민일보 〈충북도, 국가 X축 고속철도네트워크 추진. 국회·정부에 조기착공 촉구〉, 검색일: 2015.04.17.

전략사업, X축 고속철도네트워크의 중심 기능을 강화할 수 있는 방안이 면밀하게 모색되어야 한다. 따라서 오송 KTX 역에 경부, 호남고속철도와의 연결선 건설, 충북선과 원주-강릉선 연결방안, 더 나아가 한반도 종단철도 더 나아가 유라시아 대륙횡단철도와 연결하기 위한 방안 등이 제시되어 오송 KTX 역의 기능과 발전, 경제적 타당성 제 방안들이 연구되고 제시되어야 한다. 즉 충북선 철도고속화 사업의 핵심은 오송-제천 구간의 노선 건설인데 기존 고속선을 잇는 오송연결선이 예비 타당성 조사에서 빠져 반쪽짜리 사업이 되다 보니 충청북도가 새로운 대안으로 정부를 설득하고 있다.

이 노선은 일반 열차보다 2배 빠른 시속 230km의 고속철도이므로 전남과 강원으로 연결하면 목포에서 강릉까지 5시간 30분 걸리던 이동시간을 2시간 단축한 3시간 30분으로 앞당길 수 있다. 기존 고속철도와 새로운 철도를 잇게 될 '오송연결선'은 충북을 잇는 초광역 국가 발전전략이며 국가 균형 발전으로도 손색이 없고 강호축의 핵심 사업이다.

하지만 현 정부는 호남선 일부 철로 정비가 한국의 기술력으로는 탈선의 위험이 있다고 판단하고 있어서 정부를 설득하기 위해 충청북도 자체 용역으로 새로운 대안을 제시하였다. 정부가 추진하고 있는 경부 고속철도 일부 복선화 사업(평택-오송 구간의 지하터널 사업)에다가 충북선 근처 지하 고속철도에 터널과 기찻길을 만들어 오송연결선을 연계하겠다는 것이다. 그러나 정부는 평택-오송 2 복선 기본계획을 자체적으로 수립하고 있기 때문에 충청북도가 제안한 오송연결선의 현실성이 떨어진다는 판단 하에 아무런 대응을 하지 않고 있다.[15] 하지만 강호축

---

15 https://cheongju.kbs.co.kr/KBS 청주뉴스. 〈강호축 핵심 '오송연결선'… 정부 설득 가능할까?〉, 검색일: 2020.5.29.

-유라시아 극동 철도네트워크 구축을 위해서는 충북선 고속화 철도 중 '오송연결선'에 대한 정부의 대응 방안이 매우 중요하다.

54년 동안 단절되어왔던 동해북부선 강릉 구간이 2021 연내 착공을 준비하고 있는데 부산과의 연결은 원활한 반면 충청, 호남 지역과 연결은 난항을 겪고 있어서 전국 교통네트워크로 동해북부선의 기능 및 효능은 미미할 것이다. 따라서 충북선을 고속화하여 경의선, 경원선과 연계하고 동해북부선과 연결하여 제천·단양지역에서 북한 전역에 건설자재를 신속히 수송하고 지하자원이 많이 매장된 북한 동부지역인 평양-나진 간 화물수송을 담당할 축을 구축할 필요가 있다.

또한 러시아와 유럽지역의 수출입 철도화물 수송로 확보도 중요하다. 지자체별 대 러시아 수출입 현황을 살펴보면, 수출은 울산, 수입은 전남지역이 많다. 러시아와 유럽으로의 수출입은 해운이나 항공교통을 이용하고 있으나 향후 한반도 철도네트워크와 TSR을 연결함으로써 물류비를 절감하고, 전국 철도 물류를 활성화하기 위해 충북선 철도 고속화 작업은 필수적이다.[16]

(2) 연결철도네트워크의 주요 과제- 충청권 광역철도, 경전선, 강원내륙선, 전라선

① 충청권 광역철도

대전광역시에서 처음 제안한 사업으로 계룡-서대전-조치원-오송-오근장-청주 공항을 연결하는 106.9㎞의 노선으로 기존의 경부선과 호남선을 기반으로 대전시, 충청남도, 세종시, 충청북도를 잇게 된다. 1968년 청주 도심을 통과하였던 충북선 철도가 외곽으로 이전하면서

---

16 충청북도 발전연구원, 「강호축 종합발전계획」, 2018, 89쪽.

청주는 철도에서 소외되어왔으며 청주 시민들은 철도 복구를 강력히 촉구하고 있으나, 2021년 6월 29일 국토부가 발표한 제4차 국가철도네트워크 구축계획에 청주 도심 통과안이 보류되었다. 다행히 대전시가 대전 반석역–청주 공항을 연결하는 충청권 광역철도를 제안하면서 '충청권 메가시티'의 발판을 마련하게 되었고 충청권은 '1시간 생활권'이 가능해졌다.[17]

② 경전선 전철화

경선선 전철화 사업은 경전선 구간에서 유일한 미개량철도이자 단선 비전철 구간인 광주–순천 구간 개량 사업으로 이 구간은 1930년 이후 한 번도 개량되지 않았다.[18] 이로 인해 대형 철도화물이 전라선·경부선으로 우회하여 운송되고 있어서 물류비의 절감과 운행 시간 단축을 위해 전 구간 전철화가 필요하다. 그러나 2019년 예비타당성 심의 통과 이후 도심 통과를 반대하며 노선 변경을 요구하는 시민단체와의 충돌이 지속되고 있다.

③ 강원내륙종단철도

광역수도권과 강원내륙을 연결하는 T자형 철도로 원주–춘천–철원을 연결하며 남북경제협력 활성화가 주된 목적이다. 경의선, 중앙선과 연계되는 홍천–용문을 잇는 광역철도는 제4차 계획에 반영이 되었고

---

17 https://news.naver.com/main/read.NAVER?mode=LPOD&mid=tvh&oid=056&aid=0011073468KBS 대전뉴스, 〈4차국가 광역철도네트워크 확정. '충청권 메가시티' 발판 마련〉, 검색일: 2021.07.02.

18 https://www.nocutnews.co.kr/news/5559500 노컷뉴스, 〈광주–순천 경선선 전철화 사업 어디까지 왔나〉, 전남 CBS 검색일: 2021.07.02.

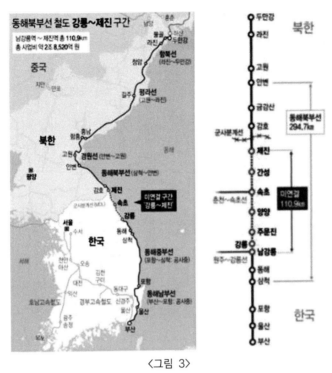

〈그림 3〉
https://blog.naver.com/wehousing7/221939841108. 자료: 통일부 제공.

(2021.8.17.), 강원내륙종단철도는 추가검토 대상에 포함되어 있기 때문에 해결해야 할 현안들이 남아있다. 2000년 9월 남북정상회담에서 남북한을 지나 시베리아-중국-만주 등을 통과하는 유라시아철도 건설 문제를 논의했고, 2004년 7월 북러 철도협약 체결을 계기로 부산-울산-포항 / 강릉-온정-원산으로 이어지는 동해선 건설이 현실화 되고 있다.[19] 남북관계의 급랭으로 건설 추진의 어려움을 우려했던 동해선은

---

19 조진행, 「동해선 철도와 시베리아횡단철도의 연결전략」, 『물류학회지』 15(4), 2005, 5-38쪽.

〈그림 4〉

조석홍(2018), 40쪽.

강릉-제진 구간은 조기착공으로 차질 없이 진행될 것이며 한반도와 북
한, 유라시아대륙횡단철도를 잇는 사업도 가능할 것으로 전망하고 있
다. 동해선 중 강릉-고성-제진역으로 연결되는 종단철도는 1967년 노
선 폐지 이후 현재까지 단절된 상태인데 이 구간이 완성되면 부산-북
한 두만강까지의 구간이 모두 연결되고 유럽대륙횡단철도와 연결될 수
있을 것이다.

④ 전라선 고속철도

전라선 고속철도는 익산-전주-남원-곡성-구례-순천-여수를 잇는
89.2㎞ 노선이다. 전라권은 연간 1,000만 명의 관광객이 찾는 '전주한
옥마을'을 비롯해 '여수박람회'와 '순천만국제정원박람회' 등 관광자원

이 풍부한 지역으로 향후 철도이용객이 연간 2,800만 명으로 증가할 것으로 예상된다. 그러나 2011년 복선전철화 사업 시행 이후 열차 운행 속도가 고속철도에 비교해 현저히 떨어지면서 전남·전북의 동부권과 서부권의 발전 속도가 지체되고 있어 경제권 활성화와 지역 발전을 위한 노력이 시급하다.

3. 중국, 러시아의 철도 전략 및 유라시아 대륙횡단철도의 현황

1) 중국과 러시아의 철도 전략

(1) 중국의 철도 전략

중국의 철도 전략은 단순한 경제 활성화가 아니라 정치, 안보, 문화를 아우르는 장기적 전략으로 자국의 주도 하에 유라시아 지역 네트워크 구축, 상호교류 증진 및 발전과 안보를 이루겠다는 것으로 일대일로(一對一路) 구상과 연계되어 있다. 중국 철도 전략의 핵심은 중앙아시아를 관통하여 아시아와 유럽을 잇는 25,000㎞에 달하는 세계 최장 초고속 철도네트워크 구축 즉 동부와 중부를 종횡으로 연결하는 4종 4횡(4從4橫) 프로젝트이다. 이를 위해 중국은 2018년 4월 백두산(청바이산)까지 연결되는 둔화(敦化)-얼다오바이허(二道白河) 고속철도 건설에 착공했다.[20]

또한 중국 철도 전략의 일환으로 중국-유럽 간 정기 화물 열차 운행

---

20 조석홍, 「유라시아 철도네트워크 구축과 파급효과. 한국무역학회 세미나 및 토론회」, 2018, 40쪽.

이 급격히 증가하고 있는데, 2016년 기준 정기 노선은 30개이며 2011
년 최초 개통 이후 2017년 11월까지 운행 횟수는 3,271회에 달하고
2020년 연평균 운행 횟수 5,000회를 목표로 하고 있다.[21] 극동 더 나아
가 유라시아에서 한국의 위상을 높이기 위해서는 한국의 철도 전략을
중국-유럽 간 철도 노선과 연계할 필요가 있다.

(2) 러시아의 철도 전략

푸틴 정부는 균형 잡힌 국토 개발을 위해 기존 극동지역 개발정책을
디욱 구체화하고 본격적으로 실행하기 위해 '2025년 극동·바이칼 지
역발전 전략'을 발표했다. 해당 전략에는 시베리아횡단철도(TSR) 및 바
이칼-아무르 간선철도(BAM)의 현대화, 사할린 철도 개보수, 블라디보
스토크-우수리스크 / 하바롭스크 구간의 고속화(140-160㎞) 전략이 포
함되어 있다. 여기에는 시베리아횡단철도를 7일 이내 주파하여 물류비
를 대폭 삭감하여 TSR의 경쟁력을 향상시킨다는 '시베리아횡단철도 7
일 프로젝트'가 포함되어 있으며 이미 1일 1,400㎞ 운행을 달성하였고
2013년 5월부터 TSR 7일 고속 화물 열차 서비스를 제공하고 있다.[22]

2) 유라시아 대륙횡단철도의 현황 및 구성요소

유라시아 대륙횡단철도는 카자흐스탄 교통의 요충지인 아크 토가이
에서 남북노선으로 갈라지는데 동남아-인도-이란-터키 등 약 30개국
을 통과하며 고대 실크로드와 비슷한 남부노선(Southern Corridor), 중
국, 북한, 몽골, 카자흐스탄, 러시아 연방을 거쳐 모스크바-폴란드-독

---

21 조석홍, 앞의 논문, 41쪽.
22 조석홍, 앞의 논문, 41쪽.

〈그림 5〉한반도 철도와 대륙횡단 철도 연결 노선.
http://korean.ruvr.ru/2014_11_15/280044661/

일–네덜란드를 잇는 북부노선(Northern Corridor)으로 구성된다. 유럽 대륙철도가 완공되면 한반도종단철도(TKR), 중국횡단철도(TCR), 시베리아횡단철도(TSR), 몽골횡단철도(TMGR), 만주횡단철도(TMR)가 연결되어 한반도에서 유럽까지 단일 네트워크가 확보될 것이다. 이는 한국의 정치·경제·사회 등 모든 면에서 엄청난 시너지 효과를 가져 오면서 물류비용 절감, 천연자원의 안정적 확보, 수출입선(輸出入線)의 다변화, 교역 확대 및 경제블록화 촉진 등이 이루어질 것이다. 이로 인해 한반도는 동북아시아의 물류중심지로 부상할 가능성이 커지지만 이에 앞서 남북한 냉전체제 완화, 남북한 교역 확대가 이루어져야 할 것이다.

(1) 한반도 종단철도(TKR: Trans-Korean Railway)

동북아의 경제 발전과 통일한국을 대비한 SOC 체제 구축을 위한 한반도 종단철도(TKR)와 시베리아횡단철도(TSR) 연결 사업은 2001년 8월 러시아 대통령 푸틴과 북한 김정일의 '철도계획 공동 선언문', 2002

년 9월 김대중 대통령의 '철의 실크로드 사업' 제안을 거쳐 남북 간 지속적 협의에 포함되어 있다. 2003년 10월 노무현 대통령과 푸틴 대통령의 한반도 종단철도 실무회의 합의로 남·북·러 3자회담이 개최되었으나 큰 성과는 없었다. 2004년 7월 북·러 양측은 나진-TSR 연결에 합의했으며 그해 9월 노무현 대통령과 푸틴 대통령은 TKR-TSR 연결을 위해 노력하기로 전격 합의하였다.

현재 정부가 계획한 한반도 종단철도는 경의선(서울-신의주), 경원선(서울-원산), 금강산선(철원-내금강), 동해북부선(강릉-제진)으로 나누어지며 동해북부선을 제외한 모든 노선은 수도권과 연결된다. 향후 남북 간 교류가 활발해지고 통일 한국이 되면 한반도 대부분의 교통네트워크가 서울에 집중되는 구조이다. 동해북부선 철도가 완공되면 부산과는 자연스럽게 연결되지만 충청과 호남 지역과의 연결은 어려워 보인다. 즉 한반도 종단철도는 서울 중심의 한반도 교통네트워크가 될 것이다. 이에 충북선을 중심으로 강호축 교통네트워크를 확충하여 목포-세종시를 경유하는 동해북부선을 연결하여 동해선의 이용효율을 증대시키고[23], 수도권 집중을 완화하여 국가 균형 발전을 도모해야 할 것이다.

(2) 시베리아 횡단 철도(TSR: Trans Siberian Railway)

TSR은 러시아 극동 블라디보스토크에서 출발하여 하바롭스크를 지나 울란우데-이르쿠츠크-노보시비르스크-옴스크-니즈니 노브고로드-예카테린부르크를 거쳐 우랄산맥을 넘어 모스크바를 경유하는 노선으로 중국으로 두 개의 노선이 연결되어 있고 유럽의 철도를 중국, 몽골, 한국까지 잇는다. TSR이 통과하는 전체 구역 중 19.1%는 모스크

---

23 오상진, 앞의 보고서, 2020.

〈그림 6〉 시베리아횡단 철도 주요 노선

바에서 우랄 지역까지의 유럽 방면 러시아이고, 80.9%는 아시아 방면 러시아 구간이다.[24] TSR은 극동지역 개발과 군사력 강화를 위해 제정 러시아시대인 1850~1860년대에 계획되었고 1891년에 건설에 착공하였고 1916년 개통되었다. 러시아의 TSR 건설과 동진 정책은 일제의 한반도 침략과정에서 경부선과 경의선 등 한반도 종단 철도 건설을 서두르는 계기가 되었다.

(3) 중국횡단철도(TCR: Trans-China Railway)

중국횡단철도는 렌윈항(蓮雲港)에서 출발하여 카자흐스탄과의 접경 지역인 아라산(阿拉善)입구와 카자흐스탄 드루즈바, 러시아의 모스크바, 독일의 베를린을 거쳐 네델란드의 로테르담으로 이어지는 총 연장 1만 2,971㎞에 달하는 노선이다. 총 연장 8,613㎞인 렌윈항-정주-란조우-우르무치-아라산쿠-드루즈바(카자흐스탄)-프레스고노르콥카(카자흐스탄)-자우랄리예(러시아)에서 TSR과 연결된다.

---

24 이광희, 「한반도종단철도(TKR)와 시베리아횡단철도(TSR) 연결의 경제적 파급효과에 관한 연구」, 2008, 19쪽.

1956년 중국과 구(舊)소련이 국경을 연결하는 철도로 건설하려다 중소관계 악화로 중단되었다가 1985년 공사가 재개되었고 1992년 12월부터 정식 운행되었다. 중국 내 총 연장은 4,128km이고 노선의 대부분은 복선 및 전철화 되어 있다. TSR에 비해 운행거리가 짧아 운행시간 단축이라는 장점이 있으나 중국, 카자흐스탄, 러시아 국경을 경유하여 유럽으로 연결되기 때문에 각 구간 별 운임이 비싸고 궤간이 바뀔 때마다 갈아타야 한다는 단점이 있다.[25]

(4) 만주횡단철도(TMR: Trans-Manchuria Railway)

TMR은 중국 창춘 철도라고도 하는데 천연자원이 풍부하고 공업이 발달한 중국 동부지역을 통과한다[26]. 1891년 제정러시아시대에 TSR 건설의 일환으로 진행되었고 1901년 완공 되었다. 러시아 TSR이 지나는 치타 역 동쪽 113km 지점인 러시아 카린스카야 역에서 중국의 만저우리(滿洲裏)-하얼빈(哈爾濱)-창춘-블라디보스토크로 연결된다.

(5) 몽골 횡단철도(TMGR: Trans-Mongolia Railway)

몽골 횡단철도는 중국과 몽골을 연결하는 중요한 간선철도로 1956년 소련, 몽골, 중국[27] 3개국이 국제적 협력 개발을 목적으로 건설했다. 중국의 톈진(天津)을 시작으로 베이징-몽골의 국경 지역인 에렌호트-자민우드-울란바토르-러시아 울란우데에서 TSR과 연결된다.[28] 한국

---

25 https://blog.naver.com/logiscgman89/220967885836. 검색일: 2021.09.30.
26 박민영, 「한국의 TSR 이용 활성화 방안에 관한 연구」, 2008, 15쪽.
27 문예업, 「유라시아 철도 완성을 위한 동북아 수요전망 및 한반도 구축방안에 관한 연구」, 2018, 26쪽.
28 박민영, 앞의 논문, 25쪽.

〈그림 6〉 극동연방관구

의 활동 반경을 북방대륙으로 확대하고 극동지역의 상생, 평화와 번영
을 주도하기 위해서는 극동 지역의 주요 구성원인 러시아, 중국, 몽골
등의 국가 및 철도 전략을 파악하여 한국의 전략과 연계해야 할 것이다.

4. 극동의 지역적 특징과 강호축-극동 생태문화네트워크 구축

1) 극동의 지역적 특징

(1) 극동의 자연·지리적 특징 및 환경문제

극동은 동북아시아에 위치해있으며 17세기 중반 이후 러시아의 식민
지 팽창정책으로 러시아 령(領)이 되었는데 면적은 대략 620만㎢로 러

시아 연방 중 가장 넓고 러시아 국토 총면적의 36.4%를 차지한다. 극동
은 레나강 동쪽부터 태평양에 이르는 지역으로 사할린 섬과 쿠릴열도
를 포괄하는데 러시아를 제외한 유럽 전체와 크기가 같고 유럽 방면
러시아 면적의 1.5배로 극동의 1/37인 연해주도 한국보다 1.5배 크고
일본보다는 1.5배 작다.[29] 2000년 극동연방관구가 조성되었는데 여기
에는 연해주, 하바롭스크주, 캄차카주, 아무르주, 마가단주, 사할린주,
유대인자치주, 축치자치주, 사하공화국(구(舊)야쿠티야 공화국)이 포함된
다. 극동 지역 남서쪽에서 북동쪽까지, 즉 북한의 국경선부터 베링해
까시의 거리는 4,500㎞이며 극동 북쪽은 북극해인 랍테프해, 동시베리
아 해, 추코트해, 동쪽은 태평양의 베링해, 오호츠크해, 동해와 경계를
이룬다.

극동은 러시아에서 인구가 가장 적은 지역의 하나로 2010년 인구조
사에 의하면 러시아 전체 인구의 5%인 630만 명에 불과한데 이중 러시
아인이 79.8%, 우크라이나인이 7.8%, 사하인이 3.6%, 백러시아인이
1.3%, 타타르인과 북극 지역 토착민족이 1.1%, 기타 토착민족이 5.3%
이다.[30]

극동 지역은 홍수, 화재, 지진과 같은 자연 재해에 항시적으로 노출
되어 있는 지역으로 1995년 사할린 섬의 지진으로 넵테고르스크(Нефт
егорск) 주민의 80%가 사망한 사건은 이미 널리 알려져있다. 또한 태
평양 해저에서 발생하여 지진과 쓰나미를 몰고 와서 일본의 해안도시
는 물론 쿠릴열도까지 위협했던 진동도 있다. 이로 인해 극동은 재난

---

29 S. M. 두댜료노그 외, 『러시아 극동지역의 역사(История Дальнего Востока России)』,
양승조 옮김, 서울: 진인진, 2018, 558쪽.

30 S. M. 두댜료노그 외, 앞의 책, 558쪽.; 한종만, 「시베리아 · 극동 지역의 자연 · 인문지리
적 특성」, 『한국 시베리아 연구』 창간호, 1996, 56쪽.

에 대한 사전 예보와 종식을 위해 단일한 지역 재난 체계 구축이 시급하다.[31]

또한 극동 지역은 환경적으로 심각한 상황에 놓여 있는데 이는 불법 생물자원 유출, 인접 국가의 영토에서 초래되는 황사, 홍수, 산성비뿐만 아니라 핵잠수함(NPS) 재활용문제와도 관련이 있다. 이러한 문제를 해결하기 위해서는 러시아뿐만 아니라 초지역적이고 국제적 차원의 협력이 매우 긴요하다. 일본과 러시아는 러시아가 감수해야 하는 핵무기 축소, 확산 방지, 재활용 활동에 협조하는 차원에서 양국 협력 발전에 관한 정부 간 양해각서를 체결, 이행하고 있는데 이는 극동 환경보호에 많은 도움이 될 것이다.[32]

중국의 급속한 경제성장도 극동지역의 환경에 상당한 악영향을 미치고 있다. 무분별한 삼림 벌목, 화재, 불합리한 토지 이용으로 아무르강 수역에서 생물의 종(種) 다양성이 축소되고 있으며, 숭가리강(쑹화강, 松花江) 수역은 오호츠크해와 동해 연안까지 도달하는 황사의 근원지일 뿐만 아니라 심각한 산업재난에 노출되어 있다. 가령 2005년 10월 13일 지린성(吉林城) 화학공장 폭발사고로 인한 숭가리강 화학폐기물 유출로 아무르강 수역은 심각하게 오염되었다. 또한 중국 정부가 수행하는 초국경 수경인 아르군강(어얼구나강, 額爾古納河) 유량의 2/3에 달하는 물을 후룬베이얼(呼倫貝爾) 호수로 끌어들이는 사업이 러시아연방 국경 지역의 경제 및 환경에 미칠 손실은 심각한 수준이다.[33]

중국인의 이주도 극동에 심각한 사회문제가 되고 있는데, 러시아국

---

31 S. M. 두댜료노그 외, 앞의 책, 619쪽.

32 S. M. 두댜료노그 외, 앞의 책, 619쪽.

33 S. M. 두댜료노그 외, 앞의 책, 620쪽.

가안보회의(ФСБ)의 자료에 의하면 극동연방관구에 거주하는 중국인 이주민은 13만 명 이상이지만[34] 영토 대비 극동 인구의 절대 부족으로 극동으로 중국인 이주민은 꾸준히 증가할 수밖에 없다. 이는 지하경제 성장에 의한 범죄, 민족 간 분쟁 등으로 극동뿐 아니라 러시아 전체에 부정적인 영향을 끼치게 될 것이다. 이 문제의 해결은 러시아와 중국 노동시장의 상황, 인구 및 경제발전 추세, 양국 대외정책의 개방성, 양국의 다각적인 협력의 심화 정도에 달려있다. 당면한 극동의 문제는 국지적 차원이 아니라 한국, 동북아 더 나아가 전 지구 차원의 문제로 확대될 수 있으므로 빠른 시일 내에 이에 대한 해결책이 제시되어야 한다.

21세기 극동에서 발생하는 제반 문제의 핵심은 '생태', '인간안보'로 귀결되므로 한국이 주도가 된 극동생태문화네트워크 구축이 필요한 시점이다. 따라서 극동 지역의 풍부한 광물자원, 수자원, 삼림자원, 생물자원, 휴양자원을 기반으로 항구, 공항, 기차역, 차도 및 철도, 현대적 통신로, 운송 등 사회간접자본을 발전시키면서 한국의 주도 하에 4차 산업혁명기 생태사회에 적합한 극동 생태문화네트워크를 구축한다면 극동은 동북아, 더 나아가 유라시아의 중심지역으로 부상할 수 있을 것이다.

(2) 극동 지역의 문화적 특성

종족 계통의 측면에서 극동 지역은 단일 권역이 아닌 크게 3개의 권역으로 나누어지는데 권역 별 지리생태환경, 종족들의 역사, 문화적 특징, 언어 계통에서 상당한 차이가 난다. 동북최극단지역에는 고아시아계의 축치족, 이누이트족, 코랴크족, 이텔멘족, 유카기르족, 알류트

---

34 S. M. 두댜료노그 외, 앞의 책, 621쪽.

족이 거주한다. 오호츠크해 연안의 하바롭스크주 북부 및 마가단주 일
부 지역에는 알타이계 퉁구스파의 에벤족과 소수의 에벤키족이 거주한
다. 연해주, 사할린 섬, 아무르 지역에는 알타이계 퉁구스파의 울치족,
우데게족, 나나이족, 오로크족, 오로치족, 네기달족과 고아시아계 닙
흐족이 거주한다.

   러시아인들이 극동에 진출할 무렵 이들의 사회발전 단계는 종족에
따라 상이했지만 대부분 원시공동체적 씨족사회가 해체되고 있었고 농
경민과 유목민은 봉건적 관계의 초기 단계에 진입해 있었으며 그 외
그룹은 지역공동체를 구성해 가고 있었다. 생산력 발전 속도는 매우
미미한 편이었으며 본질적으로 반(半)자연경제적인 상태를 유지하고
있었다. 러시아인들이 극동에 진출하면서 이들은 자신들의 의지와 상
관없이 러시아에 편입되어 자신들의 문화적, 종족적 정체성을 상당부
분 상실하였다. 하지만 이들은 고대부터 극동의 타이가와 툰드라를 개
척하여 자신들만의 삶의 터전을 만들었고 순록사육을 했으며 북빙양,
태평양, 오호츠크해 연안을 최초로 항해한 사람들이다. 척박하고 혹독
한 지역의 기후에 순응하는 방법을 알았고 수렵, 어로, 바다동물 사냥
에 적합한 도구들을 만들었다. 즉 이들은 자신들만의 독창적인 문화와
실용적이고 독창적인 예술을 바탕으로 고유한 극동의 문화를 발전시켜
나갔다.

   17세기 러시아인들의 본격적인 극동 이주와 러시아 정주마을의 조성
으로 극동 토착종족들의 삶과 문화는 근본적인 변화를 겪게 되었다.
자본주의 경제체제와 러시아정교를 수용했으며 전통적인 생활방식이
파괴되어 갔고 문명과의 접촉으로 전염병, 기아, 알콜 중독 등이 전파
되면서 그 수가 급격히 감소하여 많은 종족들이 역사의 뒤편으로 사라
졌거나 현재 사라질 위기에 처해있다.

　극동 토착종족의 독창적인 전통문화가 사라진다는 것은 인류문화사에서 큰 손실이 아닐 수 없다. 유네스코는 세계 각 민족과 나라의 전통문화유산의 중요성, 글로벌화 시대에 공동체 간 대화를 위한 분위기조성, 젊은 세대에게 전통문화유산 보호의 중요성을 각인시키기 위해 1989년 '전통문화 및 민속 보호에 관한 유네스코 권고'를 시작으로, 2001년 '문화 다양성에 관한 유네스코 세계 선언', 2003년 '유네스코 무형문화유산 보호 협약'을 체결했다. 따라서 소멸되어 가는 극동 토착종족의 문화 복원 및 보존은 향후 인류사의 커다란 손실을 막는 일이며 인류문화유산 보존을 위해 반드시 필요한 사업이다.

　생태사회에서는 다수에 의한 소수의 폭력, 제국주의의 소수민족에 대한 억압을 거부하고 전통의 부활을 촉구하며 종족, 인종, 성, 문화, 종교를 포함한 인간 사회의 다양성을 존중하며 인류가 상향 발전하기 위한 조건은 다양성과 복수성이며 생태성장이 사회를 진화시키는 밈(Meme, 문화적 유전자)이 될 것이라는 점에 주목한다. 이러한 측면에서 한국이 주도하는 극동생태문화네트워크는 극동의 전통문화를 보호하면서 4차 산업혁명기에 적합한 극동 고유의 문화를 창출할 수 있을 것이다.

2) 러시아의 대(對)극동 정책

　2019년 이전 러시아의 극동 개발은 극동연방관구 내 다른 지역들과의 균형성 및 형평성의 원칙 속에서 이루어졌다. 하지만 2019년부터는 연해주 남부지역 개발 전략 하에 블라디보스토크를 집중적, 체계적으로 개발하고 있다. 푸틴정부의 새로운 극동 정책의 배경에는 '중국활용론'과 트럼프의 대북전략이 자리하고 있다. 2019년 이후 러시아가 집중 개발 지역으로 지정한 연해주는 한반도 및 중국과 접경을 이루며 한국

<그림 7>
https://blog.naver.com/wehousing7/221939841108. 자료: 통일부 제공.

의 정치, 경제, 사회, 문화와 긴밀한 관계가 있는 곳일 뿐만 아니라 한 민족과 관련된 유적 유물이 상당수 존재하는 곳이다.

러시아의 연해주 남부지역 집중 개발 전략은 블라디보스토크를 극동지역의 중심지로 육성함으로써 아시아 태평양지역에 대한 러시아의 거점을 확고히 구축하겠다는 전략으로 중국 동북 3성과 북한, 몽골을 포함한 유라시아 내륙과 한반도, 일본을 포함한 아시아 태평양지역에서 경쟁력을 갖춘 대표적인 도시 발전 프로젝트이다. 이를 위해 러시아 정부는 극동연방관구의 행정 수도를 하바롭스크에서 블라디보스토크로 이전했고, 루스키섬을 중심으로 스마트 시티를 조성 중이다. 또한 극동지역 전체를 아우르는 스타트업 빌리지를 건설하고 자유항 정책을 확대하는 등 도시 전체에 활력을 불어넣는 작업을 집중적으로 실시할 계획이다.[35]

<그림 8> 러시아의 북극지대 거점 지역
(박정호 외, 2019, 175쪽)

이에 더하여 2019년 2월 26일 푸틴 대통령은 극동개발부에 북극개발 기능을 이관하고, 극동개발부 명칭을 극동북극개발부로 변경하는 내용의 대통령령(令)[36]에 서명했다. 이로써 극동개발부는 러시아 북극지대 개발과 관련된 국가 정책 수립은 물론이고, 관련 법적 및 제도적 기반을 마련하는 업무도 추가로 수행하게 되었다. 현재 북극은 세계 여러 국가들의 관심을 받고 있는데 이는 무궁무진한 천연자원 외에도 북극항로(NSR)를 따라 아시아-유럽 간 교통 물류 이동이 가능하기 때문인데 특히 지구온난화가 진행되면서 북극항로가 연중 내내 운항 가능한 항로로 부상할 것이다.[37] 북극항로와 한-중-일 교통회랑의 발달

---

35 박정호 외, 『푸틴과 러시아 극동개발 20년: 한-러 극동 협력 심화를 위한 新방향 모색』, 대외경제정책연구원, 2019, 150쪽.

36 Указ Президента Российской Федерации от 26.02.2019 № 78, "О совершенствовании государственного управления в сфере развития Арктической зоны Российской Федерации."

로 러시아의 극동은 알래스카 그리고 캐나다 북서부지역과 함께 북극
해상로들이 만나는 거대한 '교차로'가 될 가능성이 크다.[38]

　향후 북극을 포함한 극동은 동북아 더 나아가 유라시아의 중심지대,
핵심지대로 부상하겠지만 이와 함께 기후문제, 환경오염문제, 전통문
화의 파괴 문제 등 다양한 생태문제들이 나타날 것이다. 따라서 한국은
극동생태문화네트워크 구축을 주변 국가들에게 적극 제안하면서 주도
적으로 참여해야 할 것이다.

3) 강호축-극동 생태문화네트워크 구축

　1, 2차 산업혁명에 기반한 산업 문명은 대량생산체제를 형성해 유례
없는 물질적 풍요를 가져왔으나, 환경파괴, 생물의 멸종, 기후변화,
2019년부터 시작된 COVID-19와 같은 대규모 돌연변이 질병, 자원고
갈, Zero-성장, 국제 테러의 증가, 2021년 아프가니스탄 사태 등 한계
상황에 직면하면서 '생태'와 '인간 안보'의 중요성이 급부상하였다. 이
러한 문제들은 환경뿐만 아니라 사회경제적 조건과 결합돼 있어서 통
합적으로 인식하고 풀어가야 하는데 이를 위해서는 1, 2차 산업혁명에
의한 산업 문명에서 3, 4차산업혁명에 기반한 디지털 생태 문명으로의
토대 전환이 필요하다. 생태문명은 '생명중심주의', '지구중심주의'를
지향하며 기후변화나 환경파괴 문제와 관련이 깊지만, 그것을 넘어 인
간이 세계와 맺는 방식, 지구 전체의 생활양식을 아우른다.

　산업문명에서는 인간과 국가가 일차적이고 지구는 이차적이라면 생
태문명에서는 지구공동체, 지역공동체가 일차적 지위에 놓인다. 생태

---

37 박정호 외, 앞의 책, 170쪽.
38 박정호 외, 앞의 책, 174쪽.

문명에서는 파편화된 문제들이 통합적인 문명시스템에 재정렬 되고 수많은 사회적, 환경적 문제들이 하나의 문명적 문제로 모아짐으로써 해결 가능성이 높아진다. 4차 산업혁명은 글로벌화가 아니라 글로컬화를 지향하며 세계화와 생물지역 거버넌스(인간만이 아니라 지역 생태계 전체를 책임지는 통치)가 핵심이고 향후 10년 안에 전 세계는 센서를 장착한 사물인터넷과 연결될 것이며 세계는 수십억, 수조 개의 센서로 연결될 것이고 전 세계를 유기적으로 연결할 정보의 양은 엄청날 것이다.[39] 구글, 페이스북, 아마존같이 수직 통합된 중앙집중식 회사의 데이터 센터는 이 많은 정보를 처리할 수 없기 때문에 서로의 플랫폼을 연결하는 에지 데이터 센서(Edge Data Sensor)가 부상할 것이다. 4차 산업혁명은 인류를 지역 중심의 세계화 즉 글로컬라이제이션으로 안내하는 프레임이며 미래의 인류는 아웃소싱보다는 지역 중심의 온쇼어링(Onshoring) 경제 즉 공유경제로 전환될 것이다.[40] 화석연료에 기초한 산업문명이 만든 지금의 수직적 구조는 세계화에는 최적이었지만 기후변화, 팬데믹과 같은 생태적 위기 시대에는 그 취약성이 두드러지기 때문에 지역 단위의 블록화가 절대적으로 필요하고 지역 간 공생과 협력이 필연적으로 요구될 수밖에 없다.[41]

이러한 세계 구조의 변화는 유사한 자연생태환경, 문화적 토양을 갖춘 극동 지역의 블록화를 요구하기 때문에 한국이 중심이 된 극동 생태문화네트워크 구축은 시대적 요청이며 이를 위한 선결조건으로 강호축 개발은 필수적이다. 강호축 개발은 단순히 철도를 건설하는 것이 아니

---

39 재러미 리프킨, 『화석연료 없는 문명이 가능한가, 오늘부터의 세계』, 메디치, 2020, 28쪽.
40 재러미 리프킨, 앞의 책, 28쪽.
41 재러미 리프킨, 앞의 책, 28쪽.

라 충북선을 고속화하고 기존 호남선(고속)과 중앙선, 경강선 등의 철
도와 연결하여 저비용 고효율의 시너지효과를 창출하기 위한 국가 균
형 발전 축 건설 사업이다. 이는 한반도 철도네트워크와 TSR을 연결하
여 물류비 절감, 전국철도 물류 활성화에 기여하게 될 것이며 강호축-
극동 생태문화네트워크 구축을 한 걸음 앞당기는데 일조함으로써 국가
단위의 발전이 아니라 극동 더 나아가 유라시아라는 큰 그림 속에서
국가 발전의 틀을 만들어 나갈 수 있는 기반을 제공할 것이다.

극동은 종래 동아시아의 프레임 속에서 중국이나 일본과의 이항대
립적인 사고를 벗어나 더 넓은 틀에서 한국의 역사, 정치, 경제, 외교,
문화를 발상할 근거를 제공한다. 현대 동아시아의 틀 내에서 한국의
경제와 외교정책을 수립할 때 바로 글로벌 차원으로 비약하는 것보다
그 중간 항으로 시베리아, 극동, 북극 등을 설정하는 것은 의미 있는
시도이다. 21세기 극동은 러시아, 중국, 북극, 중앙아시아의 교통·물
류 네트워크의 발전에 힘입어 세계경제권의 중심축, 4차산업혁명기에
적합한 새로운 패러다임을 수용할 수 있는 생태성장사회로 떠오르고
있다. 역대 한국 정부가 추진한 북방정책의 핵심은 유라시아 국가들과
교통, 물류, 에너지 인프라 등의 분야에서 네트워크를 구성하여 한국
경제의 신성장 동력을 창출하고, 동북아 중심의 경제외교정책을 뛰어
넘어 북방지역을 '번영의 축'으로 삼는 것이었다.

현재 한국을 비롯하여 러시아, 중국, 몽골 등 주변국이 극동에서의
협력 필요성을 공감하고 있다. 또 한국 여대 정부의 북방정책은 러시아
의 신동방정책, 중국의 일대일로 구상(신동북정책), 몽골의 초원길 이니
셔티브 등 주변국의 대외경제협력 정책과 상호 연결고리가 많지만 이
렇다 할 성과를 거두지 못하고 있다. 이러한 때에 팬데믹은 4차산업혁
명과 맞물린 새로운 패러다임(예, 비대면 회의, 수업, 인간 중심의 성장론,

생태 문명 담론 등)을 매우 구체적으로 요구했고, 그 중심에는 경제성장
이 아니라 인간의 안전과 행복을 우선시 하는 생태사회로의 전환을 요
구하고 있다.

이를 위해 한국정부는 북한이라는 요인을 적극 고려해야 한다. 한국
은 분단 상황으로 인해 공간적으로 유라시아와 분리된 '섬'같은 위치에
있다. 이를 극복하기 위해서는 극동생태문화네트워크에 북한을 포함
시켜야 한다. 국제 엠네스티 한국지부에 따르면 현재 북한은 고질적인
식량난과 에너지난 극복을 위한 생태정책을 국가 차원에서 실시하면서
평양의 여명거리로 대표되는 영(0)에너지건물, 영(0)탄소건물 등 녹색
건축 정책, 폐기물 재자원화 정책 등을 실시하고 있다. 뿐만 아니라 습
지보전에 관한 람사르 국제협약에 청천강 하구, 문덕 철새 습지, 두만
강 하구의 라선 습지를 등재하면서 적극적인 습지 보존 정책을 펼치고
있기 때문에 생태를 매개로 북한과의 협력과 대화를 시도할 수 있을
것이다. 그리고 이 과정에서 북한을 개혁·개방 기조로 유인한다면 한
반도 통일은 더욱 빨리 앞당겨 질 것이고, 한국은 고립된 '섬'과 같은
위치에서 벗어나 극동 생태문화네트워크의 주도국으로 자리매김 할 수
있을 것이다.

5. 결론

호남-충청-강원을 잇는 신성장 동력의 벨트이자 새로운 국가적 발
전 전략으로 일차적으로는 충북, 충남, 전북, 전남, 대전, 광주, 세종,
강원도의 8개 시도에 한성되지만, 궁극적으로는 한반도와 유라시아를
연결하는 철도네트워크를 구축하는 것으로 '초광역 국가발전전략'이

다. 한국은 지난 반세기 동안 경부축을 중심으로 국가 경제 발전을 견인해 왔지만 유동 인구의 경부축 집중에 따른 재정 배분의 왜곡 현상은 한국 사회의 불균형 문제로 대두되었으며, 이에 대한 반작용으로 국가 균형발전이라는 새로운 의제가 강하게 요구되었다. 즉 오랫동안 도시와 농촌, 수도권과 비수도권 중심의 개념에서 이제는 강호축과 경부축 균형발전의 개념으로 확대되어, 새로운 발전 모델을 개발할 필요성이 대두되었다.

4차 산업혁명 시대 한국의 지속적인 경제성장을 위한 초국적 국가과제는 국가 균형 발전을 통한 지방자치단체의 동반 성장과 새로운 경제성장 동력을 발굴하는 것이다. 동서 권역 균형 발전의 중심축인 강호축 개발은 북방경제 협력의 기틀을 마련하여 유라시아 지역 국가와 교통·물류 및 에너지 등 다양한 분야에 대한 연계성을 강화하기 위한 것이다. 궁극적으로는 강호축 개발은 한국 국가경제의 미래성장 동력을 창출하고 남·북한 통일의 기반을 구축하여 극동생태문화네트워크의 핵심국가로 발돋움하기 위한 것이다. 4차 산업혁명은 인류를 지역 중심의 세계화로 안내하는 프레임이며 미래의 인류는 아웃소싱보다는 지역 중심의 공유경제로 전환될 것이다. 화석연료에 기초한 산업문명이 만든 지금의 수직적 구조는 세계화에는 최적이었지만 기후변화, 팬데믹과 같은 생태적 위기 시대에는 그 취약성이 두드러지기 때문에 지역 단위의 블록화가 절대적으로 필요하고 지역 간 공생과 협력이 필연적으로 요구된다. 이러한 세계 구조의 변화는 유라시아와 극동 지역에서의 블록화를 요구하며 한국이 중심이 된 극동 생태문화네트워크 구축은 시대적 요청이며 이를 위한 선결조건으로 강호축 개발은 필수적이다.

제2부

글로컬 인문실크로드:
충청 내포문화권의 지역창생학

연꽃의 인문실크로드

권석환

1. 들어가는 말

인간은 오랜 역사동안 꽃(식물)과 더불어 살면서 그 시각적 아름다움을 감상하거나 그 속에 문화적 의미를 부여하였다. 영국에서 18세기부터 유행했던 '꽃말'이나, 동아시아에서 梅蘭菊竹을 '사군자(四君子)'로 인격화하였으며[1] 모란(牧丹)에게 부귀공명의 상징을 부여하는 것이 모두 그 대표적인 예이다. 꽃의 외형과 향기 등은 순수, 열정, 사랑, 희망, 인내, 그리움 등의 정서를 불러일으키고, 우아, 숭고 등과 같은 미학적 관념을 형성하여 일찍이 문화 예술적 표현 대상이 되었다.

그런데 꽃에 관한 관념과 상징은 보편적이지 않다. 문명권, 역사, 국

---

1 黃鳳池(1621~1627)이 《梅竹蘭菊四譜》《草本花詩譜》 등의 화보를 수집 정리하였는데, 이것이 사군자 문화의 시작이라고 볼 수 있다. 꽃의 인문화 혹은 시서화의 전형적인 예라고 할 수 있다.

가, 지역, 계층, 예술형식에 따라 다르게 나타난다. 예를 들면 사군자나 모란 등은 당송(唐宋) 시대 이후 문인사대부들이 시서화라는 예술형식을 통해 표현하고 향유한 대상이기 때문에 다른 문화권에서는 그저 식물에 불과하기도 한다.

이처럼 식물이 가지는 특수성에도 불구하고 아시아 문화권에서 풍성하고 보편적 함의를 지닌 꽃을 꼽으라고 한다면 연꽃(蓮花, Nelumbo nucifera)이 될 것이다. 연꽃은 원산지인 인도[2]를 출발하여 해상과 육로를 통해 중국, 한반도 그리고 주변 국가로 퍼졌다. 중국은 신석기 시대부터 연꽃을 재배하였고, 춘추전국 시대부터 연꽃을 가지고 사랑의 감정을 노래하였다. 연꽃이 강력한 문화적 함의를 담기 시작한 결정적인 계기는 인도의 불교의 탄생이었고 동한(東漢, 25~220) 시기 불교가 중국으로 전래되면서 확산의 길을 걸었다.

본 글은 연꽃이 걸었던 확산의 길을 '연꽃의 인문실크로드'이라 부른다. '인문실크로드'는 하나의 거대한 과정이고, 이 과정에서 연꽃은 노래(시문), 기물, 조각(조소), 회화 등 영역에서 다양하게 표현되었다. 연꽃이 인도에서 중국을 거쳐 한국으로 확장되는 길을 1) 맹아기 : 동한 이전, 2) 불교전래기 : 중국 동한·위진남북조 / 한국의 삼국시대, 3) 융합기 : 수당시기 / 삼국·통일신라시대, 4) 번영기 : 송원 명청 / 고려 조선 시대로 나누어 그 변화 과정을 추적하고자 한다.

---

2 wikipedia.org/wiki/연꽃.

2. 연꽃의 문화적 범주

1) '연꽃'과 불교

연꽃은 인도의 불교문화와 불가분의 관계가 있다. 불교 성립 이전 바라문교의 《veda(吠陀)》에서는 연꽃 위에 서 있는 '蓮의 女神'을 노래하였고, 《마하바라다(摩訶婆羅多, Mahābhārata)》에서는 부라마(Brahma, 梵天, 창조신)가 연꽃에서 탄생하였다고 묘사하였다. 바라문교에서는 연꽃을 여성의 음부 형상으로 생명을 잉태하는 것으로 보았다. 불교는 성립 초기에 바라문교의 연꽃에 대한 이러한 인식을 수용하였다.[3]

《대장경(大藏經)》에 '蓮'자가 13,029번이 나올 정도[4]로 불교와 매우 밀접하다. 불교의 경전 중 《대방광불화엄경(大方廣佛華嚴經)》은 고타마 붓다가 완전한 깨달음을 증득한 직후에 '부처의 연꽃[佛華]'으로 상징되는 그 깨달음의 경지와 그것의 증득을 가능하게 하는 수행을 설하였다.[5] 《화엄경》은 연꽃에게 다음과 같은 '四義'를 부여하였다.[6]

1. 진흙 속에서도 오염되지 않는다. 마치 모든 사물의 자연 그대로의 모습[法界眞如]은 세속에 있어도 오염되지 않는다.(在淤泥不染, 如法界眞如在世而不爲世汙)
2. 만약 자연 그대로[眞如]의 자성을 깨닫고, 중생이 이것을 증득하면 자성이 열린다(如眞如自性開悟, 衆生若證, 則自性開發)
3. 벌들이 연꽃을 찾는 것은 불제자들이 자연그대로의 진여(眞如)를 찾는 것과 같다.(爲群蜂所採, 如眞如爲聖衆所用)

---

3 張鈺婧, 論佛經中的蓮花意蘊, 臨沂大學學報, 第42卷 第6期, 2020년 12.
4 佛教大藏經 在線閱讀, http://www2.fosss.org/
5 wikipedia.org/wiki/화엄경
6 《華嚴經》"大蓮華者, 梁攝論中有四義"大正新修大藏經. T9, No. 278, CBETA.

4. 향(香)·깨끗함(淨)·유연(柔軟)·아름다움(美麗)을 사성(四性)이라고
   하고, 항상성(常)·즐거움(樂)·자아(我)·깨끗함(淨)을 사덕(四德)이
   라고 한다.

그래서《화엄경》은 연꽃 속의 세계를 '연화장세계(蓮華藏世界)'라고
하였다. 이것을 화장세계(華藏世界)·연화장장엄세계해(蓮華藏莊嚴世界
海)'라고도 한다. 이것은 "비로자나불(毘盧遮那佛, Vairocana)이 있는 세
계이며, 한량없는 공덕(功德)과 광대장엄(廣大莊嚴)을 갖춘 불국토이다.
이 세계에는 큰 연화가 있고 그 가운데 일체의 국토와 일체의 사물을
모두 간직하고 있기 때문에 연화장세계라 한다."[7]《범망경(梵網經)》과
《법화경(法華經)》역시《화엄경》과 같이 연꽃의 세계를 추구하였다.

불교에서는 연꽃과 같은 심경을 터득하면 불성(佛性)을 얻을 수 있다
고 여겼으며, 연근은 죽지 않고 다음에 또 살아나는 것을 가지고 윤회
에 비유하였다. 연꽃은 花·果(藕)·種子(蓮子)가 병존하는데 이것을 가
지고 부처의 '法身·報身·應身'이 동시에 존재하는 것을 비유하였다.
불국을 '연계(蓮界)', 가사를 '연복(蓮服)', 석가모니를 '연화왕자(蓮花王
子)'라고 부르는 것도 이런 연유에서 이다.

따라서 불교에서 연꽃을 曼珠沙華·山玉蘭·優曇婆羅花와 함께 4대
길화(吉花)로 여겼고, 八寶(寶瓶·寶蓋·雙魚·蓮花·右旋螺·吉祥結·尊勝幢·
法輪) 중의 하나로 간주하였다.

2) 연화 명칭과 문화적 활용 범주

연화는 넬룸보 누시페라(Nelumbo nucifera), 로터스(lotus)라고 하며,

---

7 한국민족문화대백과사전, http://encykorea.aks.ac.kr/Contents/Item/E0037023

'Lotus Flower'·'Lotus Blossom'으로도 부른다. 중국은 신석기 시대(5 천년 전~7천년 전)의 양샤오문화(仰韶文化), 허무두문화(河姆渡文化) 유적 지에서 연꽃 화석이 발견되었지만[8] 전국시대(戰國時代 B.C.403~B.C. 221)와 한대(漢代)에 이르러 《일주서(逸周書)》·《이아(爾雅)》에 '연(蓮)' ·'우(藕)'·'부거(芙蕖)' 등의 이름이 등장하였다.[9]

한자어에서 연꽃을 부르는 명칭은 다양하다. 여러 자료를 수합하여 다음 표와 같이 정리하였다.[10]

분류	명칭	
외형에 따라 붙인 명칭	荷花:《爾雅》"연꽃 하(荷)를 부거(芙蕖)라고 한다. 연꽃의 줄기는 가(茄)이고, 잎은 하(蕸)이며, 뿌리는 밀담(蔤菡)이 고, 꽃은 함(菡)이며, 열매는 연(蓮)이고, 뿌리는 우(藕)이며, 안에 적(菂, 연밥)이 있고, 적 안에 있는 것이 의(薏)이다.(荷, 芙蕖, 其莖茄, 其葉蕸, 其本蔤菡, 其華菡, 其實蓮, 其根藕, 其中菂, 菂中薏.)" 李時珍《本草綱目》: "연의 줄기는 연잎을 지고 있고, 연잎 은 꽃을 지고 있기 때문에 붙여진 이름이다(蓮莖上負荷葉, 葉上負荷花, 故名)" 菡菡:《說文解字》: "아직 피지 않은 것을 함담(菡菡)이라고 하고, 이미 핀 것을 부용이라고 한다(未發爲菡菡, 已發爲芙 蓉)"	
생장 환경에 따른 명칭	水芝·水花·水藝·水旦·水目·澤芝	물가에서 생장하는 특 징을 고려한 명칭이다 曹植은《芙蓉賦》에서 "覽百卉之英茂, 無斯 華之獨靈"이라고 하 며 '荷花'를 물속의 '영 지'라고 표현하였다.

---

8 植物通(https://www.zhiwutong.com/), 荷花史.

9 《逸周書》"藪澤已竭, 旣蓮掘藕"《爾雅》"荷, 芙蕖, 其莖茄, 其葉, 其本密, 其畵菡, 其 實蓮, 其根藕, 其中菂, 菂中薏."

10 荷花(蓮科蓮屬植物), https://baike.baidu.com

고아한 품성을 강조한 명칭	君子花·淩波仙子·水宮仙子·玉環 玉環: 《北夢瑣言》에서 나온 명칭이다. 당(唐) 원화(元和)(806~820)시기 소창원(蘇昌遠)이 오중(吳中, 오늘날 소주蘇州)에 한 여인을 만나 옥가락지를 주었다. 얼마 되지 않아 연못 안에서 연꽃이 활짝 피었다. 연꽃의 수술을 살펴보니 여인에게 준 옥 반지 모양과 똑 같았다. 그것을 꺾으니 그 요염함이 금방 사라져버렸다고 한다.	
강남지역 풍속에 따른 명칭	연꽃의 생일을 음력 6월 24일로 정하고, 유월화신(六月花神)이라고 불렀다.	
고결한 형태를 칭송하기 위한 명칭	금부용(金芙蓉), 초부용(草芙蓉)	
별도의 명칭	계객(溪客)·정객(靜客), 취전(翠錢), 홍의(紅衣)·궁련(宮蓮, 荷花瓣의 별칭), 불좌수(佛座鬚, 연꽃 수술의 별칭)	

　　위 표에서 보는 것과 같이 연꽃은 외형, 성장환경, 품성, 풍속, 인격 등에 따라 불리는 이름이 다르다는 것을 알 수 있다. 심지어 《이아(爾雅)》에서 말한 것처럼, 잎, 꽃, 줄기, 열매, 화판에 따라 명칭이 다르기도 하다. 이렇게 이름이 많은 것은 오랜 시간 동안 활용 영역이 넓고 문화적인 축적이 심후하며, 표현 형식이 다양하다는 점을 말해주는 것이다.

　　연꽃은 다양한 문화형식으로 나타났다. 먼저 노래와 시 속에 등장하였다. 《시경(詩經)》의 국풍(國風)에 연꽃이 등장하였는데, 민가(民歌) 형식이었다. 한대(漢代 B.C.202~220)에 이르러 악부(樂府)라는 민가 형식이 출현하였는데, 그 중 하나가 〈채련곡(採蓮曲)〉이었다. 이것은 글자 수가 적은 노래로서 중국 강남 지역인 오월(吳越)과 초(楚)나라 지역에서 유행하였다. 이 노래들은 위진(魏晉, 220~420) 시대에는 〈채련부(採蓮賦)〉·〈서주곡(西洲曲)〉 형식으로 나타났다. 당대(唐代, 618~907)에 이르러 왕발(王勃, 650~676)의 〈채련곡〉, 이백(李白, 701~762)의 〈월녀사(越女詞)〉, 왕창령(王昌齡, 698~757)의 〈채련곡〉 역시 민가를 계승한 것이다. 그리고 송대(宋代, 960~1279)에 이르러 사(詞)는 연꽃을 노래하였다.

연꽃은 기물의 문양으로 일찍이 사용되었다. 연꽃은 일찍이 서주(西周 B.C.1046~B.C.771)시대 청동기 문양으로 사용되었고, 그 이후 연꽃은 쟁단(盤), 접시(碗), 단지(樽), 향로, 상자, 술잔 등의 장식 문양으로 다양하게 쓰였다.

그림 방면에서 보면, 동굴과 사원의 벽화에 연꽃이 쓰였다. 조정(藻井)의 문양이 대표적인데 〈연화비천(蓮花飛天)〉, 〈연화동자조정(蓮花童子藻井)〉, 〈쌍사자연화도안(雙獅子蓮花圖案)〉 등이 있다. 연꽃의 문양은 비천(飛天), 기악녀(伎樂女), 천녀(天女), 토끼, 동자(童子), 인동문(忍冬紋) 등과 결합하기 시작하였다. 오대(五代, 907~960)·북송(北宋, 960~1127) 시대에 이르러 화가들은 연꽃을 화조화(花鳥畵)의 소재로 삼기 시작하였다. 현재 남아 있는 최초의 연꽃 그림은 북경고궁박물원이 소장하고 있는 남송(南宋, 1127~1279) 화원 화가의 〈출수부용도(出水芙蓉圖)〉이다.

조소 작품에 연꽃이 등장한 것은 십육국(十六國, 304~439) 시대였다. 이 시대의 대표적인 석굴인 돈황(敦煌) 막고굴의 채소(彩塑)를 보면 불상과 보살상은 대부분 연화대(蓮花臺) 위에 위치하고 있음을 알 수 있다. 건축물 중 연꽃이 자주 사용된 것은 와당으로, 이것을 '연화문 와당'이라고 부른다. 이것은 수당(隋唐) 시대에 널리 유행하였다.

3. 연꽃의 인문실크로드 구축 과정

이상에서 연꽃의 명칭과 그 문화적 범주에 대하여 개괄하였다. 연꽃의 명칭이 다양한 것만큼 문화적 활용 범주도 넓어 기물, 노래, 회화, 조각 등의 예술 형식으로 표현되었음을 알 수 있다. 인문적 함의는 문화전파 과정에서 다르게 나타났다. 이제 그 과정을 따라가 보자.

1) 맹아기: 동한(東漢) 이전

앞서 살펴 본 바와 같이 연꽃의 문화적 함의는 불교와 관계가 깊기만, 중국은 불교의 전래 이전(동한)에도 이미 문화적 표현의 대상이었다.

연꽃이 등장하는 문학작품으로 노래가 있다.《시경·국풍》중〈鄭風·山有扶蘇〉,〈陳風·澤陂〉가 연꽃을 노래하였다.〈택피(澤陂)〉시를 예로 들어보자.《모시서(毛詩序)》에서 "〈택피〉는 시대를 풍자한 것이다. 진영공 당시 군신간의 음탕, 남녀의 사랑에 대하여 걱정하고 통탄하였다."[11]라고 평가하였다. 이 시는 연꽃의 줄기와 꽃의 아름다움을 가지고 여색(女色)을 비유하였다.《모시서(毛詩序)》의 비평에도 불구하고 이 시는 연꽃을 가지고 물가에 사는 남녀의 사랑을 노래했을 가능성이 높다. 이 시에 향포(香蒲)·난초(蘭草)·연화(蓮花)는 사랑을 전달하는 매개체로서, 시 속의 여인은 남자를 그리워하는 마음을 가눌 길 없어 눈물을 흘리며 잠을 이루지 못했기 때문이다.

이어서 한나라의 민간 악부(樂府) 중 연밥 따기를 노래한 시를 인용하기로 하자.

〈강남(江南)〉

강남은 연꽃을 딸 만하네	江南可採蓮
연잎이 어찌 저리 푸르던가!	蓮葉何田田
물고기가 연잎 사이에서 놀고	魚戱蓮葉間
물고기가 연잎 동쪽에서 논다	魚戱蓮葉東
물고기가 연잎 서쪽에서 놀고	魚戱蓮葉西
물고기가 연잎 남쪽에서 놀며	魚戱蓮葉南
물고기가 연잎 북쪽에서 노는구나.	魚戱蓮葉北

---

11 《毛詩序》, "澤陂, 刺時也.言靈公君臣淫於其國, 男女相說, 憂思感傷焉."

　이것은 《상화가사(相和歌辭)·상화곡(相和曲)》 중의 하나이다. 어떤
학자는 "물고기가 연잎 옆에서 논다(魚戲蓮葉)"는 남녀 사랑의 즐거움을
암시한다고 주장한 반면 어떤 사람은 부지런히 일하는 노동의 삶을 노
래한 것이라고 한다.

　동한 이전에도 연꽃 문양이 있었다. 연꽃 문양은 주로 청동기를 비롯
한 예기나 건축물의 조정(藻井)에서 사용되었다. 장형(張衡, 78~139)은
《서경부(西京賦)》에서 "꼭지가 시든 줄기가 조정에 새겨져 있어, 겹겹
이 쌓인 붉은 꽃봉오리를 헤쳐 보았다.(蒂倒茄於藻井, 披紅葩之狎獵)."[12]
라고 한 것으로 보아, 당시 연꽃은 조정을 장식하는 문양이었음을 알
수 있다. 한나라 때의 연꽃 문양은 꽃잎이 적어서 대개 4개이고 가장
많아야 8개였다.

　연꽃 문양은 청동기에 사용되었는데, 서주(西周 B.C.1046~B.C.771)
〈양기호(梁其壺)〉, 서주 말기 〈호궤(虎簋)〉, 춘추(春秋 B.C.770~B.C.476)
초기 〈증중유보방호(曾中斿父方壺)〉, 춘추 시대 〈연학방호(蓮鶴方壺)〉,
용이궤(龍耳簋) 등이 그것이다. 전국시대(戰國時代)에 이르면 칠기에 연
꽃 문양이 나타났는데, 〈봉조연화두(鳳鳥蓮花豆)〉가 그것이다. 이상의
청동기와 칠기는 모두 제기와 예기의 범주에 해당하므로 당시 연꽃은
예의용이었을 것이다. 서한에서 동한 시대에 이르기까지 조정의 연꽃
문양이 유행하였는데, 예를 들어 〈산동 기남(山東沂南) 한묘조정(漢墓藻
井)〉·〈무씨사연화조정(武氏祠蓮花藻井)〉·〈안구한묘연화조정(安丘漢墓
蓮花藻井)〉 등이 그것이다. 〈익사수획화상전(弋射收獲畵像磚)〉은 벽돌의
연꽃 문양이었다.

　이상에서 보면, 노래 속의 연꽃은 사랑의 매개체였고, 청동기 등의

---

12 《文選·張衡〈西京賦〉》, "蒂倒茄於藻井。披紅葩之狎獵."

기물과 조정, 벽돌에 나타난 것은 모두 제기와 무덤 속의 특수한 역할
을 담당했음을 알 수 있다. 구체적인 유물은 다음 표와 같다.

명칭	양기호(梁其壺)
소장처	산시역사박물관
시기	서주(西周) (B.C.1046~B.C.771)

명칭	호궤(虎簋(guǐ)
소장처	상하이박물관
시기	서주 말기

명칭	증중유보방호(曾中斿(yóu)父方壺)
소장처	중국국가박물관
시기	춘추 (B.C.770~B.C.476) 초기

명칭	연학방호(蓮鶴方壺)
소장처	고궁박물원, 허난박물원
시기	춘추

명칭	용이궤(龍耳簋)
소장처	고궁박물원
시기	춘추 후기

명칭	봉조연화두(鳳鳥蓮花豆) 높이 25.9, 반경 24.8
소장처	형주박물관
시기	전국(B.C.~B.C.221)

명칭	산동 이난(山東沂南) 한묘조정(漢墓藻井)
소장처	沂南漢墓博物館
시기	한(B.C.202~220)

명칭	익사수획화상전(弋射收獲畫像磚)
소장처	사천박물원
시기	한(B.C.202~220)

명칭	무씨사연화조정(武氏祠蓮花藻井)
소장처	濟寧市嘉祥縣紙坊鎮武翟山村
시기	동한(東漢)(25~220)

명칭	안구한묘연화조정(安丘漢墓蓮花藻井)
소장처	安丘市博物館
시기	동한(東漢)(25~220)

2) 불교전래기: 위진남북조 / 한국 삼국시대.

불교가 인도에서 중국으로 전파된 것은 동한(東漢, 25~220) 시대로 알려져 있다. 불교는 인도 동북부에서 서역을 거쳐 실크로드를 따라 중원의 낙양(洛陽)으로 전파되었고, 그것이 다시 삼국시대 한반도를 거쳐 다시 일본까지 전파되었다. 다음 지도를 보면 불교전파 경로를 알 수 있다.

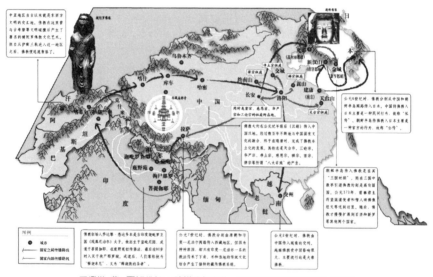

田燈燃 著, 圖解佛教 : 讀懂佛教之美, 北京紫圖圖書有限公司, 2013.

《시경》과 악부《채련곡》은 위진남북조를 거치면서 〈상화가사〉·〈부용부(芙蓉賦)〉·〈서주곡(西洲曲)〉·〈청양도(靑陽渡)〉·〈곡지하(曲池荷)〉 등으로 이어졌다. 이 노래를 보면, 연꽃은 강남 지역의 삶과 사랑의 매개체였음을 알 수 있다.

위진남북조 시대에 이르러 불교가 보편화되면서 문양에 꽃잎의 수가 현저하게 증가하였다. 연꽃 문양의 중심에 연실과 꽃 수술이 추가되었다. 점점 인도의 무늬와 비슷해진 것으로 보아, 연꽃 문양이 인도의 연화문을 모방하는 단계에 이르렀음을 알 수 있다. 연 꽃잎의 조형도 포만감이 있고, 꽃잎의 뾰족한 모양은 중국의 야생 꽃잎과 비슷해졌다.

당시의 구체적인 유물은 다음 표와 같이 정리할 수 있다.

명칭	인도 빠얼허트Báxλo 난간의 연꽃 무늬
시기	B.C.2세기

명칭	인도 아란타 석굴 제9굴 천장 연꽃무늬
시기	B.C.1~2세기

명칭	인도 아란타 석굴 제인도 Great Stupa of Sanchi의 연꽃 무늬9굴 천장 연꽃무늬
시기	B.C.인도 고왕조 시기1~2세기

명칭	영령사(永寧寺) 와당 연꽃 무늬
시기	북위(北魏 386~534)

명칭	용문석굴(龍門石窟)-연화동(蓮花洞) 연꽃 조정(藻井)
시기	북위

	명칭	문소왕후(文昭皇后) 예불도
	소장처	The Nelson-Atkins Museum of Art
	시기	북위

	명칭	연화화생와당(蓮花化生瓦當)
	소장처	大同市博物館
	시기	북위

	명칭	연와인동문전(蓮花忍冬紋磚)
	소장처	大同市博物館
	시기	북위

	명칭	허난성 공이(鞏義) 따리산(大力山) 석굴 비천(飛天)
	시기	북위 말기

	명칭	막고굴(莫高窟) 벽화285굴
	시기	서위(西魏 535~556)

명칭	청자연화존(靑瓷蓮花尊)
소장처	국가박물관
시기	북제(北齊 550~577)

명칭	연화석주조형(蓮花石柱造型)
소장처	鄴城博物館
시기	북제

명칭	연화문인화청자반(蓮花紋印花靑瓷盤)
소장처	일본 동경국립박물관
시기	남조(南朝 420~589)

명칭	오우야오(甌窯甌窯) 청자연화완(靑瓷蓮花碗)
소장처	浙江省博物館
시기	남조(南朝 420~589)

명칭	예불도(禮佛圖)
소장처	프랑스
시기	南北朝

연꽃 문양이 불상과 궁궐 건축을 장식하는 단계에 이르러 연화문 와당이 출현하였다. 벽돌에도 연꽃 문양이 인동문양과 함께 나타난 것도 있는데, 〈연와인동문전(蓮花忍冬紋磚)〉이 그것이다. 〈연화문인화청자반(蓮花紋印花靑瓷盤)〉을 보면, 당시 자기 제작에 연꽃 문양이 사용되기 시작하였음 알 수 있다.

3) 융합기: 수당시기(隋唐時期, 581~907)-삼국·통일신라

당(唐)나라에 이르러 시는 5,7언 절구와 율시로 정형화되었지만, 이백(李白)과 백거이(白居易) 등 일부 시인들은 악부 민가의 형식을 빌어서 연꽃을 노래하였다. 〈채련곡〉·〈자야사시가〉 등이 그것이다.

여기서 〈자야사시가(子夜四時歌)·하가(夏歌)〉를 예로 들어보자

〈자야사시가(子夜四時歌)·하가(夏歌)〉

唐 李白

경호 3백 리	鏡湖三百里
맺어 있던 봉우리가 꽃을 피려고 하네.	菡萏發荷花
5월 서시가 연꽃을 따러 오니	五月西施採
구경하는 사람으로 약야계가 비좁아졌구나	人看隘若耶
달이 뜨길 기다리지 않고 배를 돌려	回舟不待月
월나라 궁궐로 돌아갔네.	歸去越王家

시인은 연꽃을 보면서 월(越)나라 약야계(若耶溪)의 절세의 미인 서시(西施)를 떠올렸다. 이것은《시경》과 악부 민가 형식을 빈 것으로 역시 강남 지역 여인과 연꽃과의 관계를 노래하였다.

이 시기 연꽃은 돈황(敦煌) 막고굴(莫高窟)의 조정(藻井)에 많이 나타났다. 조정은 불국의 천궁(天宮)을 의미한다. 불경에 등장하는 연부(蓮府)·연궁(蓮宮)·연성(蓮城) 등의 명칭이 바로 그것을 의미한다.《화엄

경》변상도(變相圖)를 보면, 거대한 연화가 푸른 물 위에 떠있고, 그 꽃 속 안에 네모 방이 있는데 이것이 화엄성(華嚴城)이다. 화엄성은 연화의 화심 안에 위치하고 있다. 그래서 불교에서는 연화를 조정의 중심에 두고 서방정토(西方淨土)를 상징하였다.

막고굴의 연꽃 문양은 3가지 성격을 가지고 있다. 첫째 장식적인 성격인데, 초당(初唐) 시기 334호 조정 대연화(연화 1)가 그 예이다. 둘째 석류와 연화의 조합으로, '蓮'을 '연속'의 의미로 발음하여 자손번창의 의미를 가진다. 제322굴 석류연화조정(石榴蓮花藻井)(연화 2)이 그 예이다. 세 번째 제314굴의 연꽃 유형이다. 이 유형은 모두 3가지로 평판연화문조정(平瓣蓮花紋藻井), 도형판연화문조정(桃形瓣蓮花紋藻井), 이형연화문조정(異形蓮花紋藻井)이 있다.

<연화 1>　　　　　　　　<연화 2>　　　　　　　　<연화 3>
蓮花藻井, 莫高窟334窟, 初唐　　石榴蓮花藻井, 莫高窟322窟, 初唐　　蓮花藻井, 莫高窟314窟, 隋代

인도불교는 중국 전래 이후 중국문화와 결합하여 새로운 길을 걸었는데, 그것이 바로 선종(禪宗)의 출현이다. 선종의 출현은 유불도 삼교의 융합 결과였다. 이 이후로 연꽃 문양은 종교적 의미가 줄어들고 장식적인 경향을 띠기 시작하였다. 연꽃 문양은 풍만해지고, 원형에 가까운 포만한 곡선을 이루었다. 보상화(寶相花)(실제 꽃이 아니라 연꽃·모란·석류 인동초 문양을 조합한 것)가 그 전형적인 예이다. 보상화 속의 연꽃과 모란은 꽃

봉우리·꽃받침·꽃잎·화탁 등의 모양이 사방 균등하며 방사 구조이다.
이것은 다층적인 장식 문양으로서 석굴의 조정 중심에 위치하였다.

 연꽃 문양은 수나라에 이르러 길상 관념과 결합하기 시작하였다. 어
연(魚蓮)·연화석류(蓮花石榴)·연화모란(蓮花牡丹) 등이 그것들이다. 연
화 무늬가 일상생활 속으로 파고든 것이다. 꽃의 형태도 포만감이 있고
화려하면서 활발해졌다. 연꽃은 건축물 이외에 도자기·금은 그릇·염
직 등에 다양하게 나타났다.

명칭	둔황407굴 연화삼토조정(蓮花三兔藻井)
시기	隋(581~618)

명칭	막고굴305 서벽 연화좌약사불설법도(蓮花座藥師佛說法圖)
시기	隋(581~618)

명칭	백옥련화추(白玉蓮花墜)
소장처	섬서역사박물관
시기	唐(618~907)

명칭	와귀연화문오족타대은훈로와 노대(臥龜蓮花紋五足朵帶銀熏爐及爐台)
소장처	법문사진보관
시기	唐

명칭	청동도금연화(靑銅鍍金蓮花)
소장처	미국 메트로폴리탄박물관
시기	唐

명칭	봉진신보살(捧眞身菩薩)
소장처	법문사진보관
시기	唐

명칭	형요백유관자관삼판연화첩(邢窯白釉官字款三瓣蓮花碟)
소장처	河北邢台商都博物館
시기	唐

명칭	삼채보상화반(三彩寶相花紋盤)
소장처	미국 메트로폴리탄박물관
시기	唐

명칭	참각진주지보상화문이분합(鏨刻珍珠地寶相花紋銀粉盒)
소장처	Freer Gallery of Art
시기	唐

명칭	보상화문경(寶相花紋鏡)
소장처	타이베이 고궁박물원
시기	唐

명칭	보상화인화견군(寶相花印花絹裙)
소장처	신장 투르판 출토
시기	唐

명칭	조요비색자련화완(越窯祕色瓷蓮花碗)
소장처	쑤저우박물관
시기	五代

삼국시대 연꽃 문양은 주로 벽돌과 와당에 나타났다. 아래는 삼국시대 와당과 벽돌의 연화문양을 요약한 것이다.(이하 연화문양 와당에 대한 설명은 소장 박물관의 설명문을 요약한 것임)

명칭	연화문 원와당(蓮花文圓瓦當)
시기	고구려(B.C.37~668)
소장처	국립중앙박물관
설명	고구려에서 기와가 제작되기 시작한 것은 4세기 후반으로 추정된다. 초기의 고구려 기와는 중국 한(漢)나라의 영향을 받아 구름무늬[雲氣文]가 일시적으로 유행하다가 연꽃무늬[蓮花文]로 대체된다.

명칭	연화문전 백제
소장처	국립중앙박물관
설명	속이 빈 상자 모양에 연꽃무늬와 넝쿨무늬로 장식한 벽돌은 매우 독특하다. 앞면에 두 종류의 무늬를 나란히 배치했으며 각각을 톱니 모양의 테두리로 둘러 통일감을 주었다.

명칭	백제 와당
소장처	부여박물관
설명	백제 와당은 연꽃무늬가 가장 많다. 부드러운 양감을 지니고 있으며 꽃잎 끝이 살짝 들려 세련된 느낌을 주는 연꽃 무늬 와당에는 온화하고 부드러운 백제 미술의 특징이 잘 드러나 있다.

명칭	연화문전
소장처	부여박물관
설명	벽돌에 새겨진 무늬는 산수, 산수 봉황, 연꽃 도깨비, 산수 도깨비, 용, 봉황, 구름, 연꽃 등 여덟 종류이다. 상서로운 존재와 기운을 형상화하거나, 나쁜 것을 물리치는 벽사의 의미 등을 담고 있어 당시 백제 사람들의 정신과 사고를 상상해 볼 수 있다.

명칭	좌) 蓮花雲文塼 백제 우) 통일신라(676~935) 蓮花文塼(국립중앙박물관)
설명	직사각형으로 만들어진 이 벽돌은 연꽃무늬[蓮花文]를 넣었다. 무늬의 구성은 두 개의 연꽃과 그 주위로 넝쿨무늬를 가득 채워 화려하다. 연꽃잎은 꽃잎이 겹을 이루고 있으며 안팎으로 구슬무늬를 넣었다.

명칭	좌) 통일신라 보물 미륵보살반가사유비상(彌勒菩薩半跏思惟碑像)
	우) 발해(698~934) 蓮花文圓瓦當, 연화문원와당 발해
소장처	국립중앙박물관
설명	연꽃의 꽃씨와 둥근선으로 장식된 점, 특히 독특한 6장의 하트 모양 꽃잎으로 표현되었다는 점이 돋보인다. 이러한 문양요소들은 발해기와에서 전형적으로 확인되는 것이다.

삼국시대 연화 문양은 길상 관념과 결합하기 시작하였다. 꽃잎은 4개, 6개, 8개이고, 10개가 가장 많으며 구름, 넝쿨무늬와 함께 장식하며 일상생활 속으로 파고들었다. 꽃의 형태도 포만감이 있고 활발해졌다.

4) 번영기: 송 명 청 시대, 고려 조선 시기

(1) 송 명 청 시대의 연꽃의 세속화

송대의 주렴계(周濂溪, 1017~1073)가 지은 《애련설(愛蓮說)》은 연꽃의 인문화에 있어 획기적 작용을 하였다. 주렴계는 연꽃을 '군자연(君子蓮)'이라고 하였다. 이 글은 연꽃을 통하여 유불도의 통합세계관을 담았다.

한편 연꽃은 종교와 신권의 상징으로부터 세속화되기 시작하였다. 연꽃의 예술은 개성화 혹은 인격화의 미를 드러냈다.

이 시대에 이르러 연꽃 문양은 도자기, 벽돌 조각, 건축, 자수, 나염, 가구 등에 널리 사용되었다. 연꽃 문양의 형태도 다음과 같이 연판문(蓮瓣紋), 전지연문(纏枝蓮紋), 파연문(把蓮紋), 연지문(蓮池紋) 등으로 다양해졌다.

명청 시기의 연꽃 양식

명칭	연판문(蓮瓣紋)
소장처	觀復博物館
기물 이름	北宋靑白釉刻花蓮瓣紋蓮蓬鈕蓋盅

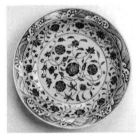

명칭	전지연문(纏枝蓮紋)
소장처	中國航海博物館
기물 이름	明靑花纏枝蓮紋折沿盤

명칭	파연문(把蓮紋)
소장처	故宮博物院
기물 이름	明代靑花一束蓮紋盤

명칭	연지문(蓮池紋)
소장처	이란 國家博物館
기물 이름	靑花蓮池紋圓口大盤

다음은 송원명청 시대 기물의 연화 문양이다. 향로, 분합, 잔탁, 견직 옷감 문양, 세수대, 옥장식, 허리띠 고리, 등, 잔, 쟁반 등에 사용되었다.

명칭	長幹寺鎏金蓮花寶子銀香爐
소장처	南京市博物館
시기	北宋(960~1127)

명칭	靑釉刻劃蓮花紋瓷粉盒
소장처	浦城縣博物館
시기	宋代

명칭	蓮花形金盞托
소장처	內蒙古博物院
시기	西夏(1038~1227)

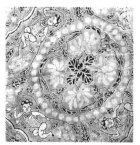

명칭	嬰戲蓮紋印花絹
소장처	寧夏博物館
시기	西夏

명칭	定窯白釉刻蓮花紋洗
소장처	首都博物館
시기	金代(1115~1234)

명칭	春水玉飾
소장처	上海博物館
시기	金代

명칭	銀鎏金蓮花紋捍腰
소장처	內蒙古博物館
시기	遼代(907~1125)

명칭	剔紅蓮花圓盤
소장처	日本東京國立博物館
시기	元代(1271~1368)

명칭	玻璃蓮花托盞
소장처	甘肅省博物館
시기	元代

명칭	鵝穿蓮條環
소장처	國家博物館
시기	元代

명칭	靑花梵文蓮花紋碗
소장처	蘇州博物館
시기	明代(1368~1644)

명칭	龍泉窯靑瓷蓮花燈
소장처	浙江省博物館
시기	明代

명칭	白玉蓮花杯
소장처	山東博物館
시기	明代

명칭	粉彩荷花吸杯
소장처	河南博物院
시기	淸代(1636~1912)

명칭	霽藍釉粉彩描金蓮花紋雙燕耳尊
소장처	中國國家博物館
시기	淸代

(2) 송 명 청 시대의 연꽃 그림

연꽃은 중국 그림의 중요한 소재이다. 당(唐) 장언원(張彦遠, 815~907)의 《역대명화기(歷代名畵記)》는 남북조(南北朝) 양원제(梁元帝, 553~555)의 《부용초정도(芙蓉醮鼎圖)》를 최초의 연꽃 그림이라고 하였지만 실물은 남아있지 않다. 송대 이르러 원체화(院體畵)와 문인화의 발전이 연꽃 그림에도 영향을 주었다. 그림 속 연꽃은 동식물과 결합하였고 길상, 다산, 생명 지속성 등의 함의가 지속적으로 증가하였다. 오대(五代)·북송(北宋)

시대 화조화의 대가인 황전(黃筌, 903~965)
·서희(徐熙, 오대 화가)·조창(趙昌 생졸미상
북송화가)·등창유(騰昌裕) 등은 모두 연꽃
을 잘 그렸다고 하는데 모두 남아있지 않
다. 현재 남아 있는 최초의 연꽃 그림은
북경고궁박물원에 소장되어 있는 남송 화
원화가의 《출수부용화(出水芙蓉圖)》이다.

《출수부용도(出水芙蓉圖)》南宋,
비단 채색 23.8×25cm 故宮博物院

　원명(元明)시대에 이르러 사의화조화
(寫意花鳥畵)가 유행하였고, 명대 서위(徐渭, 1521~1593)와 진홍수(陳洪綬,
1597~1652)가 연꽃을 즐겨 그렸다. 청대에는 팔대산인(八大山人, 1626~약
1705)·석도(石濤, 1642~약 1707)·당애(唐艾)·임백년(任伯年, 1840~1895)·
오창석(吳昌碩, 1844~1927)·제백석(齊白石, 1864~1957)·반천수(潘天壽, 1897
~1971)·이고선(李苦禪, 1899~1983) 등이 연꽃 그림의 대가들이다.

　서위(徐渭, 1521~1593)의 〈오월연화도(五月蓮花圖)〉는 물기가 많은 수
묵, 생동적인 운필로 소나기와 회오리바람이 불어오는 느낌을 표현하
였다. 다음은 이 그림 속에 담긴 화제시이다.

오월의 연꽃이 새포 부두에 피었고　　　　　　　　五月蓮花塞浦頭
긴 장대의 격자 자루를 잡고 물 가운데를 휘 젓는다.

　　　　　　　　　　　　　　　　　　　　　　　長竿尺柄揮中流

만약 서시의 얼굴이 가려도　　　　　　　　　　　縱令遮得西施面
노래 소리가 막아도 잎을 지날 수 있을까　　　　　遮得歌聲渡葉不

　이 화제를 보면, 화가는 연꽃을 통해 시대를 만나지 못한 불우함과
불공평을 표현하였음을 알 수 있다.

　이 그림은 연꽃을 칭송하는 것이 아니라 여의치 못한 화가 자신의

상황과 심정을 표현하였다. 아름답고 우아한 형상보다는 거칠고 사나
운 모습을 통해 작가의 정신적 면모를 표현하였다.

  서위의 《하화축(荷花軸)》은 호방하고 발랄하면서 사실적 형태를 추
구하지 않았다. 《하화축》의 화제는 다음과 같다.

자고 잎 푸르고 요화 꽃 하얀데   茨菰葉碧蓼花白
마름은 조금 누렇고 연실은 파랗다   菱子稍黃蓮子青
깊은 가을 이 때가 가장 아름답고   最是秋深此時節
서시가 그림자 비추며 예쁜 자태로 서있는 같다. 西施照影立娉婷

  식물의 아름다움과 인간의 감정이 상호 호응하였다. 화가는 연꽃 속
에 자신 흥과 감정을 표현하였다.

  진홍수(陳洪綬, 1597~1652)는 명대의 화가로서 연꽃을 사랑하여 자신
의 호를 '老蓮'이라고 하였고, 연꽃을 자주 그렸다. 《하화원앙도(荷花鴛

《荷花雙蝶圖》陳洪綬   《荷花鴛鴦圖》陳洪綬

鳥圖)》의 연꽃 봉우리는 청려하다. 어떤 것은 봉우리가 지고 어떤 것을 막 피려하며, 어떤 것은 활짝 피어 있다. 자태가 자유자재하다. 가지와 잎에 이슬이 맺혀있는 모습이 아름답다. 번잡함과 간소함, 조밀함과 성금, 강함과 부드러움이 변화하면서도 통일적이다.

진홍수의《하화쌍첩도(荷花雙蝶圖)》는 화풍이 고졸하다. 구도·필묵·선·채색·조형이 독특하다.

팔대산인(八大山人) 주탑(朱耷, 1626~1705)은 명말청초의 화가이다. 그의 그림은 청나라 초기 사의화조화의 대표작이다. 팔대산인의 화조화의 특징은 '렴(廉)'에 있다. 묘사대상을 적게 하거나 표현 역시 용필을 적게 한다.《하화취조도(荷花翠鳥圖)》는 몇 번의 붓질로 큰 잎이 가진 미묘한 멋을 표현하였다. 다른 꽃 그림에서 표현할 수 없는 경지이다. 이 작품이 표현하려는 황량·적막감, 그리고 차가움을 그려냈다. 화가는 연꽃을 통하여 처량한 신세를 묘사하였다. 여름날 연꽃의 요염

《하화취조도(荷花翠鳥圖)》　　　《연화쌍어도(蓮花雙魚圖)》
朱耷 상해박물관　　　　　　　朱耷

石濤 《澄湖露華圖》
(故宮博物院)

함보다는 기구한 분위기를 통해 생활의 진실과 예술적 정감을 표현하였다. 《연화쌍어도(蓮花雙魚圖)》는 두 마리 물고기와 연꽃을 통하여 정아(靜雅)한 내심의 경지를 표현하였다.

석도(石濤, 1642~1708)는 명말청초의 화가로서 화조화에 뛰어났고 연꽃을 자주 그렸다. 《징호노화도(澄湖露華圖)》(故宮博物院)는 사의화로서 검은 잎과 흰 꽃, 연잎의 실과 연꽃의 공, 연잎의 조각과 연꽃의 봉우리가 대비를 이룬다. 여백은 깊고 맑은 물을 느끼도록 한다. 이 그림의 화제를 보자.

찰랑이는 맑은 호수는 평평하게 보이고　　　　　激灎澄湖一望平
이슬이 앉은 꽃은 시리도록 맑고 달빛 아래 환하게 피었다.

　　　　　　　　　　　　　　　　　　　　露華清切月華明
연실 따는 노래 그치고 마름 노래 시작할 제면　採蓮歌罷菱歌起
언제나 강남의 사내와 여자의 감정을 묘사하지.　總寫江南士女情

석도가 그린 《하화자미도(荷花紫薇圖)》(1697)는 연꽃이 핀 연못의 여름 풍광을 묘사하였다. 맑은 물속에서 부들과 연꽃이 여러 가지 형태로 서 있다. 연꽃은 언덕 가의 핀 자미(紫薇)와 호응하고 있다. 그림에는 백거이(白居易)의 시가 붙어있다.

자미화가 정원 앞 나무에 피었고　　　　紫薇花放庭前樹.
자미화가 피면 낭군님이 곧 온다네.　　花放紫薇郎正來.

도리어 화려한 꽃이 피어 오늘 즐거운 것을 부러워하고

却羨繁紅今日好,

비로서 초목도 뛰어난 인재를 사랑함을 알았다. 始知草木愛仙才

이상의 화가들은 연꽃을 통하여 특수한 미감과 문화적 가치를 표현하였다. 화조화의 입의(立意)는 화조 혹은 자연을 위한 그림이기도 하지만 결국을 사람을 묘사하는 데 있다. 연꽃의 사실적 형태(形似)를 추구하지만 형사에 빠지지 않았다. 심지어 '불사지사(不似之似, 비슷하지 않으면서 비슷함)'와 '사여불사지간(似與不似之間, 비슷함과 비슷하지 않음 사이)'를 추구하였다. 구도 상 주제를 두드러지게 하고 허실의 대비와 호응을 강조하였다. 화가들은 연꽃을 통하여 초연(超然)과 독립적 의지, 오염되지 않는 기상을 표현하였으며, 더 나아가 자신의 도덕적 품격과 자연미의 통일을 추구하였다.

중국 민간회화에서도 연꽃이 자주 등장한다. 민간에서는 연꽃이 가진 청초함, 향기를 주목하면서도 '병체동심(竝蒂同心, 하나의 꽃받침에 두 개의 꽃)', '일체양화(一蒂兩花, 하나의 꽃받침에 두 개의 꽃)'를 강조하였다. '蓮'자와 '憐'자는

《蓮年有餘》楊柳靑民間年畵, 近代, 78×56cm

해음(諧音, 동음 혹은 근사음) 관계를 가지고 있어 '남녀호합(男女好合)'과 '부부의 사랑', 그리고 '다산'을 상징한다. 그래서 〈연년유여(蓮年有餘)〉 속의 연꽃으로 나타냈다.

(3) 고려와 조선의 연꽃 문화

고려시대 이규보(李奎報)는 〈하지(荷池)〉와 〈누워 능엄경(楞嚴經)을 외면서 두 수를 짓다〉를 지었고 이색은 〈채련곡(採蓮曲). 구씨(舅氏)에게 받들어 부치다〉를 지어 연꽃을 노래하였다. 조선 시대에 이르러 이승소(李承召)의 〈채련곡〉, 신흠(申欽)의 〈채련곡〉 이숙원의 〈채련곡〉, 권필의 〈잡체(雜體)연꽃〉, 정두경(鄭斗卿, 1597~1673) 〈채련곡 6수〉 등은 모두 강남 악부민가 〈채련곡〉을 계승하였다. 또한 이승소(李承召)의 「한도십영(漢都十詠)」 중 〈흥덕상련(興德賞蓮)〉, 이식(李湜)의 「한도십영」 중 〈흥덕상련〉, 월산대군 이정(李婷) 의 「한도십영」 중 〈흥덕상련〉, 서거정의 「한도십영」 중 〈흥덕상련〉 등은 모두 연꽃을 노래하였다. 이것을 보면 조선 시대에 이르러 연꽃은 경관문화의 중요한 소재가 되었음을 알 수 있다.

조선 시대 문인들은 송대의 주렴계(周濂溪)가 지은 《애련설(愛蓮說)》에서 제시한 '군자연'의 경지를 계승하였다. 대표적인 사람이 서거정이다. 그가 지은 〈연당(蓮塘)의 달밤에〉(《사가시집》 제42권 / 시류(詩類))을 예를 들어보자

저녁 무렵 연못가에 앉으니	晚坐陂塘上
연꽃은 아직 절반도 안 피었다	荷花未半開
달빛은 오늘 밤부터 좋아지니	月從今夜好
바람이 옛 친구를 보내왔다	風送故人來
염옹의 애련설을 지으려면	欲著濂翁說
태백의 술잔을 멈추지 말아야지	休停太白杯
밤이 깊도록 전혀 잠 못 이루고	更深渾不寐
별들 함께 이리저리 배회하노라	星斗共徘徊

　　서거정은 주렴계의 〈애련설〉과 이백의 〈채련곡〉이 그린 연꽃을 연상하였다. 전자는 '군자연'을 의미하고 후자는 이백의 낭만을 말한다. 이외에도 윤선도는 〈전당의 호수를 봄날에 바라보며(錢塘春望) 승보(陞補)에서 이중(二中)의 수석을 차지하였다〉를 지어 강남의 연꽃을 통해 '전당호'와 '서시'를 연상하였다.

　　이처럼 연꽃은 고려시대, 조선 시대에 이르러 강남 지방 남녀의 사랑, 경관 문화로 확장되었음을 알 수 있다.

　　이어서 조선 시대 기물 속의 연꽃 문양의 표현 양상을 개괄해보자. (이하 기물의 연화문양에 대한 설명은 소장 박물관의 설명문을 요약한 것임)

명칭	고려(918~1392) 靑磁 陰刻蓮花唐草文 梅瓶
소장처	국립중앙박물관
설명	연꽃무늬를 감싸고 있는 넝쿨무늬. 고려청자 전성기인 12세기 중엽이 되면 이처럼 선이 굵어지고 반 양각된 것처럼 처리하는 특징이 있다.

명칭	고려 금동 타출 연꽃 당초 동자 무늬 불경상자
소장처	국립중앙박물관
설명	金銅 佛經匣 길이 10.3cm, 너비 6.2cm, 두께 2.1cm 작은 불경을 넣는 경갑이다. 뚜껑에 의해 가려지는 경갑의 상단 부분에는 연꽃당초무늬가 편평하게 점선으로 새겨져 있다. 경갑의 앞 뒷면에는 오리와 학이 노니는 연못 속에서 연꽃을 가지고 노는 아이들의 모습이 타출(打出) 기법에 의해 양각되어 있다.

명칭	고려 靑磁堆花蓮花形硯滴, 청자퇴화연화형연적
소장처	국립중앙박물관
설명	이 연적은 연꽃 봉오리를 본뜬 몸체에 연 줄기 두 가닥을 꼰 모양의 손잡이와 연잎을 말아 붙인 모양의 귀때부리가 달려 있다. 손잡이 위에는 작은 구멍이 뚫려 있어서 귀때부리와 함께 연적 구실을 하게 되어 있다. 몸체의 연꽃잎 하나하나에는 화맥이 음각되어 있으며 연꽃잎 둘레와 손잡이, 귀때부리에 백퇴화점(白堆花點)이 점점이 찍혀 있다.

명칭	좌) 연꽃 넝쿨무늬 암막새, 연화당초문평와당(蓮花唐草文平瓦當), 현재너비 10.7cm, 높이 5.5cm, 두께 5.2cm 우) 고려 은제 도금 사리탑 보물, 금강산 출토 이성계 발원 사리장엄구 일괄(金剛山 出土 李成桂 發願 舍利莊嚴具 一括, 2017), 이성계 발원 사리구, 銀製鍍金舍利塔
소장처	국립중앙박물관
설명	이 사리기는 위가 넓고 밑이 좁아지는 라마탑(塔) 모양이다. 탑신(塔身) 위에 4단의 둥근 원판 모양으로 이루어진 상륜(相輪)이 붙어 있다. 상륜과 탑신을 연화대(蓮花臺)가 받치고 있다. 탑신의 사방에 여래상 1구씩을 조각하였다. 그 사이에는 사리기 어깨에 양각된 복련(伏蓮)에서 늘어진 수식(垂飾)이 있다. 정상에는 인도 탑의 산개(傘蓋) 모양으로 된 상륜이 꽂혀 있다. 그 위에 연꽃 모양의 보주(寶珠)가 붙어 있다. 탑신 밑에는 연화대가 있다. 연화대는 단판 앙련(單板仰蓮), 복련(伏蓮), 안상(眼象)이 조각된 발로 이루어졌다. 연화대 위에는 은판을 두들겨 만든 이중의 연화좌(蓮花座)를 마련하여 중심에 유리제 원통형(圓筒形)의 사리 용기를 놓았다.

명칭	고려 忠州 淨土寺址 弘法國師塔
소장처	국립중앙박물관
설명	팔각원당 승탑. 기단부(基壇部), 탑신(塔身), 옥개석(屋蓋石), 상륜(相輪) 형식이다. 팔각 지대석 위에 복판 연화문(複瓣蓮花文)이 장식된 복련석(覆蓮石)을 얹었고, 상대석(上臺石)은 얇고 원형에 가까운데 밑에는 앙련(仰蓮)을 조각하였고 연판(蓮瓣)에는 다시 꽃무늬를 장식하였다. 상륜부는 옥개석 정상의 연화좌(蓮花座) 위에 형성되었을 것인데 현재는 전혀 부재를 남기지 않고 있다.

명칭	좌) 고려 청자 투각 연꽃 넝쿨무늬 붓꽂이(靑磁透刻蓮唐草文筆架), 높이 9.1cm, 최대지름 14.7cm 우) 조선 보물 분청사기 상감 연화당초문 병(粉靑沙器象嵌 蓮花唐草文瓶)
소장처	국립중앙박물관 설명
설명	몸통 중앙 부분 세 곳에 연꽃을 배치했고, 각 연꽃은 줄기가 원을 그리듯이 연결되었다. 연꽃과 연잎의 내부를 흑상감하여 강조한 점이 돋보인다. 연꽃 문양 외의 여백은 백상감 기법으로 점을 찍어 채웠다. 보조 문양으로는 목 윗부분부터 넝쿨, 연꽃잎, 잎이 여덟 개인 변형 연꽃잎을 넣었고, 굽 주위에는 연꽃잎 무늬를 넣었다.

명칭	조선(1392~1897) 국보 백자 상감 연화당초문 대접(白磁 象嵌蓮花唐草文 大楪), 높이 7.6cm, 입지름 17.5cm, 바닥지름 6.2cm
소장처	국립중앙박물관
설명	조선 시대 상감백자 중 가장 아름다운 예술품 가운데 하나이다. 단정한 도자기 형태에 맞게 간결하게 표현된 넝쿨무늬는 중국 원말~명초 청화 백자의 문양과 유사하며, 문양의 선은 예리하면서도 부드럽다.

명칭	좌) 조선 白磁蓮峰(백자연봉), 높이 6.3cm, 바닥지름 3.9cm, 최대지름 6.5cm
	우) 조선 연화문평와당(蓮花紋平瓦當) 너비 27.4cm, 두께 3cm, 길이 9.4cm
소장처	국립중앙박물관

명칭	조선 백자 청화 누각 연꽃 물고기무늬 화병, 높이 20.4cm, 입지름 15.9cm, 바닥지름 12.3cm
소장처	국립중앙박물관
설명	물가의 연꽃들과 누각이 대담하고 자유분방하게 표현되어 있다.

명칭	조선 백자상감연화당초문병(白磁蓮花唐草文甁), 높이 30.5cm, 입지름 7.0cm, 바닥지름 8.6cm, 최대지름 15.6cm
소장처	국립중앙박물관
설명	물가의 연꽃들과 누각이 대담하고 자유분방하게 표현되어 있다.

이상에서 송원명청, 그리고 조선 시대의 연꽃 문화를 살펴보았다. 이 시기의 연꽃은 종교적 색채를 벗고 남녀의 사랑을 노래하거나 세속적 욕망을 표현하기에 이르렀음을 알 수 있다. 또한 연꽃은 경관을 이루는 중요한 요소로 확대되었다.

4. 결론

이상에서 연꽃의 인문실크로드를 개괄적으로 살펴보았다. 연꽃은 인도에서 근원하여 실크로드를 통하여 중국을 거쳐, 한반도까지 이르렀다. 연꽃은 다른 식물과 달리 명칭이 다양하고 오랜 시간 동안 문화적인 축적이 이루어졌고, 활용 영역이 넓으며 표현 형식이 다양하다.

연꽃은 《시경》이래 강남 지역의 악부가사인 〈채련곡〉·〈자야오가〉의 묘사대상이었고, 주로 강남지역 남녀의 사랑을 노래하였다. 그 아름다움은 비운의 미녀 서시(西施)를 연상시켰다. 〈채련곡〉의 전통은 당나라 이백과 백거이로 계승되었다. 송나라 주렴계의 〈애련설〉은 연화의 상징을 획기적으로 전환시켜 군자연을 낳았다. 이것으로 인하여 연꽃은 유불도의 통합 세계를 담았다.

연꽃은 명청시대, 고려와 조선 시대에 이르러 세속화의 길을 걸었다. 조선 시대 문인들은 악부가사인 〈채련곡〉을 계승하였고, 경관문화의 중요한 소재로 삼았다. 연꽃은 팔경의 중요한 경관 미학을 획득하였고, 사대부의 낭만을 표현하기에 이르렀다.

연꽃은 다른 식물과 달리 종교적 함의를 담고 있다. 상징을 넘어 숭고함을 담지하고 있다. 그러나 연꽃은 장엄한의 연화장 세계로부터 인격적 품성, 남녀의 교합, 다산 등 욕망까지를 모두 담았다.

담헌 홍대용의 문명관과 생태사상

전홍석

1. 이끄는 말

현대적 '문명(civilization)'의 개념사로 볼 때 그것은 양대 범주로 정리할 수 있다. 단수적(singular) 의미의 문명과 복수적(plural) 의미의 문명이 그것이다. 단수적 문명론이 보편문명(universal civilization)의 '중심주의(보편화)'와 결합되어 있다면 복수적 문명론은 개별문명의 '다원주의(지역화)'와 연결되어 있다. 전자가 인류의 역사를 하나의 문화 단위체에 의한 단일한 문명화 과정으로 이해하는 데 반해 후자는 그것을 동등한 가치를 지닌 다수의 문화공동체들에 의한 복수적 문명화 과정으로 설명한다. 주지하다시피 현재의 세계문명은 '동양 대 서양', '전통대 근대', '지역 대 세계'라는 첨예한 대립 구도 속에서 서로 거대한 압력을 행사하는 각축장이 되고 있다. 그리고 이 이분화적 갈등구조 이면에는 단수적 보편문명의 세계적 일체화와 복수적 개별문명의 자기정체성 강화라는 상호 대극적인 해묵은 문명론적 논쟁이 자리한다.[1] 이러한 갈등양상은 세계문명의 생태적 관계망(network)을 조율하는 21세기 새로운 '문명학', 즉 단수론적 보편주의와 복수론적 다원주의를 화해·회통시키는 공존주의 '생태문명'의 변증법적 탄생을 예고한다.

이렇게 현대의 문명론적 관점에서 접근해보면 문명의 개념은 '전통성과 근대성'이라는 이중적 층위의 구조임을 간파할 수 있다. 그리고 문명의 근대적 개념이 '서구중심주의(west-centrism)'를 핵심 내용으로 한다면 문명의 전통적 개념은 중국적 세계질서인 '중화(中華)주의'가 기본골격을 이룬다. 이 논단은 유럽의 '공법질서'가 압도하는 시대를 근대라 하고 계서(階序)적 예(禮) 관념에 입각한 중국의 '중화·사대(事大)질서'[2]가 지배하는 시대를 '전근대'라 함을 달리 표현한 말이다. 이는

---

1 전홍석, 『문명 담론을 말하다: 현대 '문명학' 정립을 위한 시론』, 푸른역사, 2012, 177-182쪽.

2 한국 전통사회의 국제관계에 관한 기본적 개념은 중국 중심의 전통적 세계관 차원에서 군사적·정치적인 지향의 '사대 관념'과 문화 이념적인 지향의 '중화적 세계질서 관념'이라는 두 축에서 고찰할 수 있다. 이 양자는 계서적 규범 관념인 '예(禮)' 관념과 결합해 위계(位階)적인 동아시아 세계를 구성했다. 무엇보다도 '사대'는 유교의 핵심사상인 효나 충에 연원하며 사친(事親), 사군(事君)과 맥을 같이한다. 예를 들면"禮者, 小事大 大字小之謂, 事大在共其時命, 字小在恤其所無."『春秋左氏傳』, 昭公 30年);"惟仁者, 爲能以大事小 … 惟智者, 爲能以小事大 … 以大事小者, 樂天者也, 以小事大者, 畏天者 也. 樂天者, 保天下, 畏天者, 保其國."『孟子』, 「梁惠王」下)라 한 데서 그 일단을 찾아 볼 수 있다. 본래 '사대'란 서주(西周)시대에 제후 간의 친목을 도모하고 상호 불가침을 약속한 사대(事大)·자소(字小)의 교린의 '예'로부터 시작한 말이다. 또한 이 사대·자소 는 춘추전국시대의 제후국 간의 '힘' 관계 위에 성립된 관계 개념으로서 매우 상황적인 성격을 갖는다. 조선은 큰 나라를 섬긴다는 '사대', 그리고 이웃 나라(왜, 여진 등)와 사귄다는 교린(交隣)을 공식적인 대외정책으로 활용했다. 특히 호란(胡亂) 이전 중화적 세계질서 관념이 형성되기 이전까지는 '사대'의 형태로 대중 관계가 이루어졌다. 즉 문화 이념적 차원인 화이(華夷)사상을 인정해서가 아니라 자주적인 판단에 따라 사대 의 관계를 외교 수단으로 활용해 대륙으로부터의 위협을 막는 자존의 강구책으로 응용 한 것이다. 결론적으로 조공(朝貢)이라든가 책봉(冊封)의 명목 하에서 이루어진 군사적 ·정치적 의미를 내포하는 지극히 현실주의적·상황주의적인 대외인식이었다. 박충석,

또한 중화와 서구(西華)라는 중심 문명의 전도, 즉 중화 지향의 전통적 가치와 서구 지향의 근대적 가치의 길항과 접합이라는 근대 동아시아의 치열한 시대상을 반영한다. 더욱이 이 논점을 근대 서세동점(西勢東漸)의 한반도 조선으로 한정해 보면 '보편문명'에 대한 신념체계의 변동이라는 우리 민족의 지난한 역사과정과 경험이 포착된다. 예컨대 20세기 전후 서구문물의 수용과정에서 전통적 문명 개념을 고수한 위정척사(衛正斥邪), 중간적 위치에 있는 동도서기(東道西器), 그리고 서구적 문명 개념으로 선회한 문명개화(文明開化) 등의 한국 근대사조의 출현은 이러한 경향을 잘 대변해주고 있다.

여기에 기초해서 동·서양 '문명'의 개념을 분석해보면 서구 우위의 단일적 성향이 문명의 서구적 어원에 내재해 있듯이 중화 지향의 단일적 성향은 문명의 동양적 기원에서도 태생적으로 관측된다. 전통적 문명은 중화·이적(夷狄)이라는 개념 틀을 내포하며, 또 그 용어 자체가 유교 경전과 조선 역사 속에서 '문덕이 빛나는 통치', '세도(世道)가 실현된 이상 사회', '중화' 등으로 쓰였다.[3] 이런 의미에서 동양의 문명 개념은 중국 중심의 세계관과 긴밀하게 연결되어 있음을 확인할 수 있다. 문명의 단수론적 입장에서 볼 때 '중화주의'는 동아시아 선진문명을 최초로 창조한 중국의 한(漢)민족이 자국과 자민족의 문화를 최고의 지위와 절대적 기준에 올려놓은 문명관이자 스스로를 주변 국가들과 구분하는 세계관이며 국제질서관이다. 또한 중화주의는 중국문명을 뜻하는 중화를 '보편문명'으로 상정하면서 한족 중심의 문화를 '문명

3　이경구, 「중화와 '문명' 개념의 내면화와 동일시」, 『개념의 번역과 창조: 개념사로 본 동아시아 근대』, 돌베개, 2012, 24쪽.

(華)'으로 인식하고 주변의 비(非)한족 문화를 야만(夷)으로 인식하기 때문에 '화이(華夷)사상'으로도 불린다.[4] 이렇게 전통적 문명 개념에 내재된 '중화 대 이적'이라는 차별적 대립쌍은 근대 이후 서구적 문명의 '문명 대 야만'이라는 이원론적 세계관으로 그대로 전승되어 현대 문명 개념의 이중적 층위의 범주적 동일성을 구성한다.

이 두 층위의 교차적 문명 개념은 한국의 민족사와 문화사를 반영하는 '보편문명'과도 연결된다. 이를테면 전통시대에는 중화주의가 주류적 가치로서의 헤게모니를 장악했다면 근현대에는 서구중심주의가 그것을 대신한 것이다. 한국의 문화는 이 두 중심 문명과의 조우 속에서 이루어졌다고 할 수 있다. 즉 전통문화는 '중화'라는 중심 문명과 교섭해 형성되었고 근현대 문화는 '서구'라는 중심 문명과 결합해 조형된 것이다. 그러나 동서를 막론하고 '문명' 개념에는 공통적으로 중심부와 주변부를 구획하는 이분법이 내장되어 있다. 이와 관련해서 특히나 중화와 서구가 모두 미개하고 정체된 야만을 타자로 설정하고 그에 대한 배타성과 팽창성이라는 부정적 요소를 공유한다는 점에서 명실상부한 보편문명으로 받아들이기는 어렵다. 동서양 문명의 주체들은 완성태를 상정하고 자신들이 그 완전한 것의 체현자로 자처하면서 스스로를 '보편문명'으로 확정했다. 처음에 그것이 성립했을 때는 우월감과 결합

---

4 강정인, 『서구중심주의를 넘어서』, 아카넷, 2004, 121쪽. 한편 강정인은 '중화주의'를 다음 세 명제로 정리한다. 첫째는 중화우월주의로서 중국은 지리적으로나 문화적으로 세계의 중심이며 가장 우월한 문명이다. 둘째는 중화보편주의로서 중국은 발생적으로 한족(중국)의 지리적 중심성과 문화적 우수성은 타민족이 따라올 수 없으며 역사의 시초부터 한족이 누렸던 중화 문물은 인류의 유일하고 보편적인 표준으로 이후 역사에서도 다시 구현되어야 한다. 셋째는 중국화=문명화로서 세계는 문명화된 중화 세계와 야만적인 이적 세계로 나뉘며 모든 이적 세계는 보편적이고 개방적인 중화 문물을 수용·습득하여야만 야만의 상태를 벗어날 수 있다. 앞의 책, 129쪽.

한 자기정체성의 형성이 가장 중요한 기능이었다. 타자를 의식하고 자신을 한정함으로써 그 경계는 내부의 단결을 꾀하면서 외부를 배척하는 데 유용한 도구가 되었다. 그러다가 그들은 자문명을 타자보다 우월한 것으로, 심지어는 세상에서 유일한 가치로 규정하기에 이른 것이다.[5] 오늘날 우리 시대에 발생되는 여러 형태의 문화적 분열현상들은 이 양대 동서양 주류 문명의 불완정성이 양산해놓은 방대한 억압 이데올로기로서의 식민화 의식과 무관하지 않다.

이처럼 과거 인류의 문명이 잘못된 원류의식에 갇혀 타자에 대한 정복, 배타, 약탈을 자행함으로써 야만성을 드러냈다면 이제 생명공동체의 입장에서 그들과 협력하고 공존하는 격조 높은 생명·생태 중심의 문명관을 모색할 때이다. 아울러 문명의 척도 역시 침략적·지배적 보편성이 아닌 친화적·공생적 연대성으로 전환되어야 한다.[6] 인류가 염원하는 보편문명은 결코 어떤 특정 집단에 의해서만 성취되는 것이 아니며 그 누구의 전유물로 전락될 수도 없다.[7] 동서의 소통이 어느 때보다도 절실한 이때 그것은 배타적인 인식경계를 허물고 타자와의 부단한 대화를 통해 인류 모두에게 공생공영을 담보하는 형태가 되어야 한다. 이런 의미에서 '생태지혜'는 상호 연관적 세계에서 나의 완성이 갖는 진정한 의미를 발견하도록 한다. 나의 완성은 이제 나 중심, 인간 중심, 특정 문명 중심에서 벗어나 우리 중심, 자연 중심, 세계 문명 중심이라는 일체 생명적 평등성으로 확장된다.[8] 우리는 생명과 생태의 문

---

5 이혜경, 「청인(淸人)이 만난 두 '보편' 문명: 중화와 시빌라이제이션」, 『중국 없는 중화』, 인하대학교출판부, 2009, 356쪽.

6 전홍석, 『문명 담론을 말하다: 현대 '문명학' 정립을 위한 시론』, 211쪽.

7 정수일, 『문명담론과 문명교류』, 살림, 2009, 74쪽.

8 문순홍, 『생태학의 담론』, 아르케, 2006, 55쪽 참조.

명관을 구성해 우리 삶의 생명소로 율동하는 생명네트워크(network), 즉 인류를 하나로 묶는 공동체 의식을 고취시켜야 한다. 이런 점에서 오늘날의 시대정신은 인권과 자유를 옹호하는 입장에서 타자와 공존하는 생태적이고 전일적인 상생의 문명관, 곧 '생태문명'을 요청한다는 사실을 확인할 수 있다.

본 연구는 이 '생태문명'의 실마리를 전통시대 동아시아의 국제 공공성과의 연관 속에서 유럽의 계몽주의로부터 발원하는 정복적이고 파괴적인 서구의 근대성이 본격화되기 이전, 곧 조선의 한반도라는 전통적 사유 공간에서 모색해보고자 한다. 구체적으로는 18세기 대표적인 북학(北學) 실학자이자 생태사상가로 평가되는 담헌(湛軒) 홍대용(洪大容, 1731~1783)의 철학사상을 분석함으로써 21세기 동서 통합의 새로운 가치인 생태문명의 창출을 예단하고자 한다. 그 문제설정은 기본적으로 기존의 보편문명관에 내장된 주변부에 대한 중심부의 양분적이고 차별적인 기제에 주목하는 데서 출발한다. 동양적 문명론 범주에서 보면 국제 공공성 범주는 중화주의라는 불완전한 중세적 보편문명론과 맞닿아 있다. 동아시아 세계에서 중화는 문명의 단수로 존재해 중심적 가치를 거부하는 주변국들을 원천적으로 문명의 범주로부터 봉쇄해 야만국으로 폄하하는 논리적 장치를 구동해온 면을 부정할 수 없다. 이러한 계서적 국제규범은 중국 중심의 천하관(天下觀)인 화이론에 기초한다. 이 동아시아적 문명 이분법을 넘어서는 홍대용의 생태적 '탈주변화(탈중심화)론'은 중세에서 근대로의 이행기 전통성과 근대성의 접점에서 성취되었다는 점에서 무엇보다도 전일적인 동서통합주의의 모델이 될 수 있다. 그리고 여기에 부속된 '동양적 문명 개념', '동아시아의 국제 공공성' 등 문제는 담헌의 생태적 문명관을 규명하는 데 이론적 배경이 되어줄 것이다.

2. 전통시대 동아시아의 국제 공공성

1) 전통적 문명 개념과 중화 공공성

전통적 문명 개념을 고찰해보면 그것은 중화주의와 관련되며 중원의 문명을 개창한 내성외왕(內聖外王)의 성인(聖人)에게서 발원함을 알수 있다. 주로 유교문헌에서 발견되는 이 문명의 초기 용례들은 고대 성왕(聖王)들의 위대한 덕을 칭송하는 형용사적 서술어로 사용되었다. 예컨대 『서경(書經)』의 「요전(堯典)」을 보면 요(堯)임금의 큰 공덕을 흠(欽)·명(明)·문(文)·사(思)로 표현하고 있다. 여기서 전통적으로 문은 '천지의 질서를 세운다(經緯天地)', 명은 '사방을 밝게 비춘다(照臨四方)'라는 의미로 해석된다. 같은 책 「순전(舜典)」에도 순(舜)임금을 기리는 문구로 준철문명(濬哲文明)이란 말이 등장하는데 이 역시 같은 맥락이다. 더불어 『주역(周易)』에 "나타난 용이 밭에 있어 천하가 문명한다"[9]; "그 덕이 강건하고 문명하며 하늘에 응하여 때에 맞게 행한다"[10] 등의 용례 또한 문명의 체현자이자 주체자인 유교계열의 성인과 연계되어 있다. 그리고 이렇게 문명의 어원적 측면에서 접근해보면 중화주의는 공자(孔子, B.C.551~479)가 활동했던 춘추시대에 이념적으로 구체화되었으며 그 발전은 유교사상의 성립, 전개 과정과 일치한다.

이런 점에서 중국 고전문화의 창달시기 출현한 중하(中夏), 중화, 중국(中國) 등의 명칭이 갖는 함의에 주목할 필요가 있다. 중(中)은 지리적·문화적으로 중앙의 의미를, 하(夏)는 중국 최초의 왕조 문명이 발생한 하 지역 내지는 크다(大)라는 뜻을, 그리고 화(華)는 찬란한 문화라는

---

9 『周易』, 「乾卦·文言」, "見龍在田, 天下文明."
10 『周易』, 「大有·彖傳」, "其德剛健而文明, 應乎天而時行."

의미를 각각 내포한다. 여기에 근거해보면 중화, 중하, 중국의 개념들은 대체로 '문화가 찬란한 중앙의 큰 나라'로 정리할 수가 있을 것이다.[11] 그런데 이 관념은 찬란한 선진문화를 창달한 중국 고대 성인의 '문덕이 찬연히 빛나는 상태'를 나타내는 문명의 초기 용례와도 무관하지 않다. 고전적 '문명' 개념이 도출된 요·순에서 공자로 이어지는 성인의 계보는 사실 중국 중심적 동문(同文) 세계인 한자문명권의 '문명'의 동심원적 확장이라고 할 수 있다. 문명은 중국 역사의 실체로서 중국의 가치를 대변하기 때문에 중국=세계 중심=문명이라는 등식의 문명론적 개념이 성립한 것이다.[12] 고대 중국인들은 하·은(殷)·주(周) 삼대에 이룩한 찬란한 문화와 강대한 힘을 배경으로 자신들이 세계의 중심이자 유일한 선진문명임을 자처했다. 이러한 자신감은 주변 변방국과의 차별적인 인식경계를 파생시켜 중심부의 문명(華夏)으로 주변부의 야만(이적)을 교화시킨다는 문명화의 논리로 이어졌다.

이처럼 동양의 문명 개념은 서구의 문명 개념에 내포된 '진보 대 야만'이라는 이분구조와 동일하게 '중화 대 이적'이라는 차별적 구획의식을 전제한다. 아울러 이 전통적 문명 개념의 내핵을 구성하는 중화는 서구 개념과 마찬가지로 그 시작은 지리적·종족적 의미로 출발했지만 역사의 변천에 따라 정치적·문화적·윤리적 의미로 상승했다. 최초의 이 개념은 제후국의 외복(外服)지역인 사방(四方)에 대한 주왕(周王)이 거주하는 서울 곧 경사(京師)를 가리켰다. 그러다가 점차로 천자(天子, the Son of Heaven)의 나라를 뜻하는 의미로 바뀌었고 나중에는 이 천자국을 포함한 춘추열국의 제하(諸夏) 세계 전체를 지칭하는 말로 그 함의가 확대되었다.[13] 그 구체적인 변천을 보면 서주시대의 중화는 원래 주 왕실의 정치적·군사적 통치력이 직접 행사되는 내복(內服)지역, 즉 왕기(王畿) 또는 왕도(王都)를 가리키는 '정치적 중심'의 뜻이었다. 그러 나 춘추전국시대에 오면 중화는 오(吳), 월(越), 초(楚) 등의 이적국에 대한 대칭 개념으로서 제하를 지칭하는 종족적 구분의식을 내포하게 되었다. 이렇게 되면서 중화는 사방 이적의 세계에 둘러싸인 사해(四 海) 안의 중앙, 나아가 이 사해 안을 통합한 국가 또는 그 영토를 지칭 하는 '지리적 개념', 제하를 지칭하는 '종족적 개념', 그리고 궁극적으 로는 도덕적 규범과 문화적 가치를 중시하는 인의예교(仁義禮敎)적 유 교문화, 즉 최고의 이상적 문명이 구현된 공간이라는 '문화적 개념'이 복합적이고 중첩적으로 결합된 개념으로 발전하게 되었다.[14]

더욱이 이 중화 개념은 주 왕조의 '천명(天命)사상'과 결합해 중국적 천하관이라는 동아시아 특유의 국제 공공성 영역을 구성한다. 주족(周 族)은 하늘에 있는 우주의 조물주이자 자신들의 조상신이기도 한 '천 (天)'과 지상에 있는 유덕자 '주왕'의 관계를 의제(擬制)적 부자관계로 수립하고 주왕을 '천자'로 승화시켜 신성적 존재로 부각시켰다. 주 왕 실은 이 천명사상의 수용에 의해 '천-천명-천자-천하'로 구성된 통치 사상을 확립해 주 통치의 정통성, 신성성, 합법성, 유일성을 이념적으 로 천명했다. 이를테면 화(華)와 이(夷)를 망라한 전 세계를 주왕의 통 치영역으로 설정하고 주왕을 정점으로 한 천하일국일왕(天下一國一王) 의 국가관과 세계관이 일치된 중국 중심의 천하관을 구축한 것이다.[15]

---

13 이춘식, 『중화사상의 이해』, 122-129쪽.
14 강정인, 『서구중심주의를 넘어서』, 121쪽.
15 이춘식, 『중화사상의 이해』, 129-137쪽.

『시경(詩經)』에서 "넓은 하늘 아래 왕의 땅이 아님이 없고 모든 땅의
그 누구도 왕의 신하가 아님이 없다"[16]고 한 의미가 여기에 있다. 이
관념에는 근대적 의미의 복수적 개별 국가의 존재와 이들로 구성된 국
제사회의 존재는 부재하고 오직 중국 천자에 의해 통치되는 단일한 보
편적 세계상만이 강제된다. 실제로도 당시 동아시아의 세계구도는 천
명사상에 입각해 천자를 중심으로 직접 통치를 받는 내복지역과 간접
통치를 받는 외복지역으로 구성된 문명한 제하세계, 그리고 이를 둘러
싼 적대적이고 독립적인 무지몽매의 이적·만이(蠻夷)의 세계로 구획되
었다. 이로써 전 세계를 하나의 단일체로 인식하는 천하일국의 봉건적
보편국가상(the Vision of an Universal State), 즉 동아시아 전통사회의
단수론적 '보편문명'이 태동한 것이다.

이 중국적 천하 관념은 공자의 '춘추' 정신에 의해 더욱 체계화되었
다. 공자가 『춘추(春秋)』를 지은 것은 정명(正名)사상에 입각해 천자와
제후의 관계를 바로잡고 '중화'를 중심으로 동이(東夷), 서융(西戎), 남
만(南蠻), 북적(北狄)으로 통칭되는 '사이(四夷)'와의 관계를 계층적 질서
로 규정하고자 한 뜻에서였다. 왕도란 토지, 갑병(甲兵)의 힘으로 인정
(仁政)을 가장하는 패도(覇道)와는 달리 덕으로 인정을 베푸는 덕치주의
를 말한다. 이러한 왕도를 실현시킬 수 있는 지덕(至德)의 소유자가 왕
자(王者)이며 그 왕도의 법도, 예제, 문물 등이 잘 계승된 나라가 천자
의 나라 '주'였다. 그러므로 공자는 "주는 하, 은 이대(二代)를 본받았으
니, 찬란하구나. 그 문화여! 나는 주를 따르겠다."[17]고 극찬하면서 존주
사상(尊周思想)을 주창했다. 이와 같이 유일 문명론적 시각에서 주나라

---

16 『詩經』, 「小雅·穀風之什·北山」, "溥天之下, 莫非王土. 率土之濱, 莫非王臣."
17 『論語』, 「八佾」, "周監於二代, 鬱鬱乎文哉, 吾從周."

에 정통성을 부여하고 주를 중심으로 하여 왕자가 왕도사상의 실천으로 천하를 통일하고자 함이 '대일통사상(大一統思想)'이다. 본래 이 의미는 지리적 개념이나 정치적 개념이 아니라 문화의 우수성과 인도의 기반 여부에 의해 가치판단을 하는 것이 특징이다. 그리고 이 대일통의 이념이 실천되어가는 과정에서 타민족과의 관계로 제기된 것이 화이(華夷)사상이다.[18] 이 문명 이분법적 화이론이 동아시아의 보편문명관인 중화주의의 사상적 기저임은 물론이다. 이른바 중화란 공자의 춘추대의(大義)적 의리사상에 힘입어 동아시아의 보편문명으로 확정된 것이다.

이처럼 공자가 '주'를 문명으로 판단한 기준은 지리와 종족 측면보다는 도덕과 예교(禮敎)라는 관점에서였다. 그런 점에서 공자는 "이적에게도 군주가 있으니 제하에 없는 것과 같지 않다"[19]라고 논변한다. 비록 이적이라도 도덕과 예교를 수용해 변화하면 문명세계가 되고 중화라도 패도를 행하면 이적이 된다는 것이다. 그럼에도 한편으로는 당시 혼란한 춘추시대의 문화적 위기상황에서 "주변의 오랑캐는 제하를 도모하지 못하고 이적은 화하를 어지럽히지 못한다"[20]고 하여 중국의 이적화에 강하게 제동을 걸었다. 공자에게서 '중화주의'란 문명세계인 중국이 야만의 이적들을 교화시켜 문명 상태로 이끌어야 한다는 의미가 기본 요체인 것이다. 맹자(孟子, B.C.372~289) 역시도 군자나 유교의 도만이

---

18 오석원, 『한국 도학파의 의리사상』, 성균관대학교 출판부, 2006, 42-45쪽.

19 『論語』, 「八佾」, "子曰, 夷狄之有君, 不如諸夏之亡也." 여기서 형병(刑昺)은 "此章言中國禮義之盛而夷狄無也"라고 했다. 그는 이적에 군장이 있더라도 중화에 예의가 있음만 같지 못하다고 해석하여 중화를 높인 것으로 보았다. 그에 반해서 정자(程子)는 "夷狄且有君長, 不如諸夏之僭亂, 反無上下之分也"라고 풀이함으로써 이적을 옹호하여 당시 중화의 무도적 상황을 비판한 것으로 해석했다. 필자는 후자의 입장을 취했다.

20 『左傳』, 定公10年, "裔不謀夏, 夷不亂華."

중화의 척도이자 문명의 절대적 가치임을 분명히 했다. 그에게서 문명과 야만의 구분은 종족이나 지역, 패권이 아니라 인의(仁義)에 입각한 왕도(王道)정치의 실현 여부에 달려 있었다. 나아가 그것은 고정적이지 않고 문화의 정도에 따라 유동적임을 지적했다. 가령 "지금 중국에 거주하면서 인륜을 버리고 군자가 없다면 어찌 가하겠는가?"[21]; "나는 중화의 법을 써서 오랑캐의 도를 변화시켰다는 말은 들었어도 오랑캐에게 변화되었다는 말은 듣지 못했다"[22]고 한 데서 확인할 수 있다. 중화는 결국 춘추전국시대 공맹철학을 거치면서 '보편문명'으로서의 중의성을 획득했다. 중국을 선진문명으로 주변의 이적을 열등한 타자로 설정해 배척하는 기능이 기본 축이었지만 타자의 변화와 추월 가능성을 제기하면서 중화인 주체의 변화를 촉구하는 논리가 또 다른 축을 형성한 것이다.[23]

이렇게 전개된 동양적 문명, 즉 '중화' 개념은 유학이 한대(漢代)에 국학으로 채택됨에 따라 중국 역대 왕조의 정치이념으로 확립되었다. 그리고 춘추대의적 관점에서 중화를 정의함으로써 대체로 이데올로기적 성격을 강하게 띠었다. 한대의 동중서(董仲舒)는 전승되어온 문화통치와 화족(華族)문명의 총체성에다 문질(文質)의 역사 순화, 음양오행의 자연철학을 결합시켜 유교를 현저히 중국화시켰다. 그에게서 문덕(文德)은 중화주의의 다른 이름이고 왕화, 덕화, 성화(聖化)는 그것의 확산을 가리키는 용어이다.[24] 이 경향은 이민족의 침략과 지배에 시달렸던 송(宋)의 유학자들에게 와서 더욱 부각되었다. 북송(北宋)의 정호(程顥)

---

21 『孟子』,「告子」下, "今居中國, 去人倫無君子, 如之何其可也."
22 『孟子』,「滕文公」上, "吾聞用夏變夷者, 未聞變於夷者也."
23 이경구,「중화와 '문명' 개념의 내면화와 동일시」, 17쪽.
24 신정근, 『동중서(董仲舒): 중화주의의 개막』, 태학사, 2004, 79-80쪽.

는 "예를 한 번 잃으면 금수가 된다. 성인은 사람이 금수가 되는 것을 두려워했기 때문에 춘추의 법을 극히 준엄하게 했다."[25]라고 논급했다. 남송(南宋)의 호안국(胡安國)은 존화양이(尊華攘夷)를 강조하면서 "중국이 중국으로 된 것은 부자와 군신의 큰 인륜이 있기 때문이다. 한 번 잃으면 이적이 될 것이다."[26]라고 경계하고 있다. 또한 주희(朱熹, 1130~1200)에게서도 종족과 함께 문화기준의 화이론은 여지없이 표출되고 있다. 그는 기질(氣質)의 차이에 근거한 인(仁)·의(義)·예(禮)·지(智)의 유무로 인간, 이적, 금수를 구별하면서 "이적의 경우는 인간과 금수의 사이에 존재하므로 끝내 개조하기 어렵다"[27]고 규정해 이적을 인류의 범주에서 원천적으로 제외시키고 있다.

2) 조선 후기 국제 공공성의 구조 변동

유교적 중화사상은 동아시아의 기축(Axial)문명으로 자리 잡은 이래로 한반도 조선에서도 국가건설과 국제질서를 구성하는 데 절대적인 이념으로 작동했다. 조선에서 중화에 대한 보편이나 중심으로서의 문명적 개념화는 도학사상인 송대(宋代) 주자학(朱子學)의 전래와 함께 본격화되었다. 주자학을 사회개혁과 조선통치의 기본원리로 수용한 조선의 신진 사대부들은 중화를 유교문명의 이상으로 설정하고 명(明)을 중화로 조선을 소중화로 여겨 새로운 국가건설의 모델로 삼았다. 조선에서 중화적 세계질서 관념의 형성은 16세기 후반에서 17세기 전반에

---

25 『二程全書』卷2 上,「元豊呂與叔東見二先生語」,"禮一失則爲禽獸, 聖人恐人入於禽獸也. 故於春秋之法, 極謹嚴."

26 『春秋胡氏傳』卷11,「僖公卜」,"中國之爲中國, 以其有父子君臣之大倫也. 一失則爲夷狄矣."

27 『朱子語類』卷4, 性理一, "到得夷狄, 便在人與禽獸之間, 所以終難改."

걸쳐서 이루어졌다. 퇴계(退溪)와 율곡(栗谷)을 중심으로 주자학적인 세
계상이 형성되어 대내적인 통치원리로서뿐만 아니라 난숙한 주자학적
세계상에서 조선조를 대외적으로 관계지울 수 있는 보편적 지향을 이
미 내적으로 준비하고 있었다.[28] 이후 임진왜란과 병자호란의 양대 전
란은 내적으로 준비된 이 같은 성리학(性理學)적 세계상을 조선의 대외
관으로까지 확대시키는 직접적인 요인이 되었다.

실제로 동아시아의 전통적 문명관은 화이명분론을 통해 현실 역사
에 투영되고 기능했다. 송대 이후 중화사상의 이론적 근거는 성리학적
명분론인 화이론에 있었다. 이미 논급한 대로 '화이론'은 유교문화를
보유하고 그 문화의 논리에 의존하는 '중화의 세계'와 유교문화를 거부
하고 힘의 논리와 약탈 경제에 의존하는 '이적의 세계'로 구분하는 세
계관을 말한다. 이 이념은 기본적으로 공자의 춘추대의, 즉 중화의 문
물을 보유한 문화국가인 주 왕실을 높이고 야만인 이적을 물리친다는
주장에 기초한다.[29] 그러나 이 논리의 틀은 결정적으로는 송이 북방의
여진족에게 밀려 남천(南遷)하는 위기상황에서 한족의 정체성을 문화
민족으로 규정하면서 성립했다. 바꿔 말해서 당시 송대인들은 자신들
이 처한 상황에 입각해 성리학의 우주론인 이기론(理氣論)을 화이론에
결합시켜 중국의 중세적 한족민족주의로 재구성해냈던 것이다. 그리
고 이 화이론적 문명관은 문화적·종족적 교조주의 색채를 강하게 띠는

28 특히 중화적 세계질서 관념의 형성은 퇴계에 있어 전형적인 우주의 도학적인 인식에서
도출된 도(道)를 그 사상적 기반으로 하고 있다. 퇴계의 『천명신도(天命新圖)』에 보이
는 바와 같이 우주의 도학적인 인식이 음양오행설(陰陽五行說) 및 천원지방설(天圓地
方說)과 결합되어 중화적 세계질서 관념을 수용할 수 있는 계기가 내재적으로 준비되
어 있었다. 박충석, 『한국정치사상사』, 60-61쪽.
29 『論語』, 「憲問」, "子曰, 管仲相桓公, 霸諸侯, 一匡天下, 民到於今受其賜, 微管仲, 吾其
被髮左衽矣." 〈朱子註〉 匡, 正也. 尊周室, 攘夷狄, 皆所以正天下也.

남송의 주자학을 통해 완결되었다.

주희는 북방족인 금(金)의 도전을 받아 첨예하게 대치하는 상황에서 주전론(主戰論)을 견지하면서 "난신(亂臣)을 죽이고 적자(賊子)를 토벌하고 중국을 안으로 하고 이적을 밖으로 하며 왕을 귀하게 여기고 패(霸)를 천하게 여기는 것"[30]을 『춘추』의 대지(大旨)로 간주했다. 그리고 "지금의 계책은 정사를 닦고 이적을 물리치는 데 불과할 따름이다"[31]라 하여 반금적 양이사상(攘夷思想)을 강변했다. 이것은 중화관에 입각한 화이사상의 연장선상에서 이루어진 것이다. 이 논리는 미개한 야만족인 금이 무력에 의거해 남침하고 있지만 그러한 현상은 일시적이며 가변적인 '기(氣)'의 작용일 뿐이고 중화문화의 담지자인 한족은 우주 만물의 생성원리인 '리(理)'에 해당하므로 그 생명력은 영원하다는 이기론적 사유체계에 기반을 둔다.[32] 더욱이 이 성리학적 화이차별주의는 리(理)는 하나로 평등하지만 동시에 각각으로 나뉘어 차별성을 지닌다는 이일분수론(理一分殊論)의 철학적 논리와 결합되어 있다.[33] 즉 모든 존재는 본래 천명의 성(性)인 '보편원리(理)'를 부여받지만 이적은 금수와 마찬가지로 기질의 차이로 인해 '리'가 차단된 존재여서 자신들과는 이질적인 존재라는 것이다.

---

30 『朱子語類』卷83, "誅亂臣討賊子, 內中國外夷狄, 貴王賤覇而已."
31 『朱子大全』卷11, 「壬午封事」, "今日之計, 不過乎修政事攘夷狄而已矣."
32 정옥자, 『조선후기 조선중화사상연구』, 일지사, 2010, 17쪽.
33 이와 동일 범주 속에서 성리학은 신분제 사회질서를 유지하기 위해 상하관계를 중시하는 명분론과 지주전호제 아래 소작인과의 모순·대립 관계를 완화하기 위한 분수론(分殊論)을 동시에 가졌다. 공자의 정명(正名)사상에서 비롯된 명분론에서는 그 이름에 따라 상하, 존비, 귀천이 정해진다고 보고 거기에 나타나는 차별을 당연한 것으로 여겼다. 나아가 이 차별은 지주와 전호 관계뿐만 아니라 군신, 부자, 부부 관계 등에 모두 적용되었으니 그것이 곧 사회윤리였다. 고영진, 『조선 시대 사상사를 어떻게 볼 것인가』, 풀빛, 1999, 78쪽.

그런데 조선에서도 인조(仁祖) 14년(1636)에 북방의 오랑캐로만 인식했던 여진족 후금(後金)의 침략을 당하면서 일대 국난에 휩싸였다는 사실은 특기할 만하다. 이 같은 조선의 상황은 과거 금의 침략을 당해서 절체절명의 위기에 처했던 남송의 처지와 서로 겹쳤다. 이런 유사성으로 인해 난세에 태어나 『춘추』의 대의를 밝혔던 공자와 화이 분별을 엄격히 했던 주희는 조선 민족에게 역할모델로 수렴되었다.[34] 춘추대의적 화이관에 입각한 중화적 세계질서관이 조선의 집권층이나 유학계에 강하게 투영된 시기는 이렇듯이 명·청(淸)의 교체기를 겪으면서였다. 1636년 여진족은 명과 조선을 동시적으로 침공함으로써 '명' 중심의 중화적 국제 공공성에 심대한 변화를 초래했다. 이 병자호란으로 인해 국체의 상징인 국왕은 삼전도(三田渡)에서 청 태종과 성하지맹(城下之盟)을 맺고 만청(滿淸)에 대한 사대(事大)의 예를 강요당했다. 즉 인조는 곤룡포 대신 평민의 복장인 남색 옷을 입고 청 태종을 향해 세 번 절하고 아홉 번 머리를 조아리는 이른바 삼배구고두례(三拜九敲頭禮)라는 치욕적인 항복의 예를 행하지 않을 수 없었다. 뒤이어 1644년에는 저들에게 명이 멸망하고 이 강력한 군사 대국인 청이 중원의 주인이 되자 기존의 중화적 국제질서는 재편될 수밖에 없었다.

이런 이유로 17세기 중반 국내적으로는 상처받은 국민의 자부심을 회복하는 방안과 명·청 교체로 뒤바뀐 대중국 관계의 정당한 자리매김이 중요한 과제로 대두되었다. 여기에 편승해 중화의 핵심인 춘추의리적 문명관은 전란의 후유증을 극복하고 새로운 사회질서의 수립이라는

---

34 이러한 흐름은 조선의 도학파가 『주례(周禮)』를 중시해 제도 개혁과 왕도·패도의 조화를 추구했던 정도전·조준 계열의 급진개혁파보다는 『춘추』를 중시해 인간의 본성과 성리학 본연의 왕도에 충실했던 이색·정몽주 계열의 온건개혁파를 추숭해 계승한 사실과도 무연하지 않다.

조선사회의 현실적 목표와 부합되어 강력한 사회 재건의 이데올로기로 작동했다. 이에 따라 조선의 국가 통치 이념으로 채택된 것은 상호 표리관계에 있는 대명의리론(對明義理論)과 대청복수론(對淸復讐論) 다름 아니다. 이를테면 화이론과 관련해서 전자는 화론(華論)에 근거해 중화문화의 보존논리인 존주론(尊周論)으로, 후자는 이론(夷論)에 근거해 이적인 오랑캐에 대한 배척논리인 북벌론(北伐論)으로 각각 이론적 틀을 형성했다.[35] 주희의 반금적 양이사상은 이후 숭명반청론(崇明反淸論)과 북벌대의론의 사상적 배경이 되면서 조선인에게 국가·민족에 대한 거족적인 일체감과 주체자각을 환기시켰다. 뿐더러 그것은 조선이 곧 중화라는 조선중화주의의 세계상을 형성시킴으로써 민족사 미증유의 문화자존의식을 고취시켰다. 그리고 이 춘춘대의의 도맥은 근대 위정척사론에 그대로 전승되어 무력에 의거한 반도덕적 외세의 일체 침략행위를 응징하는 의병항쟁의 사상적 연원이 되기도 했다. 그러나 반면에 그것은 대외적 배타성과 대결성을 규정함으로써 청조를 포함한 일본, 서양 등에 대한 자주적이고 자율적인 대처능력을 상실키면서 결국 철거해야 할 구시대의 유물로 전락하고 만다.

이 일련의 이론들을 정초한 대표적인 인물이 다름 아닌 조선 후기 사림의 종장인 우암(尤庵) 송시열(宋時烈, 1607~1689)이다. 그는 율곡학파의 적통을 계승해 주희와 주자학을 절대화하면서 선조(宣祖)의 재조번방(再造藩邦)과 효종(孝宗)의 복수설치(復讐雪恥)의 정신을 계승함과 동시에 춘추대의의 존화양이사상을 근거로 북벌의 명분을 이끌어냈다. 그는 "공자가 춘추를 지음에 대의가 수십 가지이지만 존주가 가장 크다. 주자가 처음으로 효종(孝宗)을 뵙고 배운 바를 다 털어놓았는데 토벌복

---

35 정옥자, 「정조시대 연구 총론」, 『정조시대의 사상과 문화』, 돌베개, 1999, 29, 31쪽.

수가 우선이었다."[36]고 피력했다. 우암이 공적으로 복수설치를 시사했
던 것은『기축봉사(己醜封事)』(1649)이다. 그는 "공자가『춘추』를 지어
대일통의 의리를 천하 후세에 밝혔으니 무릇 혈기 있는 부류들은 모두
중화를 높이고 이적을 추하게 여겨야 할 것을 알았다. 주자가 다시 인륜
을 추리하고 천리를 깊이 따져 설치의 의리를 밝혔다."[37]고 역설했다.
이와 함께『정유봉사(丁酉封事)』(1657)로 존주론을 제기했고 효종과의
독대(1659)로 북벌론을 확정했다. 이『기축봉사』와『정유봉사』는 남송
의 효종에 대한 주희의『임오봉사(壬午封事)』(1162) 및『경자봉사(庚子封
事)』(1180)와 매우 닮아 있다. 예를 들면 송시열의『기축봉사』「수정사이
양이적(修政事以攘夷狄)」의 항목 등은 주희의『임오봉사』속의 그것과
제목뿐만 아니라 기본 정신에서도 일치한다.

　이처럼 조선 후기 한족 왕조 '명'과 이적 왕조 '청'의 교체는 명 중심
의 조공체제와 책봉체제로 편제되어 있던 동아시아의 국제질서에 큰
변동을 야기했다. 존왕(尊王)양이의 대외명분론으로 가치 정립한 조선
인들은 남방의 왜이(倭夷)와 북방의 호이(胡夷)에 의해 동아시아 문화질
서이자 국제질서인 명 주도의 중화문화질서가 붕괴된 상황을 천하대란
으로 인식했다. 그리고 한족의 정통 국가인 명이 멸망한 이상 중화문화
와 주자성리학의 적통을 계승하고 있는 조선만이 중화문화를 계승할
자격을 갖추었으므로 이제는 조선이 중화가 될 수밖에 없다고 주장했
다. 이로써 이전의 소중화의식은 중화문물의 원형을 간직한 조선만이

36　『宋子大全』卷27,「上安隱峰」, "孔子之作春秋也, 大義數十而尊周最大. 朱子初見孝宗,
　　罄陳所學, 而討復爲先."
37　『宋子大全』卷5,「己醜封事」〈修政事以攘夷狄者〉條, "孔子作春秋, 以明大一統之義於
　　天下後世, 凡有血氣之類, 莫不知中國之當尊, 夷狄之可醜矣. 朱子又推人倫極天理, 以
　　明雪恥之義."

이 세상의 유일한 중화의 적통이자 중화국이라는 조선중화의식으로의 인식전환을 맞게 된다. 즉 존주론에서 주실이 '명'이었던 것이 이제 주실이 '조선'으로 사고의 틀이 성립되어 조선을 동아시아의 '문화 중심국'에 위치시켰다. 이 '조선중화주의'는 이적국가의 침략으로 상처받은 조선인의 자존심을 회복하고 조선의 문화적 자부심을 고취시켜 조선의 고유문화 창달에도 기여했다.[38]

그러나 청의 번영이 거듭되고 조선과 청의 관계가 정상화된 이후에도 중화회복의식인 북벌론을 계속 견지하기란 현실적으로 무리가 따랐다. 이 때 북벌론은 초기의 복수설치보다는 자강의 방안을 모색하는 내수외양론(內修外攘論)으로 치중하게 된다. 반면에 존주론은 명에 대한 의리를 강조하는 대명의리론으로 변하면서 더욱 강화되어 나타났다. 이를테면 중화문화의 주체였던 명의 후계자임을 자처하기 위해 우암과 권상하(權尚夏)를 비롯한 그 제자들은 만동묘(萬東廟)를 세워 명 태조와 왜란 당시 재조의 은혜를 베풀어준 신종(神宗), 그리고 마지막 황제 의종(毅宗) 등을 제사지냈고, 조정에서도 이를 수용, 대보단(大報壇)을 설치해 이들을 제사한 역사 사례들은 존주론을 강화하는 대표적인 장치들이다. 아울러 『송사(宋史)』와 『명사(明史)』의 재편찬에 착수해 중화의 역사 정통성이 조선에 있음을 강조했다. 이러한 중화계승의식은 18세기 정조(正祖)가 대보단에서 제사를 거행한 후 지은 시 "산하의 북쪽 끝까지 제하가 멸망하니 우리 동방에서만 희생과 술의 제향을 드리네. 수십 권 춘추 의리 묵혀진지 오래인데 삼천리 조선에서만 예의를 보전했네."[39]라는 대목에서 극명하게 표출되고 있다.

---

38 최완수, 「조선 왕조의 문화절정기, 진경시대」, 『우리 문화의 황금기 진경시대 1』, 돌베개, 1998, 22쪽.; 정옥자, 『조선후기 조선중화사상연구』, 17쪽 각각 참조.

3. 홍대용의 화이일론적 문명생태주의

　조선 전기가 외래사상인 성리학과 중국문화를 수용해 이해하는 과
정이었다면 조선 후기는 조선의 고유문화를 창달하고 당시 조선이 세
계에서 가장 우월한 문화를 향유하고 있다는 '조선중화주의'를 시대정
신으로 성립시킨 시기이다.[40] 특히나 17, 18세기 호이인 청과의 새로운
관계설정이 중요한 과제로 대두된 상황에서 조선인들은 조선 전기의
사상적 풍토와는 사뭇 다른 공기를 호흡하고 있었다. 당시대 우리 민족
의 문제인식은 명·청의 교체로 인해 균열된 '천하 관념' 속에서 조선을
어떻게 대내외적으로 자리매김할 것인가에 있었다. 조선의 지식인들
은 이적 왕조 만청의 중원 군림이라는 갑작스런 국제정세의 변화, 더
정확히는 이적에 의한 중화의 대체라는 동아시아 국제 '중화 공공성 변
동'에 어떤 방식으로든 대응해나가지 않을 수 없었다. 이것은 국제질서
의 재편에 따른 '화이관'의 재조정과도 연동된 문제였다. 전통적 문명
관에서 볼 때 조선중화주의는 문화 중심의 화이론에 기반을 둔다. 중화
란 문화, 지역, 종족을 내포하지만 명이 멸절된 현실상황에서 종족이
나 지역이 중화국가의 근거가 될 수는 없었다. 조선은 문화적 측면을
중심 가치로 삼아 관념상 동아시아의 문화국가, 도덕국가의 위상을 점
유할 수 있었다. 이 문화적 화이관은 청을 오랑캐로 단정함은 물론 무
력으로 천하를 제패한 청의 패도를 춘추대의의 정신에 입각해 응징한
다는 '북벌대의론'과 조선의 문화를 중화문화의 진수로 가치 정립한

39　『弘齋全書』卷7,「皇壇親享日敬次兩朝御製韻」,"山河極北淪諸夏, 牲醴吾東享肆陳.
　　數十麟經淹日月, 三千鵜域葆冠巾."

40　정옥자,「정조시대 연구 총론」, 28쪽.

'문화자존의식'의 사상적 기저였다.

일반적으로 인류의 문명사는 주류 문명의 동질화 기획에 동조하는 흐름과 그 과정에서 발생되는 차별성과 부작용에 반발하는 흐름이 존재해왔다. 이를 전근대 동아시아로 한정해 보면 중화적 문화보편주의를 고수해 일원적 잣대로 보편을 전유하려는 부류와 새로운 보편문명의 이상을 설정해 중심 문명의 강권에 저항하고 그 한계를 반성하려는 부류가 목도된다.[41] 담헌 홍대용을 대표로 하는 북학사상은 후자를 대변하며 그 생장은 중세적 '중화'보편주의에 기초한 반청적 '북벌대의론'과 조선 중화라는 '문화자존의식'의 쇠퇴를 의미한다. 이를테면 정조대에 이르러 새로운 변화의 물결이 밀려오면서 조선의 시대정신이던 '조선중화주의'는 수정의 국면을 맞게 된다. 그것은 외부적으로는 청 건륭(乾隆) 문화의 영향 때문이며 내부적으로는 조선이 도시의 성장과 함께 농경사회에서 상공업사회로 전환되는 사회적 변혁기에 처했기 때문이었다.[42] 이를 배경으로 노론(老論) 내에서 낙론(洛論)의 인물성동론(人物性同論)과 성범심동론(聖凡心同論)을 발전적으로 수용한 일군의 학자들에 의해 현실 사회를 개혁해보려는 새로운 학문 경향인 '북학론'이 출현했다. 이들은 경화사족(京華士族)으로서 누리던 중국 사행(使行)을 통해 청의 선진문물을 접하고 조선의 낙후성을 인식하게 되면서 기존의 성리학적 화이론을 극복하고 '화'와 '이'가 차이가 없다는 인식을 가질 수 있었다.[43]

이런 의미에서 본장에서는 홍대용의 '화이일론(華夷一論)'적 세계관

---

41 이경구, 「중화와 '문명' 개념의 내면화와 동일시」, 16쪽.
42 정옥자, 「정조시대 연구 총론」, 37쪽.
43 고영진, 『조선 시대 사상사를 어떻게 볼 것인가』, 102-103쪽.

이 동아시아의 위계적 문명관인 화이론과의 대결 속에서 창발되었다는 사실에 주목하고자 한다.[44] 그 주요 논점은 담헌의 철학사상에서 발견되는 생태문명론적 함의들을 추출해 21세기 '생태문명'이라는 현재적 의미로 재구성하는 데 맞춰질 것이다. 그리고 이 제반 연구수행은 기본적으로 홍대용 학문·사상의 백미이자 완결판인 『의산문답(醫山問答)』에 대한 분석을 토대로 이루어질 것이다. 현재 이 문헌은 한국 생태사상의 보고로 평가받고 있다. 특히나 현재 문명담론의 화두가 생태와 문명의 교차점 생태문명에 있다는 점에서 그 가치는 갈수록 배가되고 있다.[45] 여하튼 생태문명은 중심에 의한 수직적 질서가 아니라 다중심의 수평적 질서를 지향한다. 이 관점에서 볼 때 담헌의 생태철학은 직접적으로는 동양적 문명 범주에 내재된 '중화 대 이적'이라는 절대적 타자를 상정하는 차별기제의 해체 문제와 맞닿아 있다. 그리고 그것은 중심과 주변, 주체와 객체, 보편과 다원, 근대와 전통, 서양과 동양 등의 방대한 양분적 구조를 희석시키는 데 두루 관철된다. 이러한 생태적 시각의 담헌 읽기는 북학사상에서 탈주변화의 단초를 찾고 근대성과

---

44 한편으로 북학론은 18세기 후반 중화계승의식이 문화적 화이관의 성립 등으로 강화되면서 초래된 하나의 논리적 귀결이라는 견해도 발견된다. 즉 '문화적 화이관'이 극도로 변형될 경우 중화와 이적의 구분 자체가 무의미하게 되는 지경에까지도 이를 수 있으며 홍대용의 '화이일야(華夷一也)'라는 언급이 바로 이런 인식의 가장 극단적인 지점에 서 있다는 것이다. 허태용, 「조선후기 중화의식의 계승과 변용」, 『중국 없는 중화』, 인하대학교출판부, 2009, 311-318쪽.

45 이 맥락에서 『의산문답』의 현재적 가치에 대한 박희병의 다음의 평가가 주목된다. "『의산문답』이 저술된 지 바야흐로 200년이 지났다. 하지만 그 동안의 우리 지성사는 이 저작에 필적할 만한 사상의 스케일과 문제성을 지닌 저술을 별로 갖고 있지 못하다. 특히 우리의 근대 지성사나 철학사는 그 지적 창조성의 면에서 황량하기 짝이 없다고 해도 과언이 아니다. 이런 점에서 볼 때, 『의산문답』이 마련한 훌륭한 전범을 적극적으로 계승하고 그것을 창조적으로 활용하려는 노력이 다각도로 경주될 필요가 있다." 박희병, 『한국의 생태사상』, 돌베개, 1999, 276쪽.

민족의식을 모색해온 기왕의 연구들을 포괄한다. 그러나 홍대용이 꿈꾸고 구상한 세계는 단순히 근대 지향적 사유에만 한정시킬 수 없다. 그의 문명관에는 근대적 범주의 주객대립을 초극하는 탈근대적 범주의 '다주체 병립'이라는 대단히 풍부하고 심원한 생태론적 통찰들이 포착되기 때문이다.

1) 담헌사상의 형성 배경

조선 후기 중세적 사유방식인 숭명배청(崇明排淸)적 관념에서 벗어나 북벌에서 북학으로 방향 전환할 수 있었던 홍대용의 '외부 소통'의 각성은 어디에서 비롯되었을까? 그에 대한 해명은 기왕의 연구들에서도 알 수 있듯이 서학과의 접촉, 자연학적 취향, 장자(莊子)적 사유 등 다양한 스펙트럼을 구성한다.[46] 사실 홍대용이 살았던 18세기는 왜란과 호란으로 사회적 생산력의 저하와 사회질서의 혼란을 만회하고 사회성격의 전환을 꾀했던 '실학'의 시대였다. 원론적으로 볼 때 북학 실학자 담헌은 이미 명분론을 극복하고 사상적 해방을 획득했다고 할 수 있다. 실학의 '실사구시(實事求是)'란 말이 어떤 특정한 시기에 처해서 그 사회의 속상(俗尙), 학술의 풍토에 대응하는 논리로서 반성의 정신을 고도로 축약한 형식이기[47] 때문이다. 한국 실학사상의 전반에 걸쳐 하나로 관통되고 있는 경세(經世)에 중점을 두어 화와 이를 초월한 곳에서 실사구시한다는 실증성과 '이용후생(利用厚生)'적 공리성은 홍대용에게도 관통되고 있었다. 어떤 면에서 북학파는 도덕성을 기반으로 하는

46 『의산문답』과 장자철학 간의 연관성 문제는 송영배에 의해 제기된 바 있다. 그에 따르면 '인물균론'은 성리학적 틀이 아니라 장자적 발상과 관련된다는 것이다. 송영배, 「홍대용의 상대주의적 사유와 변혁의 논리」, 『한국학보』 74, 1994.
47 임형택, 『실사구시의 한국학』, 창작과비평사, 2000, 124쪽.

도학파와는 달리 현실성·공리성을 입각점으로 하고 있었다. 그렇다고 해서 북학파가 유학적 내성(內聖)을 포기했다는 말은 결코 아니다.[48] 이것은 단지 실증성과 공리성을 중시하는 학문적 성향을 두고 하는 말이다. 어쨌든 그들은 실학적 경세사상의 영향으로 화이론의 장벽을 극복하고 청학(淸學) 및 서학에까지 이르게 되었던 것이다. 그러나 이러한 실학의 변통(變通)적 경세사상의 계승과 그 외연적 확대 논리는 너무 일반론이기 때문에 여기서는 논점상 차치물론하기로 한다.[49]

한편 동아시아적 문명 이분법을 초극하는 홍대용의 생태적 문명관의 규명문제는 사실 북학사상의 형성 요인에 대한 최근 학계의 논쟁을 반영한다. 그 쟁점을 정리해보면 다음과 같다. 하나는 낙학(洛學)과 북학의 내적 연관을 중시하는 태도이다. 이 견해는 유봉학과 정옥자가 대표적이다. 이들은 외인적 면인 서양과학의 유입에 따른 새로운 세계관 형성을 기본적으로 수용하면서도 내인적 면인 낙론의 인물성동론과의 사상적 계기(繼起) 요인에 중점을 두는 태도이다.[50] 또 다른 하나는

---

48 이와 관련해서 실학에 대한 청푸왕(成復旺)의 다음 견해가 흥미롭다. 그는 실학을 근대를 향한 철학사조로 평가하면서 그 특성을 두 가지 측면에서 살피고 있다. 그 하나는 전통 유학의 내성(內聖)에서 출발하는 것이다. 이것은 인간의 독립 인격과 정신 역량을 강조해 인간의 주체의식의 각성을 분발시켜 인간의 해방으로 나아가게 한다. 또 하나는 전통 유학의 외왕(外王)에서 출발하는 것이다. 이것은 세계의 객관성과 실재성을 강조해 외재사물에 대한 여실한 고찰을 환기시켜 객관세계로 나아가게 한다. 전자는 근대의 민주와 통하고, 후자는 근대의 과학과 통한다. 成復旺, 「走向人的解放 - 從王陽明到李贄」, 『中韓實學史硏究』, 中國人民大學出版社, 1998, 95쪽.

49 이에 관한 논의는 강재언, 『한국의 개화사상』, 정창렬 옮김, 비봉출판사, 1981, 52-76쪽.; 葛榮晉, 「청대문화와 조선실학」, 『한국실학연구』 제2호, 한국실학연구회, 2000, 221, 233쪽을 각각 참고하기 바란다.

50 유봉학은 "그(홍대용)는 인물성동의 낙론을 논리적 기초로 하여 인물균(人物均)의 논리를 끌어내고, 여기서 다시 이용대상물로서의 물(物)이라는 새로운 물론(物論)에까지 나아감으로써 획기적인 사고의 전환을 기하였다." 유봉학, 『연암일파 북학사상 연구』, 일지사, 1995, 96쪽. 또한 정옥자는 "노론의 핵심 가문 출신인 홍대용과 박지원에 의해

허남진과 김용헌의 주장이다. 이들은 사상의 내인적 면보다는 연행(燕行)을 통해 청의 선진문물과 서구의 과학사상에 눈을 뜨게 되었다는 외인적 면에 중점을 두는 견해이다.[51] 그러나 이 양자는 모두 홍대용 사상 형성의 특정한 일면만을 주목하고 그것을 계기적으로 파악해 도출해낸 입론들일 뿐이다. 때문에 담헌사상이 낙론적 심성론과 자연과학(象數學) 연구의 상관성 측면에서 높은 정합성을 보여준다는 점에서 이러한 연구방법은 한계로 지적되고 있다. 예컨대『의산문답』은 어떤 부면으로부터 어떤 부면이 전개되었거나 도출되었다기보다는 상호 간에 계속 작용하면서 수정과 심화를 이루어가며 하나의 종합적인 사상과 세계관

제기된 북학론은 인성(人性, 사람의 본성)과 물성(物性, 사물의 본성)에 대한 정밀한 이론화 작업 과정에서 파생한 호락(湖洛)논쟁 중 낙론의 사상적 입장을 계승했다. 이들은 인성과 물성이 기본적으로 같다는 인물성동론의 입장에서 사물을 이해했으므로 조상이 야만으로 여기며 물의 범주에 포함시켰던 청에 대한 편견에서 벗어날 수 있었다." 정옥자,「정조시대 연구 총론」, 37-38쪽.

51 허남진은 "낙학의 중심 계보에 속하면서도 성리학적 세계관 자체에서 벗어나는 홍대용 철학의 모순된 두 양상은 당시 성리학의 내적 발전이라는 계기만으로는 설명하기 어렵다. 홍대용이 새로운 사상을 전개하게 된 것은 당시 수용되기 시작한 새로운 학문, 즉 중국을 통해 들어온 천문학을 비롯한 서양과학의 영향을 받아 새로운 세계관을 지니게 되었고 그 새로운 세계관을 기존의 인물성론과 접합시킨 결과가 아닐까. 그렇게 되면 인물성동론의 토대 위에서 인물균의 입장을 확립하고 여기서 새로운 물론과 과학적 탐구가 전개된다는 설명과는 반대의 과정으로 홍대용의 철학을 설명하는 셈이 된다." 허남진,「홍대용(1731~1783)의 과학사상과 이기론」,『아시아문화』 제9집, 한림대, 1993, 5쪽. 또한 김용헌은 "이것은 낙론, 즉 인물성동론으로부터 새로운 물론이 나왔다는 견해와 다르다. 그러한(유봉학 등의) 견해는 영남 남인들의 인물성동론을 고려하지 않았을 뿐만 아니라 낙하(洛下)의 동론자들만 하더라도 북학을 옹호하지 않은, 즉 정통 주자학을 옹호했던 학자들이 많았다는 점을 설명해 주지 못한다. 오히려 서양과학의 유입에 따른 자연에 대한 과학적 탐구의 필요성이 자연을 포함한 존재에 대한 새로운 이해를 가져왔고, 그 결과 낙론의 인물성동론과는 다른 홍대용의 인물성동론이 나왔다고 보는 것이 더 설득력이 있을 것이다. 다시 말해 홍대용은 서양과학의 수용 내지는 실학적 학문관을 정당화하기 위해 낙론의 인물성동론을 끌어들여 자기식으로 개조했다고 이해해야 한다는 것이다." 김용헌,「서양과학에 대한 홍대용의 이해와 그 철학적 기반」,『철학』 제43집, 한국철학회, 1995 봄, 33쪽.

을 형성했다는 것이다.[52] 결론적으로 홍대용의 내면에서 전통 학풍의
낙론적 심성론과 자연과학의 천착이 지속적으로 상호 작용하고 수정과
심화를 거쳐 '통합적 동일성'의 학문세계에 도달한 것으로 판단된다.

(1) 낙학적 심성론과의 연관성

기왕의 연구들을 검토해볼 때 낙론계 노론 집권층의 젊은이들이 자
제군관으로 연행사(燕行使)를 수행해 청의 건륭 문화의 선진성과 청에
전래된 서양과학의 우수성에 자극을 받아 정신세계의 일대 전환을 불
러왔다는 낙하(洛下)의 상황적 요인에 대해서는 대체로 이견이 없는 것
으로 보인다. 다만 관건은 북학사상의 발아가 당시 조선의 전통적 학풍
의 흐름 속에서 자생했느냐의 여부인데, 만약 북학을 뒷받침하는 내재
적 사상이 있었다면 그것이 어떠한 것이었는지에 대한 명확한 규명이
요구된다. 이에 관해서는 낙학에서 북학으로의 사상 내재적 계기 요인
이라는 입장에서 이미 논급한 대로 유봉학과 정옥자의 '물성'중시론
('理'중시론)과 함께 기의 주도권을 강조하는 이상익의 '기'중시론이 존
재한다.[53] 이상익 역시도 북학의 대두 요인을 기본적으로 낙하의 상황

---

52 박희병, 『한국의 생태사상』, 248-249쪽.
53 필자는 이상익의 주장에 대해 그 나름의 참신성을 인정하면서도 몇 가지 점에서 지적하
    지 않을 수 없다. 이상익은 낙론의 학문 성향을 기(氣)의 국한성(局限性)에 초점을 둠으
    로써 "순선(純善)한 리를 발현시키기 위해 탁기(濁氣)를 씻어내야 한다"를 북학이 "북
    벌의 의리를 실현하기 위해서는 청의 문물을 배워야 한다"로 수용했다고 말한다.(이상
    익, 「낙학에서 북학으로의 사상적 발전」, 『철학』 제46집, 1996 봄 참조) 이것은 사상의
    내적인 계기 요인보다는 북학의 현실 구현론으로 보는 것이 더 타당하지 않을까 생각한
    다. 조선 후기 북학의 의미는 선진문물을 받아들여서 조선의 낙후된 체질을 혁신하겠다
    는 단순한 어원상의 문제에서만 그치는 것이 아니다. 그것은 조선 내의 폐쇄성, 허구성,
    강권화, 그리고 중세 국제 이데올기 화이론의 해체를 시사하는 혁명성을 내포한다. 때
    문에 전체적인 역사맥락에서 볼 때 '기의 국한성'보다는 존재의 원리와 생명의 원리로
    서의 '리의 소통성'에 역점을 두는 것이 더 진실에 가까울 것으로 판단된다. 요컨대

적 요인으로 간주하고 사상적 연관관계를 낙학의 기(氣)중시론과 기(器)중시론으로 설정해 고찰하고 있다. 결국 이 논의들은 홍대용에게서 북학을 위한 낙론적 심성론의 내재된 사상이 이미 성숙해 안으로부터 준비되었고 이를 사상적 기틀로 삼아 외부사상과의 교섭을 통해 그것이 심화되어갔다는 생각으로 정리할 수 있다.

그렇다면 낙론적 심성론은 어떻게 촉발되었을까? 낙론계의 사상 성립은 '인물성동이논쟁'에서 유발되었다. 호락시비는 율곡 이이(李珥)와 우암 송시열의 학파에 섭으로써 주희의 사상을 계승한 수암(遂庵) 권상하의 분하에서 발단되었다. 이것은 그의 문하 강문팔학사(江門八學士) 중 가장 걸출했던 외암(巍巖) 이간(李柬, 1677~1727)과 남당(南塘) 한원진(韓元震, 1682~1751)의 견해 차이—전자는 인물성동론, 후자는 인물성이론(異論)—에서 비롯된 것이다. 그런데 이 호락논쟁의 저변에는 주희의 '이동기이(理同氣異)'와 함께 이이의 '이통기국(理通氣局)'의 사상이 가로 놓여 있는 것으로 결국은 보편과 특수의 관계에 대한 논쟁이다. 이 세계는 무형무위(無形無爲)를 특성으로 하는 형이상의 리와 유형유위(有形有爲)를 특성으로 하는 형이하의 기가 합해 이루어진 것이므로 보편성과 특수성을 함께 갖는다고 할 것이다.[54] 이런 맥락에서 율곡에게서 '성'은 이기의 합임은 물론이며 대개 보편자의 리가 개별자의 기 가운데에 있게 된 연후에야 성일 수 있었다.[55] 그리고 그의 이통기국설에

소통적 동일성이 전제되어야만 관점의 상대화, 객관화가 이루어져 중세 교조적 가치가 해빙될 수 있다는 말이다.

54 『栗穀全書』一, 卷10, 「答成浩原」, "理無形也, 氣有形也. 理無爲也, 氣有爲也. 無形無爲而爲有形有爲之主者, 理也. 有形有爲而爲無形無爲之器者, 氣也. 理無形而氣有形, 故理通而氣局. 理無爲而氣有爲, 故氣發而理乘."

55 『栗穀全書』一, 卷10, 「答成浩原」, "性者, 理氣之合也. 蓋理在氣中, 然後爲性. 若不在形質之中, 則當謂之理, 不當謂之性也."

따르면 인(人)과 물(物)의 성은 기국 때문에 다르며 이통지리(理通之理)의 측면에서 인과 물의 리는 동일한 것이다.[56] 이 성의 개념에 대한 해석의 차이는 결국 이일지리(理一之理)를 성으로 정의하면 인성과 물성은 동일하며 분수지리(分殊之理)를 성으로 정의하면 인성과 물성은 상이하게 된다는 사실을 지적해 두고 싶다.[57]

이와 같이 호락논쟁은 외암과 남당이 '성'의 개념을 상호 입장에 따라 달리 규정했다는 데서 비롯된다. 즉 인성과 물성에 대해 관점에 따라 '같음(同)' 또는 '다름(異)'의 이론이 상대적으로 성립될 수 있음을 시인하면서도 제각기 자신의 관점에 맞춰 그 중 하나를 선택했다는 점에서 근본적으로 예정되어 있었다.[58] 그런데 이 논쟁에서 인성이니 물성이니 하는 그 '성'은 성리학에서의 본연지성(本然之性)을 기리킨다.[59] 남당은 기본적으로 절대 보편적 차원인 초형기(超刑器)를 인정하면서도 "성이란 이기의 합으로서 리가 기 가운데에 있게 된 연후에야 성일 수

---

56 『栗穀全書』 一, 卷10, 「與成浩原」, "人之性非物之性者, 氣之局也, 人之理卽物之理者, 理之通也."
57 최영진, 「蘆沙 奇正鎭의 理一分殊說에 관한 고찰」, 『조선조 유학사상의 탐구』, 여강출판사, 1988, 269쪽.
58 실제로 이 두 사람은 관점에 따라 인성·물성의 상동 또는 상이의 이론이 다 같이 상대적으로 성립함을 시인했다. 외암은 인과 물을 일원(一原, 本然之性)이라는 점에서 서로 같음을 자신의 관점으로 선택하면서도 이체(異體, 氣質之性)라는 점에서 인·물이 서로 다름은 물론 모든 개체의 성들도 서로 다르다고 했다. 남당 역시 다른 표현으로 일원과 이체를 구분했다. 물론 내용상 삼분(性三層說: 超刑器, 因氣質, 雜氣質)하여 말하는 것이 외암과는 다르지만 일원의 경우를 태극인 초형기(超刑器, 곧 기질을 초월)라 표현해 이 관점에서 인·물의 성은 같다고 했고 이체의 경우를 인기질(因氣質, 곧 기질에 입각)이라 표현해 이 관점에서 서로 다르다고 했다. 남당은 알다시피 후자를 자신의 관점으로 선택했다. 참고로 호론은 이 초형기의 성과 인기질의 성을 본연지성으로, 그리고 잡기질의 성을 기질지성으로 보았다. 윤사순, 「인성·물성의 동이논변에 대한 연구」, 『인성물성론』, 한길사, 1994, 24-27쪽.
59 양재열, 「南塘 韓元震의 人物性不同論에 관한 고찰: 性의 개념을 중심으로」, 『조선조 유학사상의 탐구』, 여강출판사, 1988, 216쪽.

있다"⁶⁰라는 말과 "인성과 물성은 기국 때문에 다르다"⁶¹라는 율곡의 말
에 주목했다. 그리하여 성을 '기'와의 연관 아래에서만 가능하다는 인
기질이언(因氣質而言)⁶²으로서의 분수지리·기국지리(氣局之理)라는 입
장을 고수해 인물성부동(人物性不同)을 설했는데 이것은 기국지리의 국
한성을 견지하는 태도이다. 이와 반대로 외암은 '성'이 정이(程頤)와 주
희가 말한 대로 '기'가 탈색된 '성즉리(性卽理)'가 기본 전제인 이상 성의
본질은 하나의 보편적 근원, 즉 일원(一原)이라고 주장했다. 그러면서
도 한편으로 기질은 각기 서로 다른 개체, 즉 이체(異體)에 해당함을
아울러 인정했다.⁶³ 이러한 입장은 율곡의 설인 "리가 비록 기에 국한되
어 있더라도 본체는 자여하다"⁶⁴; "인·물의 리가 동일한 까닭은 이지통
(理之通) 때문이다"⁶⁵라는 이통에 중점을 두는 태도이다.

그런데 이렇게 구별되는 이 두 사상은 제각기 서로 다른 역사적·시대
적 기능을 수행했다. 호학이 '성'을 특수적·차별적·이체적인 '기'와의
연관 속에서 개념을 규정함(性異)에 따라 금수와 사람, 이적과 조선중화
민족 사이의 귀천을 준별해 기존의 가치질서와 시대적 이데올로기를
강화하는 이론적 토대로 작용했다. 이것은 가장 율곡적인 호론과 가장

---

60 『栗穀全書』 一, 卷10, 「答成浩原」, "性者, 理氣之合也. 蓋理在氣中然後爲性, 若不在形
　　質之中, 則當謂之理, 不當謂之性也."

61 『栗穀全書』 一, 卷10, 「與成浩原」, "人之性非物之性者, 氣之局也."

62 『南塘集』 上, 卷12, "栗穀先生日, 性者理氣之合, 理在氣中, 然後爲性, 若不在氣中, 則
　　當謂之理 不當謂之性. 此皆愚說之所本也.";『南塘集』 下, 附「朱子言論同異攷」 卷2,
　　"蓋理賦於氣中 然後方爲性 故日因氣質而言 不因乎氣質 則不名爲性矣."

63 『巍巖遺稿』 卷7, 130쪽, "愚嘗聞, 本然者一原也, 氣質者異體也.";『巍巖遺稿』 卷7, 131쪽,
　　"性雖有本然氣質之別, 而本然其主也.";『巍巖遺稿』 卷12, 220쪽, "蓋栗穀之意, 天地萬
　　物, 氣局也, 天地萬物之理, 理通也. 而所謂理通者, 非有以離乎氣局也, 卽氣局而指其本體
　　不雜乎氣局而爲言耳."

64 『栗穀全書』 一, 卷10, 「答成浩原」, "惟其理之雖局於氣而本體自如."

65 『栗穀全書』 一, 卷10, 「與成浩原」, "人之理卽物之理者, 理之通也."

퇴계적인 기호남인 계열이 공유하는 입장으로 퇴·율철학의 한국적 의미를 논하기에 앞서 주자학의 본질이 화이명분론과 윤리·도덕적 의식의 강조에 있음을 보여주는 예라 하겠다. 당시의 대외 인식에서도 청의 존재란 여전히 배척해야 될 오랑캐로서의 범주를 벗어나지 못했다. 그 반면에 낙학은 보편적·무차별적·동일적인 '리'에 역점을 둠(性同)으로써 뒷날 중세사회의 계층적 질서를 부정하고 근대적인 가치질서를 확립하는 초석이 되었다. 말하자면 낙론은 율곡의 학풍을 퇴계학과 절충해 인성과 물성, 성인과 범인은 다르지 않다는 결론을 얻게 된다. 다만 차이가 있다면 기질에 의한 것이므로 기질의 개선을 통해서 범인도 성인이 될 수 있음을 확신했다. 이에 논리상 청을 인정함은 물론 청이 주도하는 동아시아 국제질서 속에서 능동적이고 탄력적으로 대처할 수 있게 했다. 이것 역시 이 두 학파의 큰 차이점이라고 할 것이다.[66]

이제까지 율곡의 이통기국설과 그것이 인물성동이논쟁에 어떻게 적용되고 근거되었는지를 살펴보았다. 그 결과 율곡의 설이 주자학의 형이상학 체계인 이일분수설에 입각한 이론이므로 이 두 방면(同·異)에 모두 설명이 가능하다는 사실을 알 수 있다. 되풀이되는 말이지만 호·락의 분쟁은 분명 자신들의 소신과 관점에 따라 성(본연지성)의 개념을 달리 규정하면서 유발된 것이지만 이 논쟁의 근거가 된 율곡의 '이통기국설'

---

66 이 맥락에서 김도환은 호·락의 대청인식의 차이를 다음과 같이 논구한다. 호론의 심성론은 타고난 기질에 따른 화·이, 인(人)·수(獸)의 차별을 강조하는 것이었다. 때문에 한원진(호론)은 이적이 화로 변할 수 있는 가능성은 거의 없다고 보았고 청이 화가 될 수 없는 이유도 기질인 음양·오행의 설로 설명했다. 곧 청은 그 발생지가 서북(肅殺之方)이기 때문에 화가 될 수 없다는 것이다. 반면 김이안(金履安, 낙론)은 호론에 비해 기질 변화의 가능성을 폭넓게 인정했으므로 이적이 화가 될 수 있는 가능성 자체를 문제 삼지는 않았다. 다만 청의 경우는 '중국 침입'이라는 이적의 행실로 인해 이적을 면할 수 없다고 주장했다. 김도환, 『담헌 홍대용 연구』, 경인문화사, 2007, 97-107쪽.

역시 그 특성상 '인물성동이'에 대한 관점의 상대적 성립이 가능한 논리 구조를 본유하고 있었다. 그것은 이지승기(理之乘氣, 合看·不離)로 말하면 '기'에 국한되어 각각 현상적·특수적·차별적·사실적·이체적·개별적·개체적 일리(一理, 氣局之理)가 된다는 관점[67]과 이지본체(理之本體, 離看·不雜)로 말하면 본체적·보편적·무차별적·이념적·동일적·전체적 그 본체의 혼연함(理通之理)은 진실로 자약하다는 관점[68]의 그야말로 양립적인 차원인 것이다.[69] 요컨대 낙학의 외암은 후자에 착목해 차별적·이체적인 '기'보다는 무차별적·동일적인 '리'에 역점을 두었다. 즉 정이의 '성즉리'를 주희의 '이동(理同)', 이이의 '이통'으로 연결해 성의 개념을 '리'의 개념과 일치시켜 '성동(性同)'을 주장하게 된 것이다.

여기서 낙학과 북학의 중요한 사상적 연결고리가 포착된다. 그것은 관점의 분기선상에서 그 선택의 문제이다. 외암은 "천명, 오상(五常), 태극, 본연은 명목이 비록 많지만 모두 '리'를 가리킴에 따라서 그 명목

---

67 『栗穀全書』一, 卷10, 「答成浩原」, "以理之乘氣而言, 則理之在枯木死灰者, 固局於氣而各爲一理."

68 『栗穀全書』一, 卷10, 「答成浩原」, "以理之本體言, 則雖在枯木死灰, 而其本體之渾然者, 固自若也."

69 여기서 개진한 논리는 아래 명시한 최영진의 논문을 참고했다. 최영진은 조선조의 유학사를 분류할 때 상투적으로 적용시켜 온 기존의 틀(범주), 즉 주리(主理)·주기(主氣)의 분류방식에 대한 문제점과 한계를 검토한 후에 다음과 같은 결론에 도달하고 있다. 이를테면 "성리학자들의 주 관심사는 리가 기보다 근원적인가 아니면 기가 리보다 근본적인가, 리에 실재성을 인정하는가 부정하는가라는 문제에 있는 것이 아니라 리와 기를 어떻게 보고 어떤 관계로 설정할 것인가라는 문제에 있다"고 판단하고, "조선조 유학사상의 분류틀을 이간(離看)·합간(合看) 또는 불리(不離)·부잡(不雜)이라는 관점(관계)의 차원에서 설정할 때 그 실상에 보다 접근될 수 있으리라"는 가설을 세우고 있다. 이에 근거하자면 '합간(合看) = 불리(不離) = 일물(一物) = 이기무선후(理氣無先後) = 인물성부동(人物性不同)'; '이간(離看) = 부잡(不雜) = 이물(二物) = 이선기후(理先氣後) = 인물성동(人物性同)'이라는 도식이 성립 가능하다. 최영진, 「조선조 유학사상사의 분류방식과 그 문제점: 主理·主氣의 문제를 중심으로」, 『한국사상사학』 제8집, 한국사상사학회, 1997, 31-53쪽.

을 달리하는 다른 이름에 불과하다. 처음부터 피차, 본말, 편전(偏全), 대소의 차이가 있는 것은 아니다."[70]고 말한다. 그는 성을 천명, 오상, 태극, 본연과 같은 개념으로 파악해 "천지 만물은 이 일원의 차원에서 모두 같다"[71]고 천명한다. 이러한 외암의 관점은 낙학계 학자들은 물론 이고 그들과의 혈연관계나 학문적 사승(師承)관계에 있었던 북학파 실학자들에게도 거의 절대적인 영향을 미쳤다. 실례로 홍대용, 박지원 등 북학파의 주요 인물들이 논쟁의 한쪽 당사자인 노론 낙론계의 종장 미호(渼湖) 김원행(金元行, 1702~1772)과 직간접적인 사승관계에 있었 다[72]는 사실을 기억할 필요가 있다. 김원행 역시 "지금 이 초형기·인기 질론은 태극에 대해서는 부잡(不雜) 일변만을, 오상에 대해서는 불리(不離) 일변만을 말한다. 이것이 과연 주자의 뜻이겠는가?"[73]라 하여 한원진의 견해에 반대하고 낙론적 심성론을 고수했다. 그런 만큼 담헌은 수학과정에서부터 낙론계의 인물성동론에 친연성을 가졌음은 물론이고 그것을 평생의 종지로 삼지 않을 수 없었다. 이렇게 낙론이 '성'의 규정을 우주 만물의 존재 원리인 이일(理一, 理通之理)에 입각한다는 관

---

70 『巍巖遺稿』卷4, 80쪽, "天命五常太極本然, 名目雖多, 不過此理之隨指異名, 而初非有彼此本末偏全大小之異也."

71 『巍巖遺稿』卷12, 231쪽, "夫宇宙之間理氣而已. 其純粹至善之實, 無聲無臭之妙則天地萬物, 同此一原也."

72 김문용, 「북학파의 인물성동론」, 『인성물성론』, 한길사, 1994, 577쪽. 또한 유봉학은 다음과 같이 말한다. "18세기 들어오면서 노론의 주자학자들이 호락논쟁이란 미증유의 대심성논쟁을 벌이고 김창협계(金昌協系)의 김창흡과 어유봉(魚有鳳)이 이재(李縡), 박필주(樸弼周) 등과 함께 낙론의 핵심을 이루며, 18세기 중반 이후에는 김원행과 박윤원(樸胤源) 등이 낙론을 이끌어 간다는 점 등을 고려할 때 담헌과 연암의 집안 및 학문의 배경은 기본적 교양으로 지녔던 이기심성론이 결국 낙론적일 수밖에 없었던 주된 요인을 이루는 것이라 하겠다." 유봉학, 『연암일파 북학사상 연구』, 81쪽.

73 『渼湖全集』, 「中庸問答」, "今此超形氣因氣質之論, 則太極只是不雜一邊, 五常只是不離一邊, 其於朱子之旨何如也."

점의 선택은 홍대용의 사상 형성에 지대한 영향을 주면서 학문과 세계
인식의 개방성과 해방성을 도출해내는 중요한 사상적 근거가 되었다.

(2) 서양 과학사상의 수용

홍대용은 12세에 당대의 석학이자 노론의 중심 인물이었던 김원행에
게 주자학을 배워 학문적 기초를 닦았다. 그리고 35세 되던 해인 1765년
에는 서장관으로 청에 가는 숙부 홍억(洪檍)을 자제군관(子弟軍官)으로
수행해 북경에서 3개월 동안 체류했다. 이때 절강의 문인 엄성(嚴誠),
반정균(潘庭均), 육비(陸飛) 등과 교류함은 물론, 또 한편으로 독일계 선교
사 흠천감정(欽天監正) 할러슈타인(Augustinus von Hallerstein, 劉松齡),
부감(副監) 고가이슬(Antonius Gogeisl, 鮑友管) 등과 면담하고 관상대를
견학, 천문학에 대한 지식을 넓혔다. 홍대용은 당시 서방의 천문뿐만
아니라 역상(歷象), 문자, 음악, 종교, 과학기술 등 다방면에 걸쳐서 토론
했다. 귀국한 뒤에는 이를 바탕으로 지전설(地轉說)을 주장함과 동시에
조선 제일의 과학사상가로서 수학의 원리 적용, 천문, 측량 도구에 대한
해설을 담은『주해수용(籌解需用)』을 저술했다. 홍대용의 연행은 오늘날
북학파로 분류되는 인물들 가운데 가장 먼저 이루어진 것으로 그는 청의
고증학과 서양문물을 접하고 사상체계에 큰 변화를 겪게 되었다. 또한
정작 그 자신은 '북학'이라는 말을 사용한 적은 없지만[74] 교우관계에 있던

---

74 '북학'이란 말은 본래 박제가(樸齊家)가『북학의(北學議)』,「자서(自序)」에서『맹자』
속 진량(陳良)의 말을 취하여 '북학의'라 한 데서 유래한다.『北學議』,「自序」, "輒隨其
俗之可以行於本國, 便於日用者, 筆之於書, 並附其爲之之利, 與不爲之弊, 而說說也, 取
孟子陳良之語, 命之曰北學議.")『맹자』의 진량에 관한 내용을 보면, "나는 중화의 법을
써서 오랑캐의 도를 변화시켰다는 말은 들었어도 오랑캐에게 변화되었다는 말은 듣지
못했다. 진량은 초나라 태생으로서 주공(周公)과 중니의 도를 좋아하여 북쪽으로 중국
에서 공부하거늘 북방의 학자들이 혹시라도 그보다 앞선 자가 없었으니 저는 이른바

박지원(樸趾源), 이덕무(李德懋), 박제가(樸齊家) 등에게 많은 영향을 미쳐 북학사상을 형성하게 했다. 그러므로 홍대용은 북학사상의 이론적 기틀을 마련한 실질적 주창자라고 할 수 있다.

홍대용에 관한 연구는 지금까지 철학, 사학, 문학, 과학 등 분야에서 괄목할 만한 진척을 보이고 있다. 그에 따라 담헌의 학문적 특성과 의미가 다각도로 조명되었다. 실제로 그는 철학, 문학, 사학, 자연과학 등 다방면에 통했기 때문에 그 사상의 총체적 이해를 위해서는 종합적인 접근이 필요하다. 이를 감안해볼 때 담헌의 세계관은 서학과의 영향 관계를 무시할 수는 없겠지만 그렇다고 해서 단순히 성리학적 세계상을 서학의 세계상으로 대체해간 것은 아니다. 그는 전통의 성리학적 세계상 위에 나름의 세계상을 구축한 것이다.[75] 여하튼 홍대용은 일찍부터 자연과학 연구에 심취했다. 자신의 집에 천문대 농수각(籠水閣)을 설치해 혼천의(渾天儀)로 천문을 관측했을 정도로 자연과학에 깊이 천착했다. 이러한 관심은 29세 때 자연과학자 나경적(羅景績)과의 지적 만남을 통해 더욱 확대되고 본격화된 것으로 보이지만 그 전에서부터 낙론계 일각의 학풍이었던 대곡(大穀) 김석문(金錫文, 1658~1735) 계통의 상수학(象數學) 영향이 있었던 것으로 판단된다.[76] 여기서 '상수학'이

호걸의 선비이다."『孟子』, 「滕文公」上, "吾聞用夏變夷者, 未聞變於夷者也. 陳良楚産也, 悅周公仲尼之道, 北學於中國, 北方之學者, 未能或之先也, 彼所謂豪傑之士也.")라 했다. 이렇게 보면 북학은 주공과 공자의 사상으로 대표되는 원초(原初)유학사상을 배우는 중국학임을 알 수 있다. 그러나 북학파의 입장에서는 이것은 선진문화(淸·西) 수용이라는 보다 확장된 개념이었다.

75 문석윤, 「담헌의 철학사상」, 『담헌 홍대용 연구』, 사람의무늬, 2012, 56쪽.

76 유봉학은 "대곡 김석문은 김창흡의 문인으로서 김창흡의 격려를 받으며 『역(易)』과 『성리대전(性理大全)』의 연구로 삼대환부공설(三大丸浮空說)이란 획기적인 천문학 이론을 수립했는데 그의 상수학은 담헌의 스승 김원행에게서도 크게 인정받고 있었다고 한다."라 말하면서 다음의 전거를 제시하고 있다. 金昌翕, 『三淵集』拾遺 卷31, 「語錄」,

란 역학(易學)의 한 갈래이자 자연물과 인간사에 대한 법칙적인 탐구를 추구하는 대표적인 학문 분야(名物度數之學)로서 의미를 갖는다.[77] 김석문은 그의 저작인 『역학이십사도해(易學二十四圖解)』에서 종래의 '중정외동(中靜外動)적 지정천동설(地靜天動說)'로부터 '중동외정(中動外靜)·외지중질(外遲中疾)적 지전지동설(地轉地動說)'에의 체계로 대전환을 역필한 바 있다. 즉 대곡은 당시 중국에 수용된 서양의 역법과 주돈이의 『태극도설』 등을 배경으로 자신의 체계를 정리하여 종래의 지정설(地靜說)을 비판하고 조선 최초로 지전설을 주장했던 것이다. 이는 자연히 중국 중심의 세계관을 탈피하고 주체의식을 자각하는 계기가 되었다.[78]

이러한 김석문의 학문은 낙론의 상수학으로 계승되었다. 이 점에서 김석문은 김원행의 문인 황윤석(黃胤錫)과 함께 담헌이 수학했던 18세기 진경(眞景)문화와 북학사상의 산실 석실서원(石室書院) 주변 상수학의 대표적인 인물로 거론된다. 스승 김원행과 우인(友人) 황윤석이 김창흡(金昌翕)의 문인 김석문을 깊이 경모해 그의 저서를 소유해 열람하고 있었다는 등등의 사실로 비추어볼 때 홍대용은 대곡의 학문으로부터 얼마간 영향을 받은 것으로 추정된다. 이와 같은 미호 문하의 학문적 분위기는 낙론적 심성론과 '물(物)'에 대한 자연과학적 탐구 사이의 일정한 연관을 보여주는 것으로 해석될 수 있다. 특히 인간과 만물이

"先生曰 象數何如 明履曰 象數極難通曉 雖有所通曉者 易忘可悶 … (先生)又謂金錫文曰 君解此以敎我 此蓋難究處 不可求曉.";黃胤錫, 『頤齋續稿』(頤齋全書』所收) 卷3, 「與金持平書」, "金大穀錫文 而其易學之發前人未發 一洗千古之謬者 不但爲三淵芝村之所大許 雖以鄙見論之 當與康節伯仲 而東國花潭以下所不論也 我先生 亦嘗談及此老 深致慕焉 弟尤爲之心醉." 유봉학, 『연암일과 북학사상 연구』, 82-83쪽.

77 김문용, 「담헌의 천문·우주 이해와 과학」, 『담헌 홍대용 연구』, 사람의무늬, 2012, 190쪽.

78 허종은, 「서양 우주론의 최초 수용 – 대곡 김석문」, 『한국실학사상사』, 한국철학사연구회, 다운샘, 2000, 157쪽.

오상을 공유한다고 하는 낙론의 논리는 리=오상의 윤리적·도덕적 측면보다는 '물리적 법칙'의 측면을 강조한다는 면에서 더욱 그러하다.[79] 이러한 경향은 낙론적 심성론을 유지함으로써 얻어지는 '생명원리', '존재원리'로서의 연대성과 소통성 측면도 함께 포괄한다. 홍대용의 생명 중심의, 인간의 도덕적 자율성을 그 체계 내에 허용하는 확장된 자연주의의 입장은 바로 전통 성리학을 토대로 전개해나간 것이다. 그것은 물론 당대의 사회현실과 자연학의 발전 그리고 서학과의 만남 가운데서 치열하게 이루어진 것이었다.[80] 이것이 담헌의 사유가 서양의 과학적 환원주의(reductionism)로 매몰되지 않은 이유이기도 하다. 여기에 병행해서 그의 자연과학 탐구가 스승 김원행으로부터 전수된 낙론적 심성론에 기본적으로 논리적 토대를 두면서도 한편으로 '기'철학에 의탁해 전개되고 있음도 놓쳐서는 안 될 것이다.

홍대용의 주 관심사가 실증적이고 과학적인 데로 기울어졌던 까닭에 이기론에서도 물질성과 생명성을 공유하는 '기' 위주로 전개된다. 그는 "천지 사이에 충색한 것은 기일 뿐이고 '리'는 그 가운데 있다"[81]고 규정해 세계의 근원을 기로 파악, 기에 대한 리의 주재성을 축소하는 기 중시의 경향을 보인다. 담헌은 또한 "태허(太虛)는 본래 고요하고 비었으며 가득히 차 있는 것은 '기'이다. 안도 없고 바깥도 없으며 시작도 끝도 없는데 쌓인 기가 일렁거리고 엉켜 모여서 질(質)을 이루며 허공에 두루 퍼져서 돌기도 하고 멈추기도 하나니 이른바 땅과 달과 해와 별이 이것이다. 대저 땅이란 그 바탕이 물과 흙이며 그 모양은 둥근데

---

79 김도환, 『담헌 홍대용 연구』, 23쪽.

80 문석윤, 「담헌의 철학사상」, 92쪽.

81 『湛軒書』內集 卷1, 「答徐成之論心說」, "充塞於天地者, 只是氣而已, 而理在其中."

쉬지 않고 돌면서 공계(空界)에 떠 있다. 만물은 그 표면에 붙어서 살아
가는 것이다."[82]라고 했다. 이 논변은 흡사 기를 우주의 본체로 삼고 기
의 본체가 곧 태허라는 장재(張載)나 서경덕(徐敬德)의 전통적인 기론의
기본적인 틀을 수용하면서 서양과학 이론인 지구설, 지전설을 결합해
그의 독특한 자연과학적 세계관을 확립한 것으로 보인다. 이와 함께
『의산문답』의 지계(地界), 각계(各界) 등 용어에서 계(界)는 서양의 구중
천설(九重天說) 및 천체관(天體觀)과 밀접한 관련이 있는 용어로[83] 간주
된다. 또한 그가 이 저작에서 허자(虛子)에게 들려주는 큰 도란 전통적
인 주자학적 진리와 대비되는 개념으로 서양의 과학적 성과에 힘입어
이루어진 세계에 대한 새로운 인식의 산물인 것이다. 다시 말해 서양과
학의 수용과 직결되는 것으로 그의 세계관과 철학체계의 변화를 수반
하는 것[84]이었다.

그러나 한편으로 홍대용의 음양(陰陽)과 오행(五行)의 견해는 장재나
서경덕의 기론과는 성격을 달리한다.[85] 그는 "음양에 얽매이고 의리에
빠져 천도를 밝히지 못한 것은 선유(先儒)의 잘못이다"[86]라 하여 기존의

---

82 『湛軒書』內集, 卷4, 「醫山問答」, "太虛廖廓, 充塞者氣也. 無內無外, 無始無終, 積氣汪
   洋, 凝聚成質, 周布虛空, 旋轉停住, 所謂地月日星, 是也. 夫地者, 水土之質也, 其體正
   圓, 施轉不休, 淳浮空界, 萬物得以依附於其面也."
83 이현구, 「서양 과학과 조선 후기 실학」, 『실학사상과 근대성』, 예문서원, 1998, 125쪽.
84 김용헌, 「서양과학에 대한 홍대용의 이해와 그 철학적 기반」, 12쪽.
85 김용헌은 주자학에서는 음양을 기의 동정(動靜)으로, 즉 기를 음과 양으로 나누어서
   설명하는 것은 주자학의 특징이라 하면서 서경덕의 기론도 음양오행설, 나아가 상수학
   의 테두리를 벗어나지 않는다고 했다. 이에 비추어 음양오행설을 부정하고 상수학에서
   탈피하고 있는 홍대용의 이기설은 이미 주자학, 나아가 성리학적 테두리를 벗어난다는
   것이다. 또한 홍대용의 기론이 전통적인 기론과 결정적으로 다른 점은 지구를 둘러싸고
   있는 공기, 즉 대기를 의미하는 서양의 청몽기설(淸蒙氣說)을 수용하는 데 있다고 지적
   했다. 앞의 책, 21-24쪽.
86 『湛軒書』內集, 卷4, 「醫山問答」, "拘於陰陽 泥於義理 不察天道 先儒之過也."

음양설에 대해 비판적인 입장을 취했다. 즉 "후세 사람들의 말처럼 천지 사이에 따로 음양 두 기가 있어서 수시로 나타나기도 하고 숨기도 하면서 조화를 주재한다고 할 수는 없다"[87]고 함으로써 모든 자연현상을 무턱대고 음양의 두 기의 변화로 설명하려는 태도를 부정했다. 담헌은 "음양의 근본을 궁구해보면 실상 태양 빛의 얕음과 짙음에 속한 것"[88]이라 했듯이 그에게 음양의 의미는 단지 지극히 자연스럽게 드러나는 자연의 한 모습에 불과했다. 그리고 오행에서도 전통적인 기질관(氣質觀, 곧 陰陽是氣, 五行是質)에 기초해 서양의 4원소설을 유교적인 전통과 결합시켜 물질관을 상하구조로 조정, 기(天)를 위에 올려놓고 그 아래에 질로서의 화(日), 수(地), 토(地) 3원소설을 제기했다.[89] 이러한 담헌의 기론은 종래의 음양오행설이 지녔던 공명(共鳴)이론으로서의 사변성을 극복하고 보다 합리적인 물질론에 다가서게 했다.[90] 아울러 음양오행에 대한 이와 같은 이해방식은 객관적·실증적인 과학적 세계관으로 이어져 중세의 허위적 자연관을 극복하고 지구설과 더불어 지전설, 우주무한설 등 일련의 우주론을 주장하게 하는 원동력이 되었다.[91]

---

87 『湛軒書』內集, 卷4, "非謂天地之間, 別有陰陽二氣, 隨時生伏, 主張造化, 如後人之說也."

88 『湛軒書』內集, 卷4, "究其本, 則實屬於日火之淺深."

89 『湛軒書』內集, 卷4, "夫火者日也. 水土者地也. 若木金者, 日地所生成, 不當與三者竝立爲行也. … 知天者氣而已, 日者火而已, 地者水土而已. 萬物者氣之糟粕, 火之陶鎔, 地者尤贅. 三者闕其一, 不成造化, 復可疑乎. … 人物之生動, 本於日火. 使一朝無日, 冷界淺兢, 萬品融消, 胎卵根子, 將安所本. 故日地者萬物之母, 日者萬物之父, 天者萬物之祖也."

90 허남진은 여기서 "홍대용은 이러한 기론에 입각하여 지구의 둥글, 자전, 우주무한을 비롯한 여러 자연 현상을 나름대로 합리적으로 설명하고 있는데 역으로 여러 자연 현상을 관찰하고 설명하기 위하여 이러한 기론이 전제되었다고도 볼 수 있을 것이다"고 했다. 허남진, 「홍대용(1731~1783)의 과학사상과 이기론」, 1993, 146쪽.

91 오가와 하루히사(小川晴久)는 담헌의 우주론 형성과 관련하여 다음과 같은 견해를 발표하고 있다. "① 중국 고대 우주론 중의 하나인 선야설(宣夜說), ② 북송의 학자 장횡

2) 담헌의 생태적 탈주변화 담론

한국의 실학사상이 현실성, 실용성, 개방성, 과학성, 실증성 등의 근대적 성격을 지님으로써 근대 개화사상 형성에 하나의 중요한 모태가 되었다는 연구는 널리 알려진 바이다. 이러한 실학적 성격은 상호 긴밀하게 연관되어 있지만 그 중에서도 북학파의 대외개방의식은 화이론적 세계관의 극복을 통한 근대적 세계관으로의 전환으로 형성되었다[92]는 점은 특기할 만하다. 이것은 개화 사상가들의 사상적 핵심으로 견지되고 있다. 엄밀히 말해서 근대로 향한 사상적 여명은 동아시아 국제 공공성의 '화이사상'을 기반으로 하여 시대적 헤게모니를 쥐고 있는 당시 경화된 정치적·사상적 이념의 제한으로부터 스스로 자유로울 수 있는 화이일론적 세계관에서 비롯되었다고 할 수 있다. 민족 자주와 근대 지향의 개화사상이 바로 북학사상에서 이어받은 사상적 핵이 다름 아닌 '화이일론'적 세계관이라는 사실을 상기해 볼 때 이는 상당한 설득력을 얻고 있다. 그러나 홍대용의 북학사상이 갖는 의미를 단순히 청의 선진문명을 배워야 한다든지, 또는 근대성과 민족주의의 근거를 모색하는 식의 단조로운 해석들은 현재적 관점에서 볼 때 분명 한계를 노정한다. 무엇보다도 오늘날 담헌사상의 재해석은 '생태문명관-탈주변화'의 발굴에 맞춰져야 한다. 금세기 보편적 가치인 타자성과 다원성을

거(張橫渠)의 천문설(天文說)(지구자전을 통찰하고 있는 것 같은 견해), ③ 예수회의 선교사에 의해 중국에 소개된 서양 천문학─티코 브라에(스웨덴의 천문학자)의 체계, 갈릴레오의 망원경에 의한 여러 발견, 코페르니쿠스의 지동설의 실질적 소개 등, ④ 조선의 학자 김석문의 천문설, 이런 선행 유산들을 재료로 하고 그의 동일성의 관점을 구사해 그의 우주무한의 지평은 개척되었다. 그 자신이 사설 천체관측소를 가진 천체관측자였다는 것을 잊어서는 안 된다. 그의 우주론은 최종적으로는 독자적인 그의 것이지만 이상의 네 가지를 소재로 한 것이었다." 小川晴久, 「모화와 자존 사이: 18세기 조선 지식인 홍대용의 중국관」, 『월간조선』 NO. 7·8, 1981, 221-222쪽.

92 손형부, 『樸珪壽의 개화사상 연구』, 일조각, 1997, 25쪽.

포용하는 '문명생태주의'적 독법이 그것이다.[93]

여기서는 동아시아 중화적 문명 이분법에 항명하는 홍대용의 세계 인식의 관점의 전환, 즉 상대화, 객관화, 그리고 이로부터 연산된 생태적 '동일성의 철학'에 입각하고자 한다. 전통성과 근대성의 접점에서 이룩된 담헌의 문명 생태론적 사유는 그의 심성론-인간관-자연관-우주론-사회관-화이관 등에 일관되게 관철되고 있다. 논자는 홍대용의 사상 형성에서 내·외적 요인이 상호 규정의 면을 갖는 상보적 관계에 있다는 견해에 동의한다. 또한 심성론은 그가 전개한 '물론(物論)'의 논리적 전제이면서 동시에 그 결론이기도 하다는 새로운 이해방식에도 기본적으로 동조한다.[94] 그러면서도 한편으로 담헌의 세계관을 '기'의 생명성을 강조하는 기일원론 일변도로 설명하는 방식에는 선뜻 동의할 수 없다. 기 자체가 생명성을 함축한다면 그 연속선상에서 생명의 원리로서의 '리'의 범주를 무시할 수 없으며, 더욱이 홍대용의 생태철학에는 '보편성(理)'과 '특수성(氣)'의 상호 이간(離看)·부잡(不雜)된 면을 중시하는 학문적 전승도 함께 발견되기 때문이다. 이것은 특수적이고 이질적인 '기'의 국한성을 극복하고 상호 이해와 협력의 모티브(motive)를 이통적 명제로부터 지양된 소통적 '생명의 원리'에서 모색하는 입론을 포괄한다. 본 절에서는 세계인식의 변화를 상징하는 담헌의 '천시(天

---

93 박희병 역시 이와 유사한 관점에서 '물아(物我)의 관계 설정'이라는 분석 틀을 통해 담헌의 세계관에 대한 생태주의적 독법을 시도하고 있다. 그에 따르면 "홍대용의 인식론과 존재론에는 생태적 면모가 대단히 풍부하다. … 홍대용의 인식론과 존재론은 궁극적으로 '생태적 마음'에 근거를 두고 있다. 그리하여 홍대용 사상의 생태적 지향은 사물과 사물의 관계, 자연과 인간의 관계, 민족과 민족의 관계에 대한 인식 전반에 걸쳐 두루 관찰된다. 전통적인 철학 용어에 의거할 경우 이들 제 관계는 '물아'라는 말로 포괄될 수 있다. 이 때 물아는 나와 남, 주체와 타자, 안과 밖, 중심과 주변, 주체와 객체, 이 모두를 의미한다."고 했다. 박희병, 『한국의 생태사상』, 278쪽.

94 박희병, 『한국의 생태사상』, 252-253쪽.

視)'가 어떠한 배경과 맥락에서 창출·전개되었는지를 심층 분석해보기로 하겠다. 왜냐하면 그것은 그의 인물균론(人物均論), 화이일론, 역외춘추론(域外春秋論) 등으로 귀결되는 생태적 '동일시'의 각성을 촉발시킴으로써 인간 중심적 또는 중국 중심적 세계상으로부터 탈피하는 근거가 되기 때문이다.

(1) 연대적 동일시의 철학

홍대용의 총체적 '동일시'의 철학은 전통학풍에서 유전된 형이상학적 심성론에서 '성'을 규정할 때 인간의 속성과 인간 이외 존재의 속성 탐색에 있어 특수성·특유성과 보편성·통유성의 택일 중 그 보편 원리(이간·부잡)를 선택·강조한다는 점에서 분명 율곡학과 낙학으로 연결되는 학문적 유산을 물려받고 있다. 즉 담헌은 낙론의 인물성동론의 기본적 형식에서 연역되는 논리구조를 유전받아 차별성, 특수성, 개별성으로 상징되는 기국적 장벽을 축소하고 동일성, 보편성, 전일성으로 상징되는 이통적 소통성에 입각해 기를 매개로 하는 연대적 생명성을 강조하게 된다. 이것은 곧 상대도 나와 동일한 존귀성이 내재한다는 의식과 동시에 상대의 입장에서 상대를 고려할 줄 아는 관점의 상대화를 터득하게 했다. 더 나아가 상대와 내가 합일될 수 있는 궁극적 '통합원리'의 연원을 탐색하던 중에『중용(中庸)』의 '천명지위성(天命之謂性)'이라는 형이상학적 전거에서 오는 보편원리의 시발자 '천'의 객관적인 시각에 도달해 마침내 담헌의 의식에서 '연대적 동일시'로의 회귀적 관점이 성취되기에 이른다. 물론 이 동일시의 관점은 자연과학 연구와의 상호 긴밀한 연관 속에서 얻어진 동시적 결과이기도 하다. 즉 지원설, 지전설, 우주무한설 등 과학실증적 자연우주관에서 오는 세계인식에 대한 지리적·공간적 탈주변화(탈중심화)가 사상적으로 승화된 데 기인

한 것이다. 그는 이 '동일성'의 철학을 통해 자연계 전체 생명체의 상호 절대적 평등가치를 보장받고자 기도했다.

홍대용의 학문정신이 주로 실증적이고 과학적인 데로 기울어져 있었기 때문에 이기론에서도 '기' 중시의 경향을 보인다는 사실은 앞서 지적한 바 있다. 그러나 그에게서 '리'는 여전히 세계를 설명하는 중요한 개념으로 그 자리를 잃지 않는다.[95] 율곡의 이통기국설과 낙론의 인물성동론을 충실히 계승함으로써 '리'와 '기'의 범주적 독자성을 더욱 엄격히 유지해 만물 공통의 존재법칙과 생명법칙 차원에서 인물균의 논리로 승화시키고 있다. 담헌의 다음 말들에서 확인할 수 있다. "대개 리는 리일 뿐이지 기가 아니며 기는 기일 뿐이지 리가 아니다. 리는 무형하고 기는 유형하니 이기의 분별은 천지만큼의 현격한 차이가 있는 것이다. … 리를 버려두고 홀로 존재하는 기는 있을 수 없지만 엄연히 기는 스스로 기일 뿐이며 허공에 매달려 홀로 서 있는 리는 있을 수 없지만 엄연히 리는 스스로 리일 뿐이다."[96] 또 말하기를 "대저 만물은 동일적인 면으로 보면 모두 같고 이체적인 면으로 보면 모두 다르다. 그러므로 리라고 하는 것은 천하의 같은 바요 기라고 하는 것은 천하의 다른 바다."[97]

---

95 이 측면에서 허남진은 다음과 같은 견해를 피력한다. "홍대용은 일반적으로 기일원론자 혹은 주기론자로 알려져 있는데 그것은 홍대용의 관심이 자연과학적인 데로 많이 기울어져 있기 때문에 그런 것이지 심성론 부분에서 이기론을 전개한 것을 보면 임성주와 같은 기일원론자는 아니다. 우리가 흔히 주리니 주기니 하고 구분하는 것은 심성론에서 성과 리의 일치, 리의 자발성 여부를 가지고 하는 것이고 우주론에서는 주리론자, 주기론자를 막론하고 기에 의한 존재의 생성과 소멸을 논하고 있다. 따라서 모든 존재가 기에 근본하고 있다고 주장한다 해서 반드시 주기론자가 아니며 또 리의 존재를 부정하고 있는 것도 아니다. … 홍대용은 율곡의 이통기국설과 이재, 김원행의 인물성동론을 그대로 이어받으면서 이기의 개념적 구분을 더욱 엄격히 하여 인물균의 논리를 전개하고 있다." 허남진, 「홍대용(1731~1783)의 과학사상과 이기론」, 14-15쪽.
96 『湛軒書』內集, 卷1, 「孟子問疑」, "蓋理者理也, 非氣也, 氣者氣也, 非理也. 理無形而氣有形, 理氣之別, 天地懸隔. … 無遺理獨存之氣, 而氣自氣也, 無懸空獨立之理, 而理自理也."

그리고 "무릇 같은 것은 리이고 같지 않은 것은 기이다. 보석은 지극히 보배롭고 똥은 지극히 천한데 이것이 기이다. 보석이 보배로운 소이와 똥이 천한 소이는 인의(仁義)인데 이것이 리이다. 그러므로 보석의 리가 곧 똥의 리이고 똥의 리가 곧 보석의 리이다."[98]

이 논변들은 마치 율곡의 "말라 죽은 나무와 불이 꺼진 재의 기는 곧 살아 있는 나무와 타는 불의 기가 아니나 말라 죽은 나무와 불이 꺼진 재의 리는 곧 살아 있는 나무와 타는 불의 리이다"[99]라는 말이 연상될 정도로 담헌은 기존의 성리학 이론을 성실히 계승하고 있다. 다시 밀해 만물의 이체적인 면으로 보면 특수적·이질적인 기의 국한성 때문에 보석과 똥의 귀천의 차이가 생기지만 보편적·동일적인 리의 소통성 때문에 보석과 똥은 귀천의 차이가 없다는 것이다. 아울러 외암이 "천지 만물은 기국이며 천지 만물의 리는 이통이다. 이른바 이통이란 기국과 떨어져서 존재하는 것이 아니라 기국에 즉해서 그 본체가 기국과 부잡함을 지적해서 말한 것이다"[100]라 했던 이해방식과도 일치한다. 그런데 주목되는 점은 홍대용이 기에 대한 리의 주재성을 부정하고 기 운동의 자기 원인성을 주장하는 면모도 함께 관측된다는 사실이다. 더욱이 리 자체의 윤리성마저도 탈거시키는 경향을 보인다.[101] 이렇게 되

---

97 『湛軒書』 內集, 卷1, 「答徐成之論心說」, "凡物同則皆同, 異則皆異. 是故理者, 天下之所同也, 氣者, 天下之所異也."
98 『湛軒書』 內集, 卷1, 「心性問」, "夫同者理也, 不同者氣也. 珠玉至寶也, 糞壤至賤也, 此氣也. 珠玉之所以寶, 糞壤之所以賤, 仁義也, 此理也. 故曰珠玉之理, 卽糞壤之理, 糞壤之理, 卽珠玉之理也."
99 『栗穀全書』 一, 卷10, 「答成浩原」, "枯木死灰之氣, 非生木活火之氣, 而枯木死灰之理, 卽生木活火之理也."
100 『巍巖遺稿』 卷12, 11쪽, "蓋栗穀之意, 天地萬物, 氣局也, 天地萬物之理, 理通也. 而所謂理通者, 非有以離乎氣局也, 卽氣局而指其本體不雜乎氣局而爲言耳."
101 『湛軒書』 內集, 卷1, 「心性問」, "曰無聲無臭, 而爲造化之樞紐, 品彙之根柢, 則旣無所

면 '리'는 절대적이고도 본원적인 의미로서의 만화의 근본이 될 수 없을뿐더러 도덕의 근원성마저도 손상을 입고 만다. 그러나 담헌의 핵심은 리의 실재성 자체를 부인하는 논리는 아니며 주리론에서의 이관(理觀), 즉 주재성, 작위성을 가진 만화지본(萬化之本)으로서의 리를 부인하고 이 지위를 기에게 인정하기 위한 문제 제기일 뿐이다.[102] 이처럼 리가 기의 만화의 주재, 작위의 '규율'로서 한정되는 등 그의 이기론이 기존의 성리학과 일정한 거리가 있음은 사실이다.[103] 그럼에도 일면 세

作爲, 何以見其爲樞紐根柢耶! 且所謂理者, 氣善則亦善, 氣惡則亦惡, 是理無所主宰, 而隨氣之所爲而已. 如言理本善, 而其惡也, 爲氣質所拘, 而非其本體, 此理旣爲萬化之本矣, 何不使氣爲純善, 而生此駁濁乖戾之氣, 以亂天下乎! 旣爲善之本, 又爲惡之本, 是因物遷變, 全沒主宰."

102 이동환은 여기서 담헌이 리의 작위성과 주재성은 부인했지만 리의 가치적 실재성은 극치화했다고 보았다. 이동환, 「홍담헌의 세계관의 두 국면: 도학과 실학 사상과의 相須的 연계 관계의 한 양태」, 『한국실학연구』, 솔, 1999, 142-152쪽.; 김도환은 다른 시각에서 담헌이 낙론의 심성론을 계승하고 있으며 리의 실재성, 작용성, 주재성을 모두 인정하고 있다고 보았다. 김도환, 『담헌 홍대용 연구』, 41-60쪽.

103 박성래는 기존 성리학의 리 개념과 홍대용의 리 개념에 관한 차이점을 다음과 같이 지적한다. "홍대용은 물질세계를 형성해 주고 또 변화시켜 주는 본질을 기로 보고 기가 움직이는 법칙성을 리라고 해석했다. 그의 이와 같은 이기론은 신유학이 갖고 있는 리의 뜻을 오늘 우리가 갖고 있는 합리성의 리에 한 걸음 더 접근시켜 준 것으로 판단된다. 신유학의 리는 오늘 우리가 생각하는 합리성 이외에 윤리성(또는 도덕성)의 리까지를 포함하는 폭넓은 뜻으로 쓰여져왔다. 홍대용은 전통적인 리의 개념에서 윤리성을 제거해 버린 것이다. 그만큼 그의 자연관은 근대적인 합리주의에 접근하는 철학적 바탕을 마련했던 것이다." 박성래, 「홍대용의 과학사상」, 『한국학보』 23, 1981, 163쪽.; 박학래는 "기에 대한 리의 주재성을 부정하는 홍대용에게서 리는 도덕적인 근원, 즉 만선(萬善)의 근본으로 인정되지 못한다. 기의 작위에 구애받지 않는 본원적이고 초월적인 태극으로서의 리는 그에게서 더 이상 의미를 갖지 못한다. 따라서 천명이나 태극으로서의 리의 본연성은 탈각된다. 성즉리에 있어 성은 리와 마찬가지로 구체적인 사물의 법칙에 지나지 않는 것이다."라 하여 홍대용의 리를 규정하고 있다. 박학래, 「홍대용의 실학적 인간관」, 『실학의 철학』, 예문서원, 1997, 256-257쪽.; 허남진은 "종래의 소이연지고(所以然之故)와 소당연지칙(所當然之則) 두 면을 동시에 지닌 것으로 해석되었던 리의 의미를 소이연지고만으로 제한해버린 것이다. … 리기의 개념 구분을 엄격히 하여 원리로서의 리와 존재로서의 기라는 구분을 분명히 하고 이 구분에 따라 리의

계의 통합을 규정해주는 '소통적 실재'라는 성리학적 기본형식은 그대로 유지되었다.

어쨌든 분명한 사실은 홍대용에게 리는 윤리성의 의미는 축소되고 '보편성'의 의미가 보다 확장되고 있다는 점이다. 바꿔 말해 인의예지(仁義禮智)는 존재론적 성격이 한층 강화되는 모습을 보인다. 이 소통성으로서의 '리'의 강조는 낙론을 넘어서게 하는 요인 중의 하나였다. 더불어 홍대용이 말하는 성은 리와 서로 존재론적 위상은 다르지만 그 내용은 동일함을 알 수 있다. 즉 "인의를 말하면 예지(禮智)가 그 가운데 있고 인을 말하면 의가 또한 그 가운데 있다. 인이란 리이다. 사람은 사람의 리가 있고 물은 물의 리가 있다. 이른바 리라고 하는 것은 인일 따름이다. 천에 있어서는 리라 하고 물에 있어서는 성이라 한다. 천에 있어서는 원형이정(元亨利貞)이라 하고 물에 있어서는 인의예지라 한다. 그 실은 하나이다."[104] 우선 그는 인의예지를 인 속에 모두 포함시킬 수 있다고 단정한다. 그리고 기존 '성즉리'의 성리학적 명제를 있는 그대로 받아들이면서 리, 성, 인을 모두 동일한 개념으로 파악했다. 또 지적하고 싶은 것은 담헌이 인을 리라고 했듯이 인의와 같은 윤리 덕목을 리인 자연계 전체의 '존재원리'와 연계시킴으로써 전통적 이해방식을 따르고 있다는 사실이다. 전통적으로 생명활동은 자연계의 기본 속

실재성, 주재성, 윤리성을 부정하고 있다. 홍대용은 있다는 것이 무엇을 의미하는지를 분명히 한 후 여기에 리라는 존재가 끼어들 틈이 없음을 논증하고, 도덕성, 윤리성을 리로 파악한 주자학의 리 개념에서 가치를 배제해 리 개념을 새롭게 정립함으로써 법칙으로서의 리 개념을 분명히 했다."라 했다. 허남진, 「홍대용(1731~1783)의 과학사상과 이기론」, 17쪽.

104 『湛軒書』內集, 卷1, 「心性問」, "言仁義則禮智在其中, 言仁則義亦在其中. 仁者理也, 人有人之理, 物有物之理, 所謂理者, 仁而已矣. 在天曰理, 在物曰性, 在天曰元亨利貞, 在物曰仁義禮智, 其實一也."

성으로 이해된다는 점에서 리(성)의 내용격인 인(인의)은 담헌에게서 '생명의 원리'로 자연스럽게 받아들여졌던 것으로 보인다. 이를테면 "초목도 전혀 지각이 없다고 할 수 없다. 비나 이슬이 내리고 나서 싹이 돋는 것은 측은지심이고 서리나 눈이 내리고 나서 나뭇잎이 떨어지는 것은 수오지심이다. 인은 곧 의이고 의는 곧 인이니 리라고 하는 것은 하나일 따름이다."[105]

결국 담헌은 이 세계 만물은 이 '생명의 원리'를 함께 공유한다는 차원에서 인물성동의 입장을 취했던 것이다. 그리고 리, 성, 인을 동일 개념으로 파악했던 그는 성이라는 용어를 리라는 용어로 대체 가능했다. 이 맥락에서 다음 말을 보자. "초목의 리는 금수의 리이고 금수의 리는 곧 사람의 리이며 사람의 리는 곧 하늘의 리이니 리라는 것은 인의일 따름이다."[106] 이처럼 연대적 존재원리인 리와 생명원리인 인의로 파악되는 그에게서의 '성'이 구체적인 존재의 법칙이면서 동시에 온갖 이치의 총명(總名)으로 언명된 것은 당연한 귀결이라 하겠다. "가만히 생각해 보니 성이란 물의 법칙이면서 온갖 이치의 총명이다. 그 가운데 나아가 나눠 말하면 인의예지의 이름이 있어서 이 네 가지에 즉해서 만선(萬善)이 갖추어져 있으니 성 가운데에 어찌 일찍이 효제(孝弟)가 없겠느냐!"[107] 여기서 성의 일면인 물의 법칙이란 '기'에 국한된 이체적인 개별자, 곧 타 개별자와 구별되는 자기만의 특수적인 개성을 말한

---

105 『湛軒書』內集, 卷1, 「心性問」, "草木不可謂全無知覺, 雨露旣零, 萌芽發生者, 惻隱之心也. 霜雪旣降, 枝葉搖落者, 羞惡之心也. 仁卽義, 義卽仁, 理也者一而已矣."

106 『湛軒書』內集, 卷1, 「心性問」, "草木之理, 卽禽獸之理, 禽獸之理, 卽人之理, 人之理, 卽天之理, 理也者, 仁與義而已矣."

107 『湛軒書』內集, 卷1, 「論語問疑」, "竊意性者, 物之則而衆理之總名. 就其中分而言之, 有仁義禮智之名, 卽此四者而萬善足焉, 則性中曷嘗無孝弟乎!"

다. 이러한 상호 불통인 개별자의 국한성과 차별성을 뛰어 넘어서 주통 (周通)할 수 있는 온갖 이치의 총명, 곧 무차별성적 생명의 원리는 다름 아닌 '리'라는 소통성의 관점-'이통'에서 이해되는 또 다른 성의 일면인 것이다. 이것은 낙론의 인물성동론의 기본형식에서 연역된 논리구조 의 유전이 아닐 수 없다.[108]

이러한 이해방식은 결국 세계인식에 대한 획기적인 전환을 창출할 수 있게 했는데 다음 말에서 여실히 드러난다. "오륜과 오사(五事)는 사 람의 예의이고 떼를 지어 다니면서 서로 불러 먹이는 것은 금수의 예의 이며 떨기로 나서 무성한 것은 초목의 예의이다. 사람의 입장에서 물을 보면 사람이 귀하고 물이 천하지만 물의 입장에서 사람을 보면 물이 귀하고 사람이 천하다. 하늘의 입장에서 보면 사람이나 물이나 마찬가 지이다."[109] 이것은 인물성론에서 제시되었던 리, 성, 인을 하나로 관통 시켜 하나의 생명활동으로 파악[110]하는 태도의 연장선으로서 초목, 금 수의 생명활동이 바로 인간의 예의와 똑같은 가치로 인정될 수 있음을 말한 것이다. 그럼으로써 인간만이 홀로 자귀(自貴)하다는 편향적이고 획일적인 관점인 이인시물(以人視物)에서 벗어나 물의 입장에서도 나를 바라볼 수 있는 상대적 관점, 곧 '이물시인(以物視人)'을 획득할 수 있게

---

108 김용헌은 홍대용의 인물성동론의 논리가 주자학적 인물성동론자들의 논리와 어떻게 다른지를 다음과 같이 피력한다. "일단 존재론적 기본 전제가 다르다는 점을 들 수 있다. 주자학적 인물성론에서는 존재의 궁극적 근원이자 가치의 총부(總部)인 태극, 천명의 객관적 존재를 전제하고 있다. 하지만 홍대용은 이것을 부정한다. 또한 인물성 론에서는 오행의 존재를 전제하고 있지만 홍대용은 오행을 부정한다. 김용헌, 「서양과 학에 대한 홍대용의 이해와 그 철학적 기반」, 31쪽.

109 『湛軒書』內集 卷4, 「醫山問答」, "五倫五事, 人之禮義也. 群行呴哺, 禽獸之禮義也. 叢 苞條暢, 草木之禮義也. 以人視物, 人貴而物賤, 以物視人, 物貴而人賤. 自天而視之, 人 與物均也."

110 박학래, 「홍대용의 실학적 인간관」, 264쪽.

했다. 더욱이 물에 인의예지의 도덕적 가치를 승인한 것은 인간과 사물을 함께 아우른 새로운 가치론의 정립을 의미한다. 이 새로운 가치론의 핵심은 물에 대한 존중, 인과 물의 조화와 공존이다.[111] 이 점에서 담헌의 존물(尊物)적 자연관은 서양의 정복적 자연관과는 본질적으로 다르며 인간중심주의라는 통념적 관념을 전복시키는 세계관의 전환인 것이다. 여하튼 그는 상대도 나와 동일한 존귀성(생명의 원리)이 내재되어 있다는 해방적·화해적 인식의 틀을 마련함으로써 상대의 존재를 인정함은 물론 이해·타협·공존할 수 있는 길을 열어놓았다.

홍대용은 이 논법을 여기에서만 그치지 않고 계속 확대시킨다. 그는 상대와 내가 연대적 동일성으로 합일할 수 있게끔 하는 그 궁극적 '존재원리'와 '생명원리'의 연원처를 탐색한 끝에 종국에는 제3의 객관적 눈이 건재함을 확인하게 된다. 『의산문답』의 '자천시지(自天視之)'나 『중용』의 '천명지위성'으로서의 '인(人)·물(物)'을 존재 가능케 하는 '천'의 원리가 그것이다. 담헌은 자신의 내면세계에서 이 진리의 전체상인 '천시'를 각성해 마침내 본원의 연대적 '동일시'를 복원하기에 이른 것이다. 그리고 이를 환기시킴과 동시에 여기로부터의 회고를 통한 자연계 전체 생명체의 절대적 평등가치를 보장받고자 했다.[112] 담헌은 먼저

---

111 박희병, 『한국의 생태사상』, 262쪽.

112 오가와 하루히사는 필자의 이 논법과 유사한 용어로 '동일성의 시점'이라 이름하고 있다. 이를테면 "인간 중심(자기중심)의 보는 방식을 비판하려면 그 반대의 방식(以物視人)을 제시하면 되는 것으로 생각하기 쉽지만 시점을 반대쪽으로 옮기는 것만으로는 역의 편향(바이어스)이 생길 뿐이다. 참된 동일시는 양자의 부정 위에 성립된다는 것이다. 그렇지만 제2단계의 상대시(以物視人)는 동일시로 가기 위한 불가결한 조작이다. 우주무한의 지평(우주 내의 동일시)을 개척하려면 저 먼 별에서 한번 지구를 돌아보아야만 한다. '화이일'의 시점에 도달하려면 한번 '이'를 중심으로 하여 '이'에서 '화'를 보아야만 한다. 『의산문답』에서는 이 관계가 참으로 잘 제시되었다. 그러나 상대시를 매개로 한 동일시의 시점은 실상은 노자(老子)와 장자에 의해 제시된 도가의 시점이

상대화를 통해 특정한 가치의 절대성을 부정하고 객관화를 통해 인식과 가치평가의 객관성을 확보하고자 했다. '자천시지'란 바로 관점의 상대화와 객관화의 통일을 의미한다. 그래서 그는 "어찌하여 하늘의 입장에서 물을 보지 않고 오히려 사람의 입장에서 물을 보느냐"[113]고 강변했던 것이다. 이 말은 "천지간 생물 중에 오직 인간만이 귀하다"[114]라는 허자(虛子)의 유교적 인간중심주의의 도그마(dogma)를 논파하는 과정에서 도출된 것이다. 결국 담헌의 생각은 절대적 생명의 본원에서 본다면 모든 존재는 귀하고 천함 없이 모두 동일하다는 생태적 사고에 도달하고 있는 것이다. 이 논단은 인식경계의 이분법으로부터 벗어나 천이라고 하는 객관적 관점과 보편적 가치 기준으로 세계를 재인식하라는 생명철학의 엄명인 것이다.[115]

한편 이 '동일시'의 생태철학은 홍대용의 자연과학 연구와 동시적으로 연계되어 표출된 것이다. 담헌은 당시 중국을 통해 수용된 천문학을 비롯한 서양과학의 영향을 받아 새로운 과학적 세계관의 형성, 즉 지원설, 지전설, 우주무한설 등 과학실증적 자연우주관에서 오는 세계인식에 대한 지리적·공간적인 상대화, 객관화 그리고 이를 과학적 지식에

아니었던가. 여기에 과학적으로 다져진 실옹(實翁)의 시점으로서 새로 탄생한 도가의 시점을 보게 된다." 小川晴久, 「모화와 자존 사이: 18세기 조선 지식인 홍대용의 중국관」, 『월간조선』 NO. 7·8, 1981, 222쪽.

113 『湛軒書』 內集, 卷4, 「醫山問答」, "曷不以天視物, 而猶以人視物也."
114 『湛軒書』 內集, 卷4, 「醫山問答」, "天地之生, 惟人爲貴."
115 여기서 박희병은 '천'을 기철학적 측면에서 '태허(太虛)'로 규정한다. 비록 필자의 생각과는 다르지만 논리적 정합성과 설득력이 있다. 소개해보면 "하늘의 관점에서 본다는 것은 곧 모든 존재의 근원인 태허의 관점에서 봄을 의미한다. 태허의 관점에서 보면 모든 존재는 그 현상적 차이에도 불구하고 평등하다. 다시 말해 태허는 물아, 즉 모든 존재의 동일성을 보증하는 궁극적 근거이다. 홍대용은 이처럼 태허의 관점에서 물아를 봄으로써 인간중심주의를 반성하면서 그것을 벗어나는 이론적 기틀을 마련할 수 있었다." 박희병, 『한국의 생태사상』, 281쪽.

서만 그치지 않고 사상적 차원으로 수렴해갔다. 먼저 그는 월식과 일식 때 일어나는 현상에 근거해 '지원설'을 피력한다. "달이 해를 가릴 때 일식이 되는데 반드시 가려진 체(體)가 둥근 것은 달의 체가 둥글기 때문이다. 땅이 해를 가릴 때 월식이 되는데 가려진 체가 둥근 것은 땅의 체가 둥글기 때문이다. 그런즉 월식은 땅의 거울인 것이다. 월식을 보고도 땅이 둥근 줄을 알지 못한다면 이것은 거울로 자기의 얼굴을 비추면서 그 얼굴을 분별하지 못하는 것과 같다."[116] 계속해서 그의 지전설을 보면, "대개 땅덩어리는 빙빙 돌아 하루에 한 바퀴를 돈다. 지구의 둘레는 9만 리이고 하루는 12시간인데 9만 리의 넓은 둘레를 12시간에 도는 것을 보면 그 운행의 빠름은 천둥보다도 빠르고 포환보다도 빠르다고 할 것이다."[117] 특히 담헌은 이 '지전설'을 통해 이전의 지구 중심적이고 인간 중심적인 천운설(天運說)을 부정하고 있다. 이것은 상대주의적 인식의 전환과도 관련된다.

이 논의는 지구 자체를 상대화시켜 지구중심설을 부정하는 '무한우주론'으로 전개된다. 홍대용은 말하기를 "은하란 여러 세계를 묶은 한 세계로 공계(空界)에 두루 돌아 한 큰 테두리를 이룬 것이다. 그 속에 많은 세계의 수효가 몇 천 몇 만이나 된다. 해와 지구 등의 세계도 그 중 하나일 뿐 하늘의 한 큰 세계이다. 그러나 지구에서 볼 때 이와 같을 뿐이고 지구에서 보는 이외에도 은하 세계 같은 것도 몇 천 몇 만 몇 억이나 되는 줄 알 수 없다. 나의 자그마한 눈에 의하여 갑자기 은하가

---

116 『湛軒書』內集, 卷4, 「毉山問答」, "月掩日而蝕於日, 蝕體必圜, 月體之圜也. 地掩日而蝕於月, 蝕體亦圜, 地體之圜也. 然則月蝕者, 地之鑑也. 見月蝕而不識地圜, 是猶引鑑自照而不辨其面目也."

117 『湛軒書』內集, 卷4, 「毉山問答」, "夫地塊旋轉, 一日一周, 地周九萬裏, 一日十二時. 以九萬之闊, 趨十二之限, 其行之疾, 亟於震電, 急於炮丸."

가장 큰 세계라 할 수 없을 것이다."[118]고 했다. 더 나아가 "하늘에 가득한 별치고 저마다 세계 아닌 것이 없다. 성계(星界)에서 본다면 지계(地界) 또한 하나의 별이다. 무한한 세계가 공계에 흩어져 있는데 오직 이지계만이 그 중심에 있다는 말은 이치에 닿지 않는 주장이다."[119]라고 역설한다. 이렇듯이 홍대용이 수직적·층위적 인식경계로서의 자기중심성을 탈피해 존재들 간의 수평적인 관계망을 인정한 것은 절대적 생명의 근원처인 '천시(天視)'에 근거했기 때문이다. 화합과 공존을 위한 사상의 구축은 본래 우리는 하나라는 연대적 '동일시'의 공감 속에서만 가능한 것이다. 동일성의 각성은 상대의 입장에 서서 상대를 고려할 줄 아는 상호 이해의 상대화이며 제3의 눈이 존재한다는 관조적 객관화를 의미한다. 차별적인 무수한 개체들이 하나로 화합할 수 있으려면 지고지선(至高至善)한 존재·생명의 원리를 다 같이 공유한다는 무차별적인 사고의 전환이 필요한 것이다.

(2) 화이 이분법의 해체

중국적 천하관이 구도한 '화이론적 국제 공공성'은 전통적 천원지방(天圓地方, 하늘은 둥글고 땅은 모나다)과 천동지정(天動地靜, 하늘은 돌고 땅은 정지해 있다)의 우주관에 의탁, 인식 가능한 범위 내의 세계를 계서적으로 파악하는 전근대 동아시아인들이 공유해온 세계인식을 말한다. 소위 '천원지방설'과 '천동지정설'은 중화적 세계관의 이론적 근거가 되

---

118 『湛軒書』內集, 卷4, 「醫山問答」, "銀河者, 叢衆界以爲界, 旋規於空界, 成一大環. 環中多界, 千萬其數. 日地諸界, 居其一爾, 是爲太虛之一大界也. 雖然地觀如是, 地觀之外, 如河界者, 不知爲幾千萬億. 不可憑我渺眼遽, 以河爲第一大界也."

119 『湛軒書』內集, 卷4, 「醫山問答」, "滿天星宿, 無非界也. 自星界觀之, 地界亦星也. 無量之界, 散處空界, 惟此地界, 巧居正中, 無有是理."

어 중세적 국제질서, 사회질서를 합리화함으로써 모든 개인의 자유로
운 삶을 구속하고 각 민족국가의 자주성 확립과 주체적 발전을 제약하
는 하나의 질곡으로 자리 잡고 있었다. 실제로 중국에서는 옛날부터
지중(地中)이라고 부르는 측량원점을 지금의 낙양(洛陽)의 가까운 곳에
두고 이곳을 사방으로 퍼지는 대지의 세계 중심으로 인식했다.[120] 이렇
게 고안된 중화 관념은 조선에 주자학이 전래되면서 한반도에까지 파
급되었다. 특히 조선 후기 그것은 '조선중화주의'라는 유례없는 문화자
존의식을 고양해 거족적 일체감을 환기시키기도 했지만 한편으로 권력
층의 기득권 보존 논리 내지는 사상 탄압의 유리한 수단으로 작용한
면도 부정할 수 없다. 존화양이사상이 그대로 조선인의 의식에 굳건히
유지되고 있는 한은 청은 항상 배척해야 할 '이적'이며 호이가 지배하
는 중원은 '중화'로서의 자격이 상실되고 마는 것이었다. 이 관념은 이
후 우리 민족의 대외인식을 경화시켜 객관적인 가치판단을 전제로 하
는 올바른 세계관 형성에 차단막이 되어 국제외교와 교역활동에 심대
한 위해를 가했다.

　홍대용의 '문명생태주의' 철학은 이와 같은 동아시아 국제 이데올로
기 '중화 공공성'에 대한 문제제기에 기저를 둔다. 그는 『의산문답』에
서 인간과 물의 관계, 천지와 우주의 원리, 인간과 문명의 관계, 국가
의 발생, 호(胡)·한(漢)관계, 화이론의 문제 등에 대해 논하고 있다. 그
러나 담헌이 궁극적으로 피력하고자 한 것은 무엇보다도 연대적 '동일
시'의 생태철학에 입각한 '화이지분(華夷之分)'을 타파하는 데 있었다.[121]

---

120 허종은, 「서양 우주론의 최초 수용 – 대곡 김석문」, 『한국실학사상사』, 한국철학사연
　구회, 도서출판 다운샘, 2000, 155쪽.
121 담헌의 사회사상에 대한 논의에서 '화이론'에 대한 검토는 특히 중요하다. 그의 사회사
　상이 화이론에만 국한된 것은 아니지만 이에 대한 인식 태도는 여타의 의제들, 이를테

당시 화이명분론이 조선의 학풍을 일관 경색시켜 주자학 일색의 편향성을 관철시키고 현실과 괴리되는 허학적이고 내성적인 학문 경향성을 조장하고 있던 상황에서는 더욱 그러했다. 그는 새로운 세계를 예견하는 실옹(實翁)을 등장시켜 낡은 도술(道術)의 미혹에 빠져 천하를 어지럽히는, 당시대의 학술사상계를 대표하는 허자를 상대로 공평한 '천'의 관점에서 보면 모든 존재가가 무차등하며 나아가 의리의 절대성을 부정하고 가치의 상대성과 존재의 다원성을 천명했다.『의산문답』은 도입부 외에 크게 세 부분의 본론으로 구성되어 있다. 첫 부분은 인물무분(人物無分)에 관해 논한 부분이고 다음이 비교적 길게 논한 천지지정(天地之情)에 관한 부분이다. 그리고 막지막 부분은 인물지본(人物之本)과 고금지변(古今之變)에 관해 논하고 이를 바탕으로 '화이지분'에 대해 논박하는 것으로 마무리된다. 이 '화이무분론(華夷無分論)'이 글 전체의 결론이라면 인물무분론은 그 결론에 대한 예비적인 논단이라 할 수 있고 천지지정론은 결론의 도출을 위한 방증으로 언급된 것이다.

사실 홍대용의 화이관의 변화는 35세 되던 해 연행의 경험을 통해 유발된 것으로 보인다. 그 정황은 직재(直齋) 김종후(金鍾厚)와의 서신 논쟁에서 확인할 수 있다. 담헌은 귀국 후에 북경에서 교유한 세 항주인(杭州人)과의 필담·서신을『건정동회우록(乾淨衕會友錄)』이라는 제목으로 묶어 지인들에게 돌려 읽게 한 일이 있었다. 이 저술 속의 일부 행적과 언급들은 당시 화이론자들이 주도하던 조선의 분위기로 볼 때

면 문명을 보는 그의 시각이라든가, 중심과 주변, 안과 밖에 대한 그의 가치론적 판단 등과 서로 내면적으로 깊이 맞물려 있으며 일종의 논리적·이론적 정합성을 구축하고 있다. 사상가로서의 담헌의 특출함과 심원함, 그리고 자연과학자로서의 면모에 기초하고 있는 것으로 여겨지는 발본(拔本)직이자 관계석인 사유 특성이 바로 여기에서 잘 드러나고 있다. 박희병,「담헌 사회사상의 논리와 체계」,『담헌 홍대용 연구』, 사람의무늬, 2012, 112쪽.

논란의 여지가 있었다. 아니나 다를까 김종후는 춘추대의에 입각해 담헌을 사문난적으로 몰면서 입에 재갈을 물리려고 했다. 담헌은 직재에게 보낸 서신에서 "오늘날 이적은 중국에서 오래 살아왔기 때문에 그 먼 계획에 힘써서 점점 예의를 숭상하고 대략 충효를 본받았으니 살벌하는 성질과 금수 같은 행동이 그 처음 일어날 때 심했던 것과는 같지 않다. 그렇다면 '중국도 이적만 못하다'고 이른 말이 또한 어찌 불가하겠는가?"[122]라고 반박하고 있다. 그런가 하면 "우리 동방이 오랑캐가 된 것은 지계가 그러한 때문인데 또한 무엇을 거리낄 필요가 있겠는가? 이적에 나서 이적에 행한다 하더라도 성인이 될 수도 있고 현인이 될 수도 있으니 진실로 큰 일은 우리에게 달려 있는데 무엇을 의심하겠는가? 우리 동방이 중국을 본받아서 오랑캐를 면한 지는 오래되었다."[123]고 했다. 보다시피 담헌은 청이 중화로 변화될 수 있음을 강하게 긍정함은 물론 문화적으로 조선 역시 이적의 상태를 벗어났다고 밝히고 있다. 그럼에도 불구하고 여전히 성리학적 화이론이 그의 의식을 강고하게 지배하고 있음을 엿볼 수 있다. '중화'의 기준을 지리나 종족에 두지 않고 예의, 도덕의 실천 여부에 둔다는 점에서 종래 명분주의자들의 '문화적 화이관'과 크게 다르지 않다.

그러나 홍대용의 화이관은 이후 『의산문답』에 이르러서 현격한 변화를 보인다. 그는 인물무분을 주장해 인간중심주의와 그 연장선상에서 인간 종족 사이의 원칙적인 인격적 동질성을 추단했다. 이것은 주희

122 『湛軒書』內集, 卷3, 「又答直齋書」, "今時之夷狄也, 以其久居中國, 務其遠圖, 稍尙禮義, 略倣忠孝, 殺伐之性, 禽獸之行, 不若其初起之甚, 則謂之諸夏之不如夷狄, 亦何不可哉."
123 『湛軒書』內集, 卷3, 「又答直齋書」, "我東之爲夷, 地界然矣, 亦何必諱哉. 素夷狄行乎夷狄, 爲聖爲賢, 固大有事在吾, 何慊乎."

가 만물을 다섯 종류로 나누고 이적을 그 중 제2종, 즉 제1종인 인(人)과 금수의 중간에 위치한 것으로 규정해 이적을 비인(非人)이라 했던 논리를 분쇄하는 기폭점이 되었다. '인물무분론'에서 귀착된 '인물균'의 관점은 홍대용의 화이일론이 도출되는 선행적 논제라 할 수 있다. 담헌은 전적으로 '물'의 편에 서는 것도, 그렇다고 해서 '인'의 관점을 옹호하는 것도 아니었다. 그는 이런 일면성을 벗어난 진리를 통합적 '천'의 관점에서 구했다. 그의 사유행위에서 천은 올바른 인식의 근거이자 진리의 최종적 근거였다.[124] 이 인물균사상은 인간과 자연의 관계에 대한 새로운 모색이라 할 수 있다. 뿐더러 기존의 인간과 인간, 중화와 이적의 차등적 관계에서도 물(物)·아(我)의 차별성을 넘어 그 개별성을 긍정케 하여 개별적 존재 각자의 삶을 존중하는 논리를 내포한다. 담헌이 개진한 이 인물균론은 『의산문답』의 논리전개에서 존재론적·인식론적 기초를 이룬다.[125] 말하자면 '균(均)'이라고 하는 이 동일시의 관점은 논리적·공간적으로 확대되면서 지구와 뭇별의 균등성, 화이의 평등성에 대한 설파로 이어진다.

이미 살펴본 바와 같이 홍대용은 우주가 무한함을 논구하는 과정에서 '지구중심주의'를 부정했다. 그는 여기서 그치지 않고 지원설, 지전설 등의 과학실증적 자연우주관에 기초해 중국이 세계의 지리적 중심

---

124 박희병, 「담헌 사회사상의 논리와 체계」, 140쪽.

125 '인물균'이라 할 때 인과 물의 개념은 아직 명확하지는 않지만 생물학적 차원과 비생물학적 차원으로 나누어볼 수 있다. 특히 이 글의 논점상 생물학적 차원의 문화적·종족적 개념에서 보면 인·물에 있어 '인'이란 화인(華人), 즉 이를 계승한 조선중화족의 지칭으로 보아야 할 것이다. 그리고 이에 대비되는 의미로서의 '물'이란 주자가 이적을 비인(非人)이라 규정하여 인과 금수의 중간에 위치시켰던, 다시 말해 '인'의 류에서 제거시켰다는 점에서 호이, 왜이, 서이(西夷)가 모두 여기에 포함될 것이다. 이로 비추어 본다면 인물균은 '화이일'과 동격임을 알 수 있다.

이라는 편향된 '화이론'을 논파하는 데에까지 나아간다. 과학의 기본이 잘못 결정된 정신을 바로잡는 데에 있다[126]고 보았을 때 담헌의 과학적 탐구는 중국적 중화사상을 사상적으로 뒷받침하고 있는 전통적 천원지 방설과 천동지정설을 그 근간부터 흔들고 있었다. 그는 "중국은 서양에 대해 경도의 차이가 180도에 이른다. 중국인은 중국을 정계(正界)로 삼고 서양을 도계(倒界)로 삼지만 서양인은 서양을 정계로 삼고 중국을 도계로 삼는다. 그러나 실상 하늘을 이고 땅을 밟고 사는 건 지구상의 어느 지역이든 똑같다. 횡계(橫界)니 도계니 할 것 없이 다 같은 정계인 것이다."[127]고 역설한다. 지구는 원형이므로 특정한 어떤 나라나 지역이 정계일 수 없으며 모두가 '중심'이라는 것이다. 특기할 점은 앞서 김종후와의 논쟁에서는 '지계' 때문에 조선이 이적임을 인정했지만 여기서는 지리적 중심과 주변이라는 관념마저도 파기되고 있다는 사실이다. 담헌은 공간적 개념으로서의 상대적 자기중심성을 획득해 '화이지분'과 '내외지분(內外之分)'을 일거에 해체했던 것이다. 이처럼 그의 과학사상은 '화'와 '이'의 수직관계를 수평관계로 전환시키는 '화이등가론(華夷等價論)' 확립의 중요한 이론적 근거가 되었다.

　이 일련의 동일성의 철학은 결국 '문화적 화이관'을 해체하는 데까지 진척된다. 담헌은 고금지변을 논급하면서 기존의 통념과는 달리 '주'시대를 중국문명의 쇠락기로 보고 당대 조선을 지배하고 있던 '존주의식'을 무력화하는 데 주력했다. 그에 따르면 주의 제도는 오로지 화려하고 사치함만을 숭상해 "낙읍(洛邑)과 호경(鎬京)에 토목공사가 번다했으니

---

126 양재혁, 『동양사상과 마르크시즘』, 일월서각, 1987, 12쪽.

127 『湛軒書』 內集, 卷4, 「醫山問答」, "中國之於西洋, 經度之差, 至於一百八十. 中國之人, 以中國爲正界, 以西洋爲倒界, 西洋之人, 以西洋爲正界, 以中國爲倒界. 其實戴天履地, 隨界皆然. 無橫無倒, 均是正界."

저 진시황이나 한무제도 이를 본받았다"[128]고 비판한다. 나아가 중화의
이상체로 인식되어온 '주'의 문화적인 도덕의 위상 역시 다음과 같이
폐기한다. "미자(微子)와 기자(箕子)를 버리고 무경(武庚)을 세워서 은의
도가 다시 일어나지 못하도록 했으니 주의 속마음을 어찌 숨길 수 있겠
는가? 성왕(成王)이 즉위함에 관숙(管叔)과 채숙(蔡叔)이 공모해 형제끼
리 다투어 주공(周公)이 3년 동안이나 동쪽으로 정벌하는데 창과 도끼
가 다 부서지고 여덟 번이나 매방(妹邦, 은 紂王의 도읍지)에 고시했으나
백성들이 대항하고 귀순하지 않았으니 주가 은을 대신해 천하를 차지
하려는 마음이 없었다고 할 수 있겠는가?"[129] 더군다나 홍대용은 국가
의 흥망성쇠는 고도(古道)의 실현보다는 인시순속(因時順俗)의 도인 문
물의 편이성과 실용성이 관건이라고 주장한다. 즉 당시 중국이 떨치지
못하는 원인은 위용, 허례, 공언, 허약에 있음에 반해서 이적이 융성한
이유는 편이, 진솔, 실용, 강건에 있다는 것이다.[130] 그는 여기에 근거
해 여진족에 의한 중화의 대체 상황을 "남풍(南風, 천자의 덕)이 떨치지
못하고 호이의 운세가 날로 커가는 것은 인사의 감응이기도 하지만 천
시(天時)의 필연이다"[131]고 했다.

---

128 『湛軒書』內集, 卷4, 「醫山問答」, "洛邑鎬京, 土木繁矣, 夫秦皇漢武, 其有所受之矣."
129 『湛軒書』內集, 卷4, 「醫山問答」, "且舍微箕而立武庚, 殷道不復興, 周之微意, 焉可諱
也? 及成王初立, 管蔡鬩墻, 三年東征, 缺狀破斧, 八誥妹邦, 頑民梗化, 周之代殷, 其能
無利天下之心乎?"
130 『湛軒書』內集, 卷4, 「醫山問答」, "或曰 ⋯ 縫掖之偉容, 不如左袵之便易, 揖讓之虛禮,
不如膜拜之眞率, 文章之空言, 不如騎射之實用. 暖衣火食, 體骨脆軟, 不如毳幕湩酪, 筋
脈勁悍. 此或是過甚之論, 而中國之不振, 則所由來者漸矣."
131 『湛軒書』內集, 卷4, 「醫山問答」, "夫南風之不競, 胡運之日長, 乃人事之感召, 天時之
必然也." 홍대용에 의하면 기가 모여 형체를 이루는 것은 기화(氣化)요 남녀가 만나
정욕이 생겨 아이를 갖는 것이 형화(形化)이다. 수고지시(邃古之時)에는 오직 기화만
존재했기 때문에 인과 물이 많지 않았으나 태어난 성품이 두텁고 정신과 지혜가 밝고
동정(動靜)도 점잖으며 모든 생명체가 번성하고 자연에는 재앙이 없었다. 이것이 바로

홍대용은 마지막 꼭짓점으로 화이지분을 논하면서 마침내 '화이일 론'을 제기한다. 그는 강변하기를 "하늘이 내고 땅이 길러주는 무릇 혈 기가 있는 자는 다 같은 사람이며, 무리 가운데 뛰어나 한 나라를 맡아 다스리는 자는 다 같은 임금이며, 문을 여럿 만들고 해자를 깊이 파서 강토를 삼가 지키는 것은 다 같은 국가요, 장보(章甫, 은의 갓)이든 위모 (委貌, 주의 갓)이든 문신(文身, 동이의 습속인 먹물 넣기)이든 조제(雕題, 남 만의 습속인 이마에 단청을 새겨 넣는 습속)이든 간에 다 같은 습속이다. 하 늘에서 본다면 어찌 안과 밖의 구별이 있겠는가? 그러므로 저마다 제 나라 사람을 친근하게 여기고 자기 임금을 높이며, 제 나라를 지키고 제 나라 풍속을 편히 여기는 것은 중국이나 오랑캐나 똑같다."[132]고 했 다. 담헌이 이미 종족적·지리적 중심주의를 논파한 이상 문화적 중심 주의는 그다지 어려운 장벽이 아니었다. 이제 그의 의식에서 '화'와 '이' 는 제각기 독자적인 존재이며 종족, 습속, 거지(居地)의 구분이 인이 되 는 데 문제될 수 없었다.[133] 이른바 문명의 상징으로 여겨지던 장보와 위모, 야만의 상징으로 여겨지던 문신과 조제는 각각 나름의 가치를

'인물지본'이요 태평한 세상(太和之世)이다. '고금지변'에 대해서는 중고 시대로 내려 와 인과 물이 많아지면서 물아와 내외의 구분이 나타났다. 또한 기화가 끊어지고 형화 가 생기면서 나쁜 것만 자라나 밝은 마음이 없어졌으니 천지의 비운이요 화란의 시초였 다. 이후 문물이 발전하게 되자 백성의 투쟁이 시작되어 생명이 손상되고 계급이 생겨 났다. 풍속이 변해서 법도가 행해지지 않자 성인도 옛 도를 회복시키지 못하고 다만 권도(權道)로 더 나빠지지 않게 제어했다. 이후로도 도가 점차로 무너지고 문승(文勝) 한 까닭에 종국에는 중국이 망하고 이적이 융성하게 되었으니 이는 인사의 감응이요 천시의 필연이라는 것이다.

132 『湛軒書』內集, 卷4, 「醫山問答」, "天地所生, 地之所養, 凡有血氣, 均是人也. 出類拔 萃, 制治一方, 均是君王也. 重門深濠, 謹守封疆, 均是邦國也, 章甫委貌, 文身雕題, 均是 習俗也. 自天視之, 豈有內外之分哉? 是以各親其人, 各尊其君, 各守其國, 各安其俗, 華 夷一也."

133 민두기, 「열하일기의 일연구」, 『역사학보』 제20집, 1963, 87쪽.

갖는 풍속이고 문화이다. 어느 나라이든지 부모를 모시는 등의 예교가 있는 것이지 그것이 중국에만 유일한 것일 수는 없었다.[134] 홍대용은 인류, 민족, 국가, 문화를 각각 상대화시키고 급기야 총체적 진리 실체인 천의 관점에서 균시인 → 균시군왕(均是君王) → 균시방국(均是邦國) → 균시습속(均是習俗)을 언명하고 있는 것이다.

이로 보건대 담헌의 '화이일론'은 중화를 구성하는 종족, 지리, 문화의 세 요소를 전격적으로 부정하는 새로운 문명론적 기획임을 알 수 있다. 담헌은 수천 년의 장구한 세월 동안 동아시아를 강제해온 문명 이분법 화이론을 탈주술화하고 있는 것이다. 사실 탈주변화나 탈중심화가 내포하는 평등성이란 왜곡되고 부당한 자기중심성의 탈피를 의미한다. 이 점에서 홍대용은 또한 "대저 자기의 것이 아닌데 취하는 것을 도(盜)라 하고 죄가 없건만 죽이는 것을 적(賊)이라 한다. 사이가 중국을 침략하면 구(寇)라 하고 중국이 무력을 남발해 사이를 치면 적(賊)이라 한다. 그러나 서로 구하거나 적하는 것은 똑같은 짓이다."[135]고 지적한다. 기존의 화이론적 역사관에서는 중국이 이적을 침략하는 것을 정벌(征伐)이라 하여 도덕적으로 정당화시키는 경향이 있었다.[136] 그러나 홍대용은 '균시방국'이라는 차원에서 보면 침략인 바에는 중국이든 이적이든 매일반이라는 등가적 인식을 하고 있다. 이를테면 도둑질이나 죄 없는 사람을 죽이는 것은 누구나 예외 없이 도덕적으로 지탄받아야할 행위이다. 그러한 행위를 지칭하는 말이 설령 표현을 달리 하더라도 그 본의를 숨길 수는 없다. 중국이 오랑캐를 공격하는 행위 역시 정당

---

134 김문용, 『홍대용의 실학과 18세기 북학사상』, 예문서원, 2005, 168쪽.
135 『湛軒書』內集, 卷4, 「毉山問答」, "夫非其有而取之, 謂之盜, 非其罪而殺之, 謂之賊. 四夷侵疆中國, 謂之寇, 中國瀆武四夷, 謂之賊. 相寇相賊, 其義一也.
136 김인규, 『북학사상의 철학적 기반과 근대적 성격』, 다운샘, 2000, 166쪽.

화될 수 없으며 부당한 자기중심주의일 뿐이다. 담헌은 여기서 탈강권화, 즉 중심에 대한 주변의 대등한 다중심적 복권을 선언하고 있다.

무엇보다도 홍대용에게 화이 이분법의 해체담론은 이른바 '역외춘추론'에서 극점을 이룬다. 이 입론 역시 '중심(內)'과 '주변(外)'의 구분을 와해하는 동일시의 철학에서 도출된 것이다. 즉 천의 관점에서 보면 인식의 국한성이 극복되고 진리의 전체상이 획득된다는 논리의 연장인 것이다. 담헌의 역외춘추론은 중화 공공성의 성립 근거인, 즉 의리정신에 입각해 내·외와 화·이를 엄격히 구분했던 기존의 춘추론을 부정하는 것이다. "공자는 주나라 사람이다. 왕실이 날로 낮아지고 제후들이 쇠약해지자 오와 초가 중국을 어지럽혀 도둑질하고 해치기를 싫어하지 않았다. 『춘추』란 주의 역사책인바 안과 밖을 엄격히 한 것은 마땅하지 않은가? 그러나 만일 공자가 바다에 떠서 구이(九夷)에 들어와 살았다면 중국의 문물로 오랑캐를 변화시키고 주의 도를 역외에 일으켰을 것이니 내외의 구분과 존양의 의리에 있어 본래 마땅히 '역외춘추'가 있었을 것이다. 공자가 성인인 것은 이 때문이다."[137] 홍대용은 공자가 주나라 사람이었기 때문에 주를 안으로, 오랑캐를 밖으로 하여 존양의 의리를 천명했다는 것이다. 그러나 공자가 오랑캐에 옮겨와 살면 그는 용하변이하여 주의 도를 오랑캐에 실현하되 이제는 거꾸로 오랑캐를 안으로, 중국을 밖으로 하여 존양의 의리를 펴리라는 것이다.[138]

---

137 『湛軒書』內集, 卷4, 「醫山問答」, 孔子周人也. 王室日卑, 諸侯衰弱, 吳楚滑夏, 寇賊無厭. 春秋者, 周書也, 內外之嚴, 不亦宜乎? 雖然, 使孔子浮於海, 居九夷, 用夏變夷, 興周道於域外, 則內外之分, 尊攘之義, 自當有域外春秋. 此孔子之所以爲聖人也."

138 박희병, 「담헌 사회사상의 논리와 체계」, 176~177쪽. 조성을은 홍대용이 『의산문답』에서 종족적·지리적 화이관은 극복했지만 문화적 화이관은 재해석된 유교의 관점, 즉 모든 종족이 보편적으로 향유할 수 있는 개방적인 '화' 차원에서 그대로 유지하고 있다고 주장한다. 그에 따르면 "홍대용은 종족, 국가, 습속 등을 상대주의의 관점에서 균등

홍대용은 화·이의 구분 자체를 부정하면서 공자와『춘추』를 상대화시키고 있다. 그리고 오랑캐의 공자, 오랑캐의『춘추』를 상정함으로써 중국 중심의 천하관을 보장하는 절대불변의 중국의 공자, 중국의『춘추』구도를 파기하고 있다.

이러한 담헌의 다원개체 지향적 세계관은 물·아 간 유기체적 동일성 인식을 통해 도달된 것이다. 그는 당시 국제관계에서 지배적이던 화이관과 그에 바탕을 둔 문화우열의식을 전면 부정하고 개체는 물론이고 그러한 개체들이 이루어낸 문화를 적극 긍정했다. 어떤 의미에서 올바른 주체란 세계의 보편진리와 긴밀하게 연결되어 있어야 한다. 동시에 고유한 자기 안의 본질에 대한 철저한 자각과 자기준거의 정립(正立)이 선행되어야 한다. 이런 의미에서 진정한 자민족의 정체성에 대한 자각은 기존의 중화의식을 승인하고서는 성숙되기 어렵다고 할 것이다. 특히 조선중화주의의 근거인 '문화'의 실체란 알고 보면 중국문명에 대한 주관적 내면화에 지나지 않는다. 그 자긍심 역시 중국으로부터 분리된 주체적 자존이 아니라 종화(從華)라는 타자의 권위에 의탁한 것일 뿐이다. 때문에 조선 중화에서 모화(慕華)적 의리론을 제거한다면 이 사조는 주체적 자아 차원에서 그다지 취할 게 없게 된다.[139] 그런데 홍대용

하게 본 것은 사실이지만 중국 역외의 지역에 유가의 이념이 실현되어야 한다고 생각했다. 다만 이것은 중국 지역과 역외가 모두 대등하게 될 수 있다는 전제에서였다. … 그의 학문관은 어디까지나 유교를 근본으로 한 것이며 유교에서 말하는 삼대의 정치를 이상으로 보는 입장에 있었다."고 했다. 조성을, 「홍대용의 역사 인식: 화이관을 중심으로」, 『담헌서』, 진단학회, 일조각, 2001, 63쪽.

139 이 점에서 다음의 견해가 주목된다. "명·청 교체를 맞아 조선도 일종의 탈주변화를 시도해 청이 새롭게 구축한 새 중화에 동참하기를 정신적으로 거부했다. 여기까지는 베트남이나 일본과 크게 다를 바 없었다. 문제는 이러한 탈중화를 통해 발생한 빈 공간을 무엇으로 채울 것인가였는데 일본과 베트남이 그 빈 공간을 대체로 자기로 채운 데 비하여 조선의 지식인들은 그 빈 공간을 예전부터 있었던 중화, 곧 주자학적 한족중

에게 와서 '다 같은 사람', '다 같은 국가', '다 같은 문화'라는 화이등가
의식이 성립됨에 따라 비로소 민족적 정체성은 화족, 화국(華國), 중화
로부터 구별되는 한민족 그 자체에서 모색할 수 있는 단초가 마련된
것이다. 그러나 홍대용의 근대 모색은 자기중심성 위에 구축되고 있는
서구의 민족주의 이념과는 본질적으로 다르다. 그는 근대 민족국가의
근거를 제시하면서도 자기중심성을 배제한다. 더욱이 세계를 주객대
립이 아닌 다주체적 관계망으로 파악하고 있다. 오늘날 담헌의 철학이
'생태문명'과 관련해서 우리에게 깊은 인상을 남기는 이유는 바로 이런
점들 때문이다.

4. 끝맺는 말

근현대 문명을 지탱하는 서구의 양대 실재관은 주객대립의 자기중
심성에 기반을 둔 '인간중심주의'와 '이원적 자연관'이라고 할 수 있다.
형이상학적 측면에서 인간과 자연은 전혀 다른 성질이며 실천적 측면
에서 자연은 필연적으로 인간에게 위협의 근거이자 불안의 요소이고
인간에 의한 정복과 지배 그리고 약탈의 대상이다.[140] 이러한 양분법적
형식은 인간으로 표상되는 중심문명이 지배와 약탈의 대상인, 곧 자연

화로 채우고자 했다. 다른 말로 조선 지식인들은 중화의 상대화·객관화를 통해서가
아니라 중화의 주관적 내면화를 통해 자아의식을 발전시켰던 것이다. 그들은 죽은 부모
(명)와 자식(조선)을 동일시하는 의식화 작업을 통해 소중화로서의 자기정체성을 유지
하려 했다. 그러므로 중화를 결코 상대화할 수 없었고 타자화할 수도 없었다." 계승범,
「조선후기 중화론의 이면과 그 유산: 명·청 관련 호칭의 변화를 중심으로」, 『중국 없는
중화』, 인하대학교출판부, 2009, 277쪽.
140 박이문, 『문명의 미래와 생태학적 세계관』, 당대, 2000, 73-74쪽.

으로 표상되는 주변문명에 대해 갖는 관점과 태도를 그대로 반영한다. 이런 점에서 현대문명의 새로운 모델은 서구적 근대성과 관련된 현 문명의 진단과 그것을 대체할 타자와 공감하고 공생하는 새로운 유형의 탐색이 요청된다. 왜냐하면 관계성과 연대성이 배제된 사회는 필연적으로 타자와의 대화를 두절시켜 자기 소외와 세계의 불평등 구조를 야기하기 때문이다.[141] 이렇게 볼 때 홍대용의 새로운 문명의 기획은 세계를 주체와 객체 간의 대립으로 파악하지 않고 여러 주체들 간의 유기체적 '관계망'으로 파악한다는 점에서 그 대안이 될 수 있다. 더욱이 그의 세계관은 모든 민족이 저마다 주체이듯 자연은 타자의 자리에 있지 않고 인간과 함께 또 다른 주체를 구성한다. 그리하여 자민족과 타민족, 인간과 자연이 조화와 공존을 도모하면서 공생하는 관계를 이룩한다.[142] 이렇듯이 담헌의 철학은 과거 문명강권주의가 구획해놓은 방대한 다층의 층위적 이분화 질서를 무너뜨리는, 곧 다원성과 타자성을 포용하는 미래적 가치의 '문명생태주의'에 근접한다.

또 한편 21세기 문명관은 특권문명의 획일주의가 아닌 통합적이고 유기적인 '세계주의 시각'을 요청한다. 아울러 광범위한 지배구조의 해체 속에서 세계문명의 평등과 공존의 관계를 구현하고자 한다. 이러한 추세는 홍대용의 생태적 문명관을 현재적 의미로 호명하게 한다. 그의 탈주변화(탈중심화) 담론은 물·아가 지양되는 진리의 전체상인 '천시'로부터 획득된 것이다. 담헌은 중심과 주변이라는 인·물, 지(地)·성(星), 내·외, 화·이, 춘추·역외춘추 등의 대립구도를 상대화하는 한편 이 양자의 동시긍정이라는 '연대적 동일성'을 지향한다. 이것은 인식론적

---

141 전홍석, 『문명 담론을 말하다: 현대 '문명학' 정립을 위한 시론』, 195-196쪽.
142 박희병, 『한국의 생태사상』, 250-252쪽.

으로 상대주의를 견지하면서도 궁극적으로는 천의 시각에서 존재의 평등성을 관찰해가는 구상인 것이다.[143] 담헌이 "하늘에서 본다면 어찌 안과 밖의 구별이 있겠는가?"[144]라고 항변한 의미는 바로 공감적 정리(情理)의 동일성을 회복하자는 데 있다. 자기의 중심성을 벗어나 공평무사하게 '천의 관점'에 입각해보면 그 누구도 중심이 될 수 없으며 수평적 관계의 대등함만이 존재할 뿐이다. 이 동일성의 철학은 인물균, 지성균(地星均)을 거쳐 종국에는 '화이일'에까지 관철되고 있다. 물론 이 논단은 동아시아의 중세적 국제질서를 지탱하는 '화이 이분법'의 해체를 포괄한다. 그러나 담헌의 평등성은 자기에 대한 정당한 존중, 자기의 정당한 회복은 말할 나위도 없고 타자에 대한 존중까지 내포한다. 그것은 '화'의 중심성을 허물어버리면서도 '이'인 자기를 새로운 중심으로 구축하지도 않으며 '화'를 배척하거나 멸시하지도 않는다.[145] 중심과 주변이 각각 개별적 주체로서 공존하는 다주체·다중심의 공생주의 문명관이 담헌에게서 실현되고 있는 것이다.

사실 잘못된 이념은 어떤 권위의 요청에서 비롯되며 그 권위는 역사적으로 끊임없이 비호되기 마련이다. 전근대 동아시아의 보편문명으로 강제되어온 '중화주의'가 그것이다. 이 중국 중심의 천하관은 동아

---

143 여기서는 박희병의 다음 연구에 도움을 받았다. 간추려보면 담헌은 하늘의 관점, 다시 말해 대립쌍의 일면성=자기중심성이 지양된 관점에서 그 관계를 존재론적으로 재정립한다. 그 결과는 양자의 평등성이다. 이 평등성은 중심의 우월감의 부정임과 동시에 주변에 대한 멸시감의 부정의 결과다. 담헌은 이론적으로 대립쌍의 어느 일방도 두둔하고 있지 않다. 양자의 동시긍정이다. 따라서 둘 사이에는 위계 관계나 상하 관계가 아니라 수평적인 상호적 관계성만이 존재하게 된다. 중심과 절대성의 해체, 그것을 통한 시점의 상대화가 확보해낸 새로운 사고 틀이다. 박희병, 「담헌 사회사상의 논리와 체계」, 172쪽.
144 『湛軒書』 內集, 卷4, 「醫山問答」, "自天視之, 豈有內外之分哉?"
145 박희병, 「담헌 사회사상의 논리와 체계」, 171쪽.

시아의 평화와 안정을 깨뜨린 '정신적 장애인자'로 작용한 면이 적지 않았다. 현재에도 그 인자는 변종을 생산하고 있는데 그것은 중국중심주의에서 서구중심주의로 전도된 형태로서 패권주의를 지향하기도 하고 구미 편향으로 나타나기도 한다. 이것은 과거의 현상이면서 미래에도 우려해야 할 문제이다.[146] 이 중화주의는 현재까지도 현대 중국의 대외정책 기조 속에 상당 부분 남아 있을 뿐만 아니라, 중국공산당의 중화민족주의 강화 노선 상에서 '중화민족 대가정 만들기'라는 신중화주의로 탈바꿈해 지속적으로 재생산되고 있다.[147] 더욱이 중화주의는 전통시대에는 그 영향권이 동아시아로 한정되었던 데 반해 오늘날 구미에서 동아시아로의 세력 전이가 빠르게 진행되면서 전 지구적으로 확대되고 있다. 이렇게 볼 때 홍대용의 '화이일사상'의 현재적 의미는 이러한 문명중심주의에 대한 억제와 저항에 있다고 할 것이다. 동아시아의 생태적 저항담론이라 할 수 있는 이 화이일론이 과거의 전통시대에는 특권적 중심문화를 향한 소외된 주변문화의 결손된 권리 찾기였

---

146 임형택, 『문명의식과 실학: 한국 지성사를 읽다』, 105-106쪽.
147 현재 중국의 '중화민족 대가정 만들기'는 중화주의 전통을 비판적으로 계승하면서 청 제국이 옹유했던 민족과 영토를 온전하게 통합해서 과거에 화려했던 중화민족 국가의 새로운 부흥을 시도한다는 점에서 중국의 '신중화주의'라고 할 수 있다. 이때의 신중화주의란 반제 반봉건의 신민주주의 혁명과 사회주의 건설 시기를 거치면서 비판받았던 전통적 중화 문화 패권주의로서의 중화주의를 개혁개방정책 속에서 새로운 형태로 계승한 중국의 '팽창적 문화주의'를 의미한다. 전통적 '문화주의'에서 '신중화주의'로의 전환은 중국 사회의 이완과 민족 분열 양상을 극복하고 중화민족의 단결과 부흥을 추구하려는 중국의 국가 이데올로기와 민족통합정책에서 비롯되었다. 물론 그 밑바탕에는 주변 민족 국가에 대한 영향력을 극대화시키고자 하는 의도도 깔려 있다. 예컨대 서부 대개발이 중화민족 대가정 만들기의 서북판이라면 동북진흥전략과 동북공정은 그것의 동북판이라고 할 수 있다. 이 일련의 지역 발전 전략들은 중국의 국가 이데올로기, 즉 사회주의 정신문명 건설론, 애국주의, 통일적 다민족 국가론 등과 맞물려 국민적·영토적 통합과 중화민족의 부흥을 목표로 유기적으로 추진되고 있다. 윤휘탁, 『신중화주의: '중화민족 대가정' 만들기와 한반도』, 푸른역사, 2006.

다면 이제 그것은 생명의 존엄성에 입각한 우리는 하나라는 상호 동일성의 '평화공존의식'이라 할 것이다.

인류 문명사의 흐름은 주변이 중심의 자리를 찾아가는 과정이었으며 이 탈주변화는 부단한 강권중심주의의 해체를 통해 성취되어왔다. 홍대용은 중심의 주변에서 새로운 문명을 꿈꾸었으며 이 세계는 전통과 근대 모두를 넘어서는 것이었다. 그는 조선 후기 전통적 생활규범에 묶여 있으면서도 다가올 미래세계를 체감하고 예측하며 동아이사 문명의 대전환기를 온몸으로 살다간 우리 민족의 건강한 경계적 지식인을 표상한다. 그런 면에서 담헌사상이 치열한 사색과 통찰을 수반한 '전통성'과 '근대성'의 상호 접점에서 결정화(結晶化)되었다는 사실에 주목할 필요가 있다. 그것은 강력한 자연주의적 환원론에 근거한 근대 자연과학과는 다르면서 동시에 전통 성리학의 도덕주의적 환원론을 극복하고 근대 자연과학의 방법을 채용해 전통적 세계상을 과학의 수준으로 정립한 것이었다.[148] 이 때문에 그의 생태철학을 일방적인 전통 성리학이나 서구 자연과학 어느 한쪽의 환원주의로 해석하는 것을 경계하는 것이다. 문명의 전환기에 발아된 담헌의 문명생태적 사유들이 서구와 일본 제국주의의 방해 없이 온전히 우리의 삶에 투영되었더라면 동아시아는 보다 건강하고 풍요로운 근대문명을 구성할 수 있었을 것이다.[149] 이제 21세기는 패권적이고 고압적인 '보편문명'이 철폐되고 화해와 협력의 '공감문명', '연대문명', '생태문명' 등이 주창되고 있다.[150] 이런 점

---

148 문석윤, 「담헌의 철학사상」, 96쪽.

149 임형택은 근대 문명의 병폐를 내다보았던 담헌의 생태적 사유들이 근대 과학에 접목되었더라면 그 결과는 사뭇 달랐을 것으로 평가한다. 임형택, 『실사구시의 한국학』, 178쪽.

150 제러미 리프킨, 『공감의 시대』, 이경남 옮김, 민음사, 2010, 531-761쪽.; 황태연, 『공자와 세계 1: 패치워크문명 시대의 공맹 정치철학』 제1권 공자의 지식철학(상), 청계출

에서 19세기 이후 일본이 설계한 침략적이고 기형적인 근대 개입으로 인해 좌절되고 심지어는 매몰되기까지 했던 담헌의 '생태적 혜안'들이 이 시대에 다시 점화되기를 희망한다.

판사, 2011, 25-71쪽.; 전홍석, 『문명 담론을 말하다: 현대 '문명학' 정립을 위한 시론』, 156-213쪽 각각 참고.

愼懼堂 李伐의 國權回復을 위한 義兵活動

이향배

1. 서론

19세기 후반에 들어 조선왕조는 서구 열강의 개방 압력에 적절하게 대응하지 못하고 급격하게 무너져 갔다. 외세의 침탈이 가속화되는 가운데 華西 李恒老, 省齋 柳重敎, 重菴 金平默, 勉庵 崔益鉉, 毅庵 柳麟錫 등은 邪學을 물리치고 정학을 지키려고 위정척사운동을 벌였다. 조정의 개화 정책을 적극적으로 반대하고 斥和를 주장한 위정척사학파들은 후인들에 의해 수구세력이라고 비난받기도 했다. 개화파와 비교해 볼 때 그들의 학문 사상이 시대의 흐름에 뒤떨어진 것처럼 보인다. 그러나 국난을 당해 의병활동은 타의 추종을 불허할 만큼 순수하고 뜨거웠으며, 독립운동의 전기를 마련했다.

조선을 병탄하려는 일제의 야욕 앞에서 위정척사파의 선비들은 성리학적 의리관에 기초하여 투철한 투쟁적 논리를 개발하고 적극적으로 항거하는 자세를 취한다. 민비시해 사건이 일어나면서 위정척사를 주장하는 유림들은 상소문을 올려 책임자의 처벌을 강력하게 요구하는 한편 일본세력을 몰아내기 위해 의병활동으로 방향을 전환하여 적극적으로 행동하기 시작한다. 일제가 국권을 점차 침탈하자 1901년에 면암 최익현이 충청도 청양으로 내려와서 강학 활동하면서 비밀리에 의병을 도모한 것도 외세에 대해 적극적으로 대응하여 정면으로 맞서려는 행동이었다.

최익현이 청양 산골에서 의병을 모의할 때 양성한 제자 중 한사람이 愼懼堂 李侙(1873~1936)이다. 이식은 충청도를 중심으로 지역 士民들과 상실된 국권을 회복하기 위해 투철하게 의병 활동한 선비이다. 충남 지역을 중심으로 벌인 이식의 국권회복운동과 홍주의병은 존화양이사상에 입각하여 大義를 실천한 행동으로 좀 더 세밀하게 밝혀져야 할 일이다. 대마도 유배에서 풀려나 돌아온 뒤에도 그는 경술국치 이후에 고종의 밀지를 임병찬에게 전달하여 독립의군부 설치하는데 전기를 마련한 인물로 평가되는 비중있는 인물이기도 하다. 그러나 일반적으로 洪州九義士 중 한 명으로 그의 업적이 세상에 개략적으로 알려지긴 했으나 그의 행적과 사상에 대해 구체적으로 밝혀진 사실은 거의 없다. 그에 대한 구체적인 자료가 아직 세상에 드러나지 않았기 때문에 학계의 주목을 받지 못했던 탓이다.

발표자는 2002년에 충남에서 활동한 근현대 漢學家의 문집을 조사하던 중 本孫으로부터 이식의 문집과 年紀를 기록한 『愼懼堂集』과 『愼懼堂年紀』를 입수하게 되었다. 이 자료는 필사본으로 되어 있는데 제자가 스승의 시문을 정리한 것으로 보인다. 이를 토대로 李侙의 생애 및 학문, 국권회복활동, 홍주의병과 대마도 유배 생활 등의 측면을 실펴보러 힌다. 현재까지 이식에 대한 연구는 이병찬이 대마도수창시를 연구하면서 그의 작품을 언급한 정도이다.[1]

2. 신구당 이식의 생애와 학문관

1) 생애

신구당 이식은 청양군 정산에서 태어났다. 그의 집안은 인조반정공신인 延平府院君 李貴의 둘째아들로서 숙부 李資에게 양자간 四友堂 李時冊의 후손이다. 이식의 모부인이 임신했을 때 호랑이가 몸 안으로 들어오는 태몽을 꾸었고 부친도 호랑이가 문밖에 와서 세 번 울고 가는 꿈을 꾸었기 때문에 字를 虎徵이라 했다. 6세부터 부친에게 천자문을 배우기 시작한 그는 한 달 만에 모두 완독하였으며, 7세 때 『通史』를 읽었다. 이때에 이미 "일월은 四海의 촛불이요, 乾坤은 萬物의 집이네.(日月四海燭, 乾坤萬物家)"라는 詩句를 지을 정도로 이식은 문학적 재능도 출중하였다. 그의 나이 열 살 때 雪夢 李綿九가 방문하여 독서하는 모습을 보고 '人'이란 제목 아래 운자를 불러 시를 짓게 했다. 이식은 즉석에서 다음과 같이 시를 지었다.

사람 형체가 천지를 갖추어	人形天地具
머리는 둥글고 발은 모지다	頭圓又足方
호흡은 밀물 썰물의 기운	呼吸潮汐氣
눈은 일월의 빛이며	眼目日月光
어둠을 등짐은 坎北과 같고	背暗如坎北
밝음 향함은 이괘의 양효 본받았지	向明體離陽
이래서 사람이 신령하고 귀하나니	是以靈且貴
성인이 되고 미친 사람 되지 마소	希聖罔作狂

---

1 이병찬·박우훈, 「대마도일기 수창시 연구」, 『어문연구』 44, 2004.

사람의 형체를 하늘과 땅에 비유하여 표상한 작품이다. 천지의 모습이 사람의 형체에 갖추어져 있기 때문에 사람은 성인을 지향해야 한다는 의미이다. 이식이 어린 나이에도 불구하고 시적 재능을 타고남은 물론 성리학에도 이해가 깊었음을 볼 수 있다.

12세 때 관례를 하고 그 해 12월에 공주에 사는 樸允鉉의 딸에게 장가들었다. 그 이후로는 더욱 여러 문집들과 문헌들을 섭렵하기 시작하여 과거 공부를 시작했다. 이식은 당대에 시인으로 명망이 높았던 進士 尹兼善의 문하에 나가서 시를 배웠다. 18세 때에는 그의 선조 연평부원군 묘소가 있는 공주 萬壽洞에 가서 1년 3개월 동안 『書傳』과 『周易』을 읽고 난 다음에 집으로 돌아왔다.

그의 나이 22세 때 동학난이 일어났다. 난리를 진압할 힘이 없었던 조정은 어쩔 수 없이 청나라에 도움을 요청했다. 그러자 오랫동안 조선을 병탄하려는 속셈을 품고 있던 일본은 조선을 독립시킨다는 명분 아래 군대를 파견하여 청나라와 대립하게 했다. 淸日의 군대가 한반도로 들어와서 공주지역으로 이동한다는 소문을 접한 고을 사람들이 불안에 떨며 동요하였다. 이에 이식은 고을의 父老들을 달래면서,

> "청나라 군사는 우리를 위해 동학 비적들을 토벌하러 왔다고 하니 틀림없이 우리를 해치지 않으며 일본군과 싸울 것이다. 일본군은 우리나라 독립을 위해 왔다고 하니 틀림없이 우리를 해치지 않으며 청나라 병사와 싸울 것이다. 또한 적군을 추격하는 병사는 틀림없이 좁은 길이나 험난한 길로는 가지 않을 터이니 각자 안도하고 두려워하지 마시오."[2]

---

2 『愼懼堂年記』, 淸兵爲我討東匪來, 則必不害我, 所戰者日人. 日本爲我獨立來, 則必不害我, 所戰者淸兵. 且追兵必不由小路險厄之地 各安堵無恐.

라고 하니 백성이 조금 안정되어 드디어 향약을 정해 동학당에 빠져들지 않도록 하였다.

그동안 독서에 정진하던 이식은 27세가 되던 해에 집안이 가난하고 부친마저 병들어 생활고에 시달렸다. 생활의 어려움을 해결하기 위해 그는 서울로 올라가서 관직을 구했으나 일이 뜻대로 풀리지 않자 고향으로 돌아왔다. 이듬해 4월에 벼슬을 구하려는 생각에 그는 다시 서울로 올라갔다. 그러나 다른 사람들에게 사기를 당해 일이 낭패로 돌아갔다. 다시 집으로 돌아온 그는 자신의 행동을 무척 부끄럽게 여기고 반성하면서 두문불출하였다. 이후로는 관직에 나가려는 생각을 아예 접었다.

29세 때 勉庵 崔益鉉이 의병을 도모하려고 파주에서 청양 정산의 장구동으로 내려와 거주하였다. 평소 마음속으로 최익현을 흠모했던 이식은 장구동으로 찾아가 스승으로 섬기는 예를 갖추어 사제 관계를 맺고 독서에 정진하였다. 그 뒤에 최익현을 종유하며 학문을 강구한 그는 공주와 청양 등지에서 鄕飮酒禮를 실시하면서 유자로서 활발하게 활동하였다.

한반도를 병탄하려는 일본의 노골적인 야욕 앞에 時局이 더욱 불리해져 조선의 운명은 풍전등화와 같은 처지에 놓였다. 조정이 아무런 대책을 세우지도 못하는 암울한 현실을 진정으로 근심한 나머지 이식은 布衣로서 임금에게 상소문을 올려 대책을 제시기도 했다. 33세 되던 해인 1905년에 을사조약이 강제로 체결되자 金東弼·慶賢洙 등은 13道儒約所를 세우고 유림들과 함께 궁문 밖에 나가 일본인들의 횡포와 5조약의 무효를 주장하는 한편 국권회복운동을 벌이기 시작했다. 이듬해 1906년 3월에 서울 감옥에서 풀려나 예산으로 내려온 이식은 4월에 곧바로 의병을 모의하였다. 의병을 일으켜 청양을 거쳐 홍주로 들어가

前參判 閔宗植 휘하에서 參謀士로 활약하였다. 의병들은 홍주성을 탈취하였으나 곧바로 진압을 당해 80여명이 체포되어 다시 서울에 있는 일본경찰사령부로 압송되었다. 70여명은 곧바로 석방되었지만 나머지 李侙, 柳濬根, 남규진, 申鉉斗, 李相斗, 文奭煥, 申輔均, 崔相集, 安恒植 등 洪州 九義士는 대마도로 유배되었다. 의병활동을 하다가 체포되어 옥고를 치르면서도 의거의 정당성을 당당하게 주장하여 조금도 기개를 굽히지 않았던 이식의 면모는 뒤 장에서 논의하기로 한다

홍주 구의사보다 한 달 늦게 全北 태인에서 의병을 일으켰던 崔益鉉이 林炳瓚과 함께 대마도로 유배왔다. 다시 최익현과 상봉하게 된 홍주 구의사들은 감옥 속에서 일본에 저항하면서 학문과 시국에 대해 토론하는 한편 서로 시를 수창하기도 했다. 37세 때인 1909년 1월에 석방되어 고국으로 돌아오기까지 이식은 3년 세월을 대마도에서 보냈다. 그 사이에 스승인 최익현이 감옥에서 임종하자 이식은 직접 시신을 수습하여 국내로 운구하는데 간여하기도 했다.

고향에 돌아온 뒤에 이식은 곧바로 다시 의병을 계획했으나 서로 의견이 맞지 않아 擧義를 하지 못했다. 1910년 경술국치 이후에 그는 고종의 밀지를 임병찬에게 전달하는 임무를 수행하여 獨立義軍府 조직운동전개의 계기를 마련하다가 1914년에 다시 체포되었다. 그러나 이후의 행적에 대해서 구체적으로 살펴볼 수 있는 자료가 없다. 다만 문집 발문을 보면 이식은 용인에서 세상을 떠난 것으로 밝히고 있다.

2) 학문관

이식의 학문관은 주자의 성리학적 세계관에 기초하여 형성되었다. 이식은 사람이 학문을 하는 이유를 "至氣를 기르고 眞理를 궁구하여 지극한 경지에 이르는 것"이라고 설명한다. 그래서 "기르고 궁구하는

功이 없다면 理氣의 근원을 알 수 없으며, 이기의 근원을 모르면 역시 기르고 궁구하는 效果를 성취할 수가 없다."고[3] 했다. 至氣를 기른다는 것은 修養을 의미하므로 行에 속하며 진리를 궁구하는 것은 知에 해당한다. 知行을 병행하여 성인의 경지에 도달하는 것을 학문하는 목적으로 제시했다.

이식은 '성인의 천 만마디 말씀의 가르침도 모두 이기의 微顯을 밝히는 것'이라면서 理를 '형체가 없으면서 스스로 그러한 것'으로 파악했으며, 氣를 '형체가 있어서 유행하는 것'으로 정의했다. 그는 "스스로 그러한 것"이란 태극의 眞體이며, '유행'이란 太一의 운용이라고 설명했다. 그는 '形體'는 理와 氣가 나타난 것이며, '神'은 理와 氣의 신령스러움으로 파악했다. 또한 理와 性의 차이점에 대해 '理가 하늘에 있어서 理라 말하고, 사람에게 있어서 性'[4]이라 설명했다.

이식이 성리학에 대해 심취해 있었지만 당시 성리학자들의 폐해에 대해서도 잘 알고 있었다. 일반적으로 성리학자들은 理氣性情에 대한 견해 차이로 학파가 달라지고 당색도 달라졌다. 같은 스승 밑에서 공부하면서도 나와 견해가 다르면 공박하면서 서로 의견을 수렴하여 조화를 이루어내는 경우는 극히 드물었다. 조선후기에 벌어진 湖洛論爭이 구한말에도 여전히 성리학적 관심의 대상이었다. 그러나 학자들은 단지 스승의 견해만 따르고 다른 학파의 설에는 진심으로 탐구하는 자세가 없으면서 공박만 일삼았다. 이식은 이런 폐단을 다음과 같이 지적했다.

3　이식, 『신구당집』, 〈書示俞鍾烈〉, 人之所以爲學, 養至氣窮眞理而極之也. 不有養窮之功, 無以識理氣之源, 不知理氣之源, 亦無以致窮養之效.

4　上同. 學貴養窮, 而聖人千言萬語之敎, 無非發明理氣之微顯也. 然則何者謂之理. 無形而自然也. 何者謂之氣, 有形而流行也. 自然者, 太極之眞體也. 流行者, 太一之運用也. 蓋形此氣之著, 而神此氣之靈也, 神此理之妙, 而形此理之顯也. … 在天曰理, 在人曰性.

도란 천하의 지극한 이치이며, 학문이란 천하의 公心이다. 그래서 견해가 혹 다를 수도 있고 논의가 달라도 講明하는 의리에는 해가 되지 않는다. 이것으로 異學으로 삼지 않으며 친분도 이런 일 때문에 소원해지지 않는다. 사람들이 法古를 하지 않아 세상의 등급은 더욱 떨어졌다. 湖洛 논쟁이 벌어지고부터는 두 師門의 實旨를 보아 터득하지 못하고 단지 그들 스승의 추향만 따라 나는 낙론이니 너는 호론이니 나는 호론이니 너는 낙론이니 하면서 標榜만 세운다. 이에 그 무리들이 번성하여 사사롭게 패거리지면서 어진 분을 욕하니 이런 사람은 모습이 儒者 같다고 眞儒라고 말할 수 있겠는가.[5]

학문을 '公心'으로 표현한 그는 학문하는 사람이 얼마든지 다른 견해가 있을 수 있지만 이게 異學이 될 수 없다는 포용적인 자세를 취하였다. 이기심성에 대한 견해가 다르면 상대방을 비판하는 선배들의 인습적인 학문 태도에서 벗어난 그는 상대방의 성리설을 깊게 이해하려는 태도를 지녔다. 서로 단점을 찾아 공박하기에 바빴던 당시에 성리학자들의 태도와는 사뭇 다르다. 구한말에 이르기까지 선배들의 이론을 정밀하게 연구하지 않고 단지 스승의 견해에 따라 서로 다투는 학문풍토가 호락논쟁에서 극도에 이르렀던 것이다. 이런 사람을 겉으로 볼 때 유자 같지만 眞儒는 아니라고 이식은 가차 없이 단정했다.

그는 진정으로 도를 추구하는 학자에게 있어서 立志가 가장 중요하다고 말한다. "뜻이 서면 도가 행해지지만 진실로 뜻이 서지 못하면 巫堂도 될 수가 없으니 하물며 도를 행할 수 있겠는가"[6] 라고 하면서 그는

---

5 同上, 〈書立菴集〉, 道者天下之至理, 學者天下之公心, 故所見或異, 所論不同, 不害爲講明之義, 而不以此爲異學, 而契分亦不以此疎也. 人不法古, 世尤降級, 自有湖洛之名, 不有見得於兩師門之實旨, 只隨其師之趨向, 我洛汝湖, 我湖汝洛之標榜立焉. 式繁其徒, 而黨私罵賢, 此豈所以形容之似儒謂眞儒哉.

6 同上, 〈江石序〉, 志立道行, 苟志不立, 雖巫不可作, 矧玆道乎. 故志乎道者, 立其志如潛

潛龍처럼 확실히 뺏을 수 없는 뜻을 세워야 한다고 강조했다. 배우는
자들에게 立志의 중요성은 先儒들이 수없이 강조한 덕목이다. 栗穀 李
珥의 경우도 『聖學輯要』를 편찬하면서 「立志」편을 제일 앞에 두고 있
는 사실이 이를 증명해준다.

이식은 맹자의 논리에 근거하여 뜻의 중요성을 다음과 말한다.

> 志란 氣의 將帥이니 사람에게 절실하며, 행실에 중대하며, 일에 시
> 작이 된다. 학자가 어찌 먼저 수립하여 귀중하게 여기지 않을 수 있겠
> 는가.[7]

志가 氣를 거느리는 장수로 파악한 것은 孟子의 말이다. 맹자는 浩然
之氣를 설명하기 위해 志와 氣를 將卒관계로 설명했다. 志란 '心之所
之'로 해석하기 때문에 志가 밖으로 표출된 것이 言行이 된다. 그래서
志가 사람에게 절실하며 일의 시작이 된다. 언행의 시초이며 행사의
시작이 되므로 立志의 여부는 그의 행동과 행사의 得失을 좌우한다.

도가 상실되고 짐승이 서로 잡아먹는 시대라고 파악한 이식은 만약
孟子처럼 거친 주먹을 휘두르고 크게 발길질을 하지 않으면 이단사설
을 확실하게 막을 방법이 없다고 말한다. 이런 시대에 선비로써 살아가
기 위해서는 먼저 다음과 같이 뜻을 세워야 한다고 강조했다.

> 반드시 먼저 나의 뜻 세우기를 "차라리 사람 노릇하다 죽을지언정
> 짐승이 되어 살지는 않겠으며, 차라리 중화를 위해 죽을지언정 이적이
> 되어 살지는 않겠으며, 차라리 의를 위해 죽을지언정 의를 어기며 살

龍之確不可拔, 而行其道如長天之大不可窮.

7 同上, 〈志庵序〉, 志者氣帥, 於人切矣, 於行大矣, 於事始矣. 學者豈可不先立而貴乎哉.

지는 않겠다"라고 해야 한다.[8]

이식은 사람, 중화, 의리 세 측면에서 뜻을 세우라고 제시했다. 사람과 짐승은 윤리적 문제이며, 중화와 이적은 문화의 문제이며, 義와 悖義는 處世의 문제라고 볼 수 있다. 자신의 본성을 밝히고 도덕문화를 지향하여 대의에 맞는 처세를 추구하는데 뜻을 두어야 함을 말해주는 것이다. 이런 이식의 견해는 국권회복을 위한 의병활동을 투철하게 할수 있었던 이론적 토대가 된다고 하겠다.

3. 國權回復運動

乙巳勒約 이후에 조선에서는 개화를 주장하든 위정척사를 주장하든 간에 뜻있는 인사들은 국권회복 운동을 벌인다. 전국에서 일어난 국권회복 운동은 그 방법이나 절차, 규모 면에서 각자 다른 면모를 띠고 있지만 국권을 회복하려는 목적은 똑 같았다. 권모술수와 패도로써 조선을 유린하는 일본의 부당성을 다른 외국의 공관에게 널리 알리는 동시에 동아시아 평화론이나 서양 문화의 침탈에 대한 대응 논리로써 일본의 관리들에게 제기하기도 했다.

당시에 면암 최익현을 종유하던 李栻도 충남지역을 중심으로 활동하면서 적극적인 국권회복운동을 벌인다. 1905년 2월에 이식은 정부에 상소문을 올려 역적들을 처단하라고 강력히 요구했다. 이 상소문에서

---

8 同上,〈答俞鍾烈書〉, 必須先立我志, 曰寧爲人而死, 不爲獸而生, 寧爲華而死, 不爲夷而生, 寧守義而死, 不悖義而生.

"나라의 흥성함은 정치의 여부로 말미암고, 정치의 여부는 사람의 득실로 말미암습니다. 사람의 득실은 어진 사람을 등용하고 어질지 못한 사람을 물리치며, 공을 세운 사람에게 상주고 죄지은 사람을 처벌하는 데 달려 있다."[9]면서 이식은 요직을 차지하고 있는 어리석고 음험한 자, 간사하고 편벽된 자를 처단하고, 어질어 능력 있고, 곧고 공이 있는 자를 등용하여 정치를 쇄신하라고 건의했다. 아첨과 사기로 나라를 그르친 尹始炳·宋秉畯, 명목없는 각종 세금으로 백성들을 수탈한 李容翊, 권력 있는 간신에 아첨하며 한통속이 된 權在顯 權重奭, 뇌물 받고 나라를 팔아먹은 樸齊純·趙秉式, 임금을 협박하고 국권을 조롱하는 흉악한 짓을 저지른 李根澤·李址鎔 등 당시에 썩어빠진 관료들을 낱낱이 거명하면서 처단하라고[10] 주장했다. 또한 사기와 위조로 토지를 매입하고 금광을 채굴하는 등 국가의 재산을 수탈하는 일본인들의 행태가 전부 조선을 병탄하려는 일본의 속셈과 맞물려 있다고 지적했다. 그러나 이러한 건의를 조정은 받아들이지 않았다.

5월에 이식은 進士 金東弼 등 26인과 함께 13道儒約所를 설치한 다음 조직적으로 외국 공관에 공문서를 보내 일본의 만행을 성토하면서 배척하였다. 『愼懼堂年紀』에는 일본의 죄상을 조목조목 나열하여 7개국의 공사에게 보낸 것이 20여 번이나 된다고 기록되어 있으나 현재 자료가 남아 있지 않아 어떠한 내용인지 구체적으로 확인할 방법이 없

---

9 『愼懼堂年記』, 夫國之興, 由政之治否, 政之治否, 由人之得失, 人之得失, 在於進退賢否 賞罰功罪而已.

10 上同, 至於尹始炳宋秉畯, 倖國事之日非, 嘯聚亂民, 訛惑換腸, 不可不誅也. 李容翊, 剝 民毒靈, 誅求無厭, 創出無名之稅, 雖宋之靑苗, 無以加矣. 守伯由是而益貪, 百姓由是而 益叛, 不可不誅也. 權在顯權重奭, 虱附權奸, 狐媚至尊, 慫憑求進, 不可不誅也. 樸齊純 趙秉式, 受略賣國, 叛君附賊, 圖固其位, 不可不誅也. 李根澤李址鎔, 操弄國權, 脅制君 上, 行凶作惡, 不可不誅也.

다. 그러나 이식이 분골쇄신하면서 국권회복운동에 전력을 기울인 점
은 틀림없는 사실이다. 이런 노력에도 불구하고 9월 23일 定期出判 때
賊臣 樸齊純이 외부대신으로서 나라의 안위를 살피지 않고 책임을 회
피하여 나라를 망하게 했던 것이다. 9월 26일에 고향으로 돌아온 이식
은 박제순에게 속임을 당한 분함을 참을 수가 없었다. 그래서 그는 37
개의 고을에 통문을 보내 士民들을 궐기하도록 부추기고 오적이 나라
를 매도한 실상을 알렸다.

10월에 을사늑약이 강제로 체결되었다. 이 소식을 들은 이식은 의병
을 일으킬 계획을 세우기 시작했다. 비밀리에 거사를 추진하면서 도내
에 있는 선비들에게 세 번 告文을 돌렸다. 첫 번째 보낸 告文은 의병을
일으켜 외국의 원수와 內賊을 토벌하자는 취지였으며, 두 번째 보낸
고문은 한 사람도 나라를 걱정하고 임금을 아끼는 정성이 없음을 책망
하는 내용이었다. 세 번째로 보낸 告文은 자신이 깃발을 높이 든 실상
을 진술하면서 의사들을 불러 모으는 내용이다. 고문을 보낸 다음 이식
은 청양에서 뜻을 같이할 사람들을 모으기 시작하여 날짜를 정해 정산
에서 의병을 일으킬 계획이었다. 그러나 一進會의 패거리가 告文 한
장을 빼앗아 공주에 주재하고 있는 일본 헌병소에게 고발했다. 의병에
참가한 다른 사람들이 겁을 먹자 이런 실상을 알게 된 이식은 동지들과
약속한 뒤에 스스로 체포되어 공주로 압송되었다.

1906년 1월 2일에 이식은 공주 헌병소에서 조사를 받았다. 당시에
조사를 담당한 倭警은 高橋淺水였다. 통역인을 통해 고교천수는 독서
하는 선비로서 時勢를 알아야 하는데 의병을 일으킨 이유가 뭐냐고 물
었다. 이식은 時勢나 利慾 때문에 天理를 거스를 수 없다고 대답했다.
더구나 忠勳의 자손이며 내대로 벼슬한 舊族으로서 인류가 금수로 변
하고 衣冠이 썩은 흙으로 돌아가서 나라와 백성들에게 멸망의 재앙이

닥치는 상황을 바라만 보고 있을 수는 없다고 항변했다. 이로 볼 때 그의 의병활동은 국가와 苦樂을 함께 해온 집안의 자손이며 儒道를 수양하는 선비였기에 나라가 위기에 빠진 상황에서 사회적 책임을 다하고 천리를 저버리지 않으려는 윤리적 책무의 소산이었다. 그는 의병을 일으킨 목적에 대해 다음과 같이 설명한다.

> 내가 의병을 일으켜 너희 이적들을 물리치고 우리 中華를 높이며, 너희 異言을 멀리하고 우리 도의 실마리를 부지하며, 너희들에게 깊은 원수를 갚고 우리들의 큰 의리를 펼치려 했다. 그래서 세상의 모든 나라들이 도리도 의리도 부모도 임금도 없는 죄에 빠지지 않게 하려는 것이다.[11]

이로 보면 이식의 의병활동은 尊華攘夷 사상의 실천이다. 이는 같은 해 2월 7일 경무사 徐相大가 조사할 때 진술한 내용에서 확인할 수 있다. 당시 세상을 剝卦로 인식한 이식은 일제의 침탈은 上九의 碩果를 먹어치운 것과 비견되는 일이었다. 그래서 이식은 "이 원수를 갚지 못하고 이 도적을 토벌하지 못하면 나라가 어떻게 나라꼴이 되겠으며, 사람이 어떻게 사람노릇을 할 수 있겠으며, 도가 어떻게 도가 될 수 있겠으며, 中華가 어떻게 中華가 될 수 있겠는가."라고 통탄하면서 나라와 사람과 도와 중화를 위해 죽을지언정 왜노가 되고 짐승이 되며, 사도를 위하고 이적이 되면서 구차하게 살고 싶지 않다고 통변했던 것이다.[12]

---

11 同上,「丙午 正月二日條」, 此吾所以起義, 而欲攘爾夷狄, 尊我中華, 遠爾異言, 扶我道緖, 報爾深讎, 伸我大義, 使天下萬國, 不陷於無道無我無父無君之科者也.

12 同上,「七日警務使徐相大獨坐談判條」, 此讎不報, 此賊不討, 國何以爲國, 人何以爲人, 道何以爲道, 華何以爲華. 言之痛心, 哭之欲死. 凡爲我臣民者, 寧爲國爲人爲道爲華而

존화양이는 화서학파에서 기치로 내걸었던 위정척사운동의 가장 중요한 이론적 근거이다. 화서학파의 여러 문인들도 마찬가지이겠지만 이식도 존화양이 사상으로 철저히 무장하여 척왜로 이어졌음을 확인할 수 있다. 스승인 면암 최익현의 영향을 받은 이식은 존화양이의 사상에 입각한 의병활동을 天討로 인식했다. 그래서 그는 "만약 너희 奸賊을 토벌하고 우리의 悖子를 베어서 우리의 道華를 존중하고 너희 邪說를 물리쳐 오랑캐 씨앗을 근절시키지 않는다면 天討를 받들어 따르는 것이 아니라고 하여 의병의 정당성을 왜경에게 주장했던 것이다.

1월 4일 이식은 일본이 조선에 자행했던 협박과 술수를 한통의 편지에 써서 高橋淺水에게 보냈다. 일본의 만행을 일일이 지적하면서 전쟁을 잘하는 자는 천벌을 받는다고 전제한 이식은 전쟁을 좋아한 秦과 六國, 살인을 좋아했던 金宋 등의 사례를 들면서 일본도 전쟁을 좋아하고 살인을 좋아하므로 우리나라보다 먼저 멸망할 것이라고 항변했다.

공주에서 일단 조사를 마친 이식은 1월 29일에 서울로 이송되어 2월 4일 警務廳에 수감되었다. 서울에 도착하자마자 그는 즉시 고종에게 疏文을 올려 다음과 같이 죽기를 맹세하고 조약을 파기하라고 촉구했다.

> 결단코 지금부터라도 용맹을 떨쳐 스스로 맹세하시기를, "列聖들이 부탁하신 중책이 나에게 있고 천지 귀신의 돌보심도 나에게 있다. 죽음으로 지킨다는 聖人의 교훈이 만약 옳다면 힘을 다하다가 죽더라도 祖宗의 강토는 남에게 빼앗기지 않을 수 있으며, 조종의 백성들은 멸망당하지 않을 것이다."하고 忠言을 받아들이고 乾斷을 확실히 지휘하며 적당들을 베어 없애며 일본과 맺은 조약을 끊어버리고 列邦들에게 통첩하여 그 會判을 요청하소서.[13]

死, 豈可以爲奴爲獸爲邪爲夷而苟生也.

이는 고종에게 국가의 최고 통솔자로서 사직을 위한 책임을 촉구하
는 내용이다. 왕이 죽음을 각오하고 사직을 지키려고 한다면 忠臣 義士
들이 앞 다투어 임금을 위해 싸워서 몸을 돌보지 않는다는 것이다. 이
렇게 되면 국권도 회복할 수 있고 皇位도 안정될 수 있으며, 큰 원한도
씻을 수 있으며 道緖와 華脈도 오히려 보존시킬 수 있다고 주장했다.
이식은 무엇보다도 국가의 최고 통솔자로서의 순국을 각오하는 고종의
태도가 매우 중요하다고 생각하여 강한 책임을 요구했던 내용이다. 강
직하고 충성스러운 이식의 면모를 엿볼 수 있다.

2월 6일 警務顧問官 凡山重畯과 警務使 徐相大는 이식을 조사했다.
그들은 이식을 의자에 앉히고 의병을 일으키려 모의하여 鄕邑을 소란
하게 하여 일본과 한국 양국의 敦睦한 情誼를 무너뜨리려 한다고 추궁
했다. 그러자 이식은 남의 집과 전답을 빼앗고 협박하여 스스로 주인행
세 하면서 '나는 주인과 돈목한 정의가 있다'고 말하는 것과 똑같다면
서 비유해 응답했다.

2월 8일 東宮 생일날에 고종은 宴需代錢 20냥과 음식을 이식에게 내
려주었다. 이식은 돈을 받지 않고 돌려보냈으며 단지 음식과 떡만 다시
내려주므로 받았다. 그는 즉시 疏文을 올려 국권을 상실하여 국가의
존망이 눈앞에 있는 상황에서 동궁의 생일잔치를 벌이는 한심한 행태
에 대해 다음과 같이 책망했다.

국가에 있어서 宗社는 장차 제향을 보존할 수가 없으며, 臣民에게
있어서 사람들은 장차 생명을 보전할 수가 없게 생겼습니다. 정히 임

---

13 同上, 「上疏自明其狀條」, 斷自今日, 奮勇自誓曰, 列聖付托之重在我, 天地神祇之眷在
我, 聖人死守之訓若是, 則雖力盡而死, 祖宗彊土, 不可與人, 祖宗赤子, 不可見滅, 敷納
忠言, 廓揮乾斷, 誅鋤賊黨, 謝絕日盟, 而通牒於列邦, 請其會判焉.

금과 신하 상하 모든 사람들이 편안히 잠자코 있지만 말고 의를 떨쳐
도적을 토벌해야 마땅한 때인데 어느 겨를에 경사를 칭송하면서 잔치
를 베푸십니까. 도적을 토벌하고 복수하는 방책은 병력을 양성하는데
있습니다.[14]

　병력의 양성만이 국권을 다시 찾을 수 있는 현실적 대안이기에 이식
은 한 푼이라도 돈이 있으면 병력을 양성하라고 했다. 국가를 위하는
충심과 의기가 충천한 그는 임금의 부적절한 행동에 대해 서슴없이 직
언했던 것이다.

　2월 14일 이식은 사령부에서 孤山逸名에게 조사를 받았다. 고산일명
은 월나라 구천처럼 이식에게 일단 분을 참고 일본에게 복종하면서 복
수할 시기를 기다리는 것이 어떠냐고 회유했다. 이식은 도에 經이 있고
權이 있는데 聖人이 아닌 이상 經을 굳게 지키는 것이 나으며, 權謀는
儒者가 본받을 바가 아니라고 변론하면서 동양의 열국들이 단결하여
서구의 침탈에 대응해야 한다는 형세론을 전개했다. 이식의 말에 의하
면 당시 동양은 서구의 제국주의에 피해를 당하는 형편이므로 韓日 양
국이 신의로 交隣해야 하고 동양 열방들과 서로 돈목하며 친하게 지내
부강하여 서양세력이 확장되는 근심을 막아야 한다는 논리이다. 그런
데 일본은 다른 나라보다 앞서 개화하여 성장한 국력만 믿고 유구국을
병탄하여 멸종시키는 독수를 저질렀다. 게다가 조선을 속여서 강화도
조약을 지키지 않는 등 신의를 저버렸다고 이식은 반박했다. 이식은
일본이 저지른 25가지의 죄상을 다음과 같이 조목조목 나열하면서 통
렬하게 비판했다.

14　同上,「八月賜宴條」, 在國家, 則宗社將不得保其享, 在臣民, 則族類將不得保其生, 正宜
　　君臣上下, 不暇安枕, 而奮義討賊之日, 何暇稱慶設宴哉. 討賊復讎之策, 在於養兵.

1) 1882년에 掘本三禮가 별기군을 조직하여 혁신한다는 핑계로 반란을 일으키도록 조장한 다음 기밀을 누설시켜 아군이 먼저 난리를 일으키게 한 죄
2) 1884년에 竹添進一이 김옥균, 민영식 등의 무리들과 어울려 궁중을 포위하고 임금을 압박하여 나라를 위태롭게 한 죄
3) 1894년에 大鳥圭介가 독립시켜준다는 핑계로 청나라와 틈이 벌어지게 하여 고립시킨 죄
4) 1895년에 三浦梧樓가 禹範善·鄭秉夏와 함께 민비를 시해한 죄
5) 1898년에 역적 鳴陸을 시켜 임금의 음식에 독약을 넣게 한 죄
6) 1904년에 조정을 무시하고 백성을 죽음에 몰아넣은 죄
7) 개발 명목으로 어리석은 백성을 꾀여서 멕시코에 판 죄
8) 역적 李址鎔을 속여서 五江을 넘겨받고 박제순을 협박하여 을사늑약을 맺게 한 죄
9) 화폐를 개혁하고 은행을 설립하여 백성들의 고혈을 갈취한 죄
10) 9곳 항구의 이익을 스스로 취하고 전국의 광산을 채굴한 죄
11) 러시아와 함께 우리나라 독립을 보장한다는 말을 세계에 선포하고 남몰래 불의를 저지르고 흉악한 말을 유포한 죄
12) 무덤을 도굴하고 주택을 부순 죄
13) 경부선 철도를 군용이라는 이유로 만기가 되어도 돌려주지 않고 경의선 철도를 스스로 건설한 것을 인정하지 않은 죄
14) 백성을 살해한 자나 백성의 재물을 강탈한 자를 처벌하지 않은 죄
15) 어장을 확장하여 우리 백성들이 생활할 수 없게 하고 농토를 매입하여 백성들을 살 곳이 없게 한 죄
16) 문묘를 훼철하여 유학을 위축시키고 전국에 일진회 결성하여 이단 사설이 횡행하게 한 죄
17) 임금을 업신여기며 궁중을 제멋대로 드나들고 관리를 비웃으며 문물제도를 바꾼 죄
18) 충신을 내쫓고 간신을 등용한 죄
19) 제멋대로 대신을 구금하여 협박하고 백성을 가두어 처벌한 죄

20) 軍警은 관청을 감시하고 전신국과 우체국을 장악한 죄
21) 이등박문이 임금과 신하를 협박하여 한밤중에 을사 5조약을 스스로 조인하도록 한 죄
22) 통감부를 설치하여 임금을 허수아비로 만들고 고문을 두어 우리 신하들의 직무를 없게 한 죄
23) 임금을 위해 상소문을 올린 선비들을 구금하고 우국충정을 다하는 신하를 내쫓은 죄
24) 임금의 재가없이 의병을 일으킨 선비를 제멋대로 죽이고 역적을 비호하여 심복으로 삼아 윗사람을 무시하는 마음을 조장한 죄
25) 식민지 조약을 위협하여 조인하게 하고 각국의 사신을 내쫓고 흉모를 꾸민 죄[15]

여기서 거론한 일본의 죄상은 모두 조선의 국권을 침탈한 사안에 관련된 것이다. 이식은 일본이 조선의 국권을 침탈한 죄목을 낱낱이 진술하며 논리적으로 항변했다. 조선에 저지른 일본의 죄는 하늘도 속일 수 없는 잘못으로 포악한 걸주도 이 정도로 심하지는 않았다. 이토록 국권이 침탈당하는 상황을 보고 이식은 충훈가의 후손으로서 의병활동을 통해 국권회복운동을 전개하지 않을 수 없었던 것이다.

4. 洪州義兵活動과 대마도 유배

홍주의병은 충남 서부지역 홍주문화권을 중심으로 일어난 의병이다. 모두 두 차례에 걸쳐 의병이 일어났는데 제1차 홍주의병은 김복한

---

15 同上. 「十四日往月司令部會判」條 參照.

과 이설을 중심이 되어 개화를 반대하고 일제의 침략에 항거하여 단발령이 내려진 직후인 1896년에 일어났다. 제2차 홍주의병은 을사늑약에 항거하여 민종식을 위주로 유생들이 주도하여 일어난 의병이다. 이식은 제2차 홍주의병에 참가하게 된다.

1906년 3월 6일에 감옥에서 석방된 이식은 西江에서 이틀을 묵고 8일에 길을 떠나 10일에 고향 청양에 도착했다. 고향에 돌아와서는 곧바로 다시 의병을 일으키려고 모의했다. 윤 4월 1일에 서울에 가서 동정을 살피고 3일에 예산으로 돌아와 의병을 일으켰다. 의병을 거느리고 청양을 거쳐 홍주성으로 들어가서 前參判 閔宗植을 만나 참모가 되어 홍주의병에 참여했다. 사실 이식은 스승 최익현이 홍주의병에 참여한 줄 알고 의병을 모아 홍주로 갔던 것이다. 홍주에 도착한 뒤에야 스승인 최익현이 전북 태인으로 내려갔다는 사실을 알았지만 그곳으로 따라가기에는 너무 늦어버렸다. 죽기를 각오하고 적을 토벌하기로 맹세한 이식은 8일 저녁 홍주성을 함락하여 점령하였다.

의병 대장 민종식은 홍주성을 점령한 다음 傳令을 내려 병사와 무기 등을 징발하였다. 그러나 일본군은 기병 1개 소대와 보병 2개 중대를 동원하여 홍주성의 요로를 점거하고 총공격했다. 일본군이 공격한지 불과 1시간 만에 홍주성이 함락되었다. 이 전투에서 일본측의 사상자는 경상자 2명 뿐이고 의병은 300여명 정도 사망하였다.[16]

전세가 불리하게 되자 민종식과 참모들은 남문과 서문 사이의 성벽을 넘어 탈출했다. 이식은 피하지 않고 그 자리에서 체포당했다. 이식은 자신이 의병장이므로 칼날에 죽을지언정 포박은 받지 않겠다고 저

---

16 김상기, 「1906년 홍주의병의 홍주성 전투」, 『한국근현대사연구』 37호, 2006, 140-147쪽 참조.

항했다. 체포된 이식은 헌병과 함께 여관으로 왔는데 이른바 長官이란 자가 의병을 일으킨 목적을 물었다. 이식은 전국에 격문을 돌려 義士를 불러일으킨 다음에 북쪽으로 올라가 항구에서 이등박문을 만나 서로 담판 지으려 했다고[17] 대답했다.

4월 13일에 예산 숙소로 압송된 이식은 온양을 거처 15일에 서울에 있는 일본 사령부로 이송되었다. 高山逸明에게 취조를 받고 6월 11일에 최익현, 민종식 등과 모의하여 軍事를 방해하고 條約을 파괴하려 했다는 죄목으로 무기형에 처해졌다. 6월 18일에 서울을 띠나 다음날 새벽에 대마도로 압송되었다. 대마도에 도착한 이식 일행에게 일본인 軍伍長은 외투를 내주었다. 이식은 조선 사람이 조선 의복을 입어야 하니 외투를 입을 수 없다고 거절했다. 柳濬根의『馬島日記』를 보면 이식 등 일행이 대마도에 도착할 때 비가 와서 날씨는 그리 좋지 않은 상황이었다. 남규진과 文奭煥처럼 자칫 병들 수도 있는 상황이어서 외투가 필요하기도 했다. 이를 모를 리 없는 이식은 일본에 저항하는 義氣의 발로로 절대로 왜인의 외투조차 입지 않으려 했던 것이다.

7월 14일 전후에 전북 태인에서 의병 활동하다가 체포된 면암 최익현이 대마도에 도착했다. 먼저 도착한 홍주구의사들과 대마도에서 상봉하게 된 최익현 일행은 감격이 남달랐을 것이다. 최익현을 비롯하여 林秉瓚 柳濬根, 남규진, 安恒植, 李相鬥, 申輔均, 申鉉鬥, 崔相集, 文奭煥 등은 만난 자리에서 서로 시를 수창하였다. 먼저 최익현은 다음과 같이 감회를 읊는다.

---

17 同上,「閏四月起兵條」, 檄告全國, 倡起我士, 次第北上, 會爾博文於港口, 相與談判爾.

무슨 일로 제군들이 여기까지 왔던가	何事諸君做此行
부양을 저버리기 어려움은 성인의 마음이네.	扶陽難負聖人情
귀양살이에 우대를 어찌 바라랴	遷人優待求何得
순박한 섬 풍속은 예로부터 소문났지[18]	淳尨島俗古來聲

起承은 의병활동을 하다가 대마도까지 귀양온 제자들을 스승으로서 격려하는 내용이다. 의병활동을 오랑캐를 물리치고 中華를 받드는 양맥을 부지하는 일로 간주하였다. 轉結은 귀양살이에 우대를 기대할 수 없지만 순박한 섬 풍속이 소문났다고 하여 은근히 앞으로의 생활을 기대하고 있는 모습이다. 이에 이식은 다음과 같이 화답했다.

선생을 다시 뵈려고 여기까지 왔나	復見先生有此行
뵙는 자리 슬픈 마음 감출 수 없네.	拜筵怊悵不勝情
한 가닥 양맥을 찾을 곳이 없더니	微陽一脈尋無處
대의를 우레처럼 만국에 울렸네[19]	大義如雷萬國聲

타국에서 사제간에 相逢하는데 반가움보다 슬픔이 더 큰 데에는 여러 가지 해석이 가능하다. 무엇보다도 이미 70이 넘은 老軀로 의병 활동하다가 외국까지 유배 온 스승의 모습을 바라보는 제자의 심정은 기쁨보다는 슬픔이 앞섰을 것이다. 이식으로서는 당연히 기뻐해야 할 사제간 만남 자리이지만 나라에 대한 근심 때문에 슬픔이 밀려왔다. 그렇지만 한 가닥 양맥을 찾을 수 없는 암울한 세상에서 선생의 大義가 만국에 울렸다고 칭송하고 있다.

---

18 林秉瓚, 『海外日記』.
19 이식, 『신구당집』, 〈拘留於對馬島有所懷而吟〉.

1906년 12월에 최익현이 병으로 세상을 떠나 국내로 운구하는데 이식은 호송할 수가 없었다. 3년 뒤인 1909년 1월 13일에 이식은 柳濬根, 李相鬥 등과 함께 석방되어 돌아올 수 있었다. 고향으로 돌아오자마자 그는 곧바로 4월에 의병을 일으키려고 모의하였다. 그러나 衆論이 일치되지 않아 의병을 실행하지는 못했다.

12월에 일본이 조선을 합병한다는 소식을 들은 이식은 다시 각국 領事館에게 편지를 보내 尊中華의 논리에 기초하여 의리없는 일본의 죄를 토벌하라고 요청했다. 일본이 조선을 합병하게 되면 청나라도 장차 일본의 소유물이 되고 서양의 열강들도 백년 안에 틀림없이 유린당하는 환란을 겪어서 국토와 민중을 보호하기 어려울 것이라고 전망하면서 미리 방어해야 한다는 논리로 설득했다. 이식의 우려가 불과 40년도 안되어 현실로 들어났지만 당시 외국 공관들이 협조해줄 리는 만무하였다. 그러나 끝까지 포기하지 않고 이식은 모든 수단과 방법을 동원해서라도 일본의 합병을 막아 조선의 주권을 찾으려고 布衣로서 최선을 다했다. "지금 아직 모두 병탄하지 못한 시기에 大同會에서 천하의 큰 윤리를 판명하고 천하의 큰 의리를 펴서 사람마다 근본을 알고 그 머리를 보호하며 열강들은 곧 천하의 義主로 하늘의 상을 받을 것입니다."[20] 라는 글로 외국공관들을 설득했으나 어느 나라도 관심을 보이지 않았다.

이듬해 7월 결국 조선이 일본에 병합되었다. 나라 망한 소식을 접한 이식은 집으로 돌아와 격문을 지어 전국각지에 돌렸다. 그 뒤에 1912년 11월에 고종의 밀지를 林秉瓚에게 전달하여 獨立義軍府 활동의 전기를

---

20 同上, 迨今未盡幷呑之時, 大同會判明天下大倫, 伸天下大義, 使人人知其本保其首, 列疆卽天下之義主, 而受天上賞矣.

마련하는 등 끊임없이 독립 운동을 전개한 사실이 밝혀졌다. 『기려수필』에 수록된 〈임병찬〉 전에 다음과 같은 기록이 나온다.

유생 이식을 통해 임금의 밀지를 전달하도록 했다. 이식이 와서 말하기를, "임금의 뜻이 이처럼 간절합니다. 전라도 지역 유림의 영수는 영감입니다. 삼가 영감이 도모하소서."라고 했다. 공은 북쪽을 향해 네 번 절하고 공손하게 받아든 다음 "지금 임금의 말씀을 들을 길이 없는데 어떻게 받들고 왔소" 하고 물으니 이식이 말하기를 "전 참판 김재순, 이명구, 전 시종 전용규 유생 곽한일 제공이 기밀을 받았습니다."라고 했다.[21]

시골 선비가 어떠한 과정으로 고종의 밀지를 임병찬에게 전달하는 임무를 맡았는지는 알 수 없다. 다만 이런 기록으로 볼 때 이식이 나라가 망한 뒤에도 지속적으로 의병활동을 하고 있었으며 고종과도 연결되어 있었다는 사실을 확인할 수 있다. 그래서 고종의 밀지를 임병찬에게 전달하는 등 독립의군부를 조직하는데 이식이 기여했던 것이다. 이후의 행적에 대해서는 구체적인 자료가 없어서 어떤 활동을 했는지 확인할 길이 없다. 그러나 말년에 객지 용인에서 죽은 사실로 볼 때 타향을 떠돌아다니며 시름을 달랬던 것으로 추측된다.

---

21 宋相燾, 騎旅隨筆, 〈林秉瓚〉. 使儒生李侙傳致, 侙來曰天意如是慇懃, 全羅一省之儒林領袖卽令監, 惟令監圖之, 公乃北向四拜, 敬受之曰, 今天聽無路, 何以奉來, 侙曰前參判金在淳李明九前侍從田鎔奎儒生郭漢一諸公, 得機密.

5. 결론

　신구당 이식은 구한말의 난국을 당해 존화양이의 대의에 입각하여
국권의 회복을 위해 일생을 불태웠던 기개있는 선비이자 義士이다. 그
는 청양에서 태어나 가학을 중심으로 학문 활동 하다가 면암 최익현과
사제관계를 맺고 나서 본격적으로 위정척사활동을 벌였다. 그의 위정
척사활동은 구체적으로 의병을 통한 국권회복운동으로 나타났다고 볼
수 있다.

　이식은 주자의 성리학적 세계관에 기초하여 학문관이 형성되었다.
학문하는 목적을 "至氣를 기르고 眞理를 궁구하여 지극한 경지에 이르
려는 것"으로 설정했다. 학문하는데 있어서 가장 중요한 덕목을 立志
로 보았다. 이식은 사람, 중화, 의리 즉 윤리, 문화, 처세 세 측면에서
立志의 덕목을 제시했다.

　을사늑약 이후로 전국에서는 국권을 회복하기 위한 많은 운동이 전
개되었다. 이식은 청양을 중심으로 13도 유약소를 설치한 다음 조직적
으로 외국공관에 편지를 보내 일본의 만행을 성토하였다. 도내에 있는
37개의 고을에 발문을 보내 사민들이 궐기하도록 조정의 실상을 알리
기도 했다. 그 뒤로 의병을 일으키려고 비밀리에 거사를 추진하다가
체포되었으나 일본인 조사관 앞에서 당당한 기개를 조금도 굽히지 않
고 의병의 정당성을 밝혔다. 이식은 다시 홍주의병에 참여하여 참모로
활동하다가 체포되어 대마도로 유배되었다. 3년간 유배생활을 마치고
돌아온 그는 다시 의병을 조직하려 했으며 고종의 밀지를 임병찬에게
전달하여 독립의군부의 전기를 마련하는 등 지속적으로 국권을 회복하
기 위해 활동을 벌였다. 이는 충훈가문의 후손으로서 사회적 책임을
다하려는 선비의식의 소산이며 존화양이의 대의를 실천하려는 그의 학

문적 실천 의지였다.

이러한 이식의 의병활동은 두 가지 측면에서 특징이 있다. 첫째로 성리학의 이론적 무장 속에 화이론적 의리사상을 강력하게 실천하려는 사고가 나타나고 있다. 이는 화서학파의 일반적인 학문 사상이며 실천 윤리인데 이식도 최익현의 학문과 사상을 본받아 이를 실천한 사실을 확인할 수 있었다.

둘째 이식의 의병활동은 공신 집안의 후손이라는 가문의식이 반영되어 있으며 선비로서 도덕적 의무를 다하려는 점이 뚜렷하게 나타나 있다. 이식의 의병활동은 공신 가문의 후손으로서 국난을 당해 가만히 앉아 있을 수만 없다는 의식에서 나온 행동이다. 이는 선비로서 도덕적 사회 책무의식이 강함을 말해주며 당시 매국노들과 대비되는 면모이다.

따라서 이식이 전국적인 지명도를 가진 인물은 아니지만 선비로서 누구보다도 투철하게 국권회복운동을 벌인 점은 한국 독립운동사에서 주목할 만한 점이다. 앞으로 말년의 자료를 더 발굴하여 말년의 행적을 밝혀야 하는 일이 남아 있다.

조선 시대 주요 사액서원의 편액서와 돈암서원

이성배

1. 서언

서원문을 들어가면서 마주치는 다양한 편액 글씨와 내용은 무엇을 상징하고 암시하는가? 선비들은 편액 문구에 나오는 구절과 글씨를 통하여 무엇을 얻고자 하는 것인가? 이런 의문을 갖고 조선 시대의 대표적인 사액서원의 편액을 중심으로 살펴보려 한다.

조선 시대에 서원은 사림들이 향촌에서 선현을 봉사하는 제례와 유생을 교육하면서 향촌을 이끌고 도서의 보관과 출판 등을 담당하였다. 또 향촌에서 향교 등 관학과 대비되면서 정치, 사회, 교육, 문화 등을 문화를 이끌었던 사립학교였다. 이러한 서원은 역사적으로 당말에 시작되었으며, 송대에 이르러 주자가 백록동 서원을 세우면서 성행하기 시작하였다. 우리 나라는 조선조 중종 38년(1543)에 당시 풍기 군수였던 주세붕이 백운동 서원을 세워 안향을 배향하고 유생을 교육시키면서 시작되었다.

퇴계 이황의 건의로 백운동 서원이 최초로 賜額書院이 시작되면서 서원은 講明道學하는 공간이자, 선비들이 爲己之學의 藏修處로 인식 되면서 크게 확산 되었다. 조정의 사액서원 장려책으로 서원은 더욱 성행하게 되었다. 서원에 배향되는 인물은 도학의 실천자로 국가와 사회를 이끄는 대표적인 존재였으며 도학적 이념과 원리를 제시하였다고 여긴 도학자였다. 배향인물은 서원 설립자들의 논의를 거쳐 결정되었다. 조선의 사립 대학인 서원은 사립학교로서 지역에 위치하였지만 중앙의 조정과도 일정한 관계를 유지하고 인정받으려 하였다. 사액서원 은 이러한 관계속에서 등장하여 확산된 것이다.

서원이 향촌의 자치 교육 기구로서 지역의 교육과 사림문화의 중심이 되었지만 점차 서원의 남설, 배향기준의 하락, 문중의 결탁, 토지와 노비 등으로 인한 각종 폐단을 낳았다. 이런 폐단 때문에 선조 때부터 여러 왕들이 서원 철폐를 시도하는 등 제제를 가하였지만 서원은 계속 증가하여 결국 고종 때는 1700여 개에 이를 정도였다. 결국 조선 유학은 서원과 함께 번성하고 서원의 폐단과 함께 쇠락하게 되었고, 1868년에 대원군에 의해 전국에 47개만 남기고 철폐되게 되었다.

서원 구조는 크게 선현에 봉사하는 祠의 祭享空間, 유생을 교육하고 강학하는 講堂과 유생이 기거하는 齋舍를 중심으로 하는 講學空間, 기타 부속 건물 공간으로 이루어졌다. 이들 건물에는 지역과 배향 인물에 따라 다양한 편액과 주련, 제영기, 묘정비들이 있다. 여기에 쓰인 글씨는 그 서원의 정신을 드러내는 상징성이 있다.

이에 본고는 사액서원의 주요 편액글씨를 중심으로 고찰하려고 한다. 특히 각 서원의 성향과 차이를 보여주는 편액글씨는 배향인물의 사상과 관련된 내용과 그 위상에 맞도록 서체와 서사자를 신중히 선별하게 된다. 특히 사액글씨는 조정에서 논의하여 하사하기 때문에 당대의 뛰어난 서예 미학적 특징을 살펴볼 수 있다.

그동안 서원에 있는 각종 편액서예에 대한 연구는 거의 없는 실정이었다. 이에 본고는 2019년 유네스코 세계문화유산에 선정된 사액서원 9곳을 중심으로 편액을 살피고 여기에 나타난 서예미학적 특징을 살펴보려 한다.

2. 서원의 주요 역할

조선의 유학은 內聖外王과 修己治人을 이상으로 삼았다. 이러한 유교적 이상을 실현하기 위한 교육은 官學과 私學에서 이루어졌다. 관학은 중앙에 成均館과 四學을 두어 고등교육과 대학 교육을 담당하였고, 지방에 鄕校를 설치하여 중등 교육을 담당하였다. 특히 향교는 전국의 군현마다 설치했고, 16세 이상의 양인을 교육시켰으며, 향촌 교화의 근본처가 되었다. 또한 인륜을 밝히고 인재를 육성하였으며[1] 과거시험을 준비하는 곳이기도 하였다. 이에 비하여 사학은 주로 아동을 대상으로 가르치는 초등 교육 기관인 書堂이 있었고, 또한 보다 높은 교육을 담당하는 사학으로 유생들이 개인적으로 '書齋' 등을 두어 가르쳤다.

그렇지만 이것으로는 당시 증가하던 과거시험의 확대에 부응할 수 없었다. 그리고 관학이 쇠하고 士林들이 새로운 개혁 세력으로 등장하면서 전문적으로 성리학을 강론하는 講明道學의 장소가 필요하게 되었다. 이러한 배경 속에서 書院은 과거를 준비하면서 도학을 깊이 강론할

---

1 『朝鮮經國典』 上, 禮典 學校條 : 學校 敎化之本也 於以明人倫 於以成人才.

수 있는 공간으로 대두하면서, 빠르게 향촌을 교화하고 질서를 조율하면서 주도하는 역할을 하게 되었다.

서원이 설치된 곳은 주로 배향인물과 관련된 지역이었다. 소수서원은 안향과 관련있고, 순천의 옥천서원은 김굉필이 무오사화 때 유배된 곳이었다. 또한 배향된 인물이 생전에 서당을 세워 후학을 교육했던 곳이기도 하다. 도산서원, 돈암서원, 덕천서원, 병산서원, 덕천서원 등도 배향인물이 서당에서 교육 하던 곳이었다.

서원이 있는 곳은 향교에 비하여 교외에 있어 대체로 수려한 풍광을 가진 곳이 있이 많다. 그렇지만 그곳은 당시에 외진 곳은 아니었고 접근이 용이한 곳이었다.

서원의 분포를 보면 현종부터 숙종까지 50년 동안 210개의 서원이 설립되는데 그중에 삼남지방에 전체의 70% 이상이 집중되었다. 예를 들어서 영남의 안동과 예안 일대에 20개 정도 서원이 있었고, 상주에만 10여 개의 서원이 밀집되어 있었다.

서원의 배향 인물도 시기 마다 기준이 변하였다. 설립 초기부터 17세기 전반까지는 안향이나 정몽주와 같이 유림에서 명망이 있는 인물들이 배향되었다. 그러나 붕당이 격화되면서 점차 각 당의 정치적 입장을 반영하거나 학연과 지연에 관련된 배향인물을 선정하기 시작하였다. 이에 남인계 서원에서는 李滉, 曹植, 鄭逑, 柳成龍, 金誠一 등을 주로 배향하였고, 서인계 서원에서는 주로 李珥, 成渾, 金尙憲, 金長生, 宋時烈 등을 배향하였다. 또 배향인물은 지역적인 편중도 나타났다. 이황과 정구는 경상도에서, 이이는 황해도에서, 송시열은 충청도에서 집중적으로 배향되었다.

서원의 가장 중요한 기능은 제사와 강학이다. 이에 서원의 건물구조도 크게 선현을 배향하는 사당을 중심으로 하는 공간, 강학을 주로 하는 공간, 원생이 기거하는 공간, 기타 별도의 부속 건물이 들어서는 공간으로 구별된다. 그렇지만 초기에는 소수서원과 같이 건물의 구조와 배치가 일정하게 정해지지 않았다. 시간이 지나면서 점차 사당 중심인 서원 구조와 강학하는 공간을 중심으로 하는 서원구조로 구별되었다.

초기 서원은 이황의 강명도학의 서원관을 따라서 주로 강학 기능이 강조되어서 질 높은 강의와 자유로운 토론이 이루어졌다. 이에 원생들은 수기치인하기 위한 성리학적 사물탐구와 인간의 본성 탐구를 하였으며 실천적 덕목으로 유교적 의례를 익혔다.

서원에서 쓰인 주요 강학교재는 대체적으로 사서오경을 기본으로 하였고 서원에 따라 부가적인 교육이 이루어졌다. 교육 순서는 대체로 『소학』, 『대학』, 『논어』, 『맹자』, 『중용』, 『시경』, 『서경』, 『주역』, 『예기』, 『춘추』 등으로 진행되었고, 그사이에 『심경』, 『근사록』, 『가례』, 『주자서절요』, 『태극도설』, 『성리대전』 등을 읽었다.

서원에서 필요한 서책은 주로 하사 받았다. 다음은 명종실록에 나오는 기록이다.

> 풍기의 백운동서원은 황해도 관찰사 주세붕이 창립한 것인데, 무릇 학령을 세우고 서적을 비치하며 토지와 양식을 공급할 도구를 다 갖추어서 인재를 성취시킬 만하다. 이황이 편액과 서적, 토지, 노비를 하사해 줄 것을 청하였는데 모두 따라줄 수는 없으나 편액과 서적 등 2, 3건만이라도 특명으로 내려 보낸다면, 먼 곳의 유생들이 반드시 고무 감격하여 흥기할 것이다.[2]

이렇게 하사된 서적은 사서오경과 『성리대전』이었고 이후에도 『주

---

2 『명종실록』 권10, 명종 5년 2월조.

자대전』, 『주자어류』, 『사서언해』 등이 하사되었다. 서원이 크게 증가하면서 자체적으로 구입하거나 일부 사림에서 도서를 기증하는 방식으로 서책을 마련하였다.

서원은 향촌지역의 작은 도서관 역할을 하였을 뿐 만 아니라 필요한 서책을 직접 출판하기도 하였다. 당시 서원에서 도서 출판을 기록한 목록집으로 『鎭板考』가 있다. 이 책은 1796년(정조 20)에 서유구가 왕명을 받아 관부와 서원, 향교, 사찰과 개인의 冊板들을 조사하여 분류하고 해제한 것으로 총 610종이다. 이중에 84개 서원과 사우에서 출판한 것은 183종이다. 책판의 수량이 가장 많았던 서원은 陶山書院으로 총 17종이다. 이외에 魯岡, 玉山, 檜淵, 遯巖, 褒忠祠에서 5~7종을 출판하였다. 또한 지역별로는 경상도가 전체 184종 가운데 124종을 간행하여 약 70%를 차지하고 있다.

3. 주요 서원의 편액

1) 서원과 편액

扁額은 건축에서 얼굴이자 눈과 같은 의미를 갖는다. 扁자는 보통 납작하다는 의미를 갖지만 또한 『說文解字』를 보면 "扁, 署也, 從戶冊。戶冊者, 署門戶之文也"라고 하여 門戶에 적는다는 의미도 있다. 額은 이마라는 의미니 높은 곳에 걸은 편액을 의미한다. 또한 편액은 가로 형태인 扁과 세로 형태인 額으로 구분하기도 한다. 그러므로 편액은 건물의 입구나 높은 곳에 건축물의 명칭, 의미, 상징 인물의 사상, 정신, 철학 등을 문자와 예술적으로 표현하여 걸은 것이라 할 수 있다. 편액은 보통 높은 곳에 위치하기 때문에 대자 글씨가 많다. 그래서 액서는 대자로 쓰인 글이라는 의미도 갖는다.

편액서의 유형을 용도나 내용에 따라 다음 몇 가지로 구분할 수 있다.

(1) 殿, 閣, 院, 祠, 宇, 齋, 樓, 亭의 명칭으로 쓰는 경우
(2) 일반가옥의 당호로 쓰는 경우
(3) 공덕을 표현하는 경우
(4) 풍광을 묘사하는 경우
(5) 사상, 정신 등을 표현하는 경우
(6) 경전이나 명구를 쓰는 경우

보통 편액의 기원은 중국의 先秦시대로 소급된다. 秦八體³ 중의 署書가 이에 해당된다. 일설에는 漢高祖(재위 B.C.206~B.C.195) 때에 蕭何는 장안성 한쪽에 궁궐을 짓고 궁명을 未央이라 하였다고 하니 초기의 편액 관련 기록이라 볼 수 있다. 또한 삼국시대 魏 明帝 때 韋誕이 凌雲臺에 제액하고 芳林苑과 中樓觀에도 題額을 했다는 기록이 있고⁴, 東晉 때 謝安이 王獻之에게 太極殿의 편액을 쓰도록 하였으나 거절했다는 고사 등이 있다.

---

3 『說文解字』, 「序」: 秦書有八體 : 一曰大篆, 二曰小篆, 三曰刻符, 四曰蟲書, 五曰摹印, 六曰署書, 七曰殳書, 八曰隸書.

4 韋誕(178~253)의 자는 仲將이고 삼국시대 魏에서 활동했으며, 京兆(지금 西安)사람이다. 그는 敦煌 淵泉(지금 감숙성 경계)사람인 張芝와 穎川 昆陽(지금 하남 엽현) 사람인 邯鄲淳에게 배워 여러 서체에 능숙하였는데 특히 초서와 해서에 능하였다고 한다. 《四體書勢》에서 이르기를 "위나라의 寶器銘題는 모두 위탄의 글씨이다."하고 하였고, 남조 송나라 羊欣은 말하기를 "한위 시기 관청은 모두 위탄이 썼다."라고 하였다. 전하는 말에 의하면 魏 明帝 때 凌雲台를 지었는데 높이가 25장이었다. 건물을 다 지었는데 대에 이름을 쓰지 않았다. 明帝가 대바구니를 만들어 위탄을 그 속에 앉히고 도로래로 끌어 올려 榜과 나란히 하고는 편액글씨를 쓰도록 하였는데 보는 사람들 모두 조마조마하였다. 위탄이 글씨를 다 쓰고 내려올 때는 머리카락이 모두 하얗게 되었다고 한다.

중국의 경우 편액의 대자를 잘 하는 이로 당의 안진경, 송의 채양, 휘종, 채경, 미불, 주희, 장즉지, 원에서는 조맹부, 이부광 등이 잘 알려져 있다.

우리나라에서는 궁궐과 사찰에 편액을 걸었을 것인데 이에 대한 기록이 일부 있다. 문헌 기록으로는 통일신라 시대에 金生이 안양사에 편액을 써서 기울어진 집을 바로 잡게 하거나 청룡사에 편액을 썼는데 항상 운무에 휩싸였다는 신비한 일화가 있다. 김생이 썼다고 전하는 편액으로 〈萬德山白運社〉, 〈大雄寶殿〉이 있다. 고려 시대에 이르러 晉陽公 崔瑀(?~1249)가 〈大觀殿〉 편액을 잘 써서 당시 편액서를 잘 쓴 奇相國을 놀라게 했다는 기록이 전한다. 우리나라 편액서에 가장 많은 영향을 준 이는 고려말에 전해진 원나라 雪巖 李溥光이다. 雪巖의 대자 글씨는 조선 초기 목판으로 간행된 〈兵衛森帖〉·〈春種帖〉등으로 전한다. 그의 편액서는 고려말에 많은 영향을 주어서 공민왕도 편액서를 잘 썼다고 전한다. 현재 공민왕이 쓴 것으로 전하는 편액으로 〈安東雄府〉, 〈無量壽殿〉이 있다.

조선 시대는 개국 초기에 한양으로 도읍을 정하고 궁궐을 많이 지으면서 편액을 많이 쓰면서 편액서에 능한 사람이 많이 나타난다. 안평대군 李瑢은 〈大慈庵〉, 〈海藏殿〉, 〈白華閣〉을 썼고, 申提學은 〈慕華館〉을 썼으며, 鄭國馨은 창덕궁의 여러 殿額과 門額을 썼고, 成任은 〈弘化門〉, 〈大成殿〉을 썼다.

조선 중기에는 성리학이 성하면서 書院과 祠宇와 관련해서 많은 편액이 쓰였다. 李滉은 도산서원 등에 많은 편액을 남겼고, 황기로는 초서로, 한호는 설암체로 대자 편액을 많이 남겼다. 이산해도 대자 편액에 뛰어났다.

임진 병자 양란 이후에는 서원 외에도 누정과 양반 가옥 등 새로운 건물을 많이 신축하였다. 이 시기에 송준길, 송시열은 석봉체와 안진경체가 섞인 대자서를 남겼고, 허목은 古篆으로 독특한 편액을 썼다. 조선 후기와 말기에 이광사, 이삼만, 김정희 등은 중국의 서풍을 반영하여 독특한 서풍의 편액서를 썼다.

조선의 군주도 대자에 뛰어난 이가 많아서 세조, 명종, 선조, 숙종, 영조, 정조 등이 어필 사액을 남겼다.

서원에 쓰인 扁額을 보면 당대 名書家들이 많이 썼으며, 역대 帝王의 어필과 文人·逸士들도 참여하고 있다. 편액 서체는 해서를 많이 썼다. 그것은 해서가 법도가 엄정하고 운필과 결구가 분명하여 서원과 배향자의 정신을 잘 드러낼 수 있다고 여겼기 때문이다. 편액의 書寫者는 일부만 알려졌고 대부분은 분명하지 않다.

서원의 사액은 조정에서 논의를 거쳐 하사되는데 당시의 대표적인 글씨를 볼 수 있다. 종종 어필로 직접 사액한 경우도 있다. 사액의 글씨는 당시 서원의 명칭과 배향자의 반영하였으며 성리학적 서예정신과 기상을 잘 드러내고 있다.

역대 사액서원은 많지만 대원군 때 대부분 훼철되었고 남은 사액 서원은 47개였다. 나머지는 후대에 다시 중건되면서 복구되기도 하였다. 훼철되지 않은 것도 일부는 6.25 전쟁을 겪으면서 훼손되기도 하였다.

〈표 1〉 대원군 때 훼철되지 않은 47개 서원 목록

서원명	주 배 향 인	건립 연도	사액 연도	서사자 (현존)	소재지	비고
崧陽書院	文忠公鄭夢周	1573	1575		경기도 개성	고려 말 학자
龍淵書院	文翼公李德馨	1691	1692		경기도 포천	선조 정치가
大老書院	文靖公宋時烈	1785	1785	黃運祚	경기도 여주	숙종 학자
鷺江書院	忠烈公樸泰輔	1695	1697		경기도 과천	숙종 충신
牛渚書院	文烈公趙憲	1648	1675		경기도 김포	선조 의사

坡山書院	文簡公成渾	1568	1650		경기도 파주	선조 학자
德峰書院	忠貞公吳鬥寅	1695	1700		경기도 양성	숙종 충신
顯節祠	文正公金尙憲	1688	1693		경기도 광주	인조 충신
深穀書院	文正公趙光祖	1650	1650		경기도 용인	중종 정치가
四忠書院	忠獻公金昌集	1725	1726		경기도 과천	숙종 정치가
忠烈祠	文忠公金尙容	1642	1658		경기도 강화	인조 충신
紀功祠	壯烈公權慄	1841	1841		경기도 고양	선조 장군
遯巖書院	文元公金長生	1634	1660		충청도 논산	인조 학자
彰烈祠	文貞公尹集	1717	1721		충청도 홍산	인조 충신
表忠祠	文潛公李鳳祥	1731	1736		충청도 청주	영조 충신
魯岡書院	文正公尹煌	1675	1682		충청도 논산	인조 학자
忠烈祠	忠潛公林慶業	1697	1727		충청도 충주	인조 충신
武城書院	文昌侯崔致遠	1615	1696		전라도 태인	신라말 학자
筆巖書院	文正公金麟厚	1590	1662	尹鳳九	전라도 장성	인조 학자
褒忠祠	忠烈公高敬命	1601	1603		전라도 광주	선조 의사
西嶽書院	弘儒侯薛聰	1561	1623	元振海	경상도 경주	신라 학자
紹修書院	文成公安珦	1643	1550	명종어필	경상도 순흥	고려말 학자
金烏書院	忠節公吉再	1570	1575		경상도 선산	고려말 학자
道東書院	文敬公金宏弼	1605	1607	裵大維	경상도 현풍	성종 학자
灆溪書院	文獻公鄭汝昌	1552	1566		경상도 함양	성종 학자
玉山書院	文元公李彦迪	1573	1574	金正喜	경상도 경주	명종 학자
陶山書院	文純公李滉	1574	1575	韓濩	경상도 예안	선조 학자
興巖書院	文正公宋浚吉	1702	1705	숙종어필	경상도 상주	효종 학자
玉洞書院	翼成公黃喜	1714	1789		경상도 상주	세종 정치가
忠烈祠	忠烈公宋象賢	1605	1624		경상도 동래	선조 충신
屛山書院	文忠公柳成龍	1613	1863		경상도 안동	선조 학자
彰烈祠	文烈公金千鎰	선조 시	1607		경상도 진주	선조 의사
忠烈祠	忠武公李舜臣	1614	1723		경상도 고성	선조 충신
褒忠祠	忠剛公李述原	1738	1738		경상도 거창	영조 충신
彰節書院	忠正公樸彭年	1685	1699	尹師國	강원도 영월	단종 충신
忠烈書院	忠烈公洪命耈	1650	1652		강원도 김화	인조 충신
褒忠祠	忠武公金應河	1665	1668		강원도 철원	광해군 충신
淸聖廟	淸惠侯伯夷	1691	1701	숙종어필	황해도 해주	중국 은말 충신
太師祠	壯節公申崇謙	고려 시	1796		황해도 평산	고려 태조 충신
文會書院	文成公李珥	미상			황해도 배천	선조 학자

鳳陽書院	文純公樸世采	1695	1696		황해도 장연	숙종 학자
老德書院	文忠公李恒福	1627	1687		함경도 북청	선조 정치가
三忠祠	忠武侯諸葛亮	1603	1668		평안도 영유	중국 촉 충신
武烈祠	尙書石星	1593	1593		평안도 평양	중국 명 정치가
忠湣祠	忠壯公南以興	1681	1682		평안도 안주	인조 충신
表節祠	忠烈公鄭蓍	순조 시			평안도 정주	순조 충신
酬忠祠	西山大師休靜	미상	1784		평안도 영변	선조 승려

2) 편액명의 유형

서원의 편액은 배향인물과 관련하여 상징성을 갖고 있다. 서원을 대할 때 처음 대하는 것이 서원의 편액이다. 입구에 높이 걸린 편액은 그 서원의 이름이다. 이름을 통하여 서원의 성향을 짐작할 수 있다. 서원명칭으로 먼저 서원을 인식하고 다음에는 그 의미를 생각할 것이다. 이어서 배향 인물과의 관계를 유추하고, 서원이 위치한 지명과 자연환경과 관련하여 확대될 것이다.

서원의 편액을 살펴보면 서원의 명칭을 기준하여 몇 가지 유형으로 구분된다. 가장 많이 등장하는 것은 자연과 지명 관련 명칭이었다. 이 둘 사이는 서로 연관 있기도 하지만 좀 더 구분하여 살펴 볼 수 있다.

먼저 自然 環境을 편액에 표현한 경우는 灆溪書院이다. 조선왕조실록을 보면 서원 남쪽에 맑은 시내가 있어서 이것을 서원명칭으로 정하는 대목이 나온다. 그렇지만 남계는 단순히 맑은 시내는 아니다. 배향자인 일두 정여창의 학문과 정신 인품을 연관하여 지은 것이다. 屛山書院은 서원 앞 강 너머에 병풍같이 펼쳐진 산세를 여실히 반영하고 있다. 서원의 晩對樓에서 보면 백사장이 넓게 펼쳐져 있고 강물이 띠를 이루며 흐르고 강 건너에 절벽이 병풍처럼 펼쳐 있다. 병산이라는 명칭은 이러한 주변 환경을 그대로 담아내고 있는 것이다.

다음에는 地名을 서원 명칭으로 삼은 것이다. 陶山書院은 서원이 위

〈표 2〉 편액 명칭에 나타난 유형 분류

자연		
지명		
충절		
도학		
명구		
존숭		
은거		

치한 산에 질그릇을 굽는 곳이 있어 그 명칭을 삼은 것이다. 화려함보다 질그릇의 질박함에서 학문의 본질을 찾고 강명도학하려는 퇴계의 정신을 오롯이 담고 있다. 武城書院은 태인에 있는 무성이라는 지명에서 나온 명칭이지만, 본래 『논어』 「양화」에서 나온 말이다.

다음에는 충절이나 절의를 명칭으로 삼은 경우이다. 국난이 있을 때 의병을 일으키거나 나라에 충절을 다하다가 목숨을 잃었을 때 이들을 기리는 경우이다. 이럴 경우 대개 서원은 강학 기능은 생략하고 祠를 중심으로 奉祀가 이루어진다. 대표적인 경우가 포충사, 충렬사, 창설사 등이다.

다음에는 도학적 의미를 반영한 명칭이다. 道東書院은 배향자가 東方道學之祖라는 자부심을 반영한 명칭이다. 한훤당 김굉필은 점필재 김종직에게 소학을 배우고 평생 소학의 정신을 실천하고자 스스로 小學童子라 하였다. 그는 도학이란 단순히 형이상학적인 것이 아닌 소학의 실천정신을 바탕으로 해야 한다는 실천적 학문 정신을 몸소 보여준 것이다. 忠賢書院은 주자를 배향인물로 정한 것도 있지만 서체를 보면 주자의 편액체이다. 필획이 굵고 강하며 험절한 기상이 있다. 도학을 추존하려는 강한 의지를 담아내고 있는 것이다.

다음은 경전이나 명구 등에서 나온 명칭이다. 紹修書院은 "이미 무너진 학문을 다시 이어 닦게 했다(旣廢之學 紹而修之)"는 구절에서 나온 것이다. 서원을 세워 피폐해진 학문을 다시 중흥 시키려는 의지가 반영된 명칭이라 하겠다.

다음은 존숭의 의지를 담아 표현한 것이다. 大老書院은 정조가 송시열의 학문에 대해 존숭하는 의미를 담은 것이다. 정조는 大老祠를 사액하고 大老祠碑를 어필로 내렸다. 高山書院은 배향자인 기정진의 학덕에 대해 높은 산처럼 우러른다는 의미를 표현하고 있다.

다음에는 은거의 의미를 담고 있는 명칭이다. 대표적으로 遯巖書院 이 있다. 돈은 본래 주역의 33번 째 괘인 천산둔괘 ☶에서 유래한 것으로 군자는 물러나서 도에만 뜻을 두고 정진하겠다는 의미를 갖는다.

마지막으로 중국의 백이숙제는 淸聖廟로 聖之淸을 기렸고, 제갈량 은 三忠祠, 석성은 武烈祠로 합당하게 명칭을 정하였다.

4. 주요 사액서원의 편액서

1) 소수서원의 敬以直內의 미학

소수서원

'경'자 암각

경렴정

학구재

『주역』「문언전」에 '敬以直內 義以方外'라는 말이 있다. 敬과 直은 성리학에서 중요한 수양의 개념으로 선비의 수양정신과 절의를 상징한다. 周世鵬(1495~1554)은 처음 白雲洞書院을 세워 평소 흠모했던 고려말 학자 인 안향을 배향하여 奉祀와 敎學을 하였다. 백운동은 주자가 강학했던 白鹿洞書院에서 나온 것이다. 명종 3년(1548)에 퇴계 이황의 건의로 명종이

어필로 〈紹修書院〉을 사액하였다. 소수서원은 당시 대제학인 申光漢 (1484~1555)에게 작명하여 '紹修'로 정하였다. 수신하여 성현의 정신을 잇는다는 의미도 있고, 또 '旣廢之學 紹而修之'에서 알 수 있듯이 이미 피폐해진 학문을 서원을 세워 이어서 닦도록 한다는 의미도 있다. 주세붕은 그 학문 정신을 경으로 보았다. 서원 입구의 천변 바위에 '敬'字를 암각한 것도 소수 서원의 정신을 표현한 것이다. 〈景濂亭〉은 북송대 염계 주돈이를 크게 흠모한다는 의미이다. 주염계는 정자와 주자로 이어지는 성리학의 틀을 마련하였기 때문에 소수서원도 그 정신을 이으려 한 것으로 보인다. 〈學求齋〉는 『맹자』「고자」상에서 '學問之道無他, 求其放心而已矣'에서 나온 것으로 학문의 본질은 잃어버린 마음을 구하는 것임을 밝힌 것이다. 따라서 소수서원과 여러 편액에서 추구하는 기본 정신은 성리학에서 강조하는 수양정신인 '敬以直內'의 미학임을 볼 수 있는 것이다.

2) 옥산서원의 文質彬彬의 미학

옥산서원

역락문

무변루

구인당

옥산 서원은 경주시 안강의 紫玉山 기슭에 있다. 晦齋 李彦迪(1491~ 1553)은 처음 낙향했을 때 이 자옥산 기슭에 獨樂堂을 지어 기거하였다. 그의 사후 경주 부윤 李齊閔 등이 중심되어 선조 7년(1574)에 〈玉山書院〉을 사액 받았다. 옥은 성질이 차지 않고 소리가 맑아 군자의 성정에 비유된다. 현재의 편액은 헌종 5년(1839)에 소실되어 秋史 金正喜(1786~1856)가 쓴 것이다. 선조 때 사액된 것은 鵝溪 李山海(1538~1609)가 썼는데 원본은 소실되었고 후에 모각하여 현재 강당 안에 걸어 두었다. 추사가 쓴 옥산서원 편액은 자옥산의 옥처럼 필획이 단아하고 맑고 단단하다. 이에 비하여 서원 입구에 있는 〈亦樂門〉, 〈無邊樓〉, 〈求仁堂〉은 石峯 韓濩(1543~1605)의 글씨로 운필이 묵직하고 점획의 間架를 좁게 하여 기운이 꽉 차는 느낌이다. 이 두 느낌은 대조적이다. 그러면서 묘한 조화를 이루고 있다. 논어에 「子曰 質勝文則野 文勝質則史 文質彬彬 然後君子」라는 말에서 문과 질의 조화를 말하는데 이것이 옥산서원의 편액에서 볼 수 있는 정신이라고 본다. 〈역락문〉은 벗이 있어 멀리서 찾아오니 또한 즐겁지 아니한가라는 도를 같이 하는 벗이 찾아오는 入門의 즐거움을 표현하였다. 〈무변루〉는 누대에 올라 자연과 더불어 無邊風月의 풍광을 즐기는 개방성의 경지를 말한다. 텅 빈 마당을 지나 昇階하여 강당인 〈求仁堂〉에 이르면 인을 강론하여 그 높은 경지에 올라서도록 이끌고 있다. 이러한 단계를 거쳐 도덕과 인품이 갖추어지고 내외를 겸비하여 문질이 빈빈한 군자의 경지에 도달하려 한 것이다.

3) 도산서원의 毋不敬毋自欺의 미학

도산서원

진도문

전교당

역락서재

退溪 李滉(1501~1570)은 평소 '毋不敬 愼其獨 無自欺 思無邪'를 벽에 붙여 놓고 경계하였다고 한다. 이것은 퇴계가 추구하는 선비의 정신이고 학문의 자세이다. 퇴계라는 호에서 알 수 있듯이, 또 도산이라는 호에서 알 수 있듯이 화려한 세속의 명리를 추구하기 보다는 질박한 본질을 추구하느라 거창하지 않다. 〈陶山書院〉 편액은 퇴계의 이러한 정신을 보여준다. 骨氣 있는 정확한 운필과 圓方의 調和를 이루고 있다. 도산서원에 남아 있는 한호의 글씨는 옥산 서원의 글씨와 다르다. 무척 조심스런 모습이 보인다. 일설에는 선조가 한호를 불러 이 사액을 쓸 때 주눅들까 미리 알리지 않고 마지막 글자부터 쓰도록 했다고 한다. 그만큼 조심스럽게 썼다는 의미일 것이다. 〈進道門〉은 석봉 한호가 쓴 것으로 알려졌으며 성현의 도에 나아가는 즐거움을 표현하였다. 辶를 보면 마치 배를 타고 즐기는 듯 표현하고 있다. 〈典敎堂〉은 도산서원의 강학공간으로 성현의 典範을 가르친다는 의미이다. 〈亦樂書齋〉는 퇴계의 글씨로 알려졌으며 『논어』「학이」의 '有朋自遠方來 不亦樂乎'에서 나온 것으로 도의 즐거움을 함께 나누는 즐거움을 말한 것이다. 퇴계는 평소 '경이 아님이 없고, 홀로 있음을 삼가고, 스스로 속임이 없고, 생각에 간사함이 없다'는 성현의 가르침을 실천하려 하였다. 도산서원의 여러 편액 글씨들은 퇴계가 추구하는 담박한 학문 정신을 오롯이 담아내고 있는 것이다.

4) 도동서원의 中正自得의 미학

강당 입구(상)와 내부(하) 편액

강당 내부 중정당

거인재

거의재

寒暄堂 金宏弼(1454~1504)은 東方道學之祖로 불린다. 그래서 서원 이름도 성리학의 도가 동쪽으로 왔다는 의미인 도동서원이다. 김굉필 은 당시 훈구파의 적폐와 갑질을 비판하여 戊午士禍 때 김종직의 문도 로서 유배 되었고, 甲子士禍 때 결국 賜死된다. 그의 학문은 義理之學 으로 修己治人에서 修己를 중시한다. 그는 성리학적 실천 원리와 가치 를 중시하였고 그 기초인『小學』을 실천학문으로 강조하였다. 이것은 성리학을 실천학문으로 보아서 동방에 도학을 새로운 방향으로 이끌고 자 하였었다는 점에서 중요한 것이다.

도동서원은 선조 1년(1568)에 비슬산에 세운 쌍계서원이 원조인데 1573 년에 사액되었다가 임진왜란 때 소실되었다. 1605년에 이곳에 甫勞洞書院 으로 중건되었다가 선조 40년인 1607년에 도동서원으로 사액을 받았다.

도동서원은 진입부분인 水月樓를 거쳐 가파른 계단을 거쳐 주인을 찾아 부르는 喚主門이 있고, 강학 공간인 강당 中正堂에 이른다. 〈道東

書院〉은 강당 입구와 안쪽에 있는데 입구의 편액은 퇴계 이황(1501~ 1570)의 글씨로 알려져 있는데 강당의 건립 연대인 1605년과 차이를 보여 후대에 집자한 것으로 보인다. 강당 안의 편액은 중후한 해서이며, 낙관에서 '萬曆三十五年'이라 하여 선조 40년(1607)에 사액한 것임을 알 수 있다. 〈중정당〉의 명칭은 『주역』에서 나왔다. 二位에 음효가 있고, 五位에 양효가 있을 때 得位得中得正이라 하는 데 여기에서 中正이라는 명칭이 나왔다. 다시 말해 음양이 제자리를 찾아 조화를 이루어 性情이 본연의 자리에서 안정을 이룬 것을 말한다. 도동서원 편액은 동방 성리학의 도는 심신의 조화를 이루고 적연부동의 고요함속에 중정자득의 묘미를 얻는 의미가 담긴 것이다.

5) 병산서원의 雄强莊重의 미학

병산서원

복례문

만대루

입교당

병산서원은 풍산 류씨 집안의 서당인 豊嶽書堂이 모체가 된다. 西厓 柳成龍(1542~1607)은 선조 5년(1572)에 지금의 병산에 옮기지만 임란 때 병화를 당해 소실되었다. 시애가 죽은 후 제자 정경세가 스승을 추모하는 존덕사를 창건하였다가 이를 바탕으로 뒤에 광해군 5년(1613)에 병산서원으로 되었다. 사액은 비교적 늦어서 철종 14년(1871)에 〈屛山書院〉으로 사액되었다. 이 편액 글씨는 配享者의 강직한 정신을 반영하듯 필세가 雄壯하여 보는 이로 하여금 압도하게 한다. 임란의 위기를 불굴의 의지로 극복하였듯이 느슨함이 없는 강한 결구에서 조금도 비굴함이 없는 조선 선비의 당당함 기세를 잘 드러내고 있다. 〈復禮門〉은 克己復禮에서 나왔다. 나의 사념과 사욕을 버려야 근본처로 돌아갈 수 있다는 의미로 입문을 하기 위한 절차이자 조건을 표현하고 있다. 복례문을 지나면 〈晚對樓〉를 대하게 된다. 晚對는 杜甫의 시 「白帝城樓」에서 翠屛宜晚對(푸른 병풍처럼 펼쳐진 절벽 저녁 무렵 대하기 좋네)에서 나왔다. 우복 정경세가 스승을 위해 기막히게 작명한 것이다. 누대의 텅빈 공간 앞에 펼쳐지는 백사장과 푸른 강의 잔잔한 물결 그리고 그 건너 병풍같은 산세를 대한다면 누구나 감탄할 만한 풍광이다. 만대루 편액은 큰 편액 글씨를 가까이 볼 수 있어 그 필세를 더욱 강하게 느낄 수 있다. 점획마다 당당하고 굳세고 자간마다 대쪽 같은 웅강한 결기가 서려있다. 이것은 조선 선비의 기상이고 기운이다. 〈立敎堂〉 편액 글씨는 間架를 좁게 하여 기운이 응축되어 있다. 글자 결구에 나타난 虛實의 대비는 빽빽한 곳은 바람이 통할 수 없고 넉넉한 곳은 말이 달릴 수 있게 해야 한다는 말을 실감하게 한다. 이는 큰 범이 강당 안쪽에서 움추르고서 낙동강과 주변산을 주시하는 虎臥 형국이다. 가만이 있어도 보는 이를 압도하는 위엄이 서려 있다. 이와 같이 병산서원의 편액에는 조선의 선비가 추구하는 추상 같은 정신과 굴하지 않는 강건한 기질이 담긴 글씨인 것이다.

6) 필암서원의 廓然與道의 미학

필암서원

확연루

청절당

경장각

전남 장성에 있는 필암서원은 河西 金麟厚(1510~1560)를 주벽으로 배
향한 곳이다. 하서는 호남에서 유일하게 문묘 18현에 배향되어 더욱
존숭받는다. 〈筆巖書院〉은 현종 3년(1672)에 사액이 내려진 것으로 屛
溪 尹鳳九(1681, 숙종 7~1767, 영조 43)가 이 편액을 썼다. 단아하면서 기
품을 느끼게 한다. 이 서원 입구 누대에 尤庵 宋時烈(1607~1689)이 쓴
〈廓然樓〉 편액이 있다. 확연은 성리학에서 중시하는 깨우침으로 막힌
것이 툭 터져 넓고 텅빔을 의미한다. 仙源 金尙容(1561~1637)의 현손인
苔川 金時粲(1700~1766)이 지은 「廓然樓記」에 의하면 "정자가 말하기
를 '군자의 학문은 확연하여 크게 공정하다.' 하였고, 하서 선생은 가슴
이 맑고 깨끗하여 확연히 크게 공정하므로 우암이 특별히 확연이라는
말을 선택하였다."고 한다. 여기에서 우암이 대자 편액을 활달하게 쓴
이유가 들어 있는 것이다. 우암은 김인후의 확연한 학문 경지를 넓고
시원하며 막힘없는 대자 운필로 잘 표현하고 있는 것이다. 〈淸節堂〉은
同春堂 宋浚吉(1606~1672)이 김인후의 학문과 정신을 의미에 맞게 단

아하게 운필하였다. 우암과 동춘은 하서는 모두 문묘에 배향된 분들이다. 하서의 학문과 경지를 누구보다 잘 알고 있기에 각자 느낌을 붓 끝에 실어 표현한 것이다. 〈敬藏閣〉은 인종이 내린 묵죽도와 하서의 문집 목판을 보관하는 곳이다. 정조 10년(1786)에 쓴 초서로 문무를 겸한 정조의 호방한 필의를 잘 보여주고 있다. 따라서 필암서원의 편액은 확연하고 공정한 하서의 학문 경지를 잘 드러내고 있다고 본다.

7) 남계서원의 剛明遵道의 미학

남계서원 풍영루

준도문 명성당

一蠹 鄭汝昌(1450~1504)을 배향한 남계 서원은 명종 21년(1566)에 서원 앞의 이름을 따서 사액되었다. 남계서원은 여러 면에서 독특하다. 우선 남계서원 내에 연못을 조성하고 연꽃을 키우고 옆에는 愛蓮軒 편액을 걸었다. 북송대 濂溪 周敦頤(1017~1073)의 「愛蓮說」처럼 군자의 성정을 닮은 연꽃을 좋아하여 정원으로 재현한 것이다. 〈南溪書院〉은 강당 전면 기둥을 중심으로 좌우로 나누어서 좌우로 배치되었는데 다른 서원에서 볼 수 없는 배치구조이며 일부 사찰에서 드물게 볼 수 있

다. 편액의 점획과 결구는 매우 엄정하여 배향자의 正大한 기상을 그대로 표현하고 있다. 〈風咏樓〉는 서원 입구에 있는데 咏자의 결구가 이채롭고, 엄격한 間架와 묵직하면서 당당한 필의로 서원의 위풍을 돋보이게 하고 있다. 〈遵道門〉은 풍영루 누각 뒤에 있으며 조전비 풍으로 썼는데 풍영루 편액에 비해 유약하다. 〈明誠堂〉은 誠자의 결구가 긴밀하게 되어 있다. 이처럼 〈남계서원〉, 〈풍영루〉, 〈명성당〉 편액 글씨는 강한 선비정신을 表現하고 있다. 그러나 군자는 강한 것 만으로 표현되는 것이 아니다. 중용에서 군자의 강함을 南方之强으로 표현하고 있다. 강함과 부드러움이 조화를 이룰 때 진정한 강함이 아닐까 한다. 그래서 〈愛蓮軒〉과 〈詠梅軒〉의 글씨가 더 눈에 들어오는 것이다. 양강함과 음유의 조화와 멋을 멋지게 응용한 편액의 글씨이다.

8) 무성서원의 絃歌詠歸의 미학

무성서원

현가루

강수재

태산사

무성서원의 유래는 고려 시대로 소급된다. 정읍은 신라 때 지명이 태산이었다. 신라말에 최치원(857~?)이 28세에 태산태수에 부임하여 8년간 선정을 베풀고 함양으로 갔는데 태산에서 재임하는 동안 치적이 뛰어나서 지방 유림의 공의로 月延臺에 생사당(生祠堂)을 세우고 그의 선정을 흠모하게 되었다. 고려말에 월연대가 훼철되자 조선 시대 성종 14년(1483)에 상춘곡으로 유명한 불우헌 정극인(1401~1554)이 세운 향학당이 있던 지금의 자리로 이전되었다. 그 뒤 명종 4년(1549)에 申潛이 5년간 선정을 베풀고 강원도 간성 군수로가자 그의 생사당을 짓고 기렸다. 인조 8년(1630)에 정극인·송세림·정언충·김약묵을 함께 배향하였고, 숙종 1년(1675)에 김관(金灌)을 추가하여 6인을 배향하였다. 숙종 22년(1696)에 최치원과 신잠의 두 사당을 병합한 뒤 〈무성서원(武城書院)〉이라고 사액되어 사액서원으로 개편되었다. 이 서원은 이후 고종 5년(1868년) 시행된 대원군의 서원 철폐령에도 훼철되지 않고 지금까지 계승하고 있다. 『논어』「양화」 제4장에 '子之武城 聞絃歌之聲'에서 무성이라는 사액 명칭과 현가루의 명칭이 유래한다. 공자는 제자 자유가 무성 지역을 다스리게 되자 그곳을 방문하였다. 무성 고을에 다다르니 絃歌之聲을 듣게 되었다. 공자가 빙그레 웃으며 말하기를 "어찌 닭 잡는데 어찌 소 잡는 칼을 쓰는가?"라고 하자 자유가 대답했다. "예전에 선생님께 들으니 '군자가 도를 배우면 사람을 사랑하고, 소인이 도를 배우면 부리기 쉽다 하였습니다.'"라고 하자, 공자가 "얘들아, 방금 앞에 한 말은 농담이었다."라고 하였다.

편액 〈무성서원〉은 당시에 편액 글씨로 널리 쓰던 해서로 '武'자와 '書'자의 횡획에서 강한 기필을 하는 특징이 잘 나타나고 다른 점획은 안진경체의 굳세고 둔중한 필의를 보이고 있다. 낙관에서 '丙子'는 숙종 22년이다. 〈絃歌樓〉는 예서로 조선말에 태인군수를 역임한 손병호가 재임하던 시기인 갑진년(1904) 가을에 쓴 것이다. 〈講修齋〉는 행서로 글쓴이가 불분명하며 修자와 齋자의 결구가 독특하다. 〈泰山祠〉는 石田 黃旭(1898~1993)이 쓴 해서인데 左手로 운필하는 握筆法으로 쓴

독특한 글씨이다. 이 글씨에서 거친 듯 꿈틀거리듯 응축된 운필과 泰山
喬嶽같은 웅강한 기운을 느낄 수 있다.

5. 돈암서원의 편액서

돈암서원

응도당

진감선사비 두전

죽로지실

산앙루

입덕문

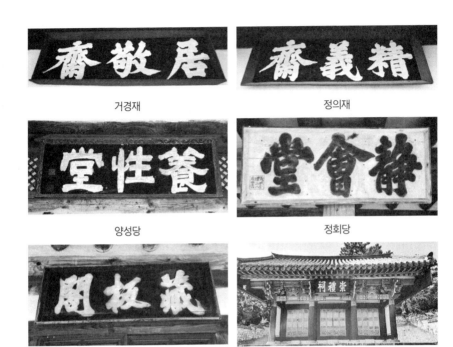

거경재

정의재

양성당

정회당

장판각

숭례사

충남 논산시 연산면에 소재한 돈암 서원은 沙溪 金長生을 주벽으로 배향하고 있다. 본래 위치는 현재의 서북쪽에 돈암이라는 바위가 있는 곳인데 水災로 인하여 고종 17년(1880)에 현위치로 옮겼는데, 이건할 당시 부분적으로 이전하여 현재와 같은 독특한 건물 배치를 갖게 되었다.

돈암은 천산둔괘(☷)에서 나왔다. 遯은 물러나 은거한다는 의미로 물러나면 작더라도 이롭다. 〈遯巖書院〉은 현종 1년(1660)에 사액된 글씨로 처음에는 입덕문 자리에 있었는데 지금은 응도당 강당 안에 걸려 있다. 이 글씨의 서체는 설암 이부광의 필법으로 쓴 해서인데 조선에서 석봉 한호가 이체에 능하여 많은 편액글씨를 써서 석봉체로 널리 알려져 있다. 이 서체는 점획의 기필과 파책, 전절 부분을 과장되게 운필하고 있으며 間架를 긴밀히 하고 행간을 겹쳐서 더욱 좁아 보이게 하는 장법을 취하고 있다. 이러한 특징은 글씨를 긴장감 있게 하고 강렬하게 하는 특징이 있다. 좁은 편액공간에 큰 글씨를 쓰다 보니 서로 교묘하게 걸려있는 장법을 보이고 있다. '巖'자를 중심으로 '遯'자와 '書'자가 교묘하게 공간을 겹쳐있다. 이것은 마치 최치원이 쓴 〈眞鑑禪師碑〉의 頭篆에서 보이는 결구나 '眞'과 '師'를 두고 상하좌우에서 어울리는 장법은 독특하다. 또 추사 김정희의 명작 〈竹爐之室〉에서 '之'를 두고 좌우의 '爐'와 '室'이 매우 교묘하게 겹치면서 어울리고 있다. 좁은 공간을 서로 주고 받고 호응하며 중용의 조화를 이루는 것은 곧 禮의 본래 정신이라고 본다. 『중용』에 衣錦尙絅라는 구절이 있다. 비단옷은 화려하지만 얇은 홑옷을 걸쳤을 때 더욱 아름답다는 것이다. 다 드러냈을 때보다 드러나지 않은 드러냄이 더 잘 드러난다는 것이다. 이것이 禮의 본질이 아닐까 한다. 화려함이 다 드러나면 오히려 주목하지 않는 법이다. 감춰진 드러냄과 드러난 감춰짐은 바로 중용 미학의 본질이기도 하다.

〈凝道堂〉은 『중용』 제 27장 苟不至德 至道不凝焉(진실로 지극한 덕이 아니면 지극한 도는 이루어지지 않는다)에서 지은 것이다. 글씨의 결구와 장법이 돈암서원과 같은 시기의 글씨임을 알 수 있다. 서원은 머물러 修學하는 藏修 공간이다. 돈암이라는 공간에서 지극한 덕을 닦아 지극한 도에 이르려는 서원이 정신이 담겨 있는 것이다. 이 편액은 운필과 공간 배치를 볼 때 돈암서원 편액과 같은 시기 같은 인물이 쓴 것이 아닌가 하는 생각이 든다.

〈山仰樓〉는 『詩經』 「小雅 車舝篇」의 "高山仰止 景行行止"에서 나온 말로 높은 산을 보듯이 우러르고 큰 길을 가듯이 간다는 의미이다. 退漁 金鎭商(1684~?)의 글씨를 집자한 것으로 보인다. 당시 김진상은 묘갈명에 예서를 많이 썼는데 頭篆은 知守齋 俞拓基(1691~1767)가 많이 썼다.

그의 예서를 쓸 때 이체자를 많이 쓰며, 起筆에서 강한 逆入을 하고, 별획은 좌상으로 강하게 올리며, 파책은 율동감을 강하게 주며 右上으로 치켜 올리는 것으로 유명하다. '山'자와 '樓'자는 이체자를 사용하여 자형이 독특하지만 전체적으로 김진상의 예서에 나타나는 강렬함과 날카로움이 없어 많은 차이를 보인다. 이처럼 자형과 운필, 필세가 둔중한 것으로 보아 집자와 서각하는 과정에서 변형된 것으로 보인다.

〈入德門〉은 덕을 쌓으러 들어가는 문을 의미하며, 八分隷는 김진상 예서의 특징이 잘 드러나고 있다. 별획과 파책에서 좌우로 펼쳐지는 특유의 과장되고 강렬한 운필을 볼 수 있다.

〈居敬齋〉와 〈精義齋〉는 동재와 서재에 있는 편액으로 설암체을 바탕으로 쓴 것으로 긴밀한 결구는 더욱 긴장하도록 한다.

〈養性堂〉은 1971년에 응도당을 이건하기 전까지 강당 역할을 하던 곳이다. 養性은 심성을 수양한다는 성리학적 이념을 담고 있다. 양성당은 본래 사계 김장생이 세우고 기거하면서 후학을 가르치던 공간이었다. 글씨는 八分隷와 古隷를 섞어 화려함과 둔중함을 혼용하여 표현하고 있다. '養'자의 좌우 파책과 '性'자의 고박함과 '堂'자의 강한 방필이 서로 잘 어울리는 편액이다.

〈靜會堂〉은 김장생의 부친인 황강 김계휘가 강학하던 건물인데 본래 대둔산의 고운사 터에 있던 것을 1954년에 옮긴 것이다. 靜會는 靜坐와 같이 선비들이 수행하는 방법을 의미한다. 편액은 차분한 운필로 쓴 해서이다. 편액의 좌하단에 있는 낙관에 '義城金禮山八歲敬書'라 하였는데 나이에 비해 능숙하고 뛰어난 글씨로 소년명필이라 할만 하다.

〈藏板閣〉은 경판을 보관하는 건물의 행서로 둔중하지만 유연한 운필로 활달한 기상을 잘 보여주고 있다. 특히 '藏'자의 戈부분과 '閣'자에서 門부분에서 자신감있는 운필의 묘미를 보여주고 있다.

〈崇禮祠〉는 본래 명칭이 惟敬祠였다가 이건후에 지금의 명칭으로 바뀌었다. 集字했다고 알려진 해서로 안정감고 엄숙한 결구이지만 '祠'자는 자형을 길게 하여 옆글자와 맞추려 하여 생동감을 잃게 되었다.

이와 같이 돈암서원의 편액은 해서, 행서, 팔분예, 고예 등이 어우러져 여러 서체의 향연을 볼 수 있다. 그렇지만 화려함을 드러내지 않고 절제된 아름다움을 보여주고 있어 절제된 화려함을 보여주는 衣錦尙絅의 서예미학을 갖고 있다고 본다.

6. 결어

이상으로 조선 시대 주요 사액 서원 중 2019년도 유네스코 세계문화유산에 선정된 9곳의 서원의 편액과 서예미학을 중심으로 살펴보았다.

사액서원에 주로 쓰인 서체는 다음과 같다. 먼저 서원명칭을 쓴 賜額 글씨는 주로 해서로 쓰였다. 그것은 해서의 엄정하고 방정한 운필이 배향자의 정신을 드러내기에 적절하였기 때문이라 본다. 사액편액의 글씨는 설암 이부광의 해서풍인데 조선에서 석봉 한호가 잘 썼기 때문에 석봉체로 널리 알려져 있다. 이 서체의 특징은 과장된 운필과 강경한 필획, 엄중한 결구 등으로 서원에 배향된 자의 정신을 표현하기 적합했던 것으로 보인다. 드물지만 본 논문에서 언급하지 않은 사액서원 중에 흥암서원의 편액은 숙종 31년(1705)에 예서로 사액되었다. 서원명칭 외의 편액은 주로 해서를 썼지만 드물게 예서, 행서, 초서로 써서 건물의 위상에 맞게 썼다.

다음에 주요 사액서원의 서예에 나타나는 서예 미학적 특징은 다음과 같다. 소수서원은 敬以直內의 미학, 옥산서원은 文質彬彬의 미학,

도산서원은 毋不敬毋自欺의 미학, 도동서원은 中正自得의 미학, 병산
서원은 雄强莊重의 미학, 필암서원은 廓然與道의 미학, 남계서원은 剛
明遵道의 미학, 무성서원은 絃歌詠歸의 미학, 돈암서원은 衣錦尙絅의
미학을 각각 볼 수 있다.

편액과 글씨는 서원의 상징이다. 서원은 선비들이 修己治人하면서
講明道學하며 藏修 하는 곳이다. 선비들이 자신의 내면에 깊이 도달하
여 이르고자 하는 것이 무엇인가? 유학에서는 학문의 궁극처를 內聖外
王으로 말한다. 그들은 자신이 숭앙하는 공자나 맹자같은 성현의 경지
에 이르고 싶어 했다. 더 깊고 높은 경지에 도달하고 싶어 태산교악
같은 분들을 숭앙하였다.

서원의 편액과 거기에 쓰인 문구는 곧 그들이 도달하고자 하는 이상
경지이다. 편액의 문구를 통해 그 경지를 꿈꾸었고, 편액의 문구는 그
들을 깊이 또는 높게 이끌어 주었다. 편액은 그러한 수단이고 과정이고
매개체이다. 이것이 있어야 그들은 흔들리지 않고 도달할 수 있다. 거
기에 도달하면 다시 자신에게로 온다. 현실과 이상은 함께 따로이고
따로 함께인 것이다. 서원은 선비들의 이상에 품은 곳이고 이상을 함께
하는 곳인 것이다.

맹자는 깨달음의 단계로 善人 → 信人 → 美人 → 大人 → 聖人 →
神人을 말하였다. 선인 이전은 凡人이고, 범인 이전은 蒙人이다. 성인
의 문으로 入門하여 한 단계씩 登階하면서 깨달으며 나아가 昇堂의 경
지로 오르고 入室의 단계에 이르게 된다. 서원은 입문과 승당 입실 과
정으로 깨침을 표현하였다. 서원의 배치 구조는 하나 하나가 유교적
이상을 표현한 이상향의 공간이고, 편액은 그 단계에 맞게 배치되어
있는 안내판이자 척도이기도 하다.

이상으로 살펴본 조선 시대 사액서원의 편액글씨는 배향자의 정신

을 표현하면서 유가적 이상을 접하는 장치이고 학문단계를 이끌어 주
는 장치이며 그 궁극의 경지를 알려주는 멋스런 서예미학적 표현인 것
이다.

'왕실온천' 온양행궁의 역사·문화적 가치

김일환

1. 머리말

아산은 천혜의 온천자원이 풍부한 온천 도시이다. 국내에서 한 지역에 온양, 도고, 아산온천 등 3개나 온천단지를 가진 고장은 아산이 유일하다. 따라서 아산 지역민들은 우리나라 온천문화의 일번지(一番地)라는 자부심을 가지고 있다.

근래 우리 국민들의 소득 수준이 향상됨에 따라 1980년대 말부터 1990년대 들어 국민적 레저 붐이 고양됨을 타고 온천을 찾는 인구가 폭증하였다. 때마침 지방자치제가 실시됨에 따라 수익사업을 위해 지방마다 온천개발이 붐을 이루었다. 이 결과 온천산업은 최고로 유망한 신종 레저산업으로 각광을 받아 전국적으로 온천단지가 난립하게 되었다.

아산지역도 이러한 변화로 인해 전래의 온양온천 뿐 아니라 도고온천단지가 크게 개발되었고, 새로 음봉에 아산 온천단지가 조성되었다. 그러나 타 지역에 새로 개발된 온천단지는 대규모의 자본이 주도하여 엄청난 개발비용을 들여 놀이동산식의 테마파크 형태로 개발하여 많은 유흥객을 불러 모으는데 반해 오래전부터 도심을 중심으로 개발되어 시설이 낙후되고, 물량적인 면에서 자본의 힘을 이길 수 없는 온양온천은 방문객이 줄어들어 점차 경쟁력을 잃어가는 처지에 놓이게 되었다.

따라서 현시점에서 아산의 온천이 이 고장의 발전에 축복이 될지, 아니면 발전을 가로막는 애물단지로 전락될 지 커다란 기로에 서 있음은 누구나 숙지하는 사실이다. 여기에 아산온천문화의 상징인 온양행궁의 복원 문제는 이런 난관을 돌파하는 중요한 해결책의 하나가 될 수 있다는 점에서 새롭게 주목되는 지역현안이다.

질병 치료를 위해 온천에서 목욕하는 온천요법은 고대부터 동양 의학에서 선호하는 질병 치료법이다. 우리나라에서도 온천을 이용하여 질병을 치유한 역사가 오래 되어 삼국시대부터 여러 기록으로 전해지고 있다. 특히 조선 시대에는 국왕을 비롯한 왕실 가족뿐 아니라 양반 사대부, 일반서민에 이르기까지 질병 치료를 목적으로 효험 좋은 온천을 찾아 목욕을 하는 온천행이 빈번하게 이루어졌다.

국왕이 온천욕을 목적으로 지방에 행차하는 온천행행(溫泉行幸)을 줄여 것을 '온행(溫幸)'이라고 한다. 온천이 존재하는 곳은 모두 온행의 대상지가 되지만, 온양은 태조 대부터 조선 말기까지 국왕을 비롯한 최고 권력자들이 가장 선호하던 온천지였다. 특히 세종이 온천 행궁을 건립한 후에는 왕실 온천으로 자리 잡아 왕실 가족들이 수시로 '탕치(湯治)'를 목적으로 온양을 찾아 왔다. 이러한 전통은 조선 말기까지 지속되었다. 이런 연유로 역대 국왕의 온행은 유적의 형태로, 혹은 역사 기록으로 남아 아산 지역에 풍부한 문화유산을 남겼다. 이러한 역사적 유산이 아산 지역의 독특한 온천 문화를 형성하는 바탕이 되었다.

조선 시대에 국왕의 온행은 당시 최고의 국가 이벤트 행사였다. 온천을 이용한 질병 치유는 그 특성상 국왕이 온천지에 머무는 시간이 길다. 그 때문에 국왕을 수발하기 위해 많은 물력과 수행원이 동원되었다. 이 기간에도 국가 정무를 정지할 수 없으므로 각 부서별로 정부 기구가 일시에 지방으로 옮겨왔다. 이런 이유로 국왕과 관리들이 장기간 머물며 온천욕과 정무 활동, 숙식을 할 수 있는 임시 거처로서 행궁을 건립하였다. 이런 온천 행궁을 줄여 '온궁(溫宮)'이라 한다. 온궁은 국왕과 그 가족들이 생활하는 침전(寢殿)과 국왕과 관료들이 국정을 운영하는 정전(正殿), 탕치를 위한 목욕 공간인 탕실(湯室)이 기본 축을 형성하였다. 이 중에 탕실은 다른 행궁과 달리 온천 목욕을 위해 만들어진 것으로 온궁에 만 존재하는 특별한 시설이다.

지금까지 역사적 측면에서 이루어진 온양온천에 대한 연구는 미미한 수준이다. 2000년대에 들어와서야 『온궁육백년』(2000), 『온양 행궁 학술 조사 및 복원 기본 계획』(2001), 『온양온천의 역사적 사실 재조명』(2009) 등의 연구 성과가 나타났다.[1] 이 연구는 온양온천에 관한 역사적 사실을 생생하게 정리하여 잘 보여주지만 모두 기초적인 자료 정리 단계에 머물러 있다. 한편 최근에 와서 국왕의 행행(行幸)이라는 관점에서 온행을 정리한 연구와 조선 시대 행궁 전반을 설명하는 가운데 온궁을 언급한 성과 등이 나타나 온궁의 실상을 이해하는데 일정한 도움을 주고 있다.[2]

---

1 김백선, 『온궁육백년』, 한국예총 아산지부, 2000.; 아산시, 『온양행궁 학술조사 및 복원기본계획』, 2001.; 아산시, 『온양온천의 역사적 사실 재조명』, 2009.

2 이왕무, 조선 후기 國王의 溫幸 연구-溫幸謄錄을 중심으로, 『藏書閣』 9, 韓國精神文化研究院, 2003.; 김남기, 조선 왕실과 온양온천, 『문헌과 해석』 23, 2003.; 이왕무, 조선

본 논문은 아산 온천 문화의 실상을 체계적으로 연구하여 그 역사.문화적 가치를 규명하기 위한 목적에서 연구되었다. 이를 위해 우선 주목한 연구 대상이 조선 말기까지 온양에만 유일하게 남아있던 온궁이다. 온궁은 온양온천이 왕실 온천이었음을 알려주는 대표적인 문화유산이며 조선 시대 온천 문화를 보여주는 상징물이다. 조선 시대 온양 행궁에 관한 자료는 다른 지역의 온천에 비하여 비교적 풍부하게 남아있어 사실의 규명이 용이한 점도 연구가 가능하게 하는 요소이다.

2. 온양온천 역사의 시작

온양이 온천지로 사료에 등장하는 것은 삼국시대부터였다. 백제 온조왕 36년(18)에 탕정성(湯井城)을 쌓았다[3]는 사실에서 알 수 있다. '탕정(湯井)'은 끓는 물이 나오는 우물이란 뜻으로 이것이 지명이 되었다는 것은 온양이 오래전부터 온천이 분출되는 지역이었음을 말해준다. 따라서 온양이 온천지대라는 것은 일찍이 기원 전후부터 공인된 사실이었다. 탕정성에서 유래되어 온양은 백제 때 탕정군이 되었다. 이 지명은 통일신라기에도 이어져 문무왕 11년(671)에 탕정주가 되었고 신문왕 1년(681)에 군으로 바뀌었다. [4]

전기 국왕의 온행 연구, 『경기사학』 9, 2005.; 이왕무, 조선 시대 국왕의 溫幸 연구, 『國史館論叢』 108, 國史編纂委員會, 2006.; 나신균, 인조-숙종대 행궁의 배치와 공간 이용에 관한 연구, 석사학위 논문, 명지대대학원, 2001.; 윤상구, 조선조 온양 온행의 사회경제적 성격, 석사학위 논문, 공주대학교 대학원, 2005.

3 『삼국사기』 23, 백제본기 제1 시조 온조왕. 탕정성은 현재 아산시 읍내동산성으로 비정되고 있다. 이 산성에서는 瓦片과 土器片이 상당량 수습되었다(유원재, 「백제탕정성 연구」, 『백제논총』 3, 백제문화개발연구원, 1992).

그러면 온양에 대한 역대 국왕들의 방문은 언제부터 시작되었을까?
삼국통일 후에는 성덕왕 11년(712) 4월에 왕이 온수(溫水 : 지금의 온양)
에 행행하였다는 기록이 있다.[5] 이것을 필자는 국왕이 온천을 목적으로
온양에 온 최초의 기록이라고 본다. 고려시대에 들어와 탕정군은 온수
군(溫水郡)으로 지명이 바뀌었다. '온수(溫水)'라는 지명도 여전히 이곳
이 온천지임을 확인해 준다고 할 수 있다.[6] 고려시대에는 온천욕이 유
행하여 왕실 가족이 온천지를 찾아간 기록이 많다. 당시 왕실 가족들이
주로 이용한 온천은 왕도(王都)인 개성과 가까운 황해도 평주(平州)였
다. 그런데 특이하게도 문종 대에는 국왕이 온양온천을 찾아와 목욕을
한 사례가 있다. 이것은 고려시대 국왕이 온천욕을 목적으로 온양을
방문한 최초의 기록이다. 문종은 동왕 36년(1082) 9월 5일에 남방을 순
수(巡狩)한다는 목적으로 개성을 출발하여 온수군은 27일에 도착하였
다. 그는 이때부터 10월 13일까지 17일간 온수군에 머물며 온천욕을 하
였다. 이 기간 동안 문종은 여가 중에 신하들과 시문답을 주고받기도
하였는데, 화답시를 잘 지은 좌산기상시 이의(李顗)에게 말 한필을 상
으로 주고 다른 관원들에게는 비단을 하사하였다. 문종이 온천을 떠날
때에는 재상들이 글을 올려 국왕이 온천에 행차한 것을 축하하기도 하
였다.[7] 한편 문종은 온양온천에 행행하던 중 행차가 지나가는 주현의
역로, 역참에 그 해의 조세의 절반을 면제하여 주면서 백성들에게 왕의
덕화(德化)를 보여주기도 하였다.[8] 이러한 문종의 온양온천행은 조선

---

4 『삼국사기』 36, 지 제5 지리3 신라웅주 탕정군.
5 『삼국사기』 8, 신라본기 제8 성덕왕.
6 『고려사』 56, 지 제10 지리1 청주목 천안부.
7 『고려사』 9, 세가 9, 문종 3 문종 36년 9월 계미, 정해, 계묘, 을사, 10월 무신, 신해,
   경신.

시대 역대 국왕들이 탕치(湯治)와 민정시찰을 목적으로 온행하던 사례와 아주 유사한 모습을 보여준 점에서 특별하다고 할 수 있다. 이와 같이 온양은 일찍이 기원 전후부터 온천지로 알려졌고, 삼국시대부터 고려시대까지 여러 국왕이 온천욕을 목적으로 찾아온 역사가 상당히 오래된 온천지였음을 확인할 수 있다.

3. 조선 전기 온양 행궁의 건립 과정과 변화

조선 왕조가 창건된 후에도 온천욕은 모든 사람들이 선호하던 질병 치료법이었다. 따라서 국왕부터 일반 서민에 이르기까지 온천을 찾는 경우가 많았다. 조선 시대 왕실이나 병들은 일반 백성들이 가장 많이 찾던 온천은 황해도의 평주(平州)와 충청도의 온양이었다.[9] 이것은 지리적 접근이 용이하고 온천물의 치료 효험이 뛰어나다는 세간의 평가가 주효했기 때문이다. 그 중 평주는 지리적으로 개성에서 가까워 고려시대부터 역대 국왕이 가장 많이 찾은 온천이었다. 이런 관행으로 조선 왕조 초기에 태조, 정종, 태종 등 여러 국왕들이 즐겨 자주 찾았다. 하지만 온양은 세종대에 들어와 새로운 왕실 온천지로 자리 잡는다. 이것은 세종조에 온양 행궁이 건립되고, 3차례나 국왕의 온행이 이루어졌기 때문이었다.

조선조에 온양온천을 처음 찾은 국왕은 태조였다. 태조는 온양온천에 꼭 한 번 온 적이 있었다. 그는 동왕 5년(1396) 3월 10일 서울을 떠

---

8 『고려사』 80, 지 제34 食貨3 賑恤 恩免之制.
9 『세종실록』 37, 세종 9년 8월 29일(갑신).

나[10] 지금의 천안시 직산의 홍경천(弘慶川)에서 사냥을 하고[11] 3월 16일
온양에 도착하였다.[12] 이후 보름을 온양에서 머물다 4월 1일 지금의 천
안인 영주(寧州)를 거쳐[13] 광주를 지나 자신의 수릉지(壽陵地: 능묘터)를
살펴보고[14] 4월 7일에 귀경하였다.[15]

　이 때 국왕이 머무는 임시 거처로 행궁이 지어졌다. 기록에는 동왕
5년 3월에 승려들을 시켜 원(院)집에 숙소를 지었다고 한다.[16] 이것이
국왕이 머무는 공간으로 행궁이 온양에 지어진 시작이다. 하지만 당시
지은 숙소가 온전한 행궁으로 볼 수 있는가하는 점은 의문이다. 왜냐하
면 우선 행궁이 지어진 위치가 불분명하다. 원집에 숙소를 지었다는
사실에서 기존의 국가 지정 숙박 시설인 '원(院)'에 임시거처를 정한 것
으로 보여 온정(溫井) 위에 세운 제대로 된 온궁이라고 보기가 어렵다.
또 원집을 개조한 정도라면 규모도 작았을 것으로 짐작된다. 이후 태조
가 왕위에서 물러나고 이어 정종과 태종이 차례로 국왕이 되었다. 이들
도 태조와 마찬가지로 활발히 온천행을 했지만 그 대상지는 주로 황해
도 평주였다.[17]

10　『태조실록』 9, 태조 5년 3월 10일(정묘).
11　『태조실록』 9, 태조 5년 3월 13일(경오).
12　『태조실록』 9, 태조 5년 3월 16일(계유).
13　『태조실록』 9, 태조 5년 4월 1일(무자).
14　『태조실록』 9, 태조 5년 4월 6일(계사).
15　『태조실록』 9, 태조 5년 4월 7일(갑오).
16　『태조실록』 9, 태조 5년 3월 4일(신유).
17　『정종실록』 6, 정종 2년 10월 15일(병오);『태종실록』 2, 태종 1년 10월 8일(계해).
　　태종이 충청도에서 온천욕을 한 것은 유성온천이었다. (『태종실록』 26, 태종 13년 8월
　　23일(기사), 태종 13년 8월 26일(임신), 태종 13년 9월 11일(정해), 태종 13년 9월
　　17일(계사)). 태종이 온양을 방문한 적은 한번 있었다. 태종 16년 2월에 泰安串에서
　　군사 훈련인 講武를 실시하기 위해 충청도 군사 7천여 명을 이끌고 직산을 거쳐 溫昌縣
　　의 仁君院坪에 이른 것이었다. (『태종실록』 31, 태종 16년 2월 4일(정묘), 태종 16년

본격적인 온양 행궁, 곧 온궁(溫宮)은 세종대에 들어와서 건립되었다. 세종이 온양을 온행의 대상지로 선택한 것은 당시 온양이 민간사이에 가장 효험 좋은 온천으로 유명하였고,[18] 이 지역 출신인 맹사성(孟思誠)의 권유도 주효했다고 보여 진다.[19] 세종이 자신의 풍질(風疾)을 치료하기 위해 온양행을 결정한 것은 동왕 14년(1432) 9월이었다. 하지만 국왕의 온천행행은 백성에 대한 부담이 크므로 폐단이 백성에게 미치는 것이 가장 큰 고민이었다.[20] 그중 숙소와 목욕 시설이 있는 온궁의 축조가 가장 큰 문제였다. 세종은 민폐를 줄이기 위해 온궁의 실우(室宇)를 짓더라도 사치하거나 크게 짓지 못하게 하였다. 이를 위해 온궁의 체제를 그림으로 그려 올리게 하여 자신이 직접 확인하도록 명하였다. 그 결과 대언(代言) 등이 동행할 삼전(三殿)의 욕실(浴室)과 침실(寢室)의 체제를 그림으로 그려서 올리자, 세종이 직접 보고 그 수효를 감하게 하였다.[21] 이것이 온양에 온궁이 본격적으로 지어진 시발점이었다.

온궁이 완전하게 지어진 것은 세종 15년(1433) 1월이었다.[22] 당시 온

2월 5일(무진), 태종 16년 2월 6일(기사)). 이 무렵 온양은 인근의 新昌縣과 통합하여 溫昌이라고 불렸다. 하지만 군사 훈련을 위해 가야산과 덕산을 거쳐 서산으로 가는 길이어서 온행은 이루지지 못했다.

18 『세종실록』 37, 세종 9년 8월 29일(갑신).

19 세종이 온양온천에 오기 전에 질병 치료를 위해 온천을 이용하는 백성들을 진휼할 목적으로 동왕 9년에 진휼책을 마련하는데 그 대상지가 온양과 평산이었다. 이러한 조처를 가장 환영한 사람이 아산이 고향인 맹사성이었다. 『세종실록』 37, 세종 9년 8월 29일(갑신). 또한 세종은 자신의 풍질을 치료하기 위해 오래전부터 온천욕을 하려고 결심하였는데, 온행을 결심했을 때 자연스럽게 온양을 온행 대상지로 결정하였다. 이것은 세종이 오래전부터 온양을 온천지로 마음에 담아두었음을 짐작게 한다. 『세종실록』 57, 세종 14년 9월 4일(기미).

20 세종은 민폐를 줄이는 계책을 의논케 하여 민폐의 대상이 될 수 있는 접대하는 道具와 工繕의 일은 모두 그해 겨울 사무가 한가로울 때에 미리 준비하게 하였다.

21 『세종실록』 57, 세종 14년 9월 4일(기미).

22 『세종실록』 59, 세종 15년 1월 12일(병인).

궁은 온양현의 관아에서 서쪽으로 7리 떨어진 언한동(言閑洞)에 위치하였다. 집의 크기는 25칸으로 작은 규모였다.[23] 그 구조는 정무 공간인 정청(正廳)이 있고 동, 서 양쪽으로 두개의 침실이 있었다. 목욕 시설인 탕실은 두 개가 있어 남북으로 상탕자(上湯子)가 있고 그 아래 차탕자(次湯子)가 있었다. 상탕자는 후대에 북탕(北湯)으로 지칭된 시설로 짐작되는데 왕대비, 대비, 왕비 등 왕실 여성들의 목욕 공간으로 보인다.[24] 이 공간은 여성들의 전용 공간이므로 아름다운 돌로 장식하여 화려한 모습을 띠었다한다. 차탕자는 국왕이 목욕하던 공간으로 후대에 남탕(南湯)으로 지칭된다. 이러한 건물 주변에는 여러 용도로 사용되는 나머지 집들이 둘러싸고 있었다.[25]

세종의 1차 온행이 끝나고 귀경한 후에 온궁의 구조는 새롭게 변경되었다. 그것은 국왕이 온행하지 않을 때 백성들이 온천을 이용할 수 있도록 세종이 온궁 운영의 개선책을 명하였기 때문이다. 세종은 왕실의 전용 공간인 정청, 침실, 북탕자는 자신이 환궁한 후 봉쇄하였지만 나머지 시설은 모두 백성들에게 개방하였다. 우선 차탕자는 사족남녀에게 개방하여 이들로 하여금 목욕케 하였다. 다시 남북의 빈 땅에는 새로운 탕자와 집을 짓게 하였다. 또 월대(月臺)아래 온수가 용출하는 곳에는 우물을 파고 집을 지어 일반 백성들 대소남녀가 모두 목욕하게 하였다. 이것이 나중에 하탕(下湯)으로 지칭되는 욕탕이다. 이와 같이 세종은 왕실뿐 아니라 사대부, 일반 백성들에 이르기 까지 병든 사람은 모두 온천을 이용할 수 있도록 온궁 시설을 확장한 것이었다.[26] 따라서

---

23 『세종실록지리지』, 충청도, 청주목 온수현.
24 조선전기의 온양온궁의 遺址는 임진왜란 이후까지도 일부가 남아있었다. 남구만의 「온양온천북탕기」에 자세하다.
25 『세종실록』 60, 세종 15년 4월 16일(기미).

세종대 온양 온궁은 왕과 백성이 함께 온천을 이용할 수 있도록 하여 여민동락(與民同樂)과 유교적 민본정치의 실천장이 되었다. 이렇게 왕실, 사대부, 일반 백성들의 공간으로 나뉘어 삼탕(三湯)으로 구성된 탕실 구조는 후대까지 계승되어 조선 말기까지 유지되었다.[27]

이후 세조대에는 수직인(守直人) 3호를 두었다. 이들에게는 한전(閑田)으로 각각 1결 50부를 주고 복역(復役)하여 완호하게 하는 등 온양온천의 관리 체제를 강화하였다.[28] 한편 환관과 선공감 관리를 보내 온정(溫井)을 보수하기도 하였다.[29] 이것은 당시에 대군, 왕자, 공주, 옹주 등 왕실 가족들의 빈번한 온양온천행이 이루어졌기 때문에 시설의 보수가 이루어졌다고 보인다. 성종 14년 기록에 의하면 어실 외에도 헐식소(歇息所)와 세자궁(世子宮) 침실의 존재가 확인된다.[30] 이것을 통해 온궁의 규모가 확장되었음을 짐작케 한다. 이후에도 후궁[31]이나 사대부 관료들의 온양온천행은 활발하게 이어졌다.[32] 왕실의 온행은 성종 14년(1483)에 정희왕후, 안순왕후, 소혜왕후가 온궁을 다녀간 것을 마지막으로 조선후기 현종 6년(1665)에 이르기 까지 182년 동안 끊어졌다. 그러나 이것은 국왕이 행행하지 않았다는 것뿐이지 대군, 왕자, 부마, 사대부 관료층 등과 일반 백성 중에 질환자들은 여전히 온양온천을 찾아

---

26 『세종실록』 60, 세종 15년 4월 16일(기미).
27 이런 전통은 후대에 이어져 문종은 배천 온천에서도 국왕의 어실, 탕자 외에 나머지 탕자는 모두 잡인이 출입하게 하였다. 『문종실록』 1, 문종 즉위년 4월 19일(임진), 『문종실록』 6, 문종 1년 3월 24일(계해). 성종은 온양온천에서 왕실 전용 공간 외에는 사대부와 일반 백성이 함께 목욕하게 조처하였다. 『성종실록』 4, 성종 1년 4월 17일(을축).
28 『세조실록』 38, 세조 12년 4월 24일(갑자).
29 『세조실록』 45, 세조 14년 1월 20일(신사).
30 『성종실록』 4, 성종 1년 4월 17일(을축).
31 『중종실록』 51, 중종 19년 7월 11일(갑술).
32 『중종실록』 25, 중종 11년 6월 1일(신해).

질병 치료를 계속하였다.

하지만 국왕의 행행이 중단되자 온궁도 점차 쇠퇴하였다. 이것을 더욱 촉진한 것은 임진왜란이었다. 임진왜란이 발발한지 5년 후 선조 30년 (1597)에 재발한 정유재란은 왜군이 전라도를 따라 올라와 공주, 아산을 지나 서울을 향해 북상하던 중에 온양을 급습하였다. 또 직산 소사평에서 조 · 명연합군에게 패퇴하여 남하하면서 다시 한 번 아산 지역을 유린하였다. 이 와중에 온양은 초토화되었고 이때 온궁도 불타버린 것으로 보인다.[33] 이후 온궁은 오랫동안 복구되지 못하고 폐허로 방치된 채 병자들만 찾아와 목욕을 하였다. 이 무렵 선조는 자신의 질병을 치유하기 위해 온양으로 온행할 의사를 피력한 적은 있지만 실행되지 못하였다.[34] 정유재란 이후라서 민폐에 대한 우려와 함께 약방 관료들이 온천 무효험론을 내세워 반대하였기 때문이다. 다만 나중에 온양의 온천수를 서울 궁궐로 길어와 치료한 적은 있었다.[35]

이 당시 온양온천의 피폐상을 보여주는 흥미로운 자료가 있다. 조선 후기 유학자 송준길의 제자이며 소론의 영수로 숙종 13년에 영의정을 역임했던 남구만(南九萬 : 1629~1711)이 그의 나이 32세이던 현종 1년 (1660)에 기록한 〈온양온천북탕기(溫陽溫泉北湯記)〉라는 기록이 있다. 남구만은 두풍(頭風)으로 어지러움증을 호소하는 모친을 치료코자 온양온천에 갔다. 그는 온양에 도착하여 당시 임란이후 피폐된 온궁의 모습을 목격하고 상세한 기록을 남겼다.

남구만이 온양을 찾은 때는 임진왜란이 끝난 지 60여년이 지난 현종

---

33 김백선, 『온궁육백년』, 2000, 171-172쪽.
34 『선조실록』 104, 선조 31년 9월 22일(갑진).
35 『선조실록』 199, 선조 39년 5월 18일(을유).

1년 8월 22일이었다. 이때 온궁은 임란 때 파괴된 후 복구되지 않아 담장이 무너지고 섬돌이 망가져서 하나도 성한 것이 없었다. 궁전(宮殿)도 무너졌으며 서하군 임원준이 기록한 신정비(神井碑)만 글자의 획이 닳고 마멸된 채 초라한 모습으로 남아있었다. 옛날 온천탕 위에 있던 단청한 누각도 광해군 12년(1620)에 퇴락하여 무너져 버렸다. 온천 주변을 보면 깨진 기와 조각과 자갈이 우물 속에 가득 차 있고 풀뿌리가 우물가를 빙 둘러싸고 있어서 황폐하고 질척거렸다. 탕실은 전래의 삼탕 구조가 그대로 남아 있었다. 그러나 탕실에 있던 온정이 그대로 드러나 물이 너무 뜨거워서 살을 데어 목욕할 수가 없어 구리로 만든 통으로 온천의 수맥을 끌어다가 오른쪽에는 남탕(南湯)을 만들고 왼쪽에는 북탕(北湯)을 만들었다고 하였다. 남탕, 북탕은 각각 한 구역에 우물이 두개가 있었다. 그 중 남탕은 궁전 터의 오른쪽 약간 앞에 있는데 세조대왕이 목욕하던 곳으로 남구만이 온양에 왔을 때에는 이곳만 개방되어 임시로 일반 백성들이 지붕을 만들어 목욕을 하고 있었다. 북탕은 대비와 왕비들이 목욕하던 곳으로 파괴 정도는 더 심각하였다. 더구나 북탕은 폐쇄되어 온천으로 사용되지 못하고 있었다. 당시 춘분, 추분 때에 원근의 사녀(士女)들이 구름 떼처럼 몰려와 성황을 이루었지만 남탕 하나만 이용할 수 있어 이곳에서 남녀가 번갈아 목욕하고 있었다. 원래 하탕(下湯)으로 일반 백성들이 목욕토록 만든 외탕(外湯)은 한때 악창(惡瘡)을 앓는 환자가 와서 목욕한 다음부터 목욕을 하지 못할 정도로 더럽혀져 온천장 자체가 폐지되었다. 그러자 외탕은 가죽을 다루는 피장(皮匠)들이 작업장으로 사용하고 더럽혀 놓아서 남구만이 온양을 찾아갔을 때에는 차마 냄새를 맡을 수가 없을 정도의 심한 악취로 오염되어 있었다. 이렇게 임란 후 온궁은 무너지고 온천수는 오염되어, 피폐하다고 할 정도로 철저히 파괴된 채로 오랫동안 방치되었던 것이다.[36]

4. 조선 후기 온양 행궁의 복원과 증축

임진란 이후 파괴되고 더럽혀진 온궁이 다시 복원된 것은 조선 후기
현종 초였다. 현종은 지병인 습창과 안질을 치료하기 위해 동왕 6년
(1665)부터 전후 다섯 차례나 온양온천을 찾아왔다. 온양행행(溫陽行幸)
의 약자인 "온행(溫幸)"이란 용어가 처음으로 쓰이는 것도 현종대 부터

---

36 南九萬, 『藥泉集』 28, 「溫陽溫泉北湯記」.
歲庚子(남구만 32세, 1660, 현종1)秋。慈親以頭風苦眩。就浴於溫陽郡之溫湯。餘實陪
來。時八月廿二日乙巳也。旣來翌日。周覽昔時殿宇遺址。頹垣缺砌。略無完者。想
先王之遺風。慨盛世之已遠。躊躇竟日。殆不能爲懷。殿前有冷井。井旁有小碑。西
河君任元濬記其前後。而字畫刓缺。僅可尋其文義。其辭雲以內需財幣購工刻之。而
其短數尺。比諸士庶墓表不能半之。嗚呼。此乃我祖宗崇儉守約。不欲以侈大示諸後
人之義歟。居民雲湯泉之源。本在殿址之下。其熱爛人肌。不可以浴。故以銅筒引泉
脈。右而爲南湯。左而爲北湯。所謂南湯。在殿址右少前。而上有館宇以覆之。卽世
祖大王所嘗臨御。而今衆人所就浴也。所謂北湯。在殿陛左咫下。一區兩井。與南
湯同制。攻石精美且過之。卽東陽都尉(申翊聖, 申欽의 자)所謂三大妃臨幸之所。而荒
穢特甚者也。今去東陽來此時又二十春秋。瓦礫塞滿於井中。草根纏縛於甃旁。蕪沒
沮洳。幾不可辨。且其外湯則爲治皮匠所漑。穢惡之氣不忍聞。餘訊諸居民。或雲湯
上昔有畫閣。萬曆庚申(1620, 광해12)歲始頹毀。又雲中年有病惡瘡者來浴。是後遂廢
不浴。居民鹵莽。言不足徵。而東陽所記有雲病瘡者恣意溷浴。抑亦得此說否。餘意
天旣生水火。使民竝用。而又使壬夫丁女效效其靈。鴻洞轇輵。釀出神泉。於以除萬
民之疾。於是焉聖王有作欽天之賜。旣身受其祜。又敷錫於下民。樂與人共之。如周
文王之囿。使之鹹躋於壽域之中。夫豈若隋唐華清。祇用爲淫樂之資而已。先王作
事。又將以利於後也。今其遺澤之及人者。將與天壤無窮。獨恨其一修而一廢。不得
普施其功用。此其可惜。奚特越俗之不好古。而使堊路長堙也。且念禮曰男女不同浴
室。蓋欲厚其別也。今此湯泉。當春秋二分之際。遠近士女其至如雲。其勢不得不迭
浴於一井。揆以禮意。有不當然者。今若開此廢湯。使男浴於南。女浴於北。則我先
王先妃之盛德洪恩。汪濊而竝流。旣可以袪吾民之痛癢。又可以成吾民之禮俗。豈不
休美矣哉。或以先妃所臨。卽爲禁地爲難。餘以爲先王所禦。亦旣許人浴。先妃所
臨。獨許婦人浴。而又何傷乎。昔宋之宣仁高太后有言。苟利於民。吾無愛乎髮膚。
此卽我先妃之所嘗爲訓者也。雖玉欄看花。天路遠隔。竊想聖母塞淵之意。豈不欲以
一沐餘波。酌萬世生靈哉。於是餘乃聚徒隸具畚鋪。疏其塞滌其穢浚其溝決其流。三
日而治畢。至若旣開而復塞。旣修而復廢。斯乃守土者之責。吾亦末如之何也已矣。

이다. 현종이 신병 치료를 위해 온양행을 결정한 것은 온양에 옛 행궁의 유지(遺址)가 있다는 점이 크게 작용한 것으로 보인다.[37]

현종은 온행을 결심하자 온궁 복구에 착수하였다. 옛 행궁 터에 신축하는 온궁은 민폐에 대한 우려가 컸기 때문에 무척 소박하게 지어졌다. 온궁의 구조는 서쪽에 어실(禦室, 6칸 8작)과 온정실(溫井室), 곧 탕실(湯室, 8칸)을 짓고 부속건물은 모두 초사(草舍)로 하여 전체가 100여 칸 정도였다.[38] 처음에는 담장 밖에 임시로 지은 집이 150여 칸이 되었는데, 나중에 전체가 100여 칸 정도라는 것을 보아 현종이 민폐에 대한 우려로 약간 줄인 것 같다.[39] 어실 세 군데에는 담장을 둘러 다른 공간과 구분을 지었다. 이 당시 행궁은 흙으로 계단을 만들어 전체적으로 보면 초라할 정도로 검소하였다.[40] 당시 온궁 축조를 위해 동원된 인력은 수천 명의 승군(僧軍)이었다. 한편 행궁 옆에 지어진 가가(假家)는 충청 각 고을에 분담 배정하였기에 각 수령들이 자기 관할지역의 백성을 토지결수에 따라 징발하여 축조하였다.[41]

행궁의 주위는 포장(布帳)으로 둘러쌌다. 외포장(外布帳)은 둘레가 500보로 도성문을 모방하였고 대신들과 정리사(整理使)들이 머물렀다. 내포장은 둘레가 300보로 궁성문을 모방하였는데 승정원, 옥당, 병조, 도총부 및 시위하는 여러 장수들이 입직하였다. 그 나머지 각사들은 모두 외작문(外作門) 바깥으로 나가 위치하였다.[42] 이 때 지어진 온궁은

---

37 『현종실록』 5, 현종 3년 8월 13일(계축).
38 『현종실록』 10, 현종 6년 4월 21일(정축).
39 『현종실록』 10, 현종 6년 4월 15일(신미).
40 『현종실록』 10, 현종 6년 8월 5일(무오).
41 『현종실록』 10, 현종 6년 4월 21일(정축).
42 『현종실록』 10, 현종 6년 4월 21일(정축).

비록 구조상 소박하지만 정조대『온궁사실(溫宮事實)』에 실려, 우리가
온궁의 전형적 형태로 알고 있는 〈온양별궁전도〉속에 그려진 온궁의
시원(始原)이 된다.

첫 번째 온행으로 질병 치유의 효과를 크게 본 현종은 다음 해에 병
든 어머니 인선대비를 모시고 갈 결심을 하면서 온양 행궁을 증축하려
고 계획하였다.[43] 이때는 온궁이 사치스러울 정도로 화려하여, 헌납 윤
변이 민폐에 따른 우려 때문에 격렬히 반대하였지만 예정대로 추진되
었다. 우선 자전(慈殿)이 머물 어실을 새로 건축하였다. 비록 백관들이
쓰는 가가(假家)와 가까워 문제가 있었지만 신조(新造)하는 자전의 어실
은 동쪽에 있는 옛 행궁자리에 지었다.[44] 또 구기(舊基)는 계단이 너무
높아 두어 개의 계단을 제거하여 땅을 평평하게 만들고, 집은 4칸으로
짓되 간가(間架)를 넓게 하여 비좁지 않게 하였다. 사용하는 재목은 서
울에서 내려 보냈다.[45] 탕실도 바뀌어 북탕(北湯)은 침실 북쪽의 내궁장
의 바깥에 있고[46] 옆에는 세조대에 세운 신정비(神井碑)가 있었다. 이런
북탕은 백관들이 목욕하는 장소로 제공되었다.[47] 이때부터 군신(群臣)
들에게도 온궁에서 목욕할 기회를 주는 것이 전통으로 자리 잡았다.[48]

이러한 결과 증축된 온궁은 규모가 커져 둘레가 1,758척이며 내정전
(內正殿)이 16칸, 외정전(外正殿)이 12칸, 탕실이 12칸으로 확장되었다.[49]

---

43 『현종실록』 10, 현종 6년 8월 5일(무오).
44 『현종실록』 11, 현종 6년 9월 3일(병술).
45 『현종실록』 11, 현종 6년 9월 6일(기축).
46 『숙종실록』 59, 숙종 43년 3월 11일(병인).
47 『현종실록』 10, 현종 6년 4월 25일(신사);『현종실록』 10, 현종 6년 5월 1일(병술).
48 『숙종실록』 59, 숙종 43년 3월 11일(병인).
49 나신균, 인조-숙종대 행궁의 배치와 공간 이용에 관한 연구, 석사학위 논문, 명지대학
　교 대학원, 2001, 70쪽.

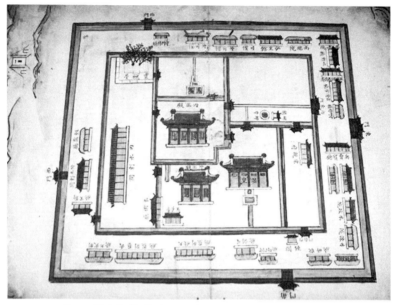

〈그림 1〉 영괴대기(靈槐臺記: 서울대 규장각 奎10179)에 그려있는
1795년(정조19) 무렵의 온양별궁전도

현종 5년에 6칸 8작이던 어실(禦室)이 16칸의 내정전으로 변모하였고,
온정실(溫井室), 곧 탕실(湯室)은 8칸에서 12칸으로 확장되었다. 정무
공간인 외정전은 이 무렵 새로 지어진 것으로 추측된다. 이를 미루어
부대시설도 모두 이전보다 확장되었음을 짐작할 수 있다. 그 결과 온궁
은 〈그림 1〉에서 보듯이 정전을 에워싸고 많은 건물이 들어찬 화려한
궁궐의 모습을 갖추게 된 것이었다.

위 그림은 정조 19년(1795)에 발간된 『온궁사실(溫宮事實)』에 수록된
〈온양별궁전도〉이다. 이 그림은 완전하게 복원된 온궁의 모습을 보여
준다. 이 그림을 보면 온궁은 2중으로 담장을 치고 있다. 내궁장(內宮
墻)의 가운데에는 국왕과 왕후의 숙소인 내정전과 왕과 신하가 국사를
논하는 외정전이 있고 옆에는 목욕 시설인 탕실이 있다. 그 외 왕자방,

의대청, 내수라간, 온천 구탕, 영괴대, 신정비각, 종친부 등이 있었다. 이 내궁장 과 외궁장(外宮墻) 사이에는 왕을 보필하는 궐내 각사들이 옮겨와 동서남북으로 나누어 위치하는데 와가, 초가로 되어 있는 여러 채의 집들이 산재되어 있다.

다른 행궁에서 볼 수없는 온궁의 가장 특징적인 시설은 탕실이다. 탕실은 목욕 공간으로 온천물이 용출하는 온정(溫井)을 가운데 두고 동서로 각각 1칸 반의 크기인 욕실 2개가 있고 이에 딸린 부속 시설로 욕실별로 온돌 1칸 반, 협실 1칸, 양방(凉房) 1칸 등이 위치하고 있었다.[50] 온정(溫井)은 옥돌로 함 가운데를 빙 둘러 붙였다. 이곳에는 중국의 온천에서 볼 수 있는 거북이나 물고기, 게와 같은 동물이나 연꽃과 마름과 같은 식물을 형상화한 장식물과 완상할 만한 보옥이나 기교 있게 새긴 치장이 없다. 하지만 돌의 재질이 뛰어나고 제작이 완벽하고 치밀하였다. 전체적으로 보면 화려하며 규모가 굉장하면서도 질박하였다.[51]

한편 국왕이 온궁에 행행하면 위 그림보다 훨씬 넓은 공간을 점유하였다. 그것은 국왕을 수행하여 온양에 오는 인원이 적으면 900여명, 많으면 7,500명 정도로 대규모였다. 따라서 이 많은 수행원을 지공(支供)하기 위해 충청 관찰사를 위시하여 호서 지방의 수령 전체가 동원되었다. 이들은 각각 수발할 대상기관을 나누어 지공을 분담하였다. 이를 위해 가가(假家)라 불리는 임시 건물과 포막(布幕)이 온궁 주변에 다수 설치되어 온궁을 에워쌌다. 그래도 부족한 공간은 민간의 집을 징발하였으므로 집을 빼앗긴 백성들이 국왕의 온행 기간 동안에 노숙하는

---

50 『溫宮事實』 3 排設.
51 趙秀三, 『秋齋集』 8, 溫井記, 1937.

경우도 있었다.[52]

조선 후기에는 현종대부터 숙종, 영조, 장헌세자까지 4대에 걸쳐 국왕과 왕세자가 온행을 이어갔기 때문에 온양 행궁은 최전성기를 구가하였다. 그 기간은 현종 6년(1665)에서 장헌세자의 온행이 있었던 영조 36년(1760)까지 95년이었다.

5. 장헌세자의 온행과 영괴대의 축조

영조대에 이르면 온궁에는 기존 온천 시설과 달리 영괴대라는 새로운 축조물이 행궁의 공간에 들어선다. 영괴대는 장헌세자에 의해 세워진 사대(射臺)이다. 장헌세자는 질병 치료를 위해 영조 36년(1760) 7월에 온궁에 왔다. 그는 온천욕을 하던 여가에 활쏘기를 즐기다가 5시5중하는 몰기(沒技)를 이루었다. 몰기는 쉬운 일이 아니어서 일반 백성도 이럴 때는 잔치를 베푸는 것이 보통이었다. 이후 다산 정약용의 말에 의하면 장헌세자는 이것을 기념하기 위해 자신이 활을 쏘던 사대에 홰나무를 손수 한그루 심고 단(壇)을 둘러쌓도록 분부하였다한다. 그러나 고을 관리들이 이 말을 실천하지 않았다한다. 그것은 향후 상경한 장헌세자가 2년 후 복잡하게 전개되는 당쟁의 한가운데에서 비참한 죽음으로 생을 마감했기에 더욱 그러했을 것이다. 따라서 장헌세자가 정치적으로 궁지에 몰리고 급기야 죽음으로 생을 끝나게 됨으로 그가 온궁에 심은 홰나무도 잊혀진 사실이 되었다. 그런데 이 홰나무의 존재를 부각시키고 그 보존을 처음으로 거론한 인물은 정약용이었다. 예문관

검열이던 정약용은 정조 14년(1790) 3월 그의 나이 29세에 소관(小官)으로서 패초(牌招)를 어겼다하여 일시적으로 호서의 해미(海美)로 유배를 간 적이 있었다.[53] 유배는 불과 10여일 만에 끝나서 풀려난 다산은 귀경길에 덕산을 지나 온양에 들렀다. 그는 온양에 잠시 머물며 온궁을 찾았는데 아래의 자작시에서 보듯 그곳에서 다산은 장헌세자가 심은 홰나무와 거기에 얽힌 사연뿐 아니라 온양지역민들에게 베푼 세자의 성덕(聖德)도 알게 된 것이다.

경진년 과거사를 또렷하게도	歷歷庚辰事
유민들이 이제껏 얘기를 하네	遺黎說至今
복성이 세자 행차 따라왔는데	福星隨鶴馭
한밤중 높고 맑은 노래 들렸네	中夜聽龍吟
쌀 주어 망가진 밭 보상하였고	賜米酬殘圃
조세 감면 장마의 피해 위문해	蠲租問苦霖
내린 분부 사신이 따르지 않아	使臣違敎令
울분에 찬 백성들 마음보겠네[54]	扼摯見群心

  여기서 다산은 세자가 홰나무 한 그루를 손수 심은 뒤에 단(壇)을 둘러쌓도록 분부하였지만, 그가 떠난 뒤 그 고을 수령이 그 분부를 따르지 않았다는 사실도 알았다.[55] 게다가 다산을 가슴 아프게 한 것은 아래시에서 보듯이 초라하기 짝이 없는 홰나무의 모습이었다. 아무도 돌보

---

53 『승정원일기』 1674, 정조 14년 3월 10일(경인);『승정원일기』 1675, 정조 14년 3월 19일(기해). 정약용은 1790년 3월 8일 海美에 정배되었고 13일에 배소에 이르렀는데, 19일에 용서받아 풀려났다(丁若鏞, 『經世遺表』, 茶山丁若鏞年譜).

54 『다산시문집』 1, 溫泉志感.

55 정규영, 『俟菴先生年譜』(규장각 古4650-167), 1921.

지 않아 나무가 울퉁불퉁하게 오그라들어 볼품이 없는데다가 덩굴에
덮이고 잡초에 묻혀 뭇 아이들의 놀이 대상이 될 정도였던 것이다.

온천 행궁 안에 홰나무 한 그루가	溫泉宮裏一樹槐
오랜 세월 잡초에 매몰되어 묵히었네	歲久蓁蕪沒蒿萊
오이덩굴 새삼덩굴 칭칭 서로 감기어	瓜蔓兎絲苦相糾
기운을 펴지 못하여 겨우 한 길 자랐는데	志氣鬱抑長丈纔
마른 가지 뻣뻣하고 줄기 옹이 맺혔거니	枯條澀勒幹擁腫
동궁께서 과거 손수 심으신 걸 누가 알리	誰識儲君舊手種
이곳에서 동궁이 곰 과녁을 쏘실 적에	鶴駕於此射熊帿
다섯 발의 철촉이 모두 눈알 명중했네	鐵鏃五發皆貫眸
이에 귀한 나무 심어 그 자리를 기념하고	爰植嘉木表其地
아울러 돌을 쌓아 단 만들게 하시었네	且令砌石爲壇壝
긴 가지 구름 스쳐 푸르름을 장차 보고	會見脩柯拂雪靑
짙은 그늘 뜰 가득 깔릴 날을 바랐건만	擬有濃陰滿庭翠
푸른 깃발 한 번 떠나 소식이 감감하자	蒼旂一去無消息
참새떼들 짹짹짹 저물녘에 모여드네	鳥雀啾啾聚昏黑
곁가지는 모두 다 뭇 아이들 올라타고	杈枒總被衆兒攀
기와 조각 자갈들을 누가 한 번이라도 치웠던가	瓦礫何曾施一彎
서글픔에 서성대며 차마 떠나지 못하고	彷徨惻愴不忍去
얽힌 덩굴 손수 뜯어 울타리 사이 던지네	手決纏縛投籬間
아, 이 나무 그 누가 사랑하지 않을 건고	嗚呼此樹誰不愛
여보게들 행여나 자르거나 휘지 마소	戒爾勿剪且勿拜
내 장차 돌아가서 임금에게 아뢴 뒤엔	吾將歸去奏君王
이 나무 천년토록 길이 존귀하고 지고[56]	此樹尊貴長千載

---

56 『다산시문집』 1, 〈溫宮有莊獻手植槐一株 當時命築壇以俟其陰 歲久擁腫 壇亦不見 愴
    然有述〉.

이러한 사실에 분노하고 가슴 아파한 다산은 그의 시에서 자신이 상경하면 정조에 건의하여 그 보존책을 마련할 것이라고 소회를 피력하고 있다. 정조의 총신(寵臣)인 다산이 이 문제를 정조에게 실제로 어떻게 건의했는지는 사료가 없어 구체적으로 알 수 없지만 이후 정조의 태도를 보면 어떤 경로를 통했던지 간에 이 문제를 인지하고 있었음을 알 수 있다.

<그림 2> 독립기념관 소장 영괴대비각 사진
(촬영 시기는 미상)

사실 정조는 아버지의 태몽으로 태어난 사람이었다.[57] 이렇듯 이 부친의 각별한 사랑을 받았던 정조는 어려서 부친의 억울한 죽음을 목격하고 큰 충격을 받았다. 이후 국왕으로 즉위하고 나서 부친 장헌세자를 추모하기 위한 노력을 아끼지 않는다. 수시로 아버지의 사당과 묘소를 찾아 갔고[58] 여러 차례 존호를 올리고,[59] 왕실족보인 『선원보략(璿源譜略)』의 내용을 수정하면

---

57 『정조실록』 1, 정조 즉위년 3월 10일(신사). 장헌세자가 神龍이 구슬을 안고 침실로 들어오는 꿈을 꾸고서, 꿈을 깬 다음에 손수 꿈속에서 본 대로 그림을 그려 궁중 벽에 걸어 놓았다한다.

58 『정조실록』 7, 정조 3년 5월 14일(정유); 『정조실록』 8, 정조 3년 7월 24일(병오); 『정조실록』 9, 정조 4년 4월 13일(신유).

59 『정조실록』 2, 정조 즉위년 8월 17일(병진); 『정조실록』 15, 정조 7년 3월 8일(기해), 정조 7년 4월 1일(신유); 『정조실록』 18, 정조 8년 7월 7일(경신), 정조 8년 9월 17일(기사),

서[60] 부친의 명예를 회복하기 위해 노력하였다. 다산이 제기한 온양 행궁의 홰나무 문제는 오랫동안 잠복해 있다가 본격으로 대두하는 것은 정조 19년(1795)이다. 이때는 다산이 온양을 다녀간 5년 이후였다. 이렇게 오랫동안 이 문제가 표면화될 수 없었던 것은 복잡한 정치적 사정이 내재되어 있었기 때문이다. 장헌세자가 아버지 영조에 의해 뒤주에 갇혀 비참하게 죽은 후 어떤 형태든지 이 문제를 거론하는 것은 철저히 금기시되었다. 또한 장헌세자의 죽음에 깊이 관계된 노론벽파와 얽힌 정치적 파장도 큰 문제였다. 그러므로 정조가 부친의 억울한 죽음에 내한 명예 회복을 시도하기에는 많은 시간이 필요하였다.[61]

그런 가운데 정조 16년부터 영남 유생들의 만인소[62]가 2차례가 올라와 억울한 장헌세자의 죽음을 규명하고 역적을 타도해야 한다는 주장이 대두하였다. 나아가 장헌세자가 온행하던 가운데 보여준 성덕(聖德)이 칭송되면서[63] 장헌세자에 대한 명예 회복이 본격적으로 거론되었다. 이런 가운데 장헌세자의 온양온천 행행시 백성에게 보여준 덕화(德化)와 홰나무 식목사건은 부친의 성덕을 추억하게 하는 좋은 소재였다. 그러자 정조는 동왕 19년 4월에 본격적으로 홰나무 보전을 위해 영괴대를 쌓고 비석을 세우는 작업을 추진하였던 것이다.[64]

영괴대의 축조는 지금까지 정조가 부친을 추창하기 위해 해오던 사업의 마지막 절정이었다. 그러므로 영괴대 축조 사실의 시말을 기록한

　　정조 8년 9월 18일(경오). 1794년(정조18) 12월 7일에 장헌세자의 신위를 모시는 경모궁에 존호를 추존할 때 다산 정약용이 도감의 都廳을 맡았다(정약용(1817), 위의 책).
60 『정조실록』 14, 정조 6년 12월 23일(을유).
61 이성무, 『조선 시대당쟁사』 2, 동방미디어, 2002, 186-232쪽.
62 『정조실록』 35, 정조 16년 5월 7일(갑진).
63 『정조실록』 35, 정조 16년 5월 7일(갑진).
64 『정조실록』 42, 정조 19년 4월 18일(무술);『정조실록』 43, 정조 19년 10월 28일(을사).

『온궁사실(溫宮事實)』과 『영괴대기(靈槐臺記)』는 온양행궁을 한 번도 온 적이 없는 정조에게 그림으로 온궁과 영괴대 사실을 보고하기 위해 만들어진 보고서였다. 이 해는 마침 장헌세자와 동갑인 모친 혜경궁홍 씨가 60세 되는 환갑년이었다. 모친을 위해서는 수원 화성행궁에서 진 찬례(進饌禮)를 성대하게 차려준 반면에, 죽은 부친을 위해서는 영괴대 를 축조해 환갑선물을 바친 것이다. 정조는 부친 장헌세자의 온행에 배종했던 사람들을 찾아 표창하는 일을 대대적으로 전개하였다.[65] 이것 은 대단히 정치적인 의미를 내포한 것이었다. 정조는 이후 죽을 때 자 신의 재궁(梓宮)에 아버지 장헌세자가 입었던 아청대단곤포(鴉靑大緞衮 袍)를 함께 넣어 간다.[66] 죽어 무덤까지도 아버지 장헌세자에 대한 추모 하는 정을 함께 가져가고 싶었던 것이었다.

6. 함락당과 혜파정의 신축

정조대에 비록 영괴대를 축조하고 온궁을 관리하였지만, 점차 국왕 이 온행을 중단한지가 오래되자 온궁은 다시 쇠락하였다. 이 무렵 온궁 의 모습을 잘 보여주는 자료가 있다. 순조 34년(1834)에 온양온천을 방 문했던 추재 조수삼의 「온정기(溫井記)」가 그 자료이다. 조수삼은 조선 후기의 대표적인 여항시인(閭巷詩人)의 한 사람으로, 양반이 아니라는 신분적 제약으로 인해 가계와 행력(行歷)이 문헌상에 많이 나타나 있지 않다. 그는 순조 34년 8월 옴이 걸려 치료할 목적으로 온양온천을 찾았

---

65 『정조실록』 45, 정조 20년 10월 24일(병신).
66 『정조실록』 54, 정조 24년 7월 3일(계미).

다. 그의 「온정기」는 19세기 전반기 온양온천의 형편을 아주 잘 보여주고 있다.

조수삼이 온양을 찾았을 때 온양온천은 비록 온궁이 낡기는 해도 그런대로 형태를 잘 유지하고 있었다. 역대 국왕이 사용하던 기물(器物)마저도 온전하게 보전되고 있었다. 당시 온궁의 구조를 살펴보면 온천 곁에 행궁이 있으며 온천 위쪽에 욕실 전각이 있었다. 행궁 동쪽에는 쓰지 않던 온정 두개가 있었다. 이것이 소위 북탕(北湯)을 가리키는데 예전에 신하들에게 개방했던 목욕간이다. 이 목욕탕이 폐쇄된 이유는 분냉치 않지만 담장을 두르고 궐문이 만들어져 있었다. 안쪽으로는 시중드는 궁녀와 내시들의 처소, 바깥쪽으로는 호종한 신하들의 숙소가 두루 잘 갖추어져 총총히 늘어서 있다. 비록 대부분 기울어지고 무너졌지만, 휘장이나 발, 병풍, 서안 등 여러 가지 임금께 올리던 기물들은 먼지 속에 버려진 채 쌓여 있어도 사용하는데 큰 문제가 없을 정도였다고 한다.

탕실의 경우는 욕실 전각이 온전하여 남북으로 기둥이 다섯이고 동서 방향으로 기둥이 넷이었다. 바로 12칸짜리 건물이다. 그 속에 있는 온정(溫井)의 구조나 수질의 상태와 시설도 완전하여 온정의 깊이는 6자 정도인데 세로는 16자가 되고 가로는 8자가 되었다. 옥돌로 함 가운데를 빙 둘러 붙여서 두개의 온정을 만들었다. 탕실도 가운데를 막아 두개로 만들었다. 그 곁에 세 개의 구멍이 나 있어 그곳에서 고인물이 흘러나왔다고 한다. 전각의 벽 밑으로 나오기 때문에 안쪽의 두 온정을 상탕(上湯), 중탕(中湯)이라 하고 바깥으로 나오는 것을 하탕(下湯)이라 하였다. 상탕과 하탕의 거리는 10보 정도였다. 온천수가 상탕 서북쪽에서 분출되어 동쪽으로 꺾여 중탕으로 들어가 분출되고 다시 남쪽으로 꺾어지면 바깥으로 나와 하탕이 된다면서 온천의 구조를 자세히 설명하고 있다. 온천수는 그다지 뜨겁지 않아 처음에는 뜨겁지만 한참 앉아 있으면 따뜻하여 좋아할 만하였다한다. 용출량도 많아 만약 분출 되는 구멍을 막아 물을 고이게 해놓으면 밥 한 끼 먹을 정도의 시간에 두 온정에 몇 자 높이로 찼다고 한다. 기후나 계절에도 영향을 받지 않아 가물다거나 아니면 겨울이나 여름이라 하여도 수량이 줄어들거나 수온이 변화하지 않았다한다.

　한 가지 특기할 것은 왕실의 온행이 중단된 이후 왕과 왕대비 등 왕 실 여성들이 사용하던 상탕마저 정조가 개방토록 하여 백성들이 자유 롭게 목욕하게 하였다는 사실이다. 그 결과 귀가 먹은 자, 말을 못하는 자, 다리를 저는 자, 종기나 부스럼이 난 병자들이 지팡이를 짚고 들 것에 실리고 등에 업히고 수레에 실려 줄줄이 길을 메우며 찾아왔고 사시사철 빈 날이 없게 되었다한다. 정조 이후 온양온천은 병든 백성들 이 문전성시를 이룰 정도로 성황을 이루는 서민들의 온천이 되었던 것 이다. 온천욕의 효험도 좋아 비록 병이 심한 자라 하더라도 열흘이 되 지 않아 누워서 왔다가 걸어서 돌아가게 되었고, 신음하면서 들어왔다 가 노래를 부르면서 돌아갈 수 있게 되었다한다.[67]

---

67 趙秀三,『秋齋集』8, 溫井記.
　　溫泉下有硫黃。故味燥性溫。出於礜石者悍熱。然治病勝於硫黃出者。出於丹砂者。
　　味甘而氣不臭。可以延齡養生。丹砂泉天下惟出於驪山。漢之甘泉唐之華淸是也。若
　　礜石出者。亦千百之一也。硫黃泉在在是已。治一切瘡瘍瘇濕麻痺如神。此古人所論
　　著也。餘自幼少多病。喜浴溫泉。驪山餘未見也。如薊州之行宮。鳳城之湯站。曁東
　　國之宣川熙川平山明川諸泉。粤已一再至。然一例皆硫黃泉。而獨平山泉熱且悍。突
　　趵高尺許。又可湘茉茹焞雞豚雲。意或礜石出者非耶。溫陽之溫泉。自勝國時鳴於國
　　中。逮我列聖朝嘗屢幸焉。今泉傍有行宮。泉上有湢殿。宮之東有二癈井。卽舊湢
　　雲。繚周垣而爲闕門。內而婦寺供禦之所。外而臣僚扈從之次。畢備星羅。大抵多傾
　　圮墮。帷帳簾薄屛障幾案。凡諸進奉器物。委積於塵埃。而尙不至甚腐敗不可用。蓋
　　英廟庚午以後。訖無禦幸。距今八十有五年。父老亦無在者。當時事莫從而聞之。可
　　歎也。吾王庶幾無疾病。顧誠斯民之喜幸也。湢殿南北五楹。東西四楹。碧石函其中

　　그러나 19세기 후반 고종 초에 이르면 온양 행궁에 큰 변화가 확인된
다. 고종 초반에 간행된 『온양군지』에는 이전에 보이지 않던 함락당(涵
樂堂)과 혜파정(惠波亭)이라는 이름의 새로 지은 건물이 온궁에 나타난
다. 함락당은 12칸이고, 혜파정은 10칸이라고 하였다.[68] 나아가 1871년
에 발간된 『온양군읍지』에는 내정전, 외정전은 이미 폐전(廢殿)되었음
과 함께 함락당은 16칸, 혜파정은 14칸으로 더 확장되었음을 밝히고
있다. 단 탕실은 12칸으로 남아있었다.[69] 이 사실은 당시 내, 외정전이
사용이 불가할 정도로 퇴락하여 건물이 사라졌음 을 보여주고, 대신에
위 함락당과 혜파정이 온궁의 중심 건물이 되었음을 말해준다.

爲二井。若同室而格其中。井深可六尺。縱可常而橫可尋。三竇其傍。以洩蓄水。出
之殿壁之下。故內二井曰上湯中湯。外出者曰下湯。水從上湯西北出。折而東出中
湯。又折而南則外出爲下湯。熱不甚。始入灼如也。久坐溫溫可愛。若塞竇蓄水則一
食頃。二井滿數尺。亦不以水旱冬夏而贏縮炎涼也。自上湯至下湯。計不下十餘步
也。令範其地而鑄巨鼎。待薪樵而煖之。雖曰胼千僮之指。必不能若是其無間斷也。
籲甚異哉。井無龜龍魚蟹荷芰菱芡。寶玉之玩。雕琢之巧。如驪山薊州者。而石材精
良。製作完緻。有足以仰見祖宗盛際事功之鉅麗。規模之宏樸。洵非今人所可慕效彷
彿。士庶人毋敢浴上湯禮也。惟我先大王下敎若曰使子方禦溫井。民病可瘳也。子將
撤洗而與之。況非日用而不過備豫者乎。自今永寬兩井之禁。使吾民共沐恩波。鹹躋
壽域。大哉王言。此聖德事也。於是乎聾啞跛躄癃瘇瘡痍。杖者舁者負者載者。踵相
接於道。而四時無虛日。雖病甚者。不旬日則臥而來步而歸。呻而入歌而出。嗚呼。
泉之靈至於此乎。泉之靈至於此乎。歲甲午秋仲。餘有癬疥之病。來浴於井。居數日
而日瘳。試飲井水甘。又小硫黃氣。抑所謂丹砂出者此歟。或曰是井也。浴之則病
瘳。久不浴則病復作。噫。是豈井之故也。病浴於井者。皆六氣感其外。七情傷其
中。沉淫錮結。久而乃發。其治之也。亦將涵潤滲灘消瀜蕩滌。沉淫者洗濯之。錮結
者解散之。然後始去。則夫豈有疢至之患哉。徒見肌體之差可。去之若將浼焉。稍久
而疾復作。則曰井乎井乎。豈不愚之甚者。餘聞廣東有桃花泉。北人之商販者。一與
土人交媾。歸未半路而大瘋瘡發。百藥罔效。不得已還飲桃花泉。則不日而爲平。人
故多老於其地者。雖飲泉而無男女之事者。無恙而歸。餘未知其說信然。然亦其人自
取之已。豈曰桃花泉使之然哉。餘將歸。記或人說爲井訟。而兼以戒來浴者雲爾。

68　나신균, 앞의 논문, 2001, 70쪽.
69　아세아문화사, 『온양군읍지』, 1985.; 『읍지』 8 충청도 2, 1871.; 김백선, 『온궁육백년』,
　　　2000, 331쪽.

〈그림 3〉 1906년 주일독일무관 헤르만 산더 중위가 촬영한
대원군 별장의 탕실과 신정비 사진

이 두 개의 새로운 건물은 대원군과 밀접히 관련된 것으로 추정된다.
이 무렵 국왕 고종의 생부로 정치적 실권자였던 대원군은 덕산에 있는
부친 남연군의 묘소에 성묘를 가면서 온양에 자주 왔던 것이다. 『고종
실록』에는 대원군이 온양에 행차한 기록이 있으며[70] 부인인 부대부인
(府大夫人)이 온양과 덕산에 행차했다[71]는 사실도 나온다. 이들이 온양
에 머물 때 숙소로 사용키 위해 지어진 것이 함락당, 혜파정이었던 것
이다. 당시 대원군은 최고의 정치 실력자이기는 해도 명분상 국왕이
아니므로 온궁을 수리 복원하여 사용할 수는 없었다고 보인다. 대원군
부부가 실제로 온양에서 온천을 즐겼는지는 확인되지 않으나 온궁 안

---

70 『고종실록』 7, 고종 7년 9월 20일(계미).
71 『고종실록』 7, 고종 7년 8월 9일(계묘).

에 숙소를 지은 것으로 보아 온천을 즐겼을 것으로 짐작된다. 이 때문에 1904년 이후 일본인들이 온궁 탈취를 기도할 때 이곳을 대원군의 '운현궁기지(雲峴宮基地)'라고 인식하는 것도 이런 연유에 따라 파생된 것이다.[72] 이후 1926년에 일본인이 경영하던 경남철도주식회사가 이곳을 인수하여 온천 여관인 신정관(神井館)을 짓고 발간한 안내 책자에서도 이곳이 대원군이 온궁에 남은 전각의 일부를 보수하여 별장으로 사용한 곳이었다고 하였다. 그 중 혜파정은 신정관을 지을 때까지 문과 객실이 남아[73] 한식 여관으로 개조되었다고 한다.[74]

7. 온궁의 역사적·문화적 가치

온양은 조선 초기 태조 대부터 조선 말기까지 국왕을 비롯한 최고 권력자들이 가장 선호하던 온천지였다. 온천욕을 통한 질병 치료는 일과성으로 이루어지지 않고 장기간 반복적으로 목욕을 해야 효과를 볼 수 있다. 통상적으로 조선 시대 역대 국왕들은 짧게는 8일, 길게는 한 달이 넘게 온양에 머물렀다. 이런 이유로 국왕이 머무는 임시거처로 온궁이 축조되었다. 조선 시대 국왕이 찾아가는 온천에 행궁을 조성한 사례는 많다. 그러나 온궁이 건립되고 나서 조선 왕조 전시기를 걸쳐

---

72 『구한국외교문서』(7), 고대민족문화연구소 편, 278쪽.
조형열, 근현대 온양온천 개발 과정과 그 역사적 성격, 『순천향 인문과학논총』29, 2011.

73 秋芳千萬人, 溫陽溫泉遊記, 『牙山郡誌』, 牙山郡教育會, 1929, 101쪽.; 조선성남철도주식회사, 『온양온천 신정관 안내』, 1937.

74 혜파정은 이후 해방까지도 그 흔적이 남아 있다가 6.25동란으로 미군의 폭격을 받아 파괴되었다고 한다(김백선, 『온궁육백년』, 2000, 363-409쪽).

역대로 많은 국왕이 방문하고 일관되게 잘 유지된 곳은 온양 행궁이
유일하다.

이러한 온궁의 역사는 아산지역의 문화형성에 큰 영향을 주었다. 그
것은 지방임에도 불구하고 서울에만 존재하는 왕실문화의 정수가 고스
란히 남아있기 때문이다. 특히 국왕이 즐겼던 독특한 목욕문화의 전통
이 남아 있는 곳은 국내에서 아산이 유일하다. 또한 국왕의 온행 동안
이루어지는 국왕의 행차 과정과 절차, 지방산림(地方山林)을 회유하기
위한 정무활동, 지방인재 선발을 위한 문, 무과 등 과거시험의 실시,
현지 백성들의 민정을 살피고 위무하는 여민동락(與民同樂)의 정치, 아
산지역에서 있었던 사냥과 같은 레저 활동, 온행 중에 아산지역을 대상
으로 지어진 수많은 시문(詩文) 등의 문학작품은 아산지역의 귀중한 문
화유산으로 남아 있다. 따라서 아산은 타 지역에서는 찾을 수 없는 독
특한 한국온천문화의 보고(寶庫)라고 할 수 있다.

현재 국내에 남아 있는 온천관련 자료의 95%는 온양온천 관련 문헌이
다. 그 내용을 보면『조선왕조실록(朝鮮王朝實錄)』,『승정원일기(承政院
日記)』,『비변사등록(備邊司謄錄)』,『일성록(日省錄)』 등의 관찬 사서와
『어제(禦製)』,『배종록(陪從錄)』, 각종『온행등록(溫幸謄錄)』,『온천일기
(溫泉日記)』 등이 다수 남아있다. 민간 자료로는 국왕을 수행하던 관리들
이 남긴 시문(詩文)들과 사대부들이 남긴 수편의 온천(溫泉)여행기 등이
있다. 이렇게 풍부한 역사 문헌 속에는 온양온천을 비롯한 아산지역의
온천문화의 정수를 보여주는 이야기가 풍부하게 남아 있다.

위에서 이미 언급했지만 아산지역 온천의 위상이 예전 같지 못한 것
을 만회하고 온양온천의 경쟁력을 회복할 수 있는 방안은 어디에서 찾
아야 할까? 국내 수많은 온천단지가 있지만 그들이 갖지 못하고, 흉내
도 낼 수 없는 아산만의 유일한 장점을 활용하는 것이다. 그것은 아산

이야말로 우리나라에서 역사적인 온천문화의 정수가 남아있는 유일한 고장이라는 점이다. 그 정점에 바로 "온궁(溫宮)"이 있다.

오늘날 사람들은 먹고 마시고 노는 유흥적인 온천만을 선호하지 않는다. 이제는 레저적인 면과 함께 삶의 질을 높이는 스토리텔링적인 요소가 가미되어야 의미 있게 생각한다. 이 말은 온천욕을 위해 아산을 찾는 사람들도 온천욕 외에, 아산에 남아 있는 유서 깊고 풍부한 온천의 역사와 문화를 즐길 수 있어야 한다는 것이다. 이미 언급했지만 역대 국왕들이 온행왔을 때 온궁을 중심으로 생성되고 남긴 이야기가 현재 발굴을 기다리며 숨어 있는 사실이 많다. 민간에서 남긴 이야기도 또한 많이 남아 있다. 이 모든 문화자원은 온양을 제외한 어느 온천에서도 흉내낼 수 없는 아산만의 문화콘텐츠이고 경쟁력이다. 온천과 함께 역사와 문화를 보고 배우고 느끼고 체험할 수 있어 어린 자녀들에게 교육적 가치와 함께 교훈을 얻을 수 있는 현장이 아산이라면 어떨까?

전통적인 목욕 문화에 대한 체험학습으로 최고의 고급한 왕과 왕비의 목욕시설을 보고 왕의 목욕법을 체험해 본다던지, 왕이 즐기던 온천식과 보양식을 먹어 본다던지, 왕실가족이 즐기던 레저를 함께 체험한다던지, 병든 노모를 치료하기 위해 효도 온천행을 실천한 이야기 등을 통해 효(孝)의 가치를 배운다던지, 이 모든 콘텐츠를 찾자면 그 역사문화자원은 무궁하다.

결국 온천과 함께 그 풍부하고 다양한 문화를 활용해야 아산만의 경쟁력을 가질 수 있다는 것이다. 이러한 온천문화의 상징이 바로 온궁(溫宮)이고, 오늘날 온궁 복원은 단순한 역사유적을 하나 복원한다는 정도가 아니고, 아산온천의 활성화와 미래 먹거리를 창출하는데 가장 시급한 문화싱품인 셋이다. 여기에 온궁 복원의 당위성과 그 의미가 있다고 하겠다.

8. 맺음말

온양은 조선 초기 태조 대부터 조선 말기까지 국왕을 비롯한 최고 권력자들이 가장 선호하던 온천지였다. 특히 세종 이후에는 왕실 가족들이 탕치(湯治)를 목적으로 자주 찾던 최고의 왕실 온천장으로 자리 잡았다. 이러한 사실이 역사 깊고 독특한 아산 지역의 온천 문화를 낳은 바탕이 되었다.

온천욕을 통한 질병 치료는 일과성으로 이루어지지 않고 장기간 반복적으로 목욕을 하여야 효과를 볼 수 있다. 통상적으로 조선 시대 역대 국왕들은 짧게는 8일, 길게는 57일정도 온양에 머물렀다. 이런 이유로 국왕이 머무는 임시 거처로 행궁이 건축되었는데, 온천에 세워진 행궁을 온궁이라고 한다. 조선 시대 국왕이 찾아가는 온천에 행궁을 조성한 사례는 많다. 그러나 온궁이 건립되고 나서 조선 왕조 전시기를 걸쳐 국왕이 방문하고 일관되게 잘 유지된 곳은 온양 행궁이 유일하다.

온양 행궁의 건립은 조선 초 세종대 이루어졌다. 세종은 자신의 질병을 치료하기 위해 온천행을 결심하고 나서 손수 직접 도면을 보면서 건축을 감독하였다. 세종은 민폐에 대한 우려로 인해 작고 소박한 행궁을 건립하였다. 행궁의 구조도 국왕뿐 아니라 병든 사대부와 일반 백성도 함께 이용할 수 있도록 목욕 시설을 개조하였다. 왕실의 온천행은 간헐적이어서 비워두는 시간이 많기 때문에 왕실이 사용하는 일정 공간을 제하면 나머지 공간은 일반 백성들이 이용할 수 있도록 배려한 것이다. 그러나 임진왜란이 발발한 후 다시 일본군이 재침한 정유재란으로 일본군이 전라도를 거쳐 북상하면서 온양 지역을 급습하자 온궁은 불타고 폐허가 되었다. 이후 오랫동안 온궁은 방치되었고 국왕들도 온행도 중단되었다.

조선 후기 국왕의 온천행이 재기된 것은 현종대이다. 현종은 자신의 질병을 치료할 목적으로 온양온천을 선택하고 5차례나 온행을 하였다. 이때 온양 행궁이 복구되어 어실 6칸, 온천방 6칸을 비롯한 약 1백여 칸 규모로 온궁이 새로 지어졌다. 이후 숙종, 영조, 장헌세자까지 4대 95년간에 국왕과 왕세자의 온양온천행은 활발하게 이루어져 아산 지역에 독특한 온천 문화를 형성하였다. 장헌세자의 온행 이후 국왕과 왕실 가족의 온행은 중단되었다. 하지만 정조가 부친인 장헌세자의 추억의 장소인 온궁에 영괴대를 설치하고 영괴대비를 세우는 등 각별한 관심을 두어 관리하였다. 이후 온궁은 많이 퇴락하였지만 순조 34년 (1834)에 온양에 온 조수삼(趙秀三)의 「온정기(溫井記)」에 의하면 이 무렵까지 행궁은 건물이 완전하게 유지되고 있었다. 고종 8년(1871)에는 국왕이 정무를 보던 정전이 없어졌다. 하지만 이 무렵 새로운 건물인 함락당과 혜파정이 신축되고 대원군이 별장으로 사용하는 등 여전히 잘 유지되었다. 그러나 1904년부터 일인들에 의해 온궁이 침탈되면서 일인들의 손에 넘어가고 온궁 터에 신정관이 지어지면서 온궁은 자취를 감추고 역사 속으로 사라져 갔던 것이다.

21세기는 문화의 세기라 한다. 그동안 경제개발의 성공으로 생활수준이 향상되어 삶의 질을 높이는데 있어 문화적 요소가 중요해 졌다. 온천을 즐기더라도 문화적 요소가 풍부하게 결합해야 더 많은 부가가치가 창출되는 것이다. 아산은 천혜의 자연환경인 온천으로 기원전 후부터 오늘날까지 한국에서 가장 유서 깊은 최고, 최대의 온천의 고장이다.

이러한 전통의 수립은 조선 시대 온궁의 존재 때문이며 조선 시대 온궁의 역사는 600여년을 이어져 왔다. 온양은 왕실온천의 보고(寶庫)로 독특하고 격조 높은 고급 목욕문화를 지켜왔다. 수백 년에 걸쳐 국왕과 왕실 가족들이 지속적으로 온천 행차를 하여 독특하고 품격 높은 고급 목욕문화를 전승하고 있는데 이것은 세계적으로 드문 일이다.

　이러한 사실이 타 지역 온천이 흉내 낼 수 없는 아산지역만의 자랑이자 자부심이며 아산이 한국 최고의 온천지로 자리 잡게 한 근원이 된다. 아산은 한국 최고 온천목욕문화의 메카이다. 아산지역의 존재감을 높여줄 뿐 아니라 다른 온천지역이 따라올 수 없는 아산만의 장점이자 경쟁력이다. 그러나 근대에 들어와 일본인들에 의해 온궁이 사라져 버린 이후 현재 아산은 그 문화적 유산마저 망각되고 있다.

　아산 온천문화가 발전하려면 다른 지역에서 모방하거나, 가져갈 수 없는 아산만의 장점을 살려 새로운 미래 가치를 창출해야 한다. 전통적 온천문화 우수성을 살리고 널리 알리는 것이 아산온천의 경쟁력이다. 역대 국왕과 왕실 가족, 사대부, 일반 백성이 온양을 찾은 사실에서 보듯이 온궁은 아산온천문화의 정수를 보여주는 역사적 증거이다. 따라서 온궁 복원의 문제는 지역적 정체성과도 연결된 대단히 중요한 의미가 있다. 아산이 가진 문화적 경쟁력의 원천은 온궁에 있다. 온궁 복원은 새로운 아산온천 시대의 부흥을 여는 상징물로서도 큰 의미가 있는 것이다.

제3부

해외논단:
문명교류의 호혜성과 상호문화성

고대 불교도 시야 속의 공자(孔子) 형상 고찰

한문(漢文) 불교사원지를 중심으로

장융

[이행철 옮김]

---

1. 들어가는 말

유가학파(儒家學派)의 개창조인 공자(孔子, B.C.552~B.C.479)는 교육·정치·법학·철학·경제학·문헌·심리학·음악 심지어 체육까지 많은 영역에서 큰 공헌을 하였다.[1] 이렇게 중화 문화사에서 광범하고 깊은 영향을 준 문화거장(文化巨匠)에 대하여 외부에서 새롭게 들어온 불교

---

1 『中國大百科全書』在這些卷中都立有"孔丘"或"孔子"條目, 卽可見一斑. 如『新聞出版』卷"孔丘"條, 專述孔子在傳述和整理古代文獻典籍方面的貢獻, 稱其爲"古代文獻典籍的整理編輯家", 稱讚"他研究整理古代文獻, 創立義法, 對編輯事業有開山之功"(中國大百科全書總編輯委員會『新聞出版』編輯委員會·中國大百科全書出版社編輯部編: 『中國大百科全書』"新聞出版"卷, 戴文葆撰"孔丘"條, 北京: 中國大百科全書出版社, 1990年 12月 第一版, 1996年 4月 第三次 印刷, 第185頁).

의 입장에서는 결코 무시할 수가 없었다. 주지(周知)하듯이, 불교 신도들은 세속 환경 속에서 출생하고 성장기 때문에 주변의 영향을 받지 않을 수 없는데, 그중에는 공자를 대표로 하는 유가의 도염(陶染)도 포함된다. 즉, 설사 출가한 후에도 때때로 유가경전을 포함하는 "외서(外書)"를 접촉하고 이를 불교를 전도하는 이용한 것이다.[2] 따라서 동아시아 불교문헌 속에서 출현하는 공자의 그림자는 매우 자연스러운 일이다. 본문은 한문 불교사원지를 예로 들어 이런 현상을 간략하게 분석하고, 이를 빌어 고대 불교신도들의 시야 속에 비친 공자의 형상을 엿보고자 한다. 박식하고 고상한 군자들께 지도를 청하는 바이다.

대체로 현존하는 한문 불교사원지에서 나타나는 고대 불교신자들의 눈에 비친 공자의 형상은 대략 3가지로 논해볼 수 있다.

2. 화합하면서도 뇌동하지 않는 본토의 성자(聖者)

중국의 승려는 출가하기 전 일정한 교육을 받은 경우라면 공자의 저술을 포함한 유가 문헌을 스스로 배우고 익힐 수 있었다. 절에 들어간 후에 공자와 관련된 내용을 보고 듣는 것도 역시 정상적인 일이었다. 이것은 그들이 공자에 대하여 매우 친숙함을 보여준다.

1) 출가 전 『논어(論語)』 학습

---

2 張子開:「『歷代法寶記』所引"外書"考」, 首都師范大學主辦"中國敦煌吐魯番學會成立三十周年國際學術硏討會"(2013年 8月 17至 21日·北京)論文.後載中國敦煌吐魯番學會、首都師范大學歷史學院、香港大學饒宗頤學術館、北京大學東方學硏究院合辦:『敦煌吐魯番硏究』第十四卷, 上海: 上海古籍出版社, 2014年 12月 第一版, 第523-535頁.

원대 황진(黃溍, 1277~1357)의 「원수단선사탑명(元叟端禪師塔銘)」에는 원대 선종 임제종 대혜파(大慧派) 원수(元叟) 행단(行端, 1254~1341)은 어릴 적 그의 어머니로부터 『논어(論語)』와 『맹자(孟子)』를 배우고 또한 외울 수 있었음을 기록하고 있다.

> 徑山元叟禪師, 大慧四世孫也. 師諱行端, 元叟蓋其字. 族臨海何氏, 世爲儒家. 母王氏, 能通五經. 師生而秀拔, 幼不茹葷, 超然有厭薄塵紛之意. 六歲, 母教以『論語』『孟子』, 輒能成誦. 雅不欲汩沒於世儒章句之學. 十二, 從族叔父茂上人, 得度於餘杭之化城院. 十八, 受具戒, 一切文字不由師授, 自然能通. 而其器識淵遠, 夙負大志, 以斯道自任, 宴坐思惟, 至忘寢食.[3]

임해(臨海)는 삼국시대에 회계군(會稽郡)에서 나눠져 군(君)으로 설치되었으며, 치소(治所)는 임해(현 臨海市)에 있다가 후에 장안(章安, 현 임해시 동남)으로 이전하였다. 후에 한차례 폐지되었다가 설치되었다. 현재 임해시는 태주시(台州市)의 관할로 되어 있다. 원수가 출생한 하씨(何氏) 집안은 사람들이 유가라고 했을 뿐만 아니라 어머니도 오경(五經)에 정통하였기에, 그가 어릴 적에 『논어』를 익히는 것은 매우 자연스러운 일이었다. 또한, 학습하는 동안에 필시 공자와 관련된 사적들을 들어서 알았던 것이다.

사실상, 이런 경우는 중국 고대사회에서 매우 보편적인 현상이었다.

명대 승려 우익(藕益) 지욱(智旭, 1599~1655)의 유가에 대한 태도는 여러 차례 번복했는데, 꽤 희극적인 부분이 있다. 『구화산지(九華山志)』

---

3 (明)宋奎光: 『徑山志』 卷六 「塔銘」. 『中國佛寺史志彙刊』 第032册, No. 0032, 第622頁 a欄.

에는 다음과 같이 실려있다.

> 字蕅益. 俗姓鍾, 名際明, 又名聲, 字振之. 蘇州木瀆人. 父岐仲, 持
> 「白衣大悲呪」十年以祈子. 母金氏, 夢大士抱兒授之而生. 七歲, 持長
> 齋. 十二歲, 就外傅讀書, 以聖學自任, 作「闢佛論」數十篇, 復進酒肉.
> 十七歲, 閱蓮池大師『自知錄敍』, 及『竹窗隨筆』, 取論焚之. 二十歲, 詮
> 『論語』, 至"天下歸仁", 不能下筆. 廢寢食三晝夜, 有省. 其年冬, 喪父,
> 讀『地藏本願經』, 發出世心. 遂日誦佛名, 盡焚所爲文. 居三年, 聽一法
> 師講『首楞嚴經』, 至"空生大覺中", 忽疑何故有此"大覺"致爲空界張本.
> 悶絕無措, 以昏散頗重, 功夫不能相續. 遂於佛像前發四十八願, 決意出
> 家. 明年, 爲天啟二年, 夢禮憨山大師, 涕泣言: "自恨緣慳, 相見太晚."
> 憨山云, "此是苦果, 應知苦因." 語未竟, 遽請曰, "弟子志求上乘, 不願
> 聞四諦法." 憨山云, "且喜居士有向上志." 時憨山在曹溪, 不能往從, 乃
> 從憨山之徒雪嶺剃度, 命名"智旭".[4]

부모가 불교에 심취해 태어났기 때문에, 지욱은 7세가 되자마자 채
식을 시작했다. 12세가 되자, 집을 떠나 학문을 하면서 유가학문을 접
하자 태도가 역전되어 「벽불론(闢佛論)」을 지으면서 불교를 질책했을
뿐 아니라 육식도 시작했다. 불교를 버리고 유가를 따랐는데, 첫 번째
번복이었다. 이른바 "외전(外傳)"은 "내전(內傳)"과 상대적으로 말할 경
우, 외지로 나와서 스승을 따라 배운다는 뜻을 가리킨다. 『예기(禮記)
·내칙(內則)』에는 "열 살이 되면 집을 나가서 '외전'하는데, 밖에서 기
거하며 서(書)와 기(記)를 배운다(十年, 出就外傅, 居宿於外, 學書記. 鄭玄
注: '外傅', 教學之師也)"고 하였다. 정현(鄭玄)의 주(注)에서는 "외전은 스

---

4 (明)王一槐輯: 『九華山志』 卷四"清智旭"條. 『中國佛寺史志彙刊』 第072册, No. 0077, 第184頁a欄至185頁a欄.

승에게서 교학하는 것이다(外傳, 敎學之師也)"라고 했다. 청대 원매(袁枚, 1716~1797)의『신제해(新齊諧)·장락기원(長樂奇冤)』⁵에는 "마을에서 모두 탄복했으며, 아들은 15세에 '외전'을 배웠다(里黨咸欽之, 子年十五, 就學外傳)"고 했고, 명대 왕수인(王守仁, 1472~1528)의『전습록(傳習錄)』에서는 "후세 유자들은 성인의 학문에 밝지 못하여, 자기 마음 속에 양지(良知)와 양능(良能)을 체득하고 확충할 줄을 모른다(後儒不明聖學, 不知就自己心地良知良能上體認擴充)"고 하였다. 17세 때 연지(蓮池) 대사 운서(雲棲) 주굉(袾宏, 1532~1612)의 글을 읽고, 뜻밖에 자기가 지은「벽불론」을 불태워 버렸다. 마음이 불교로 돌아가니 두 번째 번복이다. 20세 때『논어』의 "천하가 인(仁)으로 돌아간다(天下歸仁)" 구절로 인해 성찰이 있었다. 또 마음이 유가를 허락한 셈으로 세 번째 번복이었다.『논어·안연(顔淵)』에는 "자기를 이겨 예로 돌아가는 것이 인을 행하는 것이다. 하루라도 자기를 이겨 예로 돌아가면 천하가 인으로 돌아간다(克己復禮爲仁.一日克己復禮, 天下歸仁焉)"고 하였다. "천하귀인(天下歸仁)"은 만약에 한번 자기의 사욕을 이길 수 있으면 세상 사람의 언행(言行)과 거지(擧止)로 하여금 예절(禮節)에 맞게 할 수 있음을 가리킨다. 그해 겨울 부친이 돌아가시니,『지장보살본원경(地藏菩薩本願經)』에 인해 출가의 마음을 가졌고, 결국『논어』를 해석한 글을 모두 불태워 버린다. 3년 상기(喪期)를 채우고 다시『수능엄경(首楞嚴經)』에 인해 출가를 결심한다. 그 다음 해 천계(天啟) 2년(1622) 비로소 꿈에서 감산(憨山) 덕청(德淸, 1546~1623)을 만난데 연하여 삭발하고 승려가 된다. 네 번째 번복이었다.

설명할 필요가 있는 부분은, 우익 지욱은 20세 때 주를 단『논어』를

---

5 乾隆 28년 福建 長樂縣의 과부 李氏 집안에서 벌어졌던 기괴한 실화를 적은 글.

사실 결코 불태우지 않았고, 보존하였을 뿐 아니라 다른 사람이 그에 더해 주석을 달기도 했다. 이책이 바로 지욱이 짓고 민국(民國) 시기 강겸(江謙)이 주석을 단 『논어점청보주일권(論語點睛補註一卷)』[6]이다.

2) 친숙한 주위의 공자에 대한 존봉(尊奉)

공자는 70세가 가까웠을 때, 계강자(季康子)의 초빙을 받아 노나라로 돌아와서 "정계 원로(元老)와 사회 현달(賢達)의 영예와 지위로써 강학에 종사하고 문화전적을 정리하였으며(以政界元老和社會賢達的榮譽地位從事講學竝整理文化典籍)", 만년에는 심지어 "국노(國老)"로 존숭받았다.[7] 사실, 공자는 생전에 이미 "인(仁)"의 경지에 도달했다고 인식되었기 때문에, "성인(聖)"이 되었고, "임금의 스승(君師)"으로 비견되었으며 일족의 조상으로 국가 전체가 숭상하는 "선조(先祖)"의 항렬에 오르면서 중국에서 첫 번째로 신격화된 문인이다.[8]

공자가 만년에 그리고 후세에 널리 존숭받은 상황은 '사원지(寺院志)'에서도 잘 드러난다.

『낙양가람기(洛陽伽藍記)』에 의하면, 북위(北魏) 낙양성(洛陽城) 내에 영녕사(永寧寺)가 있는데, 이 절의 주변에 공자상(孔子像)이 있었다고 한다.

---

6 『中華大藏經總目錄』卷六. 『大藏經補編』第35冊, No. 0194, 第751頁a欄.
7 中國大百科全書總編輯委員會『中國歷史』編輯委員會、中國大百科全書出版社編輯部編:『中國大百科全書』之『中國歷史』卷, "孔子"條, 北京: 中國大百科全書出版社, 1992年 4月 第一版.
8 張子開: 「試論文人神靈化的起源」, 載『哈爾濱工業大學學報』(社會科學版), 2011年 3期, 第94-97頁.

永寧寺. 熙平元年, 靈太后胡氏所立也. 在宮前閶闔門南一里御道西. 其寺東有太尉府, 西對永康里, 南界昭玄曹, 北隣御史臺. 閶闔門前御道東, 有左衛府. 府南有司徒府. 司徒府南有國子學, 堂內有孔丘像. 顔淵問仁, 子路問政在側.[9]

희평(熙平, 516~518)은 북위 효명제(孝明帝)의 연호이다. 희평 원년은 516년이고, 국자학(國子學)은 곧 국자감(國子監)이다.『진서(晉書) · 직관지(職官志)』에는 "함녕 4년에 이르러, 무제가 처음 국자학을 설립해서 국자좨주[10]를 정했는데, 박사 1인당 조교 15인으로 생도들을 가르쳤다(及咸寧四年, 武帝初立國子學, 定置國子祭酒、博士各一人, 助教十五人, 以教生徒.)"고 적고 있다. 국자학의 당내에는 공자상을 만들어놓았고 양측에는 공문(孔門)의 제자 안회와 자로를 배사(配祀)하였다. 명백히 3인은 이미 신령으로 대우받아 봉안된 것이다.

진(晉)대에 단양군(丹陽郡)에 선니묘(宣尼廟)가 있었는데, 남조(南朝) 제(齊)나라 때에 사찰로 변했지만, 세간에서는 여전히 "공자사(孔子寺)"라고 칭했다.

孔子寺
丹陽郡之東南長樂橋, 舊有宣尼廟, 晉太元中所置也. 至齊, 遷於樂遊苑東, 而以舊地爲浮屠. 人呼爲孔子寺, 亦名孔子巷云.(陳云: "當今之馬道街一帶.")
大仁寺
大仁寺, 在長樂橋東孔子巷中.

9　(魏)楊衒之撰、周祖謨校釋:『洛陽伽藍記校釋』, 上海古籍出版社, 2000年 4月 第1版, 第16-17頁.
10　국자학의 수장.

【考證】『六朝事迹』: 孔子廟在樂遊苑, 東隔靑溪, 本奉聖亭侯所奉之
廟也. 舊在溪南丹陽郡之東南, 本東晉所立, 中廢. 宋元嘉十九年, 詔復
孔子廟. 至齊, 遷於今處, 以舊地爲浮圖. 今名孔子寺, 亦名孔子巷. 在城
東南五里古長樂橋東.

『景定建康志』: 孔子巷, 在大仁寺西南古長樂橋東一里.[11]

명백하게 이른바 "공자묘"라는 것은 동진(東晉) 효무제 사마요(司馬
曜) 태원(太元) 연간(376~396)에 창건된 것이 확실하며, 후에 폐해졌다
가, 유송(劉宋) 문제 유의륭(劉義隆)이 원가(元嘉) 9년(442)에 재건시켰
다. 남제(南齊) 때에 다른 곳으로 이전하면서, 옛터에는 절을 세웠는데,
현지 사람들은 여전히 "공자사" 혹 "공자항(孔子巷)"으로 불렀으며, 유
명무실하게 단지 절이 공자묘의 옛터에 지어졌음을 표명할 뿐이었다.
한편으로, 이른바 "공자사"라고 하면, 실제로는 공자사와 대인사 두 사
찰을 포괄하고 있다.

원래의 공자묘가 "공자사"로 대체된 것은 결코 불교가 흥하고 유교
가 쇠한 것을 말하는 것이 아니라 공자묘가 단지 이전되었을 뿐임을
나타낸다.

연구(延久) 4년(1072), 62세의 일본 승려 성심(成尋, 1011~1081)은 히젠
(肥前) 마쓰우라(松浦)에서 출발해 북송으로 와서, 북송 선종 조욱(趙頊)
을 방문한 뒤 희녕(熙寧) 6年(1073) 6월 일본으로 돌아갔다. 이 경력을
기록한 문헌이 곧 『참천대오대산기(參天台五台山記)』이다. 이 책에 의
하면, 괴주(壞州)에서 택주(澤州) 진성현(晉城縣)을 거쳐 오대산으로 가
는 도중 두 곳에 공자를 봉안한 곳이 있었다.

---

11 (淸)劉世珩: 『南朝寺考』 卷一"孔子寺"、"大仁寺"條. 『大藏經補編』 第14册, No.
 0086, 第685頁a欄.

(延久四年十一月)九日(甲寅)

天晴. 卯一點, 門馬鋪馬十疋乘向北, 入壞洲南門. 過一里, 出北門, 向北行廿里, 至萬善驛. 十疋乘替, 向北行五里.北行, 登大降山小路堠. 次至長老堠, 有小伽藍, 有道者由聞之. 次過十里, 至山上長平馬鋪. 十疋乘替, 從萬善驛至長平馬鋪, 十五里也. 次過十里, 至黃望堠, 有小堂, 文宣王謂孔子影也. 次過一里, 有孔子小堂. 從長平馬鋪過十五里, 至夾泉堠, 有夾泉馬(【考】堠以下五字諸本缺今據原本.)鋪. 十疋乘替, 過十二里, 至澤洲晉城縣星軺驛, 申剋留了, 向大降山內也.[12]

괴주는 곧 회주(懷州)로, 당나라 때는 현재 하남(河南) 초작(焦作)·심양(沁陽)·무척(武陟)·수무(修武)·박애(博愛)와 호가(獲嘉) 등 시현(市縣) 지역에 해당 된다.[13] 성심이 보았던 이 두 군데 "소당(小堂)"은 비록 작지만, 오히려 의연히 공자 조각상 혹 화상(畵像)을 봉안하고 있었던 것이다.

명대로 오게 되면, 남방 항주 일대에서는 사원을 헐어서 공자의 거(擧)를 봉안하곤 하였다.『무림범지(武林梵志)』에는 "성 밖 남산의 분맥"인 봉황산 북쪽의 만송서원(萬松書院)이 실려 있다.

報先菴. 在孔家山. 萬歷己亥, 僧普明建, 仁和令劉洪謨倡緣, 樊良樞有碑記竝"卓錫靑松"額.

樊良樞「鳳凰山報先菴記」, "鳳凰山, 都會神皐也. 山之陰, 萬松書院, 本報恩招提舊址. 弘治中, 參知周公毀寺建院, 祀先師孔子, 配以四賢, 令孔氏子孫世守之, 號日孔家山云. 山夾道多巨松, 翁薈盤鬱.

12　[日]成尋著, 王麗萍校點:『新校參天台五臺山記』, 上海古籍出版社, 2009年 11月 第一版.

13　『辭海』編輯部編·復旦大學歷史地理研究所修訂:『辭海·地理分册(歷史地理)』"懷州" 條, 上海: 上海辭書出版社, 1982年 8月 第2版, 第126頁.

自萬松坊迤邐入, 有半刹焉, 曰報先. 萬歷己亥, 普明上人來自匡廬, 卓錫玆山. 吾鄉劉公洪謨爲邑宰于斯也, 邑人直指金公階州牧孔公承士請復爲菴. …

上人勺子一言, 爲山靈護. 此山有靈, 後必有供養. 護法卽如劉公, 與子不佞, 先後合揆.雖使佛氏精舍與孔林竝存, 可也.[14]

상술한 기록에 의하면, 봉황산 북쪽에는 "보은초제(報恩招提[15])"가 있었고 명나라 홍치(弘治) 때에 만송서원으로 개명하였으며, 이곳은 공자를 제사지내는 데 사용하며 "4현(四賢)"을 배사하고 있었다. "홍치"는 효종(孝宗) 주우탱(朱祐樘)의 연호(1488~1505)이다. "4현(賢)"은 즉 "4배(配)"로 공자묘에 배사하는 공문의 네 제자인 안연(顔淵)·자사(子思)·증삼(曾參) 그리고 후대의 맹가(孟軻)이다. 보통 뒤의 두 사람(즉, 증삼과 맹가)는 서쪽에 거주하고 앞의 두사람(즉, 안연과 자사)는 동쪽에 거주했다. 서원은 공자를 제사 지낼 뿐 아니라 또 공씨 자손세대를 수호하는 곳이었기 때문에 이 일대를 공가산(孔家山)이라 불렸다. 대략 백 년 후인 "만력 기해"가 되자, 즉 명나라 신종(神宗) 주익균(朱翊鈞)은 만력 27년(1599)에 다시 인화현령(仁和縣令) 류홍모(劉洪謨)의 주도 아래, 석보명(釋普明) 주지는 만송서원 부근에 보선암(報先菴)을 지었다. "인화(仁和)"는 송대 태평흥국(太平興國) 4년(979)에 전강현(錢江縣)으로 개명되었고, 치소를 지금의 항주시에 두었다. 명백히, "보은초제"와 "보선암"은 각각 다른 도장(道場)이었다.

번량추(樊良樞) 기록의 요지는 유교와 불교가 화평하게 같은 곳에 있었다는 것이며, 저것이 흥하자 이것을 폐하지는 않았으니, 즉 "비록 불

---

14 (明)吳之鯨: 『武林梵志』 卷二 "報先菴" 條. 『文淵閣四庫全書』本.
15 초제(招提)는 관부에서 사액(賜額)한 절이다.

가의 정사와 공림이 병존하게 해도 괜찮다(雖使佛氏精舍與孔林竝存, 可也)"는 것이다.

출가 전에 속세에서 그(공자)의 언설을 배운 적이 있든지 아니면 절에 들어간 후 주변에서 그 광범하게 존숭(尊崇) 받은 것을 보고 들었든 간에, 공자는 중국의 출가자들이 무시하기 어렵고 회피할 수 없는 본토의 현자(賢者)였기에, 생을 다할 때까지 그 영향을 받지 않을 수 없었다.

공자와 부처는 다른 국가에서 생존했고, 유교와 불교의 관념은 본래 달랐기 때문에, 상대방에게 동화될 수는 없었지만, 마음을 다해 서로 도와주었다. 『논어·자로(子路)』에는 "군자는 화합하지만 뇌동하지 않고 소인은 뇌동하면서 화합하지 않는다(君子和而不同, 小人同而不和)"고 하였다. 하안(何晏)의 『논어집해(論語集解)』에서는 "군자의 마음은 화합하면서도 그 보는 바가 각각 다르므로 뇌동하지 않는다고 했다. 소인은 좋아하는 것이 같으면서도 각각 이익을 다투므로 화합하지 못한다고 한다(君子心和, 然其所見各異, 故曰不同. 小人所嗜好者同, 然各爭利, 故曰不和.)"고 하였다. 주희(朱熹)는 『논어집주(論語集注)』에서 윤의(尹毅)를 인용하며 말하길, "군자는 의를 숭상하므로 뇌동하지 않음이 있고, 소인은 이익을 숭상하는데 어찌 얻어서 화합할 수 있겠는가(君子尙義, 故有不同, 小人尙利, 安得而和)"라고 하였다.

화합하면서 뇌동하지 않음, 이것도 바로 군자가 서로 머무는 도(道)이리라.

3. 불법을 선양하기 위한 홍법이기(弘法利器)

기왕 현실 세계에서는 회피할 수 없다면, 불법을 널리 알리고 보급하는데 공자의 평생 사적과 언론·학설을 빌려 사용하였다. 이것도 "화합하면서 뇌동하지 않는다.(和而不同)"의 다른 한 뜻이기도 하다. 『국어(國語)·정어(鄭語)』에는 "무릇 '화(和)'하면 실로 사물을 생성시키지만, '동(同)'하면 이어지지 않는다. 다른 것으로 다른 것에 맞추는 것을 일러 '화(和)'라고 하므로 능히 풍성하게 자라게 하여 만물이 갈 곳으로 돌아갈 수 있게 한다. 만약 같은 것으로 같은 것에 보태는 경우, 다하면 버려지게 된다. 그래서 선왕은 … 화와 동에 힘쓴 것이다(夫和實生物, 同則不繼. 以他平他謂之和, 故能豐長而物歸之; 若以同裨同, 盡乃棄矣: 故先王 … 務和同也.)"고 하였다. 위소(韋昭, 204~273)는 주(注)에서 "화는 서로 보완할 수 있느냐를 이르고, 동은 같게 하고자 하는 것을 말한다(和謂可否相濟, 同謂同欲)"고 하였다. 이것은 『노자(老子)』의 "빛을 부드럽게 하여 티끌과 함께한다(和其光, 同其塵)"와는 확연히 다른 것이다.

바꾸어 말한다면, 불교 신도들의 눈에 공자는 바로 하나의 방편법문이었던 것이다.

1) 공자와 관련된 전고(典故) 혹 역사적 사실을 인용

『낙양가람기(洛陽伽藍記)』에 의하면, 최효충(崔孝忠)은 영천(潁川)의 풍류명사 순제(荀濟)를 다음과 같이 평했다.

> 營丘風俗, 太公餘化. 稷下儒林, 禮義所出. 今雖凌遲, 足爲天下模楷. 荀濟人非許郭, 不識東家. 雖復莠言, 自口未宜榮辱也.[16]

이곳의 "동가(東家)"는 공자를 가리킨다. 소식(蘇軾, 1037~1101)의 「견

---

16 (魏)楊衒之撰、周祖謨校釋: 『洛陽伽藍記校釋』 卷二 "秦上太君寺"條, 第86-87頁.

자유여공상부창화시첩차기운(見子由與孔常父唱和詩輒次其韻)」이라는 시
에는 "군자는 노나라 동쪽 집을 우선하니, 문호가 천고를 비춘다(君先魯
東家, 門戶照千古)"고 하였고, 시원지(施元之, 1102~1174)는 『공자가어(孔
子家語)』를 인용하여, "노나라 사람들은 공자가 성인인 줄 모르며, 이에
'저기 동쪽 집에 사는 구는 제가 압니다'고 했다(魯人不識孔子聖人, 乃曰,
'彼東家丘, 吾知之矣)"[17]고 주를 달았다. 『삼국지(三國志)·위지(魏志)·병
원전(邴原傳)』에는 "태조가 오나라를 정벌하자 병원이 따라 나섰다(太祖
征吳, 原從行)"고 했고, 배송지(裴松之, 372~451)는 『병원별전(邴原別傳)』
을 인용하여 주를 달길, "숭이 말했다." 정군(즉, 鄭玄)의 학문은 고금을
섭렵하였고, 널리 듣고 깊이 알며, 깊고 먼 경지에 이르렀으니, 진실로
학자들의 사표이다. 그대는 그런 사람을 버리고 천리 먼 곳을 가려고
하니, 이른바 정현을 동쪽 집의 구(丘)로 여기는 것인가.' 병원이 말했
다. '선생님은 제가 정현을 동쪽 집의 구로 여긴다고 하시니, 선생님은
저를 서쪽 집의 어리석은 사람으로 여기시는 건지요?'(崧曰: '鄭君學覽古
今, 博聞彊識, 鈎深致遠, 誠學者之師模也. 君乃舍之躡屨千里, 所謂以鄭爲東家
丘者也.' 原曰: '君謂僕以鄭爲東家丘, 君以僕爲西家愚夫耶')라고 하였다.

　낙양성 남쪽에는 경명사(景明寺)가 있는데, 형자재(邢子才, 496~569)
가 일찍이 비문을 지었다. 형씨는 북조(北朝) 삼재(三才)의 한 사람으로
불렸고, 당시 사람들은 심지어 그를 공자와 서로 비교하곤 했다.

　　景明寺, 宣武皇帝所立也. 景明年中立, 因以爲名. 在宣陽門外一里,
　　御道東. 其寺東西南北方五百步, 前望嵩山少室, 却負帝城. 青林垂影,

17　(宋)蘇軾撰、(淸)施元之原註、武進邵長衡刪補: 『施註蘇詩』卷二十五. 『文淵閣四庫全
　　書』本.

綠水爲文. 形勝之地, 爽塏獨美. … 至永熙年中, 始詔國子祭酒邢子才爲
寺碑文. 子才, 河間人也. 志性通敏, 風情雅潤. 下帷覃思, 溫故知新. 文
宗學府, 蹳班馬而孤上. 英規勝範, 凌許郭而獨高. 是以衣冠之士輻輳其
門, 懷道之賓去來滿室. 昇其堂者, 若登孔氏之門. 沾其賞者, 猶聽東吳
之句. 籍甚當時, 聲馳遐邇. 正光中, 解褐爲世宗挽郎, 奉朝請. 尋進中書
侍郎, 黃門. 子才洽聞博見, 無所不通, 軍國制度罔不訪及. 自王室不靖,
虎門業廢. 後遷國子祭酒, 謨訓上庠. 子才罰惰賞勤, 專心勸誘. 靑領之
生, 竟懷雅術. 洙泗之風, 玆焉復盛.[18]

"경명(景明)"은 북위 선무제(宣武帝)의 연호(500~503)이며, 영희(永熙)
는 북위 효무제(孝武帝)의 연호(532~534)이다. 양현지(楊衒之)는 세상 사
람들은 형씨(즉, 형자재)의 청당(廳堂)에 오르면 곧 마치 "공씨의 문에 오
른 것"처럼 여겼다고 했다. 형씨가 국자좨주로 있는 기간에, 그가 주관
하던 국자학에 뜻밖에 "수사지풍(洙泗之風)"이 있었다. "수사(洙泗)"는
즉, 수수(洙水)와 사수(泗水)이며 춘추(春秋) 시대에 노나라에 속했다.
공자는 일찍이 수와 사의 사이에서 제자를 모아 강학했다. 『예기·단궁
상(檀弓上)』에는 "나와 너는 수수와 사서의 사이에서 부자(공자)를 섬겼
다(吾與女事夫子於洙泗之間)"고 나온다. 후대에 이르러 "수사(洙泗)"는 공
자와 유가를 대신하는 호칭이 되었다. "수사지풍"은 곧 공자가 제창한
유가의 예악(禮樂)·교화(敎化)인 것이다. 남조(南朝)의 양임방(梁任昉)의
『제경릉문선왕행장(齊竟陵文宣王行狀)』에는 "수사의 풍을 널리 알리는
것은 가유(즉 불교)[19]의 교화를 널리 펴는 것이다(弘洙泗之風, 闡迦維之
化)"고 하였다.

---

18 (魏)楊衒之撰、周祖謨校釋:『洛陽伽藍記校釋』卷三"景明寺"條、第112-116頁.
19 가유(迦維)는 가비라유(迦毘羅維)의 준말이며 석가모니가 태어난 카필라바스투의 음
    역이다. 즉, 불교를 의미한다.

형자재가 주관하는 국자감에 "수사지풍"이 흥성하든 또는 형씨당에 오르면 곧 "공씨의 문에 오르는 것과 같다"고 하든 간에, 모두 경명사를 위해 비문을 쓴 형자재를 공자에 비교한 것이다. 이것은 응당 형자재에 대한 최고의 찬양이다.

낙양성 남쪽에는 또 보덕사(報德寺)가 있었는데, 그 동쪽은 한대(漢代)의 국자학당(國子學堂)이었으며, 당 안에 세워진 삼체석경비(三體石經碑)는 실로 공자와 관련이 있었다.

> 報德寺, 高祖孝文皇帝所立也, 爲馮太后追福. 在開陽門外三里. 開陽門御道東有漢國子學堂, 堂前有三種字石經二十五碑, 表裏刻之, 寫『春秋』, 『尙書』二部, 作篆, 科斗, 隷三種字. 漢右中郎將蔡邕筆之遺跡也. 猶有十八碑, 餘皆殘毀. 復有石碑四十八枚, 亦表裏隷書, 寫『周易』, 『尙書』, 『公羊』, 『禮記』四部. 又讚學碑一所, 竝在堂前. 魏文帝作『典論』六碑, 至太和十七年猶有四碑. 高祖題爲"勸學里".[20]

"삼종자석경(三種字石經)"은 곧 삼체석경(三體石經)이다. "삼종자(三種字)"는 곧 하단에 이른바 "전(篆)·과두(科斗)·예(隷) 3가지 글자체"이며, "과두"는 "고문(古文)"이라고도 부른다. "삼체석경"은 2가지가 있다. 하나는 동한(東漢) 영제(靈帝, 132~192)가 희평(熹平) 4년(175)에 모든 유자들을 불러모아 오경을 교정하여 석비(石碑)에 간행하되 고문·전서·예서 3가지 글자체로 만들어 서로 비교 검증하게 했으며, 그중 예서는 채옹(蔡邕)이 썼다. 『후한서(後漢書)·유림전서(儒林傳序)』에 의하면, "영

---

20 (魏)楊衒之撰、周祖謨校釋: 『洛陽伽藍記校釋』 卷二"秦上太君寺"條, 第106-107頁. 듣자니, 원서는 "堂前有三種字石經二十五碑"이며 구두점을 "堂前有三種字. 石經二十五碑"으로 함.

제가 모든 유자들을 불러 오경을 교정하고 석비에 간행하였는데, 고문·전서·예서 3체로 써서 서로 비교검증하게 하였다(靈帝乃詔諸儒正定五經, 刊於石碑, 爲古文、篆、隸三體書法, 以相參驗.)"고 하였다. 다른 하나는 삼국시대 위(魏) 폐제(廢帝, 齊王 曹芳)가 정시(正始) 2년(241)에 비석에 새겨 세웠는데, 또한 고문, 소전(小篆) 그리고 한나라 예서(漢隸) 3체를 사용하였다. 새겨 쓴 것은 『상서(尙書)』, 『춘추(春秋)』와 『좌전(左傳)』 등 경이었는데, 이미 훼손되어 현재는 잔편(殘片)들만 남아 있다. 후자를 "정시석경(正始石經)"이라 하고 전자를 "희평석경(熹平石經)"이라고 한나. 양현지(楊衒之)는 가평석경 뿐 아니라 정시석경도 가지고 있다고 기록했다.[21] "고문(古文)" 혹 "과두(科斗)"문으로 된 경전은 공자의 가택에서 나왔다고 전해지고 있어, 이른바 "고문벽중서(古文壁中書)", "벽중서(壁中書)", "벽서(壁書)" 혹 "벽경(壁經)"이라고 하며, 이로 인해 "고문"을 "벽중자(壁中字)"라고도 칭한다. 『한서(漢書)·예문지(藝文志)』에는 "무제(武帝) 말, 노(魯)나라 공왕(恭王)이 공자 가택을 부숴 궁을 넓히려고 하다『고문상서(古文尙書)』 및 『예기』·『논어』·『효경』 수십 편을 얻었으며, 모두 옛 글자(古字)였다(武帝末, 魯恭王壞孔子宅, 欲以廣其宮, 而得 『古文尙書』及『禮記』『論語』『孝經』凡數十篇, 皆古字也.)"고 하였다. 이 책들은 당시 6국에서 통용되던 문자로 쓰여 있었기 때문에, 글자체가 한나라에서 통용되던 예서(隸書)와 달랐고 또 소전(小篆)과도 달라서 사람들은 "과두고문(蝌蚪古文)", "과두서(科斗書)"라고 불렀다. 동한(東漢) 허신(許愼)의 『설문해자(說文解字)』에 수록된 "고문(古文)"은 절대다수가

---

21 주조모(周祖謨, 1914~1995)는 蔡邕이 正經과 石經이라고 기록한, "앞, 뒷면을 예서(表裏隸書)"로 한 "석비48매(石碑四十八枚)"는 가평석경(熹平石經)이며, 양현지가 혼동했다고 주장했다. (魏)楊衒之撰, 周祖謨校釋: 『洛陽伽藍記校釋』卷二 "秦上太君寺"條, 第106-107頁.

"과두"문이다. 『진서(晉書)·위항전(衛恒傳)』에는 다음과 같이 나온다. "한 무제 때, 노나라 공양이 공자 가택을 부수고, 『상서』·『춘추』·『효경』을 얻었다. 사람들은 더이상 고문이 있음을 알지 못했던 터라, "과두서(科斗書)"라고 불렀다. 한나라 때는 고문을 몰래 소장해서 거의 볼 수가 없었다. 위나라 초에 전해진 고문은 감단순(邯鄲淳, 약 132~221)에게서 나온 것이다. 위항의 조부 경숙(敬叔)이 감단순에게 써준 『상서』가 있어, 후에 감단순에게 보여줬는데, 그는 알아 보질 못했다. 정시 년간(241)에 이르러서, 3자석경을 세우게 되었는데, 감단순의 서법은 전실되었다. '과두'라는 이름에 따라 결국 그 모양을 모방하였다.(漢武時, 魯恭王壞孔子宅, 得『尙書』、『春秋』、『孝經』. 時人以不復知有古文, 謂之'科斗書'. 漢世秘藏, 希得見之. 魏初傳古文者, 出於邯鄲淳. 恒祖敬叔寫淳『尙書』, 後以示淳, 而淳不別. 至正始中, 立三字石經, 轉失淳法. 因'科斗'之名, 遂效其形.)"

어쨌든 간에 "한국자학당(漢國子學堂)"에 원래 공자 가택에서 나온 "과두"문 석경을 세웠으니, 공자와의 연원을 설명하기에는 족하며, 또한 이 석경의 권위성을 드러내기에도 충분하다. 또한, "과두"경은 확실히 유명한 역사적 사건이다.

회창(會昌) 4년(844) 일본 승려 원인(圓仁, 794~864)은 당나라에서 견문한 일을 기록하였는데, 당시 전해지던 "공자설(孔子說)"을 언급하였다.

今上偏信道教, 僧嫉佛法, 不喜見僧, 不欲聞三寶. … 道士奏云, "孔子說云, '李氏十八子, 昌運方盡, 便有黑衣天子理國.' 臣等竊惟, 黑衣者是僧人也." 皇帝受其言, 因此憎嫌僧尼. 意云"李字十八子", 爲今上當第十八代, 恐李家運盡, 便有黑衣奪位歟.[22]

---

22 [日]圓仁撰, 顧承甫、何泉達點校: 『入唐求法巡禮行記』 卷四, 上海: 上海古籍出版社, 1986年 8月 第一版, 第176-177頁.

"금상(今上)"은 바로 당나라 무종(武宗) 이전(李瀍, 후에 炎으로 개명, 814~846)이다. "공자설(孔子說)"은 당연히 공자가 했던 말이 아니라 당시 일부 유가의 언론(言論)을 가리킬 뿐이다. 이런 류의 "유가"는 일신에 참휘(讖諱, 한대에 유행한 미신) 색채를 걸치고 또 많은 별도의 의미를 사용한다. "이국(理國)"은 곧, 나라를 다스리는 것이다. 『관자(管子)·문(問)』에는 "나라를 다스리는 도는 지덕(地德)이 최우선이다(理國之道, 地德爲首.)"라고 하였다. 『구오대사(舊五代史)·당서(唐書)·장종기사(莊宗紀四)』에서는 "나라를 다스리는 도는 백성을 편안하게 하는 것만 한 것이 없으며, 일을 관장하는 규칙은 마땅히 세금을 적게 거두는 것을 쫓아야 한다(理國之道, 莫若安民; 勸課之規, 宜從薄賦.)"고 적고 있다.

원인이 기록한 "공자설"은 당연히 과거의 일이 아니라 당시에 생겨난 일이겠지만, 그래도 당시 널리 퍼져있던 일사(佚事)일 것이다.

명대 문림랑(文林郞), 등봉현지현(登封縣知縣)이었던 형대(邢臺) 부매(傅梅) 원정(元鼎)은 자기가 『숭서(嵩書)』를 쓴 이유를 서술하면서 말했다.

孔子轍環列國, 東周志阻, 歸而歎鳳泣麟, 乃刪述六經, 爲萬世之憲. 聖人而至此, 變之盡矣. 其曰"述而不作", 非不能作, 無庸作耳. … 卽論著自顯, 代不乏人. 要以體大而瞻, 志曠而肆, 探六經之秘, 擷百氏之華, 則不能不服膺司馬子長焉. 子長世爲太史, 以其宏博, 恣其馳騁, 述先人之意爲『史記』百三十篇. … 今讀其自序, 引西伯之羑里, 孔子之陳蔡與屈原之『離騷』, 以至於失明臏腳, 遷蜀囚秦之流, 謂其人皆意有所鬱結, 不得通其道也. 以此發憤, 遂志有所論載, 卒欲藏之名山, 副在京師俟.[23]

---

23 『嵩山少林寺輯志』. 見『大藏經補編』第24冊, No. 0141, 第677頁b欄至第678頁b欄.

공자는 정치적 이상을 실현할 방법이 없고, 나이가 고희에 가까워지
자 노나라로 돌아와 강학과 고적 정리에 힘썼다. 『논어(論語)·위령공
(衛靈公)』과 『사기(史記)·공자세가(孔子世家)』에 의하면, 공자와 그의
제자들은 진(陳)나라에서 채(蔡)나라로 가는 도중 위곤(圍困)에 의해 재
앙을 겪고 식량도 끊긴 적이 있는데, 후에 사람들은 "진채(陳蔡)의 액
(厄)" 혹 "진나라에서의 액(在陳之厄)"이라 칭했다. 이것은 아마도 거의
모든 고대 동아시아의 선비들이 다 아는 전고(典故)일 것이다.

들자하니, 『숭서』의 일부가 후에 발췌되어 『숭산소림사집지(嵩山少
林寺輯志)』가 되었다고 한다.

진채의 고난과 유사한 일화가 있다. 공자가 열국을 유람하면서 춘추
시대 위국(衛國)의 광지(匡地)를 지날 때였다. 광(匡) 지역 사람들은 일
찍이 노나라의 양화(陽貨)에게 생포된 적이 있었는데, 공자의 외모가
양화가 닮았다고 하여 광 지역 사람들에게 둘러싸여 공격을 당했다.
이 고사는 "광인(匡人)"이라고도 칭한다. 불교계에서는 공자가 억울한
일을 당했던 이런 사실을 정신이 혼미한 사람이 자신의 마음을 알아차
리지 못하는 것에 비유하기도 했다. 『천태산방외지(天台山方外志)』의
"영이고(靈異考)"의 짧은 서문에는 다음과 같이 적었다.

夫靈, 莫靈於吾心之明覺. 異, 莫異於明覺之神通. 卽明覺以爲神通,
異元不異. 卽神通而是明覺, 靈此眞靈. 良以聖人心珠圓淨, 隨所願而雨
神通. 智鑑精明, 對能臨以彰妍醜. 大而蓋天蓋地, 小而入芥入塵. 本不
動於寂常, 又何移於當處. 此如來之神通, 吾心之靈覺者也.

至於後世有道諸祖, 雖不以神通自衒, 洩佛密因, 然於臨終不無顯示. 矧
寒山, 戒公, 文殊度世, 拾得, 周嫗, 普賢示生, 欲令末俗以知歸, 亦現殊常
而駭俗. 津梁濁世, 厥功居多. 靈異傳聞, 人誰不信. 第昧者不反求於明覺,
乃持疑於見聞. 或不遜指爲妖人, 或妄言稱爲幻術. 此何異匡人指孔子爲

陽虎, 田巴斥三王爲罪人乎. 今之所錄, 有稽僧史, 事確理實, 請無惑焉.[24]

"광인들이 공자를 가리켜 양호로 여겼다(匡人指孔子爲陽虎)"는 것에 대하여, 공자는 이렇게 감탄했다. "공자가 광에서 위태로운 일을 당하자, 말하길, '… 하늘이 아직 이 문(文)을 없애려 하지 않으시니, 광 사람들이 나를 어찌 하겠는가.'(子畏於匡, 曰: ' … 天之未喪斯文也, 匡人其如子何)[25]"

일설에 의하면, 공자는 어릴 적 일찍부터 사양(師襄)을 따라 금(琴)을 배웠다. 『사기(史記)·공자세가(孔子世家)』에는 다음과 같이 전한다.

孔子學鼓琴師襄子, 十日不進. 師襄子曰, "可以益矣." 孔子曰, "丘已習其曲矣, 未得其數也." 有閒, 曰, "已習其數, 可以益矣." 孔子曰, "丘未得其志也." 有閒, 曰: "已習其志, 可以益矣." 孔子曰, "丘未得其爲人也." 有閒, 有所穆然深思焉, 有所怡然高望而遠志焉. 曰, "丘得其爲人, 黯然而黑, 幾然而長, 眼如望羊, 如王四國, 非文其誰能爲此也." 師襄子辟席再拜, 曰, "師蓋云『文王操』也."

이 일화는 『보타락가신지(普陀洛迦新志)』에서 다음과 같이 해석되었다.

或又曰, "示現, 卽有之, 亦幻境耳. 儒聖亦有是理歟."
曰, "有. 古所云'見舜於牆', '見堯於羹'者, 非於虛空見之歟. 羹牆中豈眞有堯舜歟. 孔子學琴於師襄, 而見文王. 撫琴動操之間, 文王果安在歟. 是則心神之感孚. 有不期然而然者, 亦與夢見周公無異. 其實於太虛空中, 毫無纖翳也.[26]

---

24 (明)釋無盡傳燈: 『天台山方外志』卷十二「靈異考第十五」. 『中國佛寺史志彙刊』第089
      册, No. 0089, 第477頁a欄至第478頁a欄.
25 『論語·子罕』.

『사기』에 기록된 공자탄금(孔子彈琴)에서 보이는 "거뭇하게 검고 헌칠하게 크고 눈은 먼 곳을 바라보는 것 같이 사방의 나라를 다스리는 것 같은" 사람은 사실 바로 "마음의 짝꿍"인 주(周) 문왕(文王)일 뿐이다 (黯然而黑, 幾然而長, 眼如望羊, 如王四國"之人, 其實就是"心神之感孚"的周文王而已.)"

공자 또 일찍이 동쪽 산에 올라 노나라를 작게 여겼고, 태산에 올라 천하를 작다고 하였다. 『맹자(孟子)·진심상(盡心上)』에는 "맹자가 말하길, '공자는 동쪽 산에 올라 노나라를 작게 여기셨고, 태산에 올라 천하를 작게 느끼셨다(孟子曰: '孔子登東山而小魯, 登太山而小天下.')"고 적고 있다. 명대 승려 종정집(宗淨集)에게는 『경산집(經山集)』이 있는데, 이 책은 비록 "집(集)"이라고 이름을 붙였지만 실제로는 사원지(寺院志)의 성격을 띤다. 이 책에는 북송 관문전(觀文殿) 대학사(大學士)·항주태수(杭州太守)였던 보양(莆陽) 채양(蔡襄, 1012~1067)이 지은 「유경산기(遊徑山記)」가 수록하고 있는데, 후에 원나라 지원(至元) 병자년(1336)에 "주산특사(住山特賜) '혜문정변불일보조선사(惠文正辯佛日普照禪師)'" 원수(元叟) 행단(行端, 1255~1341)은 다음과 같이 평했다.

> 孔子登泰山而小天下. 荀卿亦云, "不若登高而見博." 然則孔子, 荀卿之說, 豈徒誇偉觀而適細娛. 抑亦有足發於人者. 以其俯高則視廣, 達遠則思深. 高且遠, 聖人之道. 學其高者, 其視廣. 學其遠者, 其思深. 廣視而思深, 鮮弗克濟.[27]

26　(民國) 王亨彦『普陀洛迦新志』卷三「靈異門第三」.『中國佛寺史志彙刊』第010冊, No. 0009, 第204頁a欄.

27　(明)釋宗淨集:『徑山集』卷上.『中國佛寺志叢刊』第078冊, No. 0109, 第31頁a欄.

맹자의 말은 후대에 "태산에 올라 천하를 작게 여긴다(登泰山而小天下)"와 "산에 올라 노나라를 작게 여긴다(登山小魯)" 두 성어(成語)가 되었으며, 모두 시야를 넓혀 견식을 넓고 멀게 기르는 것을 비유한다. 사실, 전국시대 조(趙)나라 사람인 순경(荀卿) 즉 순황(荀況, B.C.313~B.C. 238)이 말한 것도 이 의미이다.

2) 공자의 말을 쉽게 인용하고 해석

불교의 학습과 홍법의 원칙 중 하나는 쉽게 일을 행하는 것이다. 즉, 실제 상황에 근거해 묵은 규칙에 얽매이지 않고 적합한 방법을 사용하는 것이다. 『불설방우경(佛說放牛經)』을 살펴보자.

> 一時, 婆伽婆在舍衛國祇樹給孤獨園. 是時, 佛告諸比丘, "有十一法, 放牛兒不知放牛便宜, 不曉養牛. 何等十一, 一者, 放牛兒不知色. 二者, 不知相. 三者, 不知摩刷. 四者, 不知護瘡. 五者, 不知作烟. 六者, 不知擇道行. 七者, 不知愛牛. 八者, 不知何道渡水. 九者, 不知逐好水草. 十者, 擊牛不遺殘. 十一者, 不知分別養可用不可用. 如是十一事, 放牛兒不曉養護其牛者, 牛終不滋息, 日日有減. 比丘, 不知行十一事, 如放牛兒者, 終不成沙門, 此法中終不種法律根栽, 無有葉枝覆蔭. 不行十一事強爲沙門者, 死墮三惡道. 何等比丘十一行. 比丘不知色, 不知相應摩刷, 不知摩刷應護瘡, 不知護瘡應作烟, 不知作烟, 不知擇道行, 不知愛牛, 不知何道渡水, 不知食處, 不知敬長老."[28]

비구의 "행십일사(行十一事)"라는 것은 즉 합격한 비구가 되기 위한 11종의 방법이다. 남북조 때 승려 지림(智林) 치신(致信) 주옹(周顒)은 다

---

28 (後秦)龜玆國三藏鳩摩羅什譯『佛說放牛經』. [日]高楠順次郎、渡邊海旭、小野玄妙等編:『大正新脩大藏經』, 東京: 大正一切經刊行會, 大正十三年(1924)至昭和九年(1934) 版, 第2冊, no.123, 第546頁a欄.

음과 같이 말했다.

> "建明斯義, 使法燈有終, 始是眞實行道第一功德. 雖復國城妻子施佛
> 及僧, 其爲福利無以相過. 旣幸以詮述, 想便宜廣宣, 使賞音者見也. 論
> 明法理, 當仁不讓, 豈得顧惜衆心以夭奇趣耶."[29]

이런 "쉬움(便宜)"은 바로 방편법문(方便法門)이다.

앞에서 언급한 것처럼, 동아시아에서 불교를 홍법 할 때의 쉬운 조치 혹은 방편법문의 하나는 바로 외전(外典)에 속하는 세속의 저술(著述)을 인용하는 것이며, 이 속에는 당연히 공자의 언설도 포함된다.

낙양성 동쪽에 평등사(平等寺)가 있었는데, 『낙양가람기』의 "평등사" 조에는 장제(莊帝)의 제위(帝位) 선양(禪讓)과 광릉(廣陵王) 공(恭)의 선문 (禪文)을 수록하고 있는데, 다음과 같다.

> 今天眷明德, 民懷奧主. 曆數允集, 歌訟同臻. 乃徐發樞機, 副茲竚屬.
> 便敬奉璽綏. 歸於別邸. 王其寅踐, 成業允執其中. 雖休勿休, 日愼一日.
> 敬之哉.

공(恭)이 사양하며 또 말했다.

> 王旣德應圖錄, 僉屬攸歸, 便可允執其中, 入光大麓. 不勞揮遜, 致爽
> 人神.[30]

---

29 (梁)釋慧皎撰、湯用彤校注: 『高僧傳』 卷八「釋智林」, 北京: 中華書局, 1992年 10月 第1版, 第? 頁.

30 (魏)楊衒之撰、周祖謨校釋: 『洛陽伽藍記校釋』 卷二 "平等寺"條, 第84-85頁.

장제(莊帝)는 북위 효장제(孝莊帝)의 원자(元子)인 수(收)이다. 광릉왕
공은 바로 절민제(節閔帝) 원공(元恭, 498~532)이다. "윤집기중(允執其中)"
은 "윤집궐중(允執厥中)"이라고 쓰기도 하며, 『서(書)·대우모(大禹謨)』에
서 나온다. "인심(人心)은 오직 위태로울 뿐이고 도심(道心)은 오직 미미
할 뿐이니 진실로 그 중을 잡아야 한다(人心惟危, 道心惟微, 惟精惟一, 允執
厥中.)" 공영달(孔穎達)의 소(疏)에서는 "진실로 그 중정의 도를 잡는다(信
執其中正之道)고 하였다. 말과 행동에 있어서 중정의 도에 부합하여 치우
치지 않고 과하지 않을 뿐만 아니라 못 미치지도 않는다는 말이다. 이
말은 또 『논어(論語)·요왈(堯曰)』에서도 보인다. "요임금이 말하길, '아,
그대 순이여! 하늘의 운수가 그대의 몸에 있으니 진실로 중을 잡아라.
사해가 곤궁해지면 하늘이 내린 복록이 영원히 끊길 것이다.' 순임금도
우임금에게 이처럼 명했다.(堯曰, '咨, 爾舜! 天之厤數在爾躬, 允執其中. 四海
困窮, 天祿永終.'舜亦以命禹.)"

낙양성 서쪽에는 개선사(開善寺)가 있었는데, 양현지는 이 사찰내용
에 해당하는 조항에 장무왕(章武王) 원융(元融, 480~526)의 일을 기록하
였다.

> 融立性貪暴, 志欲無限, 見之惋歎, 不覺生疾. 還家, 臥三日不起. 江
> 陽王繼來省疾, 謂曰, "卿之財産, 應得抗衡. 何爲嘆羨以至於此." 融曰,
> "常謂高陽一人, 寶貨多於融. 誰知河間, 瞻之在前." 繼哂曰, "卿欲作袁
> 術之在淮南, 不知世間復有劉備也." 融乃蹶起, 置酒作樂.[31]

"첨지재전(瞻之在前)"은 『논어(論語)·자한(子罕)』에 나온다. "안연이

---

31 (魏)楊衒之撰、周祖謨校釋: 『洛陽伽藍記校釋』 卷四 "開善寺"條, 第150-151頁.

한숨으로 탄식하며 말했다, '우러르니 두루 높고 파고드니 두루 견고하다. 바라보니 앞에 계신 듯 하다가도 홀연히 뒤에 계시다. 스승님은 차근차근 사람을 잘 이끌어 주시니, 문(文)으로써 나를 넓혀주셨고 예로써 나를 단속하게 하시니, 그만두려 해도 그만둘 수가 없다. 내 재능을 다하여도 우뚝하게 서 계신 듯하였다. 비록 따르고자 했지만 따를 수가 없다.'(顏淵喟然嘆曰: 仰之彌高, 鑽之彌堅. 瞻之在前, 忽焉在後. 夫子循循然善誘人, 博我以文, 約我以禮, 欲罷不能. 旣竭吾才, 如有所立卓爾. 雖欲從之, 末由也已.)" "첨지재전(瞻之在前) 홀언재후(忽焉在後)"는 후대에 이미 헐후어(歇後語)[32]가 되었으며, 원용은 바로 이를 사용한 것이다. 여기 "고양(高陽)"은 고양왕(高陽王) 원옹(元雍)을 말하며, "하간(河間)"은 하간왕(河間王) 원침(元琛)을 가리킨다.

명대 오지경(吳之鯨)의 『무림범지(武林梵志)』에서 해녕현(海寧縣) 영국사(寧國寺)의 일을 기록할 때 소식(蘇軾)의 「대비각기(大悲閣記)」를 인용하였다. 동파(東坡)도 학습의 중요성을 논급할 때 공자의 말을 끌어다 썼다.

> 孔子曰, "吾嘗終日不食, 終夜不寢, 以思無益, 不如學也." 由是觀之, 廢學而徒思者, 孔子之所禁, 而今世之所尙也. 豈惟吾學者, 至於爲佛者亦然. 齋戒持律, 講誦其書, 而崇飾塔廟, 此佛之所以日夜敎人者也. 而其徒或者以爲齋戒持律不如無心, 講誦其書不如無言, 崇飾塔廟不如無爲. 其中無心, 其口無言, 其身無爲, 則飽食遊嬉而已矣. 是爲大言以欺佛者也.[33]

---

32 헐후어는 일종의 언어유희이며, 보통 대부분이 해학적이고 형상적인 어구로 되어 있다.
33 『武林梵志』卷六「外七縣梵刹 · 海寧縣」"安國寺"條. 『大藏經補編』第29冊, No. 0161, 第591頁 欄.

공자의 이 말은 『논어(論語)·위령공(衛靈公)』에서 보인다.

만약 위에서 언급한 공자의 사적과 말이 대부분 옛 사실이나 부수적인 언급에 인용되었을 뿐이라고 한다면, 선림(禪林)에서는 직·간접적으로 공자의 언설을 인용해 참선에 사용하기도 하였다.

『무림범지』에 의하면, 황정견(黃庭堅, 1045~1105)은 일찍이 황룡(黃龍) 회당(晦堂) 보각(寶覺, 1025~1100) 선사를 참견한 적이 있다. 보각의 가르침 아래 산곡도인(山谷道人)은 비로소 공자의 말의 진의(眞義)를 깨닫게 되었다.

> 黃庭堅, 字魯直, 號山谷. 蘇子瞻見其詩文, 歎其獨立萬物之表. 舉進士, 爲著作郎. 紹聖間, 爲章惇, 蔡京所嫉, 謫涪州別駕.
> 嘗參黃龍菴晦堂. 語次, 舉孔子"吾無隱乎爾", 請公詮釋. 累言, 俱不當意. 時暑退涼生, 秋香滿院. 晦堂曰, "聞木犀香乎." 曰, "聞." 晦堂曰, "吾無隱乎爾." 公欣然領解.[34]

사실 『무림범지』도 인용되었다. 『가태보등록(嘉泰普燈錄)』에 의하면, 이 일의 전말은 다음과 같다.

> 太史黃庭堅居士, 字魯直, 號山谷. 以『般若』夙習, 雖臞仕, 澹如也. 出入宗門, 未有所向. 好作艷詞. 嘗謁圓通秀禪師, 秀呵曰, "大丈夫翰墨之妙, 甘施於此乎." 秀方戒李伯時工畫馬事, 公誚之曰, "無乃復置我於馬腹中耶." 秀曰, "汝以艷語動天下人婬心, 不止馬腹, 正恐生泥犁中耳." 公悚然悔謝, 由是絕筆. 惟孳孳於道, 著發願文, 痛戒酒色, 但朝粥午飯而已.

---

34 『武林梵志』 卷八 「宰官護持」 "黃庭堅" 條. 『大藏經補編』, 第29冊, No. 0161, 第636頁b欄.

고대 불교도 시야 속의 공자(孔子) 형상 고찰 **405**

往依晦堂祖心禪師, 乞指徑捷處. 心曰, "只如仲尼道, '二三子以我爲隱乎. 吾無隱乎爾者.' 太史居常如何理論." 公擬對, 心曰, "不是. 不是." 公迷悶不已. 一日, 侍心山行次, 時巖桂盛放. 心曰, "聞木犀華香麼." 公曰, "聞." 心曰, "吾無隱乎爾." 遂釋然. 卽拜之曰, "和尙得恁麼老婆心切." 心笑曰, "只要公到家耳.(有本小異)"[35]

회당(晦堂)을 찾아간 것은 원통(圓通) 법수(法秀, 1027~1090) 선사의 질책을 받고 불심에 마음이 간 후였으며, 바야흐로 회당 선사에게 가서 의탁하였음을 알 수 있다. "나는 숨기는 것이 없다(吾無隱乎爾)"라는 말은 『논어(論語)·술이(述而)』에서 나온다. "공자께서 말씀하셨다. 그대들은 내가 어떤 것을 숨기는 것 같은가. 나는 숨기는 것이 없다. 나는 행하고 그대들과 함께 하지 않은 것이 없으니, 그것이 나이다.(子曰, '二三子以我爲隱乎. 吾無隱乎爾. 吾無行而不與二三子者, 是丘也.)'" 당연히, 황노직(黃魯直, 즉 황정견)은 최종적으로 결국 어떤 것을 "깨닫게 되었으며(領解)" 또 "마치 사람이 물을 마시듯이 차고 따뜻함을 스스로 알게 되었다(如人飮水, 冷暖自知)"[36]

설명해야 할 부분은 법수가 열반한 후 황정견은 「법운수선사진찬(法雲秀禪師眞讚)」를 지어 말했다.

35 (宋)釋正受編: 『嘉泰普燈錄』 卷二十三「賢臣下」"太史黃庭堅居士"條. [日]前田慧雲、中野達慧等編: 『大日本續藏經』, 京都: 藏經書院, 明治三十八年(1905)至大正元年(1912)印行.上海: 商務印書館影印本, 1925年 12月 版. 第壹輯第貳編乙編, 第十函第二冊, 第一百五十八葉左半葉.

36 『宏智禪師廣錄』 卷五: "若是眞佛屋裏坐, 簡時三世諸佛仰望不及, 歷代祖師傳持不得, 天下老和尙橫說堅說說不著, 唯是自己深證始得. 如人飮水, 冷暖自知. 唯獨自明了, 餘人所不見." [日]高楠順次郞、渡邊海旭、小野玄妙等編: 『大正新脩大藏經』, 第48冊, no.2001, 第67頁c欄.

法雲大士, 天骨巖巖. 如來津梁, 我實荷擔. 手捉日月, 斷取莊嚴. 國士
入此佛土, 位置城南. 有目無目, 疑聖疑凡. 擊大雷霆, 布灑甘露. 大圓鏡
中, 慈悲威怒. 維此象法, 依正法住. 後五百歲, 亦莫子敢侮. 誰爲請主,
世界主女.[37]

4. 불보살과 길은 달라도 같은 곳을 가는 동방성인(東方聖人)

불교는 중화로 유입되기 시작한 이래 자연스럽게 본토 문화와 충놀
이 발생했다. 하지만 시간이 지날수록, 불교는 중화 문화와 접합점을
찾아가면서 입지를 다졌을 뿐 아니라 독특한 특색을 가진 중국식 교의
(敎義) 심지어 중국유파(流派)로 발전하였다.

적어도 진(晉)대 이래로, 중국 불교계는 노자, 공자 그리고 안회는
모두 부처 제자의 화신이라고 주장하였다.[38] 돈황사본(燉煌寫本) 『역대
법보기(歷代法寶記)』에는 『청정법행경(淸淨法行經)』을 인용해 다음과 같
이 적고 있다.

案『淸淨法行経』云, 天竺國東北眞丹國, 人民多不信敬, 造罪者甚衆.
吾今(先)遣聖弟子三人, 悉是菩薩, 扵彼(是)[示]現行化, 摩訶迦葉, 彼稱
老子. 光浄童子, 彼號仲尼. 明月儒童, 彼名顏迴. 講論五経, 『詩』『書』
『禮』『樂』, 威儀法則, 以漸誘化, 然後佛経當往.[39]

---

37 『山谷集』 卷十四.
38 張子開: 「佛藏中的"眞丹"觀」, 甘肅省文物局、瓜州縣人民政府、甘肅省敦煌學學會、
   酒泉市文物管理局聯合擧辦"2015鎖陽城遺址與絲綢之路歷史文化學術硏討會"(2015年
   8月 10至 12日, 甘肅瓜州縣)論文.
39 張子開校本(卽出).

글 속의 "吾"는 부처이다. 부처는 마하가섭, 광정동자(光浄童子), 명원유동(明月儒童) 3명의 제자를 파견하였는데, 각각 노자, 공자 그리고 안회의 화신이라는 신분으로 진단국(眞丹國) 즉 중국에 와서 교화 활동을 하였으며, 이런 연후에 불교가 바야흐로 중국으로 전해졌다는 것이다. 『청정법행경』은 당대 무측천이 불수기사(佛授記寺)의 승려 명전(明佺) 등에게 명해 지은『대주간정중경목록(大周刊定衆經目錄)』을 정경(正經)에 추가시키고, 서진역경(西晉譯經)이라고 칭하였다. "청정법행경1권 우서진대축법호역. 달마울다라록에 나온다(淸淨法行經一卷 右西晉代竺法護譯. 出達摩欝多羅錄.)"[40]

대략 같은 시기에, 삼교합일의 사상은 이미 싹이 트고 있었다. 송대에 오면, 이 사상은 불교계의 주류관념이 되었다. 『허당화상어록(虛堂和尙語錄)』제6권『삼교합일면(三敎合一面)』의 시(詩)에서는, "거북이는 공이 없음을 증명하니 셋이 모여 하나로 돌아가네. 각각 얼굴이 있으나 보이고 싶어하지 않네(龜證無功, 會三歸一. 各有面子, 不欲露出.)"[41]라고 하였다. 원대 이후 "쌍림수 아래에서 처음 해탈하신 선혜대사(雙林樹下當來解脫善慧大士)" 부흡(傅翕) 즉, 부대사(傅大士, 497~569)는 더욱 삼교합일의 부호(符號)로 여겨졌는데, 예컨대 명대에 나온『삼교원류수신대전(三敎源流搜神大全)』에는 부대사가 머리에 도관(道冠)을 쓰고 몸에는 가사(袈裟)를 걸치고 발에는 유리(儒履)를 신고 손에는 박판(拍板)을 든 화상(畫像)이 수록되어 있다.[42]

40 (唐)明佺等:『大周刊定衆經目錄』卷七. [日]高楠順次郎、渡邊海旭、小野玄妙等編:『大正新脩大藏經』, 第55冊, no. 2153, 第411頁a欄.

41 [日]高楠順次郎、渡邊海旭、小野玄妙等編:『大正新脩大藏經』, 第47冊, no.2000, 第1032頁c欄.

42 張子開:「傅大士歷史定位與義烏和諧社會建設」, 載『義烏方志』2009年 4期(總第三十

이렇게 불교계에서는 자연스럽게 불교와 유교가 합일되었다. 명대
초 송렴(宋濂, 1310~1381)의 「각원담선사지략(覺原曇禪師誌略)」에는 다
음과 같이 나온다.

　　章逢之士以釋氏爲世蠹, 請滅除之. 上以其章示師, 師曰, "孔子以佛
　　爲西方聖人, 以此知眞儒必不非釋, 非釋必非眞儒也." 上亦以佛之功, 陰
　　翊王度, 却不聽.[43]

"장봉(章逢)"은 "章縫"으로 쓰기도 히며, 혹자는 "章逢"을 "장보봉액
(章甫縫掖)"의 줄임말로 보기도 한다. 유가 혹 유가의 학설을 가리킨다.
『예기·유행(儒行)』에는 "저는 어릴 적 노나라에서 살 때는 소매가 너른
옷을 입었고, 자라서 송나라에서 살 때는 장보(章甫)의 관을 썼습니다
(丘少居魯, 衣縫掖之衣; 長居宋, 冠章甫之冠.)"라고 하였다. "공자는 부처를
서방의 성인이라고 했다(孔子以佛爲西方聖人)"는 내용은 『열자(列子)·중
니(仲尼)』에서 나온다. "공자가 용모를 단정히 하고 잠시 후 말했다. '서
방의 사람 중에 성자가 있다. 다스리지 않아도 어지럽지 않고 말하지
않아도 저절로 신망이 있으며 교화하지 않아도 스스로 행하며, 넓고
넓어 백성들이 이름을 붙이지 못한다.'(孔子動容有閒曰, '西方之人有聖者
焉. 不治而不亂, 不言而自信, 不化而自行, 蕩蕩乎民無能名焉.)"

"진실한 유자는 필시 불자가 아닌 자가 없고, 불자가 아닌 자는 필시
진유가 아니다(비석眞儒必不非釋, 非釋必非眞儒)"는 말은 각원(覺原) 혜담
(慧曇) 선사(1304~1371)와 송렴(宋濂)이 모두 인정하는 관점이다.

수(隋)대 길장(吉藏, 549~623) 법사의 「청지자대사강법화경소(請智者大師講『法華經』疏)」에는 다음과 같이 나온다.

至如周旦沒後, 孔丘命世. 馬鳴化終, 龍樹繼後. 如內外不墜, 信在人弘. 光顯大乘, 開發秘教. 千年之興, 五百實復, 在於今日. 南嶽叡聖, 天台名哲. 昔三知住持, 今二尊紹係. 豈止灑甘露於震旦. 亦當振法鼓於天竺.[44]

위 내용은 공자를 대략 2, 3세기 인도에서 생활한 대승불교 중관파(中觀派)의 개창자 용수(龍樹, Nāgārjuna)에 비유하는 것이다.

고대 중국에서는 덕재(德才)가 가장 높은 사람을 "동방성인(東方聖人)"이라고 칭송했다. 당연히, 구체적으로 들어가서 보면 가리키는 바가 다르다. 북위 양현지『낙양가람기』의 "융각사(融覺寺)" 조에는 다음과 같이 나온다. "유지(流支)는 담모최(曇謨最)의 『대승의장(大乘義章)』을 해독하며 매장마다 찬탄하며 '미묘하다'고 외쳤는데, 곧 호서(胡書)에서 초사(抄寫)한 것으로 서역에서 전해진 것이다. 서역의 사문 상동향요(常東向遙)는 예를 표하며, 담모최는 동방성인이라고 칭했다.(流支讀曇謨最『大乘義章』, 每彈指讚嘆, 唱言微妙, 卽爲胡書寫之, 傳之於西域. 西域沙門常東向遙禮之, 號曇謨最爲東方聖人.)"서역 승려들은 담모최를 동방성인이라고 불렀다. 『위서(魏書)·석노지(釋老志)』에는 다음과 같은 내용이 나온다. "때로 서역 사문 구마라집(鳩摩羅什)이 법문을 열려고 하자, 도안(道安)은 더불어 강석(講釋)하기로 하고, 매번 부견(苻堅)에게 구마라집을 초청할 것을 권했다. 구마라집은 도안의 명성을 받들며 동방성

44　(明)釋無盡傳燈『天台山方外志』卷十八.『中國佛寺史志彙刊』, 第089册, No.0089, 第665頁a欄.

인이라고 칭했으며, 때때로 예를 갖춰 경의를 표했다(時西域有胡沙門鳩摩羅什思通法門, 道安思與講釋, 每勸堅(苻堅)致羅什. 什亦承安令問, 謂之東方聖人, 或時遙拜致敬.)" 구마라집은 도안을 "동방의 성인"이라고 칭했다. 사실상, 중국불교역사상 진정으로 불보살과 비등하게 "동방성인"이라고 할 만한 사람은 오직 공자 뿐이다.

5. 여론(餘論)

상술한 내용에서 보이듯, 역사상 유학과 불교 사이에는 끊임없이 부딪혀 왔고 때로는 격렬하게 충돌하기도 했다. 하지만 중국의 불교도들의 눈에 공자의 형상은 매우 긍정적이었는데, 적어도 서진(西晉) 이래로 불보살과 동일한 위치로 인식되었고 종극에는 공자를 "서방성인"과 동등한 "동방성인"으로 여겨졌음을 알 수 있었다.

당연히 불교에서는 제법(諸法)이 모두 공(空)하다고 주장하는데, 중국 불교계에서 공자에 대한 견해도 예외는 아니다. 『명주아육왕산지(明州阿育王山志)』에서는 『법원주림(法苑珠林)』을 인용해 다음과 같이 말했다.

> 且如三皇五帝、夏殷文武、孔丘、莊老, 惟聖惟賢, 共遵共敬, 莫不葬骨五泉、遺塵九土. 聲光寂寞, 孰識其蹤? 罕知生福, 奚感來報? 豈比能仁大聖形影垂芳, 應感之道不窮, 敬仰之風逾遠, 紹化迹於大千, 拔沉寘於沙界, 致使開示之道隨義或殊, 會空之旨齊其一實也![45]

45 (明)郭子章《明州阿育王山志》卷二.《中國佛寺史志彙刊》, 第11册, no.10, 第104頁a欄.

사실 "공자"와 "노자·장자"는 다섯 하늘과 아홉 땅에 유골 묻고 먼지
로 사라지고, 그 명성과 광명은 적막해졌으니, "능인대성"이라도 어찌
그렇지 않겠는가.

지적할 것은 본고에서 인용한 한문 불교사원지의 내용들은, 그 작가
가 결코 출가자가 아니고 세속의 인사라는 점이다. 하지만, 불교문헌에
납입된 이상 적어도 일정 정도 불교계의 태도가 반영된 것으로 본다.

마지막으로 중국과 한국은 한 물줄기를 마시듯 문화교류가 밀접했
다. 상술한 한문 불교사원지에서 반영하는 공자에 대한 관념은 한국의
한문 불교전적에서도 동일하게 존재하며, 단지 정도가 다를 뿐이다.
예를 들면, 「천불산개심사사적문(千佛山開心寺事蹟文)」에는 다음과 같
이 나온다. …『열국지(列國誌)』 말하길, "노자의 전신은 가섭이다. 공
자의 전신은 유동이다. 장자의 전신은 응제이다. 이들 모두는 카필라
국에서 태어나서 부처가 교화를 펼치는 것을 돕는다"(『列國誌』曰, "老子
之前身, 迦葉是也. 孔子之前身, 儒童是也. 莊子之前身, 應提是也. 是皆生於伽
毘羅國, 助佛揚化云.")[46] 여기서 인간계의 성현과 군자는 모두 전생의 천
인(天人)의 후손으로 여기고 있음을 알 수 있다. 다만, 여기서 인용한
『열국지(列國志)』에는 여전히 일부 중국문헌과 동일하게 명일유동(明日
儒童)과 광정동자를 서로 혼동하고 있다.

---

46 朝鮮內務部地方局纂輯:《朝鮮寺刹史料》卷二〈咸鏡南道之部〉.《大藏經補編》, 第31冊,
    no.169, 第265頁a欄.

당(唐)나라 장안(長安)의 조선반도 인물 도상(圖像)과 그 흔적

왕러칭·양푸쉐

[천춘화 옮김]

1. 묘지(墓誌)로 보는 조선반도 인물들

당나라의 수도였던 장안은 신라의 도성이었던 경주와 빈번한 소통, 교류와 우호적인 왕래를 이어왔고, 두 나라의 물질문화의 발전은 자연스럽게 이 두 지역을 빈번하게 왕래하였던 다양한 인물들에 의해 추동되었다. 두 지역을 오간 인물들은 다양하고 복잡한 방문 목적을 지니고 있었는데 그들 중에는 조공사(朝貢使), 축하사(進賀使), 청병사(請兵使), 사은사(謝恩使), 사죄사(謝罪使), 애도사(告哀使) 등과 같은 사신이 있었는가하면 양국의 우호적인 관계를 촉진시키는 역할을 했던 숙직(宿衛)과 인질로 보내진 아들을 지칭하는 질자(質子)도 있었다. 이 외에도 다수의 유학생들과 구도를 위해 당나라를 방문한 승려, 무역상들이 있었으며 이중 일부는 돌아가지 않고 당에서 생을 마감한 자들도 있었다.

당고종(唐高宗) 총장원년(總章元年, 668)에 고구려가 멸망하면서 적지 않은 고구려 유민들이 당나라 경내로 유입되었다. 그중 고구려 상류층의 왕공귀족과 친당파(親唐派)였던 장군 대부분은 장안과 뤄양(洛陽) 일대에 자리를 잡았다. 최근 이 두 지역과 그 근방에서 고구려 유민의 묘지가 적지 않게 발견되었다.

1) 니(禰)씨 가족묘지

2010년 시안시 문물보호고고소(文物保護考古所)는 시안시 장안구 궈두진(郭杜鎭)에서 세 채의 당나라시기의 고분을 발굴하였다.[1] 고분에서는 『니소사묘지명(禰素士墓志銘)』과 『니인수묘지명(禰仁秀墓志銘)』이 출토되었는데 이중 일련번호 M15로 분류되었던 고분이 사실은 기존에 중한 양국 학술계에서 크게 주목하고 있었던 좌위위대장군(左威衛大將軍) 니식진(禰寔進)의 묘소였음이 확인되었다. 이 고분의 묘지는 2007년에 시안시 남쪽 교외에서 도굴자들에 의해 발견된 후 문물을 취급하는 상점인 뤄양시 문물팡스(文物坊肆)로 불법으로 옮겨졌으며 후에 뤄양대학에 의해 소장되었다. 대학에서 소장하면서 처음으로 학술 연구가 이루어졌고 그 성과가 공개되었다.[2] 이 세 채의 고분 발굴을 통해 니식진, 니소사(禰素士), 니인수(禰仁秀) 조손 3대에 걸쳐 번창했던 가족 관계를 확인할 수 있었고 백제역사연구의 공백을 메울 수 있었다. 또한 이 연구는 당과 백제 두 나라의 교류사에서 뿐만 아니라 백제이민사에

---

1 張全民, 「新出唐百濟移民禰氏家族墓志考略」, 『唐史論叢』 總第 14 輯, 陝西師範大學出版社, 2012.
2 趙振華·董延壽, 「洛陽、魯山、西安出土的百濟人墓志探索」, 『東北史地』 2007年 第2期.

있어서도 중요한 학술적 가치가 있음을 확인할 수 있었다.

2) 미군(彌軍) 묘지

당나라시기의 백제 사람인 미군(彌軍)의 가계와 관직에 대해 기록하고 있고 그중에는 당나라 초기의 중대 정치 사건도 더러 기록되어 있다. 당나라 조정에 귀순한 니군(禰軍)은 처음에 우무위산천부절충도위(右武衛滻川府折沖都尉)로 책봉되었고 후에 당나라 조정에 의해 중용되면서 일본 사신으로 파견되기도 하였다. 이는 상당히 중요한 사료적 가치를 가지는 것으로서 이에 대해서는 왕롄룽(王連龍)의 상세한 고증이 있었다.[3] 왕롄룽은 묘지에 기록되어있는 니군의 원적지와 출생지를 근거로 그는 중원(中原)으로 이주한 백제 니씨 가문의 후손이며 산둥(山東) 니씨의 한 지류라고 판단하였다. 고분 주인의 족보와 관직의 명칭에 대해서도 정리를 하였는데 묘지에 기록된 미군(彌軍)의 증조부, 조부, 부친 3대의 정보와 『니식진묘지』의 정보를 비교해본 결과 니군(禰軍)과 니식진은 형제 관계이며 니군이 형이고 니식진이 아우이며 후대 니씨 일족 중에서 니군이 좌평(佐平)의 관직을 세습하였다고 하였다. 『구당서(舊唐書)』에 기록되어있는 인물 니식(禰植)에 대해서도 왕롄룽은 니식과 니군의 일대기가 비슷함에서 알 수 있듯이 이 두 사람은 동일 인물일 가능성이 높다고 판단하고 있다. 또한 이 묘지에는 '일본'이라는 국호가 등장하고 있는데 이는 2004년에 출토된 『정진성묘지(井眞成墓誌)』에 기록되어 있는 '국호 일본(國號日本)'이라는 기록보다 앞선 것으로서 '일본' 국호의 출현 시기에 대해서도 새로운 증거를 제시한 셈이다.

---

3 王連龍, 「百濟人〈禰軍墓志〉考論」, 『社會科學戰線』, 2011年 第7期.

3) 부여씨(扶餘氏) 묘지

2004년 봄, 산시성(陝西省) 고고연구소(考古研究所)에서 당헌릉(唐獻陵) 고분 중 하나인 사괵왕(嗣虢王) 이옹(李邕)의 고분을 발굴하는 과정에 두 개의 묘지가 출토되었다. 하나는 시괵왕 이옹의 묘지였고 다른 하나는 왕비 부여씨의 묘지였다. 부여씨의 묘지는 도굴되는 과정에 세 동강이 났고 그것을 보수하여 연결하였지만 연결된 부분의 글씨는 여전히 일부 판독이 불가했다.[4] 하지만 묘지 덮개의 녹정(盝頂)에 음각(陰刻)으로 새겨진 세 줄의 아홉 글자 "당고괵왕비부여지명(唐故虢王妃扶餘志銘)"은 글씨가 또렷했다. 묘지에서 알 수 있듯이 부여씨의 증조부는 백제 마지막 왕이었던 부여의자(夫餘義慈: 義慈王)였고 조부는 태상경습대방군왕(太常卿襲帶方郡王) 부여륭(扶餘隆)이었으며 부친은 당위주척사(唐渭州刺使) 부여덕장(扶餘德璋)이었다. 부여씨와 고괵왕 이옹 사이에는 아들이 다섯 있었는데 장자 이신(李臣)이 이옹왕의 작위를 이어받았다. 이 묘지에 대해서는 바이건싱(拜根興)의 「풍속을 따라: 묘지가 기록한 당나라시기 백제 유민의 생활 궤적과 유적(入鄕隨俗: 墓志所載入唐百濟遺民的生活軌跡–兼論百濟遺民遺跡)」[5]과 장원(張蘊)의 「당 시괵왕 이옹의 묘지고(唐嗣虢王李邕墓志考)」[6]에서 상세하게 연구된바 있다.

4) 김일성(金日晟) 묘지

『대당서시박물관 소장 묘지(大唐西市博物館藏墓誌)』를 통해 처음으로

4 張蘊·汪幼軍, 「唐〈故虢王妃扶餘氏墓考〉」, 『碑林集刊』, 2007年; 張蘊·衛峰 외, 「唐嗣虢王李邕墓發掘簡報」, 『考古與文物』, 2012年 第3期.
5 拜根興, 「入鄕隨俗: 墓志所載入唐百濟遺民的生活軌跡–兼論百濟遺民遺跡」, 『陝西師範大學學報』(哲學社會科學版), 2009年 第4期.
6 張蘊, 「唐嗣虢王李邕墓志考」, 『唐研究』, 北京: 北京大學出版社, 2006.

공개되었고 묘지의 출토 시간과 장소에 대해서는 알려져 있지 않다. 하지만 고분의 주인은 "장안 영수(永壽)의 고원(古原)"에 묻혔다는 글귀에서 이 묘지 역시 오늘날 시안 주변에서 발굴된 것임을 알 수 있다. 묘지명에는 묘주의 이름은 신라 사람 김일성이며 신라왕과는 형제 관계였음이 명시되어 있다. 그러나 신라왕 중 어느 왕인지에 대해서는 명시하지 않고 있다. 여러 가지 내용을 종합적으로 검토한 바이건싱의 주장에 따르면 김일성은 효성왕(孝成王) 김승경(金承慶)과 경덕왕(景德王) 김헌영(金憲英) 형제의 종형일 가능성이 높으며 낭에는 숙직이나 질지(質子)의 신분으로 왔다가 훗날 당 조정에서 구경(九卿) 중의 하나였던 광록경(光祿卿)으로 있다가 당에서 생을 마감하였을 것이라고 추정하고 있다.[7]

김일성은 당에 들어온 후 오랫동안 당 조정의 중요 관직에 있으면서 생활했던 신라의 저명인사 중의 한 사람이다. 김일성은 당에서 장씨(張氏)를 부인으로 맞아 성혼하였다. 바이건싱은 그 부인의 성씨로부터 부인 장씨는 당나라 사람이었을 것이라고 확단하고 있다. 왜냐하면 이 시기 신라에는 왕족인 김씨와 대표적인 귀족인 박씨, 석(昔)씨 성 외에 발견되는 흔한 성씨로는 설(薛)씨, 양(梁)씨, 최(崔)씨뿐이었고 장씨는 거의 발견되지 않기 때문이라고 하였다.[8]

5) 남단덕(南單德) 묘지

2010년 시안시 둥바챠오구(東灞橋區) 홍치향(紅旗鄉) 찬허(滻河) 강의

---

7 拜根興,「新公布的在唐新羅人金日晟墓志考析」,『唐史論叢』第十七輯, 陝西師範大學 出版社, 2014, 173-183쪽.
8 위의 글, 같은 면.

동쪽 기슭에서 출토되었고 묘지는 시안비림박물관(西安碑林博物館)에서 소장 중이다. 이는 당으로 이주한 고구려이민사 연구에서 또 하나의 성씨를 추가하는 계기가 되었다. 묘지에 따르면 남씨 일가는 춘추(春秋)시기 노(魯)나라 남괴(南蒯), 남용(南容)의 후손이며 북조시기 전란 중에 랴오둥(遼東)을 떠났고 그 중 남단덕 일파가 평양성(平壤城)에 거주하기 시작한 것으로 되어있다. 남단덕과 그의 조부 남적(南狄), 부친 남우(南於), 아들 진공(珍貢)은 모두 역사서에 이름이 거론되고 있지 않지만 남단덕의 조부인 남적이 안동도호부(安東都護府) 소관의 마미주(磨米州) 도독(都督)으로 임직하고 있었다는 비문의 내용에서 알 수 있듯이 그는 당시 고구려 유민 중에서 '능력에 따라 채용되었던 능력자' 중의 한 사람이었다. 당으로 이주한 고구려 이민 중에 또 다른 평양 사람으로는 고(高)씨, 천(泉)씨 두 가족이 있다. 『천남생(泉男生) 묘지』에서는 그를 '요동군 평양인'이라고 기록하고 있고 『고족유(高足酉) 묘지』에도 '요동 평양인'이라고 쓰고 있다. 왕징(王菁), 왕치이(王其禕)는 지금까지 발견된 당으로 이주한 고구려 이민 중에서 남씨 일족은 처음 발견된 것이라고 하였다. 또 역사서에 기록된 사사명(史思明) 부하였던 무관 남덕신(南德信)과 '안사의 난'을 경험한 남단덕은 모종의 관련이 있을 것이라고 한 일부 연구자들의 주장도 주목할 만하다. 왕징, 왕치이는 묘지명을 작성한 자가 조부 "분양공(汾陽公)"이 "양번(兩蕃)"을 평정한 공적을 운운한 것을 보면 이는 아마도 설인귀(薛仁貴)의 장자 설눌(薛訥)일 가능성이 높다고 보고 있다.[9]

9 王菁・王其禕, 「平壤城南氏: 入唐高麗移民新史料−西安碑林新藏唐大曆十一年〈南單德墓志〉」, 『北方文物』 2015年 第1期.

6) 고제석(高提昔) 묘지

2013년, 시안에서 새롭게 발견된 당상원(唐上元) 원년(元年)의 고구려 『고제석 묘지』의 연구 성과가 발표되었다.[10] 이 묘지는 2012년 시안 동쪽 교외인 룽서우위안(龍首原)에서 출토되었고, 당으로 이주한 최초의 고구려 이민의 하나였던 국내성(國內城)을 원적지로 하고 있는 고(高)씨 일족을 소개하고 있다. 묘지의 덮개는 복두(覆門) 형식이고 덮개에는 "대당천부군고부인고씨묘지(大唐泉府君故夫人高氏墓志)"라고 적혀 있다. 이에서 알 수 있듯이 묘주는 당나라 초기에 이빈 온 고려인의 후손이다. 묘지명에는 고제석의 부조는 정관(貞觀) 19년에 귀순하면서 당나라 장안으로 이주, 정착하였고 부친과 조부는 각각 변방 요새였던 익주(益州)의 칙사와 장안 고릉부(高陵府)의 절충도위(折沖都尉)를 지낸 바 있다고 기록하면서 "후손들이 경도에서 번성하였다"고 쓰고 있다. 왕치이와 저우샤오웨이(周曉薇)에 따르면 이 묘지명은 상당히 높은 연구 가치를 지니고 있다. 우선 묘지명에 기록되어 있는 "국내성", "수경성도사(水鏡城道使)", "대상(大相)"등과 같은 지명과 관직 명칭은 지명과 직관(職官)의 연혁 조사를 위해 새로운 정보와 시각을 제공하고 있다. 다음 묘지명에는 고제석이 나이 26세가 되어서야 동족 사람인 천(泉)씨와 성혼을 하였다는 기록이 있는데 이는 가장 이른 시기에 당으로 이민을 온 고구려 유민들의 고구려 망국 전후시기의 민족적 정체성과 국가와 가족에 대한 귀속감을 확인할 수 있게 해주는 요소이며 나아가 당나라 초기 변강의 이민과 중원 민족의 융합의 추세와 상황도 확인할 수 있게 해주는 요소이기 때문이다. 마지막으로 장안에 뿌리를 내리고 번성할

---

10 王其禕·周曉薇, 「國內城高氏: 最早入唐的高句麗移民-新發現唐上元元年〈泉府君夫人高提昔墓志〉釋讀」, 『陝西師範大學學報(哲學社會科學版)』 2013年 第3期, 第54-64頁.

수 있었던 고구려 이민이 많지 않았던 점을 감안할 때 고제석이 생을
마감한 지역과 그의 장지로부터 고씨 일족은 주목할 만한 대상이라는
것을 알 수 있다.

7) 이타인(李他仁) 묘지

1989년 시안시 동쪽 교외의 당나라 고분에서 출토되었고 전칭은 "대
당우령군증우효위대장군이타인묘지(大唐右領軍贈右驍衛大將軍李他仁墓
志)"이다. 1998년에 개최된 산시성 고고연구원 설립 40주년 기념학술
포럼에서 쑨톄산(孫鐵山)에 의해 처음으로 그 녹문(錄文)과 연구 결과가
발표되었다. 바이건싱은 새로 출토된 당나라 사람의 묘지와 기존의 문
헌사료를 대조하여 이 묘지명에 대해 상세한 고증을 진행하였다. 그는
이타인의 출생지인 책주(柵州)의 지리적 위치, 이타인의 민족 성분, 당
나라 귀순 문제와 그의 사후의 일련의 사실에 대해서 하나하나 자세한
고증을 진행하였다. 이타인의 민족 성분에 대해서는 지금까지 두 가지
설이 존재하지만 바이건싱은 "고구려인일 가능성이 높다"[11]고 보고 있
다. 이 외에도 바이건싱은 묘지명 문장의 문장부호에 대해서도 다시
정정하는 등 수정 작업을 진행하였다. 비문에는 이타인이 군대를 거느
리고 고구려 이민의 반란을 진압한 행적에 대한 기록이 있지만 이는
『구당서』, 『신당서』, 『자치통감』에서는 모두 확인되지 않는다. 이에
서 알 수 있듯이 이 묘지는 역사에 누락된 부분을 보충할 수 있는 부분
이기도 하다.

---

11 拜根興, 「唐李他仁墓志硏究中的幾個問題」, 『陝西師範大學學報(哲學社會科學版)』 2010
　年 第1期.

8) 비림박물관(碑林博物館) 소장의 해동(海東) 관련 묘지

자오리광(趙力光)은 시안 비림박물관 소장 묘지 중 해동삼국(海東三國)과 관련되는 7건의 묘지에 대해 정리를 진행한 바 있다.[12] 구체적인 사항은 아래와 같다.

(1) 사선의일(似先義逸) 묘지

사선씨의 기원, 가문, 생애, 임직했던 관직 등에 대해 기록하고 있다. 사선의일은 정원(貞元)시기에 환관으로 입궁하였고 선후로 덕종(德宗), 헌종(憲宗), 목종(穆宗), 경종(敬宗), 문종(文宗), 무종(武宗), 선종(宣宗) 등 여덟 임금을 모셨으며 관직은 지속적으로 상승하였다. 묘지명에 따르면 그의 선대와 다섯 아들은 모두 장안 완녠(萬年)현에 묻혔다.

(2) 고뇨묘(高鐃苗) 묘지

묘지명에는 요동사람이라고 기록하고 있고 조선반도 명문귀족 출신이었다는 점으로 미루어 볼 때 아마도 고려인일 가능성이 높다. 훗날 "천궐(天闕)로 투항"하면서 당나라로 귀순하였고 양국의 교전 상황에서 당의 내통자 신분으로 당나라 군대를 위해 성문을 열어주기도 하였다. 함형(鹹亨) 4년에 장안에서 작고하였다.

(3) 이구(李璆)의 처(妻) 김부인(金夫人) 묘지

김부인 일가는 소호(少昊) 김천(金天)씨의 후손이다. 흉노의 왕자 김일제(金日磾)는 한(漢)에 귀순한 후 한나라 조정에 충성하였다. 그는 훗날 중원으로 귀순한 소수민족들의 경모의 대상이 되었는데 중원 조정

---

12 趙力光, 「西安碑林所藏與海東關聯墓志概述」, 『碑林集刊』, 2011.

에 대한 충성의 기준으로 흔히 김일제가 거론되었다. 김씨 일족은 스스로를 김일제의 후손이라고 칭하면서 경조(京兆)의 명문가로 자처했다. 묘지명에 김부인은 "경조 김씨"로 기록되어 있다. 그러나 비록 경조의 명문가라고는 하지만 그 종족(宗族)은 요동에서 기원한 것이기 때문에 신라 김씨와 밀접한 연고가 있을 것이라고 추정한다.

(4) 청하현군(淸河縣君) 김씨 묘지

묘지명에 기록하기를 "현군은 청하(淸河) 사람이다. 그의 선대는 삼한(三韓)의 명문귀족이었다."고 한 데에서 알 수 있듯이 김부인의 선조는 삼한의 귀족이었고, 실제로 김씨는 훗날 신라의 왕족이 되었다. 김부인의 부친은 삼한의 명문귀족 신분으로 당에 와서 태복경(太僕卿)에 올랐는데 높은 관직이었다. 그러나 김부인 일족이 언제 어떤 연유로 당으로 귀순하였는지에 대해서는 상세한 기록이 없다.

(5) 고목로(高木盧) 묘지

최근 허난(河南) 뤄양 지역에서 조선반도 명문가 중의 하나인 고씨 일족의 묘지가 다수 출토되었다. 고목로의 선조는 서주(西周)에서 춘추(春秋)시기를 거쳤던 제(齊)나라 사람이었고 그들은 산둥(山東) 지역에서 700여년을 생활하였다. 후에 "전화(田和)의 찬탈" 사건을 계기로 고목로의 선조들이 "해우(海隅: 해안 지역)로 피난"하였다. 하지만 묘지명에서 보는 바와 같이 여기서 "해우"는 사실 조선반도의 북부를 지칭하는 것으로서 당나라시기의 고려국에 해당하는 지역이다. 당은 당태종, 당고종 2대에 걸쳐 고려와 백제를 멸하였고 당시 적지 않은 고려와 백제의 사람들이 당으로 유입되었다. 묘지명에서 기록하고 있는 "기아황당, 대부순화(曁我皇唐, 大敷淳化)"는 곧 이를 지칭하는 것이다. 시간상으로 볼 때 고목로는 아마도 당이 고려를 멸할 때 "바다를 건너 귀향(越溟渤, 歸桑梓)"하여 당나라 조정에서 임직한 것으로 추정된다. 당시 그의 나이는 20세 전후였다. 고목로는 당중종(唐中宗)이 내란을 평정하는 중에 공을 세웠지만 관직은 구품(九品) 이하인 배융부관(陪戎副官)에 그쳤다.

(6) 동문악(董文萼) 묘지

묘지명에 따르면 그의 부친 동수(董秀)는 권세 있는 환관이었고 대종(代宗) 때 관직이 좌위장군(左衛將軍), 지내시성사(知內侍省事)에까지 오르면서 위국공(魏國公)으로 봉해지기도 하였지만 묘주와는 양부자 관계일 뿐이다. 동문악 역시 환관이었고 덕종(德宗) 때에는 전전내양(殿前內養: 전전에서 모시는 환관)으로 지냈다. 동문악의 부인 롱서부인(隴西夫人) 이씨는 세 아들을 두었는데 주목할 만한 부분은 장남 동승열(董承悅)이 신라, 발해 두 나라에 사신으로 파견된 바가 있다는 사실이다.

(7) 이훈(李訓)의 부인 왕씨 묘지

왕씨는 독실한 불교신자였다. 묘지명에 따르면 천보년(天寶年) 초에 이미 신라의 승려가 대운사(大雲寺)를 방문해 십여 년 채 머물고 있고, 이 신라의 승려는 신도들과 자연스럽게 교류할 수 있었을 뿐만 아니라 사람들도 상당한 예우를 갖추어 그를 대했다고 기록하고 있다. 이로부터 알 수 있는 바 그는 불전을 정통하고 한문에도 능통했던 당시에 어느 정도 이름이 알려진 신라 승려였을 가능성이 높다. 부인 왕씨의 조부는 당 무주(武周)시기의 유명한 장군 왕효걸(王孝傑)이었고 병부상서(兵部尙書)까지 지낸바 있다. 이에 대해서는 두 『당서』에 모두 기록이 확인된다.

이 외에도 『낙사계(諾思計) 묘지』가 있다. 둥옌서우(董延壽)와 자오전화(趙振華)는 「뤄양, 루산, 시안에서 출토된 당나라시기 백제인의 묘지 탐색(洛陽、魯山、西安出土的唐代百濟人墓志探索)」[13]이라는 글에 낙사계 묘지의 묘지명 전문을 수록하고 있다. 두 사람은 그가 백제의 유민이었음을 확신하고 있다. 그러나 바이건싱은 이에 이의를 제기하고 있다. 그에 따르면 백제가 멸망한 것은 660년이고 낙사계가 별세한 것은 천보 7년인 748년이라는 점을 감안할 때 낙사계가 백제가 멸망하던 해에 태어났다고 해도 별세할 당시는 이미 89세의 고령이며 또 묘지명에도 그가 백제유민의 후손임을 암시하는 요소들이 보이지 않기 때문이라고 하였다. 한편 묘지명에는 낙사계가 "부여부대수령(扶餘府大首領)"을 지냈다는 기록이 있는데 "부여부"는 발해국의 행정구역 중의 하나이다. 때문에 바이건싱은 한국의 김영관(金榮官)의 주장, 즉 낙사계는 백제인이 아니라 발해인일 것이라는 주장이 더 합당하다고 본다.[14]

바이건싱의 통계에 따르면 이상의 묘지 외에도 요동 지역에서 고구려인, 말갈인, 거란인 중에 당나라 장안을 본적지로 하는 묘지로는 건륭제의 배장묘(陪葬墓) 중의 하나인 『이근행(李謹行) 묘지』와 시안시의 동쪽에 위치해 있는 파능원(灞陵原)에서 출토된 『이과절(李過折) 묘지』가 있다. 이근행은 목말(沐沫)의 후손이고 이과절은 음산종인(陰山種人)이다.[15]

---

13 董延壽·趙振華, 「洛陽、魯山、西安出土的唐代百濟人墓志探索」, 『東北史地』 2007年 第2期.

14 拜根興, 「入鄉隨俗: 墓志所載入唐百濟遺民的生活軌跡」, 『陝西師範大學學報』 2009年 第4期.

15 拜根興, 「唐李他仁墓志研究中的幾個問題」, 『陝西師範大學學報(哲學社會科學版)』 2010年 第39卷 第1期.

또 뤄양에서 출토된『천비(泉毖) 묘지』에는 본적지를 "경조(京兆) 만
년인"이라고 쓰고 있다. 바이건싱은 이는 아마도 그가 장안에서 출생
하고 그의 부친 세대가 장안에 정착한 것과 관련이 있기 때문일 것이라
고 하였다. 아마도 당에 이주한 제2대손 혹은 제3대손일 것이고 시기
로는 당현종(唐玄宗) 개원(開元), 천보(天寶)시기에 해당하는데 이 시기
선대의 산소가 이미 뤄양에 있었거나 그렇지 않으면 사후 뤄양으로 이
장되었을 가능성이 크다고 보았다. 따라서 천비의 본적지가 비록 '경조
만년인'이라고 적혀있지만 조상의 분묘가 뤄양에 있었기 때문에 이곳
으로 이장한 가능성이 높다고 하였다.[16]

2. 조선반도의 인물 도상(圖像) 관련 출토 문물

시안 지역의 사리를 봉안한 사리함들에서는 머리에 조우관(鳥羽冠)
을 쓴 사람의 그림이 적지 않게 발견된다. 이는 당시에 중한 양국은
사리 신앙과 사리 예매(瘞埋) 제도에 있어서 이미 밀접한 관련을 맺고
있었음을 말해주며 사리를 영청(迎請)하는 일이 양국 교류에 있어서 일
대 사건이었음을 말해준다.

1) 법문사(法門寺)에 봉안한 첫 번째 사리와 팔중보함(八重寶函)

1987년 법문사 지궁(地宮, 탑의 지하 시설-역자 주)에서 출토된 2000여
건의 문물들 중 하나는 지궁의 뒤쪽 별실에 놓여있던 사리를 봉안한

16　拜根興,「入唐高麗移民墓志及其史料價值」,『陝西師範大學學報(哲學社會科學版)』2013年
　　第42卷 第2期.

팔중보함이었다. 이 사리함은 금, 은, 무부석(鹸玞石) 등과 같은 각기 다른 제질의 7겹의 녹정방함(盝頂方函: 네모난 함에 복두형의 지붕—역자 주)과 순금으로 만들어진 하나의 순금탑이 세트로 만들어진 사리함이 었다. 이중 두 번째 겹인 유금(鎏金) 사천왕이 그려져 있는 은제질의 사리함의 네 면에는 사대천왕상이 참각(鏨刻)되어 있고 그중의 우측면 에는 증장천왕을 비롯한 야차(夜叉)들과 신장(神將), 그리고 여러 천신 들이 그려져 있었다. 이 그림들 중에 두 손으로는 접시를 받쳐 들고 머리에는 두 개의 새 깃털을 꼽은 조우관을 쓴 인물이 있었다. 이 그림 은 란완리(冉萬裏)가 복잡하고 정밀한 그림들 속에서 처음으로 발견하 였다.[17]

2) 란텐법지사(藍田法池寺)의 석재 사리함

1990년 산시성(陝西省) 란텐현(藍田縣) 동남쪽의 차이과이촌(蔡拐村) 에서 땅을 파던 사람들에 의해 석재 사리함 하나가 발견되었는데 이곳 은 원래 당나라 법지사 지궁(地宮)의 옛터였다. 한백옥(漢白玉)으로 만 들어진 사리함은 보존 상태가 좋았고 네 면에는 각각 '고승설법도(高僧 說法圖)', '영빈도(迎賓圖)', '장도(葬圖)'와 '영송사리도(迎送舍利圖)'가 저 부조로 새겨져 있었다. '고승설법도'에는 농관(籠冠)을 쓴 관원, 속발관 (束髮冠)을 쓴 관원과 고려, 일본, 곤륜(崑崙), 서역(西域)의 사람들이 긴 모포 위에 각각 무릎을 꿇고 있었고 '영빈도'에는 겹겹의 산등성이와 성곽과 성문이 새겨져 있었고, 겹겹의 산등성이 사이로는 거대한 코끼 리를 타고 있는 채수염의 노인과 말탄 사람, 그리고 시종이 보였다. 그

---

17 冉萬裏, 「古代中韓舍利瘞埋的比較研究—以南北朝至隋唐時期爲中心」, 『絲綢之路研究 集刊』, 2017.

중 코끼리를 탄 노인 등 뒤의 산 위에는 조우관을 쓴 고려인, 일본인이
보였다. 그 모습은 '고승설법도'에 보이는 사원 좌측의 긴 모포 위에
무릎을 꿇고 있는 고려인, 일본인과 거의 일치했다. 많은 인물 형상 중
에서도 조우관을 쓴 사람의 형상과 특징이 유독 선명했다.[18]

3) 도관(都管) 7개국 인물 은합

산시(陝西) 시안교통대학(西安交通大學) 캠퍼스 내에서 출토되었다.
서로 다른 문양이 새겨진 3개의 은합이 한 세트였는데 이에 대해 란완
리는 일본 학자 다나카 카즈미(田中一美)의 연구에 기반하여 이것이 아
마도 사리용기였을 것이라고 추정하고 있다. 왜냐하면 출토된 지역이
당대력(唐大曆) 4년인 767년에 재건된 보응사(寶應寺) 옛터였고, 최초
보도에서 '움에서 발견되었다'고 하였는데 여기서 '움'이라는 것은 아마
도 보응사 탑의 지궁의 옛터를 지칭할 가능성이 높다고 보았기 때문이
다. 가장 바깥쪽의 은합에 쓰여 있는 제방(題榜) 때문에 "도관 7개국 은
합"이라 칭해지게 되었는데 이 은합은 육판화형(六瓣花形)에 권족(圈足)
이 높은 것이 특징이다. 은합의 뚜껑에는 여섯 개의 도드라진 꽃잎 중
앙에 인물 그림이 참각되어있다. 중앙에 "곤륜왕국"과 "장래"라는 제방
이 있고 주위에 차례로 "오만인(烏蠻人)", "파라문국(婆羅門國)", "토번국
(土蕃國)", "소러국(疏勒國)", "고려국(高麗國)", "백척갈국(白拓羯國)"이라
는 나라 이름들이 순서대로 참각되어있다. 뚜껑의 측면에는 십이지지
가 새겨져있고 "고려국"이라는 글자 옆에는 머리에 깃털관을 쓴 인물상
이 참각되어있다. 제방을 근거로 이 인물은 고려인임을 단정할 수 있었
다. 란완리는 비록 명문(銘文)에 "고려국"이라고 새겨져있지만 이것은

---

18 樊維嶽·阮新正·冉素茹, 「藍田新出土舍利石函」, 『文博』 1991年 第1期.

일반적인 조선반도를 지칭하는 것으로 보인다고 하였다. 왜냐하면 신라인들도 깃털관을 쓰는 풍습이 있었기 때문이다. 란완리는 또 일본의 센오크박물관(泉屋博物館)에 소장 중인 동일한 소재와 문양으로 만들어진 석함에 그려진 여덟 왕이 사리를 나누는 그림 중에도 머리에 깃털관을 쓴 인물이 있는데 이 석함의 연대는 8세기 중엽인 당숙종(唐肅宗)시기임을 예로 들고 있다.[19]

사리함에 표현된 풍부한 조선반도의 인물 형상은 한국 사신이 중국에 파견되어 사리를 영청(迎請)하였던 역사적 사실을 증명한다. 이 역사적 사실은 문헌에서도 확인될 뿐만 아니라 이상에서 살펴본 이미지 형상들도 그 존재를 진일보로 증명하고 있다. 이는 당시 사리 예매라는 불교행사에 있어서의 중한 양국의 밀접한 관계를 증명하고 있는 것이다.

3. 벽화와 석각에 새겨진 조선반도 인물 이미지

1) 당나라 장회태자묘의 『객사도(客使圖)』 벽화

당나라 장회태자 이현(李賢)의 고분이 발견된 것은 1971년이다. 함께 출토된 부장품 중에는 50여 폭에 달하는 보존상태가 양호한 채색 벽화도 포함되어 있었는데 그중에서도 묘의 현실(玄室) 앞으로 난 복도의 동서 양측에 그려진 객사도는 보기 드문 귀한 벽화였다. 서쪽 벽의 객사도는 희미하여 알아보기 어려웠고 현재 전해지는 것도 모사본일 뿐이다. 그에 비해 동쪽 벽면의 객사도는 현재까지 발굴된 당나라시기

---

19 冉萬裏, 「古代中韓舍利瘞埋的比較硏究-以南北朝至隋唐時期爲中心」, 『絲綢之路硏究集刊』, 2017; 田中一美, 「都管七箇國盒の圖像とその用途」, 『佛敎芸術』 第210號, 1993.

고분 벽화 중 동일한 소재를 다루고 있는 벽화들 중 유일본으로 남아있다. 유일한 벽화이기 때문에 벽화 속 인물의 족속(族屬)과 그 작용에 대한 논쟁이 학계에서 끊이지 않고 있다. 특히 그중에서도 모습, 복식과 자태가 완전히 다른 이역(異域)의 세 사람에 대한 토론이 가장 활발하고 연구 성과 또한 풍부하며 논의의 범위도 가장 넓다. 세 사람 중에서도 새 깃털관을 쓰고 있는 사신에 대한 주장이 가장 크게 엇갈리고 있는데 그것은 한중일 삼국의 학자들이 유독 큰 관심을 보이고 있기 때문이다.

동쪽 벽년에는 모두 여섯 명의 인물이 그려져 있다. 남에서 북으로 두 번째 사람은 몸을 옆으로 비스듬히 틀고 서있지만 수염과 눈썹이 또렷하고 입술이 붉었으며 머리에는 관모를 쓰고 있고 관모에는 두 개의 새 깃털이 수직으로 꽂혀있다. 이 인물에 대해 한국학자 김원룡(金元龍)은 "신라의 사신"이라고 보고 있고 중국학자 왕웨이쿤(王緯坤) 역시 같은 주장이며 이에 관해서는 기타 많은 논문들에서 상세한 논의가 이루어졌다.[20] 이 외에 왕웨이쿤은 현재 학계에 존재하는 "고구려 사신설(說)", "일본 사신설(說)", "발해 사신설(說)"에 대해 상세한 해석을 가한 바 있다.[21] 양진(楊瑾)은 묘주인 태자 이현이 생활했던 연대와 그의 인물 관계를 토대로 벽화 중의 인물은 김인문(金仁問)일 가능성이 있다는 더욱 대담한 추측을 내놓고 있다.[22]

---

20 王維坤, 「唐章懷太子墓壁畫"客使圖"辨析」, 『考古』 1996年 第1期.

21 王維坤, 「關於章懷太子壁畫"東客史圖"中的"新羅使臣"研究始末」, 『梧州學院學報』 2017年 第4期.

22 楊瑾, 「唐章懷太子李賢墓《客使圖》戴鳥羽冠使者之淵源」, 『中國國家博物館館刊』 2018年 第7期.

2) 당소릉(唐昭陵) 십사번군장(十四蕃君長) 석상(石像) 중의 신라 진덕왕 (眞德王) 모습

1982년, 고고학자들이 소능에서 석상의 신체 일부와 몇 개의 두상(頭像)을 발견하였고 우연하게 그중의 두 개가 완전한 하나의 하반신을 형성한다는 것을 발견하였다. 『당회요(唐會要)』에 따르면 "신라 낙랑군왕(樂浪郡王) 김진덕(金眞德)의 석상이 소능 북사마문(北司馬門) 14국 번군장의 석상 중 열한 번째"라고 기록되어 있지만 그 하반신이 김진덕의 석상의 일부라는 것을 확인할 길은 없었다. 그러다 2002년 소능 북사마문에서 제명(題名)이 새겨진 석상의 받침판이 새롭게 출토되었는데 거기에는 "신라낙랑군왕김진덕(新羅樂浪/郡王金眞/德)", "신라(新羅) … 군(郡)", "… 덕(德)"자가 새겨져 있었다. 뿐만 아니라 새롭게 출토된 석상의 받침판은 1982년에 발견된 두 조각을 연결시켜 완성한 하반신과도 완전하게 연결되었다. 이리하여 김진덕을 원형으로 하여 조각한 석상 하나를 확정할 수 있게 되었다. 이 석상은 발끝까지 떨어지는 세 겹으로 된 두루마기를 입고 있었고 복부에도 세 겹으로 된 긴 띠를 드리우고 있었다.[23] 바이건싱은 "진덕왕 석상의 일부와 그 명문의 발견은 당시 신라왕의 복식과 관대(冠帶) 그리고 신라의 귀족 여성이 가지고 있는 특유의 기질 등을 요해할 수 있는 진귀한 실제 자료이며 이 시기 당과 신라 사이의 우호적인 왕래에 실증적인 자료를 제공할 수 있는 근거가 되었다고"[24]고 하였다.

---

23 張建林, 「唐昭陵十四國蕃君長石像及題名石像座疏證」, 『碑林集刊』, 2004.
24 拜根興, 「試論新羅眞德王石像殘軀及其底座銘文的發現」, 『新羅史學報』 總第7輯.

3) 『건능육십일번신상(乾陵六十一蕃臣像)』 석상

당고종과 무측천이 합장된 능묘 앞에는 지금도 여전히 많은 석상이 남아있다. 그중에서 육십일번왕상(六十一蕃王像)은 사람들이 가장 많이 탐구하는 연구 대상 중의 하나이다. 많은 학자들이 이에 대한 연구를 남겼고 바이건싱은 아주 이른 시기에 논문을 발표하여 불완전하기는 하지만 신라 진덕왕의 석상이 "조각이나 복식, 자태 등과 같은 특징을 비교하여 볼 때 당고종과 무측천이 합장된 건능 육십일번왕상(六十一蕃王像) 중의 하나와 비슷하다."[25]고 발표하였다. 이로부터 바이건싱은 건능 육십일번신상(六十一蕃臣像) 중 동남쪽에 위치한 활을 멘 석상이 신라 사신임을 확신하였다. 또 일부 학자들은 석상의 복식과 장식품 등에 대한 진일보의 연구를 통해 이 석상은 신라왕 김법민(金法敏)이라고 주장하기도 하였다.[26] 물론 이 석상들의 두상은 이미 사라진지 오래고 고증할 수 있는 관련 문헌도 희소하여 현재까지도 이 석상이 정확히 누구인지를 확정할 수는 없는 상황이다.

판잉펑(樊英峰)은 고종과 무측천 두 조대에 걸쳐있는 한 소수민족 장군에 대한 기록을 토대로 고증을 진행한 바 있다. 그는 대량의 문헌 중에서 영향력이 있었던 25명을 선별하여 미지의 석상인물일 가능성을 설정하였는데 그중에서 백제왕 부여륭(扶餘隆), 고려왕 고장(高藏), 고려국 천남생(泉男生), 신라왕 김법민이 육십일번신상에 가장 근접하는 관원일 것이라고 추정하고 있다.[27]

---

25 拜根興, 「唐朝與新羅往來研究二題-以西安周邊所在的石刻碑志爲中心」, 『當代韓國』 2011年 第3期.

26 張斌, 「芻議乾陵六十一蕃臣像中的新羅人」, 『絲綢之路』 2010年 24期.

27 樊英峰, 「乾陵61蕃臣像補考」, 『文博』 2003年 第3期.

당나라의 조선반도 인물 형상과 그 흔적 통계표(장안지역)

유형	명칭	출토 시간	출토지	현 소장지
묘지	『니식진(禰寔進) 묘지』, 『니소사(禰素士) 묘지명』, 『니인수(禰仁秀) 묘지명』	2010	산시성 시안시 장안구 궈두진	시안시 문물보호고고소
	『미군(彌軍) 묘지』			시안박물관
	『부여씨(扶餘氏) 묘지』	2004	산시성 시안 당현능 부장총 이옹묘	산시성 고고연구원
	『김일성(金日晟) 묘지』			대당서시박물관
	『남단덕(南單德) 묘지』	2010	산시성 시안시 둥바챠오구 훙치향 찬허 강의 동쪽 기슭	시안비림박물관
	『고제석(高提昔) 묘지』	2012	산시성 시안 동쪽 교외 룽서우위안	
	『이타인(李他仁) 묘지』	1989	산시성 시안시 동쪽 교외 당나라시기 고분	
	『사선의일(似先義逸) 묘지』	1993	산시성 시안시 바챠오구 우좡향	비림박물관
	『고뇨묘(高鐃苗) 묘지』			비림박물관
	『이구(李璆)의 처(妻) 김부인(金夫人) 묘지』			비림박물관
	『청하현군(淸河縣君) 김씨 묘지』			비림박물관
	『고목노(高木盧) 묘지』			비림박물관
	『동문악(董文萼) 묘지』			비림박물관
	『이훈(李訓)의 부인 왕씨 묘지』			비림박물관
	『낙사계(諾思計) 묘지』	1990		시안 소연탑문관소 (시안박물관)
	『이근행(李謹行) 묘지』		산시성 건현 건능부장묘	
	『이과절(李過折) 묘지』		산시성 시안 동쪽 패능원	
	『천비(泉毖) 묘지』		경조만년인(京兆萬年人), 허난 뤄양에서 출토	
도상 (圖像)	법문사에서 처음으로 사리를 공봉한 팔중보함	1987	산시성 법문사 지궁 유적	법문사박물관
	남전법지사 사리 석함	1990	산시 란톈현 차이과이촌	
	도관칠개국인물 은합		산시 시안교통대학 캠퍼스 내	시안박물관

벽화	당장회태자 『객사도』벽화	2002	산시성 쳰현 건능 부장묘 장회태자묘	소능박물관
석각	당태종 소능 14번군장 석상 중의 신라 진덕왕 석상	2002	산시성 리쳰현 당태종 소능	
	건능61번신상 석각		산시성 건현 건능	

4. 결어

당나라 시기 조선반도에서 온 다수의 사람들 중에서 가장 영향력 있는 대표적인 인물로 아래와 같은 사람들이 있다. 당 말기에 활동했던 신라 조공 시인 중에서 가장 높은 창작 수준을 보여주었던 최치원, 부석사를 설립하고 신라의 불교 발전을 이끌고 신라와 당의 관계를 진일보 발전시켰던 해동 화엄종의 창시인 의상대사(義湘大師), 일본 화엄종의 시조로 불리는 신라의 승려 심상(審祥), 법상종(法相宗)을 창설하여 서명학파(西明學派)를 형성하고 종국에는 장안의 흥교사(興敎寺)에서 열반한 원측법사(圓測法師) 등이 있으며 대표적인 장군으로는 무장(武將) 고선지(高仙芝)가 있다. 이중 적지 않은 사람들이 당나라시기의 천복사(薦福寺) 부지(현재는 시안박물관 소재지)와 밀접한 관련을 가지고 있다. 예를 들면 의상대사와 현수대사(賢首大師)로 불렸던 천복사의 옛 주인 법장은 모두 지엄(智儼)의 제자였고 두 사람은 동문수학한 가까운 사이였다. 의상이 귀국한 후 법장은 『현수국사기해동서(賢首國師寄海東書)』를 썼고 신라인 심상은 현수대사 법장의 고족제자(高足弟子)로서 중국에 와서 현수법사를 스승으로 모시면서 화엄경을 공부하였던 인물이었다. 최치원이 작성한 『당대천복사고사주번경대덕법장화상전(唐大薦福寺故寺主翻經大德法藏和尙傳)』은 『원종문류(圓宗文類)』에 수록되었고 이

는 후세인들이 화엄종 삼조(三祖) 현수국사 법장에 대해 요해할 수 있
는 소중한 자료로 남았다.

이상에서 언급한 당나라시기 장안 지역의 자료들 중에서 조선반도
인물 형상과 그 흔적은 문헌, 묘지, 사리함, 벽화와 석각 등에서 드러
났으며 이는 당과 조선이 역사적으로 우호적인 교류를 진행하였고 빈
번한 왕래가 있었음을 말해준다. 이상의 자료들은 당대 사회 정치, 시
대 현상, 문화적인 정체성 등 다양하고 복잡한 요소와 관념의 영향을
받은 결과물들이며 도상이나 묘지명의 이면에는 중요한 역사적 정보가
포함되어있기도 했다. 이러한 인물 도상과 흔적들이 기록하고 있는 풍
부한 문화적 함의는 우리가 그 시대와 사회 나아가 인물을 탐구하는
데에 중요한 자료를 제공해 준다.

장안지역의 조선반도와 관련된 기타의 유적 자료들에 대해서는 진
센용(金憲鏞), 리젠차오(李建超) 등이 산시(陝西) 경내에 대해 현지고찰
을 진행한 바 있다. 융서우현 융서우향 처촌의 북위조상비(北魏造像碑)
에 기재된 고려 사선씨(비석은 융서우현 문화관에서 소장 중), 황링현 쌍룽
향 시구촌 서위조상비상(西魏造像碑)의 공양인(供養人) 중에 기록된 고
려 사선씨, 장안성 시후현의 신라왕자대(新羅王子臺), 장안 즈우진 즈우
구의 빈공진사(賓貢進士) 신라 김가기(金可記)의 마암석각(麻巖石刻), 산
시 안캉의 신라사(新羅寺) 등에 대해 상세한 논증을 진행한 바 있다.[28]

---

28 金憲鏞·李建超, 「陝西新發現的高句麗、新羅人遺跡」, 『考古與文物』 1999年 第6期.

고창 회골(高昌回鶻)에서 거란(契丹)에 전해진 수박의 전파 경로에 대한 고증 연구

양푸쉐

[천춘화 옮김]

1. 수박의 '고창 회골 생산'설(說)

수박(西瓜)을 글자 그대로 해석하면 서쪽에서 온 '박(瓜)'이라는 뜻인데, 이는 물론 중원의 입장에서 하는 말이다. 고대에 있어서 '서(西)'는 보통 서역이나 중앙아시아, 서아시아를 지칭하는 말이었고 그중에는 중국의 신장(新疆)지역이 포함되어있었다. 원나라 이전, 청나라시기까지만 해도 중국과 오늘날 서양이라고 불리는 지역과의 왕래는 그렇게 빈번하지 않았다. 고대의 황제들은 그들의 왕국이 세계의 중심이라고 생각했기 때문이다.

수박은 원래 남아프리카 과일이다. 언제 어떻게 중국으로 전해졌는지에 대해서는 1960년대부터 논쟁이 끊이지 않고 있다. 저장(浙江) 위야

오허무두문화유적지(餘姚河姆渡文化遺蹟), 항저우(杭州) 수이톈반량두문화유적지(水田阪良渚文化遺蹟), 광시(廣西) 구이현(貴顯)의 뤄버완(羅泊灣)에 있는 서한(西漢)시기의 고분, 장쑤(江蘇) 가오유쥔쟈거우(高郵邵家溝)에 있는 동한(東漢)시기의 고분 등에 관한 발굴보고서에 따르면 모두 수박씨가 출토되었다고 쓰고 있지만 결국 모두 사실이 아님이 밝혀졌고 시안 서쪽 교외의 당나라 고분에서 출토된 "당삼채(唐三彩) 수박" 역시 위조품이었음이 밝혀졌다.[1] 현재 학계에서는 『신오대사(新五代史)』의 부록5인 『호교함로기(胡嶠陷虜記)』의 기록에 근거하여 수박이 가장 처음 내지에 전해진 시기는 아마도 요나라 때였을 것이라고 추정하고 있다. 호교기(胡嶠記)에는 다음과 같이 기록되어있다.

> 自上京東去四十裏, 至眞珠寨, 始食菜。明日東行, 地勢漸高, 西望平地松林, 鬱然數十裏。逐入平川, 多草木, 始食西瓜, 雲契丹破回紇得此種, 以牛糞覆棚而種, 大如中國冬瓜而味甘。又東行, 至裏潭, 始有柳木, 水草豐美。[2]

호교는 본시 후진(後晉) 사람이다. 후진이 멸망한 후 요나라에 와서 거란선무군절도사(契丹宣武軍節度使) 소한(蘇翰)의 장서기(掌書記)를 지냈다. 그때가 947년이었고, 949년에 소한이 피살되지만 그 후에도 호교는 거란에 7년을 더 머물다가 후주태조(後周太祖) 광순(廣順) 3년(遙應曆 3년, 953)에야 북주(北周)로 도주한다. 통상적으로 수박은 최초에 고창 회골에서 거란에 전해졌고, 천찬 3년(924) 요태조의 서부 정벌 시

---

1 程傑, 「西瓜傳入我國的時間、來源和途徑考」, 『南京師範大學學報』 2017年 第4期, 第79-82頁.

2 趙永春輯注, 『奉使遼金行程錄』, 北京 : 商務印書館, 2017, 第9頁.

〈그림 1〉 돈황사본(燉煌寫本)P.3672bis
『도통 대덕이 사주 송증정 등에게 보낸 서신(都統大德致沙州宋僧政等書)』

북정(北庭)에서 수박을 구득하였다고 알려져 있다. 호교는 947년에 요나라 경내로 끌려왔고, 『호교함로기』에 따르면 그의 북행(北行)시기는 947년이거나 그 후의 어느 한 해인 것으로 되어있다. 이시기 요나라는 아직 중앙아시아나 서아시아와 밀접한 관계를 맺기 전이었고, 따라서 여기서 말하는 수박(西瓜)에서의 '서(西)'는 신장 지역을 일컬을 가능성이 높다.

천산(天山) 이남 지역은 기후가 건조하고 무더우며 일조 시간이 길어서 옛날부터 과일 생산지로 유명하다. 고창 회골 왕국 경내에서는 포도, 참외, 살구, 배, 복숭아, 석류, 찔레열매와 수박이 생산되었다. 돈황문서 P.3672bis「도통 대덕이 사주 송증정 등에게 보낸 서신(都統大德致沙州宋僧政等書)」(그림 1)의 기록에 보면 다음과 같이 쓰고 있다.

賞紫金印檢校廿二城胡漢僧尼事內供奉骨都祿遷密施鳴瓦伊難支都統
大德面語, 沙州宋僧正、索判官、梁敎授, 冬寒體氣何似健好在否。 自別
已後, 已遷所年, 人使來往不少, 無一字尉問, 人情極薄。 昨近十月五日,
聖天恩判補充, 都統大德兼賜金印, 統壓千僧。 爲緣發書慰問。 今因履使
薄禮書信、西地瓢桃三課(個)同一袋子, 各取一課(個)。 今因使行, 略付
單書, 不宣謹狀。 十一月十日。 隨書僧管內大闍梨, 借問沙州宋僧正、
梁敎授好在否。[3]

편지를 보낸 사람은 "상자금인검교감이성호한승니사내공봉골도녹답
밀시명와이난지도통(賞紫金印檢校廿二城胡漢僧尼事內供奉骨都祿遷密施鳴
瓦伊難支都統)"이고 편지를 받는 사람은 사주(沙州) 송증정(宋僧正), 색판
관(索判官), 양교수(梁敎授)이다. 발신자의 직함은 "상자금인검교감이성
호한승니사내공봉(賞紫金印檢校廿二城胡漢僧尼事內供奉)"이다. 여기서 말
하는 "감이성(廿二城)"에 관해서는 한문으로 된 회골 문헌사료에도 기록
이 남아있다. 『구당서(舊唐書)』에 따르면 640년 당나라 국씨(麴氏)가 고창
(高昌)을 멸하기 전에 투루판 분지에 감이성(廿二省)이 있었다고 기록되어
있다.[4] 투루판에서 출토된 회골어 마니교(摩尼敎) 문서 중에도 똑같이
강역 '감이성', 즉 "고창국 二十二城의 행운과 수호신"이라고 기록되어
있다.[5] 11세기 가즈나 왕조의 쟈얼디치(迦爾迪齊)(Abū Saʿid ʿAbd-al-Haiy
ibn Dahhākibn Mahmūd Gardīzī)가 저술한 『기문화서(紀聞花絮: Zainu
ʾl-axbār)』에서도 기록하기를 "고창에는 22개의 촌락과 하나의 평원이

3 敦煌寫本P. 3672bis『都統大德致沙州宋僧政等書』, 上海古籍出版社; 法國國家圖書館
編, 『法藏敦煌西域文獻』 第26冊, 上海 : 上海古籍出版社, 2002, 第290頁.

4 『舊唐書』 卷198「高昌傳」, 北京 : 中華書局, 1975, 第5295頁.

5 A. von Le Coq, Türkische Manichaica aus Chotscho Ⅲ, APAW, Berlin, 1922,
Nr. 2, S. 40.

있다. 겨울에는 춥고 눈이 오지만 큰 눈이 내리지는 않으며 여름에는
무덥다. 주민들은 모두 땅굴(움)을 파고 대부분 거기서 생활하다가 여름
에야 자신들의 집으로 돌아왔다."[6]고 하였다. 13세기 초 고창 회골왕
역도호(亦都護)가 몽고제국에 귀순한 후 감사성(甘四城)으로 변하였다.[7]
최근 일본학자 마츠이 타이(松井太)는 투루판에서 출토된 9~14세기 경의
회골문, 몽골문으로 된 문서들에서 발견되는 고창 회골의 지리명칭과
현대의 지리명칭을 일일이 대조하여 투루판의 각 성의 명칭에 대해 고증
을 진행한 바 있는데 이를테면 고창(Qočo~Qara-Qočo=Qara-Khoja, 또는
도호성(都護城 Idikut-Schahri), 투루판(Turpan=Turpan~Turfan), 루커신(魯
克沁)(Lükčüng=Lukčun, 류중(柳中), 쟈오허(交河)(Yar=Yarkhoto), 퉈커쉰(擢
克遜)(Toqsïn~Toqzïn=Toqsun, 두신(篤新), 치커타이(七克臺)(Čïqtïn=Čiqtim),
츠팅(赤亭), 푸타오거우(葡萄溝)(Bïlayuq=Bulayiq~Buluyuq), 투구거우(吐
峪溝(Tiyoq=Toyoq), 딩구정곡(丁穀)), 푸창(蒲昌)(Pučang), 웨이선(威神)(Soim),
헝제(橫截)(Qongsir), 린촨(臨川)(Limčin, 렌무친(連木沁)), 신싱(新興)(Singging,
성진(勝金)), 닝룽(寧戎)(Nišüng), 난핑(南平)(Nampï)과 옌청(鹽城)(Yemši)
등이 있다.[8]

6 A. P. Martinez, Gardīzī's Two Chapters on the Turks, *Archivum Eurasiae Med II Aevi*, II (1982), 1983, p.136; 馬丁奈茲 지음, 楊富學·凱旋 옮김, 「迦爾迪齊論突厥」, 『回鶻學譯文集新編』, 蘭州：甘肅教育出版社, 2015, 第259頁.

7 A. von Le Coq, Türkische Manichaica aus Chotscho III, APAW, Berlin, 1922, Nr. 2, S. 40; 森安孝夫, 「ウイグル=マニ教史の研究」, 『大阪大學文學部紀要』第31/32卷合刊, 1991, 第164頁.

8 Dai MATSUI, Old Uigur Toponyms of the Turfan Oases, *Kutadgu Nom Bitig. Festschrift für JENS PETER LAUT zum 60. Geburtstag*, Wiesbaden, 2015, pp.275-303; 松井太 지음, 楊富學·陳愛峰 옮김, 「吐魯番諸城古回鶻語稱謂」, 『吐魯番學研究』 2017年 第1期, 第113-133頁.

발신자의 이름인 "골도녹답밀시명와이난지도통(骨都祿遝密施鳴瓦伊難支都統)"은 돌궐-회골어의 음역이었던 것이고, 해석하면 다음과 같다.

'골도녹(骨都祿)'은 'qutluγ'으로서 "행운, 길상"을 뜻하며
'답밀시(遝密施)'는 'tapmiš'으로서 "공양하다, 모시다"의 뜻이며
'명와(鳴瓦)'는 'ögä'로서 "고문 또는 장로(長老)"를 뜻하며
'이난지(伊難支)'는 'ïnanč'로 "믿을만한 자"라는 뜻이다.[9]

상기의 요소들을 감안할 때 이 문서는 고창 회골의 국왕이 돈황으로 보낸 서신임을 확신할 수 있다. 모리야스 다카오(森安孝夫)의 고증에 따르면 편지에서 언급하고 있는 "양도(瓤桃)"가 바로 수박이며 그는 이 시기를 10세기 후반 십수년으로 추정한다.[10] 하지만 관직의 명칭이 이 시기에 존재했던 조씨(曹氏)의 사주(沙州) 귀의군(歸義軍) 정권시기와는 부합하지 않는다는 것이 문제였다. 따라서 황성장(黃盛璋)은 이 시기가 응당 장씨(張氏) 귀의군 시기인 9세기 말에서 10세기 사이일 것이라고 추정한다.[11] 만약 이 주장이 정확하다면 이 시기 투루판 지역에서는 이미 수박을 생산하고 있었을 뿐만 아니라 품질도 상당히 좋았다는 것을 알 수 있다. 그렇지 않고서야 멀리 있는 사람에게 굳이 선물로 보내지는 않았을 것이다. 오늘날까지도 신장 지역의 수박은 속이 사박사박하고

---

9 森安孝夫, 「敦煌と西ウイグル王國-トゥルファンからの書簡と贈り物を中心に-」, 『東方學』 第74輯, 1987, 第61頁; 森安孝夫 지음, 陳俊謀 옮김, 「敦煌與西回鶻王國-寄自吐魯番的書信及禮物」, 『西北史地』 1987年 第3期, 第119頁.

10 森安孝夫, 「敦煌と西ウイグル王國-トゥルファンからの書簡と贈り物を中心に-」, 『東方學』 第74輯, 1987, 第63-64頁; 森安孝夫 지음, 陳俊謀 옮김, 「敦煌與西回鶻王國-寄自吐魯番的書信及禮物」, 『西北史地』 1987年 第3期, 第121-123頁.

11 黃盛璋, 「西瓜引種中國與發展考信錄」, 『農業考古』 2005年 第1期, 第267頁.

당도가 높아 여전히 명성이 높고 내지의 수박보다 품종이 좋은 것으로 알려져 있다. 따라서 수박은 10세기 초에 거란으로 전해졌을 것이라는 주장은 지당한 것이다.

2. 고창 회골에서 거란으로 전해진 수박

요송(遼宋)시기에 수박은 귀한 과일이었고 주로 상류층에서만 소비되었다. 상술한『호교함로기』의 기록에 따르면 947년 북상한 요나라에 의해 그 견문이 기록되었다. 요나라의 상경(上京)은 현재의 네이멍구(內蒙古) 츠펑(赤峰)시 파린줘치린동진(巴林左旗林東鎭) 지역이다. 전주자이(珍珠寨)는 이곳으로부터 약 사십리(20km: 역자 주) 상거해 있고 현재의 파린줘치린동진에서 동쪽으로 39km 거리에 쉬베이산(索貝山)이라는 산이 있는데, 쉬베이산을 중역하면 곧 전주(珍珠, 진주)이다. 쟈징옌(賈敬顔)의 고증에 의하면 이 지역은 현재의 신자이(新寨) 동쪽 지역이거나 신자이 북쪽에 위치한 얼다오산즈(二道山子) 동쪽 지역에 해당한다. 지세가 점차 높아지는 지역은 아루커얼신치(阿魯科爾沁旗) 동남쪽에 위치해 있는 천산(天山)이고 평천(平川)은 오늘날의 우얼지무룬(烏爾吉木倫) 강과 시라무룬(西拉木倫) 강 사이의 넓은 평야를 이름 하는 것이라고 보았다. 쟈징옌의 연구에 따르면 뇨담(裊潭)은 오늘날의 카이루(開魯)현의 서북쪽에 위치한 타라간파오즈(塔拉幹泡子) 지역에 해당한다.[12]

카이루현은 네이멍구 퉁랴오(通遼)시 서부에 위치하며 동경 120°25′—121°52′과 북위 43°9′—44°10′ 사이에 위치한다. 카이루현은 대륙성

12 賈敬顔,『五代宋金元人邊疆行記十三種疏證稿』, 北京 : 中華書局, 2004, 年, 第21-23頁.

온대 반건조 계절풍기후에 속하고 연평균 기온은 5.9℃이며 서요하(西遼河) 중류에 속하는 카이루분지(開魯盆地)에 인접해 있다. 지무사얼(吉木沙爾, 북정)현은 현재의 신장웨이우얼자치구(新疆維吾爾自治區)의 천산 북쪽 산기슭의 동쪽 끝이자 준거얼분지(准噶爾盆地)의 동남쪽에 연해있다. 동경 88°30′—89°30′와 북위 43°30′—45° 지역이며 기후는 온대 대륙성기후에 속한다. 건조하고 강우량이 적으며 낮과 밤의 온도차가 크다. 또한 분지 안에 위치해 있어 주위는 높은 산으로 둘러져있다. 북정과 카이루현은 비록 멀리 떨어져있지만 이 두 지역은 위도가 비슷할 뿐만 아니라 두 곳 모두 주위가 높은 산으로 둘러져있는 분지이다. 다만 카이루는 서쪽으로는 대흥안령의 남쪽에 인접해 있고 남으로는 치라오투산(七老圖山)과 누루얼후산(努魯爾虎山)이 있으며 그 사이를 시라무룬허(西拉木倫河), 라오하허(老哈河), 우얼지무룬허(烏爾吉木倫河), 쟈오라이허(叫來河) 등 하천이 흐르고 있다. 이런 강들의 중하류는 거개가 모래땅이거나 충적평원이며 게다가 강줄기가 평탄하고 양쪽 강기슭에는 드넓은 하천 부지와 대지(臺地)가 형성되어 있어 강물의 모래 함량이 높은 편이고 그렇다보니 자연 강바닥의 모래 함량도 높았다. 그러나 요나라 말기에 이르면 이 지역 중 하나인 커얼친(科爾沁)의 사막화가 점점 심각해지기 시작한다. 카이루 지역의 연평균 강우량은 300–400 밀리리터밖에 되지 않았으며 그중에서도 80% 이상의 강우가 5~9월에 집중되어있었다.[13] 요나라시기에는 지금보다 초원 면적이 훨씬 넓었다는 점을 제외하면 오늘날의 자연 환경은 요나라시기와 대체적으로 비슷하다. 다만 기후적인 측면에 있어서는 한 곳은 계절풍기후이고 다른

---

13 鄒逸麟, 「遼代西遼河流域的農業開發」, 陳述 主編, 『遼金史論集』 第2輯, 北京: 書目文獻出版社, 1987, 第69頁.

한 곳은 사막기후라는 점에서 약간의 차이가 발생한다. 북정의 수박씨를 카이루현 서쪽 지역에 가져다 심을 경우, 일조량이 북정이나 고창 지역에 미치지 못해 소똥을 덮어 온도를 높이거나 또는 오늘날 천막과 같은 보온성이 있는 물건을 덮어 온도를 높일 필요가 있었다. 거란인의 이러한 수박 재배 방식은 오늘날 둥베이(東北)나 허베이(河北) 지역에서도 여전히 그대로 적용되고 있다. 호교는 카이루현 서쪽 지역에서 수박을 먹었다고 기록하고 있는데 이 지역은 위도나 기후가 북정과 비슷하여 우선적으로 수박 재배지역으로 선정되었을 것이라는 사실은 추측이 가능하다. 그 후 재배기술이 점차 좋아지면서 다른 지역에서도 수박 재배가 시도되었을 것이며, 이는 보편적으로 추측이 가능한 현상이라 하겠다.

당오대(唐五代) 이래 전란이 빈번했고 대량의 북방 민중이 서요하 유역으로 이주하였다. 916년 요나라가 건국되고, 태조 야율아보기(耶律阿保機)는 서요하 지역에 주와 현을 건립하였다. 연구에 따르면 당시 서요하 유역으로 이주한 한인(漢人)은 15~16만명[14]에 달했으며 주로 요나라 상경 임황부(臨潢府)와 그 주변 그리고 허베이(河北) 장성(長城) 이북에서 츠펑 이남 일대, 랴오닝(遼寧) 중부와 서부지역에 집중적으로 거주하였다고 한다. 이를 계기로 서요하 유역은 전례 없는 농업 개발을 맞이하게 되었는데 이는 당시 기후의 온난화 현상과도 무관하지 않다.[15] 요나라 말기에 이르면 커얼친 초원의 사막화는 더욱 심각해져서 더 이상 농작물을 재배할 수 없는 수준이 된다. 반면에 요나라 상경

---

14 鄒逸麟, 「遼代西遼河流域的農業開發」, 陳述 主編, 『遼金史論集』第2輯, 北京: 書目文獻出版社, 1987, 第79頁.

15 滿志敏, 『中國歷史時期氣候變化研究』, 濟南: 山東教育出版社, 2009, 第387頁.

주변에 해당하는 카이루현과 그 서쪽 지역에서는 농업이 광범위하게 발전하고 있었고 농업의 발전은 수박 품종의 개발을 가능하게 했다. 1941년 카이루 경내에서의 수박씨 교역량은 굉장히 활발하여 연 교역액이 십만 위안에 달했다는 기록이 있다. 이는 카이루 지역의 수박이 크고 품질 좋은 품종이었음을 말해주며 사실 이는 요나라시기까지도 거슬러 올라간다.

수박이라는 과일은 씨가 많기로 유명하여 현지에서는 그것을 "흑과자(黑瓜子)"라고 하거나 "타과자(打瓜籽)"라고 불렀다. 대부분 사질 토양의 모래 늪지대에서 재배되었고 1949년 이전에는 해마다 오육백무(畝)씩 재배되었다.[16] 네이멍구 츠펑시 파린쭤치에 화쟈라가(花加拉嘎)라는 고장이 있는데 몽골어로 화쟈라가는 "Huwa Jilagha"라고 쓰며 이 단어는 "Ghuwa Jilagha"에 기원을 두고 있다. 여기에서 "Ghuwa"는 중국어로 "과(瓜)"의 음역이며 "Jilagha"는 산골짜기, 산천이라는 뜻이다. 『파린쭤치 지명지(地名志)』에 따르면 "'화쟈라가(花加拉嘎)'는 '과쟈라가(瓜加拉嘎)'의 변음이고 몽골어 계보에 속하며 그 의미는 '과천(瓜川)'이라는 뜻이다."라고 기재되어 있다.[17] 현재 란저우(蘭州), 민친(民勤), 구랑(古浪), 융창(永昌)과 신장 타청(塔城) 지역에서 모두 훌륭한 품종의 수박이 생산되고 있는데 이상의 지역들은 일조량, 사질토양 등 여러 측면에서 수박 재배에 알맞는 여건을 갖추고 있다.

1991년에 발굴 정리된 요나라시기의 고분인 아오한치샤완즈(敖漢旗下灣子)의 5호분 벽화에서 수박을 확인할 수 있다. 동남측 벽화 "비음도

---

16 耿璞 等編, 『開魯縣志』, 海拉爾: 內蒙古文化出版社, 2001, 第407頁.
17 巴林左旗地名志編輯委員會編, 『巴林左旗地名志』, 巴林左旗人民政府印制, 1987, 第150頁.

〈그림 2〉 아오한샤완즈 5호분
요나라 고분 벽화 중의 과일 그림

(備飲圖)"에서 보듯이 탁자의 우측 뒤편의 쟁반에 수박 2개와 복숭아 4개 석류 1개가 담겨있고 좌측의 쟁반에는 잔이 하나 놓여있다.(그림 2) 이 고분은 요나라 중기의 것으로 추정되고 있다.[18] 1995년에는 요나라시기의 고분으로 추정되는 네이멍구 츠펑시 아오한치양산(敖漢旗羊山)의 1호분의 동쪽 벽면에서 벽화 "묘주인 연음도(墓主人宴飮圖)"를 발견하였는데, 그림을 보면 묘주의 앞에는 벽돌로 쌓아올린 반부조식의 검은색 소형 네모탁자가 놓여있고 탁자 앞쪽의 검은색 둥근 쟁반에 수박 3개가 담겨있으며 뒤편의 대나무 쟁반 안에 석류, 복숭아, 대추 등 과일이 들어있는 것을 볼 수 있다. 복숭아나 석류와 같은 과일에는 잎이 달려있기도 했다.(그림 3)[19] 고분 발굴자에 따르면 묘주는 요나라 시기의 명신(名臣)이었던 유호(劉祜)의 부친 유광선(劉匡善)으로 추정되며 그는 요성종시기에 생존했고 매장 시기는 대체로 태평 6년(1026)이나 7년(1027)으로 추정된다고 하였다.[20] 베이징시 먼터우거우(門頭溝) 자이탕(齋堂)에서 발견된 요나라 말기의 고분 벽화에도 수박이 그려져 있다.(그림 4) 현실의 문 안쪽 서쪽 벽면에는 두 명의 시녀가 그려져 있고 앞선 시녀는 키가 살짝 큰 편이고 얼굴에는 미소를 짓고 있

18 「敖漢旗下灣子遼墓清理簡報」, 『內蒙古文物考古』 1999年 第1期, 第76頁, 81頁.

19 敖漢旗博物館, 「敖漢旗羊山1-3號遼墓清理簡報」, 『內蒙古文物考古』 1999年 第1期, 第18頁.

20 敖漢旗博物館, 「敖漢旗羊山1-3號遼墓清理簡報」, 『內蒙古文物考古』 1999年 第1期, 第31頁.

<그림 3> 츠펑시 아오한치 양산 1호분의
요나라 고분이 "수박 그림"

<그림 4> 베이지 자이탕
요나라 고분 현실 문 안쪽
서쪽 벽면의 과일 그림

으며 두 손은 소매 안에 넣은 채 양손으로 석류, 복숭아, 수박을 담은 접시를 받쳐 들고 있다. 뒤따르고 있는 시녀는 앞의 시녀보다는 키가 작고 앞의 시녀를 바짝 뒤따르고 있으며 양손으로 받쳐 든 쟁반에는 고족완(高足碗)이 들려있다.[21] 이상 3개의 고분 벽화에서 발견되는 과일 그림에서는 수박, 석류, 복숭아, 대추를 하나의 조합으로 하고 있는데 이는 당시 돈황 지역의 외래 과일과도 유사하다.

　러시아에 소장되어 있는 흑수성 문헌(黑水城文獻) 중에는 『몽학자서(蒙學字書)』라는 책이 있다. 일련번호가 Дx.02822에서 'Дx.'는 러시아어 '돈황'의 축약자이다. 따라서 일련번호에만 의거하면 이는 돈황문헌이어야 한다. 하지만 『몽학자서』를 『서하지형도(西夏地形圖)』, 『천성개구신정율령(天盛改舊新定律令)』(西夏文), 『삼재잡자(三才雜字)』(西夏文) 등과

21　北京市文物事業管理局·門頭溝區文化辦公室發掘小組,「北京市齋堂遼壁畵墓發掘簡報」, 『文物』 1980年 7期, 第25頁.

비교해보니 이 문헌은 사실 서하 인효왕(仁孝: 1139~1193)시기에 수정(修訂)한 자서(字書) 필사본임이 밝혀졌다. 이는 서하 경내에서 상용되고 있었던 실용적인 한문의 한자 학습을 위해 습자교재를 개편한 것이었고 후에 흑수성으로 흘러들었던 것이다.[22] 러시아에 소장 중인 돈황문헌 중에는 흑수성문헌이 적지 않게 섞여있는데 사실 이는 초기의 문헌 정리자가 러시아가 중국 서북의 각 지역 유적지로부터 획득한 소량의 한문문헌들을 일률적으로 "돈황한문문헌"에 귀속시켰기 때문이다.[23]

『몽학자서』에서 알 수 있듯이 서하 말기의 "번성(番姓)" 중에는 이미 "외명(嵬名)", "몰장(沒藏)" 등과 같은 성씨들이 존재했다. 이외에도 자서에는 돈황 지역의 외래품에 대해 상당히 많이 기록하고 있다. 그중 과일에 대해 기록한 열다섯 번째에서 호두, 석류, 감, 귤, 대추(南棗), 월과(越瓜, 김치참외), 회골과(回鶻瓜), 대식과(大食瓜) 등을 기록하고 있다.[24] 이는 서하문헌 중의 한문본 『잡자(雜字)』와 완전히 동일했다. 보편적으로 『잡자』는 서하 말기의 작품으로 알려져 있다. 『잡자』의 "과일 부분"에서도 마찬가지로 "회흘과(回紇瓜)"와 "대석과(大石瓜)"를 기록하고 있다.[25] 이중의 회골과(回鶻瓜)/회흘과(回紇瓜)는 훗날 신장 투루판 등 지역에서 생산되었던 "하미과(哈密瓜)"를 지칭하는 말이었다. 반면에 "대석과(大石瓜)"에 대해 스진퍼(史金波)는 "대식과(大食瓜)"라고도 하

22 王使臻, 「俄藏文獻Ⅱx. 2822"字書"的來源及相關問題」, 『西夏學』 第5輯, 上海: 上海古籍出版社, 2015, 第116-125頁.

23 榮新江, 「〈俄藏敦煌文獻〉中的黑水城文獻」, 『黑水城人文與環境研究-黑水城人文與環境國際學術討會文集』, 北京: 中國人民大學出版社, 2007, 第534-548頁.

24 俄羅斯科學院東方研究所編, 『俄藏敦煌文獻』 第10冊, 上海: 上海古籍出版社, 1998, 第61頁.

25 史金波, 「西夏漢文本〈雜字〉初探」, 白濱等編, 『中國民族史研究』 第2輯, 北京: 中央民族學院出版社, 1989, 第180頁.

며 페르시아 일대에서 전해졌다고 보고 있다.[26] 나아가 왕징루(王靜如) 역시 대석과는 물론 안식향(Styraxbenzoin)도 마찬가지로 페르시아에서 온 것이라고 주장한다.[27] 황성장(黃盛璋)에 의하면 중앙아시아에서 가장 처음 수박을 재배한 사람은 화라즈머(花拉子模) 사람들이며 8~9세기 경부터 재배하였고 후에 신장에 전해졌다고 한다.[28] 화라즈머의 중심은 우즈베키스탄이고 오늘날의 중앙아시아, 이란, 아프가니스탄 일대를 아우르고 있다. 따라서 대식과가 수박일 가능성이 높다. 『잡자』(Дх. 2822)의 내용과 체계는 돈황본(敦煌本)『속무요명림(俗務要名林)』과도 흡사하다.

『속무요명림』은 돈황 막고굴 장경동(藏經洞)에서 출토되었고 7세기 백성들이 일상에서 중요하게 사용하였던 단어들을 수록하고 있다. 야채, 과일 등의 분류가 있고 이에 대해서는 주로 P.617, P.5001, P.2609, P.5579 등에 기록되어있다. 당태종에서 당고종 시기의 필사본으로 추정한다.[29] 이중 P.617에 과일이 기록되어 있는데 비교적 포괄적인 편이다. 그러나 대석과와 회흘과에 대한 기록은 보이지 않았다. P.2609의 과일부에도 대석과와 회흘과에 대한 언급은 없었다. P.5001에는 친족부(親族部), 택사부(宅舍部), 남복부(男服部), 여복부(女服部) 등 일부만 남아있는데 장용취안(張湧泉)은 이 부분과 P.5579가 하나로 연결된다고 보고 있다.[30] P.3776에는 천부(天部), 음양부(陰陽部), 연재부

26　史金波, 「西夏漢文本〈雜字〉初探」, 『中國民族史研究』第2輯, 北京: 中央民族學院出版社, 1989, 第171頁.

27　王靜如 · 李範文, 「西夏〈雜字〉研究」, 『西北民族研究』 1997年 第2期, 第73頁.

28　黃盛璋, 「西瓜引種中國與發展考信錄」, 『農業考古』 2005年 第1期, 第266頁.

29　張湧泉主編, 『敦煌經部文獻合集』第7册, 北京: 中華書局, 2008, 第3611頁. 參見朱鳳玉, 「敦煌寫本〈俗務要名林〉研究」, 『第二屆國際唐代學術會議論文集』, 台北: 文津出版社, 1993, 第682頁.

(年載部), 지부(地部), 도읍부(都邑部), 장부입신부(丈夫立身部)가 남아있고 이하는 유실되었다. 이와 유사하게 『속무요명림』의 S.6208 『新商略古今字樣攝其時要并行正俗釋下卷』에는 구부(口部), 힐부(纈部), 음식부(飮食部), 건미부(乾味部), 강순부(薑筍部), 과자부(果子部), 석부(席部), 포부(布部), 칠사부(七事部), 주부(酒部)가 남아있는데 이중 '과자부'에서는 과류(瓜類)에 대해 언급하지 않고 있다. 이로부터 당나라시기에 수박은 아직 내지에 전해지지 않았음을 알 수 있다. 서하 말기에 이르러 『잡자(雜字)』 중에 수박이 등장하는 것으로부터 보아 수박은 당 말기에서 서하 말기 사이에 내지에 전해진 것으로 추정된다. 따라서 수박이 내지에 전해진 것은 9세기 말에서 11세기 초 사이일 것이며 이 사이 오직 요나라 초기 문헌에서만 수박이 회골에서 전해졌다는 기록이 확인된다. 흑수성 문헌과 돈황유서 그리고 『잡자』와 『속무요명림』이 수박의 전파에 대해 중요한 증거를 제시하고 있는 것이다.

호도(胡桃)라고 하는 것은 복숭아를 지칭하는 말인데 그 이름에서도 알 수 있듯이 석류와 마찬가지로 서역이나 중앙아시아, 또는 서아시아에서 전해진 것이다. 그러나 대추(南棗)나 월과(김치참외)는 남아시아와 동남아시아에서 전해졌다. 톈진예술박물관(天津藝術博物館) 소장의 돈황문서진예(敦煌文書津藝) 061(77·55·4402-5V) 『신찰(信劄)』에는 사주(沙州) 절도사(節度使)가 회골에서 "회골 대추 5승(升: 리터)"[31]를 가지고 왔다고 적고 있다. 이로부터 회골 대추가 당시에 인기가 좋았음을 알 수 있다. 요나라 상경의 한성(漢城) 서남쪽에는 회골의 사절과 상인들

---

30 張湧泉丰編, 『敦煌經部文獻合集』 第7冊, 北京. 中華書局, 2008, 第3611頁.
31 天津藝術博物館編, 『天津藝術博物館藏敦煌文獻』 第1冊, 上海古籍出版社, 1996, 第308頁.

전용 공간인 "회골영(回鶻營)"이 설치되어 있었다.[32] 상경의 황성 옛터 남측의 2.5~4m의 집적층에서 "요나라시기의 벽돌, 기와, 도자기 등의 파편과 짐승의 뼈, 동전, 철 조각 등이 출토되었고 이와 함께 수박씨, 가공한 수박씨, 밤, 수수 등과 같은 이미 부패한 음식물의 흔적들도 발견되었다."[33] 요나라 상경은 과일이나 작물 등을 넓은 면적에서 전문적으로 지배하는 지역은 아니었다. 그럼에도 상당한 양의 수박씨나 양곡의 흔적이 출토되었다는 것은 수박이 소비용으로 이곳으로 옮겨졌을 가능성이 높음을 말해준다. 만약 이것이 사실이라면 이상과 같은 출토물들은 회골의 수박이 거란으로 전해진 방증이 되는 것이다.

호교는 요나라 세종시기 상경 부근의 수박을 직접 먹어보았다고 적고 있다. 요나라 중후기의 아오한샤완즈 4호 고분과 양산 1호 고분은 물론 베이징 자이탕의 요나라 고분 벽화에서도 수박 그림이 발견되는데 이는 이 시기 수박이 이미 상경 지역에서 유주(幽州, 베이징) 지역으로 전해졌음을 말해준다. 고대의 상품 무역은 오늘날만큼 발달하지 못하다보니 동서남북 각 지역으로 더 널리 전파되지 못했다. 특히 수박 같은 과일은 재배지 근처에서만 맛볼 수 있는 귀한 과일이었고 따라서 그 희소성으로 하여 더욱 진귀한 존재가 되었다. 이로부터 수박은 요나라 초기에는 시라무룬강과 우얼지무룬강 유역의 평원 지대에서 재배되고 있었고 중기에 이르면 남으로 아오한(敖漢) 지역의 쟈오라이허(叫來河) 강 유역까지 전파되었으며 말기에는 더욱 남쪽인 유주 지역까지 전파되었다는 사실을 알 수 있다.

---

32 楊富學, 「回鶻與遼上京」, 遼上京契丹·遼文化研究學會編, 『首屆遼上京契丹·遼文化學術研討會論文集』, 海拉爾 : 內蒙古文化出版社, 2009, 第128-139頁.

33 內蒙古文物考古研究所, 「遼上京城址勘查報告」, 『內蒙古文物考古文集』 第1輯, 北京: 中國大百科全書出版社, 1994, 第516頁.

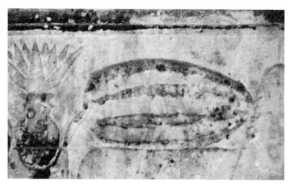

〈그림 5〉 이집트 파라오의 고분 벽화의 수박, 지금으로부터 4000년 전

3. 수박의 막북(漠北) 회흘(回紇) 유입설에 대한 고증

수박의 원산지는 남아프리카이다.[34] 야생의 수박은 대부분 아프리카 중부 지역의 사막 지대에 많이 분포되어있었고 가장 처음 수박을 재배한 이는 고대 이집트사람이다. 지금으로부터 약 4000년 전의 이집트 고분 벽화에 그려진 수박 그림(그림 5)이 이를 증명해준다. 수박은 아프리카에서 그리스, 로마에 전해졌고 로마제국의 영토가 확장되면서 그 세력권에 들었던 기타 나라들에까지 전파되었다. 그중에서 환승역과 같은 역할을 했던 페르시아에 의해 실크로드를 타고 수박의 재배 기술이 중국에 전해졌다.[35] 아라비아의 유명한 여행가 중의 한 사람인 이븐 바투타(Ibn Battuta)는 1345~1346년에 중국의 푸젠(福建), 광저우(廣州),

---

34   T. Laufer, *SINO-IRANICA. Chinese Contributions to the History of Civilization in Ancient Iran. With Special Reference to the History of Cultivated Plants and Products*, Chicago, 1919, p.438; [美]勞費爾著, 林筠因譯, 『中國伊朗編』, 北京: 商務印書館, 2001, 第263頁.

35   [日]星川清親著, 段傳德等譯, 『栽培植物的起源與傳播』, 鄭州: 河南科學技術出版社, 1981, 第11頁.

항저우(杭州), 베이징(北京)등 지를 여행한 바 있는데 그에 의해 중국의 훌륭한 수박 품종이 언급된바 있다. 그런데 그가 언급하고 있는 수박 품종은 중앙아시아의 화라즈머(花拉子模)와 이란의 이스파한(伊斯法罕)의 것과 아주 흡사했다.[36]

황성장의 고증에 의하면 중앙아시아에서 수박을 가장 처음 재배한 것은 이는 8~9세기 경의 화라즈머 사람들이며 후에 그곳으로부터 중국의 신장에 전해졌다고 한다.[37] 이는 중국의 우량 품종 수박이 중앙아시아와 서아시아 일대에서 전해진 것임을 방증하는 것이며 그 경로는 대체적으로 아프리카에서 이란 고원과 중앙아시아 일대를 거쳐 중국의 신장에 전해진 것으로 정리된다. 고창 옛터의 a유적인 마니교 벽화의 채색 그림인 제공도(祭供圖)(그림 6)[38]에서 가장 위쪽 황금접시에 '무늬가 있는 과일'과 포도가 담겨있는 것을 볼 수 있는데 이것이 수박임은 분명하다.[39] 뿐만 아니라 이 시기가 P.3672와도 일치하는 데에서 알 수 있듯이 9세기 말에서 10세기 초에 신장 지역에서 수박은 상당히 귀한 과일이었고 후에 돈황 지역으로 전해졌던 것이다.

내지에 전해진 수박에 대해서는 '수박'이라고 통칭하고 있다. 『광군

---

36 H. Yule, *Cathay and the Way Thither: Being a Collection of Medieval Notices of China* Vol. Ⅳ, London, 1913, p.109.

37 黃盛璋, 「西瓜引種中國與發展考信錄」, 『農業考古』 2005年 第1期, 第266頁.

38 Zauzsanna Gulácsi, *Manichaean Art in Berlin Collections. A Comprehensive Catalogue of Manichaean Artifacts Belong to the Berlin State Museums of the Prussian Cultural Foundation*, Museum of Indian Art, and the Berlin-Brandenburg Academy of Sciences. Deposited in the Berlin State Library of the Prussian Cultural Foundation, Turnhout: Brepols, 2001, fig. 32. 1.

39 H. Härter - M. Yaldiz, *Along the Silk Routes, Central Asia Arts from the West, Berlin State Museums*, New York, 1982, p.177; 森安孝夫, 「ウイグル=マニ教史の研究」, 『大阪大學文學部紀要』 第31·32卷合刊, 大阪大學文學部, 1991, 第81頁.

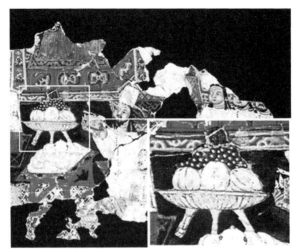

〈그림 6〉 고창 옛터 a유적지의 마니교 벽화 속의 채색 수박

방보(廣群芳譜)』 14권에는 "옛날에 서역에서 전해졌다고 하여 수박이라 한다"[40]고 적혀 있다. 『광군방보』는 강희 47년(1708)에 왕호(汪灝) 등이 강희제의 명을 받아 명나라 왕상진(王象晉)의 『군방보(群芳譜)』를 저본으로 하여 개편한 것이다. 이로부터 알 수 있는바 '수박'이라는 명칭은 명나라시기에 이미 정해졌던 것이고 여기서 수박이 전해진 지역 '서역'은 막북을 지칭하는 말이었다.

최근에 일부 학자들이 논문을 발표하여 수박은 막북 회흘 고성(古城)에서 거란에 전해진 것이라고 주장하고 있다.[41] 하지만 이에 쉽게 동의하 수 없는바 그 원인을 살펴보면 아래와 같다. 우선 수박의 성장 환경은 일정한 자연 조건을 전제로 한다는 점이다. 1) 수박은 따뜻한 기후

---

40 『御定廣群芳譜』卷67, 摛藻堂欽定四庫全書薈要本, 第22-23頁.

41 程傑, 「西瓜傳入我國的時間、來源和途徑考」, 『南京師範大學學報』 2017年 第4期, 第83-91頁.

를 좋아하고 추위에 약하다. 온도는 25℃ 이상(32℃ 이상이 가장 이상적)
이어야 하는데 몽골 고원의 겨울(11월~이듬해 4월)은 춥고 길다. 가장
추운 1월의 평균 기온은 -30℃~-15℃이며 가장 추울 때는 -40℃에
달하기도 한다. 뿐만 아니라 여기에 큰 눈바람이 동반된다. 봄(5~6월)
과 가을(9~10월)은 짧고 돌발적인 기후 변화가 잦은 편이어서 가을임에
도 간혹 큰 눈이 올 때가 있다. 2) 기후가 건조하고 주야의 온도 차가
크다는 점에 있어서는 몽골의 기후가 수박 재배에 적합하기도 하다.
여름(7~8월)에는 주야의 온도 차가 크고 일조량이 풍족하며 자외선이
강하고 최고온도는 35℃ 이상이 되기도 한다. 3) 재배 토질에 있어서
수박은 적응력이 비교적 높은 편이다. 사토(沙土), 점토(黏土), 남방의
홍토(紅土)는 물론 간석지의 간척논이나 산비탈의 황지에서도 성장이
가능하다. 하지만 몽골에는 건조한 초원뿐이고 지금까지도 수박이 재
배되지 않고 있다. 4) 위도상으로 보더라도 신장 지역은 위도가 낮은
편이고 반면에 몽골 지역은 위도가 높은 편이다. 위도가 높은 지역에서
재배된 수박은 위도가 낮은 신장 지역에서 재배된 것보다는 맛이 못하
다. 반면에 요나라가 가지고 간 수박씨는 상당히 맛이 좋은 품종이다.
이런 수박은 토질에 대한 요구가 높아서 반드시 사토여야 하고 온도
차가 커야 하며 이 조건이 충족되어야만 수박이 사박사박하고 달다.
어얼훈(鄂爾渾) 유역은 기후나 토질 등 모든 면에서 수박 재배에 적합한
환경을 갖추고 있지 않다.

다음은 840년에 회골이 서쪽 또는 남쪽으로 이전하게 되면서 어얼훈
지역이 공지로 남게 되었다는 점이다. 당선종 대중(大中) 10년(856) 봄
에 반포된『회골 가한 의립에 관한 조서(議立回鶻可汗詔)』에서 회골의
옛터에 대해 "텅빈 사막에 도읍 흔적은 여전히 남아있다"[42]고 적고 있
다. 이는 회골이 서쪽으로 이전한 뒤 막북에는 사람이 살고 있지 않았

고 이로써 천여 년의 어얼훈 전통이 중단되었음을 알 수 있다.[43] 924년
에 이르러 요나라의 서부 정벌시기 이 지역에는 주로 막북 달단(韃靼)
인들이 거주하고 있었다. 원래 회골국의 국교(國敎)였던 마니교는 840
년 회골제국의 붕괴와 함께 막북에서 사라졌다. 달단인들은 마니교를
신앙하지 않았다. 따라서 수박은 막북 마니교도들의 왕래에 의해 전해
졌다는 주장은 터무니없는 것이다. 『서주사정기(西州使程記)』에서 보면
왕연덕(王延德)은 하주(夏州, 오늘날의 산시성(陝西省) 형산현(恒山縣) 서북
지역)에서 출발하여 당나라 중기의 수항성(受降城) 지역을 경유하여 회
골에 이르렀던 노선을 따라 몽골 고원 중부의 어얼훈강 유역의 달단
구족(九族)의 거주지를 통과하고 서쪽의 항애산(杭愛山) 산맥을 넘어 이
주(伊州)에 도착하고 있었다.[44] 중도에 달단 구족의 거주지를 통과하였
지만 마니교의 흔적은 전무하였다고 한다.

천찬 3년(924) 10월, 요태조는 서부 정벌에서 "군대를 거느리고 사막
지대를 넘어 부도성을 점령하고 서쪽 변경의 제 부족을 항복시켰다.
… 11월, 을미(乙未) 삭(朔) 감주(甘州) 회골 도독(都督) 필이알(畢離遏)을
포획하고는 사절을 파견하여 그 주인 무모주(毋母主) 가한(可汗)에게 알
렸다"[45] 감주의 회골은 오랫동안 오대(五代)의 제 정권들과 밀접한 정치

---

42 [唐]宣宗, 「議立回鶻可汗詔」, 董誥編, 『全唐文』 卷80, 北京: 中華書局, 1983, 第841
    頁; 宋敏求編, 『唐大詔令集』 卷128, 北京: 中華書局, 2008, 第693頁.

43 Michael R. Drompp, Breaking the Orkhon Tradition: Kirghiz Adherence to the
    Yenisei Region after A. D. 840, *Journal of the American Oriental Society* Vol.
    119, No. 3, 1999, pp.390-403.

44 이것이 마에다 나오노라(前田直典)와 천중 (岑仲勉)을 대표로 하는 학계의 대표적인
    관점이다. 前田直典, 「十世紀時代の九族韃靼 : 蒙古人の蒙古地方の成立」, 『東洋學報』
    第32卷 第1號, 1948, 第63-71頁.(收入『元朝史研究』, 東京大學出版會, 1973, 第235-242
    頁에 수록); 岑仲勉, 「達怛問題」, 『中山大學學報』 1957年 第 3 期, 第120-124頁.

45 『遼史』 卷2 『太祖紀下』, 北京: 中華書局, 1974, 第20頁.

적 연관을 맺고 있었고 심지어는 함께 손을 잡고 거란에 대항할 가능성도 존재했다. 이는 요나라가 원하는 바가 아니었고 따라서 요태조는 서부 정벌 때 하서(河西)를 지나는 길에 감주 회골에 대한 기습 공격을 진행하여 그곳의 도독인 필이알을 포획하여 감주 회골에 큰 위력을 과시하였다. 이 행동은 실제로 효과를 발휘하였는데 이는 이듬해 4월 "회골 무모주 가한은 사신을 파견하여 조공을 하였다"[46]는 기록에서 알 수 있다.

　이 사건은 회골과 요나라의 관계사(關係史)에서 중요한 의미를 지닌다. 요나라 멸망 전야인 보대(保大) 3년(1123)에 거란 귀족 야율대석(耶律大石)은 서부 정벌 길에 고창 회골 국경에 이르러 고창의 양해와 지지를 얻기 위하여 고창 회골의 가한인 필늑가(畢勒哥)에게 서신을 보내어 말하기를 "옛날 우리 태조황제께서 북벌 시 복고한(蔔古罕)성을 지나는 길에 감주에 사신을 보내어 당신의 주인 무모주에게 말하기를 '고국이 그리운가? 짐이 그대의 고국을 찾아주겠다. 고국으로 돌아갈 수 없는가? 짐이 돌아갈 수 있게 해주겠다. 짐이 있는 한 당신도 존재한다.'라고 하였다. 그대의 선대 가한께서 즉시 사의를 표시하고 나라를 이곳으로 옮긴지 십여 대를 경과하는 중에 군민이 모두 이주하여 정착하였으니 다시 돌아갈 수는 없는 일이다. 당신네 나라와의 좋은 관계는 하루 이틀의 일이 아니다. 내가 오늘 서쪽 대식(大食)에 가는 길에 그대의 경내를 지나가니 의심하지 말지어다."라고 하였다. 이 서찰을 받은 필늑가는 이들을 관저에 초대하여 사흘 동안 큰 연회를 베풀었다.[47] 그리고 떠날 때에는 상당한 수량의 말과 낙타, 양을 제공하여 친선의 뜻을

46　『遼史』卷2『太祖紀下』, 第21頁.
47　『遼史』卷30『天祚皇帝本紀』, 第356頁.

표시하였다. 이 기록에서도 알 수 있듯이 요태조의 서부 정벌은 틀림없는 사실이다.

4. 고창 회골에서 요나로 전해진 수박의 전파 경로

『요사(遼史)』의 기록에 따르면 "조복(阻卜)의 여러 부(部)는 오래 전부터 존재했고 옛날에는 그 강역이 넓어 북으로는 여구하(臚朐河), 남으로는 변경에까지 닿았다. 많은 사람들이 흩어져 살고 있었고 전혀 통일성이 없었으며 오직 약탈만을 일삼았다. 요태조의 서부 정벌 때에 사막지대로 내몰리자 형세에 꺾여 투항을 하였으며 이와 동시에 서역의 많은 나라들도 함께 조공을 하는 데에 동의하였다"[48]고 기록하고 있다. 이는 요태조의 서부 정벌이 서역에까지 닿았음을 충분히 설명해 준다. 그렇지 않고서야 조복과 인접해 있는 서역이 어찌 조공에 동의할 수 있었겠는가! 만약 그 세력 범위가 그저 어얼훈강 연안에만 그쳤다면 서역 여러 나라에 대한 위협이 이 정도일 수는 없었을 것이다.

나가사와 카즈토시(長澤和俊)의 정리에 따르면 요태조의 서부 정벌 노선은 대체적으로 다음과 같다. 상경에서 후룬베이얼(呼倫貝爾)을 경유하고 커루룬허(克魯倫河), 투라허(土拉河) 강 연안을 따라 어얼훈하 강 유역에 이르렀다. 태조가 거느린 군사가 가장 멀리 도달한 곳은 부도성이었고 요골(堯骨)이 군대를 거느리고 남하하여 하곡(河曲, 네이멍구 이커자오멍(內蒙古伊克昭盟) 지역의 당항(黨項)을 토벌하였으며 그 도중에 감주의 가한에게 사신을 파견하였다는 것이다.[49] 이 주장에 대해서는

---

48 『遼史』 卷103 『蕭韓家奴傳』, 北京: 中華書局, 1974, 第1447頁.

대부분의 학자들이 동의하는 바이지만 일부 학자들은 요골이 아보기와 길을 두 갈래로 나누었던 것이 아니라 시종일관 정벌군의 선봉으로 행동했다고 주장하기도 한다. 거란의 서부 정벌군의 동부 회군 노선을 보면 막북에서 커루룬하를 거쳐 거란의 중앙부로 진입한 것이 아니라 황화 하투(河套) 북부의 당항 거주지에서 동쪽으로 직진하여 요나라 상경(오늘날의 네이멍구 츠펑 파린줘치)에 닿았을 것이라는 주장이다.[50] 필자는 후자의 주장에 동의하는 바이다. 다만 한 가지 보충 설명을 하자면, 요태조 야률아보기가 서부 정벌 중인 천찬 3년(924) 11월에 감주 회골에 사신을 파견하였고 이듬해 4월 회골 가한 우무주가 다시 사신을 파견하여 조공을 하였는데 이는 요나라의 거란 주력군이 감주 정권의 세력권 내를 경유하게 하기 위한, 이를테면 요나라 말기 야률대석이 고창 회골을 경유하고자 한 것과 같은 목적의 행동이었다는 점이다.

> 昔我太祖皇帝北征, 過蜀古罕城, 卽遣使至甘州, 詔爾主鳥母主曰"汝思故國耶? 朕卽爲汝複之; 汝不能返耶? 朕則有之. 在朕, 猶在爾也。"[51]

감주 회골을 위해 옛터를 회수해주겠다는 이러한 발언은 실질적으로는 요나라의 강대한 실력을 감주 회골에 알림으로써 서부 정벌의 순탄한

---

49 長澤和俊,『シルク・ロード史研究・遼の西北路經營にいてつ』, 東京: 國書刊行會, 1979, 第311頁. 청쑤뤄(程溯洛)는 주장하기를 "요나라는 두 갈래로 나누어 출병하였는데 한 갈래는 거연(居延)에서 직접 하서주랑(河西走廊)으로 진군하였고 다른 한 갈래는 음산(陰山) 북쪽에서 천산 동쪽까지 노선을 택하였고"고 하였다. 程溯洛,「論遼金與回鶻的關系」, 陳述主編,『遼金史論集』第1輯, 上海: 上海古籍出版社, 1987, 第80-81頁.

50 孫昊,「10世紀契丹的西征及其與轄戛斯人的交通」,『歐亞學刊』新9輯, 北京: 商務印書館, 2019, 第128-129頁.

51 『遼史』卷30『天祚皇帝紀四』, 第356頁.

행군을 위한 기초를 다져놓자는 것이었다. 반면에 우무주 가한의 사신
파견은 요나라가 목적을 달성하였음을 말해 준다. 하지만 당시 조의금(曹
議金)의 통치 하에 있었던 각 귀의군(歸義軍) 세력들은 감주 회골을 적극
적으로 회유하고 있었다. 그들은 혼인을 통해 관계를 증진시키는 방법을
썼고 실질적으로 감주 회골의 도움을 받기도 하였다. 따라서 사주(沙州)
를 경유하는 노선은 고려 범위 내에 있는 것이었고 회군 시 사주, 장액(張
掖) 일대를 경유할 것인가의 문제는 선택으로 남아있었다.

청제(程傑)가 수박이 고창 회골로부터 전파되었다는 설을 반대하는
첫 번째 이유는 바로 924년 요태조가 서부 정벌에서 북부의 부도성을
함락하는데 이는 "절대 불가능한 일이며 심지어 황당하다"[52]고 판단하였기
때문이다. 그러나 역사 기록에 따르면 "천찬 3년 10월 정묘(丁卯)에 요태조
의 군대는 아직 "바리스산(覇離思山, 오늘날의 신장 하미베이파리곤산 哈密北巴
裏坤山)에 머물고 있었고", 11월 을미(乙未)에 "감주(甘州, 오늘날의 간쑤(甘
肅) 장예시(張掖市)) 회골 가한 필이알을 포획하였다."라고 기록되어 있다.
따라서 필자가 보기에 요태조가 단 한 달 사이에 북부의 부도성(오늘날
신장 지무싸얼(吉木薩爾) 이북 12km 지점)을 함락시키고 다시 감주로 돌아온
다는 것은 어불성설이다. 청제의 추론은 보기에는 명백해 보이지만 실제
로는 해석의 오류다. 『요사·태조기(遼史·太祖記)』의 일부를 인용해 보자.

> [天贊三年]冬十月丙寅朔，獵寓樂山，獲野獸數千，以充軍食。丁卯，
> 軍於霸離思山。遣兵逾流沙，拔浮圖城，盡取西鄙諸部。十一　月乙未
> 朔，獲甘州回鶻都督畢離遏。[53]

52　程傑，「西瓜傳入我國的時間、來源和途徑考」，『南京師範大學學報』 2017年 第4期, 第
　　86頁.
53　『遼史』 卷2 『太祖紀下』, 北京: 中華書局, 1974, 第20頁.

역사서의 기록은 명확하다. 요태조는 파리곤산에 주둔한 후 "군사를 파견하여 사막을 넘어 부도성을 함락하였(다)"을 뿐이지 청제의 주장처럼 요태조가 직접 부도성 정벌에 나섰던 것은 아니다. 실크로드에서 파리곤의 지위는 사뭇 중요하다. 당나라 시기의 '회골로(回鶻路)'라고 하는 것이 바로 막북에서 서남에 위치한 파리곤에 이르고 파리곤에서 다시 서쪽의 북정에 이르는 길을 말한다.[54] 파리곤에서 동남쪽으로 향하면 합밀, 돈황을 거쳐 감주(장액)에 닿을 수 있다. 거리는 800km 정도가 되는데 이는 요태조가 거느린 거란 기병들에게 있어서 한 달 만에 도착하기란 아주 쉬운 일이었다.

영국 학자 미노르스키는 마웨이지(馬衛集)의 기록에 의거하여 거란에서 사주로 향하는 노선을 세 단계로 정리한 바 있다. 첫 번째 단계는 사주에서 Khātūn-san(가돈묘, 可敦墓)까지이고 이 구간은 약 2달 정도가 소요된다. 두 번째 단계는 ūtkin까지로 약 한 달이 소요되며, 세 번째 단계는 종착지인 ūjam까지이며 마찬가지로 한 달 정도의 시간이 소요된다. ūjam에서 바다까지는 7일이 소요된다.[55] 바이위둥(白玉東)은 Khātūn-san이 요나라의 진주성(鎭州城, 오늘날의 몽골 부얼간성(布爾幹省) 칭퉈뤄가이구성(靑托羅蓋古城))일 것이라고 주장한다.[56] 반면에 중한(鐘焓)과 캉펑(康鵬)은 Khātūn-san이 요나라 서남쪽에 위치해 있던 초토사(招討司)가 있었던 풍주(豐州)라고 보고 있다.[57] ūtkin에 대해서는

54 陳俊謀, 「試論回鶻路的開通及其對回鶻的影響」, 『中央民族學院學報(哲學社會科學版)』 1987年 第2期, 第27頁.

55 V. Minorsiky, *Sharaf Al-Zamān Ṭāhir Marvazī on China, The Turks and India*, London: The Royal Asiatic Society, 1942, p.18.

56 白玉冬, 「十世紀における九姓タタルとシルロード貿易」, 『史學雜誌』 第120編 第10號, 2011, 第1-36頁; 白玉冬, 『九姓達靼遊牧王國史硏究(8-11世紀)』, 北京: 中國社會科學出版社, 2017, 第142-145頁.

바이위둥과 중한 모두 욱독군(鬱督軍, ötükän)이라고 보고 있으며 ūjam
는 요나라 상경이라고 보았다.[58] 만약 이것이 정확하다면 사주에서 출
발하여 거란까지 가는 데에는 4개월이라는 시간이 필요하다. 캉펑은
ūtkin에 대한 견해가 조금 달랐는데 그는 ūtkin은 곧 요나라 상경이고
ūjam은 "왕의 막사"를 지칭하는 거란어 '*ŋu-chaŋ'에서 기원하는 단어
일 가능성이 높다고 보았다. 즉 ūjam은 요나라 임금의 행궁을 뜻하는
것이며 이럴 경우 사주에서 상경까지는 3개월의 시간이 소요된다.

요태조의 동쪽 귀환 노선은 아마도 다음과 같은 루트를 따랐을 것이
다. 빠리곤에서 출발하여 동남으로 행군하여 사주에 이르고 사주에서
동으로 행군하여 감주에 닿았을 것이며 감주에서 북쪽 액제납(額濟納)
을 경유하여 요나라 서남쪽 초토사 거점이었던 풍주를 거쳐 상경으로
돌아왔을 것이다. 수박이 요나라에 전해진 경로도 아마 이 노선을 따랐
을 것이다.

1419년 티무르제국은 명나라에 사신을 파견하였고 동행했던 화가 개
야속정(蓋耶速丁)은 『사합노 사신의 중국기(沙哈魯遣使中國記)』를 편찬
하였는데 그 기록에 보면 사신단의 행진 속도는 일평균 25-30km로 기
록되어있다.[59] 속도가 느린 편이라고 보아야 할 것이다. 『목천자전(穆天

---

57 鍾焓, 「遼代東西交通路線的走向-以可敦墓地望研究爲中心」, 『歷史研究』 2014年 第4
   期, 第34-35頁; 康鵬, 「馬衛集書中的契丹"都城"-兼談遼代東西交通路線」, 『民族研究』
   2017年 第2期, 第91頁.

58 白玉冬, 「十世紀における九姓タタルとシルロード貿易」, 『史學雜誌』 第120編 第10號,
   2011, 第1-36頁; 白玉冬. 『九姓達靼遊牧王國史研究(8-11世紀)』, 北京: 中國社會科
   學出版社, 2017, 第142-145頁; 鍾焓, 「遼代東西交通路線的走向-以可敦墓地望研究
   爲中心」, 『歷史研究』 2014年 第4期, 第44-46頁.

59 [法]阿裏·瑪紮海裏著, 耿昇譯, 『絲綢之路: 中國-波斯文化交流史』, 烏魯木齊: 新疆人
   民出版社, 2006, 第43頁.

子傳)』이나 『산해경(山海經)』 등과 같은 진나라시기 고서의 기록은 비록 일부 황당한 부분도 있지만 고대의 지리 참고서로는 중요한 사료적 가치를 지닌다. 『목천자전』의 기록에 따르면 목왕의 행진 속도는 일평균 70km였다.[60] "인간의 정상적인 보행 속도는 시속 5km이며 달리기 시속은 10km이다. 이에 비해 말의 속도는 사람의 두 배 이상이다. 이 기준에 따라 계산하면 말의 속도는 대략 시속 20km가 되고 가장 빠른 속도는 시속 60km이며 연속해서 100km를 달릴 수 있다."[61] 몽골제국이 서부 정벌에 나섰을 때 군의 행군 속도는 일평균 90-95km였다. 돌격전의 경우를 보면 북부 러시아를 점령하는 데에 2개월 5일이 걸렸고 하루 평균 진격 속도는 85-90km였으며 남부 러시아를 점령하는 데에는 2개월 10일이 걸렸고 하루 평균 진격 속도는 55-60km였다. 그리고 헝가리와 폴란드를 점령하는 데에는 3개월의 시간이 걸렸고 하루 평균 진격 속도는 58-62km였다. '빠른 속도'는 몽골 서부 정벌군이 전략적인 주도권을 잡을 수 있었던 가장 확실한 요소였다.[62] 몽골 기병의 행군 속도는 사신단의 3배 이상이지만 전시에는 각종 외부 영향으로 하여 사신단 속도의 2-3배에 지나지 않게 되었다. 거란 기병의 속도는 비록 몽골 기병을 따를 수는 없지만 그래도 크게 차이나지는 않았을 것이다. 만약 이것이 사실이라면 사신단이 사주에서 출발하여 거란에 도착하는 데에는 3~4개월의 시간이 걸리며 기병의 경우는 1~2개월 또는 더 짧은 시간 안에 도착할 수 있었다. 게다가 당시 막북의 여러 민족은 모두 흩어져 살고 있었던 부족들이었기 때문에 요태조는 서부 정벌 과정에

---

60 王貽樑 · 陳建敏選編, 『穆天子傳彙校集釋』, 上海: 華東師範大學出版社, 1994, 第67頁.

61 杜君立, 『歷史的細節－馬鐙、輪子和機器如何重構中國與世界』, 上海: 上海三聯書店, 2013, 第12-13頁.

62 羅旺紮布等, 『蒙古族古代戰爭史』, 北京: 民族出版社, 1992, 第240頁.

서 큰 저항에 부딪히지 않았고 따라서 요나라 상경에서 출발하여 고창 회골에 도착하는 데에 4개월이라는 시간은 충분한 시간이었음을 알 수 있다.

5. 결어

역사 문헌에서 보는바와 같이 중국 내지에서의 수박 재배는 요나라 시기에 시작되었고 요나라의 수박은 회흘에서 전해진 것으로 알려진 다. 그러나 회흘의 수박이 어디에서 온 것인지에 대해서는 학계에서도 여전히 논쟁 중이다. 특히 최근에는 청제가 논문을 발표하여 수박은 막북에서 생산된 것이지 신장에서 생산된 것이 아니라고 주장하고 있 다. 그의 이 주장을 뒷받침하는 근거는 "요태조의 서부 정벌은 북부 부 도성에까지는 이르지 못했을 것이다"는 것인데 이는 사실 해석의 오류 이다. 『요사』에 기록하기를 요태조는 천찬 3년 10월에 합밀의 북부 지 역인 파리곤산에 주둔하고 있었고 11월에는 간쑤 장액에 도착하였다고 하고 있다. 이처럼 요태조가 단 한 달 만에 직접 북부 부도성을 함락시 킨다는 것은 불가능하다. 이는 해석의 오류인데, 역사서에는 요태조가 파리곤산에서 군사를 파견하여 부도성을 함락시켰다고 기록하고 있지 직접 부도성을 함락하는 전투에 참여하였다고 기록하고 있지는 않다. 따라서 청제의 추론은 성립이 불가능하다. 『마위집이 중국 돌궐과 인 도에 대해 논하다(馬衛集論中國突厥與印度)』에 보면 사신단이 사주에서 출발하여 거란에 도착하는 데에는 4개월이란 시간이 소요되었다. 요태 조 서부 정벌은 924년 6월에 출발하여 10월에 파리곤산에 도착하였고 그곳에서 군대를 파견하여 부도성을 점령하였는데 마찬가지로 또 4개월이란 시간이 걸렸다. 이로부터 알 수 있는바 거란 기병의 속도는 사신단의 속도보다 훨씬 빨랐고 따라서 요태조와 그의 군대들이 고창 회골에 도착하였다는 데에 대해 이의를 제기할 근거가 없는 것이다.

　게다가 수박이 막북에서 생산되었다는 역사적 근거를 사서에서 찾을 수가 없다. 역사서에서 기록하기를 회골은 840년에 서쪽으로 이전하였고 그후 회골 지역은 인적이 없는 지역이 되었다고 한다. 막북에 회골사람들이 살고 있지 않으니 "회흘 수박"이 막북에서 생산되었다는 설도 근거를 잃게 된다. 뿐만 아니라 수박은 건조하고 더운 기후와 사질 토양에 적합한 과일인데 막북은 수박 재배에 알맞는 여건을 갖추고 있지 않다. 돈황문서 P.3672bis『도통 대덕이 사주 송중정 등에게 보낸 서신(都統大德致沙州宋僧政等書)』에 보면 고창 회골에는 "향도" 즉 수박이 생산되고 있다고 명확하게 기재되어 있다. 이는『호교함북기』에 기재되어있는 야률아보기가 "회흘을 점령하여 이 씨앗을 얻었다"는 기록과 맞물리는 것이다. 이로부터 알 수 있는바 동쪽으로부터 거란에 전해진 수박은 고창 회골에서 생산되었던 것이 확실하다. 야률아보기가 군대를 파견하여 회골 부도성을 함락한 것이 924년이고 고창 회골 경내인 파리곤산을 경유하여 동쪽으로 이동하였고 그곳에서 동남쪽의 사주(간쑤성 돈황시)에 닿았으며 다시 사주에서 동으로 이동하여 감주에 도착, 감주에서 흑수성을 끼고 북으로 이동하여 네이멍구 어치나치(額濟納旗)를 경유하여 초탁사가 있던 서남쪽의 풍주를 거쳐 마지막으로 동북에 위치한 상경으로 돌아왔다. 요나라에 전해진 수박도 이 경로를 따라 거란에 전해졌을 것이다.

　회골 수박의 동쪽으로의 전파 경로는 요나라의 서부 경략(經略)의 한 축소판일 뿐이다. 서양의 금은, 유리, 옥, 호박 제품도 마찬가지로 요나라의 서부 경략 노선을 따라 유입되면서 끊임없이 요나라 사람들의 생활에 영향을 미쳤다. 그중에서도 요나라시기의 금은 제품에 대한 연구가 가장 깊이 있게 진척되었다. 장징밍(張景明), 주톈수(朱天舒), 왕춘옌(王春燕), 판진(樊進) 등[63] 연구자들을 대표로 하는 문화, 고고학, 공예 등 다방면에서 이루어진 연구들은 요나라 금은 제품에 미친 서양의 요소를 다각적으로 검토하고 있다. 또한 요나라 고분, 이를테면 진국공주묘(陳國公主墓)나 야률우(耶律羽)의 묘에서 출토된 정교한 유리 제품과 옥 제품, 호박 제품은 중앙아시아, 서아시아가 요나라의 공예품에 미친 영향을 충분히 증명하고 있다. 초원 실크로드의 맹주로서의 요나라는 끊임없는 서부 경략 과정에 서역, 중앙아시아, 서아시아에 대한 영향을 심화시킴과 동시에 그들로부터 영향을 받으면서 동서문화의 교류를 추동하였다.

---

63 張景明, 『金銀器與草原絲綢之路硏究』, 蘭州: 蘭州大學出版社, 2017; 朱天舒, 『遼代金銀器』, 北京: 文物出版社, 1998; 王春燕, 『遼代金銀器硏究』, 北京: 科學出版社, 2020; 樊進, 「遼代金銀器設計硏究」, 南京藝術學院博士學位論文, 2017.

21세기 세계화 시대의 기독교와 성서

도전과 전망

크리스티안 단츠
[오흥명 옮김]

지난 30년 간 전 세계의 정치적, 경제적, 문화적 발전은, 아니 무엇보다 이 시기의 무수한 갈등은 미국의 정치학자 새무얼 헌팅턴의 진단을 확증해준 것처럼 보인다. 1993년 발표된 논문 "문명의 충돌?"에서, 헌팅턴은 동서갈등의 종식 이후 21세기의 세계정치가 일차적으로 문화적, 인종적 갈등에 의해 조형되리라는 주장을 개진했다.[1] 3년 후, 헌팅턴은 자신의 생각을 저술 형태로 제시하면서 종교문화적 갈등의 계열들이라는 지평에서 미래의 세계정치에 대한 포괄적인 시나리오를 그려 보여주었다. 그는 종교의 양가성과 조형적 능력을 정치학의 주안점이

---

1 Cf. S.P. Huntington, The Clash of Civilizations?, in: Foreign Affairs 72 (1993), 22-49. Cf. on this C. Danz, Die Deutung der Religion in der Kultur. Aufgaben und Probleme der Theologie im Zeitalter des religiösen Pluralismus, Neukirchen 2008, 32-35.

되게 했다.[2] 그가 관찰한 바에 따르면, 세계의 다양한 문화들은 무엇보다 개인과 집단의 정체성 형성에 막대한 영향을 미치는 종교와 종교적 전통에서 차이를 드러낸다. 그리하여 헌팅턴은, 종교적-문화적 갈등이 탈냉전 시대의 세계에서 낡은 동서 간의 대결을 점점 더 대신해가고 있다고 결론 내린다.[3] 이러한 갈등은 문화들 간의 대립의 견고한 핵심을 이루는 다양한 종교들에 의해 가속화되고 또 가열되고 있다.

종교와 종교적 전통들은, 헌팅턴이 지적한 것처럼 사실상 양가적이다. 종교와 종교적 전통은 세계 안에 있는 인간의 삶을 구조화함으로써 우리가 누구인가에 대한 질문에 대답해주고 정체성과 방향설정을 제공해준다. 그와 동시에, 종교와 종교적 전통은 인간의 삶 전체에 관한 것이다. 종교의 그러한 양가성이 종교적, 문화적 다원주의 시대에 어떻게 각 종교들의 관점에서 다루어져야 서로 다른 종교문화들의 관용어린 공존에 이르게 될 것인가? 이와 더불어 기독교적 관점에서 다음과 같은 고찰들 속에서 다루어져야 할 문제가 언급되고 있다. 서로 다른 종교문화의 평화로운 공존은 그들이 서로의 차이를 상호 인정하는 것뿐만 아니라 -보다 근본적으로는- 스스로를 종교로 제한하는 것을 전제한다. 스스로에 대한 그러한 반성적 자기이해는 그 종교들이 자신의 전통을 직접 대면하는 가운데 그 종교들 스스로에 의해 전개되어야만 한다. 그러한 반성적 자기이해가 단순히 외부로부터 그 종교에 각인되거나 부과될 수는 없는 것이다. 그러한 반성적 자기이해가 의미하는 바와 그러한 자기이해가 이론적으로 어떻게 안출될 수 있는가 하는 것

---

2 Cf. S.P. Huntington, Kampf der Kulturen. Die Neugestaltung der Weltpolitik im 21. Jahrhundert, München 2002.
3 Cf. ibid, 54.

이 필자가 이야기하려는 내용의 주제인데, 이미 언급한 것처럼, 나의 논의는 기독교의 역사에 국한될 것이다.

나는 이른바 기축시대에 관한 논쟁으로 시작해서, 기축시대가 종교 다원주의를 건설적으로 논의하는 하나의 모델로 간주될 수 있는가의 문제를 이야기하려 한다. 그 과정에서, 기축시대라는 원리가 간문화적으로 통합된 이론틀을 지향하는 한, 문제가 없지 않다는 사실이 분명해질 것이다. 기축시대 모델에 관한 논쟁을 배경으로, 두 번째 절은 기독교의 구체성과 특수성 및 기독교가 전거로 삼는 성서의 역할에 초점을 맞추게 될 것이다. 마지막 세 번째 절에서 필자는 기독교의 관점에서 기독교 이외의 종교들이 지닌 특수성에 대한 기독교의 인정으로 귀착되는 이론적 모델을 제시해보려 한다. 이러한 시도는 우리가 보편적인 인류학적 종교개념을 배제하고, 이를 대신하여 종교의 다원성뿐 아니라 종교가 무엇인가에 대한 이해의 다원성을 가정해야만 비로소 성취될 수 있다.

1. 종교 다원주의의 모델로서 기축시대

보편적 역사에 대한 근본모델로서, 칼 야스퍼스는 1949년에 출판된 그의 저서 "역사의 기원과 목적에 관하여"에서 기축시대라는 용어를 고안해냈다. 이 책은 냉전 초기에 출판된 헌팅턴의 논문보다 44년 전에 등장했고, 미국의 정치학자인 헌팅턴이 진단한 바로 그 문제에 응답하기 위한 시도로 이해될 수 있다. 기축시대라는 말로써, 야스퍼스는 인간이 이를 테면 자신의 영적 반성능력을 의식하게 되는 시기로서 거대한 역사적 전환기를 지칭한다. 전통적인 서양의 역사철학과 달리, 이

러한 전환기는 성서와 예수 그리스도 안에서 절정에 이르는 성서의 구
원사만을 지칭하는 것이 아니라, 몇몇 문화적 영역으로 확장되며 시간
상으로는 기원전 500년경의 시기와 관련돼 있다.[4] 세계 역사의 기축시
대라는 원리와 더불어, 야스퍼스는 셸링의 제자인 에른스트 폰 라자울
크스나 하이델베르크에서 그의 스승이었던 알프레드 및 막스 베버와
같은 19, 20세기의 선구자들만을 섭렵한 것은 아니었다. 야스퍼스의
역사철학적 개념의 배경 속에는 무엇보다 20세기 전반에 진행되었던
사회적 근대화의 과정 및 그것의 극적인 결과들 또한 존재한다. 1900
년경, 근대화 과정의 결과인 사회와 문화의 점증하는 차별화는 점점
더 의식적인 것이 되었고 막 등장하기 시작했던 문화적 연구들 속으로
수용되어 주제화됐다. 이러한 과정은 문화적 통일성의 상실을 동반했
고, 그리하여 문화의 상이한 하위체계들이 지배적이고 통합적인 통일
성 없이 나란히 존재하면서 자신들만의 기능적 논리를 따를 뿐이었다.
이러한 '문화의 비극'(게오르그 짐멜)은 차별화되는 문화와 사회의 새로
운 통일을 창출하기 위한 다양한 시도들에 의해 논의되었다. 이러한
시도들 가운데 하나인 독일민족사회주의는 제2차 세계대전이라는 재
앙으로 귀결됐다. 이를 배경으로, 아울러 전후 냉전의 시작과 함께, 야
스퍼스는 근대 문화의 위기에 대한 대응으로서 자신의 기축적 역사철

---

4 Cf. K. Jaspers, Vom Ursprung und Ziel der Geschichte, München/Zürich 91988,
   19: "세계역사의 축이 존재한다면, 그것은 기독교인들을 포함하여 모든 사람들에게 그
   자체로 타당할 수 있는 하나의 사실로서 경험적으로 발견될 것이다. [···] 세계사의 이
   축은 기원전 500년경, 그러니까 기원전 800년에서 200년 사이에 발생한 영적 과정
   속에 존재하는 것처럼 보인다. 역사에는 가장 깊은 단절이 존재한다. 그 시기에 우리가
   지금까지 함께 살아온 바로 그 인류가 등장했던 것이다." 또한 H. Joas, H. Joas, Macht
   des Heiligen. Eine Alternative zur Geschichte von der Entzauberung, Berlin
   2017, 295f을 보라.

학을 구축한다. 그 역시 새로운 통일성의 기초에 관심이 있었다. 그러나 이것은 이제 유럽적 관점으로 대체되었고, 더 나아가, 말하자면 보편화되었다.

기축시대의 특징은 무엇이고 그것이 야스퍼스의 역사철학에 대해 갖는 기능은 무엇인가? 기축시대는 인간 의식의 반성능력이 역사적으로 발현하고 그로 인해 인간이 자기 자신을 유한하고 영적이며 역사적인 존재로 자각하는 현상을 지칭한다. 초월의식, 신화에서 로고스로의 전이, 그리고 윤리적 의식의 보편화 속에서 발현되는 이러한 자기인식은 이를 테면 고대 세계에서 가장 중요한 세 곳의 문화적 지역들인 중국, 인도, 그리스와 근동지역에서 발생했다.[5] 이러한 방식으로, 야스퍼스는 전통적인 기독교적 역사의 구조를 보편화하고 다원화한다. 역사의 구조의 핵심은 더 이상 예수 그리스도를 통해 나타난 신의 계시가 아니다. 그것을 대신해 역사의 세 중심이 존재하는데, 그러니까 세 문화적 지역에서 반성적 의식이 동시에 발현된 것이다.[6] 반성능력을 통해 스스로를 의식하게 되면서, 의식은 자신의 통일성과 전체성을 파악한다. 이것은 의식이 더 이상 세계의 결정성으로부터 자신을 이해하지 않고, 의식의 초월성으로부터 이해할 때 비로소 가능한 일이다. 의식의 반성능력이 발현하면서, 말하자면 이 자기파악을 개별 문화들 속에서 상징화하고 있는 다양한 개념들 배후에 놓여 있는 그러한 통일성이 파악된다. "기축시대의 사실을 실제로 본다는 것, 그것을 역사의 보편적 개념의 근거로 획득한다는 것, 그것은 곧 모든 신념의 차이를 넘어,

---

5 Cf. Jaspers, Vom Ursprung und Ziel der Geschichte, 20-25.
6 Cf. ibid., 40: "역사의 통일성을 오직 자기 자신의 이성으로부터 바라보는 것, 혹은 역사의 통일성을 다른 모든 인간 이성과의 소통 속에서 생각하는 것, 타인의 의식에 자기 자신의 의식을 결합하는 것은 다소 상이한 것이다."

모든 인류에게 공통된 그 무엇을 획득하는 것이다."[7]

기축시대에 반성능력이 [여러 지역에서] 나란히 발현되는 가운데, 그러한 반성능력을 의식 속에서 확인시켜 주는 상징작용의 배후에 여전히 놓여 있는 초월적 통일성이 파악된다. 이러한 상징적 요소들은, 이를테면, 그것의 역사적 담지자인 상징들로부터 분리된 보편적 초월 속에 부유하고 있다. 이러한 모델과 더불어, 제반 문화의 동등한 타당성이라는 원칙이 확립되고, 그렇게 세계역사의 기축-시간적 관점과 더불어 무한한 소통 속에서 인류의 평등한 공존이라는 새로운 모델이 등장한다.[8] 역사의 통일성과 목적은 그것에 접근할 수 있는 유일한 경로였던 동양의 종교사에 더 이상 의존하지 않으며, 그 양자의 발전은 똑같이 중국과 인도 문화의 일부인 것이다.

야스퍼스의 기축시간적 역사구조 개념은 추후에도 여러 가지 다른 방식으로 수용되고 계승되었다.[9] 이 모델로 인해, 지구촌이 된 세계의 등장과 해외의 종교문화들에 대한 점증하는 광범위한 지식을 배경으로 더 이상 설득력이 없어 보였던 기독교의 우위성과 절대성에 대한 주장을 극복하는 것이 가능해 보였다. 야스퍼스의 기축시대는 또한 영국 신학자 존 힉에 의해 제시된 바와 같은 이른바 종교다원주의 신학에도 수용되었다. 야스퍼스와 마찬가지로, 힉은 기축시대에 등장한 다양한 세계종교의 종교적 신 개념 배후에 하나의 보편적 초월성을 가정한

---

7 Ibid.

8 Cf. ibid., 41: "기축시대 단계의 역사적 변용이 존재하기에, 그것은 무제한적인 소통의 요청과도 같다."

9 Cf. R.N. Bellah, Religious Evolution, in: ibid., The Robert Bellah Reader, Durham/London 2006, 23-50; ibid., Religion in Human Evolution. From the Paleolithic to the Axial Age, Cambridge/London 2011; Joas, Die Macht des Heiligen, 279-354.

다.[10] 이 보편적 초월성은 한편으로 제반 종교의 토대가 되지만, 다른 한편으로는 그 종교들 자체에 대해서는 접근 불가능한 것으로 남는다. 모든 종교들이 동일한 초월성에 관계하지만 그것을 그 자체로 파악할 수는 없는 까닭에, 어떠한 역사적 종교도 다른 종교보다 앞서 있지 않으며, 그로 인해 모든 종교들은 동등하게 종교로서 타당한 것이다.

힉의 다원주의 모델은 세계 주요 종교들의 동등한 가치에 대한 신학적 정당화를 겨냥하고 있다. 그의 모델은 분명 야스퍼스의 기축시대 모델과 관련이 있다. 그러나 동시에, 그것은 또한 이 모델의 문제를 분명하게 하고 있다. 그 문제들이란 무엇보다 개별 종교문화의 상징화 배후에 존재하는 중첩된 초월적 통일성에 대한 파악으로서 기축시대를 구성하면서, 이러한 문화들의 특수성이 부정된다는 사실에 있다. 종교들의 초월적 신들[신적 존재들] 배후에 놓인 보편적 초월자 외에는, 그 종교들의 역사적 특수성, 곧 초월성이 개방되는 자리인 종교적 상징의 담지자가 더 이상 아무런 상관도 없는 것이 되기 때문이다. 이 초월적 신들은 그들 모두의 저변에 놓여 있는 동일한 보편적 초월자의 상징화이자 이미지다. 따라서 힉의 모델은 종교와 문화의 다양성을 제거하여 그 모두를 지배하는 하나의 통일성으로 환원한다. 야스퍼스에 의해 제시된 기축시대 개념과 존 힉의 종교다원주의 신학은 모두 그 중심에 있어 일원론적이다. 다양성과 다원성에 대한 인정은 그러한 통일성 모델로는 성취되지 않는다. 그러나 종교는 초월성이 모습을 드러내는 그들 나름의 특정한 상징의 담지자에 의존해 있지, 신들의 배후에 놓인 일반적 초월성에 의존해 있는 것은 아니다. 그렇다면 중요한 것은 제

---

10 Cf. J. Hick, An Interpretation of Religion. Human Responses to the Transcendent, New Haven 1989, 21-33.

종교의 내적 절대성뿐만 아니라 그들의 역사적 특수성을 다른 종교문화의 특수성 및 절대성에 대한 인정과 연관지을 이론을 개발하는 것이다. 그러나 이 작업에 착수하기 전에, 우리는 기독교와 성서에 대한 기독교의 의존이 어떠한 특징이 있는가 하는 물음을 고찰해야만 한다.

2. 예수 그리스도에 대한 기억, 혹은 기독교의 특수성

야스퍼스의 기축시대 원리는 1970년대 이래로 역사학 및 사회과학 분야에서 광범위한 논란을 야기했다. 보다 최근의 논의들과 관련해서 의미심장한 것은, 무엇보다 세 문화권에서 나타나는 기축시대의 동시성이라는 야스퍼스의 전제가 기각되었다는 점이다.[11] 이러한 사실은, 이를테면 기축시대의 다원화로 귀결됐다. 기축시대를 대신하여, 사람들은 이제 기축성에 대해 이야기한다.[12] 이러한 사실은, 그러나 기축시대가 다양한 문화들 속에서 매우 상이한 방식으로, 그러나 무엇보다 비동시적으로 진행된 문화적 차별화 과정에 대한 기술이 되고 있음을 의미한다. 종교사적 관점에서 우리는 기축시대가, 의식과 의식의 반성능력에 대한 파악이 재현되는 자리인 문화에 내재하는 종교적 요소들의 차별화를 지칭한다고 말할 수 있을 것이다. 그리하여, 종교는 다른 것들과 나란히 문화의 독립적 영역으로 등장하는 것이 아니라 -그것은 오직 근대의 경우에만 해당되는데- 반성능력이 인간의 의식 속에 등장하는 것이

---

11 Cf. S. Breuer, Kulturen der Achsenzeit. Leistungen und Grenzen eines geschichtsphilosophischen Konzepts, in: Saeculum 45 (1994), 1-33.
12 Cf. Bellah, Religion in Human Evolution, 265-282; Joas, Macht des Heiligen, 321-339.

며, 이러한 반성능력이 신적인 것의 새로운 양식 속에서 구체적으로 표현되는 것이다. 그러나 만약 우리가 매우 상이한 방식으로 표현되는 서로 다른 기축시대나 기축성으로부터 출발해야 한다면, 이를테면 통일성의 지평으로서 다양하게 발현[되는 제반 종교들]과 중첩되는 일반적 초월성에 대한 야스퍼스의 논의 또한 의문스러워진다. 그렇다면 우리는 일반적 초월성을 대신하여 초월성에 대해, 즉 상징의 배후에 놓인 초월성에 대한 상이한 문화적 상징화에 대해서 뿐만 아니라, 초월성이 무엇인가에 대한 상이한 개념들에 대해서도 이야기해야만 한다. 이것은 기독교에서, 곧 그것의 출현과 역사에서 분명하게 드러난다.

기독교의 종교적-역사적 전제조건은 제2성전 시기의 고대 유대교다. 과거의 연구들과는 대조적으로, 보다 최근의 연구는 이스라엘이나 유대 종교에 대해 더 이상 이야기하지 않고, 하나의 민족집단으로서 유대인들에 대해 이야기한다.[13] 이러한 연구는 종교가 하나의 근대적 개념으로서, 종교 및 문화의 차별화를 전제로 하고 있다는 사실을 고려에 넣는다.[14] 그러한 종교는 고대에 존재하지 않았다. 오히려, 종교적 요소들은 문화적 정체성이라는 복잡한 구조물의 구성성분을 이루고 있는 것이다. 이 유대인 정체성은 소위 바빌론 포로기 직전이나 포로기 동안, 즉 기원적 7세기나 6세기에 출현했다. 유대민족의 성립은 따라서 고대기에서 기축시기로의 전이기에 속한다.[15] 민족적 정체성은 그것

---

13 Cf. S. Mason, Jews, Judaeans, Judaizing, Judaism. Problems of Categorization in Ancient History, in Journal for the Study of Judaism 38 (2007), 457-512; W. Stegemann, Jesus und seine Zeit, Stuttgart 2010; C. Danz, Jesus von Nazareth zwischen Judentum und Christentum. Eine christologische und religionstheologische Skizze, Tübingen 2020.
14 Cf. B. Nongbri, Before Religion. A History of a Modern Concept, New Haven/London 2013.

을 공유하는 사람들에 의해 이루어진 구성물이다. 그것이 표상되어야 할 구성물이기 때문에, 민족적 정체성은 동시에 경쟁과 논쟁의 대상이 된다. 나사렛 예수와 그의 초기 추종자들이 살고 일했던 자리는 고대 제2성전기 유대민족 정체성이라는 이러한 지평 안에서였다. 그들은 자신의 문화적 기억이라는 맥락 속에서 유대민족 정체성에 관한 자기이해라는 복잡한 담론의 일부였던 것이다. 예수와 그를 믿는 초기 신도들은 신에 관한 유대교적 관념을 공유했지만, 그것은 유대교적 일신론의 신조가 제시하는 것보다는 복잡한 것이었다.[16] 역사적으로, 니사렛 예수는 유대인이었지만, 최초의 기독교인은 아니었다.

그러나 동시에, 기독교는 또한 나사렛 출신의 사내[예수]를 지칭하기도 한다. 그리하여 예수는 예루살렘 성전이 파괴된 후 복잡하고 오랜 차별화 과정 속에서 동시에 출현했던 유대교와 기독교라는 두 종교에 속해 있었고, 이 두 종교 속에는 매력과 반감이 다양하게 중첩돼 있었다. 이 두 종교 속에서 나사렛 예수는 상당히 다른 모습으로 나타났다.[17] 유대교에서는 예수가 기껏해야 특수한 종교적 인물이지만, 기독교에서 예수는 그리스도고, 신의 아들이며, 세상의 구원자였다. 기독교는 신에 대한 개인적 전유를 예수 그리스도에 대한 기억과 결합했다. 그렇게 함으로써, 기독교는 성령과 아울러 예수 그리스도를 신의 개념 속으로 구체화시켰다. 그러나 기독교는 이러한 방식으로 예수 그리스

---

15 Cf. Bellah, Religion in Human Evolution, 283-323.
16 Vg. P. Schäfer, Zwei Götter im Himmel. Gottesvorstellungen in der jüdischen Antike, München 2017; D. Boyarin, Die jüdischen Evangelien. Die Geschichte des jüdischen Christus, Würzburg 2015.
17 Cf. P. Schäfer, Die Geburt des Judentums aus dem Geist des Christentums. Fünf Vorlesungen zur Entstehung des rabbinischen Judentums, Tübingen 2010.

도와 성령 같은 새로운 내용으로 보편적 초월성 개념이나 일반적 신 개념을 확장하지는 않는다. 오히려, 하나의 전체로서 신 개념과, 그리 하여 또한 종교의 본질에 대한 이해 자체가 유대교와의 비교 아래서 새롭게 해석된다. 예수 그리스도에 대한 기억의 독자적 전유와 상징적 재현은 기독교에서 신 개념의 구성요소가 된다. 그러므로 기독교의 신 은 삼위일체의 하느님으로만 이해될 수 있다. 삼위일체 하느님 안에서 그리고 그 하느님을 통해 기독교는 스스로를 표현할 뿐만 아니라, 동시 에 기독교가 어떻게 종교로 기능하고 역사 속에 존재하게 되었으며 종 교로 전수되었는지를 표현한다. 즉 기독교는 예수 그리스도에 대한 전 승된 기억의 전유와 재현에 대한 이해 속에서 자기 자신을 종교로 구성 하는 식으로 스스로를 정립하는 것이다. 기독교는 이러한 지식 그 자체 를 자신이 의존하는 삼위일체 하느님과 함께 표현한다. 이처럼 초월적 하느님이 기독교와 유대교에서 완전히 상이하게 구성된다는 사실은 분 명하며, 이것은 두 종교가 매력과 반감의 복잡한 과정 속에서 동시에 출현했고 내용상으로 수많은 공통된 개념을 공유한다는 사실에도 불구 하고 그러한 것이다.[18] 따라서, 두 종교가 서로 연관돼 있고 그들의 지 배적 통일성을 발견하는 대상은 동일한 신적 초월성이 아니다. 오히려, 두 종교는 신 개념과 그에 대한 파악을 매우 상이하게 구성한다. 유대 교는 엄격한 신의 초월성과 세계에 의해, 기독교는 초월적 신을 예수 그리스도에 대한 기억의 전유와 재현에 결부함으로써 그렇게 하는 것 이다.[19]

---

18 종교들 사이의 차이가 내용적 차원에서 충분히 파악될 수 없기 때문에, 그 진술 내용 상 어떤 것도 바꾸지 않으면서 신약 성서를 유대교 내부의 논쟁으로 해석하는 것이 가능하다. Cf. Boyarin, Die jüdischen Evangelien.

19 예루살렘 성전의 파괴 이후 이러한 입장이 형성되는 복잡한 과정 속에서, 유대교는

　기독교는 그 기원을 예수 그리스도에로 거슬러 올라가 하느님을 예수 그리스도에 대한 기억과 결부하고, 그 기억을 특별히 종교적으로 전유함으로써 하나의 독립된 종교로서 스스로를 차별화했다. 이러한 차별화는 두 가지 사실을 전제한다. 첫째, 기억을 구체적인 서사, 즉 예수 그리스도의 서사와 결부하는 것. 그러한 구체적 서사 없이는, 기독교는 확인 불가능할 것이다. 신약과 구약 두 부분으로 구성된 성경은 따라서 기독교의 필수적인 구성요소다. 정경화는 본문의 생산을 완성한다.[20] 정경의 제정은 예수 그리스도에 대한 기억이 계속해서 재서술되는 것을 막고, 그럼으로써 추후의 변화를 규제한다. 그리스도에 대한 기억은 권위있는 본문에 국한되고, 그럼으로써 식별이 가능한 것으로 유지된다. 더 이상의 그 무엇도 정경에 추가될 수 없는 까닭에, 정경은 오직 해석될 수 있을 따름이다. 이러한 방식으로 성경은 기독교의 초석을 이루는 기억으로서 기능한다. 예수 그리스도에 대한 문서적 기억으로서, 성경은 역사 속에서 기독교의 자기동일성과 연속성을 정초하는 것이다.

　둘째, 기독교가 뿌리박고 있는 예수 그리스도에 대한 기억과 그 기억의 전달은, 매체를 전제한다. 모든 기억은 매체에 속박된다. 이러한 매체는 축적과 전달의 매체로 기능하며, 그 속에서 문화적 기억은 이를테면 외화된다. 이러한 의미에서, 성경은 예수 그리스도의 매개체다. 예

　그때 막 등장하기 시작했던 기독교에 반대하여, 문화적 기억 속으로 통합된 이러한 가능성을 명시적으로 배제했다. Cf. Schäfer, Schäfer, Zwei Götter im Himmel; ibid., Die Geburt des Judentums aus dem Geist des Christentums; Boyarin, Die jüdischen Evangelien.

20 Cf. J. Assmann, Das kulturelle Gedächtnis. Schrift, Erinnerung und politische Identität in frühen Hochkulturen, München [7]2013, 103-129.

수 그리스도는 성서 안에서만 접근 가능하지만, 하나의 매개물로서 성서가 예수 그리스도와 동일한 것은 아니다. 따라서 기독교는 성서에 의해 매개된 그리스도에 대한 기억을 출발점으로 삼는다. 그러나 문서상의 기억으로서, 성서가 그 자체로 종교인 것은 아니다. 기호는 저절로 의미와 중요성을 전달하지는 않는다. 성서에 귀속된 그리스도에 대한 기억은 오직 그것이 사람들에 의해 종교로 전유되고 그들의 종교를 전달하는 데 사용될 때에만 종교가 된다. 사람들이 성서를 사용하는 종교적 활용 속에서만 예수 그리스도에 대한 기억은 종교로 구성되고 성서는 기독교의 구성적 계기가 되는 것이다.

기독교와 종교로서 기독교가 지니는 특수성에 근본적인 것은 그러므로 성서다. 성서에 기독교의 자기동일성과 연속성이 달려 있는데, 그것은 성서가 그리스도에 대한 기억의 종교적 활용 속에서 기독교의 전제조건이자 매개체로서만 존재할 수 있기 때문이다. 기독교는 유대교와의 대조 속에서 신과 종교에 대한 스스로의 이해를 형성했기 때문에 특수한 종교다. 기독교라는 종교에 대한 이해가 보편적 초월성의 특수화로 이해될 수 없다는 사실은 이제 분명해졌을 것이다. 만약 우리가 종교들의 특수성으로부터 출발해야 한다면, 21세기 세계화 시대에 종교들의 만남은 어떤 모습을 그리고 있는가? 이것이 이제 우리가 마지막으로 살펴보아야 하는 것이다.

3. 기축시대, 기독교, 그리고 종교의 다원성

기독교는, 우리가 살펴본 바와 같이, 종교에 대한 자기 자신의 이해를 발전시켜왔다. 그러한 자기이해는 예수 그리스도에 대한 기억을 종교로서 독자적으로 전유하고 상징적으로 재현하는 데 그 본질이 있다. 이러한 기억의 전달은 성서, 곧 기독교의 문화적 기억에 결부돼 있다. 성서는 기독교에서 우리가 누구인지에 관한 물음, 즉 그 종교의 정체성에 관한 물음에 대답해준다. 이렇게 하나의 종교로서 기독교가 지닌 특수성을 도출함으로써, 문화적 차이와 대립의 핵심은 종교라는 헌팅턴의 주장이 바야흐로 확인된 것처럼 보인다. 이러한 차이가 서로 다른 문화의 정체성을 창조하고, 그로 인해 갈등이 점화된다. 야스퍼스의 기축시대 모델은, 2차대전 이후 냉전의 시작으로 인한 폐해 속에서 그가 이개념을 고안했을 때, 여러 문화의 특수성을 논의하기 위한 시도로서 이해될 수 있다. 기축시대 모델에서, 문화는 그 문화의 배후에 놓인 보편적 초월성을 문화마다 고유한 방식으로 표현한 것이며, 그러한 보편적 초월성은 기축시대의 여러 문화 속에서 포착된 것이었다. 특수한 문화들의 상대화 및 그들의 차이는 그들 사이의 제한 없는 소통을 가능케 하는 데 기여한다. 그러나 이 모델조차도, 우리가 위에서 보았던 것처럼, 문제가 없지는 않다. 이 모델은 제반 문화와 종교에 구성적인 특수성을 폐지함으로써 문화들 간의 제한 없는 대화를 구매한 것이다.

만약 종교문화의 역사적 특수성이 고수되어야 한다면, 서로 다른 종교문화가 대립과 갈등으로 치닫거나(새무얼 헌팅턴) 종교들 간에 걸쳐 있는 보편적 초월성을 논외로 한다면, 어떤 길이 남아 있는 것인가? 유일하게 남은 것은 개별 종교의 관점을, 즉 그것의 자기이해를 출발점으로 취하는 것이다. 기독교와 기독교 신학은 모두 역사적 변화와 심대한 변형에 종속돼 있다. 근대 유럽에서, 기독교는 다른 체계들과 나란히 하나의 문화적 사회적 체계가 되었다. 기독교는 하나의 자율적 체계로서 -복잡한 유럽의 종교적 문화적 역사를 배경으로 - 스스로를 차별화했다. 다른 세계관 및 세계해석과 나란히 존재하는 하나의 세계관이라는 사실에 대한 반성적 지식은 근대 문화에서 기독교에 구성적 요소로 속해 있었다. 기독교가 자기 자신을 하나의 특수한 종교로 이해할 뿐만 아니라 오직 자기 자신에게만 의존해 있다는 사실은 이러한 인식과 연결돼 있었다. 기독교는 자기조회적인 것일 때만 하나의 자율적인 문화적 체계인 것이다. 그러므로 기독교는 문화의 통일성이나 전체성을 가리키는 것도, 법률이나 정치, 경제, 과학 등과 같은 여타의 문화적, 사회적 체계를 지칭하는 것도 아니다.

그리하여 유럽의 종교사는 결국 기독교가 다만 하나의 종교로서 자기 자신에게 스스로를 제한하는 것으로 귀결됐다. 기독교는 더 이상 문화와 문화의 전체성 혹은 통합에 대해 아무런 책임도 없었고, 다만 자기 자신에 대해 그리고 그것의 종교적 전달에 대해서만 책임을 지게 되었다. 오직 종교로서 자기 자신에게 스스로를 제한함으로써, 기독교는 기독교 외에도 기독교의 세계관과 상이하고 모순되며 그들 자신의 권리를 지닌 세계에 대한 상이한 해석들이 존재한다는 사실을 인정할 수 있었다. 근대에 하나의 자율적 학문으로 정초된 기독교 신학이 지시하고 있는 기독교는 문화적으로 차별화된 바로 이 기독교인 것이다. 신학은 기독교를 그 자신의 관점에서 기술하는 것을 과업으로 삼는다. 그러므로 신학은 세계 그 자체를 주제로 삼지 않고, 오직 기독교와 종교로서 기독교가 수행하는 내적 기능을 주제로 삼는다. 그리하여 신학은 또한 자기조회적으로 작동하는데, 오직 이러한 방식으로만 자율적 학문일 수 있기 때문이다. 신학은 기독교로 한정된 종교개념을 정교하게 안출해 낼 때에만 문화 및 기독교 이외의 종교들의 자율성을 인정할 수 있다.[21] 두 가지 결과가 이러한 사실과 결부돼 있다. 첫째, 모든 종교

---

21 Cf. C. Danz, Nochmals: Monistischer Pluralismus oder pluralismusoffene

들을 아우르는 보편적 종교개념은 포기되고 배제되어야 한다. 보편적 종교개념은 불가피한 결과와 더불어 특정한 문화와 종교가 그 저변에 존재하는 보편자의 역사적 특수화로 이해될 수 있다는 야스퍼스의 기축시대 모델의 딜레마에 빠지게 된다.

둘째, 종교는 역사적인 성격을 띠고 문화의 차별화 과정 속에 등장한 하나의 세계관이다. 종교는 인간의 삶에 필수적인 것은 아니다. 따라서, 세계 안의 모든 것이 종교적으로 해석되거나 주제화되어야 할 필요는 없다. 기독교 신학과 기독교 신학에 의한 기독교의 구성이 그러한 사실을 인정할 때에만 신학은 다른 종교들의 자율성뿐 아니라 문화의 자율성도 고려할 수 있다. 그러나 기독교 이외의 종교들은 기독교와는 상이하게 작동한다. 기독교 이외의 종교는 종교가 무엇인가에 대해 이미 상이한 이해를 형성해왔다. 이것이, 만약 종교들이 단지 종교의 저변에 놓인 일반적 본질의 역사적 특수성으로 이해된다면 파악될 수 없는 바로 그것이다. 21세기 세계화 시대에, 그러므로 이것은 분명 역사적 종교들의 다원성에 관한 것이어야 할 뿐 아니라, 무엇보다도 종교의 본질이 다양한 종교들에서 매우 상이하게 구성된다는 사실에 관한 것이어야 한다. 종교적인 것의 다원화 및 제 종교 내에 존재하는 종교의 본질에 대한 이해 없이는, 우리는 21세기 세계화 시대의 종교적 삶을 분석적으로 파악할 수 없다. 역사적 종교들의 배후에 존재하는 보편적 초월성의 모델로는 이러한 시도가 성취될 수 없다.

종교로서 그들 각자가 지닌 특성으로부터 출발하는 [종교의 본질에 대

Theologie? Eine Duplik auf Perry Schmidt-Leukel, in: ThR 86 (2021), 106-119; ibid., Religious Diversity and the Concept of Religion. Theology and Religious Pluralism, in: NZSTh 62 (2020), 101-113.

한 다원주의적] 이해와 더불어서만, 종교들의 대립적 다양성을 논의할 수 있는 건설적 방법이 개방된다. 종교들 간의 만남과 간종교적 대화 속에서, 그러한 접근방법은 종교가 그 종교들에 의해 역사적으로 발전해온 각 종교들의 전통을 배경으로 어떻게 이해되며 또 이러한 이해가 어떻게 변화하는가를 논구하는 일에 관한 것이어야 한다. 거기서 출발점은 제반 종교들의 상이와 차이, 종교로서 그들 각자가 지닌 특성과 그들의 절대성이 된다. 만약 종교적 다양성에 대한 적절한 이해가 성취되어야 한다면, 이러한 접근방법은 지배적 통일성 모델 속에 머물러 있어서는 안 된다.

그러나 바로 종교의 특수성과 절대성 때문에 점화되는 갈등 문제는 어떻게 되는 것인가? 이러한 문제가 종교들의 특수성과 역사적으로 발전해온 그들의 정체성으로부터 출발하는 앞서의 모델 속에서 해소될 수 있는가? 종교들과 관련된 잠재적 갈등은 오직 그 종교들이 스스로를 하나의 종교로서 자기 자신에게 국한하고 반성적 의식을 발전시켜 나갈 때만 통제될 수 있다. 종교가 다른 세계관을 정당한 것으로 인정할 수 있을 때에만, 종교들은 평화로운 공존에 도달할 수 있다. 그러나 개별 종교들 속에서 종교에 대한 반성적 이해를 형성하기 위해 단순히 전수될 수 있는 청사진은 존재하지 않는다. 그것은 각 종교가 다른 종교들과의 만남 속에서 건설해내야 한다. [그러한 이유에서] 실크로드의 기획은 종교들 간의 만남 속에서 반성적인 종교적 자기이해를 계발하기 위한 추동력이 될 수 있다는 사실이 배제될 수 없다.

《접촉 지대》으로서의 사할린: 섬 주민들의 종교적 관점의 혼성화 문제

19세기 후반에서 20세기 전반까지

포타포바 나탈리야 블라디미로브나

[강성희 옮김]

1. 들어가는 말

러시아 극동지역 종교의 역사는 주로 그 지역의 국경 위치, 지정학적, 군사 정치적 역사에 의해 결정된다. 극동의 분리된 섬 사할린은 19세기 중반에 지역(섬 원주민의 종교), 러시아(대부분 기독교), 일본(신토, 불교)이라는 3개의 토대에 기반한 문명, 종교문화의 상호작용 과정이 펼쳐지는 '접촉 지대'가 되었다.

역사학자이자 고고학자인 A.A. 바실리옙스키(A.A. Василевский)는 1990년대 초반에 '본토에서 섬으로의 이동 지대'[1]라는 용어를 처음 사

---

1 Василевский А.А. Особенности историко-культурных процессов в зоне перехода

용하며 원시 시대의 고고학 연구와 관련하여 '접촉 지대' 이론 개발을
시작했다. 바실리옙스키는 이미 초기 단계에서 '접촉 지대'가 '민족적
문화적 성격의 높은 절충'을 특징으로 한다고 지적했다.[2] 이후 참고서
'사할린 지역의 역사'의 집필진이 이 이론을 분석 작업의 기초로 사용
하였는데, 광범위한 연대기적 틀에서 섬 지역 전체 역사 분석에 적용하
였다.[3] 접촉 지대란 넓은 의미에서 육지에서 대양으로의 이동 지대(본
논문에서는 해안선과 섬을 따라 대륙 영토를 포함하고 있는 극동)인데, 이 지대
는 지역 역사 과정의 방향과 힘을 미리 결정해주는 특유의 지리적 환
경, 자연 기후 환경을 가질 뿐 아니라 민족 문화적, 종교적, 지정학적,
정치적 상황의 불안정성이라는 특징도 가지고 있다. '접촉 지대'는 '환
승' 영역으로써 끊임없이 여러 방향에서 오는 힘의 영향을 받기 때문
에, '접촉 지대' 이론의 틀을 적용하면 러시아 극동에 대해 다양한 역사
모델의 도움을 받아 모든 역사 시기와 사회 생활의 모든 측면에 대한
분석이 가능하다. 예를 들어, 러시아 극동은 문명화 이론의 관점에서
보면 트랜스 컬쳐 문명 교차로로 볼 수 있고, 세계체제론의 관점에서
보면 (지정학 이론들의 관점에서도) 러시아와 일본 등 주변 제국의 식민화
된 '주변'으로 볼 수 있다. 본 논문에서는 이 이론을 넓은 의미로 사용

от материковой к островной суше (о. Сахалин, эпоха первобытности) // Краеведчес
кий бюллетень. 1993. №4. С. 56-69; Он же. Каменный век острова Сахалин. Южно
-Сахалинск, 2008. 412 с.

2 Василевский А.А. Особенности историко-культурных процессов в зоне перехода
от материковой к островной суше (о. Сахалин, эпоха первобытности) // Краеведчес
кий бюллетень. 1993. №4. С. 66.

3 История Сахалина и Курильских островов с древнейших времен до начала XXI стол
етия: учебное пособие для студентов высших учебных заведений региона по специа
льности 《история》 / М.С. Высоков, А.А. Василевский, А.И. Костанов, М.И. Ищенк
о. Отв. ред. д.и.н. М.С. Высоков. Южно-Сахалинск, 2008. 712 с.

하여 19세기 후반 - 20세기 초반의 극동지역 역사 과정을 분석할 것이고, 좁은 의미로 사용하여 '접촉 지대'의 섬 부분의 종교 역사의 세부 사항을 밝힐 것이다.

러시아인들의 사할린 개발과 정착은 19세기 중반부터 시작되었다. 1855년 시모다 조약에 따라 사할린은 러시아와 일본의 '공동 관리' 영토로 선언되었으나 1875년 상트페테르부르크 조약에서 러시아 영토가 되었고 대신 북부 쿠릴열도가 일본에 양도되었다. 러일 전쟁과 포츠머스 평화 조약의 결과에 따라 1905~1945년 동안에는 50도선을 따라 분할된 섬의 북쪽 부분만 러시아에 속했고, 남쪽 부분은 일본의 소유였다. 1920~1925년 동안 러시아 영토인 사할린 북부가 일본에게 점령되어 섬 전체가 일본의 지정학적 공간이 되었다. 1925~1945년에 섬은 다시 분할 상태가 되었다. 사할린 북부는 소비에트 연방에 속했고 사할린 남부(가라후토)는 일본에 속했다. 2차 세계대전의 결과에 따라 섬은 통일되어 소비에트 연방의 구성이 되었다.

19세기 후반에서 20세기 전반 동안 사할린이 속했던 국가들(러시아 제국, 소비에트 연방, 일본 제국)의 종교 정책과 긴밀하게 연결된 조건 속에서 러시아 중앙 출신 이민자들의 종교 생활이 조직되고 발전되었다. 일본, 중국, 한국과 같은 동양 국가들에서 들어온 종교적 전통과 상호 작용하여 섬 원주민들의 종교 생활에 변화가 일어났다.

2. 러시아 정교회

정교회(러시아 정교회)는 러시아 제국의 영적 생활의 기초이자 국교였다. 제국 전체가 정교회 지배 영역으로 간주되어 20세기 초까지 다른 종교의 선교활동이 금지되고 범죄 취급을 받았다. 극동, 특히 사할린에서 정교회의 확산은 가장 중요한 국가 과제 중 하나로 여겨졌으며 섬에서 러시아인의 존재를 강화하는 데 기여했다. 1905년 러시아 제국 내 종교적 관용이 선언되었음에도 상황은 바뀌지 않았다. 1차 세계대전이 발발하면서 정교회가 아닌 종교 단체의 활동이 다시 어려워졌기 때문이다. 러시아 제국 붕괴 이전의 사할린에서는 종교의 혼성화(Hybridisation)가 러시아 정교회의 영향력 확대라는 측면에서 이루어졌다. 사할린에 일본인이 거주한다는 사실을 통해 단지 일본 민족 구성원이나 신토, 불교와 같은 전통적 신앙의 존재뿐 아니라 기독교, 가톨릭, 정교회(일본 정교회) 선교의 일본을 통한 환승도 미리 예견할 수 있다. 1905년 일본 당국은 사할린 남부에서 모든 종교 성직자들의 방문을 환영하며 그들에게 주민의 도덕성을 높일 과제를 부여했다.[4] 일본 주민들과 행정부의 관용에도 불구하고 신자의 수가 부족한 것과 관련하여 섬 남부에서 정교회의 선교활동이 중단되었다.

3. 사할린 원주민의 종교

러시아와 일본의 문화적, 종교적 영향의 주요 대상은 섬의 원주민이었다. 사할린에는 아이누인, 니브흐인, 윌타인과 같은 원주민들이 살고 있었다. 아이누인은 사할린 남부에 정착하였다. 1897년 전(全)러시아 인구조사에 따르면 사할린에는 739명의 남자와 660명의 여자 아이누인이 살고 있었다.[5] 니브흐인은 사할린 북부에 살았다. 1897년 인구조사에

---

4 Православный благовестник. 1914. № 5-6. С.218.

따르면 니브흐인 남자는 1,085명, 여자는 827명이었다.[6] 윌타인은 퉁그스어를 사용하는 순록 사육자들인데 섬의 중부에 살았다. 1897년 인구조사에 따르면 윌타인의 수는 남자 418명, 여자 374명이었다.[7]

사할린 원주민의 문화에는 토테미즘, 위치크래프트(witchcraft), 무의(巫醫), 장례(葬禮), 채취(採取), 가족 성물 숭배와 같이 토카레프(С.А. Токарев)가 분류한 거의 모든 형태의 고대 종교가 존재한다.[8] 이것들은 모든 공동체에서 각각의 고유한 특성을 지니고 있다. 이 민족들의 다신론은 의인화를 특징으로 한다. 온 세상이 살아 있는 것처럼 인식되었고, 삶은 사람들이 자신의 주변에서 인지한 것들의 모습으로만 제시된다. 사할린 사람들의 종교는 구체적인 자연 조건과 역사 조건의 영향 속에서 발전했다. 그것은 전체적으로 자신만의 독특한 특징과 단일한 양식을 갖고 사람들의 세계를 바라보는 시각의 독창성과 판타지, 그리고 형상성을 전달한다.

사할린이 러시아에 합병됨에 따라 섬 원주민들의 삶에 변화가 일어났다. 1897년 섬 전체 인구에서 원주민의 비율은 15% 미만이었다. 식민화는 니브흐인, 아이누인, 윌타인들의 전통적인 생활방식에 큰 타격을 주었다. 이 부분에 러시아 정교회가 일정한 역할을 했는데, 러시아에 의해 식민화된 영토의 원주민들을 상대로 하는 정교회의 선교활동은 원주민의 러시아화를 기반으로 하고 있기 때문이다. 러시아인들의 사할린 식민지화가 시작되면서 섬의 원주민들 사이에 정교회 전파도

---

5 Государственный исторический архив Сахалинской области (ГИАСО). Ф.1038. Оп.1. Д.107. Л.86.

6 ГИАСО. Ф.1038. Оп.1. Д.107. Л.86.

7 ГИАСО. Ф.1038. Оп.1. Д.107. Л.86.

8 Токарев С.А. Ранние формы религии. М.: Политическая литература, 1990. С.50.

시작되었다. 사할린 교회들의 교적부에는 성인과 어린이들의 세례의
식, 원주민들의 결혼식에 관한 기록이 있다. 윌타인들 사이에서 세례
가 가장 활발하게 이루어졌다. 1870~1890년대에는 세례가 집단으로
이루어져서 선교사들이 하루에 수십 명에게 세례를 줄 수 있었다. 섬
북부의 니브흐인과 섬 남부의 아이누인 사이에서는 정교회의 선교가
성공적이지 못했다. 세례를 받은 니브흐인과 아이누인은 특이한 현상
이었다. 19세기 말까지 세례를 원하는 원주민 지원자가 거의 사라졌다.
집단 세례가 중단되었다.

4. 니브흐인의 종교적 관점과 정교회의 영향

사할린의 니브흐인들이 유난히 세례를 받지 않았다는 점에 교회 문헌
이나 비교회 문헌 모두 만장일치로 동의한다. 사제 포포프카코울린(H.
Попов-Какоулин)과 고로드노프(А. Городнов)는 니브흐인을 개종시키려
던 시도의 실패에 대해 교구 신문에 글을 썼다.[9] 1908년 이 섬의 원주민들
에게 백신을 접종했던 의사 슈테이그만(Штейгман)은 이렇게 말했다.
"니브흐인은 자신들의 이교 신앙을 확실히 고집하고 … 그들은 기독교를
경계하고 거기에서 자기 민족의 죽음을 보는 듯하다."[10] 니브흐인 선교

---

9 Попов-Какоулин Н. Инородцы на о-ве Сахалин // Камчатские епархиальные ведо
  мости. 1896. №5. С.105-106; Городнов А. Поездка к крещёным инородцам северно
  й части острова Сахалина в феврале месяце 1908 г. // Владивостокские епархиальн
  ые ведомости. 1908. №12-13. С.334.

10 Доклад о действиях экспедиции начальника её, врача, коллежского советника Штей
  гмана, командированного военным губернатором острова летом 1908 г. // Историч
  еские чтения. Труды Государственного архива Сахалинской области. №1. 1995.

실패의 원인에 대한 흥미로운 설명을 미로류보프(И. Миролюбов)의 말에서 찾아볼 수 있다. "일반적으로 사할린 니브흐인들은 기독교를 받아들이는 것을 완강히 거부한다… 한편으로 보면, 역사를 가진 민족만이 종교를 의식적으로 수용하게 되는데, 니브흐인은 이런 면에서 완전 어린 아이라 할 수 있다. 또 다른 한편에서 보면, 유형지의 러시아인은 니브흐인에게 그 어떤 매력도 보여주지 못했다. 섬에 새로운 주인이 나타났기 때문에 니브흐인은 자신의 유르트 장소를 선택할 수 있는 과거의 자유를 잃었다. 연장자들이 아직 기억하고 있는 풍요로운 물고기와 짐승들이 사라진 대신 해로운 보드카의 유혹과 감독 비용 등이 생겨났다."[11] 민족지학자이자 정치적 유형수인 슈테른베르(Л.Я. Штернбер)는 다음과 같이 썼다. "니브흐인은 기꺼이 완전한 믿음으로 러시아인에게 치료를 받고 있다. 그들이 논하길, '러시아 신이 니브흐 신보다 강하다. 이는 러시아 샤먼이 니브흐 샤먼보다 강하다는 뜻이다.'"[12] 그러나 그들은 자신들의 약한 '신들'을 러시아의 강한 '신'과 바꾸려고 애쓰지 않는데, '강한' 것이 꼭 '좋은' 것은 아니라는 사실을 잘 알고 있는 것 같다. 또 다른 저명한 민족지학자이자 정치적 유형수인 필수츠키(Б.О. Пилсудский)는 다음과 같이 쓰고 있다. "그들은 자신들의 도덕성을 비교 불가능할 정도로 높게 평가하여 우리 종족 남자에 대해 할 수 있는 최대의 찬사가 '그는 니브흐인 법에 따라 산다'이다."[13] 여행가 크라스노프(А. Н. Краснов)는 이렇게 언급했다. "사할린에서 … 니브흐인으로부터 러시아인에 대한 좋은 평가를 들을 수 없을 것이다."[14]

C.75.

11 Миролюбов И.П. 8 лет на Сахалине. СПб., тип. А.С. Суворина, 1901. С.84-85.
12 Штернберг Л.Я. Гиляки, орочи, гольды, негидальцы, айны. Хабаровск, 1933. С.76.
13 Пилсудский Б.О. Аборигены Сахалина. Южно-Сахалинск, 1991. С.72-73.

대부분의 동시대인들은 니브흐인의 종교적 무관심에 주목했다. 사제 포포프카코울린은 "니브흐인은 종교적으로… 샤머니즘 이교도들이다. 그들은 신을 특별히 두려워하지 않고… 이 종족의 젊은 세대에 그 어떤 종교적 의무에도 관심을 가지지 않는 표본이 나타나기 시작한다."[15]라고 언급했다. 1905년 봄에 사할린으로 출장을 갔던 어떤 П.В. 라는 사람이 다음과 같이 보고한다. "니브흐인은 어떤 종교를 믿습니까? 그들은 기독교에 대해 들은 것이 거의 없다. 나는 그들의 거주지에서 종교적 숭배 대상을 보지 못했다. 마을에는 우상도, 기도원도, 사원도 없다. '너는 어떤 신에게 기도하느냐? 무엇을 믿느냐?'라고 다양한 장소, 다양한 시간에 물어봤지만 마치 서로 약속이라도 한 듯이 똑같이 짧게 대답했다. '신은 모든 사람에게 하나이다.'"[16] 1913년 메르쿠세프(В.В. Меркушев)는 니브흐인의 종교에 대한 정보를 거의 얻지 못했다. "니브흐인들은 신에 대해 모호한 생각을 가지고 있다. 신은 저기 있다며 하늘을 가리켰는데, 관례적으로 보건데, 그들은 별로 관심이 없었다…"[17]

1908년 슈테이그만이 기록한 1,573명의 니브흐인 중 3명만이 (단지 이름만) 기독교인이었고, "니콜라옙스크에서 그들의 개종은 우연적 성격을 가졌으며… 그들의 측면에서 물질적 계산이 없지 않았을 것이다."[18]

---

14 Краснов А. Н. На Сахалине. Из воспоминаний путешественника по востоку Азии // Исторический вестник. 1894. Т.55. №2. С.394.

15 Попов-Какоулин Н. Инородцы на о-ве Сахалин // Камчатские епархиальные ведомости. 1896. №5. С.105-106.

16 П.В. Командировка на Сахалин в 1905 г. // Сборник краеведческих статей. №1. С.15.

17 Преображенский Н.А. Проклятая быль (Сахалин в очерках бывшего мирового судьи). СПб., 1909. С.98; Сахалин. Сборник краеведческих статей о прошлом и настоящем / Под общ. ред. губернатора Д. Григорьева. О. Сахалин: типография при канцелярии сахалинского губернатора, 1913. С.52.

그의 전임자들과 마찬가지로 사제 샤스틴(А. Шастин)은 다음과 같이 말했다. "니브흐인의 세례는 아주 특별한 사건이다." 세례를 받은 니브 흐인은 "니브흐 환경에서 도려낸 조각"이다. 그는 또 이렇게 썼다. "모든 니브흐인은 샤먼이고 그들에 대한 샤먼의 지배력은 상당하다."[19]

1920~1930년대 사할린 북부에 소비에트 정권이 수립된 후, 원주민 의 문화적 특성을 보호하겠다는 정책이 선언되었는데 이는 그들을 '계 몽하고', 다시 러시아화하려는 열망과 결합되었다. 새로운 정권은 이 사람들의 교육과 건강 관리를 위해 많은 일을 했지만 그들의 전통 종교 는 다른 모든 종교와 마찬가지로 소비에트 사회에서 사라져야 했다. 1930년대 소비에트 문서에는 여전히 무당의 존재에 대한 정보가 들어 있다. "니브흐인에게는 필툰-마그니크(Пильтун-Магнык)의 여자 샤먼 한 명과 니보(Ныйво)의 초보 소년 샤먼 한 명이 있다. 필툰의 여자 샤먼 은 주로 주문과 해몽을 통한 무의(巫醫)로 자신의 주술을 보인다. 니보 의 13세 소년은 시슈킨(Шишкин)의 아들로 꿈풀이를 시작하였으나 큰 성공을 거두고 있지 않다."[20] 샤먼에 대한 소비에트 정부의 태도는 모든 종교 활동가들에 대한 태도와 같았고 그들을 소비에트 정부의 적으로 선언하였다. 많은 샤먼들이 탄압받았다.[21]

18 Доклад о действиях экспедиции начальника её, врача, колежского советника Штейг мана, командированного военным губернатором острова летом 1908 г. // Историче ские чтения. Труды Государственного архива Сахалинской области. №1. 1995. С.75.

19 Шастин А. Описание поездки к инородцам Восточного побережья русского Сахали на // Владивостокские епархиальные ведомости. 1916. №17. С.749.

20 Государственный архив Российской Федерации (ГАРФ). 3977. Оп.1Д.1139. Л.305.

21 Миллер Н.В. Шаманизм: история, особенности развития (на материалах Западной Сибири). Автореф. ... к.и.н. – Омск, 2000.С.20.

5. 아이누인의 종교적 관점과 정교회의 영향

사할린의 아이누인 역시 기독교화 과정의 영향을 많이 받지 않았다. 필수츠키는 세례받은 아이누인 2명만을 언급했는데 그들은 시얀치(Си янцы) 마을에 살았다. "젊은 한 명은 이름이 야마사쿠(Ямасаку)였는데 세례를 받고 니콜라이(Николай)가 되었다. 세례를 받은 또 한 명은 그의 형 이반(Иван)으로, 그는 본토로 떠났다… 그는 시베리아와 그곳의 도시들을 보러 떠났다."[22] 정교회를 받아들인 아이누인들에 대해 그들의 친척들은 그들을 누챠(нуця) 아이누 즉, 러시아 아이누라 부르며 비웃었다.[23] 1855년부터 1875년까지 러시아와 일본이 사할린을 두고 외교 싸움을 하는 동안, 일본인들은 "사할린 원주민에게 정치적, 종교적 영향력을 확대하기 위해… 아이누인, 니브흐인, 윌타인의 환심을 사기 위해 그들에게 고기 잡는 기술과 그물을 비롯한 다른 낚시 도구 만드는 법을 가르쳤다."[24] 일본과의 오래된 교류는 이이누인에 대한 일본 문화의 지배적 영향을 가져왔다. 크라스노프의 관찰에 의하면, "… 그들은 일본인을 진정한 주인으로 보고, 바로 옆을 지나가는 러시아인에게는 주의를 기울이지 않으면서 멀리 있는 일본인에게 절을 한다."[25]

---

22 Пилсудский Б.О. Некоторые сведения об отдельных айнских стойбищах на о. Сахал ине // Сборник краеведческих статей. №2. С.34.

23 Пилсудский Б. О. Рассказ обрусевшего крещенного айна Ивана Григорьевича из с. Галкино-Врасское (Сиянцы) на о. Сахалине о том, как его вылечили от любви // Краеведческий бюллетень. Южно-Сахалинск, 1994. №1. С.97.

24 Стефан Д. Сахалин. История // Краеведческий бюллетень. Южно-Сахалинск. 1992. №2. С.36-37.

25 Краснов А. Н. На Сахалине. Из воспоминаний путешественника по востоку Азии. // Исторический вестник. 1894. Т.55. №3. С.713. Об этом же см.: ГИАСО. Ф.23-и. Оп.1. Д.107. Л.71-72; Пилсудский Б.О. Некоторые сведения об отдельных айнских

1905년 아이누인(약 1,300명)[26]도 함께 사할린 남부에서 일본으로 떠
나갔다. 1912년 사할린 남부를 방문했던 민족지학자 바실리예프(В. Вас
ильев)는 다음과 같이 썼다. "일본인들은 이 작은 부족이 외부의 폭력
없이 통합되도록 아주 빠르게 이끌고 있다. 그들은 이미 원주민에게
자신의 언어… 옷, 음식, 주거 방식을 심어줬다. 그들은 읽고 쓰기와
채소재배도 가르치고 있다… 그래서 얼마 지나지 않아 아이누인과 일
본인을 외형적으로 구별하는 것이 이미 어려워질 것이다."[27] 가라후토
에서 그렇지 않아도 미미했던 원주민의 기독교화 성과가 0으로 줄어들
었다. 1911년 세르기(Сергий) 주교가 다음과 같이 언급했다. "절의 중
(坊主)이 아이누 아이들에게 일본어 읽고 쓰기를 가르친다… 불상 앞에
서 공부하고, 게다가 중에게 배운다면, 분명히 일본어로, 불교식으로
기도할 것이다."[28] 바실리예프 및 같은 기간의 일본 원전들은 아이누인
들 사이에 불교가 어느 정도 퍼져있었다는 사실을 설명하면서 다음과
같이 언급한다. "거주민 대다수는 여전히 그들의 '카마'(Кама)를 굳게
믿고 있으며 다른 신앙은 인정하지 않는다… 러시아인의 영향으로 그
들 사이에 기독교 신앙이 전파된 흔적이 있으나 현재는 그러한 경향이
전혀 보이지 않는다."[29] 바실리예프는 사할린 아이누인을 샤머니스트
로 분류하였는데, 특히 일본 열도의 아이누인들은 (즉, 일본인과 더 오래

стойбищах на о. Сахалине // Сборник краеведческих статей. №2. С.23.

26 Юркевич Т.С. Современная Япония. Владивосток, 1925. С.144.

27 Васильев В. Краткий отчёт о поездке к айнам островов Иезо и Сахалина. СПб.,
    1914. С.20.

28 Сергий, епископ. На Южном Сахалине (из путевых заметок) // Краеведческий бюл
    летень. 1991. №1. С.33.

29 Васильев В. Краткий отчёт о поездке к айнам островов Иезо и Сахалина. СПб.,
    1914. С.22; 30 лет Карафуто. Тоёхара, 1936. С.189.

살았던 사람들은) "신앙에 따라 그들의 일부는 사할린의 동료들과 같이 샤머니스트이고, 또 일부는 불교도이며 기독교도도 많이 있다."[30]고 말했다. 그러나 가톨릭 선교사 코바르슈(A. Коварж)는 선배 선교사들이 원주민(아이누인)의 기독교화에 실패했음을 지적하며 다음과 같이 썼다. "아이누인은 일본화되고 있고 이는 아이누 민족의 쇠퇴를 앞당길 것이다."[31]

6. 윌타인의 종교적 견해와 정교회의 영향

본 논문의 연구대상 시기의 윌타인들은 남들과 다른 종교적 상황을 겪는다. 반유목 생활을 하는 이 민족은 기독교가 광범위하게 전파된 본토에 사는 동족인들과 긴밀한 관계를 유지했다. 이미 1880년대 중반 모든 윌타인이 세례를 받았고 가슴 십자가를 달고 있었지만, 동시대인들은 "기독교 교리의 본질이 그들에게 거의 스며들지 않았다"[32]고 지적했다. 외국어 통역가 포포프(Попов)는 1895년 다음과 같이 썼다. "그들은 퉁구스인과 달리 종교에 무관심하여 그들이 세례를 받았다면 그것은 그냥 '러시아 법에 그렇다니까'일 것이다. 본질적으로 그들은 이교도인이다. 서로를 기독교 이름으로 부르지 않고 자기들에게 더 익숙한

30 Васильев В. Краткий отчёт о поездке к айнам островов Иезо и Сахалина. СПб., 1914. С.22.
31 Коварж А. Сахалин: Остров одиночества. Бреслау: изд-во 《Антониус》, 1929. С.24.
32 Поездка на Сахалин в 1885-1886 гг. Г.-Ш. Полковника Гарнака // Сборник краеведческих статей. №2. С.132; Маевич А.Ф. Ороки в прошлом и настоящем // Краеведческий бюллетень. 1994. №2. С.18.

이교도 이름을 선호한다. 그리고 일부 유르트에 이콘(정교회 성화(聖畵): 역주)이 보관되어 있지만, 풍어(豊漁)를 위해서는 자신들의 이교도 신에게 제물을 바칠 것이다."[33] 선교사들의 회고록이나, 민족지학자, 여행자들의 저서에서도 이와 유사한 정보를 얻을 수 있다.[34]

20세기 초까지 모든 윌타인이 세례를 받았고 (1908년 슈테이그만이 기록한 112명의 윌타인 모두 정교회 신도로 판명되었다) 그들의 결혼식과 장례식도 정교회 의식에 따라 진행되었지만 그들이 이교도적 관습을 버린 것은 아니었다. 슈테이그만은 그들을 '명목상' 정교회 신도라 부르며 다음과 같이 썼다. "유르트에 이콘을 두고, 십자가를 지니고, 죽은 자를 무덤에 묻지만, 그들은 동시에 장례식에 사슴, 개, 무기, 썰매를 제물로 바치고 곰 숭배를 유지한다. 그들은 양모와 색깔이 있는 헝겊으로 대충 만들어진 나무 인형 형태의 작은 우상을 매우 비밀스럽게 보관한다."[35] 1913년 메르쿠셰프(В.В. Меркушев)는 다음과 같이 증언한다. "모든 윌타인이 러시아어로 말하고, 세례를 받았지만, 정교회 신앙의 의례적인 측면에서조차 아는 것이 없어 보인다… 윌타인은 거의 완벽하게 러시아인에 동화되어서 러시아인의 풍습과 습관을 수용했지만… 일

---

33 ГАСО. Ф.1038. Оп.1. Д.106. Л.11-12.

34 Попов-Какоулин Н. Инородцы на о-ве Сахалин // Камчатские епархиальные ведомости. 1896. №5. С.105-106; Пилсудский Б. О. Из поездки к орокам о. Сахалина в 1904 г. Южно-Сахалинск, 1989. С.61-62; Городнов А. Поездка к крещёным инородцам северной части острова Сахалина в феврале месяце 1908 г. // Владивостокские епархиальные ведомости. 1908. №17. С.422-425; Шастин А. Описание поездки к инородцам Восточного побережья русского Сахалина // Владивостокские епархиальные ведомости. 1916. №20. С.678-679, 683.

35 Доклад о действиях экспедиции начальника её, врача, колежского советника Штейгмана, командированного военным губернатором острова летом 1908 г. // Исторические чтения. Труды Государственного архива Сахалинской области. №1. 1995. С.68, 76.

부 러시아인의 영향으로 윌타인 사이에 벌써 술주정뱅이와 사기꾼이
나타나기 시작했다."³⁶ 알콜 중독이 퍼지고, "신앙의 구분 없이 아주 어
린 나이에"³⁷ 기독교 예식이 없이 결혼하고, 또 그들 사이에 일부다처제
가 널리 퍼져있는 것을 보면, 윌타인마저 완전한 의미로는 정교회 신도
가 되지 않았음을 확인할 수 있다. 고르드노프(O.A. Городнов)의 말에
의하면 그들은 "… 사제가 그들에게 와있는 동안은 열성적으로 기독교
의식을 수행하지만 사제가 떠나면 다시 이교도적 샤먼 의식으로 돌아
간다."³⁸ 1916년에 선교 목적으로 러시아 사할린 동부 해안의 원주민을
방문한 사제 샤스틴(A. Шастин)은 이렇게 썼다. "윌타인은 세례를 받은
후에도 자신들의 신앙을 버리지 않았다. 곰 숭배를 하지 말라는 나의
설득에 대해 그들은 음산한 침묵으로 답했다…"³⁹

7. 혼성화가 있었는가? 정교회 vs 토착민의 종교

섬 원주민들 사이에서 정교회의 선교는 양적으로나 질적으로 목표
를 달성하지 못했다. 1892년까지 극동 남부에서 세례를 받은 '이방인'
의 수가 전체 원주민 인구의 약 77%라면 20세기 초까지 세례를 받은

---

36 Сахалин. Сборник краеведческих статей о прошлом и настоящем / Под общ. ред.
    губернатора Д. Григорьева. О. Сахалин: Типография при канцелярии сахалинского
    губернатора, 1913. С.56–57.
37 ГИАСО. Ф.1038. Оп.1. Д.106. Л.11–12.
38 Городнов А. Поездка к крещённым инородцам северной части острова Сахалина в
    феврале месяце 1908 г. // Владивостокские епархиальные ведомости. 1908. №17.
    С.422–425.
39 Шастин А. Описание поездки к инородцам Восточного побережья русского Сахали
    на//Владивостокские епархиальные ведомости. 1916. №20. С.678–679, 683.

사할린 원주민의 수는 1/4을 넘지 않았다.[40] 20세기 초 북부 민족들의
세계관은 이교의 명백한 우세 속에 기독교와 이교의 '혼합'된 모습이었
다.[41] 이러한 유형의 사람들에게 종교란 여전히 "진리의 문제가 아니라
삶의 방식"[42]이었던 것이다. 게다가 유형지인 사할린을 생각할 때 이
진리라는 것 자체가 매우 의심스러워 보였을 것이다.

　유형지 체제는 러시아인을 닮고 싶은 롤모델로 만들지 않았고, 러시
아인의 종교의 진실성에 대해 의심을 불러왔다. 정교회 사제들은 외딴
정착촌에 사는 원주민들을 거의 방문하지 않았다. 길도 없었고, 감옥
담당 사제들에게 시간도 부족했기 때문이다. 또한 원주민들은 문자가
없었고 따라서 새로운 교리에 대한 정보를 기록할 수 있는 유일한 방법
은 접근해서 구두 형식으로 전달하는 것이었다. 하지만 사제들은 원주
민의 언어를 알지 못했다. 정착촌에서 열리는 정교회 의식은 형식적인
성격을 띠고 원주민들은 그 본질을 이해하지 못했다. 사제가 떠난 후
윌타인, 니브흐인, 아이누인들은 계속해서 자신들의 고대 전통에 따라
살았다. 섬 원주민들의 종교적 견해가 정교회 바탕에서 혼성화되는 과
정은 오직 윌타인들에게서만 분명하게 나타났다. 이는 동화, 즉 '러시
아화' 과정과 관련이 있고 니브흐인이나 아이누인에게서보다 훨씬 빠
른 속도로 진행되었다. 그러나 이 과정은 윌타인의 삶의 외적 측면에만
영향을 미쳤을 뿐이다. 정교가 그들의 전통적인 신앙을 대체하지는 못

40　Российский государственный исторический архив (РГИА). Ф.796. Оп.440. Д.202.
Л.2-7; Разумовский А. Владивостокская епархия за первые пять лет её существован
ия (1899-1903 гг.) // Владивостокские епархиальные ведомости. 1905. №4-5. С.31.

41　Миллер Н.В. Шаманизм: история, особенности развития (на материалах Западной
Сибири).: Автореф. ... к.и.н. Омск, 2000. С.18.

42　Василенко Л.И. Краткий религиозно-философский словарь. М., 2000. С.252.

했다. 정교회적 속성은 종교적 관점의 변화의 증거라기보다는 '러시아화'의 외형적 표식이었다. 이런 의미에서 혼성화는 윌타인의 종교 생활의 외적 측면과 관련이 있다. 니브흐인의 종교적 믿음은 변하지 않았다. 아이누인도 기독교화되지 않았는데 이는 일본의 지배적인 영향력을 통해 예견된 것이었다.

1917년 후 원주민의 전통 종교를 파괴하려는 목적의 정교회 선교가 중단되고 그 대신 소비에트 무신론 정책이 실행되어 다른 모든 종교와 마찬가지로 전통 종교도 소비에트 사회에서 사라져야 했다. 이 민족들의 문화를 러시아 정교회 문화와 '러시아화'로 근접시키는 과정은 '소비에트형' 인간 창출 과정으로 대체되었다.

8. 기타 기독교 종파들

러시아 정교회 플랫폼에서의 혼성화 과정은 러시아 사할린 지역의 구교(舊敎), 루터교, 가톨릭과 같은 다른 종교들의 역사에서 더 자연스럽고 분명하게 나타났다.

1) 구교도

구교도들은 범죄나 신앙 때문에 사할린에 오게 되었다. 1897년 인구 조사에 따르면, 사할린에는 214명의 구교도가 있었고 그중 남성이 159명, 여성이 55명이었는데, 그들은 사할린 전체 인구의 0.76%를 구성했다. 1908년 7월 1일 러시아 영토 사할린 지역에는 123명 구교도(남자 63명, 여자 60명)가 살고 있었다.[43] 사실상 구교도 전체가 유형자(流刑者)와 그 자손들로 구성되어 있었다.

사할린 정착촌 전체의 특징이기도 하지만, 특히 이곳에 구교도의 등 장은 본토 구교도가 그랬던 것처럼 지역 구교도의 출현을 만들어내지 못했다. 이곳에서 구교도는 자신의 신앙적 순수성을 지키려 노력했지 만, 오히려 죄수나 과거 죄수였던 자들의 집단에 녹아들었다. 당시의 원전들에는 다음과 같은 증언이 있다. "… 구교도들의 강화는 보이지 않고, 오히려 지역 조건(정교회 신자들 틈에서 소수 정착민으로 살아감, 대규 모 구교도 공동체와 분리되어 있음) 때문에 약화되고 있다. 정교회 신자들 사이에 소수로 살면서 구교도들은 무의식적으로 그들과 가까워지고, 자신의 자녀들을 정교회 신자나 가톨릭 신자와 결혼시키고, 자녀들을 공동 학교에 보낸다."[44] 멜니코프(В. Мельников)는 다음과 같이 말했다. "그들의 종교 생활에서 가장 슬픈 것은 젊은 세대가 비신도 배우자, 때 때로 가톨릭 신자나 루터교 신자와도 결혼한다는 것이었다. 이는 가족 생활에 피할 수 없는 불화를 가져온다. 왜냐하면 부모와 남편들은 자녀 들에게 구교식 세례를 받게 할 것을 주장하는데 다른 종교인 아내들은 자신의 종교에 따를 것을 주장하기 때문이다."[45] 사할린 구교도의 영적 생활은 극도로 열악해서 섬에 구교도 교회가 없을 뿐 아니라 전례서(典 禮書)마저 없었다.

20세기 초 사할린 구교도들은 젊은 세대에서 신자의 수가 감소하는 '2세대 문제'에 직면했다. 사할린의 특수한 조건으로 인해 '1세대'가 청

43 Аргудяева Ю.В. Этноконфессиональные группы русских на Дальнем Востоке / А. П. Чехов и Сахалин: Доклады и сообщения международной научной конференции 28-29 сентября 1995 г. Южно-Сахалинск, 1996. С.33.

44 Цит. по: Аргудяева Ю.В. Этноконфессиональные группы русских на Дальнем Вост оке // А.П. Чехов и Сахалин: Доклады и сообщения международной научной конфе ренции 28-29 сентября 1995 г. Южно-Сахалинск, 1996. С.33-34.

45 Мельников В. Дальний Восток. Амурская область и о. Сахалин. М., 1909. С.27.

년층에 종교적 영향력을 행사하는 것은 사실상 불가능했다. 특히 상속권의 법적 보장을 뜻하는 자녀의 출생 등록의 필요성, '결혼 문제', 종교 문헌의 부족, 본토 신자들과의 접촉의 어려움, 정교회 신자들의 분산 거주와 같은 문제가 일부 신자들, 특히 청년층 신자들을 구교에서 떠나게 하고, 구교도들의 공동체 의식을 소멸시켰다. 여성이 계속 부족한 상황에서 일부 구교도들은 단지 정교회 출신 여성과 결혼하기 위해 정교회로 개종하기도 했다. 그러나 가족 전체가 정교회로 개종하거나 이미 나이가 든 구교도들이 개종하는 경우도 있었다. 이것은 공식 교회로의 개종이 항상 부득이한 것은 아니었음을 증명한다.[46]

1905년 이후 일본 영토인 사할린 남부의 아르쿨(Аракуль) 마을에 '최대 20명의 러시아 죄수'로 구성된 러시아 구교도들의 작은 공동체가 남았다. 1917년 이후, 러시아에서 온 이민자들 덕분에 식민지 인구가 증가하기 시작했습니다.[47] 그들은 고립되어 살았고 전통을 소중히 여기며 심지어 자녀들을 위한 학교도 열었습니다. 그들은 가축 사육에 종사했다. 일본 문헌들은 구교도들이 부유한 사람들이었다고 기록하고 있다.[48] 파괴적 경향이 일본 영토인 사할린 남부에 남아있던 옛 신도들에게 영향을 미치지 않았고, 그들은 스스로를 고립시켜서 1945년까지 종교 공동체로 살아남을 수 있었다.

---

46 См. подробнее: Потапова Н.В. Старообрядчество на Сахалине во второй половине XIX-XX вв. // Краеведческий бюллетень. Южно-Сахалинск, 2001. №1. С.68-71.

47 Васильев В. Краткий отчёт о поездке к айнам островов Иезо и Сахалина. СПб., 1914. С.24. Об этом же см.: Федорчук С. Русские на Карафуто. Южно-Сахалинск, 1996. С.28.

48 Накамура Есикадзу. Староверы Южного Сахалина // Алтарь России: Материалы научно-практической конференции 19-25 сентября г. Владивосток. Большой Камень, 1997. С.22.

2) 가톨릭 교회

19~20세기 초 폴란드의 일부가 러시아 제국 구성에 포함되었고, 사할린으로 유배당한 사람들 중에는 폴란드인이 있었는데 그들이 사할린 가톨릭 인구의 주를 이루었다. 유형지 시기에 폴란드인은 러시아인과 우크라이나인에 이어 사할린에서 인구가 많은 민족 집단이었다.[49] 1897년 섬 전체 인구 중 1,636명이 자신의 모국어를 폴란드어라고 했다. 약 200명의 가톨릭 신자가 리투아니아인, 라트비아인, 독일인, 핀란드인이었다.[50] 유형 시기 섬의 행정 중심지인 알렉산드롭스크(Александро вск) 마을에 성당이 건축되어 1897년 축성을 받았다. 1912년까지 사할린의 북부에는 455명의 가톨릭 신자가 살았는데 그들은 모두 폴란드인이었다. 그들은 섬에 자신들의 가톨릭 사제가 없었다. 사제들이 가끔 블라디보스토크에서 사할린으로 와 업무를 보기도 했지만, 사할린 가톨릭교도들은, 특히 행정 중심지(알렉산드롭스크 정착촌)에서 멀리 떨어진 곳에 사는 사람들은 세례, 결혼, 장례 의식을 제때 거행할 수 없었다. 러일 전쟁 이후에도 가톨릭 교회는 예전과 같이 알렉산드롭스크 마을에서 활동했고, 사할린 가톨릭은 여전히 많은 시간을 성직자의 영향 밖에 놓여 있었다.

1905년 이후 과거 러시아 제국의 신민이었던 폴란드 가톨릭 신자들

---

49 Ищенко М.И. Поляки на сахалинской каторге // А.П. Чехов и Сахалин: Доклады и сообщения международной научной конференции 28-29 сентября 1995 г. Южно-Сахалинск, 1996. С.42.

50 Первая Всеобщая перепись населения Российской империи, 1897 г. Остров Сахали н. Т. LXXVII. Тетр. 2. СПб., 1904. С.8; Ищенко М.И. Поляки на сахалинской каторге // А.П. Чехов и Сахалин: Доклады и сообщения международной научной конферен ции 28-29 сентября 1995 г. Южно-Сахалинск, 1996. С.42; Федорчук С. Римско-кат олическая церковь на Сахалине. Южно-Сахалинск, 1998. С.14.

이 섬의 남부에 남았다. 1907년부터 하코다테에서 온 프랑스, 독일 선교사들이 정기적으로 섬을 방문하기 시작했다. 1912년 프란체스코 수도회의 독일 선교사 아그넬리우스 코바르츠(Агнелиус Коварц)는 토요하라(Тоёхара: 유즈노사할린스크의 1905~1947년 동안의 이름, 역주)에 평신도 단 1명이 있는 작은 교회를 지었다. 코바르슈는 1911~1929년까지 사할린에서 근무했고 이후 '사할린: 고독의 섬'[51]이란 책을 썼다. 코바르슈는 섬 주민의 다채로움을 묘사하고, 가톨릭 선교의 성공에 대한 환상을 조성하지 않고, 그 '이질성'을 이해하면서, "다른 종족, 다른 언어, 다른 종교와 문화 요소들 사이에 유럽 선교사가 끼어 있다"[52]고 올바르게 지적했다. 가라후토에서 가톨릭 선교는 1945년까지 활동했고, 4개의 성당이 있었다.

흥미롭게도, 러시아와 일본이 섬을 분할한 후 첫 몇 년 동안 사할린 폴란드인들은 가톨릭 예배에 참석하기를 꺼렸거나 아예 참석하지 않았다. 대신, 정교회 사제 세르기의 증언에 의하면, 섬을 방문한 러시아 정교회 사제들을 기쁘게, 습관적으로 맞이했다.[53] 유형지 섬에서 똑같이 권리를 박탈당한 잡다한 다신앙, 다민족 주민들과 함께하며 수년 동안 만들어진 종교적 관용이 영향을 미쳤을 것이 분명하다. 또는 어쩌면, 같은 형벌을 받으면서 종교적 무관심이 만들어졌고 거기에 정교회 사제의 방문을 조국과의 연결로 생각해 기쁘게 인식했는지도 모른다.

코바르슈에게 1921년 사할린 북부의 일본 수비대 교구가 할당되었고, 이로 인해 그는 1년에 한 번 알렉산드롭스크를 방문하고 섬 북부

---

51 Коварж А. Сахалин: Остров одиночества. Бреслау: изд-во 《Антониус》, 1929.

52 Коварж А. Сахалин: Остров одиночества. Бреслау: изд-во 《Антониус》, 1929. С.89.

53 Сергий, епископ. На Южном Сахалине (из путевых заметок) // Краеведческий бюллетень. Южно-Сахалинск, 1991. №2. С.64.

전체를 돌아야 했다. 당시 알렉산드롭스크에는 약 400명의 가톨릭 신자와 좋은 교회가 있었다. 사제가 그곳을 마지막으로 방문한 것은 1925년 겨울이었고, 5월에 사할린 북부에서 일본군이 철수하면서 그의 활동도 중단되었다. 그는 알렉산드롭스크의 가톨릭 신자들을 높은 수준의 기독교인으로 이끌었다. "알렉산드롭스크는 교회도 있고, 사제로서 아주 편안한 곳이다. 교회로 사람들이 찾아오고, 기도하고, 노래한다. 그곳에는 종(鐘)이 있고, 무엇을 물어봤을 때 대답해주는 교회 수행원들이 있다. 간단히 말해, 여기는 모든 것이 집과 같다. 그리고 사람들이 사제의 말을 경청한다. 한마디로, 가톨릭이 정말 가톨릭이다."[54] 그러나 그는 알렉산드로프스크를 '작은 바빌론'이라고 부르며 가톨릭 환경과 전체 인구에 만연한 악덕과 부도덕을 묘사한다.

사할린 다른 지역의 가톨릭 신자들의 신앙심은 더욱 나쁜 상태가 되었다. 예를 들어 50명의 신자 중 단지 2명만 올바른 가톨릭 미사에 참여한 지역이 있다. 제단 건설부터 시작하여 거룩한 미사, 성가, 영성체 등의 의미를 사람들에게 마치 '어린아이'에게 하듯이 설명해야 했다.[55] 그는 사할린 삶의 모습을 설명하며 다음과 같이 결론을 지었다. "사람들은 이곳에서 가톨릭 신자처럼 생각하거나 느끼지 않는다. 사실 놀라운 일도 아니다. '마지막으로 이곳에 사제가 있었던 적이 언제입니까?'라는 질문에 그들은 활기차게 논쟁하기 시작했다. 결국 전쟁이 일어나기 3년 전, 즉 1911년이었다는 공통의 의견에 도달했다. 지금은 1922년이다."[56] 북부 사할린 가톨릭 신자들의 삶을 설명하면서 그는 주민들이

---

54 Коварж А. Сахалин: Остров одиночества. Бреслау: изд-во 《Антониус》, 1929. С.94.
55 Коварж А. Сахалин: Остров одиночества. Бреслау: изд-во 《Антониус》, 1929.С. 95
56 Коварж А. Сахалин: Остров одиночества. Бреслау: изд-во 《Антониус》, 1929. С.95

종교로부터 완전히 분리되어 살고 있다고 묘사한다. 그들은 혼례를 치르지 않은 채 같이 살고, 아이들에게 세례를 주지 않는다. 사제가 없기 때문이다. 그들은 사제가 어떻게 생겼는지, 무엇을 하는 사람인지조차 모른다.[57] 40명의 가톨릭 신자가 있던 안드레이 이바놉스키(Андрей-Ив ановский) 마을에 대해 다음과 같이 썼다. "… 이곳 사람들에게는 더 이상 가톨릭 신앙심이 전혀 남아있지 않다… 이혼은 그들에게 더 이상 죄가 아니고… 죽은 사람에 대해서도 유사한 태도가 관찰된다. 이곳에서는 장례 준비를 하지 않는다. 관을 그냥 무덤에 넣는데 이건 마치 그냥 일상적인 행위처럼 그렇게 한다… 기도문에 나와있는 것과 같이 고인을 돌볼 필요성에 관해 모두들 잊어버렸다."[58] 사제는 신앙과 십계명에 대해 설명했고, 세례(정교회 신도라고 하는 사람에게, 또는 세례를 받지 않은 사람들에게)와 고해성사, 결혼을 진행했고, 성상과 메달, 묵주를 나눠주었다.("이 모든 것은 이곳에서 본 적 없는 경이로움이다")[59]

가톨릭 선교사들의 활동 방향 중 하나가 '정교회 신자들을 교회로 받아들이는 것'이었다. 예를 들어 그는 알렉산드롭스크에서 발생한 몇 가지 경우를 이야기한다. "오늘 거룩한 미사에 러시아인들이 많이 있었다. 그들은 정교회 신자들로, 주로 예전에는 가톨릭 신자였거나, 또는 부모는 가톨릭 신자였으나 그들 스스로 특정한 사유로 인해 정교회 신자가 되었던 사람들이었다. 예를 들어 N씨가 그런 경우에 속한다.

57 Коварж А. Сахалин: Остров одиночества. Бреслау: изд-во 《Антониус》, 1929. C.97-98
58 Коварж А. Сахалин: Остров одиночества. Бреслау: изд-во 《Антониус》, 1929. C. 107
59 Коварж А. Сахалин: Остров одиночества. Бреслау: изд-во 《Антониус》, 1929. C. 99-100

그의 아버지는 장교이자 가톨릭 신자였지만 그 자신은 국립대학교에 입학하기 위해 정교회로 개종해야 했다… 그 다음은 나이든 토메지크(Tomeзик)의 말을 빌려올 수 있다. 그는 정교회 교인이 되었지만 결혼은 가톨릭 방식으로 하고 싶었다… 토메지크가 말하길, 그 당시 신부가 그들을 가톨릭 방식으로 결혼시켜주길 원하지 않았다. 그래서 그는 사제에게 가서 정교회 방식으로 결혼했다. 이러한 정교회 신자들은… 사실 가톨릭의 마음을 가지고 있고 가톨릭 미사에 참여할 필요를 느낀다."[60]

3) 루터교

루터교는 사할린에서 다수의 교파는 아니었다. 그들 중 상당수가 자유민이었는데, 주로 관리와 군인이었다. 예를 들어 1895년 루터교인 중 144명은 유배된 죄수였고 148명은 자유민이었다. 주로 독일인과 러시아 신민이었다. 1890년 섬을 방문한 체호프(А. П. Чехов)의 정보에 따르면, 알렉산드롭스크 마을에는 '사할린 루터교인 단체'가 있었고, 그 회원들은 '기도와 생각의 교환을 위해'[61] 모였다. 1896년 복음주의 루터교 기도원이 알렉산드롭스크 마을에 문을 열었다. 루터교 신도들에게는 자신들의 선교사가 없었고 목사가 매년 블라디보스토크에서 사할린으로 왔다.[62] 러일 전쟁 이후 알렉산드롭스크 마을에서 예전과 같이 루터교 교회가 활동했지만 루터교 신도들도 가톨릭 신도들과 마찬가지로 신도의 수를 충족시키는 데 문제를 겪었다.

60 Коварж А. Сахалин: Остров одиночества. Бреслау: изд-во 《Антониус》, 1929. С. 105

61 Чехов А.П. Остров Сахалин: (Из путевых заметок). Южно-Сахалинск, 1995. С.235.

62 ГИАСО. Ф.1038. Оп.1. Д.107. Л.21; Дриль Д. Прошлое ссылки в России // Ссылка во Франции и в России. СПб., 1899. С.40.

9. 기독교의 '혼성화', 정교회와 기타 기독교 종파

사할린에서 러시아 정교회와 다른 기독교 종파의 명백한 혼성화 징후는 가톨릭과 루터교 신도들이 정교회 교회에서 의식을 수행했고, 이러한 목적으로 정교회로 개종하는 경우도 종종 있었다는 점으로 나타난다. 이는 성직자의 부족, 구교, 가톨릭, 루터교 신자들의 결혼, 출생, 사망을 법제화하는 의식을 수행할 수 없음, 유형지 특유의 영적, 도덕적 분위기, 즉 유형지의 '무신론'과 만연한 범죄 등등, 여성 부족으로 인한 성적 불균형과 관련이 있다. 사할린이 유형지였을 때나 유형이 폐지된 이후에도 러시아 사할린에서는 다양한 기독교 세력의 형식적 세계관적 합병이 일어나는데, 이는 다음과 같은 모습으로 나타났다. 종교를 거부하거나 실용적인 이유로 정교회로 개종하기도 했고, 가톨릭과 개신교, 구교 신자들이 정교회 교회에서 의식을 수행하기도 했다. 또한 종교가 다른 사람들이 결혼하거나, 정교회 신자가 아닌 부모들의 자녀가 세례를 받거나 정교회 분위기에서 성장하기도 했다.

이와 같은 혼성화는 강제적인 것이 아니라 부득이한 것으로 간주할 수 있다. 가톨릭 신도나 루터교 신도가 정교회 신도와 결혼하는 것이 허용되었고, 교적부에 기록되었다. 비정교회 배우자는 다음과 같은 약속에 서명해야 했다. "정교회를 탓해 아내(남편-N.P.)를 비방하지 않고, 유혹, 위협 등 기타 방법으로 그녀에게 자신의 믿음을 받아들이라 설득하지 않고, 남녀의 결혼에서 자녀를 양육할 때 …러시아 국가의 법에 따라 행동한다. 즉, … 정교회 신앙의 정신으로 아이들에게 세례를 주고 양육한다."[63] 종종 젊은 가톨릭 신자와 루터교 신자는 정교회 신자와

---

63 ГИАСО. Ф.23-и. Оп.1. Д.32. Л.88-88 а.

결혼에 앞서 정교회로 개종하기도 했다. 정교회에 가입하고자 하는 기독교인들은 정교회 성직자에게 다음과 같이 신청서를 제출했다. "… 나는 강요받아서가 아니리 내 자유 의지에 따라 정교회에… 가입하고, 신성한 정교회 그리스 러시아 정교회가 수립한 모든 교리와 의식을 수행할 것을 약속합니다…"[64] 기독교인을 정교회에 합류시킬 때 이전 이름은 보존되었다.

10. 비기독교 종파

1) 이슬람교

19세기 말 극동의 본토와 달리 사할린에는 많은 이슬람교도가 있었고 그들 중 압도적 다수가 유형 온 죄수였다. 1897년 인구조사에 따르면 사할린에는 1,843명의 무슬림이 있었다.[65] 사할린 무슬림 인구의 대부분은 유형수, 다게스탄 출신의 가장 가망이 없는 재범자들이었는데 러시아 제국의 서쪽을 그들로부터 보호하는 유일한 방법이 그들을 탈출이 거의 불가능한 먼 섬으로 추방하는 것이었다.[66] 무슬림들은 유형지에서도 자신의 신앙의 전통을 계속해서 지켰다.[67] 1901년 알렉산드롭스크 마을에는 시아파와 수니파 2개의 모스크가 있었다. 성직자(물라)가 없을 경우, 모스크에서 죄수들 중 선출하여 의식을 수행하였다.[68]

---

64 ГИАСО. Ф.23-и. Оп.1. Д.10. Л.143 а.

65 Первая Всеобщая перепись населения Российской империи, 1897 г. Остров Сахалин. Т. LXXVII. Тетр. 2. СПб., 1904. С.32-33.

66 ГАРФ. Ф.122. Оп.5. Д.1349. Л.9-28.

67 Чехов А.П. Остров Сахалин: (Из путевых заметок). Южно-Сахалинск, 1995. С.202.

러일 전쟁이 끝나고 유형 제도가 폐지된 후에도 섬의 북쪽에는 무슬림들이 남아있었고, 그들은 물라를 '자신들 가운데에서 선출했고' 모스크를 계속 운영했다. 1911년 모스크 중 하나가 주택으로 개조되었다. 작은 이슬람 공동체(8명)가 물라도 없었고, 건물을 유지할 물리적 능력도 없었기 때문이다.

2) 동양 종교들

1897년 인구조사에 의하면 섬에는 불교도와 라마교도가 있었다. 남자가 432명, 여자가 12명이었다.[69] 이 종교를 가진 사람들의 세례와 관련된 정교회 교적부의 기록으로 판단해 보면, 이들은 주로 중국인과 한국인 죄수들이었다.

3) '일본적 요소'

연구대상 기간 섬의 종교 상황에 대한 묘사는 사할린의 다종교성 형성에서 '일본적 요소'를 언급하지 않고는 완성되지 않는다. 1885~1875년 동안 사할린은 러시아와 일본의 공동 지배 상태였고, 이곳에는 수십 명의 일본인이 상주했다. 어업 시즌에는 홋카이도 섬의 어부들로 인해 일본인의 수가 증가했다. 1875년 러일 조약으로 쿠릴열도에 거주하는 러시아 신민과 사할린의 일본 신민들에게 '그들의 신앙을 실천할 전체적이고 완전한 자유'를 보장했다. 1897년 인구조사에 의하면 섬에는 240명의 일본인이 있었다.[70] 일본에서는 신토가 지배적이고 공식적인 종교였

---

68 ГИАСО. Ф.1170. Оп.2. Д.27. Л.83.; Панов А.А. Сахалин, как колония. М., 1905. С.83.

69 Первая Всеобщая перепись населения Российской империи, 1897 г. Остров Сахалин. Т. LXXVII. Тетр. 2. СПб., 1904. С.32-33.

다. 섬에서 최초의 신토 사원 건설은 18세기 말에 시작되었다. 가라후토 시대에 사원 건설이 가장 활발하게 진행되었다. 사마린(И.А Самарин)의 계산에 따르면 이 기간에 128개의 사원이 건설되었다.[71] 가라후토에서 두 번째로 영향력 있는 종교집단은 불교도였다. 불교는 몇 가지 종파가 있다. 가장 큰 종파는 신슈(Синсю)로 48개의 사원이 있었고, 소도슈(Содо сю)가 25개, 신고슈(Сингосю)가 20개의 사원을 가지고 있었다.[72]

4) 정교회와 비기독교 종파

세례를 받은 경우가 거의 없음. 비기독교 신앙을 가진 사람들도 역시 정교회 사제들에게 세례를 받았고, 세례 의식은 세례에 대한 기록들과 유형자들의 죄수 기록, 그들의 서약서와 함께 교적부에 기록되었다. 일부는 상당히 감동적이었다. 예를 들어, "1884년 바쿠 지방 법원에서 살인 혐의로 6년간의 강제노동형을 받은 후세인 하산 오글리(Гусейн Гасан Оглы)"는 1889년 탈출을 시도하다 형이 4년 연장되었고, 1892년에 세례를 받고 다음과 같이 신청서를 제출했다. "… 이슬람 신앙의 거짓을 확신하고 기독교에서 참된 하느님과 신성한 믿음을 알게 되었기 때문에 세례를 받고 죽을 때까지 정교회 신앙을 따를 것을 굳게 결심했다…"[73] 불교도(이교도)도 섬의 정교회에서 세례를 받았다. 세례를 받은

70 Первая Всеобщая перепись населения Российской империи, 1897 г. Остров Сахали н. Т. LXXVII. Тетр. 2. СПб., 1904. С.33.

71 Самарин И.А. Синтоистские храмы Карафуто // Вестник сахалинского музея. №5. Южно-Сахалинск, 1999. С.156-159, 199-201.

72 Лопачев А.М. Храмы скромные и пышные. Японские храмы на Южном Сахалине. 1945 год // Советский Сахалин. 1992. 11 августа. С.3; 30 лет Карафуто. (перев. с яп.яз.). Тоёхара, 1936. С.98.

73 ГИАСО. Ф.23-и. Оп.1. Д.18. Л.13-13а

이방인의 일부는 정교회 신도와 결혼을 한 경우도 있었다.[74] 그러나 섬의 일본인들 사이에서 사할린 사제들의 선교활동을 성공적이라 볼 수는 없다. 예를 들어, 사할린 교회 교적부 기록에서 홋카이도에 거주하는 불교도 일본 신민 2명이 세례받은 사실만을 찾아볼 수 있다.[75]

11. 결론

19세기 후반–20세기 초반에 러시아가 사할린을 식민화하는 동안 정교회, 가톨릭, 개신교, 구교, 신토, 불교 등 모든 외래 종교가 동시에 이곳에 나타났다. 즉, '전통 종교'라는 개념은 원주민들의 신앙에만 적용할 수 있다. 그러나 러시아 정교회의 국가적 입장과 다른 신앙의 선교활동 금지로 인해 정교회에 기초한 종교의 혼성화만이 가능했다. 섬으로 유형온 죄수들의 인원수와 유형지에서의 사제의 기능은 선교를 통해 정교회가 지역 원주민을 완전히 러시아화할 수 있는 조건을 만들지 못했다. 정교회를 기반으로 섬 원주민들의 종교적 관점이 혼성화되는 과정은 월터인에게서만 나타났는데, 러시아화라는 형태로 상당히 빠른 속도로 진행되었다. 그러나 정교회가 전통 신앙을 대체한 것은 아니어서, 혼성화는 '외형적' 성격을 가졌다. 월터인의 경우도 종교 생활의 외적인 측면만 관련되었다. 니브흐인과 아이누인의 정교회로의 개종은 드문 경우여서 이들 공동체에서는 종교적 영역에서의 혼성화도, 전체적인 러시아화도 일어나지 않았다. 아이누인은 오히려 일본

---

74 Например: ГИАСО. Ф.23–и. Оп.1. Д.32. Л.59-59а; Д.32. Л.98, 131а, 131 б.

75 ГИАСО. Ф.23–и. Оп.1. Д.3. Л.222, Д.32. Л.130 б.

문화의 영향을 지배적으로 받았다.

사할린에서는 유형 기간에 형성된 섬 주민들의 다양한 민족종교 구성과 다른 기독교 신앙의 충분하지 못한 조직화로 인해 '부득이한' 혼성화가 발생했다. 자녀의 출산이나 결혼을 등록할 수 있는 유일한 기회가 정교회로의 개종인 경우가 종종 있었다. 특히 정교회 신자가 아닌 부모나 종교적으로 이질적인 결혼에서 태어난 아이들의 세례가 대표적인 경우이다. 이와 유사한 사례들이 유배된 죄수는 물론이고, 자유로운 주민들 사이에서도 관찰된다. 정교회 신자가 아닌 부모들은 자신의 아이들을 정교회에서 세례받게 하고 정교회 정신으로 양육하겠다는 신청서를 사제에게 제출했다. 이와 관련하여 1920년대 중반까지 도덕의 쇠퇴와 무신론적 정서 확장이라는 공동의 배경 속에 러시아 정교회를 중심으로 가톨릭, 루터교, 구교도 전통들의 혼성화 과정이 분명하게 나타났다. 가장 안정적인 민족 신앙 공동체는 지배적인 교회와 대립하는 극한의 조건에서 살아남는 데 익숙했던 러시아의 구교도들이었다. 1905년 이후 가라후토에 남아 살았던 사할린 구교도들은 1945년까지 분리되어 자신의 종교적 전통을 지킬 수 있었다.

본 논문은 '접촉' 지역의 경계와 섬의 지정학적 위치를 정의했던 1세기 동안 사할린에서 발생한 종교적 영향의 상호작용에 대한 간략한 요약을 제공하고 있다. 이 주제는 앞으로 계속 연구하여 사할린 원주민 공동체의 종교적 관점이 안정적인 이유와 월타인의 신앙생활이 '외형적'으로 혼성화된 이유, 아이누인의 '일본화' 성공 이유, 기독교 선교사들(정교회, 가톨릭, 개신교)의 활동 경로와 방법, 일본과 러시아의 국가정책이 섬의 종교 혼성화에 미친 영향 등을 밝혀내야 한다. 사할린과 쿠릴열도, 사할린과 홋카이도 등에서 종교의 혼성화 과정을 비교 분석하는 것도 흥미로울 것이다.

참고문헌

과학기술시대에 대한 기축문명론적 성찰과 전망 | 전홍석

강갑회, 『칼 야스퍼스에 있어서 초월자의 암호해독을 통한 실존해명』, 동아대학교 대학원 철학과 철학박사학위논문, 2002.

전홍석, 『문명 담론을 말하다: 현대 '문명학' 정립을 위한 시론』, 서울: 푸른역사, 2012.

최배근, 『호모 엠파티쿠스가 온다: 초연결 시대를 이끌 공감형 인간』, 파주: 21세기북스, 2020.

황문수, 『실존과 역사』, 서울: 문원, 1994.

전홍석, 「근현대 세계경제와 동아시아모델: 캘리포니아학파를 중심으로」, 『한중관계연구』 제5권 3호, 원광대학교 한중관계연구원, 2019.

제러미 리프킨, 「집중과 분산: 화석연료 없는 문명이 가능한가」, 『오늘부터의 세계: 세계 석학 7인에게 코로나 이후 인류의 미래를 묻다』(제러미 리프킨 외 인터뷰, 안희경), 서울: 메디치, 2020.

Bell, Daniel, *The Coming of Post-Industrial Society: A Venture in Social Forecasting*, New York: Basic Books, 1999(다니엘 벨, 『탈산업사회의 도래』, 김원동·박형신 옮김, 서울: 아카넷, 2006).

Brynjolfsson, Erik·McAfee Andrew. *The Second Machine Age: Work, Progress, and Prosperity in a Time of Brilliant Technologies*, New York: W. W. Norton & Company, 2014(에릭 브린욜프슨·앤드루 맥아피, 『제2의 기계 시대: 인간과 기계의 공생이 시작된다』, 이한음 옮김, 서울: 청림출판, 2020).

Chayko, Mary, *Superconnected: The Internet, Digital Media, and Techno-Social Life*, Thousand Oaks, California: SAGE Publications, Inc., 2017(메리 차이코, 『초연결사회: 인터넷, 디지털 미디어, 그리고 기술-사회 생활』, 배현석 옮김, 파주: 한울아카데미·한울엠플러스, 2018).

Hamilton, Clive. *Growth Fetish*, Ann Arbor: Univ. of Michigan Pr, 2004(클라이브 해밀턴, 『성장숭배: 우리는 왜 경제성장의 노예가 되었는가』, 김홍식 옮김, 서울: 바오출판사, 2011).

Hamilton, Clive. *Requiem for a Species: Why We Resist the Truth About Climate Change*, London: Earthscan Publications, 2010(클라이브 해밀턴, 『누가 지구를 죽였는가: 인류가 직면한 최대 위기』, 홍상현 옮김, 서울: 이책, 2013).

Heinemann, Fritz. *Existenzphilosophie – lebendig oder tot?*, Stuttgart: Kohlhammer, 1954(프리츠 하이네만, 『실존철학』, 황문수 옮김, 서울: 문예출판사, 1994).

Jaspers, Karl. *Philosophie. Band 2: Existenzerhellung*, Berlin: Julius Springer, 1932, 1948, 1956, 1973(칼 야스퍼스, 『철학 II: 실존조명』, 신옥희 · 홍경자 · 박은미 옮김, 파주: 아카넷, 2019).

Jaspers, Karl. *Vom Ursprung und Ziel der Geschichte*, Frankfurt: Fischer Bücherei, 1956(칼 야스퍼스, 『역사의 기원과 목표』, 백승균 옮김, 서울: 이화여자대학교 출판부, 1987).

_____. *Der Philosophische glaube Angesichts der Offenbarung*, Munich: R. Piper, 1962(칼 야스퍼스, 『계시에 직면한 철학적 신앙』, 신옥희 · 변선환 옮김, 칠곡군: 분도출판사, 1989).

_____. *Kleine Schule des Philosophischen Denkens*, München: R. Piper, 1965(칼 야스퍼스, 「철학학교」, 『철학학교 · 비극론 · 철학입문 · 위대한 철학자들』, 전양범 옮김, 서울: 동서문화사, 2009).

_____. *Einf hrung in die Philosophie*, München: R. Piper, 1966(칼 야스퍼스, 「철학입문」, 『철학학교 · 비극론 · 철학입문 · 위대한 철학자들』, 전양범 옮김, 서울: 동서문화사, 2009).

Maslow, Abraham Harold. *Toward a Psychology of Being, 3rd Edition*, Hoboken, NJ: John Wiley & Sons, Inc., 1998(에이브러햄 H. 매슬로, 『존재의 심리학』, 정태연 · 노현정 옮김, 서울: 문예출판사, 2017).

Rifkin, Jeremy. *The Empathic Civilization: The Race to Global Consciousness in a World in Crisis*, Cambridge, UK: Polity, 2010(제러미 리프킨, 『공감의 시대』, 이경남 옮김, 서울: 민음사, 2010).

_____. *The Global Green New Deal: Why the Fossil Fuel Civilization Will Collapse by 2028, and the Bold Economic Plan to Save Life on Earth*, St. Martin's Press, 2019(제러미 리프킨, 『글로벌 그린 뉴딜: 2028년 화석연료 문명의 종말, 그리고 지구 생명체를 구하기 위한 대담한 경제 계획』, 안진환 옮김, 서울: 민음사, 2020).

Schwab, Klaus. *The fourth industrial revolution*, New York: Crown

Business, 2016(클라우스 슈밥, 『클라우스 슈밥의 제4차 산업혁명』, 송경진 옮김, 서울: 새로운현재, 2017).

인문실크로드를 통한 생명공동체 구상 | 이현정

고려대학교 한국사연구소 엮음, 「간다라·사막북로의 불교 유적」, 『실크로드와 한국불교문화 도록』 II, 아연 동북아 문화총서 03, 아연출판부, 2014.

금강대학교 불교문화연구소 편, 『종교와 역사의 교차점 실크로드』, 민족사, 2014.

정병조, 「실크로드와 동아시아 불교」, 금강대학교 불교문화연구소 편, 『종교와 역사의 교차점 실크로드』, 금강학술총서 21, 금강대학교 불교문화연구소, 민족사, 2014.

김영필, 『상호문화적 지평에서 읽은 한국불교와 서양철학』, ksi한국학술정보(주), 2010.

과경·정원규 지음, 『오대산 노스님의 인과이야기』, 불광출판사, 2007.

김승일, 『한국인도 모르고 중국인도 모르는 한·중 우호 교류사』, 경지출판사, 2018.

성태용, 『어른의 서유기』, 정신세계사, 2019.

「전륜성왕수행경」, 『장아함』.

「자애경」, 『수타니파타』.

「오비구경」, 『잡아함경』 제1권 34경.

정수일 지음, 『문명교류사 연구』, 사계절, 2002.

윌리엄 맥닐(William Handy Mcneil), 허정 옮김, 『전염병과 인류의 역사』, 한울출판사, 1992.

이부키 아츠시 지음, 최연식 옮김, 『중국 禪의 역사』, 씨아이알, 2005.

제러미 리프킨, 이경남 옮김, 『공감의 시대』, 민음사, 2011.

김동택, 「문명을 위한 문명들 그리고 동아시아 및 유교 문명의 선택과 세계질서」, 『유교문화연구』 제2집, 2003.

김미덕, 「공감, 정체성, 탈동일시(Disidentification)」, 『사회와 철학』 제26집, 2013.

김정의, 「미래문명론」, 『문명연지』 1권 1호, 2000.

서광, 『치유하는 유식읽기』, 도서출판 공간, 2017.

석길암, 「동아시아 불교사상사 연구의 한 반성」, 『한국불교학』 제87집, (사)한국불교학회, 2018.

_____, 「화엄경의 편집·유통과 호탄(Khotan)」, 『금강학술총서 21』, 금강대학교 불교문화연구소, 2007.

이영석, 「감염병 시대와 종교」, 『불교평론』 통권 84호, 2020.

인경, 「명상과 성찰의 시대가 왔다」, 『불교평론』 통권 84호, 2020.

전홍석, 「동아시아 모델의 전환: 중세화론과 진경문화–동아시아 '국제공공성'모색을 중심으로」, 2016.

_____, 『초기 근대 서구지식인의 동아시아상과 지식체계』, 동과서, 2018.

_____, 「칼 야스퍼스의 역사철학에 관한 논고–실존사관을 중심으로–」, 『동서철학연구』 제97호, 2020.

한지연, 「실크로드의 동서문화교섭이 불교의 중국화 과정에 미친 영향– 둔황지역에 보이는 불교문화와 중국도교문화의 융합사례를 중심으로–」, 『동아시아불교문화』 41권 0호, 2020.

_____, 「『현겁경』을 기반으로 한 초기 서역 불교 수행 체계에 관한 고찰 –서역의 현겁신앙 전개 양상을 바탕으로–」, 『금강학술총서 21』, 금강대학교 불교문화연구소, 2020.

장신교수, 베이징대 고고문물학, 인터뷰 중에서, 2018.

불교신문, 〈부처님오신날 특집 '한국불교 전래길' 실크로드를 가다〉, 2011.5.6.

_____, 〈한국불교의 원류를 찾아서–서안 자은사 대안탑에서, 현장스님과 대당서역기〉, 2003.10.25.

첸원중 저, 임홍빈 역, 『현장 서유기』, 에버리치홀딩스, 2010.

KBS 〈신실크로드, KBS NHK CCTV 한중일 공동다큐멘터리〉, 2005.

윌리엄시어도어 드 배리 저, 한평수 역, 『동아시아 문명』, 실천문학사, 2015.

李琪, 「실크로드 중앙아시아 구간 박트리아 예술 중의 불교적 요소」, KCI 논문.

쿠로가와 마사유키, 「바람과 흙; 동아시아 문화의 정체성」, 『OCD연구논문집』 제3호 0권, 2011.

쪼우 웨이쪼우(周偉洲), 「실크로드와 새로운 '실크로드 경제지내'의 구축」, 『금강학술총서 21』, 금강대학교 불교문화연구소, 2014.

해상 인문실크로드와 종착지, 한반도 | 김시내

『中國二十四通史舊唐書十八卷』, 中華書局.

『삼국유사』.

『삼국사기』.

김호동, 『동방 기독교와 동서문명』, 까치, 2002.

민병동 역, 長澤和俊 저, 『동서문화의 교류』, 민족출판사, 1993.

신형식 외, 『신라인의 실크로드』, 백산자료원, 2002.

양승윤·최영수·이희수 외, 『바다의 실크로드』, 청아출판사, 2003.

이재성 옮김, 나가사와 가즈도시, 『실크로드의 역사와 문화』, 민족사, 2005.

정수일, 『고대문명교류사』, 사계절출판사, 2001.

_____, 『문명교류사 연구』, 사계절출판사, 2002.

_____, 『씰크로드학』, 창작과비평사, 2002.

_____, 『이슬람문명』, 창작과비평사, 2004.

빙상실크로드와 거점 항구 | 이행철

이기태·이수형·김숙현 등, 『동북아 플러스 책임공동체 형성 방안』, 서울: 통일연구원, 2018.

정기웅·윤익중, 『북방정책에 대한 소고-'북방'과 '정책'의 지속과 변화』, 글로벌정치연구, 2021.

예병환·배규성, 「러시아의 북극전략: 북극항로와 시베리아 거점항만 개발을 중심으로」, 『한국 시베리아연구』, 2016.

변현섭, 「러시아의 북극 개발 정책과 한-러 북극 협력의 시사점」, 『슬라브硏究』, 2021.

라미경, 「세력전이론 시각에서 본 중국 북극정책의 함의」, 『한국 시베이라연구』, 2021.

李振福, 鄧昭, 參與"氷上絲綢之路": 朝鮮的條件和策略, 東北亞經濟研究, 2019.

劉加華, "氷上絲綢之路"建設研究-以産業合作爲中心, 吉林大學博士學位論文, 2019.

管淸蕾·郭培淸, 俯瞰北方航道(上), 海洋世界, 2008.

_____·_____, 俯瞰北方航道(下), 海洋世界, 2008.

董江·劉雷·衛國兵, 北極東北航道關鍵水域通航環境及沿線主要港口, 航海, 2018.

張俠·屠景芳·錢宗旗 등, 從破冰船强制領航到許可證制度-俄羅斯北方海航道法律新變化分析, 極地研究, 2014.

박영민, 「북극해 영유권 갈등의 정치학: 동아시아 지역에 주는 시사점」, 『대한정치학회보』, 2019.

劉加華, "氷上絲綢之路"建設研究-以産業合作爲中心, 吉林大學 博士學位論文, 2019.

안상욱·임석준·김현정, 「러시아와 중국의 천연가스 사업협력: 배경과 전망」, 『中籍研究』, 2019.

張婷婷·陳曉晨, 中俄共建"冰上絲綢之路"支點港口研究[J], 當代世界, 2018.

劉碩松, "氷上絲綢之路"背景下中國大陸沿海集裝箱樞紐港選擇研究, 大連海事大學 碩
士學位論文, 2019.

슬랩첸코 바딤, 「러시아의 국제운송회랑 정책과 한국의 기회: '프리모리예−1/프리
모리예−2 운송회랑' 및 '북극해 회랑'을 중심으로」, 『러시아연구』, 2020.

배규성, 「환동해 영토분쟁과 미국의 동맹전략: 쿠릴열도와 독도의 비교」, 『한국·
시베리아연구』, 2018.

박성황, 「북극해 항로의 동해루트가 독도문제 등에 미치는 영향 연구−안보 군사
등 지정학적 측면을 중심으로−」, 『한일군사문화연구』, 2021.

"琿春−紮魯比諾港−寧波舟山港"航線實現雙重運輸, 中國新聞網, 2019.12.7. https：
//baijiahao.baidu.com/s?id=1652254270019607553&wfr=spider&for=
pc.

琿春−紮魯比諾港−青島航線首航內陸吉林增添出海新通道, 中國新聞網, 2020.5.11. https：
//baijiahao.baidu.com/s?id=1666387020685384362&wfr=spider&for=
pc.

《中國的北極政策》白皮書(全文), 中華人民共和國國務院新聞辦公室 웹사이트, http：
//www.scio.gov.cn/zfbps/32832/document/1618203/1618203.html.

『United Nations Convention on the Law of the Sea』 Article 10 Bays,
Article 15 Delimitation of the territorial sea between States with
opposite or adjacent coasts.

『United Nations Convention on the Law of the Sea』 Article 7 Straight
baselines.

One Hundred Ports 2020, Lloyds List. https://lloydslist.maritimein
telligence.informa.com/one−hundred−container−ports−2020.

Arctic Council 홈페이지. https://arctic−council.org/about/.

강호축 개발과 극동생태문화네트워크 구축 | 임은성·엄순천

곽장근, 『동북아 문물교류 허브 전북』, 전북연구원 전북학연구센터, 2019.

김건석, 「시베리아횡단철도와 동해선 철도의 연결 가능성과 강원도의 대응 과제」,
『지역발전연구』, 한국지역발전학회, 2008.

김동하, 「중국의 교육 분야 인터넷 플러스 정책 현황」, 『CSF』, 제1476호, 2017.

두댜료노크 S.M. 외, 『러시아 극동지역의 역사(История Дальнего Востока России)』,

양승조 옮김, 서울: 진인진, 2018.

문예업, 「유라시아 철도 완성을 위한 동북아 수요전망 및 한반도 구축방안에 관한 연구」, 2018.

박민영, 「한국의 TSR 이용 활성화 방안에 관한 연구」, 2008.

박선영, 「유럽연합의 과학기술 및 ICT 혁신정책」, 『제4차 산업혁명과 소프트파워, 이슈리포트』, Nipa정보통신산업진흥원, 제16호, 2018.

오상진, 「한반도 신경제지도 구상과 강호축 연결 보고서」, 2020.10.

이광희, 「한반도종단철도(TKR)와 시베리아횡단철도(TSR) 연결의 경제적 파급효과에 관한 연구」, 2008.

조석홍, 「유라시아 철도네트워크 구축과 파급효과」, 『한국무역학회 세미나 및 토론집』, 2018.

조진행, 「동해선 철도와 시베리아횡단철도의 연결전략」, 『물류학회지』 15(4), 2005.

재러미 리프킨, 『화석연료 없는 문명이 가능한가, 오늘부터의 세계』, 서울: 메디치, 2020.

제러미 리프킨, 『글로벌 그린 뉴딜: 2028년 화석연료 문명의 종말』, 서울: 민음사, 2020.

충청북도 발전연구원, 「강호축 종합발전계획」, 2018.

한종만, 「시베리아·극동 지역의 자연·인문지리적 특성」, 『한국 시베리아 연구』 창간호, 1996.

https://news.naver.com/main/read.NAVER?mode=LPOD&mid=tvh&oid=056&aid=0011073468KBS 대전뉴스, 〈4차국가 광역철도네트워크 확정. '충청권 메가시티' 발판 마련〉, 검색일: 2021.07.02.

https://www.nocutnews.co.kr/news/5559500 노컷뉴스, 「광주-순천 경전선 전철화 사업 어디까지 왔나」, 전남CBS 검색일: 2021.07.02.

https://blog.naver.com/logiscgman89/220967885836. 검색일: 2021.09.30.

https://www.kwnews.co.kr/tv/강원일보 TV. 검색일: 2020.12.23.

http://www.newdaily.co.kr/강릉-제지철도건설 확정, 〈철의 실크로드부상〉, 뉴데일리, 2020.04.23. 검색일: 2021.06.20.

http://electimes.com/전기신문 2020.12.26. 윤재현 기자. 검색일: 2021.06.20.

https://blog.naver.com/wehousing7/221939841108. 자료: 통일부 제공. 검색일: 2021.12.20.

Указ Президента Российской Федерации от 26.02.2019 № 78, "О совершенствовании государственного управления в сфере развития Арктической зоны Российской Федерации."

https://cheongju.kbs.co.kr/KBS 청주뉴스 〈강호축 핵심 '오송연결선' …정부 설득 가능할까?〉 검색일: 2020.5.29.

연꽃의 인문실크로드 | 권석환

불타발타라 한역, 이운허 번역 (K.79, T.278), 《대방광불화엄경》, 한글대장경 검색시스템 - 전자불전연구소 / 동국역경원.

《중국미술전집 돈황벽화(상·하)》, 上海美術出版社, 1985.

《중국미술전집 敦煌彩塑》, 上海美術出版社, 1985.

간다라미술, 이주형, 사계절, 2003.

〈百濟瓦塼과 古代 東Asia의 文物交流〉, 한국기와학회, 제7회 한국기와학회 국제학술심포지엄, 2010.

〈기와에 담긴 700年의 숨결 百濟瓦塼〉, 2010 세계대백제전 기념 특별전 기념도록, 국립부여박물관, 2010.

百濟金銅大香爐와 古代東亞細亞(백제금동대향로와 고대동아시아), 국립부여박물관, 2003.11.12, 백제금동대향로 발굴 10주년 기념 국제학술심포지움.

최상범, 「연지 조경에 관한 연구」, 『사찰조경연구』 제3집, 1995.

심우경, 「한국전통 조경에서 연꽃의 활용고찰」, 『한국정원학회지』 21집, 2003.

김정문, 「전통조경공간에 나타나는 애련설(愛蓮說)에 대한 고찰」, 『전통조경학회』 14집, 2016.

오창종·박상욱, 「우리나라 구곡시가에서 나타난 조경식물종의 상징적 의미」, 『전통조경학회』 38집, 2020.

覃召文, 「蓮荷原型的文化蘊涵」, 『華南師範大學學報』, 社會科學版, 1999(02).

俞香順, 『中國荷花審美文化研究』, 成都 : 巴蜀書社, 2005.

俞香順, 「荷花意象和佛道關系的融合」, 『內蒙古大學學報』, 人文社會科學版, 2005.

陳威伯, 『花卉在中國傳統詩歌中之意涵及其演變』, 台北 : 花木蘭出版社, 2015.

付小利, 「魏晉南北朝高士圖中坐具的蓮花紋飾特征和意義研究」, 『包裝工程』 第6期, 2020.

王琳, 「心間淨蓮自在開-淺析蓮花紋飾備受青睞的三重因素」, 『景德鎮陶瓷』 第6期, 2011.

魏晶晶, 「蓮花紋飾在佛教裝飾藝術中的符號學意義研究」, 『武漢紡織大學』, 2017.

王怡蘋, 「元明清瓷器紋飾"番蓮花"研究」, 『東方博物』, 2009.

국립중앙박물관(https://www.museum.go.kr).

국립부여박물관(https://buyeo.museum.go.kr).

담헌 홍대용의 문명관과 생태사상 | 전홍석

『南塘集』.

『論語』.

『湛軒書』.

『渼湖全集』.

『孟子』.

『北學議』.

『詩經』.

『宋子大全』.

『周易』.

『左傳』.

『朱子語類』.

『朱子大全』.

『春秋胡氏傳』.

『二程全書』.

『栗穀全書』.

『巍巖遺稿』.

『弘齋全書』.

강정인, 『서구중심주의를 넘어서』, 아카넷, 2004.

강재언, 『한국의 개화사상』, 정창렬 옮김, 비봉출판사, 1981.

고영진, 『조선 시대 사상사를 어떻게 볼 것인가』, 풀빛, 1999.

김도환, 『담헌 홍대용 연구』, 경인문화사, 2007.

김문용, 『홍대용의 실학과 18세기 북학사상』, 예문서원, 2005.

김인규, 『북학사상의 철학적 기반과 근대적 성격』, 다운샘, 2000.

문순홍, 『생태학의 담론』, 아르케, 2006.

박충석, 『한국정치사상사』, 삼영사, 1982, 1982.

박희병, 『한국의 생태사상』, 돌베개, 1999.

박이문, 『문명의 미래와 생태학적 세계관』, 당대, 2000.

손형부, 『樸珪壽의 개화사상 연구』, 일조각, 1997.

신정근, 『동중서(董仲舒): 중화주의의 개막』, 태학사, 2004.

전홍석, 『문명 담론을 말하다: 현대 '문명학' 정립을 위한 시론』, 푸른역사, 2012.

정수일, 『문명담론과 문명교류』, 살림, 2009.

정옥자, 『조선후기 조선중화사상연구』, 일지사, 2010.

제러미 리프킨, 『공감의 시대』, 이경남 옮김, 민음사, 2010.

양재혁, 『동양사상과 마르크시즘』, 일월서각, 1987.

오석원, 『한국 도학파의 의리사상』, 성균관대학교 출판부, 2006.

유봉학, 『연암일파 북학사상 연구』, 일지사, 1995.

윤휘탁, 『신중화주의: '중화민족 대가정' 만들기와 한반도』, 푸른역사, 2006.

이춘식, 『중화사상의 이해』, 신서원, 2003.

임형택, 『실사구시의 한국학』, 창작과비평사, 2000.

_____, 『문명의식과 실학: 한국 지성사를 읽다』, 돌베개, 2009.

황태연, 『공자와 세계 1: 패치워크문명 시대의 공맹 정치철학』 제1권 공자의 지식철
        학(상), 청계출판사, 2011.

葛榮晉, 「청대문화와 조선실학」, 『한국실학연구』 제2호, 한국실학연구회, 2000.

김문용, 「북학파의 인물성동론」, 『인성물성론』, 한길사, 1994.

_____, 「담헌의 천문·우주 이해와 과학」, 『담헌 홍대용 연구』, 사람의무늬, 2012.

김용헌, 「서양과학에 대한 홍대용의 이해와 그 철학적 기반」, 『철학』 제43집, 한국
        철학회, 1995 봄.

계승범, 「조선후기 중화론의 이면과 그 유산: 명·청 관련 호칭의 변화를 중심으로」,
        『중국 없는 중화』, 인하대학교출판부, 2009.

문석윤, 「담헌의 철학사상」, 『담헌 홍대용 연구』, 사람의무늬, 2012.

민두기, 「열하일기의 일연구」, 『역사학보』 제20집, 1963.

박성래, 「홍대용의 과학사상」, 『한국학보』 23, 1981

박학래, 「홍대용의 실학적 인간관」, 『실학의 철학』, 예문서원, 1997.

박희병, 「담헌 사회사상의 논리와 체계」, 『담헌 홍대용 연구』, 사람의무늬, 2012.

小川晴久, 「모화와 자존 사이: 18세기 조선 지식인 홍대용의 중국관」, 『월간조선』
        NO. 7·8, 1981.

송영배, 「홍대용의 상대주의적 사유와 변혁의 논리」, 『한국학보』 74, 1994.

정옥자, 「정조시대 연구 총론」, 『정조시대의 사상과 문화』, 돌베개, 1999.

조성을, 「홍대용의 역사 인식: 화이관을 중심으로」, 『담헌서』 진단학회, 일조각,
        2001.

최영진, 「蘆沙 奇正鎭의 理一分殊說에 관한 고찰」, 『조선조 유학사상의 탐구』, 여강
        출판사, 1988.

최영진, 「조선조 유학사상사의 분류방식과 그 문제점: 主理·主氣의 문제를 중심으로」, 『한국사상사학』 제8집, 한국사상사학회, 1997.

최완수, 「조선 왕조의 문화절정기, 진경시대」, 『우리 문화의 황금기 진경시대 1』, 돌베개, 1998.

양재열, 「南塘 韓元震의 人物性不同論에 관한 고찰: 性의 개념을 중심으로」, 『조선조 유학사상의 탐구』, 여강출판사, 1988.

윤사순, 「인성·물성의 동이논변에 대한 연구」, 『인성물성론』, 한길사, 1994.

이경구, 「중화와 '문명' 개념의 내면화와 동일시」, 『개념의 번역과 창조: 개념사로 본 동아시아 근대』, 돌베개, 2012.

이동환, 「홍담헌의 세계관의 두 국면: 도학과 실학 사상과의 相須的 연계 관계의 한 양태」, 『한국실학연구』, 솔, 1999.

이상익, 「낙학에서 북학으로의 사상적 발전」, 『철학』 제46집, 1996 봄.

이현구, 「서양 과학과 조선 후기 실학」, 『실학사상과 근대성』, 예문서원, 1998.

이혜경, 「청인(淸人)이 만난 두 '보편' 문명: 중화와 시빌라이제이션」, 『중국 없는 중화』, 인하대학교출판부, 2009.

허태용, 「조선후기 중화의식의 계승과 변용」, 『중국 없는 중화』, 인하대학교출판부, 2009.

허남진, 「홍대용(1731~1783)의 과학사상과 이기론」, 『아시아문화』 제9집, 한림대, 1993.

허종은, 「서양 우주론의 최초 수용 - 대곡 김석문」, 『한국실학사상사』 한국철학사 연구회, 다운샘, 2000.

成復旺, 「走向人的解放 - 從王陽明到李贄」, 『中韓實學史硏究』, 中國人民大學出版社, 1998.

愼懼堂 李伐의 國權回復을 위한 義兵活動 | 이향배

宋相燾, 『騎旅隨筆』,

柳濬根, 『馬島日記』.

이식, 『愼懼堂集』, 필사본.

이식, 『愼懼堂年記』, 필사본.

林秉瓚, 『海外日記』.

노인숙, 「면암 최익현 사상 연구」, 『청람어문교육』, 2003.

강필선, 「한말 화서학파의 의리사상에 관한 일고 - 화서 및 그 문하의 척사의리를 중심으로 -」, 『동양철학연구』 39, 2004.

이병찬 박우훈, 「대마도일기 수창시 연구」, 『어문연구』 44, 2004.

김상기, 「1906년 홍주의병의 홍주성 전투」, 『한국근현대사연구』, 37호, 2006.

권영배, 「대한제국기 일본군의 한국 주둔과 의병 탄압 -경상북도를 중심으로-」, 『조선사연구』, 2010.

조선 시대 주요 사액서원의 편액서와 돈암서원 | 이성배

『조선경국전』.

『조선왕조실록』 「명종실록」.

『설문해자』.

『논어』.

『맹자』.

『중용』.

『한국민족문화대백과사전』, 한국정신문화연구원, 1991.

김은중, 『한국의 서원건축』, 문운당, 1994.

이성배 외, 『한국서예문화의 역사』, 국사편찬위원회, 2011.

_____ 외, 『한국서예사』, 한국서예학회, 2017.

정만조, 『조선시대 서원연구』, 집문당, 1997.

정순목, 『한국서원교육제도연구』, 영남대학교 출판부, 1980.

권영애, 「조선시대 편액과 주련 연구 : 궁궐·사찰·서원을 중심으로」, 경기대학교 전통예술대학원 석사논문, 2007.

권진호, 「서원 편액의 의미와 가치 : 도산서원을 중심으로」, 『안동학』 제16집, 한국국학진흥원, 2017.

김선희, 「화성행궁의 현판과 시액 : 국립고궁박물관 소장품을 중심으로」, 『고궁문화』 제7호, 국립고궁박물관, 2014.

민병하, 「조선시대 서원교육」, 『대동문화연구』 17, 1983.

이태진, 「사림과 서원」, 『한국사』 12, 1978.

정수암, 「편액(扁額) 글씨의 유형(類型)과 형식(形式)에 대하여」, 『慶州文化論叢』 제15집, 경주문화원 부설 향토문화연구소, 2012.

'왕실온천' 온양행궁의 역사·문화적 가치 | 김일환

강영민, 『조선왕들의 생로병사』, 이가출판사, 2009.

강현경, 「〈온양온수노정긔라〉의 연구」, 『한국언어문학』 53, 2004.

권복규, 「조선전기의 역병 유행에 관하여」, 『한국사론』 43, 서울대학교 국사학과, 2000.

권복규, 「조선 시대 전통의서에 나타난 질병관에 대한 연구」, 박사학위 논문, 서울 대학교 의대대학원, 서울, 2001.

김남기, 「조선 왕실과 온양온천」, 『문헌과 해석』 23, 2003.

김백선, 『온궁육백년』, 한국예총 아산지부, 2000.

김정선, 「조선 시대 왕들의 질병 치료를 통해 본 의학의 변천」, 박사학위 논문, 서울 대학교 의대대학원, 서울, 2005.

김주리, 「식민지 시대 소설 속 온천 휴양지의 공간 표상」, 『한국문화』 40, 서울대학 교 규장각, 2007.

김호, 「16세기 후반 경향의 의료 환경: 미암일기를 중심으로」, 『대구사학』 64, 2001.

김훈, 「조선 전기 군왕의 질병에 관한 연구」, 박사학위 논문, 원광대학교, 익산, 1997.

____, 「조선 시대 임금들의 온천욕과 질병」, 『한국의사학회지』 14-1, 2001.

나신균, 「인조-숙종대 행궁의 배치와 공간 이용에 관한 연구」, 석사학위 논문, 명 지대학교 대학원, 서울, 2001.

박현, 『韓國의 溫泉』, 鐵道旅行文化社, 1980.

복천박물관, 『東萊 溫泉洞 遺蹟』, 福泉博物館, 2004.

설혜심, 『온천의 문화사』, 한길사, 2001.

신명호, 「조선 후기 국왕 행행시 국정 운영 체제」, 『조선 시대사학보』 17, 2001.

아산시, 『온양온천의 역사적 사실 재조명』, 2009.

_____, 『譯註 溫宮事實』, 2009.

안덕균, 『세종시대의 보건 위생』, 세종대왕기념사업회, 1985.

윤상구, 「조선조 온양 온행의 사회경제적 성격」, 석사학위 논문, 공주대학교 대학 원, 공주, 2005.

윤한용·윤창렬, 「조선왕조실록에 나타난 조선 중기 제왕들의 질병과 死因연구」, 『한국의사학회지』 14-1, 2001.

이숭녕, 「世宗의 轉地療養에 대하여-特히 溫泉과 冷泉의 療養을 中心으로 하여-」, 『語文研究』 3(1), (2), 一石 李熙昇先生 八旬紀念特大號-, 일조각, 1975.

이왕무, 「조선 후기 국왕의 호위와 행행」, 『장서각』 7, 2002.

이왕무, 「조선 후기 國王의 溫幸 연구―溫幸謄錄을 중심으로―」, 『藏書閣』 9, 韓國
　　精神文化硏究院, 2003.

_____, 「조선 전기 국왕의 온행 연구」, 『경기사학』 9, 2005.

_____, 「조선 시대 국왕의 溫幸 연구」, 『國史館論叢』 108, 國史編纂委員會, 2006.

제길우, 「金容旭, 釜山 溫泉에 關한 硏究(1)」, 『항도부산』 3, 부산시사편찬위원회,
　　1963.

조선총독부 지질조사소 편, 『조선지질조사요보』 3, 충청남도 아산군 온양온천조사
　　보고, 1923.

_____ 편, 『조선지질조사요보』 8-1, 충청남도 아산군 온양온천조
　　사보고, 1926.

조일환, 『水安堡溫泉史研究』, 新星印刷社, 1986.

한대희, 「조선 시대 전기의 의료제도에 대한 연구」, 박사학위 논문, 경산대학교,
　　경산, 1996.

홍성봉, 「조선조 역대왕의 수명과 그 死因」, 『한국인구학회지』 14-1, 1991.

고대 불교도 시야 속의 공자(孔子) 형상 고찰 | 장웅

(漢)鄭玄注、(淸)劉寶楠注 : 『論語正義』, 上海 : 上海書店, 1986年 7月 第一版.

中國大百科全書總編輯委員會『新聞出版』編輯委員會、中國大百科全書出版社編輯部
　　編 : 『中國大百科全書』"新聞出版"卷, 北京 : 中國大百科全書出版社, 1990年.

中國大百科全書總編輯委員會『中國歷史』編輯委員會、中國大百科全書出版社編輯部
　　編 : 『中國大百科全書』之『中國歷史』卷, 北京 : 中國大百科全書出版社, 1992年.

[日]高楠順次郎、渡邊海旭、小野玄妙等編 : 『大正新脩大藏經』, 東京 : 大正一切經
　　刊行會, 大正十三年(1924)至昭和九年(1934)版.

[日]前田慧雲、中野達慧等編 : 『大日本續藏經』, 京都 : 藏經書院, 明治三十八年(1905)
　　至大正元年(1912)印行. 上海 : 商務印書館影印本, 1925年.

(後秦)龜茲國三藏鳩摩羅什譯『佛說放牛經』, 『大正新脩大藏經』本.

(梁)釋慧皎撰、湯用彤校注 : 『高僧傳』, 北京 : 中華書局, 1992年.

(唐)明佺等 : 『大周刊定衆經目錄』, 『大正新脩大藏經』本.

(宋)釋正受編 : 『嘉泰普燈錄』, 『大日本續藏經』本.

(宋)集成等編 : 『宏智禪師廣錄』, 『大正新脩大藏經』本.

『辭海』編輯部編、復旦大學歷史地理研究所修訂：『辭海·地理分冊(歷史地理)』，上海
　　：上海辭書出版社，1982年.

『中華大藏經總目錄』，見『大藏經補編』第35冊，No. 0194.

(魏)楊衒之撰、周祖謨校釋：『洛陽伽藍記校釋』卷一，"中國古代都城資料選刊"之一，
　　北京 ： 中華書局，1963年 5月 第一版，2010年.

(淸)劉世珩 ：『南朝寺考』，見『大藏經補編』第14冊，No. 0086.

(明)吳之鯨 ：『武林梵志』，見『大藏經補編』第29冊，No. 0161.

(明)宋奎光 ：『徑山志』，見『中國佛寺史志彙刊』第032冊，No. 0032.

(明)釋宗淨集 ：『徑山集』，見『中國佛寺史志叢刊』第078冊，No. 0109.

(明)釋無盡傳燈『天台山方外志』卷十八.『中國佛寺史志彙刊』，第089冊，No.0089，
　　第665頁a欄.

(明)王一槐輯 ：『九華山志』，見『中國佛寺史志彙刊』第072冊，No. 0077.

(明)梅元鼎 ：『嵩山少林寺輯志』，見『大藏經補編』第24冊，No. 0141.

(明)葛寅亮撰：『金陵梵刹志』卷十六.『大藏經補編』，第29冊，no. 160，第197頁a欄.

(明)郭子章『明州阿育王山志』，見『中國佛寺史志彙刊』，第11冊，no.10.

(民國)王亨彦『普陀洛迦新志』，見『中國佛寺史志彙刊』第010冊，No. 0009.

[日]成尋著，王麗萍校點：『新校參天台五臺山記』，上海：上海古籍出版社，2009年.

[日]圓仁撰，顧承甫、何泉達點校 ：『入唐求法巡禮行記』，上海 ： 上海古籍出版社，
　　1986年.

朝鮮內務部地方局纂輯 ：『朝鮮寺刹史料』，見『大藏經補編』，第31冊，no.169.

(宋)蘇軾撰、(淸)施元之原註、武進邵長蘅刪補 ：『施註蘇詩』卷二十五，『文淵閣四
　　庫全書』本.

(北宋)黃庭堅 ：『山谷集』，"景印摛藻堂四庫全書薈要"叢書之一，臺北 ： 世界書局，
　　1988年.

張子開 ：「試論文人神靈化的起源」，載『哈爾濱工業大學學報』(社會科學版)，2011年
　　3期.

張子開 ：「『歷代法寶記』所引"外書"考」，首都師范大學主辦"中國敦煌吐魯番學會成立
　　三十周年國際學術研討會"(2013年 8月 17至 21日·北京)論文. 後載中國敦煌吐
　　魯番學會、首都師范大學歷史學院、香港大學饒宗頤學術館、北京大學東方學研
　　究院合辦 ：『敦煌吐魯番研究』第十四卷.

張子開 ：「佛藏中的"真丹"觀」，甘肅省文物局、瓜州縣人民政府、甘肅省敦煌學學會、
　　酒泉市文物管理局聯合擧辦"2015鎖陽城遺址與絲綢之路歷史文化學術研討會"(2015
　　年 8月 10至 12日，甘肅瓜州縣)論文.

張子開：「傳大士歷史定位與義烏和諧社會建設」, 載『義烏方志』2009年 4期(總第三
　　十九期).

당(唐)나라 장안(長安)의 조선반도 인물 도상(圖像)과 그 흔적
| 왕러칭·양푸쉐

拜根興, 「唐李他仁墓志研究中的幾個問題」, 『陝西師範大學學報(哲學社會科學版)』2010
　　年 第39卷 第1期.

_____, 「唐朝與新羅往來研究二題－以西安周邊所在的石刻碑志爲中心」, 『當代韓國』
　　2011年 第3期.

_____, 「試論新羅真德王石像殘軀及其底座銘文的發現」, 『新羅史學報』總第7輯.

_____, 「新公布的在唐新羅人金日晟墓志考析」, 『唐史論叢』第十七輯, 陝西師範大
　　學出版社, 2014.

_____, 「入唐高麗移民墓志及其史料價値」, 『陝西師範大學學報(哲學社會科學版)』2013年
　　第42卷 第2期.

_____, 「入鄉隨俗: 墓志所載入唐百濟遺民的生活軌跡」, 『陝西師範大學學報』2009年
　　第4期.

董延壽·趙振華, 「洛陽、魯山、西安出土的唐代百濟人墓志探索」, 『東北史地』2007年
　　第2期.

樊維嶽·阮新正·冉素茹, 「藍田新出土舍利石函」, 『文博』1991年 第1期.

樊英峰, 「乾陵61蕃臣像補考」, 『文博』2003年 第3期.

金憲鏞·李建超, 「陝西新發現的高句麗、新羅人遺跡」, 『考古與文物』1999年 第6期.

冉萬裏, 「古代中韓舍利瘞埋的比較研究－以南北朝至隋唐時期爲中心」, 『絲綢之路研
　　究集刊』, 2017.

田中一美, 「都管七箇國盒の圖像とその用途」, 『佛教芸術』第210號, 1993.

王菁·王其褘, 「平壤城南氏: 入唐高麗移民新史料－西安碑林新藏唐大曆十一年〈南單
　　德墓志〉」, 『北方文物』2015年 第1期.

王連龍, 「百濟人〈禰軍墓志〉考論」, 『社會科學戰線』, 2011年 第7期.

王其褘·周曉薇, 「國內城高氏: 最早入唐的高句麗移民－新發現唐上元元年〈泉府君夫
　　人高提昔墓志〉釋讀」, 『陝西師範大學學報(哲學社會科學版)』2013年 第3期, 第
　　54－64頁.

王維坤, 「關於章懷太子壁畫"東客史圖"中的"新羅使臣"研究始末」, 『梧州學院學報』2017年
　　第4期.

王維坤, 「唐章懷太子墓壁畫"客使圖"辨析」, 『考古』 1996年 第1期.

楊　瑾, 「唐章懷太子李賢墓《客使圖》戴鳥羽冠使者之淵源」, 『中國國家博物館館刊』 2018年 第7期.

張　斌, 「芻議乾陵六十一蕃臣像中的新羅人」, 『絲綢之路』 2010年 24期.

張建林, 「唐昭陵十四國蕃君長石像及題名石像座疏證」, 『碑林集刊』, 2004.

張全民, 「新出唐百濟移民禰氏家族墓志考略」, 『唐史論叢』總第14輯, 陝西師範大學出版社, 2012.

張　蘊, 「唐嗣虢王李邕墓志考」, 『唐研究』, 北京: 北京大學出版社, 2006.

張　蘊·汪幼軍, 「唐〈故虢王妃扶餘氏墓考〉」, 『碑林集刊』, 2007年.

張　蘊·衛峰 외, 「唐嗣虢王李邕墓發掘簡報」, 『考古與文物』, 2012年 第3期.

趙力光, 「西安碑林所藏與海東關聯墓志槪述」, 『碑林集刊』, 2011.

趙振華·董延壽, 「洛陽、魯山、西安出土的百濟人墓志探索」, 『東北史地』2007年 第2期.

고창 회골(高昌回鶻)에서 거란(契丹)에 전해진 수박의 전파 경로에 대한 고증 연구 | 양푸쉐

『舊唐書』 卷198 「高昌傳」, 北京: 中華書局, 1975.

『遼史』 卷103 『蕭韓家奴傳』, 北京: 中華書局, 1974.

『遼史』 卷2 『太祖紀下』, 北京: 中華書局, 1974.

『遼史』 卷30 『天祚皇帝紀四』.

『欽定廣群芳譜』 卷67, 摛藻堂欽定四庫全書薈要本.

「敖漢旗下灣子遼墓淸理簡報」, 『內蒙古文物考古』 1999年 第1期.

阿裏·瑪紮海裏著, 耿昇譯, 『絲綢之路: 中國−波斯文化交流史』, 烏魯木齊: 新疆人民出版社, 2006.

敖漢旗博物館, 「敖漢旗羊山1−3號遼墓淸理簡報」, 『內蒙古文物考古』 1999年 第1期.

白玉冬, 「十世紀における九姓タタルとシルロード貿易」, 『史學雜誌』 第120編 第10號, 2011.

＿＿＿＿, 『九姓達靼遊牧王國史研究(8−11世紀)』, 北京: 中國社會科學出版社, 2017.

北京市文物事業管理局·門頭溝區文化辦公室發掘小組, 「北京市齋堂遼壁畫墓發掘簡報」, 『文物』 1980年 7期.

巴林左旗地名志編輯委員會編, 『巴林左旗地名志』, 巴林左旗人民政府印制, 1987.

參見朱鳳玉, 「敦煌寫本〈俗務要名林〉研究」, 『第二屆國際唐代學術會議論文集』, 台北: 文津出版社, 1993.

長澤和俊, 『シルク・ロード史研究・遼の西北路經營にいてつ』, 東京: 國書刊行會, 1979.
程 傑, 「西瓜傳入我國的時間、來源和途徑考」, 『南京師範大學學報』 2017年 第4期.
程溯洛, 「論遼金與回鶻的關系」, 陳述主編, 『遼金史論集』 第1輯, 上海: 上海古籍出版社, 1987.
岑仲勉, 「達怛問題」, 『中山大學學報』 1957年 第3期.
陳俊謀, 「試論回鶻路的開通及其對回鶻的影響」, 『中央民族學院學報(哲學社會科學版)』 1987年 第2期.
杜君立, 『歷史的細節－馬鐙、輪子和機器如何重構中國與世界』, 上海: 上海三聯書店, 2013.
敦煌寫本P. 3672bis『都統大德致沙州宋僧政等書』, 上海古籍出版社; 法國國家圖書館編, 『法藏敦煌西域文獻』 第26冊, 上海 : 上海古籍出版社, 2002.
俄羅斯科學院東方研究所編, 『俄藏敦煌文獻』 第10冊, 上海: 上海古籍出版社, 1998.
樊 進, 「遼代金銀器設計研究」, 南京藝術學院博士學位論文, 2017.
耿璞 等編, 『開魯縣志』, 海拉爾: 內蒙古文化出版社, 2001.
黃盛璋, 「西瓜引種中國與發展考信錄」, 『農業考古』 2005年 第1期.
賈敬顏, 『五代宋金元人邊疆行記十三種疏證稿』, 北京 : 中華書局, 2004年.
康 鵬, 「馬衛集書中的契丹"都城"－兼談遼代東西交通路線」, 『民族研究』 2017年 第2期.
勞費爾著, 林筠因譯, 『中國伊朗編』, 北京: 商務印書館, 2001.
榮新江, 「〈俄藏敦煌文獻〉中的黑水城文獻」, 『黑水城人文與環境研究－黑水城人文與環境國際學術討會文集』, 北京: 中國人民大學出版社, 2007.
羅旺紮布等, 『蒙古族古代戰爭史』, 北京: 民族出版社, 1992.
馬丁奈玆 지음, 楊富學・凱旋 옮김, 「迦爾迪齊論突厥」, 『回鶻學譯文集新編』, 蘭州 : 甘肅教育出版社, 2015.
滿志敏, 『中國歷史時期氣候變化研究』, 濟南: 山東教育出版社, 2009.
內蒙古文物考古研究所, 「遼上京城址勘查報告」, 『內蒙古文物考古文集』 第1輯, 北京: 中國大百科全書出版社, 1994.
前田直典, 「十世紀時代の九族韃靼 : 蒙古人の蒙古地方の成立」, 『東洋學報』 第32卷 第1號, 1948.
孫 昊, 「10世紀契丹的西征及其與轄戛斯人的交通」, 『歐亞學刊』 新9輯, 北京: 商務印書館, 2019.
宋敏求編, 『唐大詔令集』 卷128, 北京: 中華書局, 2008.

史金波, 「西夏漢文〈雜字〉初探」, 白濱等編, 『中國民族史研究』 第2輯, 北京: 中央
　　民族學院出版社, 1989.

松井太 지음, 楊富學·陳愛峰 옮김, 「吐魯番諸城古回鶻語稱謂」, 『吐魯番學研究』
　　2017年 第1期.

森安孝夫 지음, 陳俊謀 옮김, 「敦煌與西回鶻王國－寄自吐魯番的書信及禮物」, 『西北
　　史地』 1987年 第3期.

森安孝夫, 「ウイグル＝マニ教史の研究」, 『大阪大學文學部紀要』 第31·32卷合刊, 大
　　阪大學文學部, 1991.

　　　　　, 「敦煌と西ウイグル王國－トゥルファンからの書簡と贈り物を中心に－」, 『東
　　方學』 第74輯, 1987.

唐宣宗, 「議立回鶻可汗詔」, 董誥編, 『全唐文』 卷80, 北京: 中華書局, 1983.

天津藝術博物館編, 『天津藝術博物館藏敦煌文獻』 第1冊, 上海古籍出版社, 1996.

王使臻, 「俄藏文獻Дx. 2822"字書"的來源及相關問題」, 『西夏學』 第5輯, 上海: 上海
　　古籍出版社, 2015.

王貽樑·陳建敏選編, 『穆天子傳彙校集釋』, 上海: 華東師範大學出版社, 1994.

王靜如·李範文, 「西夏〈雜字〉研究」, 『西北民族研究』 1997年 第2期.

王春燕, 『遼代金銀器研究』, 北京: 科學出版社, 2020.

星川淸親著, 段傳德等譯, 『栽培植物的起源與傳播』, 鄭州: 河南科學技術出版社, 1981.

楊富學, 「回鶻與遼上京」, 遼上京契丹·遼文化研究學會編, 『首屆遼上京契丹·遼文化
　　學術研討會論文集』, 海拉爾 : 內蒙古文化出版社, 2009.

鄒逸麟, 「遼代西遼河流域的農業開發」, 陳述 主編, 『遼金史論集』 第2輯, 北京: 書目
　　文獻出版社, 1987.

張景明, 『金銀器與草原絲綢之路研究』, 蘭州: 蘭州大學出版社, 2017

張湧泉主編, 『敦煌經部文獻合集』 第7冊, 北京: 中華書局, 2008.

趙永春輯注, 『奉使遼金行程錄』, 北京 : 商務印書館, 2017.

鍾焓, 「遼代東西交通路線的走向－以可敦墓地望研究爲中心」, 『曆史研究』 2014年 第
　　4期.

朱天舒, 『遼代金銀器』, 北京: 文物出版社, 1998.

A. P. Martinez, Gardīzī's Two Chapters on the Turks, *Archivum Eurasiae
　　Med Ⅱ Aevi*, Ⅱ (1982), 1983.

A. von Le Coq, Türkische Manichaica aus Chotscho Ⅲ, APAW, Berlin,
　　1922, Nr. 2, S. 40.

Dai MATSUI, Old Uigur Toponyms of the Turfan Oases, *Kutadgu Nom*

Bitig. Festschrift für JENS PETER LAUT zum 60. Geburtstag, Wiesbaden, 2015.

H. Härter － M. Yaldiz, *Along the Silk Routes, Central Asia Arts from the West, Berlin State Museums*, New York, 1982.

H. Yule, *Cathay and the Way Thither: Being a Collection of Medieval Notices of China* Vol. Ⅳ, London, 1913.

Michael R. Drompp, Breaking the Orkhon Tradition: Kirghiz Adherence to the Yenisei Region after A. D. 840, *Journal of the American Oriental Society* Vol. 119, No. 3, 1999.

T. Laufer, *SINO－IRANICA. Chinese Contributions to the History of Civilization in Ancient Iran. With Special Reference to the History of Cultivated Plants and Products*, Chicago, 1919.

V. Minorsiky, *Sharaf Al－Zamān Ṭāhir Marvazī on China, The Turks and India*, London: The Royal Asiatic Society, 1942.

Zauzsanna Gulácsi, *Manichaean Art in Berlin Collections. A Comprehensive Catalogue of Manichaean Artifacts Belong to the Berlin State Museums of the Prussian Cultural Foundation*, Museum of Indian Art, and the Berlin－Brandenburg Academy of Sciences. Deposited in the Berlin State Library of the Prussian Cultural Foundation, Turnhout: Brepols, 2001, fig. 32. 1.

21세기 세계화 시대의 기독교와 성서 | 크리스티안 단츠

Breuer, Kulturen der Achsenzeit. Leistungen und Grenzen eines geschichtsphilosophischen Konzepts, in: Saeculum 45, 1994.

B. Nongbri, Before Religion. A History of a Modern Concept, New Haven/London, 2013.

C. Danz, Jesus von Nazareth zwischen Judentum und Christentum. Eine christologische und religionstheologische Skizze, Tübingen 2020.

_____, Nochmals: Monistischer Pluralismus oder pluralismusoffene Theologie? Eine Duplik auf Perry Schmidt－Leukel, in: ThR 86 2021

_____, Religious Diversity and the Concept of Religion. Theology and Religious Pluralism, in: NZSTh 62, 2020.

C. Danz, Die Deutung der Religion in der Kultur. Aufgaben und Probleme der Theologie im Zeitalter des religiösen Pluralismus, Neukirchen 2008.

D. Boyarin, Die jüdischen Evangelien. Die Geschichte des jüdischen Christus, Würzburg 2015.

H. Joas, Macht des Heiligen. Eine Alternative zur Geschichte von der Entzauberung, Berlin 2017.

J. Assmann, Das kulturelle Ged chtnis. Schrift, Erinnerung und politische Identität in frühen Hochkulturen, München 2013.

J. Hick, An Interpretation of Religion. Human Responses to the Transcendent, New Haven, 1989.

K. Jaspers, Vom Ursprung und Ziel der Geschichte, München/Zürich 91988, 19.

P. Sch fer, Die Geburt des Judentums aus dem Geist des Christentums. Fünf Vorlesungen zur Entstehung des rabbinischen Judentums, Tübingen 2010.

_____, Zwei Götter im Himmel. Gottesvorstellungen in der jüdischen Antike, München 2017.

R.N. Bellah, Religious Evolution, in: R.N. Bellah, The Robert Bellah Reader, Durham/London 2006.

_____, Religion in Human Evolution. From the Paleolithic to the Axial Age, Cambridge/London 2011.

S. Mason, Jews, Judaeans, Judaizing, Judaism. Problems of Categorization in Ancient History, in Journal for the Study of Judaism 38, 2007.

S.P. Huntington, The Clash of Civilizations?, in: Foreign Affairs 72, 1993.

_____, Kampf der Kulturen. Die Neugestaltung der Weltpolitik im 21. Jahrhundert, München 2002.

W. Stegemann, Jesus und seine Zeit, Stuttgart, 2010.

《접촉 지대》으로서의 사할린: 섬 주민들의 종교적 관점의 혼성화 문제
| 포타포바 나탈리야 블라디미로브나

Аргудяева Ю.В. Этноконфессиональные группы русских на Дальнем Востоке / А.П. Чехов и Сахалин: Доклады и сообщения международной научной конференции 28−29 сентября 1995 г. Южно−Сахалинск, 1996.

Василевский А.А. Особенности историко−культурных процессов в зоне перехода от материковой к островной суше (о. Сахалин, эпоха первобытности) // Краеведчес кий бюллетень. 1993. №4. С. 56−69.

Василенко Л.И. Краткий религиозно−философский словарь. М., 2000.

Васильев В. Краткий отчёт о поездке к айнам островов Иезо и Сахалина. СПб., 1914.

Городнов А. Поездка к крещёным инородцам северной части острова Сахалина в фев рале месяце 1908 г. // Владивостокские епархиальные ведомости. 1908. №17.

Государственный исторический архив Сахалинской области (ГИАСО) Ф.1038.

Государственный исторический архив Сахалинской области (ГИАСО) Ф.122.

Государственный исторический архив Сахалинской области (ГИАСО) Ф.23-и.

Доклад о действиях экспедиции начальника её, врача, колежского советника Штейгма на, командированного военным губернатором острова летом 1908 г. // Историче ские чтения. Труды Государственного архива Сахалинской области. №1. 1995.

История Сахалина и Курильских островов с древнейших времен до начала XXI столет ия: учебное пособие для студентов высших учебных заведений региона по специа льности 《история》 / М.С. Высоков, А.А. Василевский, А.И. Костанов, М.И. Ище нко. Отв. ред. д.и.н. М.С. Высоков. Южно−Сахалинск, 2008.

Ищенко М.И. Поляки на сахалинской каторге // А.П. Чехов и Сахалин: Доклады и сообщения международной научной конференции 28−29 сентября 1995 г. Южн о−Сахалинск, 1996.

Коварж А. Сахалин: Остров одиночества. Бреслау: изд−во 《Антониус》, 1929.

Краснов А. Н. На Сахалине. Из воспоминаний путешественника по востоку Азии // Исторический вестник. 1894. Т.55. №2.

Лопачев А.М. Храмы скромные и пышные. Японские храмы на Южном Сахалине. 1945 год // Советский Сахалин. 1992. 11 августа. С.3; 30 лет Карафуто. (перев. с яп.яз.). Тоёхара, 1936.

Маевич А.Ф. Ороки в прошлом и настоящем // Краеведческий бюллетень. 1994. №2.

Мельников В. Дальний Восток. Амурская область и о. Сахалин. М., 1909.

Миллер Н.В. Шаманизм: история, особенности развития (на материалах Западной Си бири). Автореф. ... к.и.н. – Омск, 2000.

Миролюбов И.П. 8 лет на Сахалине. СПб., тип. А.С. Суворина, 1901.

Накамура Есикадзу. Староверы Южного Сахалина // Алтарь России: Материалы науч но-практической конференции 19–25 сентября г. Владивосток. Большой Камень, 1997.

Первая Всеобщая перепись населения Российской империи, 1897 г. Остров Сахалин. Т. LXXVII. Тетр. 2. СПб., 1904.

Пилсудский Б. О. Рассказ обрусевшего крещенного айна Ивана Григорьевича из с. Галкино-Врасское (Сиянцы) на о. Сахалине о том, как его вылечили от любви // Краеведческий бюллетень. Южно-Сахалинск, 1994. №1.

Пилсудский Б.О. Аборигены Сахалина. Южно-Сахалинск, 1991.

Пилсудский Б.О. Некоторые сведения об отдельных айнских стойбищах на о. Сахали не // Сборник краеведческих статей. №2.

Поездка на Сахалин в 1885–1886 гг. Г.-Ш. Полковника Гарнака // Сборник краеведч еских статей. №2.

Попов-Какоулин Н. Инородцы на о-ве Сахалин // Камчатские епархиальные ведомо сти. 1896. №5.

Потапова Н.В. Старообрядчество на Сахалине во второй половине XIX–XX вв. // Краеведческий бюллетень. Южно-Сахалинск, 2001. №1.

Православный благовестник. 1914. № 5–6.

Преображенский Н.А. Проклятая быль (Сахалин в очерках бывшего мирового судьи). СПб., 1909.

Разумовский А. Владивостокская епархия за первые пять лет её существования (1899–1903 гг.) // Владивостокские епархиальные ведомости. 1905. №4–5.

Российский государственный исторический архив (РГИА). Ф.796. Оп.440. Д.202. Л.2–7.

Самарин И.А. Синтоистские храмы Карафуто // Вестник сахалинского музея. №5. Южно-Сахалинск, 1999.

Сахалин. Сборник краеведческих статей о прошлом и настоящем / Под общ. ред. губернатора Д. Григорьева. О. Сахалин: Типография при канцелярии сахалинског о губернатора, 1913.

Сахалин. Сборник краеведческих статей о прошлом и настоящем / Под общ. ред. губернатора Д. Григорьева. О. Сахалин: типография при канцелярии сахалинског о губернатора, 1913.

Сергий, епископ. На Южном Сахалине (из путевых заметок) // Краеведческий бюлле
тень. 1991. №1.

Стефан Д. Сахалин. История // Краеведческий бюллетень. Южно-Сахалинск. 1992.
№2.

Токарев С.А. Ранние формы религии. М.: Политическая литература, 1990.

Чехов А.П. Остров Сахалин: (Из путевых заметок). Южно-Сахалинск, 1995.

Шастин А. Описание поездки к инородцам Восточного побережья русского Сахалина
// Владивостокские епархиальные ведомости. 1916. №17.

Штернберг Л.Я. Гиляки, орочи, гольды, негидальцы, айны. Хабаровск, 1933.

Юркевич Т.С. Современная Япония. Владивосток, 1925.

■ 집필진

전홍석

철학 박사. 순천향대학교.

주요 논저:『문명 담론을 말하다: 현대 문명학 정립을 위한 시론』(2012), 『초기 근대
　　　　　서구지식인의 동아시아상과 지식체계』(2018), 『주첸즈의 문화사상: 동아시
　　　　　아문화학 로드맵』(2019), 『동아시아와 문명, 그리고 지역체제: 21세기형 신
　　　　　문명시스템 구상』(2020) 외 다수.

이현정

정치학 박사. 글로벌교육문화연구원.

주요 논저:『불교커뮤니케이션』(2020), 『다문화교안』(2011), 「인문실크로드에서의 불
　　　　　교 수용력과 다문화적 감수성」 외 다수.

김시내

철학 박사. 중국사회과학원.

주요 논저:『황로백서 연구』(2007), 「동서 문명 교류의 동맥 실크로드-종교의 전파와
　　　　　수용」(2020), 「실크로드의 동단, 한반도」(2021) 외 다수.

이행철

차학(茶學) 박사. 중국 저장공상(浙江工商)대학교.

주요 논저:『現代茶葉全書』(2010), 「차인 최치원 연구」(2021), 「명대(明代)후기 산차(散茶)
　　　　　문화 성립과정에 대한 고찰」(2020), 「乾隆八旬萬壽慶典與清代宮廷茶文化-以
　　　　　朝鮮徐浩修"燕行紀"爲中心」(2020) 외 다수.

임은성

러시아학 석사. 충북대학교.

주요 논저:「강호축과 극동권 철도 연결의 과제와 전망: 교류와 협력의 우선과제 연구」
　　　　　(2021, 석사논문).

엄순천

어문학 박사. 성공회대학교.

주요 논저:『잊혀져가는 흔적을 찾아서』(2016), 「극동 지역 나나이족의 영혼관 : 인간의
　　　　　영혼관을 중심으로」(『문화교류와 다문화교육』 제10권 제4호, 2021) 외 다수.

권석환

문학 박사. 상명대학교.

주요 논저: 『중국산문경영』(2021), 『중국명언』(2015), 「宋代亭台樓閣記空間觀念轉型研究」(2021) 외 다수.

이향배

한문학 박사. 충남대학교.

주요 논저: 『한국한시비평론』(2001), 『추안급국안』(2014 공역), 『오재집』(2014 공역), 『지호집』(2014, 공역) 외 다수

이성배

문학 박사. 대전대학교.

주요 논저: 『한국서예사』(2017, 공저), 『한국서예문화사』(2011, 공저), 「동토윤순거의 십곡병 무이도가의 초서미학」, 『동아시아와 문명: 지역공동체 지평의 인문실크로드』(2020) 외 다수.

김일환

문학 박사. 호서대학교.

주요 논저: 『아산의 역사와 문화』(2021), 『천의소감언해』(2019, 공저), 「潛冶 朴知誠의 삶과 행적 연구」(2021) 외 다수.

장융 張勇

문학 박사. 중국 쓰촨(四川)대학교.

주요 논저: 『義烏雙林寺志』(2019), 『傅大士研究』(1999), 「轉輪藏和轉書輪: 17世紀西方天主教與東方佛教交流的實例之一」(2018), 「馬祖道一在其故鄉四川什邡的化跡遺韻」(2000) 외 다수.

왕러칭 王樂慶

문학 학사. 중국 시안박물관(西安博物院).

주요 논저: 『法門寺史料鉤沈』, 『圖說法門寺』, 『法門寺地宮茶具與唐人飲茶藝術』 외 다수.

양푸쉐 楊富學

돈황학 박사. 중국 시베이민족(西北民族)대학교, 란저우(蘭州)대학교.

주요 논저: 『沙州回鶻及其文獻』(1995), 『西域敦煌宗教論稿』(1998), 『回鶻之佛教』(1998), 『西域敦煌回鶻文獻語言研究』(1999), 『莊浪石窟』(1999), 『中國敦煌學百年文庫』(1999), 『中國北方民族歷史文化論稿』(2001) 외 다수.

크리스티안 단츠 Christian Danz

신학 박사. 오스트리아 빈대학교.

주요 논저: *Die philosophische Christologie F. W. J. Schellings*(1996), *Religion als Freiheitsbewußtsein. Eine Studie zur Theologie als Theorie der Konstitutionsbe dingungen individueller Subjektivität bei Paul Tillich*(2000), *Gott und die menschliche Freiheit. Studien zum Gottesbegriff in der Neuzeit*(2005) 외 다수.

포타포바 나탈리야 블라디미로브나 Potapova N. V.

역사학 박사. 러시아 사할린국립대학교.

주요 논저: 「러시아제국 극동 러시아정교 출판물의 출현과 발전: 캄차카와 블라고세센스크 러시아정교 통보(Становление и развитие епархиальной прессы на Дальнем Востоке Российской империи: Камчатские и Благовещенские епархиальные ведомости)」(2017/2018), 「소비에트 1920-1930년대 반종교 출판물에서 중국의 테마(《Китайская тема》 на страницах советских антирелигиозных периодических изданий 1920-х - 1930-х гг)」(2018) 외 다수.

순천향인문진흥총서 9

동아시아 문명과 생명 – 생태 성장사회

2022년 3월 7일 초판 1쇄 펴냄

엮은이 순천향대학교 인문학진흥원
발행인 김흥국
발행처 보고사

책임편집 이경민
표지디자인 오동준

등록 1990년 12월 13일 제6-0429호
주소 경기도 파주시 회동길 337-15 보고사
전화 031-955-9797(대표), 02-922-5120~1(편집), 02-922-2246(영업)
팩스 02-922-6990
메일 kanapub3@naver.com / bogosabooks@naver.com
http://www.bogosabooks.co.kr

ISBN 979-11-6587-285-4 94300
        979-11-5516-755-7 94080 (세트)
ⓒ 순천향대학교 인문학진흥원, 2022

정가 28,000원